Lückenfüllung im CISG mittels UNIDROIT-Prinzipien –
Zugleich ein Beitrag zur Wählbarkeit nichtstaatlichen Rechts

Studien zum vergleichenden und internationalen Recht -
Comparative and International Law Studies

Herausgeber: Bernd von Hoffmann, Erik Jayme
und Heinz-Peter Mansel

Band 129

PETER LANG
Frankfurt am Main · Berlin · Bern · Bruxelles · New York · Oxford · Wien

Ulrike Teichert

Lückenfüllung im CISG mittels UNIDROIT-Prinzipien – Zugleich ein Beitrag zur Wählbarkeit nichtstaatlichen Rechts

PETER LANG
Europäischer Verlag der Wissenschaften

Bibliografische Information der Deutschen Nationalbibliothek
Die Deutsche Nationalbibliothek verzeichnet diese Publikation in der Deutschen Nationalbibliografie; detaillierte bibliografische Daten sind im Internet über <http://www.d-nb.de> abrufbar.

Zugl.: Köln, Univ., Diss., 2005

D 38
ISSN 0930-4746
ISBN 3-631-55647-0

www.peterlang.de

Vorwort und Danksagung

Die vorliegende Arbeit wurde im Januar 2005 fertiggestellt. Später erschienene Rechtsprechung und Literaturbeiträge wurden, soweit die zentralen Fragestellungen der Bearbeitung betroffen sind, bis Dezember 2005 berücksichtigt. Der von der Europäischen Kommission vorgelegte Vorschlag für eine Verordnung des Europäischen Parlaments und des Rates über das auf vertragliche Schuldverhältnisse anzuwendende Recht (Rom I) vom 15.12.2005, KOM (2005), 650 wurde der Öffentlichkeit erst nach der Fertigstellung des Manuskripts zugänglich gemacht und konnte für die Publikation nicht mehr ausgewertet werden.

Mein besonderer Dank gilt meinem Doktorvater, Prof. Dr. Heinz-Peter Mansel, für die Erstellung des Erstgutachtens und die vielfältige Unterstützung und Förderung, die mir im Zuge der Anfertigung meiner Dissertation zuteil wurden. Zu danken habe ich außerdem Honorarprofessor Dr. Hilmar Krüger für die äußerst zügige Erstellung des Zweitgutachtens und die ständige gedankliche Begleitung meiner Arbeit.

Vielleicht gar nicht entstanden wäre die vorliegende Arbeit ohne das anregende Gespräch, das ich im Jahre 2001 mit dem damaligen Mitarbeiter des römischen Centro di studi e ricerche di diritto comparato e straniero, Tommaso Monfeli, geführt habe. Er gab mir den entscheidenden Anstoß für die nähere Auseinandersetzung mit der Frage nach der konventionsergänzenden Anwendbarkeit der UNIDROIT-Prinzipien. Recherchen in der Bibliothek des Instituts für internationales und ausländisches Privatrecht der Universität zu Köln, in der Staatsbibliothek Berlin, der römischen UNIDROIT-Bibliothek sowie im Hamburger Max-Planck-Institut für ausländisches und internationales Privatrecht haben maßgeblich zur Abrundung meiner Materialsammlung beigetragen. Ich möchte mich in diesem Zusammenhang nachdrücklich für die geduldige und immer freundliche Unterstützung bedanken, die mir Frau Monika Fedrowitz, Herr Rama Fuchs, Frau Renée Kunstler, Frau Hanne Lorig, Herr Ralf Schmitz sowie Frau Gabriele Schwind (Kölner Institut), Frau Bettina Maxion und Kollegen (UNIDROIT) sowie Frau Elke Halsen-Raffel und Kollegen (Hamburger Max-Planck-Institut) haben zuteil werden lassen.

Danken möchte ich schließlich der Wilhelm-Westhaus-Stiftung für die großzügige finanzielle Unterstützung meines Forschungsvorhabens sowie der Johanna und Fritz Buch Gedächtnis-Stiftung für die Finanzierung der Drucklegung.

Köln, im Januar 2006

INHALTSVERZEICHNIS

LITERATURVERZEICHNIS

Abascal, José María — Los Principios de UNIDROIT como instrumento para interpretar o suplementar textos internacionales de derecho uniforme o textos de derecho interno
in: Mestre, Frédérique / de Seume, Patricia (Hrsg.), Los Principios de UNIDROIT: ?Un derecho común de los contratos para las Américas? – The UNIDROIT Principles: A common law of contracts for the Americas?, S. 211ff.
Rom 1998
(zit.: Abascal, Los Principios de UNIDROIT)

Alstine, Michel P. van — Dynamic Treaty Interpretation
University of Pennsylvania Law Review 146, 1 (1997/1998), S. 687ff.
(zit.: van Alstine, UPennLR 146, 1 (1997/1998))

Arcagni, José Carlos — La Convención Interamericana sobre derecho aplicable a los contratos internacionales
Revista Jurídica Argentina LA LEY 1996 A, S. 1434ff.
(zit.: Arcagni, Rev. Jur. Argent. LA LEY 1996 A)

Audit, Bernard — La vente internationale de marchandises
Convention des Nations-Unies du 11 avril 1980
Paris 1990
(zit.: Audit)

Audit, Bernard — The Vienna Sales Convention and the Lex Mercatoria
in: Carbonneau, Thomas E. (Hrsg.), Lex Mercatoria and arbitration: a discussion of the new law merchant, S. 173ff.
New York 1998
(zit.: Audit, The Vienna Sales Convention)

Audit, Bernard — Droit International Privé
3. Auflage, Paris 2000
(zit.: Audit, Droit International Privé)

Bälz, Kilian — Die islamische Scharia als Vertragsstatut? Kollisionsrechtliche Aspekte des Islamic Banking
in: Kronke, Herbert / Reinhart, Gert / Witteborg, Nina (Hrsg.), Islamisches und Arabisches Recht als Problem der Rechtsanwendung, S. 63ff.
Frankfurt 2001
(zit.: Bälz, Die islamische Scharia)

Bälz, Kilian — Das islamische Recht als Vertragsstatut?
Praxis des Internationalen Privat- und Verfahrensrechts 2005, S. 44ff.
(zit.: Bälz, IPRax 2005)

Bagheri, Mahmood — International Contracts and National Economic Regulation - Dispute Resolution through International Commercial Arbitration
The Hague, London, Boston 2000
(zit.: Bagheri)

Bamberger, Heinz-Georg / Roth, Herbert — Kommentar zum Bürgerlichen Gesetzbuch
Band 3, §§ 1297 – 2385, EGBGB, CISG
München 2003
(zit.: Bamberger/Roth-Bearbeiter)

Bar, Christian von — Internationales Privatrecht
Erster Band – Allgemeine Lehren
München 1987
(zit.: von Bar, IPR Bd. I)

Bar, Christian von — Internationales Privatrecht
Zweiter Band – Besonderer Teil
München 1991
(zit.: von Bar, IPR Bd. II)

Bar, Christian von / Mankowski, Peter — Internationales Privatrecht
Band I, Allgemeine Lehren
2. Auflage, München 2003
(zit.: von Bar/Mankowski-Bearbeiter, IPR Bd. I)

Bar, Christian von / Lando, Ole / Swann, Stephen — Communication on European Contract Law: Joint Response of the Commission on European Contract Law and the Study Group on a European Civil Code
European Review of Private Law 2002, S. 183ff.
(zit.: von Bar/Lando/Swann, ERPL 2002)

Baron, Gesa — Do the UNIDROIT Principles of International Commercial Contracts Form a New Lex Mercatoria?
Arbitration International 15 (1999), S. 115ff.
(zit.: Baron, Arb. Int. 15 (1999))

Basedow, Jürgen | Die UNIDROIT-Prinzipien der Internationalen Handelsverträge und die Übereinkommen des einheitlichen Privatrechts
in: Basedow, Jürgen (Hrsg.), Festschrift für Ulrich Drobnig zum siebzigsten Geburtstag am 25. November 1998, S. 21ff.
Tübingen 1998
(zit.: Basedow, FS Drobnig)

Basedow, Jürgen | Germany
in: Bonell, Michael Joachim (Hrsg.), A New Approach to International Commercial Contracts – The UNIDROIT Principles of International Commercial Contracts, S. 125ff.
London 1999
(zit.: Basedow, in: A New Approach)

Basedow, Jürgen | Uniform law Conventions and the UNIDROIT Principles of International Commercial Contracts
Uniform Law Review 2000, S. 129ff.
(zit.: Basedow, Unif. L. Rev. 2000)

Basedow, Jürgen | Das BGB im künftigen europäischen Privatrecht: Der hybride Kodex
Archiv für die civilistische Praxis 2000, S. 445ff.
(zit.: Basedow, AcP 2000)

Basedow, Jürgen | Die UNIDROIT-Prinzipien der internationalen Handelsverträge und das deutsche Recht
in: Schack, Haimo (Hrsg.), Gedächtnisschrift für Alexander Lüderitz, S. 1ff.
München 2000
(zit.: Basedow, GS Lüderitz)

Basedow, Jürgen | Das Internationale Privatrecht in den Zeiten der Globalisierung
in: Hohloch, Gerhard / Frank, Rainer / Schlechtriem, Peter (Hrsg.), Festschrift für Hans Stoll zum 75. Geburtstag, S. 405ff.
Tübingen 2001
(zit.: Basedow, FS Stoll)

Baumann, Antje | Japan Rom Mexico City – Fortschritte?
Das Recht Deutschlands und der Schweiz im Dialog V (1996), S. 2ff.
(zit.: Baumann, Das Recht Deutschlands und der Schweiz im Dialog V (1996))

Behrens, Peter

Kommentar zu: Dieter Schmidtchen – Lex Mercatoria und die Evolution des Rechts
in: Ott, Claus / Schäfer, Hans-Bernd (Hrsg.), Vereinheitlichung und Diversität des Zivilrechts in transnationalen Wirtschaftsräumen, S. 32ff.
Tübingen 2002
(zit.: Behrens)

Beraudo, Jean-Paul

Le Congrès Interaméricain sur les Principes d'UNIDROIT
Bulletin de la Cour Internationale d'Arbitrage de la CCI, Vol. 8/N° 1 – Mai 1997, S. 49ff.
(zit.: Beraudo)

Berger, Klaus Peter

Die UNIDROIT-Prinzipien für Internationale Handelsverträge – Indiz für ein autonomes Weltwirtschaftsrecht?
Zeitschrift für Vergleichende Rechtswissenschaft 94 (1995), S. 217ff.
(zit.: Berger, ZVglRWiss 94 (1995))

Berger, Klaus Peter

Formalisierte oder „schleichende" Kodifizierung des transnationalen Wirtschaftsrechts: zu den methodischen und praktischen Grundlagen der lex mercatoria
Berlin 1996
(zit.: Berger, Kodifizierung)

Berger, Klaus Peter

The Lex Mercatoria Doctrine and the UNIDROIT Principles of International Commercial Contracts
Law and Policy in International Business 28 (1997), S. 943ff.
(zit.: Berger, Law & Policy in International Business 28 (1997))

Berger, Klaus Peter

International Arbitral Practice and the UNIDROIT Principles of International Commercial Contracts
The American Journal of Comparative Law 46 (1998), S. 129ff.
(zit.: Berger, Am. J. Comp. L. 46 (1998))

Berger, Klaus Peter

The Creeping Codification of the Lex Mercatoria
The Hague 1999
(zit.: Berger, Creeping Codification)

Berger, Klaus Peter	The CENTRAL-List of Principles, Rules and Standards of the Lex Mercatoria in: Center for Transnational Law (Hrsg.), Transnational Law in Commercial Legal Practice (CENTRAL practice and study guides; Vol. 1), S. 121ff. Münster 1999 (zit.: Berger, The CENTRAL-List)
Berger, Klaus Peter	Einheitliche Rechtsstrukturen durch außergesetzliche Rechtsvereinheitlichung Juristen Zeitung 1999, S. 369ff. (zit.: Berger, JZ 1999)
Berger, Klaus Peter	Vom praktischen Nutzen der Rechtsvergleichung – Die „international brauchbare" Auslegung nationalen Rechts in: Berger, Klaus Peter (Hrsg.), Festschrift für Otto Sandrock zum 70. Geburtstag, S. 49ff. Heidelberg 2000 (zit.: Berger, FS Sandrock)
Berger, Klaus Peter	The Principles of European Contract Law and the concept of the "Creeping Codification" of law European Review of Private Law 2001, S. 21ff. (zit.: Berger, ERPL 2001)
Berger, Klaus Peter / Dubberstein, Holger / Lehmann, Sascha / Petzold, Viktoria	Anwendung Transnationalen Rechts in der internationalen Vertrags- und Schiedspraxis Zeitschrift für Vergleichende Rechtswissenschaft 101 (2002), S. 12ff. (zit.: Berger/Dubberstein/Lehmann/Petzold, ZVglRWiss 101 (2002))
Berger, Klaus Peter	European Private Law, Lex Mercatoria and Globalisation in: Hartkamp, Arthur u.a. (Hrsg.), Towards a European Civil Code, S. 43ff. 3. Auflage, Nijmegen 2004 (zit.: Berger, European Private Law)
Bernstorff, Christoph Graf von	Einführung in das englische Recht 2. Auflage, München 2000 (zit.: Graf von Bernstorff)

Bianca, Cesare Massimo / Bonell, Michael Joachim	Commentary on the International Sales Law - The 1980 Vienna Sales Convention Milan 1987 (zit.: Bianca/Bonell-Bearbeiter)
Blase, Friedrich	Die Grundregeln des Europäischen Vertragsrechts als Recht grenzüberschreitender Verträge Münster 2001 (zit.: Blase)
Blase, Friedrich	Paradigmenwechsel oder übereiltes Chaos? Überlegungen zur Reform des Vertragsstatuts im Europäischen Vertragsrecht www.europa.eu.int/comm/justice_home/news/consulting_public/rome_i/doc/eu_statement_20031124_de.pdf (Stand 27.12.2004) (zit.: Blase, www.europa.eu.int/comm/justice_home/news/consulting_public/rome_i/doc/eu_statement_20031124_de.pdf)
Blaurock, Uwe	Übernationales Recht des Internationalen Handels Zeitschrift für Europäisches Privatrecht 1993, S. 247ff. (zit.: Blaurock, ZEuP 1993)
Blessing, Marc	Choice of Substantive Law in International Arbitration Journal of International Arbitration 1997, S. 39ff. (zit.: Blessing, Journ. Int. Arb. 1997)
Boele-Woelki, Katharina	Die Anwendung der UNIDROIT-Principles auf internationale Handelsverträge Praxis des Internationalen Privat- und Verfahrensrechts 1997, S. 161ff. (zit.: Boele-Woelki, IPRax 1997)
Boele-Woelki, Katharina	Terms of Co-Existence: The CISG and the UNIDROIT Principles in: Sarcevic, Petar / Volken, P. (Hrsg.), The International Sale of Goods Revisited, S. 203ff. The Hague, London, New York 2001 (zit.: Boele-Woelki, Terms of Co-Existence)
Boggiano, Antonio	International standard contracts: the price of fairness Dordrecht 1991 (zit.: Boggiano, International standard contracts)

Boggiano, Antonio — La Convention interaméricaine sur la loi applicable aux contrats internationaux et les Principes d'UNIDROIT
Uniform Law Review 1996, S. 219ff.
(zit.: Boggiano, Unif. L. Rev. 1996)

Boggiano, Antonio — La solución de controversias: los Principios de UNIDROIT como normativa aplicable a los contratos comerciales internacionales por los jueces nacionales y por los árbitros
in: Mestre, Frédérique / de Seume, Patricia (Hrsg.), Los Principios de UNIDROIT: ?Un derecho común de los contratos para las Américas? – The UNIDROIT Principles: A common law of contracts for the Americas?, S. 15ff.
Rom 1998
(zit.: Boggiano, La solución de controversias)

Bonell, Michael Joachim — Das autonome Recht des Welthandels - rechtsdogmatische und rechtspolitische Aspekte
Rabels Zeitschrift für ausländisches und internationales Privatrecht 42 (1978), S. 485ff.
(zit.: Bonell, RabelsZ 42 (1978))

Bonell, Michael Joachim — Vertragsverhandlungen und culpa in contrahendo nach dem Wiener Kaufrechtsübereinkommen
Recht der Internationalen Wirtschaft 1990, S. 694ff.
(zit.: Bonell, RIW 1990)

Bonell, Michael Joachim — Das UNIDROIT-Projekt für die Ausarbeitung von Regeln für internationale Handelsverträge
Rabels Zeitschrift für ausländisches und internationales Privatrecht 56 (1992), S. 274ff.
(zit.: Bonell, RabelsZ 56 (1992))

Bonell, Michael Joachim — The UNIDROIT Principles of International Commercial Contracts and CISG – Alternatives or Complementary Instruments?
Uniform Law Review 1996, S. 26ff.
(zit.: Bonell, Unif. L. Rev. 1996)

Bonell, Michael Joachim — Die UNIDROIT-Prinzipien der internationalen Handelsverträge: Eine neue Lex Mercatoria?
Zeitschrift für Rechtsvergleichung 1996, S. 152ff.
(zit.: Bonell, ZfRV 1996)

Bonell, Michael Joachim The Unidroit Principles of International Commercial Contracts: Towards a new lex mercatoria?
Revue De Droit Des Affaires Internationales 1997, S. 145ff.
(zit.: Bonell, RDAI 1997)

Bonell, Michael Joachim The UNIDROIT Principles in Practice: The Experience of the First Two Years
Uniform Law Review 1997, S. 34ff.
(zit.: Bonell, Unif. L. Rev. 1997)

Bonell, Michael Joachim An International Restatement of Contract Law - The UNIDROIT Principles of International Commercial Contracts
2. Auflage, Irvingt-on-Hudson, N.Y. 1997
(zit.: Bonell, Restatement)

Bonell, Michael Joachim General Report
in: Bonell, Michael Joachim (Hrsg.), A New Approach to International Commercial Contracts – The UNIDROIT Principles of International Commercial Contracts, S. 1ff.
London 1999
(zit.: Bonell, in: A New Approach)

Bonell, Michael Joachim The UNIDROIT Principles and Transnational Law
Uniform Law Review 2000, S. 199ff.
(zit.: Bonell, Unif. L. Rev. 2000)

Bonell, Michael Joachim A "Global" Arbitration Decided on the Basis of the Unidroit Principles. In re Andersen Consulting Business Unit Member Firms vs. Arthur Andersen Business Unit Member Firms and Andersen Worldwide Société Coopérative
in: Basedow, Jürgen (Hrsg.), Aufbruch nach Europa: 75 Jahre Max-Planck-Institut für Privatrecht, S. 771ff.
Tübingen 2001
(zit.: Bonell, A "Global" Arbitration)

Bonell, Michael Joachim UNIDROIT Principles 2004 – The New Edition of the Principles of International Commercial Contracts adopted by the International Institute for the Unification of Private Law
Uniform Law Review 2004, S. 5ff.
(zit.: Bonell, Unif. L. Rev. 2004)

Bonell, Michael Joachim / Peleggi, Roberta — UNIDROIT Principles of International Commercial Contracts and Principles of European Contract Law: a Synoptical Table
Uniform Law Review 2004, S. 315ff.
(zit.: Bonell/Peleggi, Unif. L. Rev. 2004)

Bonomi, Andrea — Le norme imperative nel diritto internazionale privato
Zürich 1998
(zit.: Bonomi)

Bortolotti, Fabio — The UNIDROIT Principles and the arbitral tribunals
Uniform Law Review 2000, S. 141ff.
(zit.: Bortolotti, Unif. L. Rev. 2000)

Boschiero, Nerina — Verso il rinnovamento e la trasformazione della convenzione di Roma: problemi generali
in: Picone, Paolo (Hrsg.), Diritto internazionale privato e diritto comunitario, S. 319ff.
Milano 2004
(zit.: Boschiero)

Breitenstein, Detlev von — Rechtsordnung und „Lex Mercatoria" – Zur vergeblichen Suche nach einem „anationalen" Recht für die internationale Arbitrage
in: Berger, Klaus Peter (Hrsg.), Festschrift für Otto Sandrock zum 70. Geburtstag, S. 111ff.
Heidelberg 2000
(zit.: von Breitenstein, FS Sandrock)

Briceno Berrù, José Enrique — Comentarios a la Convención Interamericana sobre Derecho Aplicable a los Contratos Internacionales de Mexico de 1994 en perspectiva comparada con la Convención de Roma de 1980 sobre la Ley Aplicable a las Obligaciones Contratuales
Diritto del commercio internazionale 1997, S. 1003ff.
(zit.: Briceno Berrù, Dir. comm. int. 1997)

Bridge, Michael — The UK Sale of Goods Act, the CISG and the UNIDROIT Principles
in: Sarcevic, Petar / Volken, P. (Hrsg.), The International Sale of Goods Revisited, S. 115ff.
The Hague, London, New York 2001
(zit.: Bridge, The UK Sale of Goods Act)

Briggs, Adrian — The Conflict of Laws
Oxford 2002
(zit.: Briggs)

Brödermann, Eckart — Die erweiterten UNIDROIT Principles 2004
Recht der Internationalen Wirtschaft 2004, S. 721ff.
(zit.: Brödermann, RIW 2004)

Brower, Charles N. — The Privatization of Rules of Decision in International Commercial Arbitration
in: Briner, Robert / Fortier, L. Yves / Berger, Klaus Peter / Bredow, Jens (Hrsg.), Law of International Business and Dispute Settlement in the 21st Century. Recht der Internationalen Wirtschaft und Streiterledigung im 21. Jahrhundert. Liber Amicorum Karl-Heinz Böckstiegel, S. 111ff.
Köln, Berlin, Bonn, München 2001
(zit.: Brower, Privatization)

Brunner, Christoph — UN-Kaufrecht – CISG
Kommentar zum Übereinkommen der Vereinten Nationen über Verträge über den internationalen Warenkauf von 1980
Bern 2004
(zit.: Brunner)

Bucher, Andreas — Transnationales Recht im IPR
in: Schwind, Fritz (Hrsg.), Aktuelle Fragen zum Europarecht aus der Sicht in- und ausländischer Gelehrter, S. 11ff.
Wien 1986
(zit.: Bucher)

Burkart, Fabian — Interpretatives Zusammenwirken von CISG und UNIDROIT-Prinzipien
Baden-Baden 2000
(zit.: Burkart)

Burman, Harold S. — International Conflict of Laws, the 1994 Inter-American Convention on the Law applicable to International Contracts and Trends for the 1990s
Vanderbilt Journal of Transnational Law 28 (1995), S. 367ff.
(zit.: Burman, Vand. J. Transnat. L. 28 (1995))

Calliess, Gralf-Peter	Reflexive Transnational Law - The Privatisation of Civil Law and the Civilisation of Private Law Zeitschrift für Rechtssoziologie 2002, S. 185ff. (zit.: Calliess, Zeitschr. f. Rechtssoz. 2002)
Calvo Caravaca, Alfonso-Luis / Carrascosa González, Javier	Curso de Contratación Internacional Madrid 2003 (zit.: Calvo Caravaca/Carrascosa González)
Canaris, Claus-Wilhelm	Systemdenken und Systembegriff in der Jurisprudenz 2. Auflage, Berlin 1983 (zit.: Canaris, Systemdenken und Systembegriff)
Canaris, Claus-Wilhelm	Die Stellung der "UNIDROIT Principles" und der "Principles of European Contract Law" im System der Rechtsquellen in: Basedow, Jürgen (Hrsg.), Europäische Vertragsrechtsvereinheitlichung und deutsches Recht, S. 5ff. Tübingen 2000 (zit.: Canaris)
Carbone, Sergio M.	Principi dei contratti internazionali e norme di origine internazionale (con particolare riguardo al diritto uniforme) in: Bonell, Michael Joachim / Bonelli, Franco (Hrsg.), Contratti commerciali internazionali e principi UNIDROIT, S. 23ff. Milano 1997 (zit.: Carbone, Principi dei contratti internazionali)
Carrascosa González, Javier	Globalización y Derecho Internacional Privado Murcia 2002 (zit.: Carrascosa González)
Charpentier, Élise	L'émergence d'un ordre public... privé: une présentation des Principes d'UNIDROIT Revue Juridique Thémis 2002, S. 355ff. (zit.: Charpentier, Revue Juridique Thémis 2002)
Coing, Helmut	Grundzüge der Rechtsphilosophie 5. Auflage, Berlin, New York 1993 (zit.: Coing)

Corapi, Diego — L'equilibrio delle posizioni contrattuali nei Principi UNIDROIT
Europa e diritto privato 2001, S. 23ff.
(zit.: Corapi, Europa e diritto privato 2001)

Czernich, Dietmar / Heiss, Helmut / Nemeth, Kristin — EVÜ - Das Europäische Schuldvertragsübereinkommen: Übereinkommen über das auf vertragliche Schuldverhältnisse anzuwendende Recht
Wien 1999
(zit.: Czernich/Heiss/Nemeth-Bearbeiter)

Da Gama e Souza jr, Lauro — The UNIDROIT Principles of International Commercial Contracts and their Applicability in the MERCOSUR Countries
Revue Juridique Thémis 2002, S. 375ff.
(zit.: da Gama e Souza jr, Revue Juridique Thémis 2002)

Darankoum, Emmanuel S. — L'application des Principes d'UNIDROIT par les arbitres internationaux et par les juges étatiques
Revue Juridique Thémis 2002, S. 421ff.
(zit.: Darankoum, Revue Juridique Thémis 2002)

Dasser, Felix — Internationale Schiedsgerichte und lex mercatoria
Zürich 1989
(zit.: Dasser)

Dasser, Felix — Vertragstypenrecht im Wandel
Zürich 2000
(zit.: Dasser, Vertragstypenrecht im Wandel)

Dasser, Felix — Lex Mercatoria – Critical Comments on a Tricky Topic
in: Appelbaum, Richard P. / Felstiner, William L.F. / Gessner, Volkmar (Hrsg.), Rules and Networks – The Legal Culture of Global Business Transactions, S. 189ff.
Oxford, Portland Oregon 2001
(zit.: Dasser, Lex Mercatoria)

David, René / Brierley, John E. C. — Major Legal Systems in the World Today
3. Auflage, London 1985
(zit.: David/Brierley, Major Legal Systems)

Diedrich, Frank — Autonome Auslegung von Internationalem Einheitsrecht: Computersoftware im Wiener Kaufrecht
Baden-Baden 1994
(zit.: Diedrich, Autonome Auslegung)

Diedrich, Frank	Lückenfüllung im Internationalen Einheitsrecht – Möglichkeiten und Grenzen richterlicher Rechtsfortbildung im Wiener Kaufrecht Recht der Internationalen Wirtschaft 1995, S. 353ff. (zit.: Diedrich, RIW 1995)
Diesse, Francois	La bonne foi, la coopération et le raisonnable dans la Convention des Nations Unies relative à la vente internationale de marchandises (CVIM) Journal du Droit International 2002, S. 55ff. (zit.: Diesse, J.D.I. 2002)
Dölle, Hans (Hrsg.)	Kommentar zum Einheitlichen Kaufrecht München 1976 (zit.: Dölle-Bearbeiter)
Dreier, Ralf	Der Begriff des Rechts Neue Juristische Wochenschrift 1986, S. 890ff. (zit.: Dreier, NJW 1986)
Dreyzin de Klor, Adriana S. / Saracho Cornet, Teresita Nelly	Convención Interamericana sobre derecho aplicable a los contratos internacionales (CIDIP V, Mexico 1994) Revista Jurídica Argentina LA LEY 1995, S. 1037ff. (zit.: Dreyzin de Klor/Saracho Cornet, Rev. Jur. Argent. LA LEY 1995)
Drobnig, Ulrich	Ein Vertragsrecht für Europa in: Baur, Jürgen F. / Hopt, Klaus J. / Mailänder, K. Peter (Hrsg.), Festschrift für Ernst Steindorff zum 70. Geburtstag am 13. März 1990, S. 1141ff. Berlin 1990 (zit.: Drobnig, FS Steindorff)
Drobnig, Ulrich	The Use of the UNIDROIT Principles by National and Supranational Courts in: The UNIDROIT Principles for International Commercial Contracts: A New Lex Mercatoria? ICC/Dossier of the Institute of International Business Law and Practice/1995, N° 490/1, S. 223ff. (zit.: Drobnig, Use of the UP)
Drobnig, Ulrich	The UNIDROIT Principles in the Conflict of Laws Uniform Law Review 1998, S. 385ff. (zit.: Drobnig, Unif. L. Rev. 1998)

Drobnig, Ulrich | Vereinheitlichung von Zivilrecht durch soft law: neuere Erfahrungen und Einsichten
in: Basedow, Jürgen (Hrsg.), Aufbruch nach Europa: 75 Jahre Max-Planck-Institut für Privatrecht, S. 745ff.
Tübingen 2001
(zit.: Drobnig, Vereinheitlichung)

Dutoit, Bernard | The Rome Convention on the Choice of Law for Contracts
in: von Hoffmann, Bernd (Hrsg.), European Private International Law, S. 39ff.
Nijmegen 1998
(zit.: Dutoit)

Ebke, Werner | Die Anknüpfung der Rechtsnachfolge von Todes wegen nach niederländischem Kollisionsrecht
Rabels Zeitschrift für ausländisches und internationales Privatrecht 48 (1984), S. 319ff.
(zit.: Ebke, RabelsZ 48 (1984))

Ehle, Bernd | Das Grünbuch "Rom I" - die Modernisierung des EVÜ steht bevor
Zeitschrift für Gemeinschaftsprivatrecht 03-04, S. 49ff.
(zit.: Ehle, GPR 03-04)

Ehrlich, Eugen | Grundlegung der Soziologie des Rechts
4. Auflage, Berlin 1989
(zit.: Ehrlich, Grundlegung der Soziologie des Rechts)

Eickelberg, Jan Martin | Lückenfüllung im Einheitstransportrecht in Deutschland, England und den USA
Heidelberg 2004
(zit.: Eickelberg)

Enderlein, Fritz / Maskow, Dietrich / Strohbach, Heinz | Internationales Kaufrecht
Berlin 1991
(zit.: Enderlein/Maskow/Strohbach-Bearbeiter)

Erman, Walter | Bürgerliches Gesetzbuch, Band II
11. Auflage, Köln 2004
(zit.: Erman-Bearbeiter)

Esser, Josef | Grundsatz und Norm in der richterlichen Fortbildung des Privatrechts
Tübingen 1956
(zit.: Esser)

Faust, Florian	Zinsen bei Zahlungsverzug Rabels Zeitschrift für ausländisches und internationales Privatrecht 68 (2004), S. 511ff. (zit.: Faust, RabelsZ 68 (2004))
Fauvarque-Cosson, Bénédicte	Les contrats du commerce international, une approche nouvelle: les principes d'UNIDROIT relatifs aux contrats du commerce international Revue Internationale de Droit Comparé 2-1998, S. 463ff. (zit.: Fauvarque-Cosson, R.I.D.C. 2-1998)
Fauvarque-Cosson, Bénédicte	France in: Bonell, Michael Joachim (Hrsg.), A New Approach to International Commercial Contracts – The UNIDROIT Principles of International Commercial Contracts, S. 95ff. London 1999 (zit.: Fauvarque-Cosson, in: A New Approach)
Ferid, Murad	Internationales Privatrecht 3. Auflage, Frankfurt 1986 (zit.: Ferid)
Fernández Arroyo, Diego P.	La Convention interaméricaine sur la loi applicable aux contrats internationaux: certains chemins conduisent au-delà de Rome Revue critique de droit international privé 1995, S. 178ff. (zit.: Fernández Arroyo, Rev. crit. dr. internat. privé 1995)
Fernández Arroyo, Diego P. / Fresnedo de Aguirre, Cecilia	Capitulo 24 - Obligaciones contractuales: aspectos generales in: Fernández Arroyo, Diego P. (Hrsg.), Derecho internacional privado de los estados del MERCOSUR, S. 949ff. Buenos Aires 2003 (zit.: Fernández Arroyo/Fresnedo de Aguirre)
Fernández Rozas, José Carlos / Sánchez Lorenzo, Sixto	Derecho Internacional Privado 2. Auflage, Madrid 2001 (zit.: Fernández Rozas/Sánchez Lorenzo)
Ferrari, Franco	Defining the Sphere of Application of the 1994 UNIDROIT Principles of International Commercial Contracts Tulane Law Review 69 (1994/1995), S. 1227ff. (zit.: Tul. L. Rev. 69 (1994/1995))

Ferrari, Franco — Interprétation uniforme de la Convention de Vienne de 1980 sur la vente internationale
Revue Internationale de Droit Comparé 4-1996, S. 813ff.
(zit.: Ferrari, R.I.D.C. 4-1996)

Ferrari, Franco — I "Principi per i contratti commerciali internazionali" dell' UNIDROIT ed il loro ambito di applicazione
Contratto e Impresa 1996, S. 300ff.
(zit.: Ferrari, Contratto e Impresa 1996)

Ferrari, Franco — General Principles and International Uniform Commercial Law Conventions: A Study of the 1980 Vienna Sales Convention and the 1988 Unidroit Conventions
Uniform Law Review 1997, S. 451ff.
(zit.: Ferrari, Unif. L. Rev. 1997)

Ferrari, Franco — Das Verhältnis zwischen den UNIDROIT-Grundsätzen und den allgemeinen Grundsätzen internationaler Einheitsprivatrechtskonventionen
Juristen Zeitung 1998, S. 9ff.
(zit.: Ferrari, JZ 1998)

Fiedler, Patrick — Stabilisierungsklauseln und materielle Verweisung im Internationalen Vertragsrecht
Frankfurt am Main 2000
(zit.: Fiedler)

Fischer, Nicole N. — Die Unmöglichkeit der Leistung im internationalen Kauf- und Vertragsrecht: die Haftungsbefreiung des Schuldners nach Art. 79 CISG, den Vorschriften der UNIDROIT Principles of International Commercial Contracts und der Principles of European Contract Law im Vergleich zum deutschen Unmöglichkeitsrecht
Berlin 2001
(zit.: Fischer)

Flechtner, Harry M. — The CISG's impact on international unification efforts: the UNIDROIT Principles of International Commercial Contracts and the Principles of European Contract Law
in: Ferrari, Franco (Hrsg.), The 1980 Uniform Sales Law. Old Issues Revisited in the Light of Recent Experiences. Verona Conference 2003, S. 169ff.
München, Mailand 2003
(zit.: Flechtner, The CISG's impact)

Font i Segura, Albert	(ohne Titel) www.europa.eu.int/comm/justice_home/news/consulting_public/rome_i/news_summary_rome1_en.htm (Stand: Dezember 2005) (zit.: Font i Segura, www.europa.eu.int/comm/justice_home/news/consulting_pulic/rome_i/news_summary_rome1_en.htm)
Fouchard, Philippe	L'arbitrage commercial international Paris 1965 (zit.: Fouchard, L'arbitrage commercial international)
Freitag, Robert	Einfach und international zwingende Normen – Anmerkungen zu einem restatement des Art. 7 EVÜ in einem künftigen „Gemeinschaftsinstrument über das auf vertragliche Schuldverhältnisse anwendbare Recht" in: Leible, Stefan (Hrsg.), Das Grünbuch zum Internationalen Vertragsrecht, S. 167ff. München 2004 (zit.: Freitag, Einfach und international zwingende Normen)
Fresnedo de Aguirre, Cecilia	La Convención Interamericana sobre Derecho Aplicable a los Contratos Internacionales, aprobada en la Quinta Conferencia Especializada Sobre Derecho Internacional Privado (CIDIP-V) – Mexico – 1994 Anuario de derecho comercial, 7/8 (1996/1999), S. 191ff. (zit.: Fresnedo de Aguirre, An. der. com. 7/8 (1996/1999))
Frick, Joachim G.	Die UNIDROIT-Prinzipien für internationale Handelsverträge Recht der Internationalen Wirtschaft 2001, S. 416ff. (zit.: Frick, RIW 2001)
Frick, Joachim G.	Arbitration and complex international contracts Zürich 2001 (zit.: Frick, Arbitration)
Frigge, Bettina	Externe Lücken und internationales Privatrecht im UN-Kaufrecht (Art. 7 Abs. 2) Frankfurt 1994 (zit.: Frigge)

Gabaldón M., Frank — Principios, Costumbre, Usos, Prácticas Mercantiles y Otras Figuras
in: Parra Aranguren, Fernándo (Hrsg.), Temas de Derecho Internacional Privado. Libro Homenaje a Juan María Rouvier, S. 243ff.
Caracas 2003
(zit.: Gabaldón)

Gaillard, Emmanuel — Trente ans de Lex Mercatoria - Pour une application sélective de la méthode des principes généraux du droit
Journal du Droit International 1995, S. 5ff.
(zit.: Gaillard, J.D.I. 1995)

Gaillard, Emmanuel / Savage, John (Hrsg.) — Fouchard, Gaillard, Goldman
On International Commercial Arbitration
The Hague, Boston, London 1999
(zit.: Gaillard/Savage)

Gaillard, Emmanuel — Transnational Law: A Legal System or a Method of Decision Making?
Arbitration International 17 (2001), S. 59ff.
(zit.: Gaillard, Arb. Int. 17 (2001))

Gandolfi, Giuseppe (Hrsg.) — Code Européen des Contrats - Avant-projet
3. Auflage, Mailand 2002
(zit.: Gandolfi)

Garro, Alejandro M. — The gap-filling role of the UNIDROIT-Principles in international sales law: some comments on the interplay between the principles and the CISG
Tulane Law Review 69 (1994/1995), S. 1149ff.
(zit.: Garro, Tul. L. Rev. 69 (1994/1995))

Gebauer, Martin — Uniform Law, General Principles and Autonomous Interpretation
Uniform Law Review 2000, S. 683ff.
(zit.: Gebauer, Unif. L. Rev. 2000)

Gebele, Andreas — Die Konvention von Mexiko
Berlin 2002
(zit.: Gebele)

Giardina, Andrea — Les Principes UNIDROIT sur les contrats internationaux
Journal du Droit International 1995, S. 547ff.
(zit.: Giardina, J.D.I. 1995)

Giuliano, Mario / Lagarde, Paul — Report on the Convention on the law applicable to contractual obligations, AblEG Nr. C 282 vom 31.10.1980, S. 1ff.
(zit.: Giuliano/Lagarde)

Glenn, H. Patrick — An international private law of contract
in: Borchers, Patrick J. / Zekoll, Joachim (Hrsg.), International conflict of laws for the third millennium: essays in honor of Friedrich K. Juenger, S. 53ff.
Ardsley, N.Y. 2001
(zit.: Glenn)

Goldman, Berthold — La lex mercatoria dans les contrats et l'arbitrage internationaux: réalité et perspectives
Journal du Droit International 1979, S. 475ff.
(zit.: Goldman, J.D.I. 1979)

Goldstajn, Aleksandar — Lex mercatoria and the CISG: the global law merchant
in: Sarcevic, Petar / Volken, P. (Hrsg.), The International Sale of Goods Revisited
The Hague, London, New York 2001, S. 241ff.
(zit.: Goldstajn, Lex mercatoria and the CISG)

Gruber, Urs Peter — Methoden des internationalen Einheitsrechts
Tübingen 2004
(zit.: Gruber, Methoden des internationalen Einheitsrechts)

Grundmann, Stefan — Law merchant als lex lata Communitatis – insbesondere die Unidroit-Principles
in: Diederichsen, Uwe u.a. (Hrsg.), Festschrift für Walter Rolland zum 70. Geburtstag, S. 145ff.
Köln 1999
(zit.: Grundmann, FS Rolland)

Grundmann, Stefan — General Principles of Private Law and Ius Commune Modernum as Applicable Law?
in: Baums, Theodor / Hopt, Klaus J. / Horn, Norbert (Hrsg.), Corporations, capital markets, and business in the law: liber amicorum Richard M. Buxbaum, S. 213ff.
London etc. 2000
(zit.: Grundmann, FS Buxbaum)

Happ, Richard — Anwendbarkeit völkerrechtlicher Auslegungsmethoden auf das UN-Kaufrecht
Recht der Internationalen Wirtschaft 1997, S. 376ff.
(zit.: Happ, RIW 1997)

Hartkamp, Arthur S. | The Use of the UNIDROIT Principles of International Commercial Contracts by National and Supranational Courts
in: The UNIDROIT Principles for International Commercial Contracts: A New Lex Mercatoria?
ICC/Dossier of the Institute of International Business Law and Practice/1995, N° 490/1, S. 253ff.
(zit.: Hartkamp, The Use of the UP)

Hartkamp, Arthur S. | Modernisation and Harmonisation of Contract Law: Objectives, Methods and Scope
Uniform Law Review 2003, S. 81ff.
(zit.: Hartkamp, Unif. L. Rev. 2003)

Hau, Wolfgang | Rahmenbedingungen einer Vergemeinschaftung des Internationalen Vertragsrechts
in: Leible, Stefan (Hrsg.), Das Grünbuch zum Internationalen Vertragsrecht, S. 13ff.
München 2004
(zit.: Hau, Rahmenbedingungen)

Herber, Rolf | „Lex mercatoria" und „Principles" – gefährliche Irrlichter im internationalen Kaufrecht
Internationales Handelsrecht 2003, S. 1ff.
(zit.: Herber, IHR 2003)

Herber, Rolf / Czerwenka, Beate | Internationales Kaufrecht
München 1991
(zit.: Herber/Czerwenka)

Herbert, Ronald | La Convención Interamericana sobre Derecho Aplicable a los Contratos Internacionales
Revista Uruguaya de Derecho Internacional Privado, Bd. 1 (1994), S. 45ff.
(zit.: Herbert, Rev. Urug. DIP 1994)

Herdegen, Matthias | Europarecht
7. Auflage, München 2005
(zit.: Herdegen)

Hernández-Bretón, Eugenio	Internationale Handelsverträge im Lichte der Interamerikanischen Konvention von Mexiko über das auf internationale Verträge anwendbare Recht Praxis des Internationalen Privat- und Verfahrensrechts 1998, S. 378ff. (zit.: Hernández-Bretón, IPRax 1998)
Heuzé, Vincent	La vente internationale de marchandises – Droit uniforme Paris 2000 (zit.: Heuzé)
Highet, Keith	The Enigma of the Lex Mercatoria in: Carbonneau, Thomas E. (Hrsg.), Lex Mercatoria and arbitration: a discussion of the new law merchant, S. 133ff. New York 1998 (zit.: Highet, Enigma)
Hill, Richard	A Businessman's View of the UNIDROIT Principles Journal of International Arbitration 1996, S. 163ff. (zit.: Hill, Journ. Int. Arb. 1996)
Hobe, Stephan	Europarecht 2. Auflage, Köln 2004 (zit.: Hobe)
Hoffmann, Bernd von	General Report on Contractual Obligations in: Lando, Ole / von Hoffman, Bernd / Siehr, Kurt (Hrsg.), European Private International Law of Obligations, S. 1ff. Tübingen 1975 (zit.: von Hoffmann, General Report)
Hoffmann, Bernd von	Grundsätzliches zur Anwendung der „lex mercatoria" durch internationale Schiedsgerichte in: Musielak, Hans-Joachim / Schurig, Klaus (Hrsg.), Festschrift für Gerhard Kegel zum 75. Geburtstag am 26. Juni 1987, S. 215ff. Stuttgart 1987 (zit.: von Hoffmann, FS Kegel 1987)
Hoffmann, Bernd von / Thorn, Karsten	Internationales Privatrecht 8. Auflage, München 2005 (zit.: von Hoffmann/Thorn, IPR)

Honnold, John O. | Documentary History
Deventer 1996
(zit.: Honnold, Documentary History)

Honnold, John O. | Uniform Law for International Sales
3. Auflage, The Hague 1999
(zit.: Honnold, Uniform Law)

Honsell, Heinrich (Hrsg.) | Kommentar zum UN-Kaufrecht: Übereinkommen der Vereinten Nationen über Verträge über den internationalen Warenkauf (CISG)
Berlin, Heidelberg 1997
(zit.: Honsell-Bearbeiter)

Horn, Helmut | Internationales Vertragsrecht
Wien 1999
(zit.: Horn, Internationales Vertragsrecht)

Houtte, Hans van | The UNIDROIT Principles of International Commercial Contracts and International Commercial Arbitration: Their Reciprocal Relevance
in: The UNIDROIT Principles for International Commercial Contracts: A New Lex Mercatoria?
ICC/Dossier of the Institute of International Business Law and Practice/1995, N° 490/1, S. 181ff.
(zit.: van Houtte, The UNIDROIT Principles)

Houtte, Hans van | The UNIDROIT Principles of International Commercial Contracts
Arbitration International 11 (1995), S. 373ff.
(zit.: van Houtte, Arb. Int. 11 (1995))

Huber, Peter | Kulturelle Identität von Rechtssystemen – Das Common Law und die deutsche Praxis
in: Jayme, Erik (Hrsg.), Kulturelle Identität und Internationales Privatrecht, S. 51ff.
Heidelberg 2003
(zit.: Huber, Kulturelle Identität)

Huber, Ulrich | Einheitliches Kaufrecht und europäische Privatrechtsvereinheitlichung
in: Due, Ole / Lutter, Marcus / Schwarze, Jürgen (Hrsg.), Festschrift für Ulrich Everling, Band I, S. 493ff.
Baden-Baden 1995
(zit.: Huber, FS Everling)

Huber, Ulrich — Savigny's Lehre von der Auslegung der Gesetze in heutiger Sicht
Juristen Zeitung 2003, S. 1ff.
(zit.: Huber, JZ 2003)

Huet, Jérôme — Conclusions
in: The UNIDROIT Principles for International Commercial Contracts: A New Lex Mercatoria?
ICC/Dossier of the Institute of International Business Law and Practice/1995, N° 490/1, S. 263ff.
(zit.: Huet, Conclusions)

Hultmark, Christina — Sweden
in: Bonell, Michael Joachim (Hrsg.), A New Approach to International Commercial Contracts – The UNIDROIT Principles of International Commercial Contracts, S. 301ff.
London 1999
(zit.: Hultmark, in: A New Approach)

Hyland, Richard — On Setting Forth the Law of Contract: A Foreword
American Journal of Comparative Law 40 (1992), S. 541ff.
(zit.: Hyland, Am. J. Comp. L. 40 (1992))

International Institute for the Unification of Private Law (UNIDROIT) — UNIDROIT Principles of International Commercial Contracts
Rom 1994
(zit.: UNIDROIT Principles 1994)

International Institute for the Unification of Private Law (UNIDROIT) — UNIDROIT Principles of International Commercial Contracts
Rom 2004
(zit.: UNIDROIT Principles 2004)

International Institute for the Unification of Private Law (UNIDROIT) — Green Paper on the Conversion of the 1980 Rome Convention on the Law Applicable to Contractual Obligations into a Community Instrument and its Modernisation. Reply by the International Institute for the Unification of Private Law (UNIDROIT) to Question 8
www.europa.eu.int/comm/justice_home/news/consulting_public/rome_i/news_summary_rome1_en.htm
(Stand: Dezember 2005)
(zit.: UNIDROIT, www.europa.eu.int/comm/justice_home/news/consulting_public/rome_i/news_summary_rome1_en.htm)

Jacquet, Jean-Michel | Aperçu de la Convention de Rome
in: Lagarde, Paul / von Hoffmann, Bernd (Hrsg.), L'européanisation du droit international privé, S. 21ff.
Köln 1996
(zit.: Jacquet, Aperçu de la Convention de Rome)

Janssen, André | Die Einbeziehung von Allgemeinen Geschäftsbedingungen in internationale Kaufverträge und die Bedeutung der UNIDROIT- und der Lando-Principles
Internationales Handelsrecht 2004, S. 194ff.
(zit.: Janssen, IHR 2004)

Jayme, Erik | Betrachtungen zur „dépecage" im internationalen Privatrecht
in: Musielak, Hans-Joachim / Schurig, Klaus (Hrsg.), Festschrift für Gerhard Kegel zum 75. Geburtstag am 26. Juni 1987, S. 253ff.
Stuttgart 1987
(zit.: Jayme, FS Kegel 1987)

Jayme, Erik | Die Vergemeinschaftung des Europäischen Vertragsübereinkommens (Rom I)
in: Reichelt, Gerte / Rechberger, Walter H. (Hrsg.), Europäisches Kollisionsrecht, S. 3ff.
Wien 2004
(zit.: Jayme, Vergemeinschaftung)

Juenger, Friedrich K. | Lex mercatoria und Eingriffsnormen
in: Löwisch, Manfred u.a. (Hrsg.), Beiträge zum Handels- und Wirtschaftsrecht. Festschrift für Fritz Rittner zum 70. Geburtstag, S. 233ff.
München 1991
(zit.: Juenger, FS Rittner)

Juenger, Friedrich K. | The Inter-American Convention on the Law Applicable to International Contracts: Some Highlights and Comparisons
American Journal of Comparative Law 42 (1994), S. 381ff.
(zit.: Juenger, Am. J. Comp. L. 42 (1994))

Juenger, Friedrich K. | Contract Choice of Law in the Americas
American Journal of Comparative Law 45 (1997), S. 195ff.
(zit.: Juenger, Am. J. Comp. L. 45 (1997))

Juenger, Friedrich K. — The UNIDROIT Principles of Commercial Contracts and Inter-American Contract Choice of Law
in: Universidad Nacional Autónoma de México, Universidad Panamericana (Hrsg.), Instituto de Investigaciones Jurídicas, Serie H: Estudios de Derecho Internacional Público, Núm. 27: Contratación Internacional. Comentarios a los Principios sobre los Contratos Comerciales Internacionales del UNIDROIT, S. 229ff.
Mexico 1998
(zit.: Juenger, in: Contratación Internacional)

Juenger, Friedrich K. — The Problem with Private International Law
in: Centro di studi e di ricerche di diritto comparato e straniero (Hrsg.), Saggi, Conferenze e Seminari, Vol. 37
Rom 1999
(zit.: Juenger, The Problem with Private International Law)

Juenger, Friedrich K. — The Problem with Private International Law
in: Basedow, Jürgen u.a. (Hrsg.), Private Law in the International Arena, Liber Amicorum Kurt Siehr, S. 289ff.
Zürich 2000
(zit.: Juenger, The Problem with Private International Law (FS Siehr))

Juenger, Friedrich K. — The lex mercatoria and private international law
Uniform Law Review 2000, S. 171ff.
(zit.: Juenger, Unif. L. Rev. 2000)

Juenger, Friedrich K. / Sánchez Lorenzo, Sixto A. — Conflictualismo y Lex Mercatoria en el Derecho Internacional Privado
Revista Espanola de Derecho Internacional 2000, S. 15ff.
(zit.: Juenger/Sánchez Lorenzo, Rev. esp. der. int. 2000)

Junker, Abbo — Deutsche Schiedsgerichte und Internationales Privatrecht (§ 1051 ZPO)
in: Berger, Klaus Peter (Hrsg.), Festschrift für Otto Sandrock zum 70. Geburtstag, S. 443ff.
Heidelberg 2000
(zit.: Junker, FS Sandrock)

Kahn, Philippe — La vente commerciale internationale
Paris 1961
(zit.: Kahn, La vente commerciale internationale)

Kahn, Philippe | Droit international économique, droit du développement, lex mercatoria: concept unique ou pluralisme des ordres juridiques?
in: Le droit des relations économiques internationales. Études offertes à Berthold Goldman, S. 97ff.
Paris 1982
(zit.: Kahn, FS Goldman)

Kahn, Philippe | Les Principes UNIDROIT comme droit applicable aux contrats internationaux
in: Bonell, Michael Joachim / Bonelli, Franco (Hrsg.), Contratti commerciali internazionali e principi UNIDROIT, S. 39ff.
Milano 1997
(zit.: Kahn, Les Principes UNIDROIT)

Kahn, Philippe | Vers l'institutionnalisation de la Lex Mercatoria - A propos des principes Unidroit relatifs aux contrats du commerce international
in: Liber Amicorum Commission de Droit et Vie des Affaires, S. 125ff.
Bruxelles 1998
(zit.: Kahn, Vers l'institutionnalisation de la Lex Mercatoria)

Kahn, Philippe | Les Conventions internationales de droit uniforme devant les tribunaux arbitraux
Uniform Law Review 2000, S. 121ff.
(zit.: Kahn, Unif. L. Rev. 2000)

Kappus, Andreas | "Lex mercatoria" als Geschäftsstatut vor staatlichen Gerichten im deutschen internationalen Schuldrecht
Praxis des Internationalen Privat- und Verfahrensrechts 1993, S. 137ff.
(zit.: Kappus, IPRax 1993)

Karollus, Martin | UN-Kaufrecht
Wien 1991
(zit.: Karollus)

Kassis, Antoine | Le nouveau droit européen des contrats internationaux
Paris 1993
(zit.: Kassis)

Kaufmann, Arthur	Rechtsphilosophie 2. Auflage, München 1997 (zit.: Kaufmann)
Kegel, Gerhard / Schurig, Klaus	Internationales Privatrecht 9. Auflage, München 2004 (zit.: Kegel/Schurig)
Kelsen, Hans	Reine Rechtslehre 2. Auflage, Wien 1960 (zit.: Kelsen)
Kern, Christoph	Ein einheitliches Zurückbehaltungsrecht im UN-Kaufrecht? Zeitschrift für Europäisches Privatrecht 2000, S. 837ff. (zit.: Kern, ZEuP 2000)
Kessedjian, Cathérine	Un exercice de rénovation des sources du droit des contrats du commerce international: Les Principes proposés par l'Unidroit Revue critique de droit international privé 1995, S. 641ff. (zit.: Kessedjian, Rev. crit. dr. internat. privé 1995)
Kindl, Johann	Ausländisches Recht vor deutschen Gerichten Zeitschrift für Zivilprozess 111 (1998), S. 177ff. (zit.: Kindl, ZZP 111 (1998))
Klauer, Stefan	Das europäische Kollisionsrecht der Verbraucherverträge zwischen Römer EVÜ und EG-Richtlinien Tübingen 2002 (zit.: Klauer)
Knöfel, Susanne	Mandatory Rules and Choice of Law: A Comparative Approach to Article 7(2) of the Rome Convention The Journal of Business Law 1999, S. 239ff. (zit.: Knöfel, Journal of Business Law 1999)
Kötz, Hein	Allgemeine Rechtsgrundsätze als Ersatzrecht Rabels Zeitschrift für ausländisches und internationales Privatrecht 34 (1970), S. 663ff. (zit.: Kötz, RabelsZ 34 (1970))
Koller, Peter	Theorie des Rechts – Eine Einführung Wien 1992 (zit.: Koller)

Komarov, Alexander S. | Remarks on the Applications of the UNIDROIT Principles of International Commercial Contracts in International Commercial Arbitration
in: The UNIDROIT Principles for International Commercial Contracts: A New Lex Mercatoria?
ICC/Dossier of the Institute of International Business Law and Practice/1995, N° 490/1, S. 155ff.
(zit.: Komarov, Remarks)

Kramer, Ernst A. | Uniforme Interpretation von Einheitsprivatrecht – mit besonderer Berücksichtigung von Art. 7 UNKR
Juristische Blätter 1996, S. 137ff.
(zit.: Kramer, JBl 1996)

Kreuzer, Karl | Einheitsrecht als Ersatzrecht – Zur Frage der Nichtermittelbarkeit fremden Rechts
Neue Juristische Wochenschrift 1983, S. 1943ff.
(zit.: Kreuzer, NJW 1983)

Kronke, Herbert | Internationale Schiedsverfahren nach der Reform
Recht der Internationalen Wirtschaft 1998, S. 257ff.
(zit.: Kronke, RIW 1998)

Kronke, Herbert | Most Significant Relationship, Governmental Interests, Cultural Identity, Integration: „Rules“ at Will and the Case for Principles of Conflict of Laws
in: Mansel, Heinz-Peter u.a. (Hrsg.), Festschrift für Erik Jayme, Band I, S. 461ff.
München 2004
(zit.: Kronke, FS Jayme)

Kropholler, Jan | Internationales Einheitsrecht
Allgemeine Lehren
Tübingen 1975
(zit.: Kropholler, Einheitsrecht)

Kropholler, Jan | Internationales Privatrecht
5. Auflage, Tübingen 2004
(zit.: Kropholler, IPR)

Krüger, Hilmar — Vermögensrechtliches Privatrecht und Rechtsverfolgung in Saudi-Arabien
in: Schütze, Rolf A. (Hrsg.), Einheit und Vielfalt des Rechts, Festschrift für Reinhold Geimer zum 65. Geburtstag, S. 485ff.
München 2002
(zit.: Krüger, FS Geimer)

Kühne, Gunther — Die Parteiautonomie zwischen kollisionsrechtlicher und materiellrechtlicher Gerechtigkeit
in: Krüger, Hilmar / Mansel, Heinz-Peter (Hrsg.), Liber Amicorum Gerhard Kegel, S. 65ff.
München 2002
(zit.: Kühne, FS Kegel 2002)

Lagarde, René — Le nouveau droit international privé des contrats après l'entrée en vigueur de la Convention de Rome du 19 juin 1980
Revue critique de droit international privé 1991, S. 287ff.
(zit.: Lagarde, Rev. crit. dr. internat. privé 1991)

Lalive, Pierre — L'arbitrage international et les principes UNIDROIT
in: Bonell, Michael Joachim / Bonelli, Franco (Hrsg.), Contratti commerciali internazionali e principi UNIDROIT, S. 71ff.
Milano 1997
(zit.: Lalive, L'arbitrage international)

Lamm, Martin Nyota — Die Interamerikanischen Spezialkonferenzen für Internationales Privatrecht
Würzburg 2000
(zit.: Lamm)

Lando, Ole / von Hoffmann, Bernd / Siehr, Kurt — European Private International Law of Obligations
Tübingen 1975
(zit.: Lando/von Hoffmann/Siehr)

Lando, Ole — The Lex Mercatoria in International Commercial Arbitration
International and Comparative Law Quarterly 34 (1985), S. 747ff.
(zit.: Lando, ICLQ 34 (1985))

Lando, Ole	Some issues relating to the law applicable to contractual obligations The King's College Law Journal 7 (1996/1997), S. 55ff. (zit.: Lando, King's College Law Journal 7 (1996/1997))
Lando, Ole	The Principles of European Contract Law and the lex mercatoria in: Basedow, Jürgen u.a. (Hrsg.), Private Law in the International Arena, Liber Amicorum Kurt Siehr, S. 391ff. Zürich 2000 (zit.: Lando, The Principles of European Contract Law)
Lando, Ole	The CISG and the UNIDROIT Principles in a Global Commercial Code in: Dubuisson, Bernard u. a. (Hrsg.), Mélanges offerts à Marcel Fontaine, S. 451ff. Bruxelles 2003 (zit.: Lando, The CISG and the UNIDROIT Principles)
Lando, Ole / Beale, Hugh	Principles of European Contract Law Parts I and II The Hague, London, Boston 2000 (zit.: Lando/Beale)
Lando, Ole / Clive, Eric / Prüm, André / Zimmermann, Reinhard (Hrsg.)	Principles of European Contract Law Part III The Hague 2003 (zit.: Lando/Clive/Prüm/Zimmermann)
Langen, Eugen	Transnationales Recht Heidelberg 1981 (zit.: Langen, Transnationales Recht)
Larenz, Karl	Methodenlehre der Rechtswissenschaft 6. Auflage, Berlin 1991 (zit.: Larenz, Methodenlehre)
Larenz, Karl / Wolf, Manfred	Allgemeiner Teil des Bürgerlichen Rechts 9. Auflage, München 2004 (zit.: Larenz/Wolf, AT)

Larroumet, Christian | La valeur des principes d'UNIDROIT applicables aux contrats du commerce international (1)
La Semaine Juridique 1997 [JCP], Éd. G, n° 14, S. 147ff.
(zit.: Larroumet, La Semaine Juridique 1997)

Leduc, Antoine | L'émergence d'une nouvelle lex mercatoria à l'enseigne des principes d'UNIDROIT relatifs aux contrats du commerce international: thèse et antithèse
Revue Juridique Thémis 2001, S. 429ff.
(zit.: Leduc, Revue Juridique Thémis 2001)

Leflar, Robert A. | Choice-Influencing Considerations in Conflicts Law
New York University Law Review 1966, S. 267ff.
(zit.: Leflar, N.Y. Univ. L. Rev. 1966)

Leible, Stefan | Außenhandel und Rechtssicherheit
Zeitschrift für Vergleichende Rechtswissenschaft 97 (1998), S. 286ff.
(zit.: Leible, ZVglRWiss 97 (1998))

Leible, Stefan | El significado de los „Principios de Unidroit" para la seguridad jurídica en el comercio internacional
Derecho de los Negocios, Septiembre 1999, S. 11ff.
(zit.: Leible, Derecho de los Negocios, Sept. 1999)

Leible, Stefan | Wege zu einem europäischen Privatrecht – Anwendungsprobleme und Entwicklungsperspektiven des Gemeinschaftsprivatrechts
Bayreuth 2001
(zit.: Leible, Wege zu einem europäischen Privatrecht)

Leible, Stefan | Verbesserung des kollisionsrechtlichen Verbraucherschutzes
in: Leible, Stefan (Hrsg.), Das Grünbuch zum Internationalen Vertragsrecht, S. 133ff.
München 2004
(zit.: Leible, Verbesserung des kollisionsrechtlichen Verbraucherschutzes)

Lettermann, G. Gregory | UNIDROIT's Rules in Practice: Standard International Contracts and Applicable Rules
The Hague, London, Boston 2001
(zit.: Lettermann)

L

Leyva Saavedra, José | La convención interamericana sobre el derecho aplicable a los contratos internacionales
Revista Jurídica del Perú 1998, S. 315ff.
(zit.: Leyva Saavedra, Rev. Jur. Perú 1998)

Loewe, Roland | Kaufrechtsübereinkommen – Lückenfüllung durch nichtamtliche Kodifikationen
in: Thume, Karl-Heinz (Hrsg.), Transport- und Vertriebsrecht 2000, Festgabe für Professor Dr. Rolf Herber, S. 7ff.
Neuwied 1999
(zit.: Loewe, Kaufrechtsübereinkommen)

Lookofsky, Joseph | Denmark
in: Michael Joachim Bonell (Hrsg.), A New Approach to International Commercial Contracts – The UNIDROIT Principles of International Commercial Contracts, S. 71ff.
London 1999
(zit.: Lookofsky, in: A New Approach)

Looschelders, Dirk | Die Ausstrahlung der Grund- und Menschenrechte auf das Internationale Privatrecht
Rabels Zeitschrift für ausländisches und internationales Privatrecht 65 (2001), S. 463ff.
(zit.: Looschelders, RabelsZ 65 (2001))

López Rodriguez, Ana M. | Lex Mercatoria and Harmonization of Contract Law in the EU
Copenhagen 2003
(zit.: López Rodriguez)

López Rodriguez, Ana M. | The Rome Convention of 1980 and its Revision at the Crossroads of the European Contract Law Project
European Review of Private Law 2004, S. 167ff.
(zit.: López Rodriguez, ERPL 2004)

Loquin, Eric | Où en est la Lex Mercatoria?
in: Leben, Charles / Loquin, Eric / Salem, Mahmoud (Hrsg.), Souveraineté étatique et marchés internationaux à la fin du 20ème siècle. Mélanges en l'honneur de Philippe Kahn, S. 23ff.
Paris 2000
(zit.: Loquin, Où en est la Lex Mercatoria?)

Lorenz, Werner — Die Lex Mercatoria: Eine internationale Rechtsquelle?
in: Barfuß, Werner u.a. (Hrsg.), Festschrift für Karl Neumayer zum 65. Geburtstag, S. 407ff.
Baden-Baden 1985
(zit.: Lorenz, FS Neumayer)

Lorenz, Egon — Die Rechtswahlfreiheit im internationalen Schuldvertragsrecht
Recht der Internationalen Wirtschaft 1987, S. 569ff.
(zit.: Lorenz, RIW 1987)

Lorenz, Werner — Vom alten zum neuen internationalen Schuldvertragsrecht
Praxis des Internationalen Privat- und Verfahrensrechts 1987, S. 269ff.
(zit.: Lorenz, IPRax 1987)

Lukowicz, Daniela de — Divergenzen in der Rechtsprechung zum CISG: auf dem Weg zu einer einheitlichen Auslegung und Anwendung?
Frankfurt 2001
(zit.: de Lukowicz)

Luzzatto, Riccardo — I principi UNIDROIT e l'arbitrato commerciale internazionale
in: Bonell, Michael Joachim / Bonelli, Franco (Hrsg.), Contratti commerciali internazionali e principi UNIDROIT, S. 91ff.
Milano 1997
(zit.: Luzzatto, I principi UNIDROIT)

Ly, Filip de — Lex Mercatoria and Unification of Law in the European Union
in: Hartkamp, Arthur u.a. (Hrsg.), Towards a European Civil Code, S. 41ff.
2. Auflage, The Hague 1998
(zit.: de Ly, Lex Mercatoria and Unification of Law)

Ly, Filip de — Lex Mercatoria (New Law Merchant): Globalisation and International Self-regulation
in: Appelbaum, Richard P. / Felstiner, William L.F. / Gessner, Volkmar (Hrsg.), Rules and Networks – The Legal Culture of Global Business Transactions, S. 159ff.
Oxford, Portland Oregon 2001
(zit.: de Ly, Lex Mercatoria (New Law Merchant))

Magnus, Ulrich | Die allgemeinen Grundsätze im UN-Kaufrecht
Rabels Zeitschrift für ausländisches und internationales Privatrecht 59 (1995), S. 469ff.
(zit.: Magnus, RabelsZ 59 (1995))

Magnus, Ulrich / Mankowski, Peter | The Green Paper on a Future Rome I Regulation – on the Road to a Renewed European Private International Law of Contracts
Zeitschrift für Vergleichende Rechtswissenschaft 103 (2004), S. 131ff.
(zit.: Magnus/Mankowski, ZVglRWiss 103 (2004))

Malloy, Susie A. | The Inter-American Convention on the Law Applicable to International Contracts: Another piece of the puzzle of the law applicable to international contracts
Fordham International Law Journal 19 (1995), S. 662ff.
(zit.: Malloy, Fordham Int'l L.J. 19 (1995))

Maniruzzaman, Abul F.M. | The lex mercatoria and international contracts: a challenge for international commercial arbitration?
American University International Law Review 14 (1999), S. 657ff.
(zit.: Maniruzzaman, Am. U. Int'l L. Rev. 14 (1999))

Mankowski, Peter | Überlegungen zur sach- und interessengerechten Rechtswahl für Verträge des internationalen Wirtschaftsverkehrs
Recht der Internationalen Wirtschaft 2003, S. 2ff.
(zit.: Mankowski, RIW 2003)

Mankowski, Peter | Stillschweigende Rechtswahl und wählbares Recht
in: Leible, Stefan (Hrsg.), Das Grünbuch zum Internationalen Vertragsrecht, S. 63ff.
München 2004
(zit.: Mankowski, Stillschweigende Rechtswahl und wählbares Recht)

Mann, F. A. | The Proper Law in the Conflict of Laws
International and Comparative Law Quarterly 36 (1987), S. 437ff.
(zit.: Mann, ICLQ 36 (1987)

Marrella, Fabrizio | Lex mercatoria e Principi Unidroit – Per una ricostruzione sistematica del diritto del commercio internazionale
Contratto e impresa / Europa 2000, S. 29ff.
(zit.: Marrella, Contratto e impresa / Europa 2000)

Marrella, Fabrizio | La nuova lex mercatoria – Principi UNIDROIT ed usi dei contratti del commercio internazionale
Padova 2003
(zit.: Marrella, La nuova lex mercatoria)

Martiny, Dieter | Objektive Vertragsanknüpfung und Form
in: Leible, Stefan (Hrsg.), Das Grünbuch zum Internationalen Vertragsrecht, S. 109ff.
München 2004
(zit.: Martiny, Objektive Vertragsanknüpfung und Form)

Max Planck Institute for Foreign Private and Private International Law | Comments on the European Commission's Green Paper on the conversion of the Rome Convention of 1980 on the law applicable to contractual obligations into a Community instrument and its modernization
Rabels Zeitschrift für ausländisches und internationales Privatrecht 68 (2004), S. 1ff.
(zit.: MPI, RabelsZ 68 (2004))

Mayer, Pierre / Heuzé, Vincent | Droit international privé
8. Auflage, Paris 2004
(zit.: Mayer/Heuzé)

Mayer, Pierre | The Role of the UNIDROIT Principles in ICC Arbitration Practice
in: International Court of Arbitration (Hrsg.), The UNIDROIT Principles of International Commercial Contracts – Reflections on their Use in International Arbitration
ICC International Court of Arbitration Bulletin – Special Supplement 2002, S. 105ff.
(zit.: Mayer, The Role of the UNIDROIT Principles)

Mayer, Ulrich C. | Die UNIDROIT-Prinzipien für internationale Handelsverträge
Aktuelle Juristische Praxis 1998, S. 499ff.
(zit.: Mayer, AJP 1998)

Mazeaud, Denis | A propos du droit virtuel des contrats: réflexions sur les principes d'UNIDROIT et de la Commission Lando
in: Mélanges Michel Cabrillac, S. 205ff.
Paris 1999
(zit.: Mazeaud, A propos du droit virtuel des contrats)

Meessen, Karl M. — Zu den Grundlagen des internationalen Wirtschaftsrechts
Archiv des öffentlichen Rechts 110 (1985), S. 398ff.
(zit.: Meessen, AöR 110 (1985))

Melis, Werner — in: International Court of Arbitration (Hrsg.), The UNIDROIT Principles of International Commercial Contracts – Reflections on their Use in International Arbitration
ICC International Court of Arbitration Bulletin – Special Supplement 2002, S. 133f.
(zit.: Melis, in: ICC International Court of Arbitration Bulletin – Special Supplement 2002)

Mertens, Hans-Joachim / Rehbinder, Eckard — Internationales Kaufrecht. Kommentar zu den Einheitlichen Kaufgesetzen.
Frankfurt am Main 1975
(zit.: Mertens/Rehbinder)

Mertens, Hans-Joachim — Nichtlegislatorische Rechtsvereinheitlichung durch transnationales Wirtschaftsrecht und Rechtsbegriff
Rabels Zeitschrift für ausländisches und internationales Privatrecht 56 (1992), S. 219ff.
(zit.: Mertens, RabelsZ 56 (1992))

Mertens, Hans-Joachim — Das lex mercatoria-Problem
in: Böttcher, Reinhard / Hueck, Götz / Jähnke, Burkhard (Hrsg.), Festschrift für Walter Odersky zum 65. Geburtstag am 17. Juli 1996, S. 857ff.
Berlin 1996
(zit.: Mertens, FS Odersky)

Michaels, Ralf — Privatautonomie und Privatkodifikation – Zur Anwendbarkeit und Geltung allgemeiner Vertragsrechtsprinzipien
Rabels Zeitschrift für ausländisches und internationales Privatrecht 62 (1998), S. 580ff.
(zit.: Michaels, RabelsZ 62 (1998))

Miguel Asensio, Pedro A. de — Armonización normativa y régimen jurídico de los contratos mercantiles internacionales
Diritto del commercio internazionale 1998, S. 859ff.
(zit.: de Miguel Asensio, Dir. comm. int. 1998)

Müller, Klaus — Zur Nichtfeststellbarkeit des kollisionsrechtlich berufenen ausländischen Rechts
Neue Juristische Wochenschrift 1981, S. 481ff.
(zit.: Müller, NJW 1981)

Münchener Kommentar zum Bürgerlichen Gesetzbuch	Band 10, Art. 1-38 EGBGB 3. Auflage, München 1998 (zit.: MüKo-Bearbeiter)
Naumann, Hanno	Der Regelungsbereich des UN-Kaufrechts im Spannungsfeld zwischen Einheitsrecht und Kollisionsrecht Frankfurt 2000 (zit.: Naumann)
Neumayer, Karl H.	Offene Fragen zur Anwendung des Abkommens der Vereinten Nationen über den internationalen Warenkauf Recht der Internationalen Wirtschaft 1994, S. 99ff. (zit.: Neumayer, RIW 1994)
Neumayer, Karl H. / Ming, Catherine	Convention de Vienne sur les contrats de vente internationale de marchandises – Commentaire Lausanne 1993 (zit.: Neumayer/Ming)
Noodt Taquela, María Blanca	Convención Interamericana sobre Derecho Aplicable a los Contratos Internacionales in: El Derecho Internacional Privado Interamericano en el umbral del siglo XXI – Sextas Jornadas de Profesores de Derecho Internacional Privado, Segovia, 1 y 2 de Diciembre de 1995, S. 91ff. Segovia 1997 (zit.: Noodt Taquela, Convención Interamericana)
Noodt Taquela, María Blanca	Jurisdicción internacional y derecho aplicable al reaseguro en la Argentina Revista del derecho comercial 1999, S. 727ff. (zit.: Noodt Taquela, Rev. der. com. 1999)
Nordic Group for Private International Law	Proposal for Amendments to the Convention on the Law Applicable to Contractual Obligations www.europa.eu.int/comm/justice_home/news/consulting_public/rome_i/news_summary_rome1_en.htm (Stand: Dezember 2005) (zit.: Nordic Group for Private International Law, www.europa.eu.int/comm/justice_home/news/consulting_public/rome_i/news_summary_rome1_en.htm)
North, Sir Peter / Fawcett, J. J.	Cheshire and North's Private International Law 13. Auflage, London etc. 1999 (zit.: Cheshire and North's)

Nygh, Peter — Autonomy in international contracts
Oxford 1999
(zit.: Nygh)

Opertti Badán, Didier — La CIDIP V: Una visión en perspectiva
Revista Uruguaya de Derecho Internacional Privado, Bd. 1-3 (1994-1999), S. 13ff.
(zit.: Opertti Badán, Rev. Urug. DIP 1994-1999)

Opertti Badán, Didier / Fresnedo de Aguirre, Cecilia — Contratos Comerciales Internacionales
Montevideo 1997
(zit.: Opertti Badán/Fresnedo de Aguirre)

Opertti Badán, Didier — El estado actual del tratamiento jurídico de los contratos comerciales internacionales en el continente americano
in: Mestre, Frédérique / de Seume, Patricia (Hrsg.), Los Principios de UNIDROIT: ?Un derecho común de los contratos para las Américas? – The UNIDROIT Principles: A common law of contracts for the Americas?, S. 29ff.
Rom 1998
(zit.: Opertti Badán, El estado actual)

Ott, Claus / Schäfer, Hans-Bernd — Die Vereinheitlichung des europäischen Vertragsrechts
in: Ott, Claus / Schäfer, Hans-Bernd (Hrsg.), Vereinheitlichung und Diversität des Zivilrechts in transnationalen Wirtschaftsräumen, S. 203ff.
Tübingen 2002
(zit.: Ott/Schäfer, Vereinheitlichung)

Oviedo Albán, Jorge — UNIDROIT y la unificación del derecho privado: referencia a los Principios para los Contratos Comerciales Internacionales
in: Calvo Caravaca, Alfonso Luis / Blanco-Morales Limones, Pilar (Hrsg.), Globalización y Derecho, S. 407ff.
Madrid 2003
(zit.: Oviedo Albán)

Palandt, Otto / Bassenge, Peter — Bürgerliches Gesetzbuch
64. Auflage, München 2005
(zit.: Palandt/Bassenge-Bearbeiter)

Parra-Aranguren, Gonzalo	La Quinta Conferencia Especializada Interamericana sobre Derecho Internacional Privado (CIDIP-V, México, 1994) Revista de la Fundación Procuraduría General de la República, No. 11 (1994), S. 179ff. (zit.: Parra-Aranguren, Rev. Fund. Proc. 11 (1994))
Parra-Aranguren, Gonzalo	Conflict of Law Aspects of the UNIDROIT Principles of International Commercial Contracts Tulane Law Review 69 (1994/1995), S. 1239ff. (zit.: Parra-Aranguren, Tul. L. Rev. 69 (1994/1995))
Parra-Aranguren, Gonzalo	The Fifth Inter-American Specialized Conference on Private International Law – Mexiko City, 14-18 March, 1994 in: Borrás, Alegría / Bucher, Andreas / Struycken, Teun / Verwilghen, Michel (Hrsg.), E Pluribus Unum. Liber Amicorum Georges A. L. Droz. On the Progressive Unification of Private International Law, S. 299ff. The Hague, Boston, London 1996 (zit.: Parra-Aranguren, in: E Pluribus Unum)
Patocchi, Paolo Michele/ Favre-Bulle, Xavier	Les Principes UNIDROIT relatifs aux contrats du commerce international - Une introduction La Semaine Judiciaire 120 (1998), S. 569ff. (zit.: Patocchi/Favre-Bulle, Sem. Jud. 120 (1998))
Pendón Meléndez, Miguel Ángel	in: Alvarado Herrera, Lucía / Morán Bovio, David (Hrsg.), Comentario a los Principios de UNIDROIT para los Contratos del Comercio Internacional 2003 (zit.: Pendón Meléndez)
Perales Viscasillas, Maria del Pilar	UNIDROIT Principles of International Commercial Contracts: Sphere of Application and General Provisions Arizona Journal of International and Comparative Law, 13 (1996), S. 383ff. (zit.: Perales Viscasillas, Ariz. Journ. Int. Comp. L. 13 (1996))

Perales Viscasillas, Maria del Pilar	Los Principios de UNIDROIT y CISG: Su mutua interacción in: Universidad Nacional Autónoma de México, Universidad Panamericana (Hrsg.), Instituto de Investigaciones Jurídicas, Serie H: Estudios de Derecho Internacional Público, Núm. 27: Contratación Internacional. Comentarios a los Principios sobre los Contratos Comerciales Internacionales del UNIDROIT, S. 187ff. Mexico 1998 (zit.: Perales Viscasillas, in: Contratación Internacional)
Pérez Vera, Elisa (Hrsg.)	Derecho Internacional Privado, Vol. II Derecho Civil Internacional Madrid 2001 (zit.: Pérez Vera)
Pereznieto Castro, Leonel	Introducción a la Convención Interamericana sobre derecho aplicable a los contratos internacionales Rivista di diritto internazionale privato e processuale 1994, S. 765ff. (zit.: Pereznieto Castro, Riv. dir. int. priv. e proc. 1994)
Petz, Thomas	Die UNIDROIT Prinzipien für Internationale Handelsverträge Wien 2001 (zit.: Petz)
Piltz, Burghard	Internationales Kaufrecht München 1993 (zit.: Piltz, Internationales Kaufrecht)
Piltz, Burghard	UN-Kaufrecht: Gestaltung von Export- und Importverträgen; Wegweiser für die Praxis 3. Auflage, Heidelberg 2001 (zit.: Piltz, Gestaltung)
Plender, Richard / Wilderspin, Michael	The European Contracts Convention - The Rome Convention on the Choice of Law for Contracts 2. Auflage, London 2001 (zit.: Plender/Wilderspin, The European Contracts Convention)

Prujiner, Alain	Comment utiliser les Principes d'UNIDROIT dans la pratique contractuelle Revue Juridique Thémis 2002, S. 561ff. (zit.: Prujiner, Revue Juridique Thémis 2002)
Püls, Joachim	Parteiautonomie: die Bedeutung des Parteiwillens und die Entwicklung seiner Schranken bei Schuldverträgen im deutschen Rechtsanwendungsrecht des 19. und 20. Jahrhunderts Berlin 1995 (zit.: Püls)
Radbruch, Gustav	Gesetzliches Unrecht und übergesetzliches Recht Süddeutsche Juristen-Zeitung 1946, S. 105ff. (zit.: Radbruch, SJZ 1946)
Radicati di Brozolo, Luca G.	Libre circulation dans la CE et règles de conflit in: Lagarde, Paul / von Hoffmann, Bernd (Hrsg.), L'européanisation du droit international privé, S. 87ff. Köln 1996 (zit.: Radicati di Brozolo, Libre circulation)
Raeschke-Kessler, Hilmar	Should an Arbitrator in an International Arbitration Procedure apply the UNIDROIT Principles? in: The UNIDROIT Principles for International Commercial Contracts: A New Lex Mercatoria? ICC/Dossier of the Institute of International Business Law and Practice/1995, N° 490/1, S. 167ff. (zit.: Raeschke-Kessler, Should an Arbitrator)
Raeschke-Kessler, Hilmar	The UNIDROIT Principles in Contemporary Contract Practice in: International Court of Arbitration (Hrsg.), The UNIDROIT Principles of International Commercial Contracts – Reflections on their Use in International Arbitration ICC International Court of Arbitration Bulletin – Special Supplement 2002, S. 99ff. (zit.: Raeschke-Kessler, The UNIDROIT Principles in Contemporary Contract Practice)
Ramberg, Jan	The Creativity of Arbitrators in the Context of the UNIDROIT Principles of International Commercial Contracts Uniform Law Review 1998, S. 651ff. (zit.: Ramberg, Unif. L. Rev. 1998)

Redfern, Alan / Hunter, Martin	Law and Practice of International Commercial Arbitration 3. Auflage, London 1999 (zit.: Redfern/Hunter)
Rehbinder, Manfred	Rechtssoziologie 5. Auflage, München 2003 (zit.: Rehbinder)
Reinhart, Gert	UN-Kaufrecht Heidelberg 1991 (zit.: Reinhart)
Reithmann, Christoph / Martiny, Dieter	Internationales Vertragsrecht: das internationale Privatrecht der Schuldverträge 6. Auflage, Köln 2004 (zit.: Reithmann/Martiny)
Remien, Oliver	Zwingendes Vertragsrecht und Grundfreiheiten des EG-Vertrages Tübingen 2003 (zit.: Remien, Zwingendes Vertragsrecht)
Repgen, Tilmann	Kein Abschied von der Privatautonomie. Die Funktion zwingenden Rechts in der Verbrauchsgüterkaufrichtlinie Paderborn 2001 (zit.: Repgen)
Riesenhuber, Karl	System und Prinzipien des Europäischen Vertragsrechts Berlin 2003 (zit.: Riesenhuber)
Rigaux, François	Examen de quelques questions laissées ouvertes par la Convention de Rome sur la loi applicable aux obligations contractuelles Cahiers de Droit Européen 1988, S. 306ff. (zit.: Rigaux, C. Dr. Europ. 1988)
Rigaux, François	Quelques problèmes d'interpretation de la Convention de Rome in: Lagarde, Paul / von Hoffmann, Bernd (Hrsg.), L'européanisation du droit international privé, S. 33ff. Köln 1996 (zit.: Rigaux, Quelques problèmes d'interprétation)

Rimke, Joern — Force Majeure and Hardship: Application in International Trade Practice with Specific Regard to the CISG and the UNIDROIT Principles of International Commercial Contracts
in: Pace International Law Review (Hrsg.), Review of the Convention on Contracts for the International Sale of Goods (CISG), 1999-2000, S. 193ff.
(zit.: Rimke, Force Majeure and Hardship)

Röhl, Klaus F. — Allgemeine Rechtslehre
2. Auflage, Köln 2001
(zit.: Röhl)

Röver, Jan-Hendrik — Vergleichende Prinzipien dinglicher Sicherheiten
München 1999
(zit.: Röver)

Rosett, Arthur — Unification, Harmonization, Restatement, Codification and Reform in International Commercial Law
American Journal of Comparative Law 40 (1992), S. 683ff.
(zit.: Rosett, Am. J. Comp. L. 40 (1992))

Roth, Wulf-Henning — Zur Wählbarkeit nichtstaatlichen Rechts
in: Mansel, Heinz-Peter u.a. (Hrsg.), Festschrift für Erik Jayme, Band I, S. 757ff.
München 2004
(zit.: Roth, FS Jayme)

Rüthers, Bernd — Rechtstheorie - Begriff, Geltung und Anwendung des Rechts
München 1999
(zit.: Rüthers)

Sabourin, Frédérique — Quebec
in: Bonell, Michael Joachim (Hrsg.), A New Approach to International Commercial Contracts – The UNIDROIT Principles of International Commercial Contracts, S. 237ff.
London 1999
(zit.: Sabourin, in: A New Approach)

Samtleben, Jürgen — Versuch über die Konvention von Mexiko über das auf internationale Schuldverträge anwendbare Recht
Praxis des Internationalen Privat- und Verfahrensrechts 1998, S. 385ff.
(zit.: Samtleben, IPRax 1998)

Sandrock, Otto	Über Sinn und Methode zivilistischer Rechtsvergleichung Frankfurt am Main 1966 (zit.: Sandrock, Sinn und Methode)
Santos Belandro, Ruben B.	El derecho aplicable a los contratos internacionales - Con especial referencia al contrato de transferencia de tecnologia 2. Auflage, Montevideo 1998 (zit.: Santos Belandro)
Sattar, Imtyaz M.	The UNIDROIT Principles of International Commercial Contracts and the WTO: Between an "International Restatement" and a "Globalization" of contract law? Indiana Journal of Global Legal Studies 5 (1997), S. 375ff. (zit.: Sattar, Ind. J. Global Legal Stud. 5 (1997))
Sbordone, Francesco	La „scelta" della legge applicabile al contratto Napoli 2003 (zit.: Sbordone)
Schack, Haimo	Das IPR – ein Buch mit sieben Siegeln, reif für das moderne Antiquariat? in: Krüger, Hilmar / Mansel, Heinz-Peter (Hrsg.), Liber Amicorum Gerhard Kegel, S.179ff. München 2002 (zit.: Schack, FS Kegel 2002)
Schilder, Axel	Schadensersatz bei Durchbrechung der Bindung an obligatorische Vertragsofferten - Eine vergleichende Untersuchung zum BGB und zum UN-Kaufrecht (CISG) Frankfurt 2003 (zit.: Schilder)
Schilf, Sven	Writing in confirmation: valid evidence of a sales contract? Reflections on a Danish case regarding usages, CISG and the UNIDROIT Principles Uniform Law Review 1999, S. 1004ff. (zit.: Schilf, Unif. L. Rev. 1999)
Schilf, Sven	Allgemeine Vertragsgrundregeln als Vertragsstatut Tübingen 2005 (zit.: Schilf, Vertragsgrundregeln)
Schilfgaarde, Peter van	System, good faith and equity in the New Dutch Civil Code European Review of Private Law 1997, S. 1ff. (zit.: van Schilfgaarde, ERPL 1997)

Schillo, Franz-Josef | UN-Kaufrecht oder BGB? Die Qual der Wahl beim internationalen Kaufvertrag – Vergleichende Hinweise zur Rechtswahl beim Abschluss von Verträgen
Internationales Handelsrecht 2003, S. 257ff.
(zit.: Schillo, IHR 2003)

Schindler, Thomas | Die Restatements und ihre Bedeutung für das amerikanische Privatrecht
Zeitschrift für Europäisches Privatrecht 1998, S. 277ff.
(zit.: Schindler, ZEuP 1998)

Schlechtriem, Peter (Hrsg.) | Kommentar zum Einheitlichen UN-Kaufrecht
2. Auflage, München 1995
(zit.: Schlechtriem-Bearbeiter, 2. Auflage)

Schlechtriem, Peter | Internationales UN-Kaufrecht: ein Studien- und Erläuterungsbuch zum Übereinkommen der Vereinten Nationen über Verträge über den internationalen Warenkauf (CISG)
3. Auflage, Tübingen 2005
(zit.: Schlechtriem)

Schlechtriem, Peter / Schwenzer, Ingeborg (Hrsg.) | Kommentar zum Einheitlichen UN-Kaufrecht
4. Auflage, München 2004
(zit.: Schlechtriem/Schwenzer-Bearbeiter)

Schlechtriem, Peter | Verjährung von Ansprüchen und Rechten aus einem Kaufvertrag nach CISG
in: Mansel, Heinz-Peter u.a. (Hrsg.), Festschrift für Erik Jayme, Band II, S. 1353ff.
München 2004
(zit.: Schlechtriem, FS Jayme)

Schmid, Christoph | Das Zusammenspiel von Einheitlichem UN-Kaufrecht und nationalem Recht: Lückenfüllung und Normenkonkurrenz
Berlin 1996
(zit.: Schmid, Zusammenspiel)

Schmid, Gudrun | Einheitliche Anwendung von internationalem Einheitsrecht
Baden-Baden 2004
(zit.: Schmid, Einheitliche Anwendung)

Schmidtchen, Dieter | Lex Mercatoria und die Evolution des Rechts
in: Ott, Claus / Schäfer, Hans-Bernd (Hrsg.), Vereinheitlichung und Diversität des Zivilrechts in transnationalen Wirtschaftsräumen, S. 1ff.
Tübingen 2002
(zit.: Schmidtchen, Lex Mercatoria)

Schmitthoff, Clive M. | Das neue Recht des Welthandels
Rabels Zeitschrift für ausländisches und internationales Privatrecht 28 (1964), S. 47ff.
(zit.: Schmitthoff, RabelsZ 28 (1964))

Schnyder, Anton K. / Grolimund, Pascal | „Opting in" oder „Opting out"? Anwendung der UNIDROIT Principles of International Commercial Contracts in schiedsgerichtlichen Verfahren
in: Schwenzer, Ingeborg (Hrsg.), Festschrift für Peter Schlechtriem zum 70. Geburtstag, S. 395ff.
Tübingen 2003
(zit.: Schnyder/Grolimund, FS Schlechtriem)

Schröder, Jochen / Wenner, Christian | Internationales Vertragsrecht: das Kollisionsrecht der transnationalen Wirtschaftsverträge
2. Auflage, Köln 1998
(zit.: Schröder/Wenner)

Schroeder, Hans-Patrick | Die lex mercatoria – Rechtsordnungsqualität und demokratische Legitimation
in: Witt, Carl-Heinz (Hrsg.), Die Privatisierung des Privatrechts - rechtliche Gestaltung ohne staatlichen Zwang
Jahrbuch Junger Zivilrechtswissenschaftler 2002, S. 257ff.
Stuttgart 2003
(zit.: Schroeder, JJZ 2002)

Schroeder, H.-P. / Oppermann, B. | Anerkennung und Vollstreckung von Schiedssprüchen nach lex mercatoria in Deutschland, England und Frankreich
Zeitschrift für Vergleichende Rechtswissenschaft 99 (2000), S. 410ff.
(zit.: Schroeder/Oppermann, ZVglRWiss 99 (2000))

Schütz, Markus | UN-Kaufrecht und Culpa in contrahendo
Frankfurt 1996
(zit.: Schütz)

Schwimann, Michael | Internationales Privatrecht: einschließlich Europarecht
3. Auflage, Wien 2001
(zit.: Schwimann)

Siehr, Kurt | Internationales Privatrecht: Deutsches und Europäisches Kollisionsrecht für Studium und Praxis
Heidelberg 2001
(zit.: Siehr)

Siems, Mathias M. | Führen alle Wege aus dem Dschungel nach Rom? – Möglichkeiten und Grenzen der Vereinheitlichung des internationalen Privatrechts
Zeitschrift für Gemeinschaftsprivatrecht 03-04, S. 66ff.
(zit.: Siems, GPR 03-04)

Siqueiros, José Luis | Los Principios de UNIDROIT y la Convención Interamericana sobre el Derecho Aplicable a los Contratos Internacionales
in: Universidad Nacional Autónoma de México, Universidad Panamericana (Hrsg.), Instituto de Investigaciones Jurídicas, Serie H: Estudios de Derecho Internacional Público, Núm. 27: Contratación Internacional. Comentarios a los Principios sobre los Contratos Comerciales Internacionales del UNIDROIT, S. 217ff.
Mexico 1998
(zit.: Siqueiros, in: Contratación Internacional)

Sodan, Helge | Das Prinzip der Widerspruchsfreiheit der Rechtsordnung
Juristen Zeitung 1999, S. 864ff.
(zit.: Sodan, JZ 1999)

Soergel, Hs. Th. (Begr.) | Bürgerliches Gesetzbuch,
Bd. 10. Einführungsgesetz
12. Auflage, Stuttgart 1996
(zit.: Soergel-Bearbeiter)

Soergel, Hs. Th. (Begr.) | Bürgerliches Gesetzbuch
Band 13. Schuldrechtliche Nebengesetze 2; Übereinkommen der Vereinten Nationen über Verträge über den internationalen Warenkauf (CISG)
13. Auflage, Stuttgart, Berlin, Köln 2000
(zit.: Soergel-Bearbeiter)

Solomon, Dennis — Das vom Schiedsgericht in der Sache anzuwendende Recht nach dem Entwurf eines Gesetzes zur Neuregelung des Schiedsverfahrensrechts
Recht der Internationalen Wirtschaft 1997, S. 981ff.
(zit.: Solomon, RIW 1997)

Sonnenberger, Hans Jürgen — Das Internationale Privatrecht im dritten Jahrtausend – Rückblick und Ausblick
Zeitschrift für Vergleichende Rechtswissenschaft 100 (2001), S. 107ff.
(zit.: Sonnenberger, ZVglRWiss 100 (2001))

Sonnenberger, Hans Jürgen — Eingriffsrecht – Das trojanische Pferd im IPR oder notwendige Ergänzung?
Praxis des Internationalen Privat- und Verfahrensrechts 2003, S. 104ff.
(zit.: Sonnenberger, IPRax 2003)

Sono, Kazuaki — The Rise of Anational Contract Law in the Age of Globalization
Tulane Law Review 75 (2001), S. 1185ff.
(zit.: Sono, Tul. L. Rev. 75 (2001))

Sosa, Gualberto Lucas — El Derecho Internacional Privado Interamericano y el Derecho de Integración (CIDIP V, México, 1994)
Santa Fé 1996
(zit.: Sosa)

Spickhoff, Andreas — Internationales Handelsrecht vor Schiedsgerichten und staatlichen Gerichten
Rabels Zeitschrift für ausländisches und internationales Privatrecht 56 (1992), S. 116ff.
(zit.: Spickhoff, RabelsZ 56 (1992))

Staudinger, Ansgar — Anknüpfung von Gerichtsstandsvereinbarungen und Versicherungsverträgen – Stellungnahme zum EU-Grünbuch über die Umwandlung des Übereinkommens von Rom aus dem Jahre 1980
in: Leible, Stefan (Hrsg.), Das Grünbuch zum Internationalen Vertragsrecht, S. 37ff.
München 2004
(zit.: Staudinger, Anknüpfung von Gerichtsstandsvereinbarungen)

Staudinger, Julius von	Kommentar zum Bürgerlichen Gesetzbuch mit Einführungsgesetz und Nebengesetzen Wiener UN-Kaufrecht (CISG) Neubearbeitung, Berlin 1999 (zit.: Staudinger (1999)-Bearbeiter)
Staudinger, Julius von	Kommentar zum Bürgerlichen Gesetzbuch mit Einführungsgesetz und Nebengesetzen Wiener UN-Kaufrecht (CISG) Neubearbeitung, Berlin 2005 (zit.: Staudinger-Bearbeiter)
Staudinger, Julius von	Kommentar zum Bürgerlichen Gesetzbuch mit Einführungsgesetz und Nebengesetzen Einführungsgesetz zum Bürgerlichen Gesetzbuche/IPR Einleitung zu Art. 27ff. EGBGB; Art. 27-37 EGBGB Dreizehnte Bearbeitung, Berlin 2002 (zit.: Staudinger-Bearbeiter)
Staudinger, Julius von	Kommentar zum Bürgerlichen Gesetzbuch mit Einführungsgesetz und Nebengesetzen Einführungsgesetz zum Bürgerlichen Gesetzbuche /IPR Einleitung zum IPR; Art. 3-6 EGBGB (Internationales Privatrecht – Allgemeiner Teil) Neubearbeitung, Berlin 2003 (zit.: Staudinger-Bearbeiter)
Steffens, Avelino Leon	Principios para contratos comerciales internacionales: Algunas consideraciónes de derecho internacional privado en torno al proyecto de UNIDROIT in: Bonell, Michael Joachim / Schipani, Sandro (Hrsg.), "Principi per i contratti commerciali internazionali" e il sistema giuridico latinoamericano, S. 45ff. Padova 1996 (zit.: Steffens, Principios)
Stein, Ursula	Lex Mercatoria - Realität und Theorie Frankfurt 1995 (zit.: Stein)

Stoll, Hans | Rechtliche Inhaltskontrolle bei internationalen Handelsgeschäften
in: Musielak, Hans-Joachim / Schurig, Klaus (Hrsg.), Festschrift für Gerhard Kegel zum 75. Geburtstag, 26. Juni 1987, S. 623ff.
Stuttgart etc. 1987
(zit.: Stoll, FS Kegel 1987)

Stoll, Hans | Internationalprivatrechtliche Fragen bei der landesrechtlichen Ergänzung des Einheitlichen Kaufrechts
in: Heldrich, Andreas (Hrsg.), Festschrift für Murad Ferid zum 80. Geburtstag am 11. April 1988, S. 495ff.
Frankfurt am Main 1988
(zit.: Stoll, FS Ferid)

Stoll, Hans | Regelungslücken im Einheitlichen Kaufrecht und IPR (zu SchlHOLG, 8.4.1992 – 1 U 117/89)
Praxis des Internationalen Privat- und Verfahrensrechts 1993, S. 75ff.
(zit.: Stoll, IPRax 1993)

Stoll, Hans | Fragen der Selbstbeschränkung des gemeinschaftlichen Rechts der internationalen Schuldverträge in Europa – Eine Skizze –
in: Mansel, Heinz-Peter u.a. (Hrsg.), Festschrift für Erik Jayme, Band I, S. 905ff.
München 2004
(zit.: Stoll, FS Jayme)

Storme, M.E. | Applications possibles et caractères généraux des principes de droit uniforme des contrats
Revue de droit international et de droit comparé 1995, S. 309ff.
(zit.: Storme, Rev. dr. int. dr. comp. 1995)

Strikwerda, L. | Kroniek van het internationaal privaatrecht
Nederlands Juristenblad 1996, S. 408ff.
(zit.: Strikwerda, NJB 1996)

Tallon, Denis | Damages, Exemption Clauses, and Penalties
American Journal of Comparative Law 40 (1992), S. 675ff.
(zit.: Tallon, Am. J. Comp. L. 40 (1992))

Tassikas, Apostolos — Dispositives Recht und Rechtswahlfreiheit als Ausnahmebereiche der EG-Grundfreiheiten
Tübingen 2004
(zit.: Tassikas)

Teubner, Gunther — Globale Bukowina – Zur Emergenz eines transnationalen Rechtspluralismus
Basler Schriften zur europäischen Integration, Nr. 21
Basel 1996
(zit.: Teubner, Globale Bukowina)

Teubner, Gunther — Die unmögliche Wirklichkeit der lex mercatoria: Eine Kritik der théorie ludique du droit
in: Lieb, Manfred u.a. (Hrsg.), Festschrift für Wolfgang Zöllner: Zum 70. Geburtstag, S. 565ff.
Köln 1998
(zit.: Teubner, FS Zöllner)

Tillman, Christopher — The Relationship between Party Autonomy and the Mandatory Rules in the Rome Convention
The Journal of Business Law 2002, S. 45ff.
(zit.: Tillman, Journal of Business Law 2002)

Traisci, Francesco Paolo — Principi UNIDROIT, Lex mercatoria e diritto del commercio internazionale: note a margine di un lodo arbitrale
Diritto del commercio internazionale 1999, S. 474ff.
(zit.: Traisci, Dir. comm. int. 1999)

Triebel, Volker / Petzold, Eckart — Grenzen der lex mercatoria in der internationalen Schiedsgerichtsbarkeit
Recht der Internationalen Wirtschaft 1988, S. 246ff.
(zit.: Triebel/Petzold, RIW 1988)

UNILEX — Datenbank für internationale Rechtsprechung betreffend das CISG und die UNIDROIT Prinzipien für Internationale Handelsverträge (Stand Dezember 2004)
www.unilex.info
(zit.: UNILEX)

United Nations Commission on International Trade Law (UNCITRAL) — Yearbook, Volume I: 1968-1970
New York 1971
(zit.: UNCITRAL Yearbook I 1968-1970)

Vagts, Detlev F. | Arbitration and the Unidroit Principles
in: Universidad Nacional Autónoma de México, Universidad Panamericana (Hrsg.), Instituto de Investigaciones Jurídicas, Serie H: Estudios de Derecho Internacional Público, Núm. 27: Contratación Internacional. Comentarios a los Principios sobre los Contratos Comerciales Internacionales del UNIDROIT, S. 265ff.
Mexico 1998
(zit.: Vagts, in: Contratación Internacional)

Veneziano, Anna | L'application des Principes d'UNIDROIT dans la vente internationale
Revue De Droit Des Affaires Internationales 2001, S. 477ff.
(zit.: Veneziano, RDAI 2001)

Veytia, Hernany | The Requirement of Justice and Equity in Contracts
Tulane Law Review 69 (1994/1995), S. 1191ff.
(zit.: Veytia, Tul. L. Rev. 69 (1994/1995))

Veytia, Hernany | La convención interamericana sobre derecho aplicable a los contratos internacionales
Jurídica (Mexico) 25 (1995-II), S. 383ff.
(zit.: Veytia, Jurídica (Mexico) 25 (1995-II))

Villani, Ugo | La Convenzione di Roma sulla Legge Applicabile ai Contratti
Bari 1997
(zit.: Villani)

Virally, Michel | Un tiers droit? Réflexions théoriques
in: Le droit des relations économiques internationales. Études offertes à Berthold Goldman, S. 373ff.
Paris 1982
(zit.: Virally, FS Goldman)

Vischer, Frank | The Relevance of the UNIDROIT Principles for Judges and Arbitrators in Disputes Arising out of International Contracts
European Journal of Law Reform 1998/1999, S. 203ff.
(zit.: Vischer, Europ. J. L. Ref. 1998/1999)

Vischer, Frank
Die kollisionsrechtliche Bedeutung der Wahl einer nichtstaatlichen Ordnung für den staatlichen Richter am Beispiel der
Unidroit Principles of International Commercial Contracts
in: Schwenzer, Ingeborg (Hrsg.), Festschrift für Peter Schlechtriem zum 70. Geburtstag, S. 445ff.
Tübingen 2003
(zit.: Vischer, FS Schlechtriem)

Vischer, Frank / Huber, Lucius / Oser, David
Internationales Vertragsrecht
2. Auflage, Bern 2000
(zit.: Vischer/Huber/Oser)

Voit, Wolfgang
Privatisierung der Gerichtsbarkeit
Juristen Zeitung 1997, S. 120ff.
(zit.: Voit, JZ 1997)

Wasmer, Wolfgang
Vertragsfreiheit im UN-Kaufrecht
Hamburg 2004
(zit.: Wasmer)

Weidemann, Christiane
Lückenergänzung und richterliche Rechtsfortbildung nach Art. 1.6 II der UNIDROIT-Principles for international commercial contracts: Methode und Beispiele: Rückgewährschuldverhältnisse, postvertragliche Pflichten, objektive Beweislast
Frankfurt 2001
(zit.: Weidemann)

Weintraub, Russell J.
Lex Mercatoria and the UNIDROIT Principles of International Commercial Contracts
in: Borchers, Patrick J. / Zekoll, Joachim (Hrsg.), International conflict of laws for the third millennium: essays in honor of Friedrich K. Juenger, S. 141ff.
Ardsley, N.Y. 2001
(zit.: Weintraub)

Weise, Paul-Frank
Lex mercatoria - Materielles Recht vor der internationalen Handelsschiedsgerichtsbarkeit
Frankfurt 1990
(zit.: Weise)

Wengler, Wilhelm — Allgemeine Rechtsgrundsätze als wählbares Geschäftsstatut?
Zeitschrift für Rechtsvergleichung 1982, S. 11ff.
(zit.: Wengler, ZfRV 1982)

Wichard, Johannes Christian — Die Anwendung der UNIDROIT-Prinzipien für internationale Handelsverträge durch Schiedsgerichte und staatliche Gerichte
Rabels Zeitschrift für ausländisches und internationales Privatrecht 60 (1996), S. 269ff.
(zit.: Wichard, RabelsZ 60 (1996))

Wiedemann, Herbert — Anmerkung zur Entscheidung des BGH vom 26. September 1997
Juristen Zeitung 1998, S. 1176ff.
(zit.: Wiedemann, JZ 1998)

Wilhelmsson, Thomas — International Lex Mercatoria and Local Consumer Law: an Impossible Combination?
Uniform Law Review 2003, S. 141ff.
(zit.: Wilhelmsson, Unif. L. Rev. 2003)

Windmöller, Martin — Die Vertragsspaltung im Internationalen Privatrecht des EGBGB und des EGVVG
Baden-Baden 2000
(zit.: Windmöller)

Witz, Wolfgang / Salger, Hanns-Christian/ Lorenz, Manuel — International Einheitliches Kaufrecht
Praktiker-Kommentar und Vertragsgestaltung zum CISG
Heidelberg 2000
(zit.: Witz/Salger/Lorenz-Bearbeiter)

Wortmann, Beda — Choice of Law by Arbitrators: The Applicable Conflict of Laws System
Arbitration International 14 (1998), S. 97ff.
(zit.: Wortmann, Arb. Int. 14 (1998))

Ziegel, Jacob S. — The UNIDROIT Principles, CISG and National Law
in: Mestre, Frédérique / de Seume, Patricia (Hrsg.), Los Principios de UNIDROIT: ?Un derecho común de los contratos para las Américas? – The UNIDROIT Principles: A common law of contracts for the Americas?, S. 221ff.
Rom 1998
(zit.: Ziegel, The UNIDROIT Principles)

Zimmermann, Reinhard — Comparative Foundations of a European Law of Set-Off and Prescription
Cambridge 2002
(zit.: Zimmermann, Comparative Foundations)

Zumbansen, Peer — Lex mercatoria: Zum Geltungsanspruch transnationalen Rechts
Rabels Zeitschrift für ausländisches und internationales Privatrecht 67 (2003), S. 637ff.
(zit.: Zumbansen, RabelsZ 67 (2003))

Zweigert, Konrad — Zur Armut des Internationalen Privatrechts an sozialen Werten
Rabels Zeitschrift für ausländisches und internationales Privatrecht 37 (1973), S. 435ff.
(zit.: Zweigert, RabelsZ 37 (1973))

Zweigert, Konrad / Kötz, Hein — Einführung in die Rechtsvergleichung
3. Auflage, Tübingen 1996
(zit.: Zweigert/Kötz)

Kapitel 1: Einleitung – Gegenstand und Grenzen der Untersuchung

Das im Jahre 1980 nach rund zehnjährigen Vorarbeiten von UNCITRAL verabschiedete Wiener UN-Kaufrecht (Convention on the International Sale of Goods – CISG) konnte in den seither vergangenen 25 Jahren einen beachtlichen Erfolg verzeichnen. Das Übereinkommen wurde bislang von mehr als 60 Staaten ratifiziert und bildete in der Vergangenheit in einer nahezu unüberschaubaren Anzahl von Gerichts- und Schiedsgerichtsverfahren die Grundlage der Streitentscheidung. Die lange Verhandlungsdauer lässt erkennen, dass das CISG nur deshalb zustande gekommen und von zahlreichen Staaten aus den unterschiedlichsten Rechtskreisen als verbindlich anerkannt worden ist, weil es den Verhandlungspartnern seinerzeit gelungen ist, einen Kompromiss zu erarbeiten, der die rechtlichen Vorstellungen der verschiedenen Staaten gleichsam auf einen kleinsten gemeinsamen Nenner bringt. Notwendige Konsequenz dieses Kompromisses ist, dass das CISG viele Fragen, die während der Konferenzen strittig waren, nicht oder nicht erschöpfend regelt und damit einen für internationale Konventionen geradezu klassischen strukturellen Mangel in sich birgt. Der Umgang mit diesen Regelungslücken ist von herausragender Bedeutung sowohl für die Verwirklichung des mit der Konvention verfolgten Harmonisierungsziels als auch für ihre Tauglichkeit und Akzeptanz im internationalen Wirtschaftsverkehr. Daher ist der einer möglichst einheitlichen Handhabung der Lückenfüllung gewidmete Art. 7 Abs. 2 CISG zu den elementaren Regelungen des Übereinkommens zu zählen. Gerade die einheitliche Handhabung dieser Vorschrift hat sich jedoch in der Vergangenheit als diffiziles Problem herausgestellt. Sowohl staatliche Richter als auch Schiedsrichter erliegen allzu oft der Versuchung, zur Beantwortung von Zweifelsfragen, die im Umgang mit Art. 7 Abs. 2 CISG auftauchen, auf nationales Recht, insbesondere auf das besonders vertraute eigene Recht zurückzugreifen. Es bedarf keiner besonderen Begründung, dass die unverzichtbare Einheitlichkeit im Umgang mit dem Übereinkommen hierunter über alle Maßen leidet.

So paradox es klingen mag, haben sowohl der unbestreitbare Erfolg des internationalen Einheitsrechts als auch und gerade seine vorbezeichneten Schwächen dazu beigetragen, dass das in Rom ansässige Internationale Institut für die Vereinheitlichung des Privatrechts (UNIDROIT) im Jahre 1980 damit begann, einen neuen Weg der Rechtsvereinheitlichung zu beschreiten. Mit den im Jahre 1994 nach rund 15-jährigen Vorarbeiten ohne jede gesetzgeberische Beteiligung fertiggestellten und der Öffentlichkeit präsentierten UNIDROIT-Prinzipien für Internationale Handelsverträge (UP) wurde ohne Zweifel ein neuer Maßstab auf dem Gebiet der internationalen Rechtsvereinheitlichung gesetzt. Denn die UP sind weder unmittelbar geltendes materielles Einheitsrecht noch Modellgesetz, sondern eine Kompilation von Regeln und Prinzipien, die – je nach Zusammenhang - als bloßes Regelungsvorbild oder als Basis der Entscheidungsfindung dienen soll. Aber auch die der Ausarbeitung der UP zugrunde liegende Methodik ist neu: die Verfasser des Regelwerks haben sich nicht nur darum bemüht, die ausgewählten Rechtsordnungen, internationalen Einheitsrechtskonventionen und Klauselwerken innewohnenden Gemeinsamkeiten als verallgemeinerungsfähige Grundsätze zu formulieren. Vielmehr hat sich die UNIDROIT-Arbeitsgruppe bei der Zusammenstellung der UP maßgeblich von dem Gedanken leiten lassen, wie die für die internationale Handelspraxis beste Lösung aussehen könnte. Mit der im Jahre 2004 erschienen, leicht überarbeiteten und erheblich erweiterten Fassung des Regelwerks wurde dieser Ansatz fortgeführt. Da sich die UP in weiten Teilen an das CISG anlehnen, darüber hinaus aber auch zahlreiche Fortentwicklungen beinhalten, könnten einige der Schwierigkeiten, die mit der Ergänzung von Lücken im CISG verbunden sind, in einer die einheitliche Anwendung des Übereinkommens fördernden, sachlich überzeugenden und zudem überaus praktikablen Weise überwunden werden, wenn es möglich wäre, zu diesem Zweck auf die UP zurückzugreifen. So verlockend mithin der ergänzende Rückgriff auf die UP aus inhaltlicher Sicht auch ist, so problematisch ist er unter rechtlichen Gesichtspunkten. Dies liegt nicht nur daran, dass eine explizite Bezugnahme auf die UP oder vergleichbare Regelwerke in Art. 7 Abs. 2 CISG nicht erfolgt ist und angesichts der erst rund 15 Jahre nach der Verabschiedung des CISG erfolgten Fertigstellung der ersten Ausgabe der UP auch nicht erfolgen konnte. Schwierigkeiten wirft vor allen Dingen die Tatsache auf, dass es sich bei den UP um ein ausschließlich aus privater Feder stammendes und damit um ein Regelwerk nichtstaatlicher Provenienz handelt, weshalb ihre Charakterisierung als für die Ergänzung eines internationalen Staatsvertrages maßgebliche Rechtsquelle einen besonders hohen Begründungsaufwand erfordert.

Die Herausarbeitung der rechtlichen Anwendungsmöglichkeiten der UP zum Zwecke der Ergänzung von Lücken im CISG stellt daher das Kernanliegen der vorliegenden Arbeit dar. Um die thematische Einordnung dieser sehr speziellen Fragestellung zu erleichtern, wird der Arbeit in Kapitel 2 ein kurzer Überblick über Grundlagen, Methodik und Grundprobleme der Lückenfüllung im UN-Kaufrecht vorangestellt. Die dabei deutlich werdende inhaltliche Relevanz der UP für die Beantwortung von Rechtsfragen, die im CISG keine Regelung erfahren haben, macht es sodann erforderlich, ihre diesbezügliche Anwendbarkeit vor staatlichen Gerichten zu untersuchen. Hierfür wird in Kapitel 3 der notwendig vorab zu beantwortenden Frage nach der autonomen Geltung der UP nachgegangen. Die nach hier vertretener Auffassung unumgängliche Verneinung dieser Frage zieht die Notwendigkeit nach sich, in den darauffolgenden Kapiteln zu analysieren, ob die UP, wenn schon keine autonome, so doch eine von staatlichen Regeln abgeleitete Geltung für sich in Anspruch nehmen und auf diese Weise zur Ergänzung des Einheitskaufrechts herangezogen werden können. Entsprechend den Vorgaben des Art. 7 Abs. 2 CISG wird dabei zunächst in Kapitel 4 herausgearbeitet, ob bzw. in welchem Umfang der staatliche Richter zum Zwecke der autonomen Ergänzung interner Regelungslücken auf die UP als allgemeine Grundsätze im Sinne dieser Bestimmung rekurrieren kann oder sogar muss. Im Anschluss daran wird in Kapitel 5 zu prüfen sein, ob die für staatliche Gerichte im Geltungsbereich des Römischen Schuldvertragsübereinkommens (EVÜ) und der Interamerikanischen Konvention (IAK) maßgeblichen Kollisionsnormen die Anwendung der UP als Vertragsstatut zulassen. Dies würde die Möglichkeit eröffnen, die nicht autonom zu ergänzenden Regelungslücken des Wiener Kaufrechts mit Hilfe der UP anstelle eines staatlichen Rechts zu füllen. Kapitel 6 wird sich der Frage widmen, ob und inwieweit die UP zur Anwendung gelangen können, wenn die Parteien auf die lex mercatoria oder allgemeine Rechtsgrundsätze als Grundlage der Streitentscheidung verweisen. Wegen ihrer für die Ergänzung des CISG lediglich mittelbaren Bedeutung nur am Rande behandelt wird schließlich in Kapitel 7 die Problematik der Anwendung der UP als Ersatzstatut bzw. zur Ergänzung und Auslegung desjenigen nationalen Rechts, in dem der staatliche Richter nach Antworten auf im Übereinkommen offengebliebene Fragen sucht.

Die in dem vorstehenden Überblick deutlich werdende Komplexität des Themas machte es erforderlich, eine Reihe von Fragen von der Bearbeitung auszunehmen, die in der Sache eine Analyse verdient hätten. So kann insbesondere die praxisrelevante Problematik der kollisionsrechtlichen Berufung der UP im Rahmen schiedsgerichtlicher Verfahren keine Berücksichtigung finden. Außerdem musste davon abgesehen werden, Fragen des europäischen Primärrechts und des deutschen Verfassungsrechts zu behandeln. Schließlich war es angesichts des wachsenden Umfangs der Arbeit unumgänglich, von dem ursprünglichen Anliegen Abstand zu nehmen, das darin bestand, die praktische Relevanz der besprochenen Problemkreise durch die Herausarbeitung des inhaltlichen Potentials aufzuzeigen, welches die UP im Hinblick auf die Ergänzung des CISG in sich bergen.

Kapitel 2: Lückenfüllung im CISG – ein Überblick

Wie die Ergänzung des CISG zu erfolgen hat, bestimmt Art. 7 Abs. 2 CISG. Diese Vorschrift birgt ein enormes Diskussionspotential in sich, da sie mit dem Regelungsbereich des Übereinkommens und den ihm zugrunde liegenden allgemeinen Grundsätzen Problemkreise von außerordentlicher Komplexität anspricht. Es ist nicht möglich und für die Zwecke der vorliegenden Arbeit auch nicht erforderlich, an dieser Stelle eine vollständige Übersicht über die im Zusammenhang mit Art. 7 Abs. 2 CISG auftretenden Fragen zu geben. Der nachfolgende Überblick beschränkt sich vielmehr darauf, in die Thematik der Lückenfüllung im Einheitskaufrecht einzuführen und dabei deutlich zu machen, unter welchen Gesichtspunkten die UNIDROIT-Prinzipien für internationale Handelsverträge (UP) im Zusammenhang mit der Ergänzung offener Fragen möglicherweise eine Rolle spielen könnten. Dabei werden gleichzeitig einige wesentliche Grundinformationen „vor die Klammer gezogen", um in den anschließenden Kapiteln eine übersichtlichere Darstellung der zu untersuchenden Problematik zu ermöglichen.

A. Die Methodik der Lückenfüllung gemäss Art. 7 Abs. 2 CISG

I. Entstehungsgeschichte des Art. 7 Abs. 2 CISG

Nach Art. 7 Abs. 2 CISG sind „Fragen, die in diesem Übereinkommen geregelte Gegenstände betreffen, aber in diesem Übereinkommen nicht ausdrücklich entschieden werden, [sind] nach den allgemeinen Grundsätzen, die diesem Übereinkommen zugrunde liegen, oder mangels solcher Grundsätze nach dem Recht zu entscheiden, das nach den Regeln des Internationalen Privatrechts anzuwenden ist." Eine dem Art. 7 Abs. 2 CISG ähnliche, die Lückenfüllung normierende Regelung war bereits im Vorläufer des UN-Kaufrechts, dem Haager Einheitlichen Kaufgesetz (EKG)[1], enthalten. Art. 17 EKG lautete: „Fragen, die ein in diesem Gesetz geregeltes Rechtsgebiet betreffen, aber durch dieses Gesetz nicht ausdrücklich entschieden werden, sind nach den allgemeinen Grundsätzen zu entscheiden, die diesem Gesetz zugrunde liegen." Vor dem Hintergrund des Art. 2 EKG, der bei der Anwendung des EKG den Rückgriff auf die Regeln des IPR nur gestattete, sofern das EKG dies ausdrücklich zuließ, ist verständlich, dass die seinerzeit h.M. davon ausging, dass in Fällen, in denen dem Übereinkommen keine allgemeinen Grundsätze zu entnehmen waren, mit deren Hilfe die Ergänzung interner Lücken vorgenommen werden konnte, hilfsweise auf externe – ggf. durch Rechtsvergleichung zu ermittelnde - Prinzipien und nicht etwa auf das Kollisionsrecht des Forumstaates zurückzugreifen war.[2] Nachdem die allzu offene Fassung des Art. 17 EKG heftige Kritik hervorgerufen hatte, stand fest, dass die entsprechende Bestimmung des CISG anders zu formulieren war.[3] Art. 7 Abs. 2 CISG in sei-

---

[1] Einheitliches Gesetz über den internationalen Kauf beweglicher Sachen, BGBl. 1973 II, 892, abgedruckt in Dölle (Hrsg.), Kommentar zum Einheitlichen Kaufrecht (1976), 777ff.

[2] Dölle-Wahl, Art. 17 EKG, Rn. 50ff.; Mertens/Rehbinder, Art. 17 EKG, Rn. 24; Magnus, RabelsZ 59 (1995), 469, 474; Burkart, 168, 172; Eickelberg, 182ff.

[3] Honnold, Documentary History, 68; Eickelberg, 182ff.; Diedrich, RIW 1995, 353, 356.

ner jetzigen Fassung stellt einen Kompromiss der verschiedenen während der Wiener Konferenzen unterbreiteten Lösungsvorschläge dar. Denn er beugt einerseits einem voreiligen Rückgriff auf unvereinheitlichtes nationales Recht vor und trägt gleichzeitig dem Umstand Rechnung, dass nicht jede vom Regelungsbereich des Übereinkommens erfasste, dort aber nicht ausdrücklich geregelte Frage anhand der dem CISG inhärenten allgemeinen Grundsätze einer Lösung zugeführt werden kann.[4] Von dem in Art. 2 EKG noch vorgesehen rigiden Ausschluss des Rückgriffs auf das Internationale Privatrecht wurde bei der Ausarbeitung des CISG ganz bewusst abgesehen.[5]

II. Die Vorgaben des Art. 7 Abs. 2 CISG

1. Lückenkategorien und Reichweite der Vorschrift

Art. 7 Abs. 2 CISG bringt deutlich zum Ausdruck, dass die in der Vorschrift angesprochenen Regelungslücken primär übereinkommensautonom zu füllen sind[6] und ein Rückgriff auf das nach den Regeln des Internationalen Privatrechts anzuwendende Recht nur subsidiär statthaft ist. Art. 7 Abs. 2 CISG spricht allerdings explizit nur diejenigen Lücken an, die sich daraus ergeben, dass eine Rechtsfrage zwar grundsätzlich im Übereinkommen eine Regelung erfahren hat, die Vorschriften der Konvention aber keine unmittelbare Antwort auf die konkrete Frage geben (sogenannte „interne Lücken"[7], „versteckte Lücken"[8] oder „Lücken praeter legem"[9]). Über die Behandlung derjenigen Lücken, die sich daraus ergeben, dass eine zu lösende Rechtsfrage einen Gegenstand betrifft, der im CISG schon grundsätzlich nicht geregelt wird (sog. „externe Lücken"[10], „offensichtliche Lücken"[11] oder „Lücken intra legem"[12]), gibt der Wortlaut der Vorschrift keinen Aufschluss.[13]

2. Die Ergänzung externer Lücken

Hinsichtlich der von Art. 7 Abs. 2 CISG somit nicht angesprochenen Behandlung externer Lücken ist, sofern für die Materie, der die offene Rechtsfrage zuzuordnen ist, ein anderes einheitsrechtliches Abkommen existiert[14], eine Lösung zunächst hierin zu

---

[4] Honnold, Uniform Law, Rn. 96; Frigge, 40f.; Diedrich, RIW 1995, 353, 356.
[5] Honnold, Documentary History, 659; Diedrich, RIW 1995, 353, 356; Eickelberg, 182ff.; Burkart, 176.
[6] Honnold, Documentary History, 476ff.; Schlechtriem/Schwenzer-Ferrari, Art. 7, Rn. 45; Herber/Czerwenka, Art. 7, Rn. 10.
[7] Magnus, RabelsZ 59 (1995), 469, 475; Karollus, 16.
[8] Diedrich, RIW 1995, 353, 354.
[9] Ferrari, JZ 1998, 9f.
[10] Karollus, 16; Frigge, 5.
[11] Diedrich, RIW 1995, 353.
[12] Ferrari, R.I.D.C. 4-1996, 813, 842f.
[13] Herber/Czerwenka, Art. 7, Rn. 10; Schlechtriem/Schwenzer-Ferrari, Art. 7, Rn. 43.
[14] Zu denken wäre an das UNCITRAL-Verjährungsübereinkommen von 1974/1980 im Falle von Verjährungsfragen oder an das Ottawa-Übereinkommen über Internationales Factoring, soweit Forderungsabtretungen betroffen sind.

suchen.[15] Wie ist jedoch zu verfahren, wenn auf diese Weise keine Lösung gefunden werden kann, sei es, dass eine einschlägige Konvention nicht existiert oder dass im Einzelfall der Anwendungsbereich einer bestehenden Konvention nicht eröffnet ist?

a. Herrschende Meinung

Die weit überwiegende Meinung in Rechtsprechung und Lehre befürwortet insoweit den Rückgriff auf das vom Kollisionsrecht des Forumstaates berufene unvereinheitlichte Sachrecht.[16]

b. Gegenauffassung

Unter Hinweis auf die sich hieraus unweigerlich ergebende Spaltung des Vertragsstatuts vertritt Diedrich die Auffassung, Art. 7 Abs. 2 CISG sei vor dem Hintergrund des Art. 7 Abs. 1 CISG dahingehend auszulegen, dass der Rückgriff auf die dem CISG zugrunde liegenden allgemeinen Grundsätze auch hinsichtlich der offensichtlichen Regelungslücken geboten sei. Soweit diese übereinkommensautonome Ergänzung ergebnislos bleibe, sei zwar der Rückgriff auf das Kollisionsrecht und damit die Spaltung des Statuts unvermeidlich. Um den Entscheidungseinklang zwischen den Vertragsstaaten auch in diesen Fällen zu wahren, soll jedoch im Wege des Rechtsvergleichs nach einer international einheitlichen kollisionsrechtlichen Anknüpfung gesucht werden. Das so berufene Sachrecht wiederum unterliege im Hinblick auf den Zweck des Einheitsrechts einer „supranationalen" Interpretation.[17] Gegen die h.M. spricht sich auch Stoll aus. Er hält zwar – insoweit mit der h.M. übereinstimmend - den Rückgriff auf die dem CISG zugrunde liegenden allgemeinen Grundsätze zum Zwecke der Füllung externer Lücken für mit dem Wortlaut des Art. 7 Abs. 2 CISG nicht vereinbar. Seine Kritik an der h.M. geht vielmehr dahin, dass es nicht gerechtfertigt sei, sämtliche ungeregelten Fragen ohne Rücksicht auf ihre Eigenarten einer

---

15 Schlechtriem/Schwenzer-Ferrari, Art. 4, Rn. 6; Honsell-Siehr, Art. 4, Rn. 1; Enderlein/Maskow/Strohbach-Maskow, Art. 7 CISG, Anm. 7.

16 OLG Düsseldorf, Urteil vom 28.5.2004 – I - 17 U 20/02, IHR 2004, 203ff.; OLG Karlsruhe, Urteil vom 19.12.2002 – 19 U 8/02, UNILEX; OGH, 22.10.2001 – Ob 77/01g, UNILEX; Tribunal of International Commercial Arbitration of the Russian Federation, Urteil vom 10.02.2000, No. 340/1999, UNILEX; LG Darmstadt, Urteil vom 9.5.2000 - 10 O 72/00, UNILEX; Court of Appeal of Turku, Urteil vom 12.04.2002, UNILEX; BGH, Urteil vom 12.2.1998 – I ZR 5/96, SZIER 1999, 199; OLG Düsseldorf, Urteil vom 11.7.1996 – 6 U 152/95, RIW 1996, 958, 960; OLG Stuttgart, Urteil vom 21.8.1995 – 5 U 195/94, RIW 1995, 943, 944; OLG Koblenz, Urteil vom 17.9.1993 – 2 U 1230/91, RIW 1993, 934, 937; OLG Frankfurt/M., Urteil vom 13.6.1991 - 5 U 261/90, NJW 1991, 3102; OLG Frankfurt/M., Urteil vom 18.1.1994 – 5 U 15/93, NJW 1994, 1013, 1014; Handelsgericht Zürich, Urteil vom 9.9.1993 - HG 930138 U/H 93, UNILEX; ICC Award 7197/1992, UNILEX; Schlechtriem/Schwenzer-Ferrari, Art. 7, Rn. 43; Herber/Czerwenka, Art. 7, Rn. 10; Brunner, Art. 4, Rn. 3; Basedow, Unif. L. Rev. 2000, 129, 135; Bianca/Bonell-Bonell, Art. 7, Anm. 2.3.1; Bonell, Unif. L. Rev. 1996, 26, 38; Veneziano, RDAI 2001, 477, 480; Kropholler, IPR, § 52 IV 2 d; Boele-Woelki, Terms of Co-Existence, 203, 235; Honsell-Melis, Art. 7, Rn. 12; Schmid, Zusammenspiel, 73; Schmid, Einheitliche Anwendung, 173; Enderlein/Maskow/Strohbach-Maskow, Art. 7 CISG, Anm. 10.

17 Diedrich, RIW 1995, 353, 355, 358f.

Rechtsordnung zu unterstellen, die den Kaufvertrag in seiner Gesamtheit nicht beherrsche.[18] Sachgerecht sei allein die selbständige Anknüpfung der jeweiligen Restfragen nach Maßgabe ihres eigenen Schwerpunkts, unabhängig davon, ob es sich um grundsätzlich vom Regelungsbereich des Übereinkommens erfasste Fragen handele oder nicht. Nur so sei es möglich, die der Rechtsvereinheitlichung entgegenstehenden Wirkungen einer kollisionsrechtlichen Anknüpfung abzumildern.[19] Stoll befürwortet zudem eine Kategorisierung von Regelungslücken nach „Wertungsproblemen von einiger Bedeutung", die er als „Restfragen" bezeichnet, und nach Fragen von „geringer Wertungsrelevanz" (sog. „Randfragen").[20] „Randfragen" sollen dabei unmittelbar den Sachnormen der lex fori unterstellt werden, während „Restfragen" nach dem kollisionsrechtlich zu bestimmenden Vertragsstatut zu behandeln seien.[21]

c. Stellungnahme

aa. Ausgangspunkt

Der dargestellte Streit ist mit Blick auf die in den nächsten Kapiteln vorzunehmende Untersuchung in zweierlei Hinsicht von Bedeutung: Es wird im Rahmen dieser Arbeit zu untersuchen sein, ob für die Schließung der nicht übereinkommensautonom zu ergänzenden Lücken auf die Heranziehung eines nationalen Rechts ganz verzichtet werden und stattdessen auf die UP zurückgegriffen werden kann.[22] Diese Untersuchung lässt sich nur durchführen, wenn zuvor feststeht, nach welchen Kollisionsnormen sich die Ermittlung des ergänzend anzuwendenden Rechts richtet, ob also im Einklang mit der h.L. die Kollisionsnormen der lex fori oder die von Stoll und Diedrich vorgeschlagenen Anknüpfungen maßgeblich sein sollen. Die Kontroverse hat vorliegend ferner insofern Relevanz, als von Diedrich eine Anwendung allgemeiner, dem Übereinkommen zugrunde liegender Grundsätze auch für die Ergänzung der sog. externen Lücken befürwortet wird. Würde man nämlich dieser Ansicht folgen, so wäre die Ergänzung externer Lücken, ebenso wie die Ergänzung interner Lücken, zunächst einmal nicht an kollisionsrechtliche Vorgaben gebunden. Dies könnte den noch zu erörternden Anwendungsbereich der UP zu diesem Zwecke erheblich ausweiten.[23]

bb. Keine autonome Ergänzung externer Lücken

Soweit zum Zwecke der Beantwortung offener Rechtsfragen eine separate Anknüpfung aufgrund kollisionsrechtlicher Vorschriften vorgenommen wird, führt die Ergänzung von Regelungslücken in der Tat unausweichlich zu einer Spaltung des Vertragsstatuts. Das Ergebnis dieser Methode der Lückenfüllung kann, je nach Kollisionsrecht

---

[18] Stoll, IPRax 1993, 75; diese Haltung liegt auch SchlHOLG, Urteil vom 8.4.1992 – 1 U 117/89, IPRax 1993, 93 zugrunde.

[19] Stoll, IPRax 1993, 75, 77.

[20] Stoll, FS Ferid, 495, 498f.

[21] Stoll, FS Ferid, 495, 498f.

[22] Siehe eingehend unten Kapitel 5.

[23] Siehe unten Kapitel 4 zur Anwendung der UP als allgemeine Grundsätze im Sinne von Art. 7 Abs. 2 CISG und Kapitel 5 zu den Möglichkeiten ihrer kollisionsrechtlichen Anwendung.

des Forums und je nachdem, welche nationalen Rechtsordnungen im Einzelfall einen Bezug zum Sachverhalt aufweisen, sehr unterschiedlich ausfallen. Den Kritikern der h.M. ist daher insofern Recht zu geben, als die Spaltung des Vertragsstatuts der durchgängigen Verwirklichung der Rechtseinheit auf dem Gebiet des internationalen Kaufrechts entgegenstehen kann. Richtig ist auch, dass in jedem Fall zu bedenken ist, dass das von der Konvention verfolgte Ziel der Rechtsvereinheitlichung eine restriktive Handhabung des Rückgriffs auf nicht vereinheitlichtes Recht gebietet.[24] Es darf jedoch andererseits nicht übersehen werden, dass sich die Verfasser des CISG durchaus der Tatsache bewusst waren, dass eine vollständig einheitliche Handhabung von aus internationalen Kaufverträgen herrührenden Streitfragen angesichts zahlreicher in den Vertragsstaaten bestehender unterschiedlicher Sichtweisen nicht möglich ist. Eine Vereinheitlichung um jeden Preis wurde zu keiner Zeit angestrebt und kann angesichts der in den verschiedenen Rechtsordnungen herrschenden dogmatischen Differenzen bei realistischer Betrachtungsweise auch gar nicht erreicht werden.[25] Aus diesem Grunde vermag der von Diedrich unterbreitete Lösungsvorschlag, auch die externen Lücken primär anhand der allgemeinen Grundsätze des Übereinkommens zu ergänzen, nicht zu überzeugen. Dies ergibt sich allerdings nicht notwendig aus dem Wortlaut des Art. 7 Abs. 2 CISG. Es trifft zwar zu, dass die Vorschrift den Rückgriff auf allgemeine Grundsätze nur für interne Lücken vorschreibt. Allein hieraus ergibt sich jedoch nicht zwingend der Umkehrschluss, dass die Heranziehung allgemeiner Grundsätze zum Zwecke der Füllung externer Lücken nicht zulässig ist.[26] Dem Rückgriff auf allgemeine Grundsätze zur Ergänzung externer Lücken ist vielmehr in erster Linie entgegenzuhalten, dass für die Lückenfüllung auf der Grundlage von Prinzipien des CISG und damit generell für die einheitliche Handhabung externer Regelungslücken dort eine Grenze besteht, „wo die Verfasser des Übereinkommens bewusst eine Lücke gelassen und insoweit die Anwendung nationalen (internen) Rechts vorausgesetzt haben."[27] In diesen Fällen ist es nicht zulässig, „die Negativentscheidung der Übereinkommensverfasser, die auch eine solche der ratifizierenden nationalen Gesetzgeber ist, zu überspielen [...]."[28] Mit dem uneingeschränkten Rückgriff auf die dem CISG zu entnehmenden allgemeinen Grundsätze würden auch solche offene Fragen einer einheitlichen Lösung zugeführt, die gerade nicht einheitlich behandelt, sondern dem jeweiligen kollisionsrechtlich berufenen Recht vorbehalten werden sollten. Lückenfüllung durch Weiterentwicklung des Einheitsrechts ist aber nur möglich in Bereichen, die zum Regelungsbereich des Einheitsrechts gehören.[29]

---

[24] Witz/Salger/Lorenz-Witz, Art. 7, Rn. 32; Honnold, Uniform Law, Rn. 102; Karollus, 18.
[25] Diedrich, RIW 1995, 353.
[26] So aber Schlechtriem/Schwenzer-Ferrari, Art. 7, Rn. 43; Bianca/Bonell-Bonell, Art. 7, Anm. 2.3.1; Honsell-Melis, Art. 7, Rn. 12.
[27] Schlechtriem, Rn. 46.
[28] Schlechtriem, Rn. 46.
[29] Wichard, RabelsZ 60 (1996), 269, 297; Basedow, Unif. L. Rev. 2000, 129, 135.

cc. Anknüpfung ausschließlich gemäß dem IPR der lex fori

Die damit notwendige kollisionsrechtliche Anknüpfung externer Regelungslücken hat im Wege eines Rückgriffs auf das IPR der lex fori zu erfolgen. Dies ist der Weg, den Art. 7 Abs. 2 CISG für die nicht autonom zu ergänzenden internen Lücken ausdrücklich vorgibt; er sollte auch für die externen Lücken eingeschlagen werden. Insbesondere die von Stoll angeregte Unterscheidung nach (wesentlichen) Rest- und (unwesentlichen) Randfragen räumt dem Richter zuviel Freiraum ein. Sie würde eine beträchtliche Rechtsunsicherheit nach sich ziehen und, entgegen dem Anliegen von Stoll, gerade nicht zu mehr Einheitlichkeit führen.[30] Überdies lässt sich dem CISG weder eine solche Differenzierung entnehmen[31], noch lassen sich im Übereinkommen verwendbare kollisionsrechtliche Grundgedanken feststellen.[32] Auch die von Diedrich vorgeschlagene Suche nach einer international einheitlichen Anknüpfung erscheint im Hinblick auf die fehlende Voraussehbarkeit ihres Ergebnisses nicht vertretbar. Beide Ansätze sind daher abzulehnen.

d. Ergebnis

Im Einklang mit der nahezu einhelligen Meinung in Literatur und Rechtsprechung kann die Füllung externer Lücken nur im Wege eines Rückgriffs auf dasjenige Sachrecht erfolgen, auf das die Kollisionsnormen verweisen, denen das angerufene Gericht unterliegt.

III. Auswirkungen eines teilweisen Ausschlusses des Übereinkommens gem. Art. 6 CISG

Machen die Parteien von ihrer aus Art. 6 CISG folgenden Möglichkeit Gebrauch, das Übereinkommen teilweise abzubedingen, stellt sich die Frage, anhand welcher Regeln die dann nicht mehr von den Vorschriften des Übereinkommens erfassten Fragen zu ergänzen sind, wenn die Parteien insoweit keine ergänzende Regelung getroffen haben. Der wohl überwiegende Teil der Lehre steht auf dem Standpunkt, bei Fehlen einer Vereinbarung der Parteien hinsichtlich des ergänzend anwendbaren Rechts sei im Zweifel anzunehmen, dass die Parteien den Rückgriff auf nationales Recht nicht wünschen. Die durch den Teilausschluss entstandenen Lücken seien daher gem. Art. 7 Abs. 2 CISG vorrangig anhand der allgemeinen Grundsätze des Übereinkommens zu füllen.[33]

---

[30] Gruber, Methoden des internationalen Einheitsrechts, 309ff.; Schmid, Zusammenspiel, 80; Staudinger-Magnus, Art. 7 CISG, Rn. 59f.; Schlechtriem/Schwenzer-Ferrari, Art. 7, Rn. 57, dort in Fn. 300; Burkart, 202; Weidemann, 109.

[31] Gruber, Methoden des internationalen Einheitsrechts, 310; Schmid, Zusammenspiel, 80; Staudinger-Magnus, Art. 7 CISG, Rn. 59.

[32] Staudinger-Magnus, Art. 7 CISG, Rn. 60; Gruber, Methoden des internationalen Einheitsrechts, 309.

[33] Schlechtriem-Herber, 2. Auflage, Art. 6, Rn. 26; Heuzé, Anm. 97; Neumayer/Ming, Art. 6, Anm. 7; Honsell-Siehr, Art. 6, Rn. 13; ferner Staudinger (1999)-Magnus, Art. 6 CISG, Rn. 49, 60; anders jedoch jetzt in der Neubearbeitung Staudinger-Magnus, Art. 6 CISG, Rn. 60 (für die Anwendung des kollisionsrechtlich berufenen nationalen Rechts).

Diese Auffassung begegnet jedoch erheblichen Bedenken.[34] Es muss schon grundsätzlich bezweifelt werden, ob aus der fehlenden Vereinbarung der ergänzenden Anwendung eines staatlichen Rechts darauf geschlossen werden kann, dass die Parteien der Anwendung staatlichen Rechts per se ablehnend gegenüberstehen. Es ist durchaus denkbar, dass die Parteien den durch das Abbedingen von Vorschriften des CISG bestehenden ergänzenden Regelungsbedarf schlichtweg übersehen haben. Möglich ist auch, dass im Zuge der Vertragsverhandlungen lediglich keine Einigung hinsichtlich des ersatzweise anzuwendenden Rechts erzielt werden konnte und seine Feststellung dem Richter überlassen bleiben sollte. Beide Alternativen implizieren nicht ohne weiteres eine grundsätzlich ablehnende Haltung gegenüber der Anwendung des kollisionsrechtlich berufenen Rechts. Aber selbst wenn man den vorrangigen Rückgriff auf die allgemeinen Grundsätze der Konvention damit begründet, dass angesichts der Abwahl bestimmter Vorschriften das Abkommen nun, aufgrund der Derogation, aus Sicht der Parteien insoweit keine ausdrückliche Regelung bereithält und man auf diese Weise mit einer Situation konfrontiert wird, für deren Bewältigung eigentlich Art. 7 Abs. 2 CISG geschaffen wurde[35], kann dem jedenfalls im Ergebnis nicht gefolgt werden. Denn ein Rückgriff auf die allgemeinen Grundsätze muss notwendigerweise zu eben dem einheitsrechtlichen Ergebnis führen, das die Parteien durch die Abwahl gerade vermeiden wollten, zumal sich die für die ausgeschlossenen Fragen aufschlussgebenden allgemeinen Grundsätze des Übereinkommens gerade aus den von den Parteien abbedungenen Vorschriften oder aus den sonstigen Bestimmungen des Übereinkommens ergeben dürften.[36] Daher kann eine konsequente Anwendung dieser Grundsätze nur wieder zu dem Ergebnis führen, zu dem auch die derogierten Vorschriften führen. Ein solches Ergebnis stünde dem durch die Abwahl bestimmter Regelungen zum Ausdruck gebrachten Willen der Parteien eindeutig entgegen. Angesichts dessen erscheint es auch nicht angebracht, den Willen der Kontrahenten daraufhin zu untersuchen, ob sie durch das Abbedingen einzelner Bestimmungen interne oder externe Lücken schaffen wollten, und die so charakterisierten Lücken entsprechend den jeweiligen hierfür geltenden Vorgaben zu ergänzen.[37] Denn selbst wenn sich hieraus die Qualifikation als interne Lücke ergäbe, wäre die für diesen Fall an sich von Art. 7 Abs. 2 CISG vorgesehene Lückenfüllung aus dem Übereinkommen heraus, wie erwähnt, doch wenig sinnvoll.

Die besseren Gründe sprechen daher für die Anwendung desjenigen Sachrechts, dessen Anwendbarkeit sich durch den Rückgriff auf den üblichen kollisionsrechtlichen Weg ergibt, um die aufgrund des teilweisen Ausschlusses des CISG zu klärenden Fra-

---

[34] Schlechtriem/Schwenzer-Ferrari, Art. 6, Rn. 35; Wasmer, 49f.

[35] Man könnte allerdings auch argumentieren, dass die von den Parteien abbedungenen Vorschriften an für sich durchaus im Übereinkommen „ausdrücklich geregelte" Fragen betreffen und damit gar nicht vom Anwendungsbereich des Art. 7 Abs. 2 CISG erfasst sind, vgl. hierzu Schlechtriem/Schwenzer-Ferrari, Art. 6, Rn. 35.

[36] Schlechtriem/Schwenzer-Ferrari, Art. 6, Rn. 35; Wasmer, 49f.

[37] So aber Schmid, Zusammenspiel, 51f.

gen einer Lösung zuzuführen.[38] Ob es sich hierbei notwendig um ein staatliches Recht handeln muss, oder ob auch nichtstaatliche Regelwerke wie die UP zur Schließung der entstandenen Lücken herangezogen werden können, soll an anderer Stelle geklärt werden.[39]

IV. Dispositivität des Art. 7 CISG

Angesichts der in Art. 6 CISG normierten Möglichkeit, ganze Teile des Abkommens oder auch nur einzelne seiner Vorschriften abzubedingen, stellt sich die Frage, ob auch die Anwendung des Art. 7 CISG wirksam von den Parteien ausgeschlossen werden kann, und – falls dies zu bejahen ist – welche Auswirkungen dies auf die eigentlich Art. 7 Abs. 2 CISG zu entnehmende Methodik der Lückenfüllung haben könnte.

Bei der Beantwortung dieser Frage ist zu bedenken, dass der Grundsatz der Vertragsfreiheit der Parteien nur insoweit gilt, als es sich um Vorschriften handelt, deren unmittelbare Adressaten die Kontrahenten selbst sind.[40] Art. 7 Abs. 2 CISG hingegen bezweckt nicht die Ergänzung des Kaufvertrages an sich, sondern die Anwendung und Ergänzung der Vorschriften des CISG selbst und richtet sich damit nicht an die Parteien, sondern in erster Linie an die Richter und Schiedsrichter, die einen Streitfall auf der Grundlage des Übereinkommens zu entscheiden haben.[41] Daher erscheint es zumindest bedenklich, den für die einheitliche und autonome Anwendung des Übereinkommens elementaren Art. 7 Abs. 2 CISG zur Disposition der Parteien zu stellen. Art. 6 CISG ist vielmehr im Hinblick auf Bestimmungen, die sich nicht an die Vertragsparteien richten, sondern Rechte und Pflichten der Vertragsstaaten und ihrer Gerichte begründen, restriktiv auszulegen.[42] Bedenken gegen die Derogation des Art. 7 CISG bestehen überdies, weil auf diesem Wege der Rechtsvereinheitlichungszweck als primäres Ziel der Konvention unterlaufen werden könnte.[43] Aus diesen Gründen vermag der insbesondere unter Berufung auf den offenen Wortlaut des Art. 6 CISG von einem Teil des Schrifttums eingenommene Standpunkt, Art. 7 CISG könne von den Parteien abbedungen werden[44], nicht zu überzeugen. Vereinzelt wird die Dispositivität nur für Art. 7 Abs. 2 CISG vertreten. Zur Begründung wird angeführt, Art. 7 Abs. 2 CISG postuliere, anders als Art. 7 Abs. 1 CISG, keine Maximen, die bei der Anwendung jeder anderen Bestimmung des Übereinkommens zu beachten wären, weshalb sich bei

[38] Ebenso Schlechtriem/Schwenzer-Ferrari, Art. 6, Rn. 35; Wasmer, 49f.; jetzt auch - anders als in der Vorauflage - Staudinger-Magnus, Art. 6 CISG, Rn. 60.
[39] Eingehend zu dieser Problematik unten Kapitel 5.
[40] De Lukowicz, 35.
[41] Zutreffend Bridge, The UK Sale of Goods Act, 115, 132; Burkart, 133, 203; de Lukowicz, 35.
[42] Ebenso Bridge, The UK Sale of Goods Act, 115, 132f.; de Lukowicz, 35 (zu Art. 7 Abs. 1 CISG); Bianca/Bonell-Bonell, Art. 7, Anm. 3.3. Es dürfte außer Zweifel stehen, dass auch eine Vorschrift wie Art. 89 CISG, der die Funktion des Generalsekretärs der Vereinten Nationen festlegt, nicht von den Kontrahenten eines internationalen Kaufvertrages abbedungen werden kann.
[43] De Lukowicz, 35 (zu Art. 7 Abs. 1 CISG); Bianca/Bonell-Bonell, Art. 7, Anm. 3.3.
[44] Burkart, 203; Herber, IHR 2003, 1, 9; Schlechtriem/Schwenzer-Ferrari, Art. 6, Rn. 10; Schmid, Einheitliche Anwendung, 175f. (ausdrücklich nur in bezug auf Art. 7 Abs. 2 CISG); offenbar auch Staudinger-Magnus, Art. 6 CISG, Rn. 54f.

einem vertraglichen Ausschluss des Art. 7 Abs. 2 CISG der Charakter der übrigen Vorschriften nicht verändere.[45] Dieses Argument ist jedoch nicht stichhaltig, denn Art. 7 Abs. 2 CISG verkörpert die konsequente Fortführung des in Art. 7 Abs. 1 CISG enthaltenen Gedankens und trägt ebenso wie dieser zur einheitlichen und autonomen Handhabung des Übereinkommens bei.[46] In eben dem Maße, in dem Art. 7 Abs. 1 CISG für alle auslegungsbedürftigen Bestimmungen des CISG maßgeblich ist, ist Art. 7 Abs. 2 CISG für alle ergänzungsbedürftigen Vorschriften der Konvention richtungsweisend. Eine unterschiedliche Behandlung der beiden Absätze des Art. 7 CISG ist daher nicht gerechtfertigt.

Folgt man den vorstehend dargelegten Bedenken nicht, stellt sich die Frage nach der im Falle einer Abwahl des Art. 7 Abs. 2 CISG gebotenen Vorgehensweise bei der Lückenergänzung. Während einige Autoren klarstellen, dass mit der Derogation des Art. 7 Abs. 2 CISG der vorrangige Rückgriff auf die dem Übereinkommen zugrunde liegenden allgemeinen Grundsätze entbehrlich und ein sofortiger Rückgriff auf das kollisionsrechtlich berufene Recht möglich wird[47], ändert die Dispositivität des Art. 7 Abs. 2 CISG nach anderer Ansicht nichts daran, „dass die vom Sinn und Zweck der Konvention vorgegebenen Leitlinien, in erster Linie die Erreichung materiell einheitlichen Kaufrechts, weiterhin zum Tragen kommen."[48] Die Verpflichtung zur Schaffung uniformen Rechts in der Rechtsanwendung ergebe sich nicht nur aus Art. 7 CISG, sondern aus dem Sinn und Zweck des Übereinkommens und sei als solche in ihrem Bestand unabhängig von ihrer expliziten Anordnung. Dies ermögliche es, das Gebot der einheitlichen Anwendung auch nach einem Ausschluss des Art. 7 CISG zu berücksichtigen.[49] Legt man diese Haltung zugrunde, liefen die konträren Auffassungen bezüglich der Dispositivität des Art. 7 CISG letztlich auf das gleiche Ergebnis hinaus. Nicht nur aus diesem Grunde sollte die Kontroverse nicht überbewertet werden. Die hier aufgeworfene Frage dürfte insgesamt nur geringe praktische Relevanz haben. Wenn die Parteien überhaupt imstande sind, die Tragweite des Art. 7 CISG zu beurteilen – und nur dann werden sie an einen Ausschluss der Vorschrift denken – dürften sie auch zu der Erkenntnis gelangen, dass ein Abbedingen der Vorschrift zu einer erheblichen Beeinträchtigung der mit Art. 7 CISG angestrebten Rechtssicherheit führen würde. Eine von den Parteien möglicherweise ersatzweise eingefügte Regel könnte zu nicht unbeträchtlichen Abstimmungsschwierigkeiten mit den übrigen Vorschriften des Übereinkommens führen, was nicht im Interesse der Parteien sein kann.[50]

---

[45] So Schmid, Einheitliche Anwendung, 175.
[46] Eingehend unten Kapitel 4.
[47] Schlechtriem/Schwenzer-Ferrari, Art. 6, Rn. 10; Schmid, Einheitliche Anwendung, 176.
[48] Burkart, 203.
[49] Burkart, 203.
[50] Burkart, 203. Die Rechtssicherheit wird im internationalen Einheitsrecht im allgemeinen hoch veranschlagt, siehe dazu Kropholler, Einheitsrecht, 263; Gruber, Methoden des internationalen Einheitsrechts, 25ff.

B. Die Ermittlung und Einordnung offener Fragen - Der Regelungsbereich des CISG

Die vorstehenden Erörterungen haben gezeigt, dass die Ergänzung offener Rechtsfragen nach unterschiedlichen Maßstäben zu erfolgen hat, je nach dem, ob die betreffende Regelungslücke einer Materie zuzuordnen ist, die grundsätzlich vom Regelungsbereich des CISG erfasst wird oder nicht. Der zutreffenden Einordnung einer offenen Rechtsfrage als interne oder externe Lücke kommt somit entscheidende Bedeutung für ihre Ergänzung zu. Vor der Qualifizierung einer offenen Rechtsfrage stellt sich jedoch stets die Frage, ob es sich tatsächlich um eine ungelöste Frage handelt. Häufig nämlich erscheint eine Frage nur auf den ersten Blick ungeregelt. Eine nähere Untersuchung führt nicht selten zu dem Ergebnis, dass dem Übereinkommen durchaus eine ausdrückliche Antwort zu entnehmen ist.

I. Methodik der Ermittlung und Einordnung von Lücken

Vermisst der Rechtsanwender bei der Lektüre der Konvention die Antwort auf eine konkrete Rechtsfrage, so ist eingehend zu prüfen, ob dieser erste Anschein zutrifft, ob das Übereinkommen hinsichtlich der betreffenden Frage also tatsächlich keine Regelung bereithält.[51] Welche Rechtsfragen im CISG eine Regelung erfahren haben, ergibt sich in erster Linie aus Art. 4 und 5 CISG.[52] Diese Vorschriften schließen eine Reihe von Fragen aus, die sich zwar durchaus im Zusammenhang mit einem Warenkaufvertrag stellen, jedoch auch bei anderen Verträgen relevant sein können und daher keine spezifisch kaufvertraglichen Aspekte betreffen.[53] Liegt die offene Frage schon außerhalb des anhand der Art. 4 und 5 CISG abgesteckten Regelungsbereichs des CISG, bedarf es keiner weitergehenden Prüfung: Das Übereinkommen ist insoweit dann tatsächlich lückenhaft.[54] Die offene Frage ist zweifelsfrei als externe Lücke zu qualifizieren[55] mit der Folge, dass zum Zwecke ihrer Ergänzung unmittelbar auf das vom IPR für anwendbar erklärte Recht zurückgegriffen werden muss.[56] Ist die zu lösende Frage hingegen nicht von vornherein über Art. 4, 5 CISG vom Regelungsbereich des Übereinkommens ausgenommen, so gilt es, im Konventionstext eine Vorschrift zu finden,

---

[51] Zur Ermittlung von Lücken im CISG eingehend Gruber, Methoden des internationalen Einheitsrechts, 284ff.; Schmid, Zusammenspiel, 33ff.

[52] Bei der Einordnung einer Lücke geht es ausschließlich um den Regelungs- bzw. Geltungsbereich des Übereinkommens und damit um die Frage, *inwieweit* das Übereinkommen Anwendung findet. Hiervon zu unterscheiden ist der im Rahmen der vorliegenden Arbeit nicht zu thematisierende Anwendungsbereich des Übereinkommens, der in den Art. 1-3 CISG geregelt ist und sich mit der Frage beschäftigt, *ob* das Übereinkommen anwendbar ist.

[53] Schlechtriem, Rn. 41.

[54] Schmid, Zusammenspiel, 33; Gebauer, Unif. L. Rev. 2000, 683, 696f. spricht sich vehement gegen die Einordnung dieser außerhalb des Regelungsbereichs des Übereinkommens liegenden Rechtsfragen als (externe) „Lücken" aus und hält eine Beschränkung des Begriffs der „Lücke" auf diejenigen unbeantworteten Rechtsfragen, die in den Regelungsbereich des Übereinkommens fallen, für geboten. Es geht hierbei allerdings nur um Begrifflichkeiten; in der Sache selbst ergeben sich dadurch keine Unterschiede.

[55] Schmid, Zusammenspiel, 33.

[56] Siehe oben Kapitel 2, A.II.2.

deren Anwendungsbereich eine gewisse Nähe zu der zu beantwortenden Rechtsfrage aufweist. Gelingt dies nicht, ist insoweit, ohne dass es einer weiteren Prüfung bedürfte, vom Vorliegen einer Regelungslücke auszugehen. Häufig wird jedoch im Falle einer Frage, die nicht bereits gem. Art. 4, 5 CISG vom Regelungsbereich des Übereinkommens ausgeschlossen ist, eine Vorschrift zu finden sein, die die Problematik, der die zu beantwortende Rechtsfrage zuzuordnen ist, im weitesten Sinne tangiert. In diesem Fall ist sorgfältig zu prüfen, ob die – auf den ersten Blick – offene Rechtsfrage in der in Betracht gezogenen Vorschrift nicht doch eine Regelung erfahren hat. Ob dies der Fall ist, ist durch Auslegung der jeweiligen Bestimmung zu beurteilen.[57] Die Auslegung einzelner Vorschriften des Übereinkommens kann zu dem Ergebnis führen, dass die Konvention entgegen dem ersten Anschein doch eine abschließende Regelung für die vermeintlich offene Frage bereithält. In diesem Fall bedarf es keiner weiteren Schritte: eine nur scheinbare Lücke, die tatsächlich keine ist, bedarf keiner Ergänzung.[58] Führt die Auslegung jedoch zu dem Ergebnis, dass die betreffende Vorschrift keine oder jedenfalls keine abschließende Regelung für die zu lösende Frage bereithält, so besteht kein Zweifel mehr am Vorliegen einer Regelungslücke.[59]

Vom Vorliegen einer *externen* Regelungslücke ist dabei dann auszugehen, wenn die fehlende Regelung eine Rechtsfrage betrifft, die bei systematischer und historischer Betrachtung des Regelungsgehalts des Übereinkommens nicht von diesem beantwortet werden sollte.[60] Der Ausschluss einer Frage aus dem Regelungsbereich des Übereinkommens kann sich folglich nicht nur explizit aus Art. 4, 5 CISG ergeben, sondern auch aus dieser eben genannten Überlegung. Vom Vorliegen einer *internen* Lücke kann insbesondere dann ausgegangen werden, wenn eine Rechtsfrage unbeabsichtigt nicht geregelt wurde, etwa weil man die Regelungsbedürftigkeit bestimmter Gesichtspunkte verkannt oder künftige Entwicklungen nicht vorausgesehen und deshalb nicht normiert hat.[61] In sehr zweifelhaften Fällen kann als Faustregel gelten, dass eine Rechtsfrage, die nicht ausdrücklich durch Art. 4 oder 5 CISG vom Regelungsbereich des Übereinkommens ausgenommen ist, im Zweifel als zum Regelungsbereich gehörend eingeordnet werden sollte.[62] Welche Fragen im Einzelnen eine ausdrückliche Regelung im CISG vermissen lassen, ist für die vorliegende Untersuchung nur insofern von Bedeutung, als die UP zu ihrer Ergänzung in Betracht kommen. Da die Herausarbeitung der insoweit relevanten Lücken des Übereinkommens und des entsprechenden Ergänzungspotentials der UP im Rahmen dieser Arbeit nicht erfolgen kann, beschränkt sich die nachfolgende Darstellung auf die Abgrenzung der grundsätzlich vom Gel-

---

[57] Eickelberg, 42; Weidemann, 51; Brunner, Art. 4, Rn. 4; Röhl, 615. Zu den hierbei zu berücksichtigenden Auslegungsgrundsätzen und –methoden siehe unten Kapitel 2, B.IV.

[58] Eickelberg, 79.

[59] Röhl, 615.

[60] Witz/Salger/Lorenz-Witz, Art. 7, Rn. 32.

[61] Diedrich, RIW 1995, 353, 354; Schlechtriem, Rn. 33. Der Zweck der vorliegenden Arbeit macht das nähere Eingehen auf die verschiedenen Kategorien interner Lücken – Lücken „intra verba legis", Lücken „praeter verba legis" und Lücken „contra verba legis" – nicht erforderlich. Eingehend zu diesen Differenzierungen Burkart, 108f.

[62] Bridge, The UK Sale of Goods Act, 115, 133.

tungsbereich des Übereinkommens erfassten bzw. nicht erfassten Rechtsmaterien. Was die Einordnung derjenigen Materien anbelangt, die im CISG nicht ausdrücklich geregelt wurden, so wird man häufig von der mittelbaren Regelung einer Rechtsfrage in der Konvention ausgehen können, sofern im Übereinkommen entsprechende allgemeine Prinzipien auszumachen sind.[63]

II. Vom Regelungsbereich des Übereinkommens erfasste Rechtsfragen (Art. 4 Satz 1 CISG)

Art. 4 Satz 1 CISG begrenzt den Geltungsbereich des Übereinkommens auf die Regeln für das äußere Zustandekommen eines Kaufvertrages und die daraus erwachsenden Rechte und Pflichten von Verkäufer und Käufer. Im Einzelnen sind dem Regelungsbereich des CISG folgende Rechtsmaterien zugewiesen:

1. Vertragsschluss

Im Zusammenhang mit dem Zustandekommen des Kaufvertrages (Teil II, Art. 14 – 24) beschränkt das CISG seine Kompetenz nach allgemeiner Ansicht nur auf den sog. „äußeren Konsens" des Vertragsabschlusses, „gekennzeichnet durch das nach außen erkennbare Zusammenfinden von Vertragsangebot und Vertragsannahme."[64] Das CISG regelt darüber hinaus – als Ausnahme von Art. 4 Satz 2 lit. a CISG – in Art. 11 die Formfreiheit von Verträgen.[65]

2. Rechte und Pflichten der Vertragsparteien

In seinem Teil III (Art. 25 - 88) enthält das CISG ausführliche und abschließende Regelungen bezüglich der den Parteien aus dem Vertragsverhältnis erwachsenden gegenseitigen Rechte und Pflichten.[66] Hierzu zählen insbesondere Liefer- und Zahlungsverpflichtungen, aber auch die sich aus etwaigen Leistungsstörungen ergebenden Rechte und Pflichten.[67] Dementsprechend regelt das CISG auch die Rechtsmängelhaftung (Art. 41, 42)[68] sowie die Sachmängelhaftung (Art. 35ff.), wobei nach ganz überwiegender Ansicht nicht nur Schäden an der Sache selbst, sondern auch durch die Ware verursachte Mangelfolgeschäden an Sachgütern vom Regelungsbereich des Abkommens erfasst werden. Sie sind grundsätzlich Vermögensschäden im weiteren Sinne und

---

[63] Magnus, RabelsZ 59 (1995), 469, 476; Burkart, 191.

[64] Piltz, Gestaltung, Rn. 121; ebenso Schlechtriem, Rn. 33; Witz/Salger/Lorenz-Lorenz, Art. 4, Rn. 8.

[65] Etwas anderes gilt jedoch, wenn eine Partei ihre Niederlassung in einem Vertragsstaat hat, der sich gem. Art. 12 iVm Art. 96 CISG die Schriftformbedürftigkeit eines Vertrages vorbehalten hat oder wenn das Sachrecht dieses Staates nach dem IPR des Forumstaates allein über die Formgültigkeit des Kaufvertrages zu befinden hat, vgl. hierzu Honsell-Siehr, Art. 4, Rn. 3; Piltz, Gestaltung, Rn. 123; Soergel-Lüderitz/Fenge, Art. 4 CISG, Rn. 4.

[66] Honsell-Siehr, Art. 4, Rn. 11.

[67] Witz/Salger/Lorenz-Lorenz, Art. 4, Rn. 19; Honsell-Siehr, Art. 4, Rn. 15; Staudinger-Magnus, Art. 4 CISG, Rn. 16.

[68] Witz/Salger/Lorenz-Witz, Art. 7, Rn. 27.

zählen zum „Verlust" iSv Art. 74 CISG.[69] Zur Regelungsmaterie gehört ferner der Erfüllungsort für alle Leistungs- und Zahlungsansprüche, auch soweit sie Sekundärpflichten darstellen. Für Primärleistungspflichten ergibt sich dies ausdrücklich aus Art. 57 CISG. Hinsichtlich der Sekundärpflichten wird dem CISG ein aus Art. 57 CISG abgeleiteter allgemeiner Grundsatz entnommen.[70] Geregelt ist nach nunmehr überwiegender Meinung auch die Beweislast. Wenngleich es insoweit an einer ausdrücklichen Regelung fehlt, lassen sich dem Übereinkommen doch verschiedene diesbezügliche allgemeine Grundsätze entnehmen.[71] Erfasst ist darüber hinaus die Verzinsungspflicht als solche (Art. 78, 84 Abs. 1 CISG). Ob dies auch in bezug auf die Höhe des Zinssatzes gilt, ist umstritten, da es insoweit an einer ausdrücklichen Regelung fehlt.[72] Hinsichtlich der Haftung für Hilfspersonen kann dem CISG in Ermangelung einer expliziten Regelung nach überwiegender Meinung nur mittelbar entnommen werden, dass sie von Art. 79 Abs. 2 CISG erfasst sein soll.[73] Strittig ist, ob die Konvention über Art. 79 CISG auch den Wegfall bzw. die Störung der Geschäftsgrundlage oder verwandter Regeln in anderen Rechtsordnungen (beispielsweise „frustration" im angloamerikanischen Recht) mitregelt.[74] Ungeklärt ist ferner, ob und in welchem Umfang auch die Haftung aufgrund der Verletzung von Nebenpflichten sowie von vorvertraglichen Pflichten zu den geregelten Materien gehört. Nebenpflichtverletzungen sind nach überwiegender Ansicht über die allgemeinen Haftungsvorschriften vom Regelungsbe-

---

[69] Piltz, Gestaltung, Rn. 128; Schlechtriem, Rn. 40; Witz/Salger/Lorenz-Lorenz, Art. 5, Rn. 7; Soergel-Lüderitz/Fenge, Art. 5 CISG, Rn. 5; Honsell-Siehr, Art. 4, Rn. 18.

[70] OLG Düsseldorf, Urteil vom 2.7.1993 – 17 U 73/93, RIW 1993, 845; Witz/Salger/Lorenz-Witz, Art. 7, Rn. 27; Schlechtriem, Rn. 42e.

[71] Schweizerisches Bundesgericht, Urteil vom 19.2.2004 – 4C.307/2003, UNILEX; dass., Urteil vom 13.11.2003 – 4C.198/2003/grl, IHR 2004, 215, 218; Tribunale di Rimini, Urteil vom 26.11.2002, No. 3095, UNILEX; Tribunale di Vigevano, Urteil vom 12.07.2000, No. 405, UNILEX; Tribunale di Pavia, Urteil vom 29.12.1999, No. 468, UNILEX; Handelsgericht Zürich, Urteil vom 26.4.1995 - HG 920 670, UNILEX; OLG Frankfurt/M., Urteil vom 5.7.1995 - 9 U 81/94, UNILEX; OLG Innsbruck, Urteil vom 1.7.1994 - 4 R 161/94, UNILEX; Handelsgericht Zürich, Urteil vom 9.9.1993 - HG 930138 U/H 93, UNILEX; Witz/Salger/Lorenz-Witz, Art. 7, Rn. 27; Witz/Salger/Lorenz-Lorenz, Art. 4, Rn. 11; Herber/Czerwenka, Art. 36, Rn. 5; Honsell-Siehr, Art. 4, Rn. 10; Schlechtriem/Schwenzer-Ferrari, Art. 4, Rn. 49; ders., Art. 7, Rn. 56; Neumayer/Ming, Art. 4, Anm. 13; Magnus, RabelsZ 59 (1995), 469, 489f.; Schlechtriem, Rn. 50; aA U.S. District Court of Appeals, 4th Circuit, Urteil vom 21.6.2002, No. 00-1125, UNILEX; ICC Award 6653/1993, UNILEX; Heuzé, Anm. 299; Bianca/Bonell-Khoo, Art. 2, Anm. 3.2.

[72] Überwiegend wird von einer externen Regelungslücke ausgegangen, siehe z.B. OLG Karlsruhe, Urteil vom 19.12.2002 – 19 U 8/02, UNILEX; Tribunal of International Commercial Arbitration of the Russian Federation, Urteil vom 10.02.2000, No. 340/1999, UNILEX; LG Darmstadt, Urteil vom 9.5.2000 - 10 O 72/00, UNILEX; Court of Appeal of Turku, Urteil vom 12.04.2002, UNILEX sowie aus der Literatur Reinhart, Art. 4, Rn. 7; Witz/Salger/Lorenz-Lorenz, Art. 4, Rn. 34; Magnus, RabelsZ 59 (1995), 469, 490; Bianca/Bonell-Nicholas, Art. 78, Anm. 2.1; Karollus, 227. Für die Annahme einer internen Regelungslücke hingegen Brunner, Art. 4, Rn. 38; Faust, RabelsZ 68 (2004), 511, 517f.; Honnold, Uniform Law, Rn. 421; Neumayer, RIW 1994, 99, 106.

[73] Siehe unten Kapitel 2, C.III.

[74] Dazu Schmid, Zusammenspiel, 181ff.; Naumann, 258ff.; Rimke, Force Majeure and Hardship, 193, 210ff.; Fischer, 181ff.

reich des CISG erfasst, sofern es um speziell aus dem Vertrag hervorgehende Fürsorgepflichten geht.[75] Hinsichtlich der Verletzung vorvertraglicher Pflichten soll eine differenzierende Betrachtungsweise geboten sein, je nachdem, ob es trotz der Pflichtverletzung zum Vertragsschluss kommt oder nicht.[76] Ob die Verwirkung von Ansprüchen trotz fehlender ausdrücklicher Regelung mittelbar dadurch vom Geltungsbereich der Konvention erfasst wird, dass dem CISG ein entsprechender allgemeiner Grundsatz zugrunde liegt, ist umstritten, wird aber vielfach bejaht.[77] Auch bestimmte Zurückbehaltungsmöglichkeiten regelt das Abkommen selbst, wenn und soweit konventionsinterne Ansprüche und Pflichten betroffen sind.[78]

3. Sonstige vom Regelungsbereich des CISG erfasste Fragen

Art. 4 Satz 1 CISG ist sprachlich etwas zu eng gefasst: Das CISG regelt nicht nur den Abschluss des Vertrages, sondern in Art. 29 CISG auch die Möglichkeit seiner Änderung.[79] Über Art. 29 CISG wird daher auch der Vergleich erfasst, soweit dem CISG unterfallende Kaufverträge geändert oder aufgehoben werden, nicht aber, soweit Zahlungspflichten durch Vergleich selbständig festgesetzt werden.[80] Von Art. 29 CISG werden auch Stundung[81] und Erlass[82] abgedeckt, da auch sie aufgrund ihrer Einwirkung auf die Leistungszeit bzw. auf die Leistungspflicht als solche als Vertragsänderung einzuordnen sind.

III. Vom Regelungsbereich des Übereinkommens nicht erfasste Rechtsfragen (Art. 4 Satz 2, Art. 5 CISG)

Eine Reihe von Rechtsfragen ist gem. Art. 4 Satz 2, Art. 5 CISG ausdrücklich vom Geltungsbereich des CISG ausgenommen. Die nach Art. 4 Satz 2 CISG ausgeschlossenen Bereiche sind jedoch nur beispielhaft und nicht abschließend („insbesondere"). Für zahlreiche weitere Aspekte ergibt sich die Nichtanwendbarkeit des Übereinkommens aus seiner Entstehungsgeschichte sowie aus der Systematik seiner Bestimmungen.[83] Der Rückgriff auf unvereinheitlichtes Recht ist vor allem dann erforderlich, wenn sich aus den Materialien ergibt, dass die Konvention für die betreffende Frage bewusst keine einheitliche Entscheidung vorsehen wollte.[84]

---

[75] Honsell-Siehr, Art. 4, Rn. 17; Soergel-Lüderitz/Fenge, Art. 4 CISG, Rn. 13; Schlechtriem/Schwenzer-Ferrari, Art. 4, Rn. 46.
[76] Hierzu Bonell, RIW 1990, 694ff.; Schütz, UN-Kaufrecht und Culpa in contrahendo, Frankfurt 1996; Schilder, Schadensersatz bei Durchbrechung der Bindung an obligatorische Vertragsofferten - Eine vergleichende Untersuchung zum BGB und zum UN-Kaufrecht (CISG), Frankfurt 2003.
[77] Siehe näher unten Kapitel 2, C.III.
[78] Vgl. unten Kapitel 2, C.III.
[79] Piltz, Gestaltung, Rn. 121; Schlechtriem/Schwenzer-Ferrari, Art. 4, Rn. 8.
[80] Soergel-Lüderitz/Fenge, Art. 4 CISG, Rn. 9; Schlechtriem/Schwenzer-Ferrari, Art. 4, Rn. 45 (str.).
[81] Soergel-Lüderitz/Fenge, Art. 4 CISG, Rn. 11; Schlechtriem/Schwenzer-Ferrari, Art. 4, Rn. 45; Schlechtriem, Rn. 41.
[82] Schlechtriem/Schwenzer-Ferrari, Art. 4, Rn. 45; Honsell-Siehr, Art. 4, Rn. 14; Schlechtriem, Rn. 41.
[83] Witz/Salger/Lorenz-Witz, Art. 7, Rn. 32.
[84] Witz/Salger/Lorenz-Witz, Art. 7, Rn. 32.

1. Gültigkeitsfragen (Art. 4 Satz 2 lit. a CISG)

Art. 4 Satz 2 lit. a CISG nimmt Gültigkeitsfragen den Vertrag oder einzelne Vertragsbestimmungen sowie Gebräuche betreffend vom Regelungsbereich des Übereinkommens aus, soweit sie nicht unter die Regelung des Vertragsschlusses durch Angebot und Annahme bzw. unter Art. 11 CISG fallen. Nicht ohne weiteres nach außen zu Tage tretende Umstände, die im Rahmen des Vertragsschlusses eine Rolle spielen können, fallen daher nicht unter den Regelungsbereich des Übereinkommens.[85] Im Einzelnen bedeutet dies, dass es beispielsweise an Regelungen über die Rechts- und Geschäftsfähigkeit der Vertragsparteien fehlt.[86] Zweifellos nicht vom CISG geregelt ist ferner, unter welchen Umständen ein Vertrag bzw. einzelne seiner Bestimmungen wegen eines Verstoßes gegen die guten Sitten, gegen gesetzliche Verbote oder wegen Missachtung von Vorschriften über AGB nichtig oder unwirksam sind.[87] Auch Widerrufsrechte fallen nicht in den Geltungsbereich.[88] Das Übereinkommen regelt darüber hinaus weder die rechtsgeschäftlich eingeräumte noch die organschaftliche oder gesetzliche Vertretungsmacht[89], noch enthält es Regelungen hinsichtlich von Willensmängeln und ihrer Folgen.[90] Nach unvereinheitlichtem Recht zu beurteilen sind daher die Anfechtung wegen Irrtums, Irreführung oder Betrugs sowie die Nichtigkeit im Falle eines Dissenses.[91] Streitig ist allerdings, in welchem Umfang die Anfechtung des Vertrages bei Vorliegen von Sachmängeln im CISG geregelt wird, wenn sich also der Irrtum oder die Täuschung auf die Mangelfreiheit des Kaufgegenstandes bezieht. Nach wohl überwiegender Ansicht ist das Sachproblem der Verantwortung für vertragswidrige Eigenschaften in den Art. 35ff., 45ff. CISG abschließend geregelt. Soweit sich der Irrtum auf die Qualität der gelieferten Ware bezieht und dabei überhaupt ein Irrtum bei Vertragsschluss vorliegt, ist er daher vollständig dem Regelungsbereich des CISG zugewiesen.[92] Der Irrtum über die Eigenschaften des Vertragspartners hat nach umstrittener, aber überwiegender Auffassung, abgesehen vom in Art. 71 Abs. 1 lit. a, 72

---

[85] Piltz, Gestaltung, Rn. 121; Witz/Salger/Lorenz-Lorenz, Art. 4, Rn. 8.

[86] Soergel-Lüderitz/Fenge, Art. 4 CISG, Rn. 8; Piltz, Gestaltung, Rn. 121; Schlechtriem, Rn. 34; Honsell-Siehr, Art. 4, Rn. 4; Witz/Salger/Lorenz-Lorenz, Art. 4, Rn. 8.

[87] Honsell-Siehr, Art. 4, Rn. 5; Piltz, Gestaltung, Rn. 121; Schlechtriem, Rn. 34; Soergel-Lüderitz/Fenge, Art. 4 CISG, Rn. 5; Witz/Salger/Lorenz-Lorenz, Art. 4, Rn. 15, 16; Schlechtriem/Schwenzer-Ferrari, Art. 4, Rn. 18, 20; Reinhart, Art. 4, Rn. 2. Hinsichtlich AGB gilt dies allerdings nur, soweit ihre *Wirksamkeit* betroffen ist. Die *Einbeziehung* von AGB in den Vertrag wird dagegen von den Vorschriften des CISG zum Vertragsabschluss erfasst, siehe hierzu Witz/Salger/Lorenz-Lorenz, Art. 4, Rn. 16.

[88] Soergel-Lüderitz/Fenge, Art. 4 CISG, Rn. 5; Piltz, Internationales Kaufrecht, § 2, Rn. 70; Staudinger-Magnus, Art. 4 CISG, Rn. 21; Schlechtriem/Schwenzer-Ferrari, Art. 2, Rn. 25.

[89] Soergel-Lüderitz/Fenge, Art. 4 CISG, Rn. 8; Honsell-Siehr, Art. 4, Rn. 7; Piltz, Gestaltung, Rn. 121.

[90] Schlechtriem, Rn. 34; Witz/Salger/Lorenz-Lorenz, Art. 4, Rn. 8.

[91] Schlechtriem, Rn. 34; Brunner, Art. 4, Rn. 10; Witz/Salger/Lorenz-Lorenz, Art. 4, Rn. 8.

[92] LG Aachen, Urteil vom 15.5.1993 – 43 O 136/92, RIW 1993, 761; Soergel-Lüderitz/Fenge, Art. 4 CISG, Rn. 8; Herber/Czerwenka, Art. 4, Rn. 22; Schlechtriem, Rn. 36a; Witz/Salger/Lorenz-Lorenz, Art. 4, Rn. 20f.; Schlechtriem/Schwenzer-Ferrari, Art. 4, Rn. 9, 24; Brunner, Art. 4, Rn. 10; aA Karollus, 42; Honsell-Siehr, Art. 4, Rn. 6 mwN.

CISG angesprochenen Irrtum über seine Zahlungsfähigkeit, im CISG keine Regelung erfahren.[93]

2. Eigentumsfragen (Art. 4 Satz 2 lit. b CISG)

Das CISG enthält zwar in Art. 30, 41f. Regelungen bezüglich der im Zusammenhang mit dem Eigentumsübergang bestehenden Pflichten.[94] Welche Voraussetzungen für den Eigentumsübergang sachenrechtlich erforderlich sind, regelt das CISG allerdings nicht, wie sich aus Art. 4 Satz 2 lit. b CISG ergibt.[95] Daher werden weder die Voraussetzungen noch die Wirkungen von Eigentumsvorbehalt und Sicherungsübereignung von der Konvention geregelt.[96]

3. Sonstige vom Regelungsbereich des CISG ausgeschlossene Fragen (Art. 4 Satz 2 und Art. 5 CISG)

Ferner haben auch die Abtretung einer durch Vorschriften des CISG begründeten Forderung, die Übernahme einer durch das CISG begründeten Schuld sowie das Schuldanerkenntnis keine Regelung erfahren und unterliegen daher dem anhand des IPR zu bestimmenden Recht.[97] Auch Verträge (mit Schutzwirkungen) zugunsten Dritter sowie die Geltendmachung von Rechten im Drittinteresse sind nach einhelliger Auffassung nicht vom Geltungsbereich umfasst.[98] Zurückbehaltungsrechte, die ihren Grund außerhalb des Kaufvertrages haben, dingliche Sicherungswirkungen etwaiger Zurückbehaltungsrechte, Verwertungsrechte mit Wirkung gegenüber Drittgläubigern, Insolvenzvorrechte etc. regelt das CISG ebenfalls nicht.[99] Was die Höhe des gem. Art. 78 CISG anzuwendenden Zinssatzes sowie die Haftung aus vorvertraglicher Pflichtverletzung anbelangt, ist die Zuordnung zum Regelungsbereich äußerst umstritten.[100] Zweifelhaft ist ferner, ob die Möglichkeiten der Aufrechnung im CISG geregelt sind. Wäh-

---

[93] Witz/Salger/Lorenz-Lorenz, Art. 4, Rn. 23; Herber/Czerwenka, Art. 4, Rn. 22; Schlechtriem, Rn. 36a; siehe auch Staudinger-Magnus, Art. 4 CISG, Rn. 48-50 mit Nachweisen zum Meinungsstand.

[94] Witz/Salger/Lorenz-Lorenz, Art. 4, Rn. 26.

[95] U.S. District Court, N.D., Illinois, Urteil vom 28.3.2002, No. 02 C 0540, UNILEX; Enderlein/Maskow/Strohbach-Maskow, Art. 4 CISG, Anm. 8; Marrella, La nuova lex mercatoria, 156.

[96] OLG Koblenz, Urteil vom 16.1.1992 – 5 U 534/91, IPRax 1994, 46, 47; Piltz, Gestaltung, Rn. 127; Soergel-Lüderitz/Fenge, Art. 4 CISG, Rn. 3; Witz/Salger/Lorenz-Lorenz, Art. 4, Rn. 26; Brunner, Art. 4, Rn. 17.

[97] Schweizerisches Bundesgericht, Urteil vom 17.10.2000 – 4C.422/1999/rnd, UNILEX; KG Berlin, Urteil vom 24.1.1994 – 2 U 7418/92, RIW 1994, 683; OLG Hamm, Urteil vom 8.2.1995 – 11 U 206/93, IPRax 1996, 197; Soergel-Lüderitz/Fenge, Art. 4 CISG, Rn. 9; Honsell-Siehr, Art. 4, Rn. 19; Schlechtriem, Rn. 41; Piltz, Gestaltung, Rn. 130; Witz/Salger/Lorenz-Lorenz, Art. 4, Rn. 29 (hinsichtlich der Abtretung ist allerdings vorab ggf. auf das Factoring-Übereinkommen zurückzugreifen).

[98] BGH, Urteil vom 12.2.1998 – I ZR 5/96, SZIER 1999, 199; Witz/Salger/Lorenz-Lorenz, Art. 4, Rn. 9, 29; Soergel-Lüderitz/Fenge, Art. 4 CISG, Rn. 9; Staudinger-Magnus, Art. 4 CISG, Rn. 14.

[99] Schlechtriem, Rn. 42d; Honsell-Siehr, Art. 4, Rn. 20; eingehend zur Regelung des Zurückbehaltungsrechts im CISG Kern, ZEuP 2000, 837ff.; siehe auch unten Kapitel 2, C.III.

[100] Siehe bereits oben Kapitel 2, B.II.2.

rend dies für konventionsexterne Ansprüche durchweg verneint wird[101], sind die Ansichten im Hinblick auf die Regelung konventionsinterner Ansprüche geteilt.[102] Auch hinsichtlich der inhaltlichen Gültigkeit bzw. Zulässigkeit von Vertragsstrafenvereinbarungen fehlt es an einer einheitsrechtlichen Regelung. Das bloße Zustandekommen dieser Vereinbarungen richtet sich jedoch nach Teil II des CISG.[103] Die Haftung mehrerer als Gesamt- oder Teilschuldner hat in der Konvention nach einhelliger Meinung ebenfalls keine Regelung gefunden.[104] Fraglich ist, ob die Vertragsübernahme vom Regelungsbereich des CISG ausgeschlossen ist, zumal sie sich im Sinne einer Änderung der Vertragspartei auch als Vertragsänderung gem. Art. 29 CISG konstruieren ließe.[105] Nicht geregelt ist jedenfalls die Verjährung von Ansprüchen aus dem CISG unterfallenden Kaufverträgen.[106] Etwas anderes gilt jedoch, soweit Rechte aus einer Vertragswidrigkeit der Sache hergeleitet werden: insofern genießen die Ausschlussfristen des CISG, insbesondere Art. 39 CISG, Vorrang.[107] Darüber hinaus ergeben sich die Grenzen des Geltungsbereichs aus Art. 5 CISG, der Ansprüche wegen durch die Ware verursachter Personenschäden in Form von Tod, Körperverletzung oder Gesundheitsschädigung als mögliche Mangelfolgeschäden von der Geltung des Einheitskaufrechts ausnimmt, unabhängig davon, ob es sich bei dem Geschädigten um den Käufer oder um Dritte handelt.[108]

IV. Auslegung des CISG

Für die Ermittlung von Regelungslücken im CISG sind Bedeutungsgehalt und Reichweite einzelner Bestimmungen des Übereinkommens, wie bereits erwähnt, durch Auslegung zu ermitteln.[109] An welchen Kriterien jedoch hat sich diese Auslegung zu orientieren? Diese Frage stellt sich deshalb, weil sich die Auslegungsmethoden in den verschiedenen Vertragsstaaten des CISG, insbesondere in den vom civil law geprägten

---

[101] OLG Düsseldorf, Urteil vom 28.5.2004 – I - 17 U 20/02, IHR 2004, 203ff.; LG Saarbrücken, Urteil vom 2.7.2002 – 8 O 49/02, UNILEX; OGH, Urteil vom 22.10.2001 – Ob 77/01g, UNILEX; OLG Düsseldorf, Urteil vom 11.7.1996 – 6 U 152/95, RIW 1996, 958, 960; Schlechtriem, Rn. 42e; Honsell-Siehr, Art. 4, Rn. 21.

[102] Nachweise unten Kapitel 2, C.III.

[103] Piltz, Gestaltung, Rn. 129; Soergel-Lüderitz/Fenge, Art. 4 CISG, Rn. 9; Witz/Salger/Lorenz-Lorenz, Art. 4, Rn. 29; Honsell-Siehr, Art. 4, Rn. 22; Schlechtriem/Schwenzer-Ferrari, Art. 4, Rn. 40.

[104] Soergel-Lüderitz/Fenge, Art. 4 CISG, Rn. 9; Schlechtriem/Schwenzer-Ferrari, Art. 4, Rn. 41.

[105] Schlechtriem, Rn. 41.

[106] OLG Hamm, Urteil vom 9.6.1995 – 11 U 191/94, IPRax 1996, 269, 270; Handelsgericht des Kantons Bern, Urteil vom 30.10.2001, i.S.K. GmbH gegen A., Nr. 8831 FEMA, auszugsweise abgedruckt in SZIER 2002, 142; Soergel-Lüderitz/Fenge, Art. 4 CISG, Rn. 10; Schlechtriem, Rn. 41; Piltz, Gestaltung, Rn. 131; Honsell-Siehr, Art. 4, Rn. 23; vgl. ferner das Urteil der Cour d'Appel de Paris vom 6.11.2001, No. 4607/2000, in dem die Richter hinsichtlich der Verjährung von einer (bloß) internen Regelungslücke ausgehen, aber gleichwohl auf das vom IPR des Forums für anwendbar erklärte nationale Recht zurückgreifen, weil dem CISG keine einschlägigen allgemeinen Grundsätze zu entnehmen seien.

[107] Soergel-Lüderitz/Fenge, Art. 4 CISG, Rn. 10.

[108] Witz/Salger/Lorenz-Lorenz, Art. 5, Rn. 4.

[109] Weidemann, 51; Eickelberg, 42.

Ländern einerseits und den vom common law geprägten Ländern andererseits, zum Teil erheblich voneinander unterscheiden und daher die Gefahr abweichender Abgrenzungsergebnisse besteht.[110] Da es im Falle des CISG an einem „letztinstanzlichen internationalen Entscheidungsorgan" fehlt[111], das gegebenenfalls korrigierend eingreifen könnte, besteht die Gefahr, dass das Einheitsrecht wegen der verschiedenen nationalen Auslegungstraditionen gerade keine einheitliche Anwendung findet.[112]

1. Auslegungsgrundsätze

Das CISG selbst gibt in Art. 7 Abs. 1 die bei der Auslegung des Übereinkommens zu berücksichtigenden Grundsätze vor:

Die Vorschrift stellt zunächst das Gebot der Berücksichtigung des internationalen Charakters des Übereinkommens im Rahmen der Auslegung auf. Dieser Grundsatz der autonomen Auslegung[113] impliziert zum einen in negativer Hinsicht, dass der Rückgriff auf nationales Recht unbedingt vermieden werden muss.[114] Die Auslegung einzelner Begriffe muss unabhängig von dem Verständnis erfolgen, das der Rechtsanwender von seinem jeweiligen Heimatrecht mitbringt; das gilt selbst dann, wenn das CISG Begriffe enthält, die mit denen eines bestimmten nationalen Rechts übereinstimmen.[115] Lediglich soweit sich aus der Entstehungsgeschichte eindeutig ergibt, dass bestimmte Konzepte und Begriffe im Übereinkommen durch eine bestimmte Rechtsordnung beeinflusst worden sind, darf zu ihrer Erläuterung und zu ihrem Verständnis diese Rechtsordnung herangezogen werden.[116] Die autonome Auslegung erfordert darüber hinaus in positiver Hinsicht, dass die Bestimmungen des CISG im Kontext der Konvention selbst interpretiert werden müssen, d.h. unter Berücksichtigung und im Einklang mit dem der Konvention innewohnenden System und den ihr zugrundeliegenden Zwecken und Zielen.[117] Art. 7 Abs. 1 CISG ist überdies das Gebot zu entnehmen, im Rahmen der Auslegung des Übereinkommens die Notwendigkeit seiner einheitlichen Anwendung zu fördern. Der Maxime des internationalen Entscheidungseinklangs kann nur entsprochen werden, wenn die für die Anwendung des CISG zuständigen nationalen Gerichte sowohl die Gerichtspraxis als auch die Literatur der anderen

---

[110] Gebauer, Unif. L. Rev. 2000, 683, 703; Abascal, Los Principios de UNIDROIT, 211, 213; de Lukowicz, 18; Diedrich, Autonome Auslegung, 59ff.; Schlechtriem/Schwenzer-Ferrari, Art. 7, Rn. 29; Witz/Salger/Lorenz-Witz, Art. 7, Rn. 29; Eickelberg, 43.

[111] Petz, 94. Zu den rechtlichen und politischen Perspektiven der Einrichtung eines „Gemeinsamen Obergerichts" siehe Burkart, 127ff. Für die Konzentration der Anwendung und Fortbildung internationalen Einheitsrechts bei einer Stelle im Rahmen der internationalen Gerichtsbarkeit auch Kropholler, Einheitsrecht, 144f.

[112] Petz, 92, 94; Burkart, 127ff.; de Lukowicz, 17; Eickelberg, 43.

[113] Für die Notwendigkeit der autonomen Interpretation des internationalen Einheitsrechts schon Kropholler, Einheitsrecht, 240; ausführlich Gruber, Methoden des internationalen Einheitsrechts, 80ff.

[114] Gebauer, Unif. L. Rev. 2000, 683, 686; Ferrari, R.I.D.C. 4-1996, 813, 827ff.

[115] Ferrari, R.I.D.C. 4-1996, 813, 827ff.; Herber/Czerwenka, Art. 7, Rn. 4; Schlechtriem, Rn. 43; Burkart, 180; de Lukowicz, 22; Enderlein/Maskow/Strohbach-Maskow, Art. 7 CISG, Anm. 3.

[116] De Lukowicz, 22; Schlechtriem, Rn. 43; Kramer, JBl 1996, 137, 142f.

[117] Gebauer, Unif. L. Rev. 2000, 683, 686 unter Hinweis auf Schlechtriem-Herber, 2. Auflage, Art. 7, Rn. 13.

Vertragsstaaten berücksichtigen.[118] Nur so lässt sich sicherstellen, dass in allen Vertragsstaaten die gleichen Ergebnisse erzielt werden.[119] Der dritte von Art. 7 Abs. 1 CISG aufgestellte Auslegungsgrundsatz besteht in der Berücksichtigung der Notwendigkeit, die Wahrung des guten Glaubens im internationalen Handel zu fördern.

2. Auslegungsmethoden

Art. 7 Abs. 1 CISG nennt zwar die im Rahmen der Auslegung des Übereinkommens zu berücksichtigenden Grundsätze. Hinsichtlich der Auslegungsmethoden, die zu verwenden sind, um den vorgegebenen Auslegungsmaximen hinreichend gerecht zu werden, schweigt das Übereinkommen jedoch.[120] Die Beachtung des internationalen Charakters des CISG einerseits und die Notwendigkeit der Förderung seiner einheitlichen Anwendung andererseits verbieten ein unreflektiertes Abstellen auf nationale Interpretationsmethoden.[121] Dies gilt jedenfalls dann, wenn die so gefundenen Auslegungsergebnisse von den Ergebnissen abweichen, zu denen die Anwendung der Interpretationsmethoden einer anderen Rechtsordnung führen würde.[122] Das grundsätzliche Verbot des Rückgriffs auf nationale Auslegungsmethoden macht folgerichtig die Zugrundelegung einheitlicher Auslegungsmethoden erforderlich.[123] Wenngleich derzeit noch nicht von einer endgültig gefestigten einheitlichen Vorgehensweise bei der Auslegung von Einheitsrecht gesprochen werden kann[124] – diesbezügliche Schwierigkeiten folgen insbesondere aus den in den civil-law-Ländern einerseits und den common-law-Ländern andererseits herrschenden unterschiedlichen Auslegungstraditionen[125] -, so hat sich diesbezüglich doch ein gewisser Grundkonsens herausgebildet.[126]

Die Auslegung hat nach allgemeiner Auffassung in erster Linie vom Wortlaut auszugehen, der aufgrund seiner Aussagekraft für die hinter einer Regelung stehenden

---

[118] De Lukowicz, 23; Bianca/Bonell-Bonell, Art. 7, Anm. 3.1.3; Herber/Czerwenka, Art. 7, Rn. 5.

[119] Schmid, Einheitliche Anwendung, 51.

[120] Petz, 95; Schlechtriem/Schwenzer-Ferrari, Art. 7, Rn. 8; Ferrari, R.I.D.C. 4-1996, 813, 828; Schmid, Einheitliche Anwendung, 40.

[121] Burkart, 127ff.; Kropholler, Einheitsrecht, 236; de Lukowicz, 24; Schmid, Einheitliche Anwendung, 41; Eickelberg, 42f. Zu den deutschen Auslegungsmethoden eingehend Huber, Savigny's Lehre von der Auslegung der Gesetze in heutiger Sicht, JZ 2003, 1ff.

[122] Gebauer, Unif. L. Rev. 2000, 683, 703; Ferrari, R.I.D.C. 4-1996, 813, 827.

[123] Kropholler, Einheitsrecht, 236; Eickelberg, 42f.; Burkart, 127ff.; de Lukowicz, 24; Schmid, Einheitliche Anwendung, 41; Gruber, Methoden des internationalen Einheitsrechts, 80ff.

[124] Zu den verschiedenen diskutierten Ansätzen, insbesondere auch zur umstrittenen Anwendbarkeit der Auslegungsregeln der Wiener Vertragsrechtskonvention (WVK) auf das CISG und zu den Gründen, die hiergegen sprechen, siehe Schmid, Einheitliche Anwendung, 42ff. mwN; Schlechtriem/Schwenzer-Ferrari, Art. 7, Rn. 33. Entschieden für die Anwendbarkeit völkerrechtlicher Auslegungsmethoden auf das CISG hingegen eingehend Happ, RIW 1997, 376ff.; etwas zurückhaltender Gruber, Methoden des internationalen Einheitsrechts, 121ff.

[125] Kramer, JBl 1996, 137, 141; Kropholler, Einheitsrecht, 275.

[126] Burkart, 118; Schlechtriem/Schwenzer-Ferrari, Art. 7, Rn. 29; Brunner, Art. 7, Rn. 1; de Lukowicz, 25; Schmid, Einheitliche Anwendung, 48ff.

gesetzgeberischen Vorstellungen[127] die Grenze der zulässigen Auslegung eines Übereinkommens darstellt.[128] Zu ermitteln ist der übliche Wortsinn eines Begriffs oder einer Formulierung.[129] Im Rahmen der Auslegung von Einheitsrecht wird der grammatikalischen Auslegung ein etwas höherer Stellenwert zugeschrieben als bei der Interpretation nationalen unvereinheitlichten Rechts, da der Wortlaut, auf den sich der Konventionsgesetzgeber geeinigt hat, gewöhnlich schon einen Kompromiss zwischen unterschiedlichen Vorverständnissen herzustellen sucht.[130] Anders als bei der Wortlautauslegung nationalen unvereinheitlichten Rechts wirft die grammatikalische Auslegung internationalen Einheitsrechts die Frage auf, auf welche sprachliche Fassung des Übereinkommens abzustellen ist. Zwar steht grundsätzlich fest, dass der allein maßgebende Text der des Originals ist und die übrigen Fassungen nur als unverbindliche Hilfsmittel anzusehen sind.[131] Im Falle des CISG jedoch stellen dessen arabische, chinesische, englische, französische, russische und spanische Fassung mit gleicher Verbindlichkeit die Originalfassung dar[132], was zu abweichenden Auslegungsergebnissen führen kann, je nachdem, welche Vertragssprache zugrunde gelegt wird. Zur Interpretation des Übereinkommens müssen daher alle authentischen Fassungen miteinander verglichen werden[133], wobei – da sowohl anlässlich der Vorarbeiten als auch der Diplomatischen Konferenz die vorwiegend benutzte Sprache die englische war – in Zweifelsfällen der englischen Fassung und auch der französischen Fassung besonderes Gewicht zukommen soll.[134] Zu den für das Einheitsrecht weitgehend anerkannten Interpretationsmethoden gehört auch die historische Auslegung, die die Berücksichtigung der Entstehungsgeschichte der zu erläuternden Vorschrift erfordert.[135] Es sind daher

---

[127] Eickelberg, 45; de Lukowicz, 26; Petz, 95; Schlechtriem/Schwenzer-Ferrari, Art. 7, Rn. 30; Kropholler, Einheitsrecht, 260; Herber/Czerwenka, Art. 7, Rn. 7; Larenz/Wolf, AT, § 4, Rn. 50; eingehend Gruber, Methoden des internationalen Einheitsrechts, 125ff.

[128] Larenz/Wolf, AT, § 4, Rn. 50; Eickelberg, 45.

[129] Kropholler, Einheitsrecht, 264f.; Larenz/Wolf, AT, § 4, Rn. 37.

[130] Staudinger-Magnus, Art. 36 EGBGB, Rn. 17.

[131] Burkart, 181; de Lukowicz, 26; Diedrich, Autonome Auslegung, 66; Piltz, Internationales Kaufrecht, § 2, Rn. 167; Herber/Czerwenka, Art. 7, Rn. 7; Schillo, IHR 2003, 257, 258.

[132] Siehe die Unterzeichnungsklausel des CISG; ferner Schweizerisches Bundesgericht, Urteil vom 13.11.2003 – 4C.198/2003/grl, IHR 2004, 215, 217; Petz, 94; Burkart, 182; de Lukowicz, 26; Schlechtriem/Schwenzer-Ferrari, Art. 7, Rn. 31.

[133] Gebauer, Unif. L. Rev. 2000, 683, 687; Schlechtriem/Schwenzer-Ferrari, Art. 7, Rn. 33; de Lukowicz, 27; MüKo-Martiny, Art. 36 EGBGB, Rn. 16 (für das EVÜ).

[134] Schweizerisches Bundesgericht, Urteil vom 13.11.2003 – 4C.198/2003/grl, IHR 2004, 215, 217; Schlechtriem/Schwenzer-Ferrari, Art. 7, Rn. 35; Burkart, 182; de Lukowicz, 27; Piltz, Internationales Kaufrecht, § 2, Rn. 167; Staudinger-Magnus, Art. 7 CISG, Rn. 17.

[135] LG Aachen, Urteil vom 20.07.1995, UNILEX; Petz, 95; Bridge, The UK Sale of Goods Act, 115, 139; Kropholler, Einheitsrecht, 260; van Alstine, UPennLR 146, 1 (1997/1998), 687, 743; Ferrari, R.I.D.C. 4-1996, 813, 833; Schlechtriem/Schwenzer-Ferrari, Art. 7, Rn. 36; Ziegel, The UNIDROIT Principles, 221, 223; Honnold, Uniform Law, Rn. 88ff.; Eickelberg, 46; Burkart, 182; ausführlich Gruber, Methoden des internationalen Einheitsrechts, 163ff. Im Zusammenhang mit der historischen Interpretation zeigt sich die Notwendigkeit der Zugrundelegung einheitlicher Auslegungsstandards besonders deutlich: in den common-law-Staaten beispielsweise ist die Berücksichtigung der Entstehungsgeschichte einer Vorschrift bei der Ermittlung ihrer Tragweite neben der Wortlautauslegung an

die Materialien über die im Rahmen der Ausarbeitung des Übereinkommens stattgefundenen Beratungen, die official records, heranzuziehen, ferner die in den UNCITRAL-Yearbooks veröffentlichten Vorberatungen von UNCITRAL.[136] Führt die historische Interpretation zu einem den gegenwärtigen Anforderungen des Handelsverkehrs nicht mehr angemessenen Ergebnis, kann dieser Interpretationsmethode jedoch keine ausschlaggebende Bedeutung zukommen. Denn obwohl die historische Auslegung ein besonderes Gewicht für sich in Anspruch nehmen kann, ist zu bedenken, dass es in erster Linie „um eine sinnvolle Ordnung der Gegenwart und nicht um eine Zementierung historischer Fakten geht."[137] Ferner muss auch die systematische Stellung der jeweiligen Vorschrift innerhalb der Konvention sowie die Behandlung des Problems in anderen Vorschriften beachtet werden.[138] Hierbei ist auf den Bedeutungszusammenhang abzustellen, in dem eine Norm steht.[139] Ein Ausdruck oder Rechtssatz ist danach so auszulegen, dass Widersprüche mit der übrigen Regelung vermieden werden.[140] Wegen des Gebots des internationalen Rechtsanwendungseinklangs ist das Einheitsrecht weitgehend losgelöst von einer nationalen Rechtsordnung zu sehen[141],

---

sich nicht üblich (sog. literal oder plain-meaning-rule); dies gilt jedenfalls, soweit die Auslegung nationalen Rechts betroffen ist. In neuerer Zeit ist jedoch eine Entwicklung zu beobachten, im Zuge derer sowohl amerikanische und britische als auch die Gerichte anderer common-law-Staaten zur Berücksichtigung der travaux préparatoires übergegangen sind und sich damit an kontinentaleuropäische Auslegungsmethoden angenähert haben, sofern es um die Auslegung internationaler Konventionen geht. Angesichts dessen bestehen keine tiefgreifenden Bedenken, auch auf die historische Auslegung als Merkmal einer weitgehend verfestigten, international einheitlichen Vorgehensweise bei der Auslegung von internationalen Einheitsrechtskonventionen zurückzugreifen, vgl. hierzu Bridge, The UK Sale of Goods Act, 115, 139; Gruber, Methoden des internationalen Einheitsrechts, 163ff.; Herber/Czerwenka, Art. 7, Rn. 8; van Alstine, UPennLR 146, 1 (1997/1998), 687, 743; Ferrari, R.I.D.C. 4-1996, 813, 834; Burkart, 113, 117; de Lukowicz, 28; Kropholler, Einheitsrecht, 260f., 275; Kramer, JBl 1996, 137, 141, zum Teil unter Hinweis auf Air France v. Saks, 470 US 392, 396 (1985) und Fothergill v. Monarch Airlines [1980] 2 All E.R. 696 (H.L.); für Einzelheiten zur Entwicklung der Auslegungspraxis englischer Gerichte, insbesondere zu den Urteilen Fothergill v. Monarch Airlines [1980] 2 All E.R. 696 (H.L.) und James Buchanana & Co. vs. Babco Forwarding & Shipping (UK) siehe Eickelberg, 52ff.

[136] Herber/Czerwenka, Art. 7, Rn. 8.

[137] Kropholler, Einheitsrecht, 274 unter ausdrücklicher Berufung auf die sog. „objektive Theorie"; Gruber, Methoden des internationalen Einheitsrechts, 187f.; de Lukowicz, 29; Bianca/Bonell-Bonell, Art. 7, Anm. 3.1.3. Siehe auch Czernich/Heiss/Nemeth-Rudisch, Art. 18 EVÜ, Rn. 12, demzufolge wegen Art. 32 WVK historischen Argumenten bei der Auslegung von völkervertraglichem Einheitsrecht ein geringeres Gewicht zukommt als grammatikalischen und systematischen Argumenten. Zur Anwendung der Auslegungsregelungen der Wiener Vertragsrechtskonvention (WVK) auf das CISG siehe Schmid, Einheitliche Anwendung, 42ff.; Schlechtriem/Schwenzer-Ferrari, Art. 7, Rn. 33; Happ, RIW 1997, 376ff.; Gruber, Methoden des internationalen Einheitsrechts, 121ff.

[138] Schlechtriem/Schwenzer-Ferrari, Art. 7, Rn. 37; Petz, 95; de Lukowicz, 27; Gebauer, Unif. L. Rev. 2000, 683, 687; Kramer, JBl 1996, 137, 143; Eickelberg, 45; Kropholler, Einheitsrecht, 260; eingehend Gruber, Methoden des internationalen Einheitsrechts, 148ff.

[139] Kropholler, Einheitsrecht, 271; Larenz/Wolf, AT, § 4, Rn. 42.

[140] Kropholler, Einheitsrecht, 271; Eickelberg, 45; MüKo-Martiny, Art. 36 EGBGB, Rn. 17 für das EVÜ.

[141] Kropholler, Einheitsrecht, 272.

weshalb etwa zu beobachtende Friktionen im Verhältnis zu dem autonomen nationalen Recht, zu dessen Bestandteil das Einheitsrecht geworden ist, hinzunehmen sind.[142] Ausschlaggebende und entscheidende Bedeutung kommt der am Sinn und Zweck einer Vorschrift orientierten Auslegung zu.[143] Sie erfordert die sorgfältige Ermittlung der hinter der Konvention stehenden Grundsätze und Wertungen.[144] Weitgehende Einigkeit besteht ferner darüber, dass die Gebote der Beachtung des internationalen Charakters sowie der Förderung der einheitlichen Anwendung die ergänzende Berücksichtigung der Auslegungspraxis anderer Vertragsstaaten erfordern.[145] Richtigerweise kann der ausländischen Rechtsprechung in diesem Zusammenhang aber keine durchweg bindende Wirkung, sondern, insbesondere sofern es sich nicht um eine gefestigte Entscheidungspraxis handelt, im Zweifel lediglich „persuasive value" zukommen.[146] Hingegen wird der Rückgriff auf die Rechtsvergleichung zur Interpretation einer unklaren Vorschrift einer Einheitsrechts-Konvention nur teilweise befürwortet[147] und von der

---

[142] Kramer, JBl 1996, 137, 143.

[143] Gruber, Methoden des internationalen Einheitsrechts, 183ff.; Petz, 95; Eickelberg, 47; Karollus, 15; Honsell-Melis, Art. 7, Rn. 11; Ziegel, The UNIDROIT Principles, 221, 223; Soergel-Lüderitz/Fenge, Art. 7 CISG, Rn. 9; Gebauer, Unif. L. Rev. 2000, 683, 687; siehe auch Kropholler, Einheitsrecht, 260f., der zwar klarstellt, dass von einem festen Rangverhältnis zwischen den genannten Auslegungskriterien nicht gesprochen werden könne, dass aber vor dem Hintergrund der vorzugswürdigen objektiven Theorie vieles für den Vorrang der teleologischen Auslegung spreche. Die teleologische Interpretation soll insbesondere dann den Ausschlag geben, wenn die übrigen Auslegungsergebnisse in eine andere Richtung weisen oder zu widersprüchlichen Ergebnissen führen. Die Auslegung internationalen Einheitsrechts anhand teleologischer und systematischer Gesichtspunkte hat in neuerer Zeit auch in common-law-Ländern an Boden gewonnen, vgl. hierzu statt aller Burkart, 117 unter Hinweis auf James Buchanan & Co Ltd. v. Babco Forwarding and Shipping (UK) Ltd. [1977] Q.B., 208ff., 213ff. sowie Huber, Kulturelle Identität, 51, 54ff.

[144] Kropholler, Einheitsrecht, 277.

[145] Tribunale di Padova – Sez. Este, Urteil vom 25.2.2004, UNILEX; Netherlands Arbitration Institute, Urteil vom 15.10.2002, No. 2319, UNILEX; U.S. District Court, N.D., Illinois, Urteil vom 28.3.2002, No. 02 C 0540, UNILEX; OLG Oldenburg, Urteil vom 5.12.2000 – 12 U 40/00, UNILEX; Tribunale di Vigevano, Urteil vom 12.07.2000, No. 405, UNILEX; ausführlich Schmid, Einheitliche Anwendung, 67ff.; vgl. ferner Diedrich, Autonome Auslegung, 75f.; Gebauer, Unif. L. Rev. 2000, 683, 690; Schlechtriem/Schwenzer-Ferrari, Art. 7, Rn. 40; Bridge, The UK Sale of Goods Act, 115, 131 und 139f.; Ziegel, The UNIDROIT Principles, 221, 223; Petz, 95; Schlechtriem, Rn. 43; Kropholler, Einheitsrecht, 260f., 280ff.; Ferrari, R.I.D.C. 4-1996, 813, 831f.; Honnold, Uniform Law, Rn. 92. Zur Frage, ob und in welchem Umfang die zum Haager Kaufrechtsübereinkommen (HKÜ) ergangenen Entscheidungen als Interpretationshilfe herangezogen werden können siehe Burkart, 177.

[146] Tribunale di Padova – Sez. Este, Urteil vom 25.2.2004, UNILEX; Tribunale di Vigevano, Urteil vom 12.07.2000, No. 405, UNILEX; Schlechtriem/Schwenzer-Ferrari, Art. 7, Rn. 24; ders., R.I.D.C. 1996, 813, 832; Kramer, JBl 1996, 137, 146; Honsell-Melis, Art. 7, Rn. 7; Schlechtriem, Rn. 43; de Lukowicz, 30f.; Kropholler, Einheitsrecht, 281 (unter ausdrücklichem Hinweis darauf, dass einem für falsch befundenen ausländischen Urteil keine Folge geleistet werden muss, mit Nachweisen zur Gegenauffassung); für eine bindende Wirkung ausländischer Rechtsprechung hingegen Bianca/Bonell-Bonell, Art. 7, Anm. 3.1.3.

[147] Eingehend Burkart, 144ff.; Gruber, Methoden des internationalen Einheitsrechts, 198ff. Für wünschenswert, aber schwer zu praktizieren hält die rechtsvergleichende Auslegung Staudinger-Magnus, Art. 7 CISG, Rn. 37.

Gegenauffassung mit der Begründung abgelehnt, dass das CISG nach der Intention seiner Verfasser ja gerade vom Einfluss jedweder nationalen Rechtsordnung frei sein solle und autonom zu verstehen sei.[148] Diese Bedenken könnten entfallen, wenn stattdessen unterstützend auf die UP als Auslegungshilfe zurückgegriffen würde. Da sie inhaltlich in weitem Umfang mit den Regelungen des CISG übereinstimmen und auf rechtsvergleichender Basis erarbeitet wurden, wobei in bewusster Abkehr von den Terminologien einzelner staatlicher Rechte vereinheitlichte Fachausdrücke gebraucht wurden[149], könnten sie möglicherweise dazu beitragen, den Bedeutungsgehalt einer Bestimmung des CISG zu klären.[150] Ob und inwieweit die UP zum Zwecke der Interpretation des CISG herangezogen werden können, ist allerdings beinahe ebenso umstritten, wie die im Rahmen der vorliegenden Arbeit zu untersuchende Möglichkeit des Rückgriffs auf die UP zur Ergänzung von im CISG nicht beantworteten Fragen und kann hier keiner Klärung zugeführt werden.[151]

Zusammenfassend ist festzustellen, dass dann, wenn das Vorliegen einer Lücke im CISG zweifelhaft ist, der Bedeutungsgehalt einer für die Beantwortung der offenen Rechtsfrage in Betracht kommenden Bestimmung des Übereinkommens in erster Linie anhand grammatikalischer, historischer, systematischer und teleologischer Gesichtspunkte zu ermitteln ist. Diese Methodik sollte durch die Berücksichtigung ausländischer Spruchpraxis ergänzt werden.

C. Die Ergänzung interner Lücken mittels dem CISG zugrunde liegender allgemeiner Grundsätze

I. Methodik der Ergänzung interner Lücken

Führt die Auslegung der einschlägigen Vorschriften des CISG zu dem Ergebnis, dass es sich bei der zu lösenden Rechtsfrage um eine in den Regelungsbereich des Übereinkommens fallende interne Lücke handelt, so hat der mit dem Rechtsstreit befasste Richter in erster Linie einen dem CISG zugrunde liegenden allgemeinen Grundsatz zu ermitteln, dem sich eine Antwort auf die zu lösende Frage entnehmen lässt. Eines Rückgriffs auf allgemeine Grundsätze bedarf es allerdings nach ganz überwiegender und zutreffender Meinung nicht, wenn eine analoge Anwendung einzelner Bestimmungen möglich ist. Die hiermit angesprochene Übertragung der ratio einer Bestimmung auf ähnliche Tatbestände ist auch im CISG immer dann geboten, wenn Regelungsgegenstand, Systemzusammenhang und Entstehungsgeschichte der betroffenen

---

[148] Ferrari, R.I.D.C. 4-1996, 813, 836; Diedrich, Autonome Auslegung, 74; Bianca/Bonell-Bonell, Art. 7, Anm. 3.2. Zur Berücksichtigung ausländischer Literatur im Rahmen der Auslegung des CISG eingehend Schmid, Einheitliche Anwendung, 161ff.

[149] Näher zur der Ausarbeitung der UP zugrunde gelegten Methodik unten Kapitel 3, A.III.

[150] Petz, 95; Ziegel, The UNIDROIT Principles, 221, 226; Wichard, RabelsZ 60 (1996), 269, 298; Bonell, Unif. L. Rev. 1996, 26, 35; Burkart, 211f.

[151] Vgl. aus der Rechtsprechung Hof S'Hertogenbosch, Urteil vom 23.10.2002, No. C01/00017, Nederlands Internationaal Privaatrecht (NIPR) 2003, Nr. 192 sowie aus dem Schrifttum statt aller Bonell, Unif. L. Rev. 1996, 26, 34, 42; Basedow, FS Drobnig, 21, 25; Enderlein/Maskow/Strohbach-Maskow, Art. 7 CISG, Anm. 3 (pro Auslegung des CISG mit Hilfe der UP) und Herber, IHR 2003, 1, 8; Janssen, IHR 2004, 194, 198 (contra Auslegung des CISG mit Hilfe der UP).

Norm eine Verallgemeinerung der in ihr zum Ausdruck kommenden Wertungen nahe legen.[152] Wenn sich allerdings die zu beantwortende Frage von den ausdrücklich geregelten so unterscheidet, dass es gerechtfertigt erscheint, eine abweichende Lösung zu wählen, muss man allgemeine Grundsätze zur Lückenfüllung heranziehen „und folglich auf ein Vorgehen zurückgreifen, das sich von der analogen Anwendung insoweit unterscheidet, als die konkrete Frage nicht mittels einer bloßen Erweiterung einzelner Vorschriften beantwortet wird, sondern auf der Basis der Grundsätze und Bestimmungen, die Kraft ihres Allgemeincharakters in einem viel weiteren Umfang angewandt werden können."[153] Einige Autoren erblicken in der Analogie eine spezielle Methode der Herausbildung von dem CISG zugrunde liegenden allgemeinen Grundsätzen[154], während andere die Analogie als eine neben bzw. vor der Ermittlung allgemeiner Grundsätze existierende Methode der Erarbeitung verallgemeinerungsfähiger Wertungen betrachten.[155] Die letztgenannte Sichtweise wirft allerdings die Frage auf, ob Art. 7 Abs. 2 CISG das Analogieverfahren als Mittel der Lückenschließung überhaupt zulässt, oder ob er restriktiv dahingehend auszulegen ist, dass er nur einen Rückgriff auf die allgemeinen Grundsätze der Konvention zulässt. Man muss sich schon die Frage stellen, ob eine sinnvolle Abgrenzung beider Methoden wirklich möglich ist, da die Grenzen zwischen dem Analogieverfahren einerseits und der Ermittlung allgemeiner Grundsätze, die dem Übereinkommen zugrunde liegen, andererseits fließend sein dürften.[156] Hiervon abgesehen, kann es jedenfalls im Ergebnis nicht auf diese Einordnung ankommen. Denn selbst dann, wenn man die Analogie als nicht von den in Art. 7 Abs. 2 CISG genannten allgemeinen Grundsätzen umfasst ansieht, sprechen keine überzeugenden Gründe gegen den Rückgriff auf die Analogie, im Gegenteil: Eine offen gelassene Rechtsfrage vorrangig mittels der analogen Heranziehung von Bestimmungen des Übereinkommens zu beantworten, wird den in Art. 7 Abs. 1 CISG postulierten und auch in Art. 7 Abs. 2 CISG zum Ausdruck kommenden Prinzipien der autonomen und einheitlichen Anwendung sogar noch eher gerecht als die Heranziehung von unter Umständen sehr vagen, generalklauselartigen allgemeinen Prinzipien und ist daher erst recht zu befürworten.[157] Dass dies sinnvoll ist, zeigt im Übrigen auch ein Blick auf Art. 1.6 Abs. 2 UP, dessen Wortlaut weitgehend mit dem des Art. 7 Abs. 2 CISG übereinstimmt, soweit der Rückgriff auf allgemeine Grundsätze betroffen ist, und in dessen offizieller Kommentierung es heißt: „The first step is to attempt to settle the unsolved

---

[152] Witz/Salger/Lorenz-Witz, Art. 7, Rn. 30; Schlechtriem/Schwenzer-Ferrari, Art. 7, Rn. 47; ders., JZ 1998, 9, 11; Soergel-Lüderitz/Fenge, Art. 7 CISG, Rn. 10; Schlechtriem, Rn. 47, 52; Perales Viscasillas, in: Contratación Internacional, 187, 196; Gebauer, Unif. L. Rev. 2000, 683, 697; Garro, Tul. L. Rev. 69 (1994/1995), 1149, 1159; Magnus, RabelsZ 59 (1995), 469, 478; Gruber, Methoden des internationalen Einheitsrechts, 287ff.

[153] Bianca/Bonell-Bonell, Art. 7, Anm. 2.3.2.2.

[154] Siehe etwa Gebauer, Unif. L. Rev. 2000, 683, 697; wN bei Eickelberg, 124.

[155] Perales Viscasillas, in: Contratación Internacional, 187, 196; Ferrari, JZ 1998, 9, 11.

[156] Kramer, JBl 1996, 137, 149; Gebauer, Unif. L. Rev. 2000, 683, 698.

[157] Gebauer, Unif. L. Rev. 2000, 683, 697f.; Kramer, JBl 1996, 137, 148; Ferrari, JZ 1998, 9, 11; Garro, Tul. L. Rev. 69 (1994/1995), 1149, 1159; Enderlein/Maskow/Strohbach-Maskow, Art. 7 CISG, Anm. 9.1.

question through an application by analogy of specific provisions. [...] If the issue cannot be solved by a mere extension of specific provisions dealing with analogous cases, recourse must be made to their underlying general principles, i.e. to the principles and rules which may be applied on a much wider scale because of their general character."[158]

II. Methodik der Ermittlung allgemeiner Grundsätze

Die Ermittlung von allgemeinen Grundsätzen, die dem CISG zugrunde liegen, stellt den Rechtsanwender vor eine schwierige Aufgabe. Die Materialien sind insoweit recht unergiebig, zumal über die Frage, welches diese Grundsätze sein könnten, während der Vorbereitungen durch UNCITRAL kein Konsens erreicht wurde.[159] Methodisch betrachtet kann die Ermittlung allgemeiner, dem Übereinkommen zugrunde liegender Grundsätze auf verschiedene Weise erfolgen: Einige allgemeine Grundsätze finden sich im CISG ausdrücklich formuliert und sind daher mit vergleichsweise geringem Aufwand ausfindig zu machen.[160] Es handelt sich dabei um schon aufgrund ihres Wortlauts und ihrer Stellung im Systemzusammenhang als „Generalnormen"[161] zu qualifizierende Vorschriften[162], deren Zuordnung zu den von Art. 7 Abs. 2 CISG angesprochenen Generalprinzipien der Konvention in Anbetracht ihrer elementaren Bedeutung gerechtfertigt erscheint.[163] Der Wortlaut des Art. 7 Abs. 2 CISG lässt einen Rückgriff aber nicht nur auf diejenigen allgemeinen Grundsätze zu, die im Übereinkommen ausdrücklich formuliert sind. Herangezogen werden können vielmehr all diejenigen Prinzipien, die dem Übereinkommen zugrunde liegen, mögen sie darin auch keinen ausdrücklichen Niederschlag gefunden haben. Aus diesem Grunde können dem Abkommen zugrunde liegende allgemeine Grundsätze auch dadurch ermittelt werden, dass mehreren Vorschriften gemeinsam ein „einheitlicher, übergreifender Gedanke" entnommen wird.[164] Ein allgemeiner Grundsatz ergibt sich im Wege der Gesamtanalogie daher dann, wenn mehrere Einzelregelungen an verschiedene Tatbestände die gleiche Rechtsfolge knüpfen und dadurch eine grundsätzliche, auch auf nicht geregelte Tatbestände ausdehnbare Wertung zum Ausdruck bringen.[165] Schließlich ist denkbar, dass sich dem Gesamtzusammenhang eine bestimmte, nicht schon als solche formulierte, der Konvention jedoch stillschweigend innewohnende Grundregel entnehmen

---

[158] UNIDROIT Principles 1994, Art. 1.6 UP, Anm. 4.
[159] Witz/Salger/Lorenz-Witz, Art. 7, Rn. 30.
[160] Schlechtriem/Schwenzer-Ferrari, Art. 7, Rn. 48; Soergel-Lüderitz/Fenge, Art. 7 CISG, Rn. 10; Perales Viscasillas, in: Contratación Internacional, 187, 197; Kropholler, Einheitsrecht, 298f.; Herber/Czerwenka, Art. 7, Rn. 11.
[161] Magnus, RabelsZ 59 (1995), 469, 477.
[162] Magnus, RabelsZ 59 (1995), 469, 477; Soergel-Lüderitz/Fenge, Art. 7 CISG, Rn. 10.
[163] Magnus, RabelsZ 59 (1995), 469, 477f.
[164] Magnus, RabelsZ 59 (1995), 469, 478; Perales Viscasillas, in: Contratación Internacional, 187, 197; Schlechtriem/Schwenzer-Ferrari, Art. 7, Rn. 53; Soergel-Lüderitz/Fenge, Art. 7 CISG, Rn. 10; Kropholler, Einheitsrecht, 298f.
[165] Bridge The UK Sale of Goods Act, 115, 135; Witz/Salger/Lorenz-Witz, Art. 7, Rn. 30; Schlechtriem, Rn. 47; Schmid, Zusammenspiel, 86f.

lässt.[166] Wie sich gleich zeigen wird, können zwar einige der so ermittelten allgemeinen Grundsätze angesichts des Grades ihrer Konkretisierung ohne weiteres direkte Anwendung finden. Dem CISG liegen jedoch auch solche Prinzipien zugrunde, die derart allgemein gehalten sind, dass sie näherer Ausgestaltung bzw. Auslegung bedürfen, um im Einzelfall eine geeignete Lösung für offene Fragen zu liefern. Welche Rolle die UP hierbei spielen können, soll im weiteren Verlauf der Arbeit erörtert werden.[167]

III. Die dem CISG zugrunde liegenden allgemeinen Grundsätze im Einzelnen

Der vor dem Hintergrund der dargestellten Methoden von Lehre und Rechtsprechung unternommene Versuch, allgemeine Prinzipien herauszuarbeiten, die dem CISG zugrunde liegen, hat nicht immer zu unbestrittenen Ergebnissen geführt. Eine Klärung der diesbezüglichen Streitfragen kann im Rahmen dieser Arbeit, deren Schwerpunkt ein anderer ist, nicht versucht werden. Deshalb sollen nachfolgend diejenigen Prinzipien Erwähnung finden, über deren Existenz zwar nicht durchweg vollständige, aber doch weitgehende Einigkeit besteht, und die nach Ansicht der Verfasserin zumindest vertretbar sind. Mehr als die Verschaffung eines knappen Überblicks ist mit dieser Darstellung nicht beabsichtigt.[168]

Zu den wenigen ausdrücklich als solche formulierten Grundsätzen gehört das in Art. 6 CISG enthaltene generelle Prinzip, dass die Vereinbarungen der Parteien den Bestimmungen des CISG grundsätzlich vorgehen, dieses mithin nur dann ergänzend eingreift, wenn und soweit die Parteien selbst keine Regelung getroffen haben (*Grundsatz der Parteiautonomie*).[169] Ein weiteres ausdrücklich formuliertes Prinzip findet sich in Art. 7 Abs. 1 CISG, der als allgemeine Auslegungsmaxime für das CISG die Forderung aufstellt, „die Wahrung des guten Glaubens im internationalen Handel zu fördern". Über den Wortlaut des Art. 7 Abs. 1 CISG hinausgehend, ist der *Gutglaubens-Grundsatz* nach überwiegender Auffassung nicht nur Maßstab für die Auslegung des Konventionstexts, sondern darüber hinaus auch für die Interpretation und Durchführung des Vertrages.[170] Weitgehende Übereinstimmung besteht ferner dahingehend,

---

[166] Magnus, RabelsZ 59 (1995), 469, 478.

[167] Dazu ausführlich unten Kapitel 4.

[168] Die nachfolgende Darstellung orientiert sich auch an den entsprechenden Ausführungen von Magnus, RabelsZ 59 (1995), 469, 480ff.

[169] Tribunale di Rimini, Urteil vom 26.11.2002, No. 3095, UNILEX; Corte Constitucionál de Colombia, Urteil vom 10.5.2000, No. 529/00, UNILEX; Honsell-Melis, Art. 7, Rn. 13; Magnus, RabelsZ 59 (1995), 469, 480; Schlechtriem, Rn. 49; Soergel-Lüderitz/Fenge, Art. 7 CISG, Rn. 10.

[170] Corte Constitucionál de Colombia, Urteil vom 10.5.2000, No. 529/00, UNILEX; Schiedsgericht der ungarischen Handels- und Wirtschaftskammer, Urteil vom 17.11.1995, UNILEX; Cour d'Appel de Grenoble, Urteil vom 22.2.1995, 93/3275, UNILEX; Schlechtriem, Rn. 48; Soergel-Lüderitz/Fenge, Art. 7 CISG, Rn. 10; Bridge, The UK Sale of Goods Act, 115, 132; Witz/Salger/Lorenz-Witz, Art. 7, Rn. 31; Honsell-Melis, Art. 7, Rn. 13; sehr ausführlich Diesse, J.D.I. 2002, 55ff. Die Annahme eines entsprechenden allgemeinen Grundsatzes ist nicht selbstverständlich, zumal die Entstehungsgeschichte des Art. 7 Abs. 1 CISG zeigt, dass im Zuge der Ausarbeitung der Vorschrift die Aufnahme einer generellen Pflicht, bei Vertragsschluss und –erfüllung im Einklang mit Treu und Glauben zu handeln, vielfachen Widerspruch hervorgerufen hat. Art. 7 Abs. 1 CISG in seiner jetzigen Form stellt daher einen

dass Art. 7 Abs. 1 CISG das *Verbot missbräuchlicher Rechtsausübung* sowie das Verbot zu entnehmen ist, sich auf widersprüchliches Verhalten zu berufen (*venire contra factum proprium*).[171] Mit dem Gebot von Treu und Glauben in engem Zusammenhang steht der Grundsatz, dass sich eine Partei, die eine bestimmte Vertrauenslage geschaffen hat, auf die sich die andere Partei tatsächlich eingerichtet hat, an der geschaffenen Lage festhalten lassen muss *(Grundsatz des Vertrauensschutzes)*[172] sowie das Prinzip, dass die Parteien sich stets dem *Maßstab des Vernünftigen und Angemessenen* entsprechend verhalten müssen.[173]

Unterschiedlich beurteilt wird die Frage, ob nach den Wertungen des CISG eine Partei ihr Recht durch längere Nichtwahrnehmung desselben einbüßen kann, wenn durch ihre Untätigkeit beim Verpflichteten der Eindruck entsteht, sie werde diese

---

Kompromiss zwischen der Einführung eines allgemeinen Treu-und Glauben-Prinzips und seiner völligen Auslassung dar (Bridge The UK Sale of Goods Act, 115, 131; Perales Viscasillas, in: Contratación Internacional, 187, 193). Dass die Mehrheit der Autoren dennoch von einem entsprechenden allgemeinen Grundsatz ausgeht, liegt daran, dass er zahlreichen übrigen Bestimmungen des CISG entnommen wird (vgl. etwa Art. 21 Abs. 2, Art. 49 Abs. 2, Art. 64 Abs. 2, Art. 82, Art. 37, Art. 48 Abs. 1, Art. 46 Abs. 3 für das Verbot des Rechstmißbrauchs und Art. 29 Abs. 2, Satz 2, Art. 80, Art. 16 Abs. 2 lit. b und Art. 50 Abs. 2 sowie Art. 47 Abs. 2 und Art. 62 für das Verbot des venire contra factum proprium). Hierzu Magnus, RabelsZ 59 (1995), 469, 480f.; Schlechtriem/Schwenzer-Ferrari, Art. 7, Rn. 50; Ferrari JZ 1998, 9, 12; Witz/Salger/Lorenz-Witz, Art. 7, Rn. 14; Staudinger-Magnus, Art. 7 CISG, Rn. 44.

[171] OLG München, Urteil vom 15.09.2004 – 7 U 2959/04; Tribunale di Rimini, Urteil vom 26.11.2002, No. 3095, UNILEX; Cour d'Appel de Grenoble, Urteil vom 22.2.1995, 93/3275, UNILEX; Honsell-Melis, Art. 7, Rn. 13; Witz/Salger/Lorenz-Witz, Art. 7, Rn. 14; Schlechtriem/Schwenzer-Ferrari, Art. 7, Rn. 50; Soergel-Lüderitz/Fenge, Art. 7 CISG, Rn. 10; Staudinger-Magnus, Art. 7 CISG, Rn. 25, 44; ders., RabelsZ 59 (1995), 469, 480f.; Enderlein/Maskow/Strohbach-Maskow, Art. 7 CISG, Anm. 9.1. Beispiele für diese Verbote finden sich in zahlreichen Vorschriften des CISG, vgl. etwa Art. 21 Abs. 2, Art. 49 Abs. 2, Art. 64 Abs. 2, Art. 82, Art. 37, Art. 48 Abs. 1, Art. 46 Abs. 3 für das Verbot des Rechtsmißbrauchs und Art. 29 Abs. 2 Satz 2, Art. 80, Art. 16 Abs. 2 lit. b, Art. 50 Abs. 2, Art. 47 Abs. 2, Art. 62 für das Verbot des venire contra factum proprium.

[172] Magnus, RabelsZ 59 (1995), 469, 481; Schlechtriem/Schwenzer-Ferrari, Art. 7, Rn. 54. So zeigen beispielsweise Art. 16 Abs. 2 lit. b, 29 Abs. 2 Satz 2, 35 Abs. 2 lit. b und 42 Abs. 2 lit. b CISG, dass der Konvention hier ein entsprechender allgemeiner Rechtsgedanke zugrunde liegt, der auf analoge Situationen ausgedehnt werden kann.

[173] Bonell, Restatement, 79; Schlechtriem/Schwenzer-Ferrari, Art. 7, Rn. 53; Schlechtriem, Rn. 48; Honsell-Melis, Art. 7, Rn. 13; Enderlein/Maskow/Strohbach-Maskow, Art. 7 CISG, Anm. 9.1; sehr ausführlich Diesse, J.D.I. 2002, 55ff. Ein Verweis auf den „Maßstab des Vernünftigen und Angemessenen" findet sich des öfteren im CISG, siehe etwa Art. 8 Abs. 2 und 3, 16 Abs. 2 lit. b, 34, 35 Abs. 2 lit. b, 43 Abs. 1, 46 Abs. 3, 47, 49 Abs. 2, 64 Abs. 2 lit. b, 65 Abs. 2, 73 Abs. 2, 79 Abs. 1 und 4, 85 Satz 1, 88 Abs. 1 und 3. Zum Teil bezieht sich der Begriff auf die Parteien als Subjekte mit den Qualitäten „vernünftiger Personen", so insbesondere in Art. 8 Abs. 2, 18 Abs. 2, 25, 33 lit. c, 35 Abs. 2 lit. b, 39 Abs. 1, 43 Abs. 1, 60 lit. a, 79 Abs. 1, 85, 86 Abs. 1, 88 Abs. 2 CISG. An anderen Stellen wird den Parteien auferlegt, innerhalb eines „angemessenen Zeitraums" eine bestimmte Handlung vorzunehmen oder eine bestimmte Mitteilung zu machen, vgl. hierzu Schlechtriem/Schwenzer-Ferrari, Art. 7, Rn. 53 und Art. 18 Abs. 2, 33 lit. c, 39 Abs. 1, 43 Abs. 1, 47 Abs. 1, 49 Abs. 2 lit. a, 63 Abs. 1, 64 Abs. 2 lit. b, 65 Abs. 1, 65 Abs. 2, 75 CISG.

Rechte überhaupt nicht mehr ausüben und der Vertragspartner hierauf vertraut und sein Verhalten danach ausrichtet.[174] Die Befürworter eines derartigen generellen *Prinzips der Verwirkung* leiten diesen Grundsatz in erster Linie aus dem in Art. 7 Abs. 1 CISG niedergelegten Gutglaubens-Prinzip, speziell aus dem Verbot des venire contra factum proprium, aber auch aus jenen Vorschriften her, die darüber hinaus das Prinzip des Vertrauensschutzes in der Konvention verankern, wie z.B. Art. 16 Abs. 2 lit. b und Art. 29 Abs. 2 Satz 2 CISG.[175]

Auch der Grundsatz der Verbindlichkeit von Verträgen *(pacta sunt servanda)* findet im CISG an keiner Stelle eine ausdrückliche Erwähnung. Er wird jedoch von zahlreichen Vorschriften, wie etwa Art. 71-73 und 79 CISG, implizit vorausgesetzt und daher auch als allgemeiner Grundsatz anerkannt, der dem CISG zugrunde liegt.[176] Das gleiche gilt für den *Grundsatz des favor contractus*[177], demzufolge die Aufhebung des Vertrages nur unter engen Voraussetzungen und nur als ultima ratio zulässig sein soll[178] sowie für das in Art. 9 CISG verankerte Prinzip der *Verbindlichkeit von im internationalen Handel allgemein bekannten und regelmäßig beachteten Gebräuchen.*[179]

Ferner wird aus Art. 11 CISG trotz seines auf den Vertragsschluss und dessen Nachweis begrenzten Wortlauts der allgemeine Grundsatz abgeleitet, dass Erklärungen jeder Art nach dem CISG formfrei sind (*Grundsatz der Formfreiheit*).[180]

In weitgehender Übereinstimmung wird darüber hinaus von der allgemeinen Pflicht der Parteien ausgegangen, Schaden für die andere Partei nach Möglichkeit zu vermeiden sowie drohenden Schaden generell möglichst gering zu halten (*Schadensvermeidungs- bzw. Schadensminderungsprinzip*).[181] Ferner ist der Vertragspartner, der infol-

---

[174] Für die Existenz eines Grundsatzes dieses Inhalts: Schlechtriem, Rn. 48; Schlechtriem/Schwenzer-Ferrari, Art. 7, Rn. 51 und Art. 4, Rn. 42; Magnus, RabelsZ 59 (1995), 469, 482; Soergel-Lüderitz/Fenge, Art. 4 CISG, Rn. 9; Witz/Salger/Lorenz-Lorenz, Art. 4, Rn. 29.

[175] Magnus, RabelsZ 59 (1995), 469, 482; Schlechtriem, Rn. 48; Honsell-Siehr, Art. 4, Rn. 26; Schlechtriem/Schwenzer-Ferrari, Art. 4, Rn. 42.

[176] Magnus, RabelsZ 59 (1995), 469, 478, 480.

[177] Bianca/Bonell-Bonell, Art. 7, Anm. 2.3.2.2.

[178] Vgl. Art. 25, 34, 37, 47, 48, 49, 63, 64 CISG; Honsell-Melis, Art. 7, Rn. 13; Magnus, RabelsZ 59 (1995), 469, 483; Bonell, Restatement, 81; Audit, 51; Schlechtriem/Schwenzer-Ferrari, Art. 7, Rn. 54.

[179] Tribunale di Rimini, Urteil vom 26.11.2002, No. 3095, UNILEX; Schlechtriem/Schwenzer-Ferrari, Art. 7, Rn. 52; Honsell-Melis, Art. 7, Rn. 13; Magnus, RabelsZ 59 (1995), 469, 482f. Ob und inwieweit die UP als Gebräuche im Sinne des Art. 9 CISG einzuordnen sind, bedarf im Rahmen der vorliegenden Arbeit keiner Erörterung.

[180] Tribunale di Rimini, Urteil vom 26.11.2002, No. 3095, UNILEX; Corte Constitucionál de Colombia, Urteil vom 10.5.2000, No. 529/00, UNILEX; Schlechtriem/Schwenzer-Ferrari, Art. 7, Rn. 52; Honsell-Melis, Art. 7, Rn. 13; Schlechtriem, Rn. 49; Magnus, RabelsZ 59 (1995), 469, 483; Bianca/Bonell-Bonell, Art. 7, Anm. 2.3.2.2; Herber/Czerwenka, Art. 7, Rn. 12.

[181] Tribunale di Rimini, Urteil vom 26.11.2002, No. 3095, UNILEX; Magnus, RabelsZ 59 (1995), 469, 484; Schlechtriem/Schwenzer-Ferrari, Art. 7, Rn. 52; Heuzé, Anm. 92; Honnold, Uniform Law, Rn. 101; Honsell-Melis, Art. 7, Rn. 13; Witz/Salger/Lorenz-Witz, Art. 7, Rn. 15, 31. Dies folgt aus der Verallgemeinerung der den Art. 34 Satz 2, 37, 48 Abs. 1, 85 und 86 CISG zugrunde liegenden Rechtsgedanken.

ge der vertraglichen Absprachen die tatsächliche Obhut über Güter des anderen innehat, grundsätzlich zu zumutbarer Fürsorge und Schadensvermeidung verpflichtet.[182]

Das Schrifttum entnimmt dem CISG ferner den aus verschiedenen Bestimmungen des Übereinkommens ableitbaren Grundsatz, dass jede Partei mit der anderen kooperieren muss, um ihr die Erfüllung zu ermöglichen und um das Vertragsziel nicht zu gefährden (*Grundsatz der allgemeinen Kooperationspflicht*).[183] Teilweise wird unter Berufung auf verschiedene im Abkommen geregelte Mitteilungs- und Informationspflichten[184] vertreten, diese Kooperationspflicht umfasse auch eine generelle Mitteilungs- und Informationspflicht.[185]

Art. 74ff. iVm Art. 45 Abs. 1 lit. b und Art. 61 Abs. 1 lit. b CISG ist das allgemeine Prinzip zu entnehmen, dass jede Partei den Schaden, der aus einer Pflichtverletzung entsteht, für die sie sich nicht entlasten kann, der anderen Partei in vollem Umfang zu ersetzen hat (*Allgemeine Schadensersatzpflicht*)[186], und zwar – über den Wortlaut der genannten Vorschriften hinaus – auch dann, wenn es sich um zusätzlich vereinbarte oder um ungeschriebene weitere Pflichten der Parteien handelt.[187] Teilweise wird allerdings vertreten, das Vorhersehbarkeitsprinzip der Art. 25 und 74 CISG lasse sich unter Berücksichtigung von Art. 35 Abs. 2 lit. b, 42 Abs. 1 lit. a und 57 Abs. 2 CISG dahin verallgemeinern, dass eine Partei nur insoweit haftet, als sie die für den Inhalt der Primärpflichten und für die Folgen ihrer Verletzung maßgeblichen Umstände erkennen konnte.[188]

Des Weiteren kann sowohl Art. 58 Abs. 1 CISG als auch Art. 81 Abs. 2 Satz 2 CISG die allgemeine Regel entnommen werden, dass die Parteien nur zur *Leistung*

---

[182] Honsell-Melis, Art. 7, Rn. 13.

[183] BGH, Urteil vom 31.10.2001 – VIII ZR 60/01, UNILEX; Soergel-Lüderitz/Fenge, Art. 7 CISG, Rn. 10; Schlechtriem/Schwenzer-Ferrari, Art. 7, Rn. 54; Witz/Salger/Lorenz-Witz, Art. 7, Rn. 15; sehr ausführlich Diesse, J.D.I. 2002, 55ff. Diese Pflicht wird sowohl aus dem Prinzip von Treu und Glauben als auch aus verschiedenen Einzelpflichten gefolgert, so aus der Pflicht zur Erhaltung zurückzugebender Ware (Art. 85, 86 CISG), der Pflicht zur Duldung einer Nacherfüllung (Art. 34, 37, 48 CISG), der Pflicht zur Schadensvermeidung (Art. 77 CISG), aus Art. 32 Abs. 3 und 60 lit. a CISG sowie aus den zahlreichen im Übereinkommen normierten Pflichten oder Obliegenheiten zur Unterrichtung der anderen Partei, wie z.B. Art. 19 Abs. 2, 21 Abs. 1 und 2, 26, 32, 39 Abs. 1, 46 Abs. 2 und 3, 47 Abs. 2, 48, 49 Abs. 2, 63 Abs. 2, 64, 65 Abs. 2, 67 Abs. 2, 71 Abs. 3, 72 Abs. 2, 79 Abs. 4, 88 Abs. 1 und 2 CISG.

[184] Z.B. Art. 26, 39, 72 Abs. 2 CISG.

[185] BGH, Urteil vom 31.10.2001 – VIII ZR 60/01, UNILEX; Schlechtriem/Schwenzer-Ferrari, Art. 7, Rn. 54; Honnold, Uniform Law, Rn. 100; Audit, 51; Witz/Salger/Lorenz-Witz, Art. 7, Rn. 15; kritisch hierzu Magnus, RabelsZ 59 (1995), 469, 484, der der Meinung ist, dass die im CISG ausdrücklich geregelten, detaillierten Informationspflichten das Bestehen einer weitergehenden allgemeinen Informationspflicht zweifelhaft machen.

[186] Tribunale di Rimini, Urteil vom 26.11.2002, No. 3095, UNILEX; Schiedsgericht der Bundeskammer der gewerblichen Wirtschaft in Österreich, Urteile vom 15.06.1994, SCH 4318 und 4366, UNILEX; Bonell, Restatement, 79; Berger, Am. J. Comp. L. 46 (1998), 129, 137; Magnus, RabelsZ 59 (1995), 469, 484f.

[187] Magnus, RabelsZ 59 (1995), 469, 484f.

[188] Schlechtriem/Schwenzer-Ferrari, Art. 7, Rn. 52; Enderlein/Maskow/Strohbach-Maskow, Art. 7 CISG, Anm. 9.1; Witz/Salger/Lorenz-Witz, Art. 7, Rn. 31.

Zug um Zug verpflichtet sind, sofern keine anderslautende Absprache getroffen wurde.[189] Darüber hinaus wird aus Art. 71 Abs. 1 CISG, der bei berechtigten Erfüllungszweifeln das Recht normiert, die eigene Erfüllung auszusetzen (Abs. 1) oder – nur für den Verkäufer – Ware auf dem Transport zum Käufer anzuhalten (Abs. 2), als allgemeine Regel abgeleitet, dass weitergehende Zurückbehaltungsrechte konventionsinterne Ansprüche betreffend ausgeschlossen sind. Etwas anderes soll für konventionsexterne Ansprüche gelten.[190]

Die *Aufrechnung konventionsexterner Ansprüche* untersteht grundsätzlich dem vom IPR berufenen Recht.[191] Kontrovers diskutiert wird jedoch, ob dem CISG für den Fall eine mittelbare Regelung entnommen werden kann, dass sich Ansprüche zur Aufrechnung gegenüber stehen, die aus einem dem CISG unterliegenden Vertragsverhältnis selbst stammen.[192]

Art. 67 Abs. 2 und 69 Abs. 3 CISG machen den *Gefahrübergang* von der zweifelsfreien Zuordnung der Ware zu einem bestimmten Vertrag abhängig. Diese Regel muss nach verbreiteter Ansicht auch im Fall des Art. 68 CISG für Ware auf dem Transport und für vergleichbare Konstellationen zur Anwendung gelangen.[193] Auf den Zeitpunkt des Gefahrübergangs wird man auch für die Beantwortung der Frage abstellen dürfen, von welchem Zeitpunkt an dem Käufer die Nutzung der Ware zusteht und er ihre Lasten zu tragen hat.[194]

Der Gedanke des Art. 20 Abs. 2 CISG, demzufolge Feiertage oder arbeitsfreie Tage grundsätzlich *keine Fristverlängerung* für die Annahmeerklärung bewirken, es sei denn, die Zustellung ist am letzten Tag der Frist wegen des Feiertags oder arbeitsfreien Tages unmöglich, kann in der Form generalisiert werden, dass Feiertage auch bei allen anderen Fristen eingerechnet werden, es sei denn, die entsprechende Handlung konnte

---

[189] Magnus, RabelsZ 59 (1995), 469, 485.

[190] Magnus, RabelsZ 59 (1995), 469, 486.

[191] OLG Düsseldorf, Urteil vom 28.5.2004 – I - 17 U 20/02, IHR 2004, 203ff.; OLG Düsseldorf, Urteil vom 11.7.1996 – 6 U 152/95, RIW 1996, 958, 960; Brunner, Art. 4, Rn. 53; Schlechtriem, Rn. 42e; Honsell-Siehr, Art. 4, Rn. 21.

[192] Ablehnend: OLG Koblenz, Urteil vom 17.9.1993 – 2 U 1230/91, RIW 1993, 934, 937; OLG Stuttgart, Urteil vom 21.8.1995 – 5 U 195/94, RIW 1995, 943, 944; OLG Düsseldorf, Urteil vom 11.7.1996 – 6 U 152/95, RIW 1996, 958, 960; OLG Hamm, Urteil vom 9.6.1995 – 11 U 191/94, RIW 1996, 689, 690; LG München I, Urteil vom 20.3.1995 – 10 HKO 23750/94, RIW 1996, 688, 689; LG Duisburg, Urteil vom 17.4.1996 – 45 (19) 0 80/94, RIW 1996, 774, 776; Schlechtriem, Rn. 42e; Piltz, Gestaltung, Rn. 132; Soergel-Lüderitz/Fenge, Art. 4 CISG, Rn. 10; Witz/Salger/Lorenz-Lorenz, Art. 4, Rn. 29; bejahend demgegenüber AG Duisburg, Urteil vom 13.4.2000 – 49 C 502/00, UNILEX; Magnus, RabelsZ 59 (1995), 469, 485; Schlechtriem/Schwenzer-Leser/Hornung, Art. 81, Rn. 16; Honsell-Siehr, Art. 4, Rn. 20. Während einerseits vorgebracht wird, Art. 84 Abs. 2 CISG sehe die Regelung der Aufrechnung konventionsinterner Ansprüche selbst vollumfänglich vor, begründen die Vertreter der gegnerischen Auffassung ihre Haltung damit, dass Art. 84 Abs. 2 CISG zu viele Fragen offen lasse. So sei dem CISG beispielsweise nicht zu entnehmen, ob und unter welchen Voraussetzungen die Aufrechung ipso iure oder durch Erklärung erfolge, vgl. statt aller Magnus, RabelsZ 59 (1995), 469, 485.

[193] Karollus, 200ff.; Magnus, RabelsZ 59 (1995), 469, 478, 486.

[194] Magnus, RabelsZ 59 (1995), 469, 486; Bianca/Bonell-Nicholas, Art. 66, Anm. 3.2.

wegen des Feiertags nicht vorgenommen werden.[195] Zudem ist das in Art. 27 CISG postulierte Prinzip, dass für die Wirksamkeit von Erklärungen und Mitteilungen ihre Absendung genügt, soweit nicht die Konvention ausdrücklich Zugang verlangt, auch auf die den Vertragsschluss betreffenden Regeln des CISG auszudehnen (*Absendegrundsatz*).[196] Weiter beansprucht die in Art. 24 CISG enthaltene, dort nur für den Vertragsschluss vorgesehene Definition des Zugangs von Willenserklärungen nach weitgehend unumstrittener Ansicht auch für Teil III des Übereinkommens Geltung (*Zugangsprinzip*).[197]

Art. 59 CISG sieht die Fälligkeit des Anspruchs auf Kaufpreiszahlung mit Ablauf der Zahlungsfrist vor, ohne dass hierfür eine Mahnung oder die Einleitung sonstiger Schritte durch den Gläubiger notwendig wäre. Diese Wertung ist auf andere Zahlungsansprüche, wie beispielsweise Rückzahlungs-, Schadensersatz- oder Zinsansprüche, übertragbar (*Grundsatz der Fälligkeit ohne Mahnung*).[198]

Für die *Zurechnung des tatsächlichen Verhaltens und des Wissens Dritter* wird Art. 79 Abs. 2 iVm Abs. 1 CISG über den Wortlaut der Vorschrift hinaus die allgemeine Regel entnommen, dass eine Partei sich das Verhalten und Wissen ihrer Leute und solcher Dritter zurechnen lassen muss, derer „sie sich zur völligen oder teilweisen Vertragserfüllung bedient" und daher bis zur Grenze des Art. 79 Abs. 2 CISG für sie einzustehen hat.[199]

Teils wird aus dem CISG das Prinzip hergeleitet, dass der *Kaufpreis im Zweifel in der Währung zu zahlen ist, die am Verkäufersitz gilt*.[200] Hierfür spricht, dass das CISG auch an anderer Stelle auf den Verkäufer abstellt, so z.B. was den Zahlungsort (Art. 57 Abs. 1 lit. c CISG) und die bei der Erfüllung der Zahlungspflicht etwa zu wahrenden formalen Anforderungen angeht (Art. 54 CISG).[201] Ebenfalls aus Art. 57 CISG wird geschlossen, dass der *Erfüllungsort für Zahlungsansprüche* jedweder Art im Zweifel

---

[195] Herber/Czerwenka, Art. 20, Rn. 7; Schlechtriem/Schwenzer-Ferrari, Art. 7, Rn. 52; Magnus, RabelsZ 59 (1995), 469, 478, 486; Honsell-Melis, Art. 7, Rn. 13; aA offenbar Reinhart, Art. 4, Rn. 7.

[196] Tribunale di Rimini, Urteil vom 26.11.2002, No. 3095, UNILEX; Magnus, RabelsZ 59 (1995), 469, 487; Bianca/Bonell-Bonell, Art. 7, Anm. 2.3.2.2; Schlechtriem/Schwenzer-Ferrari, Art. 7, Rn. 52; Honsell-Melis, Art. 7, Rn. 13.

[197] Vgl. statt aller Magnus, RabelsZ 59 (1995), 469, 487.

[198] Pretore della giurisdizione di Locarna-Campagna, Urteil vom 16.12.1991, SZIER 1993, 665; KG Berlin, Urteil vom 24.1.1994 – 2 U 7418/92, RIW 1994, 683; Schlechtriem/Schwenzer-Ferrari, Art. 7, Rn. 55; Honsell-Melis, Art. 7, Rn. 13; Magnus, RabelsZ 59 (1995), 469, 487.

[199] Honsell-Siehr, Art. 4, Rn. 12, 13; Soergel-Lüderitz/Fenge, Art. 4 CISG, Rn. 11; Witz/Salger/Lorenz-Lorenz, Art. 4, Rn. 9; Schlechtriem/Schwenzer-Ferrari, Art. 4, Rn. 43; Magnus, RabelsZ 59 (1995), 469, 488.

[200] KG Berlin, Urteil vom 24.1.1994 – 2 U 7418/92, RIW 1994, 683; Karollus, 167; Piltz, Internationales Kaufrecht, § 4 Rn. 126; Soergel-Lüderitz/Fenge, Art. 53 CISG, Rn. 2; für die vom IPR berufene Währung hingegen Bianca/Bonell-Maskow, Art. 54, Anm. 3.1; Schlechtriem/Schwenzer-Hager, Art. 54, Rn. 8f.; Neumayer/Ming, Art. 54, Anm. 4.

[201] Magnus, RabelsZ 59 (1995), 469, 488.

mit dem Gläubigersitz zusammenfällt.[202] Für die sich aus Art. 45, 74 CISG ergebenden Schadensersatzansprüche wird dies kontrovers diskutiert.[203]

Wenn auch den Art. 78 und 84 Abs. 1 CISG der allgemeine Grundsatz zu entnehmen ist, dass neben sonstigem Schaden auch Verzugszinsen zu zahlen sind[204], so sind dem CISG nach überwiegender, sehr strittiger Auffassung jedoch keine allgemeinen Grundsätze hinsichtlich deren Höhe bzw. der Formel zur *Berechnung der Zinsen* zu entnehmen.[205]

Nach wohl h.M. weist das CISG auch in Bezug auf die Beweislast allgemeine Grundsätze auf.[206] Die Beweislastregel des Art. 79 Abs. 1 CISG wird von den Anhängern dieser Auffassung dahingehend generalisiert, dass jedem Vertragspartner der Nachweis derjenigen Umstände obliegt, die die Voraussetzungen einer für ihn vorteilhaften Norm erfüllen.[207] Entsprechend hat derjenige, der sich auf eine Ausnahmeregel beruft, regelmäßig deren tatsächliche Voraussetzungen zu beweisen.[208] Überdies ist

---

[202] OLG Düsseldorf, Urteil vom 2.7.1993 – 17 U 73/93, RIW 1993, 845; Cour d'Appel de Grenoble, 23.10.1996, UNILEX; Magnus, RabelsZ 59 (1995), 469, 488f.; Schlechtriem/Schwenzer-Hager, Art. 57, Rn. 25; Herber/Czerwenka, Art. 57, Rn. 14.

[203] Bejahend OLG Düsseldorf, Urteil vom 2.7.1993 – 17 U 73/93, RIW 1993, 845; Schlechtriem/Schwenzer-Hager, Art. 57, Rn. 25.

[204] Magnus, RabelsZ 59 (1995), 469, 489; Schlechtriem/Schwenzer-Ferrari, Art. 7, Rn. 52.

[205] OLG Frankfurt/M., Urteil vom 13.6.1991 - 5 U 261/90, NJW 1991, 3102; OLG Frankfurt/M., Urteil vom 18.1.1994 – 5 U 15/93, NJW 1994, 1013, 1014; ICC Award 7197/1992, UNILEX; OLG München, Urteil vom 2.3.1994 – 7 U 4419/93, RIW 1994, 595, 596; LG Hamburg, Urteil vom 26.9.1990 – 5 O 543/88, RIW 1990, 1015, 1019; Witz/Salger/Lorenz-Lorenz, Art. 4, Rn. 34; Magnus, RabelsZ 59 (1995), 469, 490; Bianca/Bonell-Nicholas, Art. 78, Anm. 2.1; Karollus, 227; aA aber Brunner, Art. 4, Rn. 38; Honnold, Uniform Law, Rn. 421 und Neumayer, RIW 1994, 99, 106, die die Auffassung vertreten, die hinsichtlich des Zinssatzes gelassene Lücke könne anhand von Vorschriften bzw. Grundsätzen des CISG geschlossen werden.

[206] Schweizerisches Bundesgericht, Urteil vom 19.2.2004 – 4C.307/2003, UNILEX; dass., Urteil vom 13.11.2003 – 4C.198/2003/grl, IHR 2004, 215, 218; Tribunale di Rimini, Urteil vom 26.11.2002, No. 3095, UNILEX; Tribunale di Pavia, Urteil vom 29.12.1999, No. 468, UNILEX; Tribunale di Vigevano, Urteil vom 12.07.2000, No. 405, UNILEX; Handelsgericht Zürich, Urteil vom 26.4.1995 - HG 920 670, UNILEX; Handelsgericht Zürich, Urteil vom 9.9.1993 - HG 930138 U/H 93, UNILEX; Institut für Schiedsgerichtsbarkeit der Handelskammer Stockholm, Urteil vom 5.6.1998, UNILEX; Witz/Salger/Lorenz-Witz, Art. 7, Rn. 27; Schlechtriem/Schwenzer-Ferrari, Art. 4, Rn. 49; ders., Art. 7, Rn. 56; Honsell-Siehr, Art. 4, Rn. 10; Witz/Salger/Lorenz-Lorenz, Art. 4, Rn. 11; aA U.S. District Court of Appeals, 4th Circuit, Urteil vom 21.6.2002, No. 00-1125, UNILEX; ICC Award 6653/1993, UNILEX; Bianca/Bonell-Khoo, Art. 2, Anm. 3.2; Heuzé, Anm. 299.

[207] Schweizerisches Bundesgericht, Urteil vom 19.2.2004 – 4C.307/2003, UNILEX; dass., Urteil vom 13.11.2003 – 4C.198/2003/grl, IHR 2004, 215, 218; Tribunale di Rimini, Urteil vom 26.11.2002, No. 3095, UNILEX; Tribunale di Pavia, Urteil vom 29.12.1999, No. 468, UNILEX; Tribunale di Vigevano, Urteil vom 12.07.2000, No. 405, UNILEX; OLG Innsbruck, Urteil vom 1.7.1994 - 4 R 161/94, UNILEX; OLG Frankfurt/M., Urteil vom 5.7.1995 - 9 U 81/94, UNILEX; Witz/Salger/Lorenz-Witz, Art. 7, Rn. 31; Neumayer/Ming, Art. 4, Anm. 13; Magnus, RabelsZ 59 (1995), 469, 489f.; Schlechtriem, Rn. 50; Schlechtriem/Schwenzer-Ferrari, Art. 7, Rn. 56; Witz/Salger/Lorenz-Lorenz, Art. 4, Rn. 11.

[208] Neumayer/Ming, Art. 4, Anm. 13; Schlechtriem, Rn. 50; Schlechtriem/Schwenzer-Ferrari, Art. 7, Rn. 56; Witz/Salger/Lorenz-Lorenz, Art. 4, Rn. 11; Magnus, RabelsZ 59 (1995), 469, 489f.

den genannten Vorschriften der Grundsatz zu entnehmen, dass jede Partei diejenigen Tatsachen beweisen muss, die aus dem eigenen Zuständigkeitsbereich stammen und ihr besser bekannt sein müssen.[209]

Schließlich wird Art. 18 Abs. 1 Satz 2 CISG das Prinzip entnommen, dass *Schweigen oder Untätigkeit allein keine Billigung eines Vorschlages* sein können. Etwas anderes kann deshalb nur dann und soweit gegeben sein, als das CISG selbst eine ausdrücklich anderslautende Regelung vorsieht (vgl. Art. 19 Abs. 2 CISG) oder ein internationaler Handelsbrauch im Sinne des Art. 9 Abs. 2 CISG besteht.[210]

D. Relevanz der UP im Zusammenhang mit der Lückenfüllung im CISG – Gang der weiteren Darstellung und Grenzen der Untersuchung

Die UP bieten trotz zahlreicher Überschneidungen mit dem Kaufrechtsübereinkommen deutlich umfassendere Regelungen als das CISG[211] und scheinen daher ein geeignetes Instrument zu seiner Ergänzung zu sein.[212] Im Folgenden soll daher der in diesem Überblick schon mehrfach angedeuteten Frage nachgegangen werden, ob diese inhaltliche Eignung als Lückenfüller auch unter rechtlichen Gesichtspunkten Bestand haben kann, ob und in welchem Umfang die UP also bei der Füllung von Lücken im CISG herangezogen werden können oder sogar müssen. Nach der im nachfolgenden Kapitel 3 vorzunehmenden Untersuchung der Rechtsqualität der UP soll entsprechend der in Art. 7 Abs. 2 CISG vorgeschriebenen Vorgehensweise geprüft werden, ob die UP als allgemeine Grundsätze, die dem CISG zugrunde liegen, qualifiziert werden und somit zur Ergänzung interner Lücken herangezogen werden können (Kapitel 4). Sodann wird in Kapitel 5 herauszufinden sein, ob die mittels Rückgriff auf das kollisionsrechtlich berufene Recht zu schließenden Lücken, namentlich die internen Lücken, die nicht mittels allgemeiner Grundsätze geschlossen werden können sowie die externen Lücken, mit Hilfe der UP geschlossen werden können. Im Anschluss daran wird in Kapitel 6 der Frage nachgegangen werden, ob und in welchem Umfang der ergänzende Verweis der Vertragspartner auf die „lex mercatoria" oder auf „allgemeine Rechtsgrundsätze" den Rechtsanwender zur ergänzenden Heranziehung der UP berechtigt bzw. verpflichtet. Ob das zur Schließung von Konventionslücken bemühte nationale Recht selbst durch die UP ergänzt oder – bei Ermittlungsschwierigkeiten – sogar ganz oder teilweise ersetzt werden kann, soll in Kapitel 7 angesprochen werden. Dabei muss allerdings angesichts der Komplexität der in den vorangehenden Kapiteln erörterten Problemkreise von einer tiefgehenden Untersuchung dieser Thematik abgesehen werden. Auch von der eingehenden Berücksichtigung gemeinschaftsrechtlicher und ver-

---

209 Magnus, RabelsZ 59 (1995), 469, 489f.

210 Schlechtriem, Rn. 51; Witz/Salger/Lorenz-Witz, Art. 7, Rn. 16 und Art. 18, Rn. 15; Karollus, 72.

211 Prujiner, Revue Juridique Thémis 2002, 561, 574; Petz, 93; Bonell, Unif. L. Rev. 1996, 26, 32.

212 Schlechtriem, FS Jayme, 1353, 1360; Perales Viscasillas, Ariz. Journ. Int. Comp. L. 13 (1996), 383, 404; Bonell, Unif. L. Rev. 1996, 26, 38; Prujiner, Revue Juridique Thémis 2002, 561, 574; Petz, 93; vgl. ferner die Übersichten über das den UP im Hinblick auf Regelungslücken im CISG innewohnende Ergänzungspotential bei Loewe, Kaufrechtsübereinkommen, 7ff.; Lando, The CISG and the UNIDROIT Principles, 451ff.; Darankoum, Revue Juridique Thémis 2002, 421, 445ff.; Flechtner, The CISG's impact, 169, 176ff., 193ff.; Burkart, 224ff.

fassungsrechtlicher Bezüge muss angesichts der Weite des Themas Abstand genommen werden, ebenso von einer umfassenden und abschließenden Rechtsprechungsanalyse. Beide Gesichtspunkte werden in die Arbeit einfließen, ihre Erörterung erhebt jedoch keineswegs Anspruch auf Vollständigkeit.

Kapitel 3: Die UNIDROIT-Prinzipien – Entstehung und normative Qualität

Es wurde soeben erwähnt, dass die UP in inhaltlicher Hinsicht eine zentrale Rolle bei der Ergänzung von Regelungslücken im CISG spielen könnten. Ob und in welchem Umfang der Rückgriff auf die UP zu diesem Zweck rechtlich möglich oder sogar geboten ist, hängt in erster Linie von ihrer Rechtsnatur ab (unten B.). Dass die Frage nach der normativen Qualität der UP besondere rechtstheoretische Probleme aufwirft, wird deutlich, wenn man vorab die Entstehungsgeschichte und den methodischen Unterbau des Regelwerks einer näheren Betrachtung unterzieht (nachfolgend A.).

A. Entstehung der UP

I. Verfasser, Anlass und Gang der Arbeiten

Ausgearbeitet wurden die UP von dem Internationalen Institut für die Vereinheitlichung des Privatrechts (UNIDROIT)[213], das im Jahre 1926 auf Initiative der Rechtsvergleicher Rabel und Scialoja als dem Völkerbund unterstehende Organisation mit Sitz in Rom gegründet wurde.[214] Nach dem Austritt Italiens aus dem Völkerbund wurde UNIDROIT im Jahre 1940 als eigenständige zwischenstaatliche Institution organisiert[215], der mittlerweile 59 Staaten angehören, die den verschiedensten Rechtssystemen verpflichtet sind.[216] Das Institut, das auch als „formulating agency" bezeichnet wird[217], zählt heute „zu den renommiertesten mit Rechtsvergleichung und Rechtsvereinheitlichung betrauten" internationalen Organisationen.[218] Seine wesentliche Aufgabe ist es, „Methoden zur Harmonisierung und Koordination des Privatrechts von Staaten und staatlichen Zusammenschlüssen zu prüfen und die progressive Anwendung des vereinheitlichten Privatrechts vorzubereiten."[219] Die wichtigsten Organe UNIDROIT's sind die Generalversammlung, der Verwaltungsrat und das Sekretariat.[220]

Die Ausarbeitung der UP wurde von UNIDROIT in Angriff genommen, nachdem die Defizite der legislativen und der sektoralen Rechtsvereinheitlichung immer deutlicher zu Tage traten.[221] Das zentrale Anliegen des Instituts war es, einen Allgemeinen

---

213 www.unidroit.org.
214 Kropholler, Einheitsrecht, 57; Berger, Kodifizierung, 139; Petz, 39.
215 Berger, Kodifizierung, 139; Kropholler, Einheitsrecht, 57; Petz, 40.
216 Petz, 40.
217 Berger, Kodifizierung, 63; Petz, 39.
218 Petz, 40.
219 Berger, Kodifizierung, 139; Kropholler, Einheitsrecht, 57.
220 Kropholler, Einheitsrecht, 57.
221 UNIDROIT, UNCITRAL Yearbook I 1968 – 1970, 285, 286; Bonell, RabelsZ 56 (1992), 274, 276; Petz, 39, 41; Mertens, RabelsZ 56 (1992), 219, 220; Basedow, AcP 2000, 445, 457. Die legislative Rechtsvereinheitlichung im Wege der Ausarbeitung internationaler Konventionen zeichnet sich insbesondere durch ihre fehlende Elastizität und drohende Versteinerung aus und steht damit der zügigen Anpassung an die tatsächlichen Gegebenheiten und veränderten Bedürfnisse des internationalen Wirtschaftsverkehrs im Wege, vgl. Kropholler, Einheitsrecht, 95; Mankowski, Stillschweigende Rechtswahl und wählbares Recht, 63, 89; Charpentier, Revue Juridique Thémis 2002, 355, 359.

Teil des internationalen Handelsvertragsrechts zu erarbeiten[222], der über die bis dahin unternommenen Versuche partieller Rechtsvereinheitlichung hinausgehen und die systematische Kodifizierung der grundlegenden Prinzipien des internationalen Handelsrechts statuieren sollte.[223] Obwohl dieses Projekt bereits zu Beginn der 1970er Jahre in das Arbeitsprogramm des Instituts aufgenommen wurde[224], begann man mit den inhaltlichen Arbeiten am ersten Teil des Regelwerks erst im Jahre 1980.[225] Die aus 16 permanenten Mitgliedern bestehende Arbeitsgruppe, die die einflussreichsten Rechtsordnungen und die verschiedenen politischen Systeme repräsentierte[226], stellte kein Gremium von Regierungsvertretern dar. Die Mitglieder der Arbeitsgruppe waren vielmehr in privater Funktion und allein aufgrund ihrer Fachkenntnis und wissenschaftlichen Reputation an der Erarbeitung des Regelwerks beteiligt und damit gänzlich weisungsfrei und keiner Regierung verpflichtet.[227] Obwohl der permanenten Arbeitsgruppe kaum Praktiker angehörten, wurden deren Auffassungen und Anregungen durchaus berücksichtigt, da sowohl weitere Experten eingebunden als auch Entwürfe der Arbeitsgruppe einer Reihe von Praktikern zur Bewertung vorgelegt wurden.[228] Im Mai 1994 wurde nach nahezu fünfzehnjährigen Vorarbeiten die erste Fassung der „Prinzipien für Internationale Handelsverträge" veröffentlicht.[229] Angesichts der Kritik an der fehlenden Behandlung zahlreicher wichtiger, dem Allgemeinen Vertragsrecht zuzuordnenden Rechtsinstitute wurde 1998 eine zweite, in ihrer Zusammensetzung teils veränderte Arbeitsgruppe eingesetzt, der die Aufgabe zukam, eine erweiterte Fassung des Regelwerks auszuarbeiten.[230] Neben zahlreichen, aktiv an der Ausarbeitung der Neufassung der UP mitwirkenden Repräsentanten aller wichtigen Rechtsordnungen und Regionen der Welt wohnten den Sitzungen der Arbeitsgruppe erstmals auch Vertreter verschiedener internationaler Organisationen und Schiedszentren als Beobachter bei. Dabei handelte es sich insbesondere um Vertreter der UNCITRAL, des ICC-Schiedsgerichtshofs, der Milan Chamber of National and International Arbitration und der Swiss Arbitration Association.[231] Die auf diese Weise erstellte zweite Ausgabe

---

[222] Petz, 43; Berger, Kodifizierung, 140.
[223] UNIDROIT, UNCITRAL Yearbook I 1968 – 1970, 285, 286f.; Petz, 41; Berger, Kodifizierung, 140.
[224] UNIDROIT, UNCITRAL Yearbook I 1968 – 1970, 285ff.; Bonell, RabelsZ 56 (1992), 274, 277; Petz, 42f.; Boele-Woelki, Terms of Co-Existence, 203, 206.
[225] Bonell, RDAI 1997, 145, 146; Boele-Woelki, Terms of Co-Existence, 203, 206; Petz, 43; Berger, Kodifizierung, 141.
[226] Perales Viscasillas, Ariz. Journ. Int. Comp. L. 13 (1996), 383, 388; Petz, 43; Berger, Kodifizierung, 140; Magnus, RabelsZ 59 (1995), 469, 491.
[227] Bonell, RDAI 1997, 145, 146; Petz, 44; Boele-Woelki, Terms of Co-Existence, 203, 205; Canaris, 5, 7; Kronke, FS Jayme, 461, 468; Baron, Arb. Int. 15 (1999), 115, 125.
[228] Petz, 44; Bonell, RDAI 1997, 145, 146; Berger, Kodifizierung, 65.
[229] UNIDROIT, International Institute for the Unification of Private Law (Hrsg.), UNIDROIT Principles of International Commercial Contracts, Rome 1994.
[230] Petz, 45; Kronke, FS Jayme, 461, 468; Bonell, Unif. L. Rev. 2004, 5.
[231] Bonell, Unif. L. Rev. 2004, 5.

des Regelwerks wurde im April 2004 der Öffentlichkeit präsentiert.[232] Sie deckt wesentliche Bereiche des Allgemeinen Schuldrechts ab, die in dem zehn Jahre zuvor veröffentlichten Text keine Berücksichtigung fanden.[233] Authentizität beanspruchen beide Regelwerke in fünf offiziellen sprachlichen Fassungen (Englisch, Französisch, Deutsch, Italienisch, Spanisch), ferner existieren Übersetzungen in mittlerweile 13 weiteren Sprachen.[234] Die fünf offiziellen Versionen sind zwar gleichermaßen authentisch. Da die englische Textfassung jedoch die Arbeitsunterlage der Expertengruppe war[235], kommt ihr bei der Auslegung der Prinzipien maßgebliche Bedeutung zu.[236]

II. Formale Struktur der UP und inhaltlicher Überblick

Die UP ähneln sowohl in ihrer Fassung aus dem Jahre 1994 als auch in der jüngst veröffentlichten Ausgabe in ihrem Aufbau den US-amerikanischen Restatements of Law[237], die vom American Law Institute (ALI) für verschiedene Rechtsbereiche erstellt werden[238] und in formaler und systematischer Hinsicht als Modell für die UP gedient haben.[239] Ebenso wie das Restatement bestehen die UP aus abstrakt formulierten Normsätzen (black letter rules), die anhand von Anmerkungen der Arbeitsgruppe und hypothetischen Fallbeispielen näher erläutert werden[240], welche wiederum integraler Bestandteil des Regelwerks und für die Erfassung der exakten Tragweite der einzelnen Bestimmungen sowie für ihre Ergänzung unverzichtbar sind.[241] Anders als im Falle des Restatement – und im Übrigen auch abweichend von den Principles of European Contract Law der Lando-Gruppe[242] – wurde im Falle der UP jedoch bewusst auf rechtsvergleichende Angaben verzichtet, um ihren internationalen Charakter zu unterstreichen.[243]

---

[232] UNIDROIT, International Institute for the Unification of Private Law (Hrsg.), UNIDROIT Principles of International Commercial Contracts, Rome 2004.
[233] Ein Überblick über die vorgenommenen Änderungen und Ergänzungen findet sich bei Bonell, Unif. L. Rev. 2004, 5, 18ff. und Brödermann, RIW 2004, 721ff.
[234] Petz, 41.
[235] Bonell, RDAI 1997, 145, 147; ders., ZfRV 1996, 152, 154; Corapi, Europa e diritto privato 2001, 23, 30.
[236] Petz, 41.
[237] Petz, 51; Berger, Kodifizierung, 158; da Gama E Souza jr, Revue Juridique Thémis 2002, 375, 379; Basedow, AcP 2000, 445, 460.
[238] Petz, 51f.
[239] Vagts, in: Contratación Internacional, 265, 269; Petz, 53; Berger, Kodifizierung, 114; Burkart, 51f.; Baron, Arb. Int. 15 (1999), 115, 124.
[240] Petz 53; ferner Hyland, Am. J. Comp. L. 40 (1992), 541, 542; Fauvarque-Cosson, in: A New Approach, 95, 96f.; Berger, Kodifizierung, 158.
[241] Perales Viscasillas, Ariz. Journ. Int. Comp. L. 13 (1996), 383, 388; Petz, 53; Bonell, RDAI 1997, 145, 150; Boele-Woelki, IPRax 1997, 161, 162; Burkart, 50.
[242] Siehe hierzu Lando/Beale (Hrsg.), Principles of European Contract Law, Part I + II, Kluwer Law International 2000 sowie Lando/Clive/Prüm/Zimmermann (Hrsg.), Principles of European Contract Law, Part III, Kluwer Law International 2003.
[243] Fauvarque-Cosson, in: A New Approach, 95, 97; Petz, 54; krit. hierzu Berger, Kodifizierung, 158.

Die im Jahre 1994 veröffentlichten UP enthalten in sieben Kapiteln und 119 Artikeln neben einigen allgemeinen Bestimmungen (Kapitel 1) Vorschriften über den Vertragsschluss (Kapitel 2), die Wirksamkeit (Kapitel 3) und die Auslegung (Kapitel 4) von Verträgen, sowie Regelungen über den Vertragsinhalt (Kapitel 5), die Erfüllung (Kapitel 6) und über die Folgen der Nichterfüllung (Kapitel 7). Den in den Kapiteln 2 bis 7 enthaltenen besonderen Bestimmungen wird im ersten Kapitel eine Reihe von allgemeinen Grundsätzen in Form von Generalklauseln vorangestellt, die für das gesamte Regelwerk Geltung beanspruchen und in seinen einzelnen Bestimmungen Niederschlag gefunden haben.[244] Der in ihrer Präambel enthaltenen, nicht abschließenden[245] Aufzählung zufolge können die UP 1994 zur Anwendung gelangen, wenn die Parteien sie als Vertragsstatut berufen haben (Abs. 2), wenn die Parteien ihren Vertrag „allgemeinen Rechtsprinzipien" oder der „lex mercatoria" unterstellt haben (Abs. 3), als Ersatzrecht, wenn es unmöglich ist, die einschlägige Norm des eigentlich anwendbaren Rechts zu ermitteln (Abs. 4), als Auslegungs- und Ergänzungshilfe für internationales Einheitsrecht (Abs. 5) sowie als Vorbild für nationale und internationale Gesetzgebungsvorhaben (Abs. 6). Keine besondere Erwähnung findet die selbstverständliche, aus der Vertragsfreiheit der Parteien resultierende Möglichkeit, die UP, ähnlich wie Allgemeine Geschäftsbedingungen, in den Vertrag einzubeziehen.[246]

Die im Jahre 2004 fertiggestellte Version der UP weist zwar geringfügige Änderungen der bisherigen Bestimmungen und Anmerkungen auf. Sie zeichnet sich jedoch in der Hauptsache durch die Aufnahme zahlreicher bedeutender Rechtsinstitute des Allgemeinen Vertragsrechts aus, die in der ursprünglichen Fassung des Regelwerks noch keine Berücksichtigung gefunden hatten.[247] Hierdurch ist die Zahl der enthaltenen Normen von 119 auf 185 gestiegen. Neu eingefügt wurden etwa Art. 1.8 und 1.12 UP (letzterer in Abänderung von Art. 2.8 Abs. 2 UP a.F.), die in das Allgemeine Bestimmungen enthaltende Kapitel 1 aufgenommen wurden, sowie Bestimmungen über die Stellvertretung[248] (Kapitel 2, Abschnitt 2; die bisherigen Bestimmungen des Kapitel 2 über den Vertragsschluss wurden unter dem neuen Abschnitt 1 zusammengefasst, ohne dass im Übrigen Änderungen an diesen Bestimmungen vorgenommen wurden) und über Rechte Dritter (Kapitel 5, Abschnitt 2; die bisherigen Bestimmungen des Kapitel 5 wurden unter dem neuen Abschnitt 1 zusammengefasst, dem zudem eine neue Bestimmung, Art. 5.1.9 UP, hinzugefügt wurde). Außerdem wurde der Regelungsbereich des Regelwerks um das völlig neue Kapitel 8 (Aufrechnung) und um Kapitel 9 erweitert, bestehend aus Vorschriften über die Abtretung (Abschnitt 1), Schuldübernahme (Abschnitt 2) und Vertragsübernahme (Abschnitt 3).[249] Schließlich halten die UP in ihrem neuen Kapitel 10 nun auch Verjährungsvorschriften bereit.[250] Von diesen be-

---

[244] Berger, ZVglRWiss 94 (1995), 217, 233. Näher zum Zusammenspiel von Regeln und Prinzipien in den UP unten Kapitel 3, B.III.3.a.dd.(3).

[245] Wichard, RabelsZ 60 (1996), 269, 272; Frick, RIW 2001, 416, 417.

[246] Frick, RIW 2001, 416, 417; näher dazu unten Kapitel 5.

[247] Für Einzelheiten siehe Bonell, Unif. L. Rev. 2004, 5, 18f.

[248] Dazu Brödermann, RIW 2004, 721, 732.

[249] Näher hierzu Brödermann, RIW 2004, 721, 733f.

[250] Siehe zu den Neuregelungen im Bereich der Verjährung Brödermann, RIW 2004, 721, 734.

merkenswerten Neuerungen abgesehen, wurden einige wenige Bestimmungen und Kommentare in ihrem Wortlaut geringfügig geändert bzw. ergänzt, um die UP besser an die besonderen Anforderungen des elektronischen Geschäftsverkehrs anzupassen.[251] Die übrigen Änderungen des bisherigen Textes beziehen sich ausschließlich auf die normbegleitenden offiziellen Anmerkungen. So wurden die Kommentierung Nr. 3 zu Art. 1.3 UP sowie die Anmerkungen Nr. 1 und 2 zu Art. 1.7 UP den neu eingefügten Kapiteln und Abschnitten angepasst. Des weiteren haben die jeweiligen Anmerkungen Nr. 2 der Art. 2.15 UP (jetzt Art. 2.1.15 UP) und Art. 6.2.2 UP geringfügige Änderungen erfahren.[252] Schließlich ist die bisherige Präambel um zwei neue Absätze ergänzt worden, die die Anwendung der UP auch für den Fall vorschlagen, in dem die Parteien keine Rechtswahl getroffen haben (Abs. 4 der „neuen" Präambel) sowie für den Fall der Auslegungs- oder Ergänzungsbedürftigkeit des anzuwendenden staatlichen Rechts (Abs. 6 der „neuen" Präambel).[253] Zusätzlich ist Abs. 2 der Präambel nunmehr eine Fußnote angefügt worden, die zwei Vorschläge für die Formulierung einer Rechtswahlklausel enthält.

III. Der Ausarbeitung der UP zugrunde liegende Methodik – Quellen der UP

Die der Ausarbeitung der UP[254] zugrunde liegende Methodik lässt sich als „funktional-rechtsvergleichende Methode" bezeichnen.[255] Hierbei werden in erster Linie die Funktionen verglichen, die bestimmte Rechtsfiguren in verschiedenen näher zu betrachtenden Rechtsordnungen erfüllen[256], ohne dass es in diesem Zusammenhang auf die dogmatische Einordnung der jeweiligen Lösungskonzepte ankommt.[257] Dabei werden zunächst die den verschiedenen betrachteten Rechtssystemen innewohnenden Übereinstimmungen und Gemeinsamkeiten festgestellt[258], wobei der Rechtsvergleicher aus der Beobachterperspektive heraus deskriptiv vorgeht.[259] Hierfür wurden der Erarbeitung der UP, mit unterschiedlicher Gewichtung, verschiedene moderne nationale Rechts-

---

[251] Für Einzelheiten siehe Bonell, Unif. L. Rev. 2004, 5, 18f.

[252] Für Einzelheiten siehe Bonell, Unif. L. Rev. 2004, 5, 18f.

[253] Absatz 6 ersetzt den bisherigen Absatz 4. Die Vorbildfunktion für Gesetzgebungsvorhaben wurde statt wie bisher in Absatz 6 nun in Absatz 7 verankert.

[254] Die nachfolgenden Ausführungen zur Arbeitsweise betreffen sowohl die Version aus dem Jahre 1994 als auch die Fassung aus dem Jahre 2004, da es keine nennenswerten Unterschiede in der Methodik gab, siehe Bonell, Unif. L. Rev. 2004, 5, 18. Im weiteren Fortgang der Arbeit werden Artikel, die mit gleichem Inhalt und gleicher Bezeichnung sowohl in der Fassung des Regelwerks aus dem Jahre 1994 als auch in der Version aus dem Jahre 2004 enthalten sind, durch keinen weiteren Zusatz gekennzeichnet. Die Zusätze „1994" und „2004" werden nur angefügt, sofern die ursprüngliche Fassung und die Neufassung des Regelwerks voneinander abweichen und daher eine entsprechende Kennzeichnung erforderlich ist.

[255] Berger, Kodifizierung, 142; Petz, 46. Allgemein zur funktional-rechtsvergleichenden Methode Röver, 89ff.; Kropholler, Einheitsrecht, 159; Sandrock, Sinn und Methode, 29ff. (spricht von „angewandter Rechtsvergleichung").

[256] Berger, Kodifizierung, 142; Baron, Arb. Int. 15 (1999), 115, 129; Petz, 46; Röver, 89ff.

[257] Petz, 46.

[258] Kropholler, Einheitsrecht, 160; Petz, 46.

[259] Michaels, RabelsZ 62 (1998), 580, 587; Petz, 46.

ordnungen zugrunde gelegt[260], ferner internationale Konventionen, insbesondere das CISG[261] und die bislang allerdings nicht in Kraft getretene Genfer Konvention über Stellvertretung im internationalen Warenkauf von 1983[262] sowie verschiedene „hybride“ Gesetze[263] und nichtstaatliche Normensysteme des internationalen Wirtschaftsrechts, wie etwa die INCOTERMS.[264] Allerdings ist die funktional-rechtsvergleichende Methode nicht ausschließlich auf Erkenntnis ausgerichtet[265]: Wenn und soweit kein gemeinsamer Kern ermittelt werden kann, gilt es, über den gefundenen gemeinsamen Minimumstandard hinaus die sachlich „beste Lösung“ zu finden.[266] Der Rechtsvergleicher geht dann nicht mehr bloß deskriptiv, sondern präskriptiv vor; er gibt die Sichtweise des Betrachters auf und führt seine Arbeit aus einem gesetzgeberischen Blickwinkel fort.[267] Die UP sind dementsprechend nicht lediglich das Ergebnis einer rechtsvergleichenden Konsolidierung des internationalen Handelsvertragsrechts, sondern darüber hinaus das Resultat einer rechtsfortbildenden Kodifizierung, die sich inhaltlich vor allem an den Bedürfnissen der internationalen Wirtschaftspraxis orientiert.[268] Damit verkörpern sie ungeachtet der Tatsache, dass sie zweifellos auf breiter rechtsvergleichender Basis ausgearbeitet wurden[269], keineswegs den kleinsten gemeinsamen Nenner des internationalen Handelsrechts oder eine bloße Zusammenstellung sachrechtlicher Übereinstimmungen.[270] Die ihrer Ausarbeitung zugrunde liegende funktional-rechtsvergleichende Methode macht sie vielmehr zu einer „kreativen Mischung“[271] aus den verschiedenen in den Rechtsvergleich einbezogenen Rechtsordnungen und sonstigen Quellen, ohne dass dabei eine klare Grenzziehung zwischen bloßer Analyse bzw. Deskription einerseits und Rechtsfortbildung bzw. Präskription andererseits möglich ist.[272]

---

[260] Berger, Kodifizierung, 142; Bonell, RabelsZ 56 (1992), 274, 280; Petz, 49; Kronke, FS Jayme, 461, 468; Dasser, Vertragstypenrecht im Wandel, Rn. 392.
[261] Bonell, RDAI 1997, 145, 148; Petz, 51; Flechtner, The CISG's impact, 169, 172; Boele-Woelki, Terms of Co-Existence, 203, 206; Dasser, Vertragstypenrecht im Wandel, Rn. 392. Für die Einbeziehung des kodifizierten internationalen Einheitsrechts zur Ermittlung allgemeiner Rechtsgrundsätze auch Kropholler, Einheitsrecht, 162.
[262] Bonell, Unif. L. Rev. 2004, 5, 20.
[263] Berger, Kodifizierung, 146f.
[264] Bonell, RDAI 1997, 145, 147; Burkart, 53; Patocchi/Favre-Bulle, Sem. Jud. 120 (1998), 569, 575f. Eingehend zu den Quellen der UP Berger, Kodifizierung, 143ff.; Petz, 50f.
[265] Berger, Kodifizierung, 41.
[266] Bonell, Unif. L. Rev. 1996, 26, 30; Basedow, Unif. L. Rev. 2000, 129, 130; Berger, Kodifizierung, 43; Petz, 46f.; Kropholler, Einheitsrecht, 160; Kessedjian, Rev. crit. dr. internat. privé 1995, 641, 652; Wilhelmsson, Unif. L. Rev. 2003, 141, 143; Boschiero, 319, 352; Grundmann, FS Rolland, 145, 156.
[267] Michaels, RabelsZ 62 (1998), 580, 587f.; Petz, 47.
[268] Bonell, RDAI 1997, 145, 147; Magnus, RabelsZ 59 (1995), 469, 493; Petz, 47; Berger, Kodifizierung, 45; Boschiero, 319, 352; Basedow, GS Lüderitz, 1, 3.
[269] Magnus, RabelsZ 59 (1995), 469, 491; Petz, 49.
[270] Dasser, Vertragstypenrecht im Wandel, Rn. 392; Burkart, 53; Petz, 49.
[271] Michaels, RabelsZ 62 (1998), 580, 588.
[272] Basedow, AcP 2000, 445, 460; Petz, 49; Michaels, RabelsZ 62 (1998), 580, 588.

B. Normative Qualität der UP

I. Ausgangspunkt

Der vorstehende Überblick über die Herkunft der UP, die ihrer Ausarbeitung zugrunde liegenden Quellen sowie die von ihren Verfassern verwendete Methodik der Rechtsfindung und –fortbildung lässt erahnen, dass die rechts(quellen)theoretische Klassifizierung des Regelwerks einige Schwierigkeiten bereitet. Es verwundert daher nicht, dass die Diskussion über die zutreffende Charakterisierung sowie den Normcharakter der Prinzipien noch nicht abgeschlossen ist. Eine Auseinandersetzung mit der Rechtsnatur der UP ist gleichwohl unumgänglich, hängt es doch entscheidend von ihrer normativen Qualität ab, ob und inwieweit die UP entsprechend den in ihrer Präambel vorgesehenen Anwendungsmöglichkeiten, insbesondere zum Zwecke der Ergänzung von Lücken im CISG, tatsächlich Anwendung finden können. Die hier interessierende Fragestellung ist folglich, „ob eine rechtsquellentheoretische Grundlage dafür besteht, diese Grundsätze oder Regeln in irgendeiner Weise [...] zur Anwendung zu bringen."[273] Bevor jedoch der Versuch unternommen werden kann, eine Antwort auf diese äußerst strittige Frage zu geben (unten III. und IV.), bedarf es vorab verschiedener Begriffsklärungen (nachfolgend II.).

II. Rechtsquellencharakter als Voraussetzung der Rechtsgeltung

Von der Rechtsgeltung der UP könnte nur dann gesprochen werden, wenn ihnen Rechtsquellencharakter zukäme. Ob die UP als Rechtsquelle klassifiziert werden können, hängt wiederum zum einen davon ab, was im hier interessierenden Zusammenhang überhaupt unter dem Begriff der Rechtsquelle zu verstehen ist (sogleich 1.). Zum anderen und daran anschließend ist zu erörtern, wann eine Norm oder eine Normenansammlung die Voraussetzungen für ihre Einordnung als Rechtsquelle in dem zuvor herausgearbeiteten Sinne erfüllt (unten 2.).

1. Begriff der Rechtsquelle: Rechtsgeltungs-, Rechtserkenntnis- und Rechtsgewinnungsquelle

Der Begriff der Rechtsquelle kann ebenso wie der Begriff der Geltung verschiedene Bedeutungen haben.[274] Er bedarf für seine zutreffende Erfassung in Anlehnung an Canaris[275] der Aufspaltung in die Kategorien der Rechtsgeltungs-, Rechtserkenntnis- und Rechtsgewinnungsquelle.

---

273 Canaris, 5, 13. Dass die UP sich selbst als unverbindliches Rechtsinstrument verstehen (UNIDROIT Principles 1994, Introduction, ix), gibt für die rechtstheoretische Frage nach ihrer Geltung entgegen dem ersten Anschein keinen Aufschluss, da mit dieser Formulierung lediglich klargestellt werden sollte, dass die UP, anders als etwa eine Einheitsrechtskonvention, kein völkerrechtlich bindendes Instrument darstellen, vgl. Burkart, 56.

274 Michaels, RabelsZ 62 (1998), 580, 611; Kelsen, 238.

275 Canaris, 5ff.

a. Rechtsgeltungsquelle – normativer bzw. juristischer Geltungsbegriff
Die Rechtsgeltungsquelle zeichnet sich durch ihre objektive Verbindlichkeit aus, d.h. sie bindet „den Rechtsunterworfenen und den Rechtsanwender auf der Ebene des rechtlichen Sollens“[276] und verpflichtet ihren Adressaten zur Befolgung.[277] Angesprochen sind hiermit die Rechtssätze im Sinne von Art. 20 Abs. 3, 97 Abs. 1 GG[278], die von der Grundlage einer Billigkeitsentscheidung abzugrenzen sind.[279] Juristische bzw. normative Geltung in diesem Sinne ist daher nur solchen Regelungen beizumessen, „an die der Richter gebunden ist und von deren Anwendung im Rechtsstreit Parteien ausgehen können“.[280] Nur solche Regeln sind zum objektiven Recht zu zählen, die abstrakt und gegenüber jedermann normative Geltung beanspruchen.[281]

b. Rechtserkenntnisquelle – faktischer bzw. soziologischer Geltungsbegriff
Von den Rechtsgeltungsquellen darstellenden juristischen Normen sind die (bloß) sozialen Normen zu unterscheiden, denen keine rechtliche, wohl aber soziale Geltung zukommt[282] und die als Rechtserkenntnisquelle[283], Rechtsinhaltsquelle[284] oder als soziologische Rechtsquelle[285] bezeichnet werden können. Hierunter fallen „alle Faktoren, die herangezogen werden können, um festzustellen, was Recht ist“.[286] Die Rechtserkenntnisquelle erleichtert es dem Richter somit, sich das geltende Recht zu vergegenwärtigen.[287] Sie gibt Aufschluss darüber, „was rein faktisch als Recht praktiziert wird, nicht dagegen, was richtigerweise praktiziert werden sollte.“[288] „Die Sichtweise ist hier also nicht eine normative, sondern eine rein tatsächliche, der zugrunde gelegte Geltungsbegriff nicht ein spezifisch juristischer, sondern ein soziologischer.“[289] Einer Regelung kommt soziale Geltung zu, wenn sie allgemeine Anerkennung für sich in Anspruch nehmen kann und faktisch wirksam ist.[290]

---

[276] Canaris, 5, 8.
[277] Canaris, 5, 8; Kelsen, 196.
[278] Rüthers, Rn. 219.
[279] Schroeder, JJZ 2002, 257, 266.
[280] Michaels, RabelsZ 62 (1998), 580, 611; ähnlich Röhl, 58, 513f.; Rüthers, Rn. 217 - 219 (spricht von Rechtsquelle im engeren Sinne); Raeschke-Kessler, Should an Arbitrator, 167, 171; Burkart, 84.
[281] Burkart, 84; Larenz/Wolf, AT, § 3, Rn. 1f.; Rüthers, Rn. 217.
[282] Die notwendige Abgrenzung zwischen juristischer und sozialer Norm betont auch Calliess, Zeitschr. f. Rechtssoz. 2002, 185, 192, 206; Kelsen, 60.
[283] Canaris, 5, 8; Leible, Wege zu einem europäischen Privatrecht, 403.
[284] Röhl, 514, der zur Abgrenzung von den „eigentlich verbindlichen“, d.h. von den juristisch verbindlichen Rechtsquellen auch von „Rechtsquellen zweiten Grades“ spricht.
[285] Röhl, 513.
[286] Leible, Wege zu einem europäischen Privatrecht, 403.
[287] Rüthers, Rn. 218.
[288] Canaris, 5, 8.
[289] Canaris, 5, 8; ähnlich Rüthers, Rn. 218.
[290] Michaels, RabelsZ 62 (1998), 580, 611; Röhl, 305. Gerichtsentscheidungen etwa stellen in civil-law-Rechtskreisen nach herkömmlicher Ansicht nur eine Rechtserkenntnis- bzw. Rechtsinhaltsquelle dar, das gleiche gilt für die herrschende Lehre, vgl. Canaris, 5, 8 mwN; Berger, Kodifizierung, 115, dort in Fn. 24 mwN; Röhl, 514, 544; Rüthers, Rn. 218; kritisch hierzu Teubner, FS Zöllner, 565, 575

c. Rechtsgewinnungsquelle – moralischer bzw. philosophischer Geltungsbegriff

Als Rechtsgewinnungsquelle bezeichnet Canaris alles, worauf sich eine rechtliche Entscheidung – abgesehen von der Norm selbst – stützen kann. Diese dritte Unterkategorie der Rechtsquelle umfasst daher alle sonstigen Aspekte, die für die Rechtsfindung relevant sein können, aber für sich genommen weder in normativer noch in soziologischer Hinsicht verbindlich sind, wie z.B. die Entstehungsgeschichte einer Norm oder der gesamtsystematische Zusammenhang, in den die Norm einzuordnen ist.[291] Insoweit wird auch von der philosophischen oder moralischen Geltung einer Norm gesprochen, die nur dann denkbar sein soll, wenn sie inhaltlich überzeugt.[292] Die Rechtsgewinnungsquelle ist, ebenso wie die Rechtserkenntnisquelle, deutlich von der juristisch verbindlichen Rechtsgeltungsquelle zu unterscheiden.[293]

2. Positivistischer und funktionaler Rechtsbegriff

Nachdem vorstehend die denkbaren Kategorien der Rechtsquelle dargestellt wurden, drängt sich nun die Frage auf, ob und wie sich die UP in dieses System der Rechtsquellen einfügen lassen. Vor dem Hintergrund der vorliegenden Arbeit ist dabei von maßgeblichem Interesse, ob sich das Regelwerk als Rechtsgeltungsquelle und damit als Quelle objektiv verbindlichen Rechts klassifizieren lässt, dessen Anwendung für den staatlichen Richter und für den nicht zur Billigkeitsentscheidung ermächtigten Schiedsrichter[294], der bei seiner Entscheidungsfindung ausschließlich objektiv geltendes, d.h. juristisch geltendes Recht anwenden darf[295], möglich bzw. obligatorisch ist. Da der für den Richter maßgebliche Rechtsbegriff rein normativer Natur ist[296], gilt es, die UP nicht wie die Rechtsphilosophie unter dem Aspekt ihrer moralischen Geltung oder wie die Rechtssoziologie unter dem Aspekt ihrer sozialen Geltung zu untersuchen, sondern entsprechend dem Anliegen der Rechtstheorie in erster Linie der Frage nach der rechtlichen Geltung der UP nachzugehen.[297] Nur dieses juristisch geltende Recht, also die Geltung im normativen Sinne, ist gemeint, wenn im Folgenden ohne nähere Spezifizierung von „Recht" oder „Geltung" die Rede ist.

Ob die UP „Recht" im vorstehenden Sinne sind, hängt davon ab, welchen Normen Rechtsgeltung beigemessen wird (dazu sogleich a. und b.) und ob die UP zu diesen

---

sowie Mertens, FS Odersky, 857, 861f., 863, demzufolge ein Rechtsbegriff, der nur den Normenbestand und nicht auch das richterliche Entscheidungspotential einschließt, an der Rechtswirklichkeit vorbeigeht. Eine rechtserzeugende, d.h. konstitutive und nicht lediglich deklaratorische Funktion schreibt dem Gerichtsurteil auch Kelsen, 242ff. zu.

[291] Canaris, 5, 9.

[292] Michaels, RabelsZ 62 (1998), 580, 611.

[293] Kelsen, 239.

[294] Schroeder/Oppermann, ZVglRWiss 99 (2000), 410, 419; Michaels, RabelsZ 62 (1998), 580, 620.

[295] Burkart, 84; Dreier, NJW 1986, 890, 894; von Bar/Mankowski-von Bar, IPR Bd. I, § 2, Rn. 86; Hartkamp, Unif. L. Rev. 2003, 81, 86; Herber, IHR 2003, 1, 8; Blaurock, ZEuP 1993, 247, 264; insbesondere für Schiedsgerichte Berger, Kodifizierung, 53.

[296] Dreier, NJW 1986, 890, 894.

[297] Diese Differenzierung hervorhebend Dreier, NJW 1986, 890, 894.

Normen gehören (unten III.). Allerdings ist es bis heute nicht gelungen, eine allgemeingültige oder wenigstens überwiegend anerkannte Definition des Rechtsbegriffs zu formulieren.[298] Auf die mannigfachen Definitionsversuche[299] braucht im Rahmen dieser Arbeit nicht eingegangen zu werden. Es genügt die Feststellung, dass sich grundsätzlich zwei Gruppen von Definitionen unterscheiden lassen: einerseits solche, die bloß auf die autoritative Gesetztheit und/oder soziale Wirksamkeit von Normen abstellen, ohne dass ihre inhaltliche Qualität von Bedeutung wäre (positivistischer Rechtsbegriff, nachfolgend a.), und andererseits solche, die das Recht als einen Maßstab des Richtigen und Falschen erfassen und es dementsprechend maßgeblich auf den Inhalt einer rechtlichen Anordnung ankommen lassen wollen (Naturrechtslehre bzw. funktionaler Rechtsbegriff, unten b.).[300] Im Kern geht es also darum, ob man die Rechtsgeltung an formale bzw. faktische oder aber an inhaltliche Anforderungen knüpft.[301]

a. Positivistischer Rechtsbegriff[302]

Nach wie vor vorherrschend ist der sogenannte positivistische Rechtsbegriff. Allen positivistischen Rechtstheorien ist das Postulat gemeinsam, dass kein notwendiger Zusammenhang zwischen dem positiven Recht einerseits und der Moral, Vernunft oder Gerechtigkeit andererseits besteht.[303] Es wird streng unterschieden zwischen dem Recht, wie es ist und dem Recht, wie es sein sollte[304], so dass die inhaltlichen Qualitäten einer Norm oder einer Normenordnung für ihre Qualifizierung als Recht gänzlich irrelevant sind.[305] Die dem Positivismus zugrunde liegende vollkommene „Disparität von Sein und Sollen“ beruht auf der Vorstellung, dass Ideen und Werte der objektivierbaren wissenschaftlichen Erkenntnis nicht zugänglich sind und dass sie sich stattdessen lediglich dem Bereich der persönlichen Überzeugung des Einzelnen zuordnen lassen.[306] Die positivistischen Rechtsquellenkonzepte zeichnen sich dementsprechend dadurch aus, dass die Einordnung als Recht ausschließlich von einer Tatsachenfrage, nämlich - je nachdem ob man der setzungsorientierten oder der wirksamkeitsorientierten Ausprägung des Rechtspositivismus folgt - von der staatlichen Herkunft einer Norm oder ihrer sozialen Wirksamkeit, und nicht von einer moralischen Frage bzw.

---

[298] Mertens, RabelsZ 56 (1992), 219, 231; Burkart, 83; Kaufmann, 137; Koller, 19; Röhl, 9; Rüthers, Rn. 48f.; Dreier, NJW 1986, 890, 893; Stein, 239. Eingehend zur geschichtlichen Entwicklung des Rechtsbegriffs Kaufmann, 137ff.

[299] Übersichten finden sich bei Koller, 19ff.; Röhl, 280ff.; Kaufmann, 135ff.; Dreier, NJW 1986, 890ff.; Coing, 59ff.

[300] Koller, 21.

[301] Röhl, 282.

[302] Zur Bezeichnung siehe Koller, 23.

[303] Dreier, NJW 1986, 890; Kelsen, 68ff.

[304] Larenz, Methodenlehre, 36; Dreier, NJW 1986, 890; Kelsen, 112; Coing, 59ff.; Koller, 24.

[305] Dreier, NJW 1986, 890.

[306] Larenz, Methodenlehre, 37; Kelsen, 68; Coing, 62.

einer Frage der Auffassung abhängig gemacht wird.[307] Auf beide Tendenzen soll nachfolgend in der gebotenen Kürze eingegangen werden.[308]

aa. Formal-positivistischer Rechtsbegriff[309] - setzungsorientierter Positivismus[310] – normative Betrachtungsweise

Die Anhänger des klassisch-formalen Konzepts der Rechtsquelle akzeptieren „nur die Akte des verfassungsmäßig legitimierten Gesetzgebers", d.h. staatlich gesetztes Recht und das Gewohnheitsrecht als Rechtsquellen.[311] Juristische Geltung lasse sich nur aus anderen normativen Sätzen herleiten. Diese Ableitung erfolge gemäß der Lehre vom Stufenbau der Rechtsordnung, der zufolge jede Rechtsnorm ihre Geltung aus einer höheren beziehe, und mit der sich die Geltung jeder Rechtsnorm bis zur Verfassung bzw. – allgemeiner – bis zur Grundnorm zurückverfolgen lasse.[312] Die Grundnorm beinhalte „nichts anderes als die Einsetzung eines normerzeugenden Tatbestandes, die Ermächtigung einer normsetzenden Autorität oder – was dasselbe bedeutet – eine Regel, die bestimmt, wie die generellen und individuellen Normen der auf dieser Grund-

---

[307] Kelsen, 68; Koller, 24f., dort in Fn. 13; Larenz, Methodenlehre, 36.

[308] Die Darstellung der zahllosen Ansätze, die die Elemente der autoritativen Gesetztheit und der sozialen Wirksamkeit in unterschiedlicher Weise miteinander kombinieren, kann im Rahmen dieser Arbeit nicht erfolgen. Ein entsprechender Überblick mit zahlreichen Nachweisen findet sich bei Dreier, NJW 1986, 890.

[309] Diesen Begriff verwendet Larenz, Methodenlehre, 65.

[310] So Dreier, NJW 1986, 890.

[311] So Burkart, 85; vgl. ferner Kelsen, 201, 230; Herber, IHR 2003, 1, 7; Petz, 70; Canaris, 5ff.; Kegel/Schurig, § 1 IX 2 d, 127f.; Michaels, RabelsZ 62 (1998), 580, 612; Blaurock, ZEuP 1993, 247, 253; Mann, ICLQ 36 (1987), 437, 447f.; Riesenhuber, 32 mwN dort in Fn. 9; Mankowski, Stillschweigende Rechtswahl und wählbares Recht, 63, 95f.; von Bar/Mankowski-von Bar, IPR Bd. I, § 2, Rn. 76; Röhl, 263; Carrascosa González, 104; Blessing, Journ. Int. Arb. 1997, 39, 56; M. Virgós Soriano, 1995, 3992-3994 (zitiert von Carrascosa González, 101); Spickhoff, RabelsZ 56 (1992), 116, 131f.; grundlegend Dreier, NJW 1986, 890ff. Dabei besteht unter den Anhängern dieser Lehre Uneinigkeit darüber, ob die fehlende staatliche Herkunft einer Norm lediglich deren Einordnung als Rechtsgeltungsquelle entgegensteht oder ob sie darüber hinaus auch die Einordnung als Rechtsgewinnungsquelle ausschließt, was zur Folge hätte, dass auch Faktoren wie die Gesetzeshistorie, Gesetzessystematik etc. nicht als Rechtsgewinnungsquelle in Betracht kämen, siehe dazu Canaris, 5, 10f. Die Auffassung, dass die Einordnung von Normen als Recht eine hinter diesen Normen stehende staatliche Autorität voraussetzt, findet sich auch in der US-amerikanischen Rechtsprechung, vgl. dazu Juenger, Unif. L. Rev. 2000, 171, 181 unter Berufung auf Black and White Taxicab & Transfer Co. v. Brown and Yellow Taxicab & Transfer Co., 276 U.S. 518, 533-534 (1928) (Holmes, J., dissenting).

[312] Eingehend zur Lehre vom Stufenbau Kelsen, 196ff.; auf diesen Bezug nehmend Larenz, Methodenlehre, 69ff.; Röhl, 281; Koller, 105; Rüthers, Rn. 475. Die Lehre vom Stufenbau der Rechtsordnung wurde begründet von Bierling, wird heute jedoch hauptsächlich mit den österreichischen Rechtslehrern Adolf Julius Merkel und Hans Kelsen in Verbindung gebracht, siehe dazu Röhl, 276, 281. Sie bringt das Problem mit sich, dass sich die oberste Stufe normativer Ermächtigung, die Verfassung, auf keine übergeordnete Ermächtigungsnorm zurückführen lässt. Für die zahlreichen Ansätze, die zur Relativierung dieses logischen Defizits der Stufenbau-Lehre entwickelt wurden, siehe den Überblick bei Röhl, 282ff. und Rüthers, Rn. 476ff. Für die Zwecke der vorliegenden Arbeit ist eine Auseinandersetzung mit dieser Frage nicht erforderlich.

norm beruhenden Ordnung erzeugt werden sollen."[313] „Recht" ist nach der formalen Lehre somit nur das, was von einem staatlichen Souverän, der die Durchsetzbarkeit durch die Zwangsmacht seiner staatlichen Behörden garantiert[314], im Wege des verfassungsrechtlich vorgesehenen Normsetzungsverfahrens gesetzt oder kraft gesetzlicher Grundlage als verbindlich anerkannt wird.[315] Normative Phänomene außerhalb dieser Hierarchie seien daher kein Recht, sondern bloße Fakten.[316] Einzig der Staat sei imstande, für die materielle Ausgewogenheit und inhaltliche Gerechtigkeit eines Regelwerks Gewähr zu leisten.[317] Für die Geltung eines nicht aus staatlicher Feder stammenden Regelwerks als Recht im juristischen Sinne bedürfe es deshalb einer inhaltlichen Kontrolle und Anerkennung durch die Staatsgewalt.[318] Das Ausmaß der soziologischen Geltung einer Norm, d.h. die Frage, ob die staatlich gesetzte Norm von Rechtsanwendern und Rechtsunterworfenen auch tatsächlich angewandt bzw. befolgt wird oder zumindest eine tatsächliche Bereitschaft zu ihrer Anwendung und Befolgung besteht, ist nach dem klassisch-formalen Rechtsquellenkonzept nur sehr eingeschränkt, nämlich lediglich insoweit von Bedeutung, als eine zwar ordnungsgemäß gesetzte, aber tatsächlich überhaupt nicht wirksame Norm nicht über juristische Geltung verfügt.[319] Auch die inhaltlichen Qualitäten eines Regelwerks können vor diesem Hintergrund lediglich seine philosophisch-moralische, nicht jedoch seine juristische Geltung begründen.[320] Außerhalb des staatlichen Rechts gibt es nach dieser Ansicht nur Billigkeit, d.h. die Entscheidungsfindung auf der Grundlage jedweder sachlichen Erwägung,

---

[313] Kelsen, 199.

[314] Wesentlich auf die Sanktionierung abstellend z.B. Koller, 58; Schroeder, JJZ 2002, 257, 259; näher dazu Teubner, Globale Bukowina, 17. Hingegen steht Ehrlich, Grundlegung der Soziologie des Rechts, 29ff. auf dem Standpunkt, die Sanktionierung sei keine Eigenheit des Rechts und die Geltung von Normen daher unabhängig von ihrer Durchsetzbarkeit durch den staatlichen Vollstreckungsapparat.

[315] Wichard, RabelsZ 60 (1996), 269, 283; Kegel/Schurig, § 1 IX 2 d, 127f.; Rüthers, Rn. 55, 63; von Bar/Mankowski-von Bar, IPR Bd. I, § 2, Rn. 76; Vischer, Europ. J. L. Ref. 1998/1999, 203, 210; Opertti Badán/Fresnedo de Aguirre, 46; MüKo-Sonnenberger, Einl. IPR, Rn. 234; Coing, 224f.

[316] Hierzu unter Bezugnahme auf die Reine Rechtslehre Kelsens Larenz, Methodenlehre, 71; krit. Teubner, FS Zöllner, 565, 575.

[317] Vischer, Europ. J. L. Ref. 1998/1999, 203, 210; Spickhoff, RabelsZ 56 (1992), 116, 132; weitere Nachweise bei Berger, Kodifizierung, 64.

[318] Vischer/Huber/Oser, Kapitel 2, § 2, Rn. 118; Vischer, Europ. J. L. Ref. 1998/1999, 203, 210; Berger, ZVglRWiss 94 (1995), 217, 223; Canaris, 5, 19; Herber, IHR 2003, 1, 8; Burkart, 99; Hultmark, in: A New Approach, 301, 307; Spickhoff, RabelsZ 56 (1992), 116, 131f.; von Bar, IPR Bd. I, § 2, Rn. 104.

[319] Kelsen, 10f.; Larenz, Methodenlehre, 71, 82; Röhl, 308. Für Differenzierungen siehe auch Dreier, NJW 1986, 890, 891.

[320] Herber, IHR 2003, 1, 7; Kelsen, 201; Koller, 126; Rüthers, Rn. 471; von Bar, IPR Bd. I, § 2, Rn. 104.

die die Richter zur Lösung des Falles für geeignet halten[321], zu der staatliche Gerichte jedoch nicht ermächtigt seien.[322]

Zusammenfassend lässt sich sagen, dass das setzungsorientierte positivistische Verständnis von Rechtsgeltung weder auf den Gerechtigkeitsgehalt einer Norm noch im Grundsatz auf deren tatsächliche Befolgung abstellt, sondern die Rechtsgeltung ausschließlich von der Form der Normsetzung abhängig macht.[323]

bb. Sozial-positivistischer Rechtsbegriff[324] - wirksamkeitsorientierter Positivismus[325] – faktische Betrachtungsweise

Geprägt von einem soziologischen Rechtsverständnis[326] stellt der Rechtspositivismus in seiner wirksamkeitsorientierten Ausprägung[327] hinsichtlich der juristischen Geltung nicht auf die formal-verfassungsgemäße Entstehung, sondern allein auf die soziale Wirksamkeit von Normen ab[328] und identifiziert die faktische Wirksamkeit einer Regel mit ihrer normativen Geltung.[329] Die hier nicht im Einzelnen zu erörternden verschiedenen Tendenzen dieses Verständnisses von Positivismus unterscheiden sich im wesentlichen danach, ob sie hauptsächlich auf die tatsächliche Anwendung bzw. Befolgung von Normen oder lediglich auf eine entsprechende tatsächliche Bereitschaft auf Seiten des Rechtsanwenders und des Rechtsunterworfenen abstellen.[330] Vereinfacht lässt sich sagen, dass die wirksamkeitsorientierte Ausprägung des Rechtspositivismus all solchen Regeln Rechtsqualität beimisst, die als maßgebend anerkannt oder zur tatsächlichen Grundlage menschlichen Handelns geworden sind.[331] Das Erstarken nichtstaatlicher, rechtsvergleichend erarbeiteter Regelwerke zu „Recht“ setzt danach (lediglich) voraus, dass sie sich in der Praxis der mit internationalen Streitigkeiten befassten Gerichte bewährt haben[332], mithin „von einer breiten Akzeptanz derjenigen, die das

---

[321] Herber, IHR 2003, 1, 8.

[322] Herber, IHR 2003, 1, 8; dass staatliche Gerichte zur Rechtsentscheidung verpflichtet sind, ist allgemein anerkannt, siehe nur von Bar/Mankowski-von Bar, IPR Bd. I, § 2, Rn. 86; Hartkamp, Unif. L. Rev. 2003, 81, 86; Burkart, 84; Blaurock, ZEuP 1993, 247, 264; Mann, ICLQ 36 (1987), 437, 448.

[323] Burkart, 85.

[324] Diesen Begriff verwendet Larenz, Methodenlehre, 65.

[325] So Dreier, NJW 1986, 890.

[326] Larenz, Methodenlehre, 63ff.

[327] Dreier, NJW 1986, 890.

[328] So Basedow, GS Lüderitz, 1, 5; Calliess, Zeitschr. f. Rechtssoz. 2002, 185, 199f.; Schack, FS Kegel 2002, 179, 186; Teubner, FS Zöllner, 565, 578f.; Ehrlich, Grundlegung der Soziologie des Rechts, 81ff., 144ff.; Schilf, Vertragsgrundregeln, 344; zumindest sympathisierend auch Luzzatto, I principi UNIDROIT, 91, 95f.; Juenger, FS Rittner, 233, 237. Eingehend zur soziologischen Ausprägung des Rechtspositivismus Dreier, NJW 1986, 890 sowie Larenz, Methodenlehre, 63ff., der selbst den soziologischen Positivismus jedoch ablehnt.

[329] Kelsen, 215; Rehbinder, § 1, Rn. 3.

[330] Koller, 24f., dort in Fn. 13; Dreier, NJW 1986, 890; Larenz, Methodenlehre, 37 spricht insoweit von einer soziologischen und einer psychologischen Rechtstheorie.

[331] Röhl, 263; Ehrlich, Grundlegung der Soziologie des Rechts, 81ff., 144ff.

[332] Calliess, Zeitschr. f. Rechtssoz. 2002, 185, 199f.; Schack, FS Kegel 2002, 179, 186; Basedow, GS Lüderitz, 1, 5; Luzzatto, I principi UNIDROIT, 91, 97.

Recht anwenden, sowie derjenigen, die dem Recht unterworfen sind, getragen" werden.[333] In diesem Fall könnten sie, selbst wenn diese Akzeptanz nur für die internationale Schiedsgerichtsbarkeit festgestellt werden kann, auch von staatlichen Gerichten bei Fehlen einer parteiautonomen Rechtswahl angewandt werden.[334] Diese Ansicht hat insbesondere vor dem Hintergrund der zunehmenden Globalisierung an Anhängern gewonnen, die das „Festhalten an einem nationalstaatlichen Rechtsetzungsmonopol" als nicht mehr zeitgemäß erscheinen und das „Bedürfnis nach Selbstregulierung" zu Tage treten lasse.[335] Teubner weist zwar einschränkend darauf hin, dass gleichwohl Rechtsnormen von bloßen sozialen Phänomenen abzugrenzen seien, räumt aber gleichzeitig ein, dass die Grenzen zwischen Recht und Gesellschaft durchlässig seien.[336]

b. Funktionaler Rechtsbegriff[337]

In der Überzeugung, dass insbesondere das klassisch-formale Konzept der Rechtsquelle nicht flexibel genug sei, um die Rechtsqualität sämtlicher in jüngster Zeit zu beobachtender rechtsschöpferischer Entwicklungen zutreffend zu erfassen[338], steht eine Mindermeinung auf dem Standpunkt, dass nicht auf den formalen Gesetzgebungsakt, sondern auf die (soziale) Funktion der Rechtsordnung abzustellen sei, um juristisch verbindliche von unverbindlichen Regeln abzugrenzen.[339] Sobald ein Regelwerk die Funktion einer Rechtsordnung zu erfüllen imstande sei, könne es auch als solche betrachtet werden, auch wenn es ein förmliches Gesetzgebungsverfahren nicht durchlaufen habe.[340] Der restriktive formal-klassische Ansatz ist nach dieser Theorie „überall

---

[333] Basedow, GS Lüderitz, 1, 5; ähnlich Luzzatto, I principi UNIDROIT, 91, 97.

[334] Schack, FS Kegel 2002, 179, 196; wohl auch Berger, European Private Law, 43, 54.

[335] So Teubner, FS Zöllner, 565, 578f.; ders., Globale Bukowina, 10; siehe auch Burkart, 90; Loquin, Où en est la Lex Mercatoria?, 23, 31.

[336] Teubner, FS Zöllner, 565, 581; auf die Notwendigkeit einer klaren Grenzziehung zwischen dem Recht im soziologischen Sinne und sonstigen sozialen Normen hinweisend auch Rehbinder, § 4, Rn. 43.

[337] Zur Bezeichnung siehe Berger, Kodifizierung, 99. Der funktionale Rechtsbegriff lässt sich im weitesten Sinne auf die Naturrechtslehre zurückführen. Der Terminus „Naturrechtslehre" stellt lediglich den Oberbegriff einer Lehre dar, die einen historisch wechselnden Begriffsinhalt hat, vgl. Rüthers, Rn. 49. Die Vernunft ist dabei eine mögliche Erkenntnisquelle der Naturrechtler (sog. Rationales Naturrecht, siehe Koller, 52), daneben ist als Erkenntnisquelle der Naturrechtslehre die Natur des Menschen, die göttliche Offenbarung u.ä. denkbar, vgl. Koller, 31. Gemein ist all diesen Ausprägungen der Naturrechtslehre, dass Recht unabhängig von seiner staatlichen Setzung gelten soll, Rüthers, Rn. 49.

[338] Berger, Kodifizierung, 99f.; Teubner, Globale Bukowina, 15f.; ders., FS Zöllner, 565, 578f.; Burkart, 90.

[339] So z.B. Kappus, IPRax 1993, 137, 139; Kaufmann, 149f.; Burkart, 96ff.; Mertens, RabelsZ 56 (1992), 219, 237ff.; Berger, Kodifizierung, 99f.; ders., JZ 1999, 369, 373; mit diesem Ansatz offenbar sympathisierend Zumbansen, RabelsZ 67 (2003), 637, 677; López Rodriguez, 34; Gaillard, Arb. Int. 17 (2001), 59, 65ff.; kritisch hingegen Teubner, Globale Bukowina, 14.

[340] Berger, Kodifizierung, 98ff.; Gaillard, Arb. Int. 17 (2001), 59, 65f.; Mertens, RabelsZ 56 (1992), 219, 231ff.; Burkart, 98 und 88. Einige Autoren vermengen funktionale mit soziologischen Kriterien, indem sie zwar auf die soziale Wirksamkeit einer Normenmasse abstellen, ihre normative Qualität letzten Endes aber doch auch von ihrer Funktionalität als Rechtssystem abhängig machen, so etwa

dort falsch, wo das zur Diskussion stehende außerstaatliche Regelwerk alle materiellen Garantien beinhaltet, durch welche sich staatliche Gesetzgebung idealerweise auszeichnet."[341] Es sei kein überzeugender Grund ersichtlich, warum der Rechtsbegriff notwendig mit vom Staat geschaffenen Normen gleichzusetzen sei und warum nicht stattdessen als Recht jede Ordnung akzeptiert werden könne, die eine gewisse Regelungsdichte, Rechtssicherheit und Rechtsfrieden sowie Vertragsgerechtigkeit und Willkürverbot zu gewährleisten imstande ist und den Vertragspartnern im Verhältnis untereinander nicht nur Rechte einräumt, sondern auch Pflichten auferlegt.[342] Ein internationaler Vertrag sei zudem oftmals nicht in das „soziale Gefüge" des Staates eingebettet, dessen Recht für anwendbar erklärt wurde, so dass die rechtliche Basis, auf der der Vertrag beruht, nicht notwendig eine nationale sein müsse.[343] Das klassisch-formale Rechtsquellenkonzept basiere daher auf einem „theoretisch unreflektierten und normativ ungestützten dogmatischen Rechtspositivismus unzeitgemäßer nationalstaatlicher Fixierung."[344] Die Notwendigkeit eines inhaltsbezogenen Rechtsbegriffs folge zudem aus Art. 20 Abs. 3 GG.[345]

Zusammenfassend lässt sich sagen, dass die inhaltliche Richtigkeit von Normen von den Anhängern eines funktionalen Rechtsverständnisses als Grundlage ihrer juristischen Geltungskraft bewertet wird.[346]

III. Einordnung der UP in das System der Rechtsquellen

1. Ausgangspunkt

Die hier speziell in bezug auf die UP aufgeworfene Frage nach der normativen Qualität anationalen Rechts wird im Schrifttum seit langer Zeit insbesondere im Zusammenhang mit der lex mercatoria[347] diskutiert. Der diesbezügliche Meinungsstand, der sich in seinen Grundzügen ohne weiteres auf die UP übertragen lässt[348], ist im wesent-

---

Berger, European Private Law, 43, 47; Weise, 114f. Entschieden gegen die Gleichsetzung von Rechtsqualität und Rechtsordnungscharakter Gaillard/Savage, 809.

341 Burkart, 88; Mertens, RabelsZ 56 (1992), 219, 231ff.; Berger, Kodifizierung, 98ff.

342 Burkart, 89; Kaufmann, 149. Ausführlicher zu den Funktionen der Rechtsordnung siehe unten Kapitel 3, B.III.3.

343 Vischer, Europ. J. L. Ref. (1998/1999), 203, 212; López Rodriguez, 34; Virally, FS Goldman, 373, 378.

344 Mertens, RabelsZ 56 (1992), 219, 237f.

345 Kaufmann, 146; wohl auch Rüthers, Rn. 50 unter Hinweis auf Art. 20 Abs. 3, 97 Abs. 1 GG.

346 Burkart, 94; Mertens, FS Odersky, 857, 872. Koller, 23 stellt insoweit bezüglich der Kontroverse zwischen Positivismus und Naturrechtslehre klar, dass sich die dargestellte Auseinandersetzung nicht darum drehe, „ob mit dem Begriff des Rechts entweder das Naturrecht oder das positive, das gesetzte Recht bezeichnet werden soll. Es besteht im wesentlichen Einigkeit darüber, dass für die Aufrechterhaltung sozialer Ordnung ein positives Recht unverzichtbar ist. Der Streit um den Rechtsbegriff betrifft vielmehr die Frage, ob das, was als Recht gelten soll, einfach mit dem tatsächlich bestehenden positiven Recht gleichgesetzt werden kann oder ob das geltende Recht über dem positiven Recht auch ein natürliches Recht einschließt."

347 Näher zur Kontroverse betreffend Begriff und Rechtsqualität der lex mercatoria unten Kapitel 3, B.III.2.c.

348 Gebele, 129; Petz, 117.

lichen in drei Strömungen zu gliedern: Während die „Vorrangtheorie" nichtstaatlichem Recht Vorrang vor staatlichem Recht einräumen und ihm damit autonome, d.h. von jedem staatlichen Recht unabhängige und unmittelbare Geltung als Sachrecht zukommen lassen will, gehen die Anhänger der „Gleichstellungstheorie" davon aus, dass anationale Normen keinen Vorrang vor nationalem Recht genießen, sondern mit ihm auf eine Stufe zu stellen sind. Für den grenzüberschreitenden Rechtsverkehr bedeutet dies, dass Normen nichtstaatlicher Herkunft, ebenso wie staatliches Recht, über das nationale Kollisionsrecht als Vertragsstatut berufen werden können und dabei denselben Beschränkungen unterliegen. Am wenigsten ehrgeizig ist die „Subsidiaritätstheorie", die nichtstaatlichem Recht nur insoweit Geltung beimessen will, als dies das materielle staatliche Recht zulässt. Der Geltungsanspruch im Verhältnis zu nationalem Recht ist hier somit weder ein vorrangiger noch ein gleichrangiger, sondern lediglich ein nachrangiger.[349]

An dieser Stelle soll ausschließlich der Frage nachgegangen werden, ob sich die UP vor dem Hintergrund der vorstehenden Erläuterungen[350] der Kategorie der autonomen Rechtsgeltungsquelle zuordnen lassen. Zu prüfen ist daher, ob sie – ganz im Sinne der „Vorrangtheorie" - als objektives Recht eingestuft werden können, das für den staatlichen Richter unabhängig von einer entsprechenden gesetzgeberischen Anordnung verbindlich ist. Können oder müssen die UP der Streitentscheidung in gleicher Weise zugrunde gelegt werden, wie etwa das CISG, das als autonomes Rechtsinstrument[351] ohne kollisionsrechtlichen Anwendungsbefehl zur Anwendung gelangt, sofern seine Anwendungsvoraussetzungen erfüllt sind? Handelt es sich bei den UP um eine Art speziellen, für internationale Verträge geschaffenen „Schuldrechtskodex"[352], der Vorrang vor den nationalen Schuldrechten genießt und den Rekurs auf staatliches Kollisionsrecht obsolet macht? Für den Fall, dass diese Frage zu verneinen ist, wäre in einem nächsten Schritt zu erörtern, ob die UP im Einklang mit der „Gleichstellungstheorie" denn wenigstens die von einer staatlichen Norm abgeleitete Geltung für sich in Anspruch nehmen können (siehe unten Kapitel 4 und 5) oder ob sich lediglich ihre Heranziehung im Rahmen der vom nationalen Recht gewährten Vertragsfreiheit begründen lässt, wie sie die „Subsidiaritätstheorie" befürwortet.

Für die Einordnung nichtlegislatorischer Regelwerke als autonome Rechtsgeltungsquelle ist entsprechend den obigen Ausführungen danach zu differenzieren, ob man den positivistischen oder aber den funktionalen Rechtsbegriff zugrunde legt.[353] Eine nähere Auseinandersetzung mit diesen bereits dargestellten rechtstheoretischen Ansätzen würde sich für die Zwecke der vorliegenden Arbeit erübrigen, wenn die verschie-

---

[349] Für Einzelheiten siehe MüKo-Martiny, Art. 27 EGBGB, Rn. 32; Petz, 117ff.; López Rodriguez, 92ff.; Nygh, 178f.; Gebele, 129f.; Stein, 187ff. und 195f.; Weise, 111ff.; de Ly, Lex Mercatoria (New Law Merchant), 159ff. (alle mit zahlreichen weiteren Nachweisen); kritisch zu dieser Kategorisierung Stein, 196.

[350] Siehe Kapitel 3, B.I und II.

[351] Vgl. Audit, The Vienna Sales Convention, 173, 190: "The Convention constitutes an autonomous system; it is not to be regarded as one statute amongst others."

[352] So Kahn, Vers l'institutionnalisation de la Lex Mercatoria, 125, 132; ähnlich auch Petz, 117.

[353] Rüthers, Rn. 337.

denen Theorien im Hinblick auf die normative Qualität der UP zu identischen Ergebnissen führten. Aus diesem Grunde sollen die UP nachstehend zunächst sowohl unter den positivistischen Rechtsbegriff (sogleich 2.) als auch unter den funktionalen Rechtsbegriff (unten 3.) subsumiert werden.

2. Positivistischer Rechtsbegriff

Die Eigenschaft der UP als Rechtsgeltungsquelle im oben beschriebenen Sinne[354] ließe sich bei Zugrundelegung des positivistischen Rechtsbegriffs nur dann begründen, wenn die UP entweder staatlich gesetztes, d.h. in einem verfassungsmäßig vorgesehenen Gesetzgebungsverfahren zustande gekommenes Recht wären (normative Betrachtungsweise) oder aber von den Akteuren des grenzüberschreitenden Wirtschaftsverkehrs faktisch als Entscheidungsgrundlage für Streitigkeiten aus internationalen Handelsverträgen akzeptiert würden (faktische Betrachtungsweise).

a. Autonome Rechtsgeltung der UP unter dem Gesichtspunkt des geschriebenen Rechts

Wichtigste Rechtsgeltungsquelle stellt nach der klassisch-formalen Lehre das verfassungsmäßig zustande gekommene Gesetz dar.[355] Bei den UP hingegen handelt es sich um eine rein private Aufstellung von Grundregeln[356], für die keine staatliche Autorität die Verantwortung übernommen hat.[357] Die normsetzende Tätigkeit von UNIDROIT kann sich weder auf eine völkerrechtliche noch auf eine verfassungsmäßige oder sonstige demokratische Ermächtigung stützen.[358] Die UP „lassen sich [...] innerhalb des Stufenbaus der Rechtsordnung nicht auf eine Delegation der Befugnis zur Normsetzung durch ein dafür kompetentes Organ in dem dafür vorgesehenen Verfahren zurückführen [...].“[359] Aus diesem Grunde handelt es sich bei ihnen nicht um ein Gesetz[360], sondern lediglich um sogenanntes „soft law“.[361] Unter dem Gesichtspunkt des staatlich gesetzten Rechts lässt sich ihr Rechtsgeltungsquellen-Charakter somit nicht

---

[354] Vgl. Kapitel 3, B.II.1.a.
[355] Canaris, 5, 9; Röhl, 263, 517.
[356] Frick, RIW 2001, 416, 417; Burkart, 87; Huet, Conclusions, 263, 270.
[357] Mankowski, RIW 2003, 2, 11; Huet, Conclusions, 263, 270f.
[358] Mankowski, Stillschweigende Rechtswahl und wählbares Recht, 63, 95; von Bar/Mankowski-von Bar, IPR Bd. I, § 2, Rn. 72; Burkart, 87; in diesem Sinne wohl auch Huet, Conclusions, 263, 270.
[359] Canaris, 5, 13; Mankowski, Stillschweigende Rechtswahl und wählbares Recht, 63, 95.
[360] Schnyder/Grolimund, FS Schlechtriem, 395, 397; Rüthers, Rn. 224ff.
[361] Dasser, Vertragstypenrecht im Wandel, Rn. 390; Drobnig, Vereinheitlichung, 745; Bonell, Unif. L. Rev. 2004, 5, 30; Eickelberg, 202; zum Begriff des „soft law“ Drobnig, Vereinheitlichung, 745: „Das Phänomen des *soft law* ist Ausdruck der Privatisierung der Rechtsbildung, der spontanen Normgebung durch die beteiligten Fachkreise anstelle der zentralisierten und politisierten staatlichen Rechtssetzung.“

begründen.[362] Dementsprechend verneinen die Vertreter des klassisch-formalen Rechtsbegriffs die Rechtsqualität der UP.[363]

b. Autonome Rechtsgeltung der UP unter dem Gesichtspunkt allgemeiner Rechtsgrundsätze

Wenn sich die UP, wie in der Literatur zum Teil vertreten[364], als Kodifikation allgemeiner Rechtsgrundsätze klassifizieren ließen, könnte sich ihre autonome Geltung aus eben dieser Zuordnung ergeben, sofern man den allgemeinen Rechtsgrundsätzen selbst autonome Geltung zuerkennen kann.[365]

aa. Begriff und Gegenstand allgemeiner Rechtsgrundsätze

Der Begriff der allgemeinen Rechtsgrundsätze bedarf der Klärung.[366] Im vorliegenden Zusammenhang geht es nicht um die allgemeinen Rechtsgrundsätze, die einer Rechtsordnung innewohnen und einen allgemeinen, abstrakten Gedanken zum Ausdruck bringen.[367] Vielmehr geht es um die hiervon zu unterscheidenden, im Wege der funktionalen Rechtsvergleichung ermittelten allgemeinen Rechtsgrundsätze, bei denen es sich um die im positiven Recht verschiedener Staaten zum Ausdruck kommenden gemeinsamen Wertentscheidungen der jeweiligen nationalen Gesetzgeber handelt.[368] Die Einordnung eines Prinzips als „allgemeiner“ Grundsatz in diesem Sinne ist grundsätzlich davon abhängig, dass es von einem Großteil der bedeutenden nationalen Rechtssysteme – sei es auch mit geringen Abweichungen - als verbindlich betrachtet wird[369], ohne dass es dabei darauf ankommt, dass der jeweilige Grundsatz sämtlichen Rechts-

---

[362] Leible, Wege zu einem europäischen Privatrecht, 402; Michaels, RabelsZ 62 (1998), 580, 612; Canaris, 5, 13; Frick, RIW 2001, 416, 417; Burkart, 50, 87; Larroumet, La Semainc Juridique 1997, 147, 148; Huet, Conclusions, 263, 270; López Rodriguez, 159.

[363] Petz, 39; Herber, IHR 2003, 1, 8; Basedow, GS Lüderitz, 1, 5; Canaris, 5ff.; Schnyder/Grolimund, FS Schlechtriem, 395, 399; Raeschke-Kessler, Should an Arbitrator, 167, 171; Kegel/Schurig, § 1 IX 2 d, 127f.; Mankowski, RIW 2003, 2, 11; Huet, Conclusions, 263, 270f.; Fauvarque-Cosson, in: A New Approach, 95, 98; von Bar/Mankowski-von Bar, IPR Bd. I, § 2, Rn. 75; Boschiero, 319, 352; Opertti Badán/Fresnedo de Aguirre, 46; Flechtner, The CISG's impact, 169, 170.

[364] Siehe die Nachweise unten Kapitel 3, B.III.2.b.cc.(1).

[365] Larroumet, La Semaine Juridique 1997, 147, 148.

[366] Die Notwendigkeit der Differenzierung aufzeigend auch Grundmann, FS Buxbaum, 213, 214; Esser, 87ff.; Röver, 81ff.; Marrella, La nuova lex mercatoria, 270ff.

[367] Gaillard, Arb. Int. 17 (2001), 59, 67; Röver, 79f. Diese allgemeinen Grundsätze sind nach einer vielzitierten Entscheidung des Bundesverfassungsgerichts ebenso zum Recht zu zählen wie staatlich gesetztes, geschriebenes Recht, vgl. BVerfG, Beschluss vom 14.2.1973 – 1 BvR 112/65, BVerfGE 34, 269, 287; Riesenhuber, 34, dort in Fn. 18 mwN.

[368] Berger, Kodifizierung, 47; Schroeder/Oppermann, ZVglRWiss 99 (2000), 410, 414; Blaurock, ZEuP 1993, 247, 260; Kassis, 394; Gaillard, Arb. Int. 17 (2001), 59, 67f.; Esser, 37. Die funktionale Rechtsvergleichung ist als Methode der Ermittlung allgemeiner Rechtsgrundsätze mittlerweile allgemein anerkannt, siehe dazu Berger, Kodifizierung, 47 mwN.

[369] Basedow, Unif. L. Rev. 2000, 129, 138; Bonell, in: A New Approach, 1, 5; Canaris, 5, 15f.; Michaels, RabelsZ 62 (1998), 580, 614; Loquin, Où en est la Lex Mercatoria?, 23, 35; Baron, Arb. Int. 15 (1999), 115, 121f.; Blaurock, ZEuP 1993, 247, 260; Mayer, R.C.A.D.I. 1989, t. 217, p. 432, zitiert von Gaillard, J.D.I. 1995, 5, 26; Gaillard, Arb. Int. 17 (2001), 59, 63f.

ordnungen entnommen werden kann.[370] Teilweise wird allerdings befürwortet, auch die über den so ermittelten „common core" hinausgehenden, vom Rechtsvergleicher für am besten befundenen Prinzipien als allgemeine Rechtsgrundsätze einzuordnen.[371] Danach soll zwar erforderlich sein, dass ein Grundsatz eine gesicherte, akzeptierte Basis innerhalb der staatlichen Rechtsordnungen für sich in Anspruch nehmen kann. Er müsse sich aber nicht darauf beschränken, den kleinsten gemeinsamen Nenner der verglichenen Rechtsordnungen abzubilden.[372] Der Rückgriff auf die modernere oder sachgerechtere Lösung ändere nichts an deren Einordnung als allgemeiner Rechtsgrundsatz.[373] Dem kann jedoch nicht gefolgt werden. Zwar kann man auch bei den auf der Suche nach der besten Lösung gefundenen Ergebnissen durchaus von Grundsätzen sprechen. Ihnen fehlt es jedoch an dem Merkmal der Allgemeingültigkeit, da sie in dieser Form eben keine generelle Anerkennung für sich in Anspruch nehmen können.[374] Das gilt umso mehr, als die Bezugnahme auf allgemeine Rechtsgrundsätze keinen auch nur einigermaßen vorhersehbaren Inhalt hätte, wenn man auch vom Rechtsvergleicher oder Rechtsanwender nach eigenem Gutdünken ausgewählte Prinzipien hierzu zählen wollte.[375] Die Bezeichnung „allgemeine Rechtsgrundsätze" würde dann jeden Lösungsansatz umfassen, der in seiner konkreten Ausgestaltung in irgendeiner Rechtsordnung befürwortet wird, ohne dass es auf seine auch nur annähernd allgemeine Akzeptanz ankäme. Aus der Kategorie der allgemeinen Rechtsgrundsätze würden dann nur diejenigen Lösungen ausscheiden, die sich nicht nur bezüglich ihrer jeweiligen Formulierung, sondern bereits bezüglich der ihnen inhärenten Grundgedanken nicht auf einen allgemeinen Konsens zurückführen lassen. Die ganz überwiegende Haltung im Schrifttum geht deshalb auch dahin, Prinzipien, deren konkreter Inhalt auf der Ermittlung der besten, nicht aber der allgemein anerkannten Lösung beruht, nicht als allgemeine Rechtsgrundsätze einzuordnen.[376]

---

[370] Andernfalls würden sich die ermittelten Prinzipien auf wenig brauchbare, weil zu abstrakte Formeln beschränken, vgl. Gaillard, Arb. Int. 17 (2001), 59, 63; Gaillard/Savage, 816; Grundmann, FS Buxbaum, 213, 225.

[371] So offenbar Kropholler, Einheitsrecht, 298f.; Wichard, RabelsZ 60 (1996), 269, 272; Schroeder/Oppermann, ZVglRWiss 99 (2000), 410, 415; Gaillard, J.D.I. 1995, 5, 27.

[372] Gaillard, J.D.I. 1995, 5, 27.

[373] Schroeder/Oppermann, ZVglRWiss 99 (2000), 410, 415; Gaillard, J.D.I. 1995, 5, 27. Der hiermit angesprochene „better-law-approach" entspricht der Methode, die Schiedsgerichte anwenden, wenn sie einen Rechtsstreit auf der Grundlage allgemeiner Rechtsgrundsätze entscheiden sollen, siehe dazu nur Loquin, Où en est la Lex Mercatoria?, 23, 36.

[374] Berger, ERPL 2001, 21, 34; Basedow, in: A New Approach, 125, 144; Bortolotti, Unif. L. Rev. 2000, 141, 143, 145; Spickhoff, RabelsZ 56 (1992), 116, 123.

[375] Spickhoff, RabelsZ 56 (1992), 116, 123; Burkart, 43; vgl. insbesondere Blaurock, ZEuP 1993, 247, 261: „Es ist auch zweifelhaft, ob es praktikable Kriterien gibt, die eine bestimmte Einzelregelung als ‚überlegen' ausweisen."

[376] Vischer/Huber/Oser, Kapitel 2, § 2, Rn. 115; Bonell, in: A New Approach, 1, 5; Canaris, 5, 15f.; Basedow, in: A New Approach, 125, 144; ders., GS Lüderitz, 1, 15ff.; Bortolotti, Unif. L. Rev. 2000, 141, 143, 145; Larroumet, La Semaine Juridique 1997, 147, 151; Vagts, in: Contratación Internacional, 265, 275; van Houtte, The UNIDROIT Principles, 181, 192; Spickhoff, RabelsZ 56 (1992), 116, 123.

bb. Rechtsqualität allgemeiner Rechtsgrundsätze

Fraglich ist, welche normative Qualität rechtsvergleichend gewonnene allgemeine Rechtsgrundsätze im soeben beschriebenen Sinne aufweisen. Dies wird nicht einheitlich beurteilt.

(1) Allgemeine Rechtsgrundsätze sind keine autonome Rechtsgeltungsquelle

Teilweise wird vertreten, allgemeinen Rechtsgrundsätzen könne lediglich die Funktion einer Rechtserkenntnisquelle zukommen, da sie durch Rechtsvergleichung erkannt, aber eben nicht gesetzt würden.[377] Als bloßes Ergebnis rechtsvergleichender Arbeiten könnten sie vor dem Hintergrund des positivistischen Rechtsbegriffs dort, wo sie sich innerhalb des common core bewegen, nicht als Rechtsgeltungsquelle klassifiziert werden.[378] Vielmehr seien sie insoweit rein deklaratorischer Natur.[379] Auch das Restatement, mit dem die UP teils verglichen werden[380], ist, da es zumindest im Grundsatz lediglich reproduziert, unverbindlich und verfügt lediglich über „persuasive authority", die sich auf die Qualität der Zusammenstellung sowie die Autorität und Überzeugungskraft der Verfasser stützt.[381] Gegen die autonome Geltung allgemeiner Rechtsgrundsätze wird überdies geltend gemacht, dass sie in der Regel sehr unbestimmt seien. Oft seien weder ihr konkreter Inhalt noch ihre Reichweite zweifelsfrei feststellbar.[382] Ihre zumeist sehr abstrakte Formulierung führe im Falle ihrer Anwendung im Rahmen der Streitentscheidung zu einer Art Billigkeitswertung.[383]

(2) Allgemeine Rechtsgrundsätze sind autonome Rechtsgeltungsquelle

Auf der anderen Seite finden sich Stimmen, die zwar die Rechtsgeltung rechtsfortschreibender Grundsätze verneinen, die autonome Geltung der den common core der untersuchten Rechtsordnungen wiedergebenden allgemeinen Rechtsgrundsätze jedoch

---

[377] Riesenhuber, 34, dort in Fn. 18; Kropholler, Einheitsrecht, 298f.; Canaris, 5, 15; Michaels, RabelsZ 62 (1998), 580, 584; wohl auch Leible, Wege zu einem europäischen Privatrecht, 403.

[378] Vgl. Riesenhuber, 46f., der betont, dass das gemeineuropäische Privatrecht, wie es in den Lando-Prinzipien zumindest teilweise zum Ausdruck komme, nicht „gelte", sondern in seiner Eigenschaft als Ergebnis rechtsvergleichender Arbeiten lediglich Anhaltspunkte für den Bestand desselben liefern könne; ähnlich Drobnig, FS Steindorff, 1141, 1151f. Siehe auch Zweigert/Kötz, § 2 I, 14 (Rechtserkenntnis als primäre Funktion der Rechtsvergleichung).

[379] Burkart, 93; Michaels, RabelsZ 62 (1998), 580, 584, 612; Riesenhuber, 34, dort in Fn. 18; Kropholler, Einheitsrecht, 298f.; Canaris, 5, 15; wohl auch Leible, Wege zu einem europäischen Privatrecht, 403.

[380] Näher hierzu unten Kapitel 3, B.III.2.b.cc.(1).

[381] Herber, IHR 2003, 1, 6; Fauvarque-Cosson, in: A New Approach, 95, 96f.; Petz, 52f.; Berger, Kodifizierung, 118, 130; Schindler, ZEuP 1998, 277ff.; David/Brierley, Major Legal Systems, 438f.

[382] Blaurock, ZEuP 1993, 247, 260f.; Kropholler, Einheitsrecht, 151; Herber, IHR 2003, 1, 5; Kassis, 395; von Bar/Mankowski-von Bar, IPR Bd. I, § 2, Rn. 94; López Rodriguez, 96; Fiedler, 207; ebenso, allerdings ohne Schlussfolgerungen für die autonome Geltung allgemeiner Rechtsgrundsätze Wengler, ZfRV 1982, 11, 16f.

[383] Schroeder, JJZ 2002, 257, 267; von Bar/Mankowski-von Bar, IPR Bd. I, § 2, Rn. 94; Gaillard, J.D.I. 1995, 5, 27; anders jedoch ders., Arb. Int. 17 (2001), 59, 68.

bejahen wollen.[384] Denn bei letzteren – so die Argumentation einiger Autoren - handele es sich im Gegensatz zu ersteren um in verschiedenen Staaten ordnungsgemäß gesetztes Recht.[385] Die Geltung folge dabei nicht aus den ermittelten Grundsätzen selbst, sondern aus den vielfältigen Rechtsquellen, die Grundlage der rechtsvergleichenden Arbeiten waren.[386] Andere Autoren wollen die autonome Geltung allgemeiner Rechtsgrundsätze nicht aus dem die Grundlage der Rechtsvergleichung bildenden nationalen Recht, sondern aus dem transnationalen Charakter der ermittelten Prinzipien herleiten. Der durch Rechtsvergleich gewonnene allgemeine Grundsatz werde in die lex mercatoria inkorporiert und erlange hierdurch transnationalen Charakter.[387] Von einigen Autoren wird die autonome Rechtsgeltung allgemeiner Rechtsprinzipien auch damit begründet, dass das Völkerrecht über Art. 38 Abs. 1 lit. c IGH-Statut allgemeine Rechtsgrundsätze als Rechtsquelle anerkenne.[388]

(3) Stellungnahme

Eines näheren Eingehens auf die Frage nach der objektiven Verbindlichkeit rechtsvergleichend ermittelter allgemeiner Rechtsgrundsätze bedürfte es für die Zwecke der vorliegenden Untersuchung nicht, wenn man zu dem Ergebnis käme, dass die UP nicht als allgemeine Rechtsgrundsätze im hier relevanten Sinne eingestuft werden können. Denn dann würde es an einer für die rechtstheoretische Einordnung des Regelwerks relevanten Verbindung zu solchen Prinzipien mangeln. Angesichts dessen soll zunächst untersucht werden, ob sich die UP überhaupt unter diese Bezeichnung subsumieren lassen.

cc. UP als allgemeine Rechtsgrundsätze?

Das Verhältnis zwischen den UP und den durch Rechtsvergleichung ermittelten allgemeinen Rechtsgrundsätzen wird nicht einheitlich beurteilt.

(1) UP sind Kodifikation allgemeiner Rechtsgrundsätze

Teilweise wird vertreten, die UP könnten als Konkretisierung bzw. Kodifizierung allgemeiner Rechtsprinzipien angesehen werden.[389] Folgt man dieser Einschätzung, liegt

---

[384] Burkart, 93; Michaels, RabelsZ 62 (1998), 580, 614; Koller, 29f.; Gabaldón, 243, 254.

[385] Burkart, 93; Michaels, RabelsZ 62 (1998), 580, 614; wohl auch Brower, Privatization, 111, 122.

[386] Siehe etwa Michaels, RabelsZ 62 (1998), 580, 586f., 614; Burkart, 93; Gabaldón, 243, 254.

[387] Loquin, Où en est la Lex Mercatoria?, 23, 37; Goldman, J.D.I. 1979, 475, 487. Für die Lehre vom transnationalen Recht als dritte Ordnung neben dem IPR und dem Völkerrecht Langen, Transnationales Recht, 13ff.; Calliess, Zeitschr. f. Rechtssoz. 2002, 185, 188; abl. hingegen Kassis, 394f.; kritisch auch MüKo-Sonnenberger, Einl. IPR, Rn. 232 mwN.

[388] Schroeder/Oppermann, ZVglRWiss 99 (2000), 410, 417; Kropholler, IPR, § 12, I 3; Goldman, J.D.I. 1979, 475, 499; Marrella, La nuova lex mercatoria, 270ff. Zur Bedeutung des Art. 38 Abs. 1 lit. c IGH-Statut im vorliegenden Zusammenhang siehe ferner Redfern/Hunter, 114; Kassis, 395, dort in Fn. 52; Weise, 121.

[389] ICC Award 7110/1995, UNILEX; ICC Award 9474/1999, UNILEX; ICC Award 8264/1997, UNILEX; Arbitration Institute of the Stockholm Chamber of Commerce. Court Stockholm, No. 117/1999 von 2001, UNILEX; ICC Award 9797/CK/AER/ACS vom 28.07.2000, UNILEX; Wichard, RabelsZ 60 (1996), 269, 281; Juenger, Am. J. Comp. L. 45 (1997), 195, 204; Grundmann, FS Rolland,

die Gleichsetzung der UP mit dem US-amerikanischen Restatement nahe.[390] Hierbei handelt es sich um eine Institution des US-amerikanischen Rechts[391], die der Konsolidierung und schriftlichen Fixierung des ausgewerteten Präjudizienrechts in exakten Normen dient.[392] Das Restatement stellt eine – im Grundsatz rein deskriptive - Abbildung eng umrissener Bereiche des US-amerikanischen Common Law dar, es zielt jedoch grundsätzlich nicht auf seine Fortbildung ab.[393] Gleichwohl machen widersprüchliche oder fehlende Regeln gelegentlich eine Weiterentwicklung des existierenden Fallrechts und damit ein präskriptives Vorgehen seitens der Bearbeiter erforderlich, die sich beispielsweise im Hinblick auf die Behandlung einer bestimmten Rechtsfrage einer für sachgerechter befundenen Mindermeinung anschließen oder einen in der Judikatur konsolidierten Rechtsgrundsatz analog auf bislang nicht entschiedene Fallgestaltungen anwenden und damit gleichzeitig bemüht sind, die bereits anerkannten Regeln im Einklang mit den hierin erkennbaren judikativen Tendenzen fortzuschreiben.[394]

(2) UP sind keine Kodifikation allgemeiner Rechtsgrundsätze

Die besseren Gründe sprechen jedoch gegen eine Qualifizierung der UP als Zusammenstellung allgemeiner Rechtsgrundsätze und damit auch gegen ihre Gleichsetzung mit dem US-amerikanischen Restatement. Die Einordnung einer Regel als allgemeiner Grundsatz ist grundsätzlich davon abhängig, dass die Regel von einem Großteil der Staaten anerkannt wird.[395] Die UP enthalten jedoch nicht durchweg die am weitesten verbreitete, sondern häufig diejenige Lösung, die die Verfasser im Zusammenhang mit internationalen Handelsverträgen für am besten befanden; ob diese Lösung auch in der Mehrheit der verglichenen Rechtsordnungen vorzufinden war, hat bei der Zusammen-

---

145, 155; Burkart, 53; Basedow, GS Lüderitz, 1, 23f.; Gaillard, J.D.I. 1995, 5, 26; wohl auch Brower, Privatization, 111, 122; Redfern/Hunter, 123; aA offenbar Boele-Woelki, IPRax 1997, 161, 164, die sich aber auf S. 165 gleichzeitig ohne Einschränkung für einen Rückgriff auf die UP ausspricht. Dies., Terms of Co-Existence, 203, 205 will die UP als Quelle allgemeiner Rechtsgrundsätze im Sinne von Art. 38 Abs. 1 lit. c IGH-Statut verstanden wissen.

[390] Tatsächlich werden die UP vielfach als „Restatement" des internationalen Handelsrechts bezeichnet, vgl. etwa Berger, JZ 1999, 369, 373; Juenger, Unif. L. Rev. 2000, 171, 178; Riesenhuber, 46; Redfern/Hunter, 123.

[391] Herber, IHR 2003, 1, 6; David/Brierley, Major Legal Systems, 438f.; eingehend Schindler, ZEuP 1998, 277ff.

[392] BLACK's Law Dictionary, 6th ed., 1313 (1991); da Gama E Souza jr, Revue Juridique Thémis 2002, 375, 379, dort in Fn. 2; Herber, IHR 2003, 1, 6; Petz, 52; López Rodriguez, 312.

[393] Berger, Kodifizierung, 115; Petz, 52; Schindler, ZEuP 1998, 277, 278f.

[394] Berger, Kodifizierung, 116f.; Burkart, 52; Rosett, Am. J. Comp. L. 40 (1992), 683, 689; BLACK's Law Dictionary, 6th ed., 1313 (1991); Basedow, AcP 2000, 445, 460; Petz, 52; da Gama E Souza jr, Revue Juridique Thémis 2002, 375, 379, dort in Fn. 2; López Rodriguez, 312; David/Brierley, Major Legal Systems, 438f.; vgl. ferner Schindler, ZEuP 1998, 277, 291ff., der auf die Zurückhaltung der Verfasser bei der Fortschreibung des Fallrechts hinweist.

[395] Vgl. oben Kapitel 3, B.III.2.b.aa.

stellung der UP nicht immer den Ausschlag gegeben.[396] Das Regelwerk geht damit weit über eine reine Deskription des common core der untersuchten Rechtsordnungen hinaus[397] und regt auch an, wie das beste Recht ausgestaltet sein sollte.[398] Die auf der Grundlage dieser Methodik elaborierten Regeln können jedoch nicht als allgemeine Rechtsgrundsätze gelten.[399] Das Ziel der Ausarbeitung der UP war es dementsprechend auch gar nicht, die verschiedenen staatlichen Rechtsordnungen miteinander in Einklang zu bringen, sondern vielmehr, das nationale Recht hinter sich zu lassen und international kohärente Prinzipien zu erarbeiten.[400] Die UP enthalten auch Regelungen, die vielen Rechtsordnungen fremd sind und sich – abweichend vom Restatement – nicht stets auf eine gefestigte Judikatur zurückführen lassen und daher nicht als Ausdruck allgemeiner Rechtsgrundsätze bezeichnet werden können.[401] Das zeigt sich zum Teil schon daran, dass viele der in das Regelwerk aufgenommenen Bestimmungen viel zu spezifisch sind, als dass man sie in dieser speziellen Form in praktisch allen bedeutenden Rechtsordnungen vorfinden könnte.[402] Während beispielsweise der Charakter von Art. 1.7 UP als allgemeiner Grundsatz nicht in Zweifel gezogen wird, ist die Allgemeingültigkeit von Regeln wie Art. 6.1.9, 3.5 oder 7.4.9 UP[403] sowie Art. 3.10 UP[404] und Art. 6.2.1 bis 6.2.3 UP überaus fraglich.[405] Gleiches gilt für die Regelung des

---

[396] Basedow, in: A New Approach, 125, 127; Bonell, in: A New Approach, 1, 4; Fauvarque-Cosson, in: A New Approach, 95, 116; ders., R.I.D.C. 2-1998, 463, 481f. mit ausführlicher Begründung; Canaris, 5, 15; Grundmann, FS Rolland, 145, 156; Berger, Kodifizierung, 150; Michaels, RabelsZ 62 (1998), 580, 606.

[397] Bonell, Unif. L. Rev. 1996, 26, 30; Basedow, Unif. L. Rev. 2000, 129, 130; Berger, Kodifizierung, 150; Hyland, Am. J. Comp. L. 40 (1992), 541, 542f.; Janssen, IHR 2004, 194, 198.

[398] Michaels, RabelsZ 62 (1998), 580, 590; Kronke, FS Jayme, 461, 467 bezeichnet die UP in Anlehnung an Karrer, in Honsell/Vogt/Schnyder, Internationales Privatrecht, 1996, Art. 187, No. 71 wegen der in ihnen enthaltenen Fortentwicklungen als „Pre-Statement"; ebenso López Rodriguez, 211. Beispielhaft für die Modellfunktion und insbesondere für die tatsächliche Modellwirkung der UP ist ihre Rezeption durch das panamaische Gesetz über die Schiedsgerichtsbarkeit, die Schlichtung und die Mediation vom 10.07.1999 (Decreto Ley No. 5, Gaceta Oficial, 10 de julio de 1999, No. 23/836, S. 190), das in seinem Art. 27 ausdrücklich auf die UP Bezug genommen hat, vgl. dazu IPRax 2000, 342. Siehe ferner für weitere Beispiele Bonell, Unif. L. Rev. 2004, 5, 8; Eickelberg, 203; Brödermann, RIW 2004, 721, 722; Sattar, Ind. J. Global Legal Stud. 5 (1997), 375, 379.

[399] Berger, ERPL 2001, 21, 34; Basedow, in: A New Approach, 125, 144; Bortolotti, Unif. L. Rev. 2000, 141, 143, 145; vgl. ferner die Nachweise oben Kapitel 3, B.III.2.b.aa.

[400] UNIDROIT Principles 1994, Introduction, viii; Fauvarque-Cosson, in: A New Approach, 95, 97ff.; Burkart, 50.

[401] ICC Award 7365/FMS/1997, UNILEX; Basedow, in: A New Approach, 125, 144 (mit Beispielen); ders., GS Lüderitz, 1, 15ff.; Bortolotti, Unif. L. Rev. 2000, 141, 143, 145; Hyland, Am. J. Comp. L. 40 (1992), 541, 542f.; Herber, IHR 2003, 1, 6; Berger, Kodifizierung, 152; Huet, Conclusions, 263, 268.

[402] Van Houtte, The UNIDROIT Principles, 181, 184.

[403] ICC Award 7365/FMS/1997, UNILEX.

[404] Die Regelung weicht erheblich vom französischen Recht ab, siehe dazu Larroumet, La Semaine Juridique 1997, 147, 151.

[405] Hyland, Am. J. Comp. L. 40 (1992), 541, 542; Bortolotti, Unif. L. Rev. 2000, 141, 143; Larroumet, La Semaine Juridique 1997, 147, 151 unter Hinweis auf das französische Recht; Vagts, in: Contratación Internacional, 265, 275 sowie van Houtte, The UNIDROIT Principles, 181, 192, beide unter Hinweis auf das anglo-amerikanische und das belgische Recht, dem die Möglichkeit der Vertragsanpas-

Leistungsstörungsrechts, die zumindest mit dem bis zum 01.01.2002 geltenden deutschen Leistungsstörungsrecht nur wenig gemeinsam hatte[406], sowie für die Bestimmungen bezüglich des Vertrages zugunsten Dritter, die dem englischen Recht fremd sind.[407] Ferner weicht Art. 6.1.6 UP, der Geldschulden als Bringschulden regelt, grundlegend von der entsprechenden Regelung im französischen Recht ab, die Geldschulden als Holschuld einstuft.[408] Die in Art. 2.15 UP 1994 (Art. 2.1.15 UP 2004) geregelte vorvertragliche Haftung widerspricht dem Recht der Common Law-Staaten, die dieses Institut im Sinne einer möglichst weitreichenden Abschlussfreiheit gänzlich ablehnen.[409] Auch die in Art. 5.7 UP 1994 (Art. 5.1.7 UP 2004) vorgesehene Aufrechterhaltung des Vertrages trotz fehlender Preisfestsetzung würde beispielsweise vor französischen Gerichten auf Unverständnis stoßen.[410] Das gleiche gilt für die in Art. 7.3.1ff. UP geregelte Möglichkeit der Vertragsauflösung wegen endgültiger Nichterfüllung ohne Einschaltung des Gerichts[411] sowie für die Möglichkeit der Beschränkung der Schadensersatzpflicht unter Berufung auf die mangelnde Vorhersehbarkeit des Schadens (Art. 7.4.4 UP).[412] Überdies weichen die der Vertragsauslegung gewidmeten Art. 4.1ff. UP von der entsprechenden Einstellung des Common Law ab, das maßgeblich auf die wörtliche Auslegung abstellt.[413] Diese nicht abschließende Aufzählung lässt sich noch verlängern, wenn man die zweite Ausgabe der UP aus dem Jahre 2004 einer näheren Betrachtung unterzieht: So weicht etwa die Regelung der Rechtsfolgen des Handelns des Vertreters mit Vertretungsmacht (Art. 2.2.1 Abs. 1, Art. 2.2.3 Abs. 1 UP 2004) vom Ansatz zahlreicher civil-law-Systeme ab, weil sie von der UNIDROIT-Arbeitsgruppe als für den internationalen Wirtschaftsverkehr geeigneter betrachtet wurde.[414] Weiter lässt sich in diesem Zusammenhang Art. 8.3 UP 2004 anführen, demzufolge aus Gründen der Rechtssicherheit das Aufrechnungsrecht durch Erklärung gegenüber dem anderen Teil ausgeübt wird, und nicht etwa, wie in verschiedenen staatlichen Rechtssystemen üblich, automatisch bei Bestehen der Aufrechnungslage oder erst durch gerichtliches Urteil.[415] Abweichungen von einigen civil-law-Rechtsordnungen lassen auch die neu eingefügten Verjährungsregeln erkennen.[416] Ins-

---

sung bzw. Neuverhandlung im Falle der hardship fremd ist. AA bezüglich Art. 6.2.3. Abs. 4 UP ICC Award 7365/FMS/1997, UNILEX.

[406] Canaris, 5, 16.

[407] Canaris, 5, 16.

[408] Huet, Conclusions, 263, 268.

[409] Huet, Conclusions, 263, 268; Larroumet, La Semaine Juridique 1997, 147, 150.

[410] Larroumet, La Semaine Juridique 1997, 147, 151; Huet, Conclusions, 263, 268; vgl. aber ICC Award 7819/1999, UNILEX (Art. 5.7 UP 1994 wird als «generally accepted principle in international trade» bezeichnet).

[411] Larroumet, La Semaine Juridique 1997, 147, 152.

[412] Tallon, Am. J. Comp. L. 40 (1992), 675, 679.

[413] Larroumet, La Semaine Juridique 1997, 147, 151.

[414] Bonell, Unif. L. Rev. 2004, 5, 20f.

[415] Bonell, Unif. L. Rev. 2004, 5, 23; rechtsvergleichende Hinweise zur Aufrechnung finden sich bei Zimmermann, Comparative Foundations, 32ff.

[416] Bonell, Unif. L. Rev. 2004, 5, 28; Brödermann, RIW 2004, 721, 734; rechtsvergleichende Hinweise zur Verjährung finden sich bei Zimmermann, Comparative Foundations, 62ff.

besondere hat die in den UP 2004 geregelte Verjährung, anders als in einigen Rechtsordnungen vorgesehen, gem. Art. 10.9 Abs. 1 UP 2004 nicht den Untergang von Rechten zur Folge.[417] Bereits an diesem knappen Überblick zeigt sich, dass die funktionale Rechtsvergleichung, insbesondere die vorrangige Berücksichtigung der Bedürfnisse des internationalen Wirtschaftsverkehrs, die teils beträchtlichen Unterschiede zwischen den von den untersuchten Rechtsordnungen befürworteten Lösungskonzepten unkenntlich macht.[418]

Zwar hat Basedow darauf hingewiesen, dass eventuelle Abweichungen zwischen den UP und nationalem unvereinheitlichten Recht dem allgemeinen Charakter der in den UP enthaltenen Bestimmungen dann nicht entgegenstehen, wenn der betreffende Staat das CISG ratifiziert und damit als Bestandteil seines nationalen Rechts anerkannt hat, sofern die jeweiligen, mit dem unvereinheitlichten Recht nicht vereinbaren Bestimmungen der UP mit denjenigen des CISG im Einklang stünden. Denn dann entsprächen die Bestimmungen der UP denjenigen Normen, die der jeweilige Staat als lex specialis für internationale Kaufverträge als für sich verbindlich anerkannt hat.[419] Beziehe man daher die Vorschriften des CISG in den Vergleich zwischen den UP und nationalem Recht mit ein, führe dies insgesamt zu nur geringen Abweichungen der UP z.B. vom deutschen Recht.[420] Die Argumentation Basedows mag zwar für den Bereich des internationalen Kaufrechts zutreffen. Für grenzüberschreitende Transaktionen, die nicht in Kaufverträgen bestehen, ist jedoch auch in den CISG-Vertragsstaaten deren unvereinheitlichtes Recht, jedenfalls aber nicht das CISG maßgeblich. Denn für den über das internationale Kaufrecht hinausgehenden Regelungsbedarf kann das CISG nicht als Ausdruck entsprechender Wertentscheidungen des nationalen Gesetzgebers herangezogen werden. Die Einbeziehung des CISG in den Vergleich zwischen den UP und nationalen Rechtsordnungen vermag die Allgemeinheit eines Rechtsgrundsatzes daher nur insoweit zu begründen, als man sich die jeweils untersuchte Bestimmung der UP als auf einen internationalen Kaufvertrag angewendet vorstellt.

Es steht nach alledem daher zwar außer Frage, dass zahlreiche in den UP enthaltene Regelungen Ausdruck allgemeiner Rechtsgrundsätze sind[421] und aus diesem Grunde eine von verschiedenen möglichen Quellen allgemeiner Rechtsgrundsätze darstellen. Angesichts der „kreativen Mischung", die die UP aufgrund der ihrer Erarbeitung zugrundegelegten Methodik darstellen, sind sie jedoch in ihrer Gesamtheit nicht mit den allgemeinen Rechtsgrundsätzen identisch.[422] Dieselben Überlegungen lassen eine I-

---

[417] Brödermann, RIW 2004, 721, 734.
[418] Riesenhuber, 238; Huet, Conclusions, 263, 268.
[419] Basedow, GS Lüderitz, 1, 16.
[420] Basedow, GS Lüderitz, 1, 23f.
[421] Bonell, in: A New Approach, 1, 6; Basedow, in: A New Approach, 125, 144 und 146 für das deutsche Recht; Canaris, 5, 16.
[422] ICC Award 7365/FMS/1997, UNILEX; ICC Award 7375/1996 und ICC Award 8873/1998, veröffentlicht in Clunet (1998), 1017; Berger, Creeping Codification, 179; ders., ERPL 2001, 21, 34; Bonell, Restatement, 211; Canaris, 5, 15; Ferrari, Contratto e Impresa 1996, 300, 309; Abascal, Los Principios de UNIDROIT, 211, 220; Larroumet, La Semaine Juridique 1997, 147, 149; ausführlich Fauvarque-Cosson, R.I.D.C. 2-1998, 463, 481f.

dentität zwischen den UP und dem US-amerikanischen Restatement zweifelhaft erscheinen. Mit den Eigenheiten des Restatements stimmen die UP zwar insofern überein, als auch sie in Form von abstrakten Normsätzen mit begleitenden Erläuterungen der Verfasser abgefasst sind und für ein bestimmtes Rechtsgebiet gelten.[423] Ferner beziehen die UP, ebenso wie das Restatement, ihre Überzeugungskraft in erster Linie aus der Reputation ihrer Verfasser.[424] Ungeachtet dieser offenkundigen Parallelen lassen sich aber auch eine Reihe elementarer Unterschiede zwischen den UP einerseits und dem US-amerikanischen Restatement andererseits feststellen: So ist eine bedeutende Abweichung darin zu erblicken, dass das Restatement das existierende, durch die Rechtsprechung entwickelte positive Recht der nordamerikanischen Staaten und damit eines einzigen Rechtskreises – des Common-Law - reflektiert[425], während die UP eine Synthese aus diversen, in ihren dogmatischen Konzepten und Strukturen grundsätzlich verschiedenen Rechtsordnungen darstellen[426] und damit ein neues, bisher nicht existierendes Recht bilden.[427] Außerdem schreiben die amerikanischen Restatements typischerweise unkodifiziertes case law fest[428], wohingegen die UP teils aus Bestimmungen bestehen, die sich in verschiedenen Rechtsordnungen bereits in kodifizierter Form finden.[429] Es sind jedoch vor allem die teils innovativen Ansätze der UP, die gegen ihre Gleichsetzung mit dem US-amerikanischen Restatement sprechen.[430] Zwar zeichnet sich auch das Restatement durch rechtsfortbildende Elemente aus.[431] Diese bestehen aber nicht in einer zielgerichteten Abweichung von bereits bestehender Judikatur, sondern in der Prognose ihrer zu erwartenden Weiterentwicklung.[432] Hierin besteht ein entscheidender struktureller Unterschied zur Entscheidung für die beste Lösung durch die Verfasser der UP, die sich in zahlreichen Fällen bewusst gegen die in den meisten verglichenen Rechten geltenden Prinzipien entschieden und Bestimmungen in das Re-

---

[423] Fauvarque-Cosson, in: A New Approach, 95, 96f.; Berger, Kodifizierung, 115.

[424] Fauvarque-Cosson, in: A New Approach, 95, 96f.; zur auf der Autorität der Verfasser beruhenden Überzeugungskraft des Restatement siehe David/Brierley, Major Legal Systems, 438f.

[425] Berger, Kodifizierung, 151; Petz, 54; Michaels, RabelsZ 62 (1998), 580, 586 mit zahlreichen Nachweisen dort in Fn. 22; Huet, Conclusions, 263, 269f.; Larroumet, La Semaine Juridique 1997, 147.

[426] Burkart, 52; Michaels, RabelsZ 62 (1998), 580, 586 mit zahlreichen Nachweisen dort in Fn. 24; Berger, Kodifizierung, 151; Larroumet, La Semaine Juridique 1997, 147.

[427] Huber, FS Everling, 493, 507; Petz, 54; Fauvarque-Cosson, in: A New Approach, 95, 97; Huet, Conclusions, 263, 270.

[428] Huet, Conclusions, 263, 270; Patocchi/Favre-Bulle, Sem. Jud. 120 (1998), 569, 571.

[429] Petz, 54; Michaels, RabelsZ 62 (1998), 580, 585; Huber, FS Everling, 493, 506f.

[430] López Rodriguez, 210f.; Patocchi/Favre-Bulle, Sem. Jud. 120 (1998), 569, 571.

[431] López Rodriguez, 211; David/Brierley, Major Legal Systems, 438f.; siehe ferner bereits oben Kapitel 3, B.III.2.b.cc.(1).

[432] Rosett, Am. J. Comp. L. 40 (1992), 683, 689; BLACK's Law Dictionary, 6th ed., 1313 (1991); Berger, Kodifizierung, 116f.; David/Brierley, Major Legal Systems, 438f.; Basedow, AcP 2000, 445, 460; Petz, 52; Burkart, 52; da Gama E Souza jr, Revue Juridique Thémis 2002, 375, 379, dort in Fn. 2; López Rodriguez, 312; vgl. ferner Schindler, ZEuP 1998, 277, 291ff., der auf die Zurückhaltung der Verfasser bei der Fortschreibung des Fallrechts hinweist.

gelwerk aufgenommen haben, die die aus ihrer Sicht sachgerechtere Regelung von aus internationalen Handelsverträgen folgenden Streitfragen ermöglichen.[433]

(3) Zwischenergebnis

Im Ergebnis ist damit festzuhalten, dass die vorstehend herausgearbeiteten, teils erheblichen Unterschiede zwischen den UP und den allgemeinen Rechtsgrundsätzen einer Klassifizierung des Regelwerks als Zusammenstellung allgemeiner Rechtsgrundsätze oder als Restatement entgegenstehen.[434] Aus diesem Grunde kommt es für die Zwecke der vorliegenden Untersuchung nicht mehr darauf an, ob rechtsvergleichend gewonnene allgemeine Rechtsgrundsätze über autonome Rechtsgeltungskraft verfügen. Denn unabhängig davon, ob man diese Frage bejaht oder verneint, können hieraus für die Stellung der UP im System der Rechtsquellen keine Schlussfolgerungen gezogen werden. Nun könnte man, sofern man die autonome Geltung allgemeiner Rechtsgrundsätze anerkennen will, argumentieren, dass jedenfalls diejenigen Bestimmungen der UP, die als Ausdruck allgemeiner Rechtsgrundsätze gewertet werden können, autonom gelten und daher der Entscheidungsfindung zugrunde gelegt werden können, ohne dass es eines entsprechenden staatlichen Rechtsanwendungsbefehls bedürfte. Problematisch ist jedoch, dass sich die den common core der verglichenen Rechtsordnungen wiedergebenden Bestimmungen des Regelwerks nicht ohne weiteres von denjenigen Normen trennen lassen, die durch bewusste Rechtsfortbildung seitens der UNIDROIT-Arbeitsgruppe entstanden sind.[435] Das liegt insbesondere daran, dass es den UP, anders als im Falle des US-amerikanischen Restatement und übrigens auch abweichend von den Lando-Prinzipien, an rechtsvergleichenden Anmerkungen fehlt, die als Ausgangspunkt für eine entsprechende Differenzierung dienen könnten.[436] Das angerufene Gericht hätte somit hinsichtlich jeder berufenen Norm der UP eine rechtsvergleichende Untersuchung durchzuführen, aus der sich die Allgemeinheit der jeweiligen Bestimmung erst ergeben müsste. Keine in den UP enthaltende Regelung könnte der Entscheidungsfindung unreflektiert zugrunde gelegt werden.[437] Letztlich würde nicht auf die UP-Bestimmung als solche, sondern auf den im Zuge der Untersuchung ermittelten Rechtsgrundsatz zurückgegriffen werden, für den die jeweilige UP-Bestimmung nicht mehr als ein Indiz sein kann. Eine Norm hat jedoch nur dann Rechtsgeltung, wenn die Parteien von ihrer Anwendung durch den Richter ausgehen können.[438] Der Richter

---

[433] López Rodriguez, 211.

[434] Im Ergebnis ebenso ICC Award 7365/FMS/1997, UNILEX; ICC Award 7375/1996 und ICC Award 8873/1998, veröffentlicht in Clunet (1998), 1017; Berger, Creeping Codification, 179; ders., ERPL 2001, 21, 34; Bonell, Restatement, 43, 211; Canaris, 5, 15; Ferrari, Contratto e Impresa 1996, 300, 309; Abascal, Los Principios de UNIDROIT, 211, 220; Larroumet, La Semaine Juridique 1997, 147, 149; Hyland, Am. J. Comp. L. 40 (1992), 541, 542; Magnus, RabelsZ 59 (1995), 469, 492; López Rodriguez, 210f.; ausführlich Fauvarque-Cosson, R.I.D.C. 2-1998, 463, 481f.

[435] Michaels, RabelsZ 62 (1998), 580, 587f.; Bonell, RabelsZ 56 (1992), 274, 280.

[436] Berger, Kodifizierung, 158.

[437] Flechtner, The CISG's impact, 169, 191 spricht angesichts dessen von den UP als "improper source".

[438] Michaels, RabelsZ 62 (1998), 580, 611; Mertens, RabelsZ 56 (1992), 219, 240.

kann die UP angesichts ihrer mangelnden Identität mit den allgemeinen Rechtsgrundsätzen jedoch gerade nicht wie ein Gesetz handhaben und auf sie zurückgreifen, ohne ihren Inhalt zu hinterfragen, sondern kann sie lediglich als Hilfsmittel benutzen, um die in ihnen im Einzelnen möglicherweise verkörperten allgemeinen Rechtsgrundsätze zu ermitteln.[439] Angesichts dessen kann von einer autonomen Geltung, d.h. von einer objektiven normativen Verbindlichkeit auch hinsichtlich einzelner Normen der UP nicht gesprochen werden, gleichgültig, ob man allgemeinen Rechtsgrundsätzen überhaupt autonome Geltung beimessen möchte. Der oben aufgezeigte Meinungsstreit bezüglich der normativen Qualität rechtsvergleichend gewonnener allgemeiner Rechtsgrundsätze muss daher im Rahmen dieser Arbeit nicht entschieden werden.

dd. Schlussfolgerungen hinsichtlich der Rechtsqualität der UP unter dem Gesichtspunkt der allgemeinen Rechtsgrundsätze

Selbst wenn man allgemeine Rechtsgrundsätze als autonome Rechtsgeltungsquelle einordnen will[440], steht der Einordnung der UP als autonome Rechtsgeltungsquelle unter dem Gesichtspunkt ihrer vermeintlichen Identität mit den allgemeinen Rechtsgrundsätzen entgegen, dass diese Identität, wie dargelegt, nicht gegeben ist. Entsprechendes gilt für die von der Gegenmeinung befürwortete Einordnung allgemeiner Rechtsgrundsätze als bloße Rechtserkenntnisquelle mit soziologischer Verbindlichkeit[441], da sich die UP nicht auf eine lediglich rechtserkennende Beschreibung des Ist-Zustandes beschränken, sondern darüber hinaus zum Ausdruck bringen, was nach Ansicht der UNIDROIT-Arbeitsgruppe richtigerweise Recht sein sollte.[442] Unabhängig davon, wie man über die normative Qualität allgemeiner Rechtsgrundsätze befinden will, können sich die UP daher weder für ihre juristische noch für ihre soziologische Legitimation auf die Rechtsvergleichung stützen, soweit in ihnen auch rechtsfortbildende Elemente Niederschlag gefunden haben.[443] Aus diesem Grunde verfügen sie auch über einen im Vergleich zum US-amerikanischen Restatement „schwächeren Grad an autoritativer Geltungskraft".[444]

Im Ergebnis bleibt festzuhalten, dass die UP unter dem Gesichtspunkt der allgemeinen Rechtsgrundsätze keine autonome juristische Geltung enfalten können.

c. Autonome Rechtsgeltung der UP unter dem Gesichtspunkt ihrer tatsächlichen Geltung bzw. unter dem Gesichtspunkt der lex mercatoria

Vor dem Hintergrund der soziologischen Ausprägung des Rechtspositivismus muss man sich ferner fragen, ob die UP mittlerweile in einem Maße tatsächliche Anerkennung erfahren haben, das es rechtfertigt, im Sinne des soziologischen Rechtsbegriffs

---

[439] Leible, Wege zu einem europäischen Privatrecht, 422; Flechtner, The CISG's impact, 169, 191.
[440] Vgl. für diese Auffassung die Nachweise oben Kapitel 3, B.III.2.b.bb.(2).
[441] Vgl. für diese Auffassung die Nachweise oben Kapitel 3, B.III.2.b.bb.(1).
[442] Leible, Wege zu einem europäischen Privatrecht, 403; Bonell, RabelsZ 56 (1992), 274, 281; Michaels, RabelsZ 62 (1998), 580, 584.
[443] Canaris, 5, 15f.; Burkart, 93.
[444] Berger, Kodifizierung, 152.

von ihrer Zugehörigkeit zum positiven Recht zu sprechen. Diese Überlegung steht in engem Zusammenhang mit der im Schrifttum ausgiebig diskutierten Frage nach dem Verhältnis zwischen den UP und der lex mercatoria. Untersucht man die juristische Geltung der UP im Lichte des positivistischen Rechtsquellen-Konzepts, ist daher auch zu untersuchen, ob sie als Kodifikation oder Bestandteil der lex mercatoria und auf diese Weise als autonome Rechtsgeltungsquelle eingeordnet werden können.[445] Diese Frage drängt sich vor allem deshalb auf, weil die UP sogar von ihren Verfassern teils als „authentischer Ausdruck dessen, was man lex mercatoria bezeichnet“[446] eingestuft werden.

aa. Begriff und Gegenstand der lex mercatoria

Die von der „alten“, mittelalterlichen lex mercatoria[447] zu unterscheidende Theorie der „neuen“ lex mercatoria wurde in den frühen 1960er Jahren von Wissenschaftlern wie Goldmann[448], Kahn[449], Fouchard[450] und Schmitthoff[451] entwickelt.[452] Sowohl über ihren Begriff als auch über ihren Inhalt besteht auch heute noch Uneinigkeit.[453] Während die Existenz einer lex mercatoria im Sinne einer konturierten Normenmasse teils unter Berufung auf ihre begriffliche Unschärfe und Inkohärenz[454] gänzlich bestritten wird[455], wird sie von anderen als „transnationale normative Ordnung der Weltmärkte“ bezeichnet[456], die einen ausreichenden Bestand an subsumtionsfähigen Normen bereithalte.[457] Einige Autoren wiederum verstehen die lex mercatoria als Sammelbegriff für die Viel-

---

[445] Larroumet, La Semaine Juridique 1997, 147, 148.

[446] Bonell, RabelsZ 56 (1992), 274, 287.

[447] Ein geschichtlicher Überblick findet sich bei López Rodriguez, 86f.; Weise, 8ff., 57ff.; Schmidtchen, Lex Mercatoria, 1, 2ff.; Baron, Arb. Int. 15 (1999), 115, 116f.

[448] Goldman, J.D.I. 1979, 475ff.

[449] Kahn, La vente commerciale internationale, Paris 1961.

[450] Fouchard, L'arbitrage commercial international, 401ff.

[451] Schmitthoff, RabelsZ 28 (1964), 47ff.

[452] Für einen Überblick über die Entwicklung der Theorie vom sog. „New Law Merchant“ siehe López Rodriguez, 88f. sowie eingehend Marrella, La nuova lex mercatoria, 633ff.; auf die notwendige Differenzierung zwischen der „alten“ und der „neuen“ lex mercatoria hinweisend Schmitthoff, RabelsZ 28 (1964), 47, 59.

[453] Frick, Arbitration, 93; López Rodriguez, 90; Stein, 183; Baron, Arb. Int. 15 (1999), 115, 119. Zumbansen, RabelsZ 67 (2003), 637, 642 bezeichnet die rechtswissenschaftliche Literatur zur lex mercatoria denn auch treffend als „eindrucksvolles Zeugnis anhaltenden Unbehagens.“ Ausführlich zu den zahlreichen Versuchen der Begriffsbestimmung, die hier im Einzelnen nicht eingehend dargestellt und einer kritischen Würdigung unterzogen werden können Berger, Kodifizierung, 32f. Zur Abgrenzung des Begriffs der lex mercatoria von ähnlichen Konzepten siehe López Rodriguez, 94ff.; Weise, 66ff.

[454] Von Bar/Mankowski-von Bar, IPR Bd. I, § 2, Rn. 75ff.; Petz, 33, 37 mwN dort in Fn. 112; von Breitenstein, FS Sandrock, 111, 122, 135; Herber, IHR 2003, 1, 8; Magnus/Mankowski, ZVglRWiss 103 (2004), 131, 153.

[455] So z.B. ICC Award 9419/1998, UNILEX; von Bar/Mankowski-von Bar, IPR Bd. I, § 2, Rn. 75ff.; von Breitenstein, FS Sandrock, 111, 122, 135; Mann, ICLQ 36 (1987), 437, 448; Magnus/Mankowski, ZVglRWiss 103 (2004), 131, 153.

[456] Röhl, 278; Teubner, Globale Bukowina, 3; Bagheri, 195f.

[457] Mertens, FS Odersky, 857, 865.

zahl der im Bereich des internationalen Wirtschaftsvertragsrechts existierenden einheitlichen Regeln, die - zumindest auch - ohne Beteiligung staatlicher Gesetzgeber im internationalen Handel entstehen und tatsächlich zur Anwendung gelangen.[458] Nach der auf Goldman[459] zurückgehenden restriktiven Auffassung besteht die lex mercatoria im wesentlichen aus zwei Komponenten, nämlich aus branchenübergreifenden allgemeinen Rechtsgrundsätzen und branchen- und ortsspezifischen[460] Handelsbräuchen, die im Rahmen des internationalen Handels spontan entstehen oder von der internationalen Kaufmannschaft entwickelt werden, ohne dass dabei auf ein spezielles nationales Recht Bezug genommen wird.[461] Zu den primären Quellen der eng verstandenen lex mercatoria sind Schiedssprüche der internationalen Handelsschiedsgerichte zu zählen.[462] Das von Schmitthoff[463] geprägte, heute wohl überwiegende weite Verständnis der lex mercatoria zählt - zusätzlich zu den bereits erwähnten Quellen - einschlägige völkerrechtliche Bestimmungen, allgemeine völkerrechtliche Rechtsgrundsätze im Sinne des Art. 38 Abs. 1 lit. c. IGH-Statut, durch Konventionen geschaffenes internationales Einheitsrecht auf dem Gebiet des Handelsrechts[464] sowie vereinheitlichtes Klauselrecht zu den Bestandteilen der lex mercatoria[465] und vermengt damit nichtstaatliche Regeln mit Normen staatlichen Ursprungs.[466]

---

[458] Berger, Kodifizierung, 33; Burkart, 38; Petz, 32.

[459] Goldman, J.D.I. 1979, 475ff.

[460] Vgl. hierzu Schroeder/Oppermann, ZVglRWiss 99 (2000), 410, 418 unter Hinweis auf die Abhängigkeit des Normenbestandes der lex mercatoria von der Branchenzugehörigkeit der Vertragspartner; Redfern/Hunter, 119; von Bar/Mankowski-von Bar, IPR Bd. I, § 2, Rn. 72; von Breitenstein, FS Sandrock, 111, 122.

[461] Goldman, J.D.I. 1979, 475, 485ff.; Virally, FS Goldman, 373, 384; Berger, Kodifizierung, 33f.; Gaillard, J.D.I. 1995, 5ff.; de Ly, Lex Mercatoria and Unification of Law, 41, 48; Carrascosa González, 99f.; López Rodriguez, 101; Huet, Conclusions, 263, 268; Weintraub, 141; Dasser, Vertragstypenrecht im Wandel, Rn. 375; Burkart, 40; Baron, Arb. Int. 15 (1999), 115, 120; Weise, 87ff.; Marrella, La nuova lex mercatoria, 659f.; Boggiano, International standard contracts, 17. Larroumet, La Semaine Juridique 1997, 147, 148 will die lex mercatoria als einen Spezialfall der allgemeinen Rechtsgrundsätze verstanden wissen. Nach Ansicht von Berger, The CENTRAL-List, 121, 124 soll jedoch bei weitem nicht jeder Brauch und nicht jede Gewohnheit zur lex mercatoria zu zählen sein.

[462] Goldman, J.D.I. 1979, 475, 491; Kahn, FS Goldman, 97, 102f., 106; Kegel/Schurig, § 1 IX 2 d, 128; Carrascosa González, 99f.; Bagheri, 195; Frick, Arbitration, 92; vgl. auch Berger, The CENTRAL-List, 121, 125, 143 zur Bedeutung der schiedsrichterlichen Spruchpraxis für die Entstehung und Ermittlung der lex mercatoria.

[463] Schmitthoff, RabelsZ 28 (1964), 47, 61ff., dazu näher de Ly, Lex Mercatoria and Unification of Law, 41.

[464] Internationales Einheitsrecht soll jedenfalls dann zur lex mercatoria zu zählen sein, wenn es mit breiter internationaler Beteiligung zustande gekommen ist, wie z.B. das CISG, vgl. dazu Goldstajn, Lex mercatoria and the CISG, 241, 247; Leible, ZVglRWiss 97 (1998), 286, 308f. mwN; Lando, The Principles of European Contract Law, 391, 399. Kritisch zur Gleichsetzung internationalen Einheitskonventionsrechts mit der lex mercatoria Berger, Kodifizierung, 34 sowie Dasser, Vertragstypenrecht im Wandel, Rn. 379 unter Hinweis darauf, dass breite Handelskreise das CISG kategorisch ablehnten und durch Rechtswahl ausschlössen; ablehnend ferner Marrella, La nuova lex mercatoria, 659f.; Kahn, Unif. L. Rev. 2000, 121, 125f.

[465] Schmitthoff, RabelsZ 28 (1964), 47, 61ff.; Mertens, FS Odersky, 857, 859f.; Zumbansen, RabelsZ 67 (2003), 637, 639f.; Frick, Arbitration, 94f.; Lando, ICLQ 34 (1985), 747, 749ff.; Weise, 85ff.;

Angesichts der Fülle der in den vergangenen Jahrzehnten zur lex mercatoria veröffentlichen Beiträge muss hier der Versuchung widerstanden werden, allzu tief in die Problematik der Bestimmung von Begriff und Gegenstand der lex mercatoria einzudringen. Für die Zwecke der hier anzustellenden Untersuchung soll die Existenz der lex mercatoria unterstellt und im folgenden davon ausgegangen werden, dass die lex mercatoria gleichzusetzen ist mit den Gebräuchen, Gepflogenheiten, Praktiken und allgemeinen Grundsätzen des internationalen Handels, die von dessen Akteuren oder von nichtstaatlichen Einrichtungen ausgearbeitet und von den am internationalen Wirtschaftsverkehr Beteiligten angenommen wurden, um ihnen ihre juristischen und geschäftlichen Beziehungen zu unterstellen.[467] Ob der Begriff der lex mercatoria im Sinne des weiten Begriffsverständnisses auch Rechtsquellen staatlichen Ursprungs erfasst, kann für die nachfolgend zu untersuchende Frage, ob die UP in ihrer Eigenschaft als Regelwerk nichtstaatlicher Provenienz als Ausdruck oder Teil der lex mercatoria bezeichnet werden können und aus diesem Grunde autonome Geltung entfalten, offen bleiben.[468]

bb. Rechtsqualität der lex mercatoria

Stellt man die Überlegung an, ob die UP quasi „über" die lex mercatoria zu autonomer Rechtsgeltung gelangen, drängt sich vorab die Frage auf, ob die lex mercatoria selbst eine autonome, von nationalem Recht unabhängige Rechtsgeltungsquelle konstituiert, oder ob sie als bloße Ansammlung sozialer Normen „auf die Freundlichkeit des jeweiligen nationalen (Kollisions-)Rechts angewiesen ist"[469] und nur durch dieses in Recht transformiert werden kann. Diese Frage ist seit Jahrzehnten Gegenstand eines leidenschaftlich geführten „Glaubenskrieges".[470]

(1) Lex mercatoria ist keine autonome Rechtsgeltungsquelle (positivistisches Konzept[471])

Nach überwiegender Ansicht stellt die lex mercatoria keine von staatlichem (Kollisions-) Recht unabhängige, autonome Rechtsgeltungsquelle dar.[472] Vor dem Hinter-

---

Leible, ZVglRWiss 97 (1998), 286, 308f. mwN; Schroeder/Oppermann, ZVglRWiss 99 (2000), 410, 411ff.; Nygh, 197; Petz, 34f.; Boschiero, 319, 355.

[466] Petz, 35; Stein, 184ff.; Marrella, La nuova lex mercatoria, 659.

[467] So Pereznieto Castro, Riv. dir. int. priv. e proc. 1994, 765, 774.

[468] Baron, Arb. Int. 15 (1999), 115, 120.

[469] Petz, 35.

[470] Zumbansen, RabelsZ 67 (2003), 637, 643; in diesem Sinne auch Stein, 6; Teubner, Globale Bukowina, 11. Berger, Kodifizierung, 29 spricht von „literarischen Grabenkämpfen"; Schmidtchen, Lex Mercatoria, 1, 5 unter Berufung auf Stein, 6 von „einem postmodernen Ideologienstreit par excellence". Die besondere Schwierigkeit dieser Problematik besteht nicht zuletzt darin, dass weder über Begriff und Inhalt der lex mercatoria noch über den Begriff des Rechts Einigkeit besteht, vgl. Mertens, FS Odersky, 857, 863: „Meine These ist demnach, dass die Frage, ob die lex mercatoria als eigenständige Rechtsordnung existiert, die Grundvoraussetzung einer sinnvollen Diskussion, dass alle Diskussionsteilnehmer über dasselbe Thema reden, schwerlich gewährleisten kann."

[471] López Rodriguez, 91.

grund des formal-positivistischen Rechtsquellenkonzepts folgt dieses Ergebnis bereits daraus, dass es sich bei den Normen der lex mercatoria – ihre Existenz unterstellt[473] – nicht um staatlich gesetztes Recht handelt[474] und dass ihr eigenständige Rechtssanktionen fremd sind. Die Urteile internationaler Handelsschiedsgerichte sind vielmehr von der Akzeptanz und Durchsetzung durch nationale Gerichte abhängig.[475] Eine über die soziologische Geltung hinausgehende Wirkung könne ihr aufgrund dessen nicht zukommen.[476] Überdies fehle der lex mercatoria angesichts ihres bruchstückhaften und unbestimmten Inhalts, in Anbetracht ihrer nicht aufeinander abgestimmten und jeweils nur auf bestimmte Branchen und geografische Bereiche bezogenen[477] Bestimmungen sowie aufgrund der Intransparenz ihrer Setzung die Eignung als Rechtssystem.[478] Sie könne sich unabhängig von staatlichen Organen und einer einzelnen staatlichen Rechtsordnung nur entwickeln, soweit die staatliche Rechtsordnung dies dulde und könne infolgedessen stets nur vom staatlichen Recht abgeleitete, nicht aber autonome

---

[472] Rigaux, C. Dr. Europ. 1988, 306, 318; Lorenz, FS Neumayer, 407, 429; Mann, ICLQ 36 (1987), 437, 447f.; Virally, FS Goldman, 373, 385; Maniruzzaman, Am. U. Int.'l L. Rev. 14 (1999), 657, 670ff.; MüKo-Martiny, Art. 27 EGBGB, Rn. 32; Staudinger-Magnus, Art. 27 EGBGB, Rn. 50; Canaris, 5, 14; Kropholler, Einheitsrecht, 121f.; ders., IPR, § 12, I 3; von Bar/Mankowski-von Bar, IPR Bd. I, § 2, Rn. 76; Herber, IHR 2003, 1, 5f.; Carrascosa González, 104; Wortmann, Arb. Int. 14 (1998), 97, 102; Kassis, 397; Kegel/Schurig, § 1 IX 2 d, 127f.; Highet, Enigma, 133, 134, 142; Nygh, 198; Sattar, Ind. J. Global Legal Stud. 5 (1997), 375, 384; Frick, Arbitration, 96ff.; López Rodriguez, 94; Behrens, 32, 34; MüKo-Sonnenberger, Einl. IPR, Rn. 230ff., 241ff.; M. Virgós Sariano, 1995, 3992-3994 (zitiert von Carrascosa González, 101 mit Nachweisen aus der spanischen Rechtsprechung); wohl auch Schmitthoff, RabelsZ 28 (1964), 47, 68ff.; mit eingehender Begründung, auch aus dem Blickwinkel verschiedener europäischer Rechtsordnungen Spickhoff, RabelsZ 56 (1992), 116, 126ff.

[473] Die Existenz einer lex mercatoria ablehnend etwa von Bar/Mankowski-von Bar, IPR Bd. I, § 2, Rn. 75ff.; von Breitenstein, FS Sandrock, 111, 122, 135; Mann, ICLQ 36 (1987), 437, 448; Magnus/Mankowski, ZVglRWiss 103 (2004), 131, 153.

[474] Siehe dazu Teubner, FS Zöllner, 565, 575; ders., Globale Bukowina, 13; Zumbansen, RabelsZ 67 (2003), 637, 658; Schroeder/Oppermann, ZVglRWiss 99 (2000), 410, 418; Schnyder/Grolimund, FS Schlechtriem, 395, 397; Spickhoff, RabelsZ 56 (1992), 116, 126ff.; von Bar/Mankowski-von Bar, IPR Bd. I, § 2, Rn. 76; M. Virgós Sariano, 1995, 3992-3994 (zitiert von Carrascosa González, 101); Nygh, 182.

[475] Hierauf entscheidend abstellend von Bar, IPR Bd. I, § 2, Rn. 104; Lorenz, FS Neumayer, 407ff.; Carrascosa González, 103 (der Autor weist darauf hin, dass die der internationalen Kaufmannschaft im Übrigen zustehenden Sanktionsmechanismen, wie beispielsweise Boykotte, für eine effektive Normdurchsetzung nicht ausreichend seien); siehe ferner Teubner, Globale Bukowina, 17; Schroeder, JJZ 2002, 257ff.; Schroeder/Oppermann, ZVglRWiss 99 (2000), 410, 422.

[476] Michaels, RabelsZ 62 (1998), 580, 615.

[477] Von Bar/Mankowski-von Bar, IPR Bd. I, § 2, Rn. 72; Schroeder/Oppermann, ZVglRWiss 99 (2000), 410, 418; Redfern/Hunter, 119; von Breitenstein, FS Sandrock, 111, 122; de Ly, Lex Mercatoria (Law Merchant), 159, 168; aA Loquin, Où en est la Lex Mercatoria?, 23, 30, der von einer homogenen globalen Vertragspraxis spricht; der Annahme verschiedener sektoraler bzw. regionaler „leges mercatoriae" entschieden entgegentretend auch Berger, European Private Law, 43, 55.

[478] Mankowski, RIW 2003, 2, 13; von Bar/Mankowski-von Bar, IPR Bd. I, § 2, Rn. 75; Carrascosa González, 103; Wortmann, Arb. Int. 14 (1998), 97, 102; Highet, Enigma, 133, 142; Rigaux, C. Dr. Europ. 1988, 306, 318; Frick, Arbitration, 96f.

Geltung beanspruchen.[479] Auch der Handelsbrauch als solcher stelle keine Rechtsgeltungsquelle dar.[480] Die normative Wirkung von Handelsbräuchen sei nur aufgrund entsprechender staatlicher Ermächtigung denkbar, wie sie etwa die Norm des § 346 HGB darstelle.[481] Aber auch die Anhänger eines soziologischen Rechtspositivismus müssen die autonome Rechtsgeltung der lex mercatoria verneinen, soweit sie bereits an der Existenz bzw. an einem greifbaren, über juristische Allgemeinplätze hinausgehenden Inhalt der lex mercatoria zweifeln.[482]

(2) Lex mercatoria ist autonome Rechtsgeltungsquelle (autonomistisches Konzept[483])

Geht man hingegen von der Existenz der lex mercatoria aus, stünde die auf die soziale Wirksamkeit abstellende Ausprägung des Rechtspositivismus ihrer Einordnung als autonome, von jedem staatlichen Recht unabhängige Rechtsgeltungsquelle nicht entgegen.[484] Denn die lex mercatoria besteht gerade aus den Normen, die die internationalen Handelskreise ihrer Vertragsgestaltung und Streiterledigung tatsächlich zugrunde legen, unabhängig von ihrer Setzung durch staatliche Organe. Dementsprechend haben die Anhänger der Gegenauffassung keine Bedenken, das „Tabu der Einheit von Staat und Recht“ zu brechen[485], gleichsam auf die „Grundnorm auf globaler Ebene“ zu verzichten[486] und die lex mercatoria als positives Recht im Sinne einer von staatlichem Recht unabhängigen Rechtsgeltungsquelle einzuordnen.[487] Die Diskussion um die

---

479 Kegel/Schurig, § 1 IX 2 d, 127f.; Spickhoff, RabelsZ 56 (1992), 116, 131; Virally, FS Goldman, 373, 385; Behrens, 32, 34; Rigaux, C. Dr. Europ. 1988, 306, 318; siehe ferner unter Hinweis auf die entsprechende h.M. Kropholler, Einheitsrecht, 121f.; Schack, FS Kegel 2002, 179, 186, dort in Fn. 22; Wortmann, Arb. Int. 14 (1998), 97, 102; Teubner, FS Zöllner, 565, 575; Mertens, FS Odersky, 857, 869 und Blaurock, ZEuP 1993, 247, 257.

480 Spickhoff, RabelsZ 56 (1992), 116, 130.

481 Blaurock, ZEuP 1993, 247, 257 mit näheren Einzelheiten zur Rechtslage in Frankreich, England, Italien und der Schweiz; Kropholler, Einheitsrecht, 121. Für eine sorgfältige Unterscheidung zwischen Handelsbräuchen und der lex mercatoria Berger, Kodifizierung, 36.

482 Von Breitenstein, FS Sandrock, 111, 122; von Bar/Mankowski-von Bar, IPR Bd. I, § 2, Rn. 77.

483 López Rodriguez, 91.

484 Michaels, RabelsZ 62 (1998), 580, 614; Burkart, 42; Berger, Kodifizierung, 27; MüKo-Sonnenberger, Einl. IPR, Rn. 232 mwN.

485 Teubner, Globale Bukowina, 14; de Ly, Lex Mercatoria (Law Merchant), 159, 162.

486 Teubner, Globale Bukowina, 14.

487 Goldman, J.D.I. 1979, 475, 482ff. (zur Haltung Goldmans eingehend Weise, 87ff.); Stein, 211ff.; Juenger, FS Rittner, 233, 237; Fouchard, L'arbitrage commercial international, 401ff.; Teubner, FS Zöllner, 565, 575ff., 578; Blaurock, ZEuP 1993, 247, 262; Berger, Kodifizierung, 38ff., 97ff.; Berger/Dubberstein/Lehmann/Petzold, ZVglRWiss 101 (2002), 12, 17; Mertens, RabelsZ 56 (1992), 219, 238. Auf die im Einzelnen divergierenden Erklärungsansätze der Befürworter einer vom nationalen Souverän unabhängigen lex mercatoria kann im Rahmen der vorliegenden Arbeit nicht eingegangen werden. Ein entsprechender Überblick findet sich bei Teubner, Globale Bukowina, 12f.; de Ly, Lex Mercatoria (Law Merchant), 159, 167ff., der insoweit im wesentlichen zwischen den Konzepten der „sociological theory“, der „theory of legal pluralism“ und des „legal realism“ differenziert sowie bei Frick, Arbitration, 90ff., der eine Unterscheidung nach „ideologischen“, „empirischen“ und „legalistischen“ Ansätzen vornimmt.

Rechtsqualität der lex mercatoria habe zur Kenntnis zu nehmen, dass Globalisierungsprozesse zur Zuweisung zentraler Normsetzungsfunktionen an die Gerichte geführt hätten, weshalb verfassungsmäßig legitimierter Normproduktion in transnationalen Geschäftsbeziehungen keine nennenswerte Bedeutung mehr zukomme.[488] Geboten sei ein pluralistisches Verständnis[489] von Regelgebung, welches „die Rechtsproduktion durch politische, rechtliche und soziale Prozesse als einander gleichberechtigt"[490] anerkenne und die Rechtsprechung nicht mehr als bloße Rechtserkenntnisquelle begreife.[491] Die lex mercatoria halte zudem einen Bestand an konfliktlösenden Normen bereit, der dem Richter die Entscheidungsfindung ohne Rückgriff auf nationales Recht allein auf der Grundlage der lex mercatoria ermögliche.[492] Es wird allerdings auch deutlich gemacht, dass es gleichwohl gelte, innerhalb der lex mercatoria die wirklichen Rechtsnormen von bloß sozialen Regeln zu unterscheiden.[493] Dass die lex mercatoria angesichts der notwendigen Anerkennung schiedsgerichtlicher Urteile durch staatliche Gerichte nicht über ein eigenes, von nationalstaatlicher Gerichtsbarkeit unabhängiges Sanktionssystem verfüge, stünde ihrer autonomen Geltung nicht entgegen. Insoweit wird geltend gemacht, es genüge, wenn der Anwendungsbefehl durch die Beteiligung staatlicher Gerichte vermittelt werde.[494] Das auf die fehlende Sanktionierung bezogene Argument messe Sanktionen eine Bedeutung zu, die ihnen in der Praxis so nicht zukomme.[495] Die Inanspruchnahme staatlichen Zwangs stelle sich vielmehr als Ausnahmefall dar.[496] Überdies fehle es auch im Völkerrecht an effektiven Sanktionsmechanismen, gleichwohl würden völkerrechtliche Regeln als Rechtsnormen betrachtet.[497] Dies zeige, dass es nicht auf staatliche Sanktionierung ankommt, sondern darauf, dass überhaupt von einer wie auch immer gearteten Garantie für die Einhaltung von Regeln gesprochen werden kann.[498] Diese Voraussetzung könne aber auch dann erfüllt sein, wenn die Notwendigkeit der Befolgung eines bestimmten Verhaltenskodexes inner-

---

[488] Teubner, FS Zöllner, 565, 575ff., 578; ders., Globale Bukowina, 4ff.; Zumbansen, RabelsZ 67 (2003), 637, 649.
[489] Zum Pluralismus des Rechts näher Rehbinder, § 4, Rn. 47.
[490] Teubner, Globale Bukowina, 15
[491] Teubner, Globale Bukowina, 15ff.; ders., FS Zöllner, 565, 575ff., 578, 581; Weise, 62; Kahn, FS Goldman, 97, 99; Berger, European Private Law, 43, 45; weitere Nachweise finden sich bei de Ly, Lex Mercatoria (Law Merchant), 159, 168.
[492] Mertens, FS Odersky, 857, 865.
[493] Teubner, FS Zöllner, 565, 579; ders., Globale Bukowina, 17 bekräftigt allerdings die Unmöglichkeit der Durchführung dieser Unterscheidung.
[494] Schroeder, JJZ 2002, 257, 259; Schroeder/Oppermann, ZVglRWiss 99 (2000), 410, 422.
[495] Teubner, Globale Bukowina, 17; ähnlich Berger, Kodifizierung, 27; Marrella, La nuova lex mercatoria, 654; Stein, 243.
[496] Blaurock, ZEuP 1993, 247, 263; ähnlich Ehrlich, Grundlegung der Soziologie des Rechts, 29ff.
[497] Blaurock, ZEuP 1993, 247, 263; Weise, 62f.; Ehrlich, Grundlegung der Soziologie des Rechts, 29ff.; ferner Virally, FS Goldman, 373, 374, der diesen Umstand als Beweis dafür wertet, dass die Knüpfung der Rechtsqualität an vorhandene Zwangsmechanismen für den rein nationalen Bereich ihre Berechtigung haben möge, für den grenzüberschreitenden Rechtsverkehr jedoch nicht geeignet sei.
[498] Berger, Kodifizierung, 100.

halb einer Gemeinschaft als obligatorisch empfunden wird.[499] Im Hinblick auf die lex mercatoria sei diese Voraussetzung angesichts der Existenz schwarzer Listen, der Furcht vor Rufschädigung und vor dem Ausschluss aus Handelsverbänden aber hinreichend gegeben.[500] Teils wird auch in der internationalen Handelsschiedsgerichtsbarkeit als solcher ein ausreichendes autoritatives Element erblickt.[501]

(3) Stellungnahme

Ob die lex mercatoria als autonome Rechtsgeltungsquelle betrachtet werden kann, hängt maßgeblich von dem zugrunde gelegten rechtsquellentheoretischen Ansatz ab. Die formale Ausprägung des Rechtspositivismus steht der autonomen Geltung der jedenfalls überwiegend nicht auf staatliches Recht rückführbaren lex mercatoria entgegen, während der soziologische Positivismus eine entsprechende Einordnung zuließe. Einer eingehenden Auseinandersetzung mit der, wie gezeigt, überaus strittigen Frage nach der normativen Qualität der lex mercatoria bedürfte es im vorliegenden Zusammenhang allerdings nur, wenn die UP mit der lex mercatoria übereinstimmen oder zumindest als Bestandteil derselben begriffen werden können. Auf die rechtstheoretische Erfassung der lex mercatoria kommt es als Grundlage für die autonome Geltung der UP hingegen nicht an, wenn sich zwischen den UP und der lex mercatoria keine für die normative Qualität relevante Verbindung feststellen ließe. Daher soll im Folgenden zunächst der Frage nach dem Verhältnis von UP und lex mercatoria nachgegangen werden.

cc. UP als lex mercatoria?

Die Identität der UP mit der lex mercatoria oder ihre Zugehörigkeit zu derselben kann sich unter zwei verschiedenen Gesichtspunkten ergeben: Zum einen muss man sich fragen, ob mit dem Erscheinen der UP, sei es in ihrer Fassung aus dem Jahre 1994 oder in der erweiterten Version aus dem Jahre 2004, eine Konsolidierung oder Kodifizierung der lex mercatoria veröffentlicht wurde, die in ihrer Gesamtheit mit den Regeln der lex mercatoria in dem von den UP anvisierten Bereich identisch ist (dazu nachfolgend (1)). Verneint man dies, bleibt die hiervon zu unterscheidende Frage, ob die UP der Entscheidung in grenzüberschreitenden Streitigkeiten mit einer Häufigkeit zugrunde gelegt werden, die den Schluss rechtfertigt oder sogar gebietet, dass sie mittlerweile zum Normenbestand der lex mercatoria zu zählen sind (dazu unten (2)).[502]

---

[499] Berger, Kodifizierung, 101; Coing, 227f.; Ehrlich, Grundlegung der Soziologie des Rechts, 29ff.

[500] Berger, Kodifizierung, 101; López Rodriguez, 104; Marrella, La nuova lex mercatoria, 654; aA Carrascosa González, 103.

[501] Fouchard, L'arbitrage commercial international, 403.

[502] Vgl. auch Petz, 137, der zutreffend feststellt, dass die Interaktion zwischen den UP und der lex mercatoria nicht nur auf die Frage beschränkt werden darf, ob erstere letzterer tatsächlich entsprechen, sondern auch auf die Frage ausgedehnt werden muss, ob die UP durch Akzeptanz und Befolgung durch die Wirtschaftskreise zu einem Teil der lex mercatoria geworden sind.

(1) UP als (Teil-) Kodifikation der lex mercatoria?

Fraglich ist zunächst, ob die UP als eine zumindest teilweise Kodifizierung der lex mercatoria bzw. als ihr Substrat[503] eingeordnet werden können. Für die Beantwortung dieser Frage ist es erforderlich, sich zum einen die Quellen der UP und die ihrer Erarbeitung zugrunde gelegte Methodik sowie zum anderen einige unstreitige elementare Wesens- und Strukturmerkmale der lex mercatoria zu vergegenwärtigen.

(a) Quellen der UP und Methodik ihrer Erarbeitung

Die Quellen der UP sowie die funktional-rechtsvergleichende Methode, die ihrer Erarbeitung zugrunde lag[504], lassen auf den ersten Blick auf die Übereinstimmung des Regelwerks mit der lex mercatoria schließen.[505] Der nähere Blick auf die bei der Ausarbeitung der UP berücksichtigten Quellen macht jedoch deutlich, dass sie in ihrer Gesamtheit schon deshalb nicht mit den allgemeinen Handelsbräuchen identisch sein können, weil sie auch maßgeblich auf staatlichem, unvereinheitlichtem Recht aufbauen.[506] Darüber hinaus enthalten die UP Fortentwicklungen, die unabhängig davon erfolgt sind, ob die betreffenden Regelungen auch allgemein akzeptiert bzw. im internationalen Handelsverkehr überwiegend praktiziert werden und infolgedessen zum Teil weit über das hinausgehen, was als allseits akzeptierter Handelsbrauch oder Rechtsgrundsatz im Sinne der lex mercatoria gilt.[507] Des weiteren ist zu bedenken, dass Schiedsurteile, die sowohl nach dem engen als auch nach dem weiten Verständnis der lex mercatoria deren Inhalt ganz entscheidend prägen[508], von der UNIDROIT-Arbeitsgruppe nur am Rande berücksichtigt wurden.[509] Bei vielen der Prinzipien, die den UP zugrunde liegen, dürfte es sich daher zwar um Grundsätze handeln, die auch im internationalen Handelsverkehr weitgehend allgemein anerkannt sind.[510] Hinsichtlich der einzelnen Bestimmungen der UP, die eine teilweise sehr detaillierte Regelung bestimmter Rechtsfragen bieten, kann dies aber bei weitem nicht immer behauptet werden.[511] Abgesehen davon, dass die UP nicht durchgängig mit den allgemeinen

---

[503] Schroeder/Oppermann, ZVglRWiss 99 (2000), 410, 417.

[504] Dazu oben Kapitel 3, A.III.

[505] So Baron, Arb. Int. 15 (1999), 115, 127.

[506] Michaels, RabelsZ 62 (1998), 580, 616; Perales Viscasillas, Ariz. Journ. Int. Comp. L. 13 (1996), 383, 398.

[507] Fauvarque-Cosson, R.I.D.C. 2-1998, 463, 481f.; Petz, 135; Vischer, FS Schlechtriem, 445, 446; Leible, Wege zu einem europäischen Privatrecht, 403; Oviedo Albán, 407, 424; Janssen, IHR 2004, 194, 199; Sattar, Ind. J. Global Legal Stud. 5 (1997), 375, 382; Marrella, La nuova lex mercatoria, 279.

[508] Siehe oben Kapitel 3, B.III.2.c.aa.

[509] Berger, The CENTRAL-List, 121, 125; López Rodriguez, 211.

[510] Dies dürfte etwa bei Art. 2.6 UP der Fall sein, siehe López Rodriguez, 176.

[511] ICC Award 9029/1998, UNILEX; Berger, Creeping Codification, 179f.; Perales Viscasillas, Ariz. Journ. Int. Comp. L. 13 (1996), 383, 398; Bonell, Restatement, 211; Canaris, 5, 15; Ferrari, Contratto e Impresa 1996, 300, 309; Abascal, Los Principios de UNIDROIT, 211, 220; Hyland, Am. J. Comp. L. 40 (1992), 541, 542; Larroumet, La Semaine Juridique 1997, 147, 149; Petz, 135; Lookofsky, in: A New Approach, 71, 77; Lalive, L'arbitrage international, 71, 80; Raeschke-Kessler, Should an Arbitrator, 167, 174; Oviedo Albán, 407, 424; Hill, Journ. Int. Arb. 1996, 163ff.

Rechtsgrundsätzen übereinstimmen, die eine wichtige Komponente der lex mercatoria sind[512], ist z.B. die Allgemeingültigkeit der in Art. 7.4.9 UP zur Höhe des Zinssatzes getroffenen Regelung sehr zweifelhaft.[513] Bei der Frage nach dem Beginn des Zinsenlaufs für die Schadensersatzzahlung wurde die Lösung, die die UP in ihrem Art. 7.4.9 vorsehen, in einem Schiedsentscheid verworfen, weil diese der lex mercatoria nicht entspreche.[514] Ferner muss die Allgemeingültigkeit von Art. 7.4.12 UP bezweifelt werden[515], gleiches gilt für die Regeln über hardship (Art. 6.2.1ff. UP).[516] Darüber hinaus wird im Schrifttum die Frage aufgeworfen, ob die in Kapitel 3 UP getroffenen Regelungen, die in dieser Form in der lex mercatoria kaum Vorgänger haben[517], als Bestandteil derselben betrachtet werden können. Die Vereinbarkeit mit den Gepflogenheiten des internationalen Handelsrechts wird ferner im Falle der Regelungen über die Einholung einer behördlichen Genehmigung (Art. 6.1.14 – 6.1.17 UP) bezweifelt.[518] Auch sind Unterschiede zwischen den UP und dem CISG festzustellen.[519] Somit folgt bereits aus den Quellen der UP und der Methodik ihrer Erarbeitung, dass zwar zahlreiche in den UP enthaltene Regelungen durchaus Ausdruck der lex mercatoria sein dürften. Die UP sind jedoch nicht in ihrer Gesamtheit mit der lex mercatoria identisch[520], im Gegenteil: zahlreiche Bestimmungen des Regelwerks weichen deutlich von den behaupteten Regelungsinhalten der lex mercatoria ab und sind der Grund dafür, dass die UP im Schrifttum teils sogar als Gegenstück zur lex mercatoria begriffen werden.[521] Für diese Schlussfolgerung spricht auch die nähere Betrachtung der vom

---

[512] Vgl. bereits oben Kapitel 3, B.III.2.b.

[513] Abascal, Los Principios de UNIDROIT, 211, 219; van Houtte, Arb. Int. 11 (1995), 373, 382, dort in Fn. 26. Diese Regelung weicht beispielsweise von der in Art. 2 lit. m UNCITRAL-Modellgesetz über internationale Kredittransfers und der in Regel-Nr. 18 der „ICC-Guidelines on International Funds Transfer and Compensation“ (Publication 457) getroffenen Regelung ab.

[514] ICC Award 7365/FMS/1997, UNILEX.

[515] Van Houtte, Arb. Int. 11 (1995), 373, 382, dort in Fn. 26.

[516] ICC Award 8873/1997, UNILEX, dazu Schnyder/Grolimund, FS Schlechtriem, 395, 403; ICC Award 10422/2001, UNILEX; siehe außerdem Charpentier, Revue Juridique Thémis 2002, 355, 365; Hyland, Am. J. Comp. L. 40 (1992), 541, 542f.; Petz, 137; Huet, Conclusions, 263, 268; Bortolotti, Unif. L. Rev. 2000, 141, 143; López Rodriguez, 178; Gaillard, Arb. Int. 17 (2001), 59, 64.

[517] Kahn, Les Principes UNIDROIT, 39, 45.

[518] Raeschke-Kessler, Should an Arbitrator, 167, 176f. unter Hinweis auf die mangelnde Übereinstimmung dieser Regelungen mit den Bedürfnissen des internationalen Wirtschaftsverkehrs; Petz, 137; Hill, Journ. Int. Arb. 1996, 163, 167.

[519] Vgl. die Untersuchungen bei Loewe, Kaufrechtsübereinkommen, 7ff.; Lando, The CISG and the UNIDROIT Principles, 451ff.; Darankoum, Revue Juridique Thémis 2002, 421, 445ff.

[520] ICC Award 9029/1998, UNILEX; Berger, Creeping Codification, 179f.; Perales Viscasillas, Ariz. Journ. Int. Comp. L. 13 (1996), 383, 398; Bonell, Restatement, 211; Canaris, 5, 15; Ferrari, Contratto e Impresa 1996, 300, 309; Abascal, Los Principios de UNIDROIT, 211, 220; Hyland, Am. J. Comp. L. 40 (1992), 541, 542; Larroumet, La Semaine Juridique 1997, 147, 149; Petz, 135; Lookofsky, in: A New Approach, 71, 77; Gebele, 80; Lalive, L'arbitrage international, 71, 80; Raeschke-Kessler, Should an Arbitrator, 167, 174; López Rodriguez, 177; Sattar, Ind. J. Global Legal Stud. 5 (1997), 375, 382.

[521] Vischer/Huber/Oser, Kapitel 2, § 2, Rn. 122.

Center for Transnational Law (CENTRAL)[522] erstellten CENTRAL-Liste („transnational law database" - tldb).[523] Mit der CENTRAL-Liste wird der Versuch unternommen, den Regelbestand der lex mercatoria unter den Augen der interessierten Öffentlichkeit zu konsolidieren, fortlaufend zu aktualisieren und auf diese Weise transparent zu machen.[524] Den nach Einschätzung des CENTRAL zur lex mercatoria zu zählenden Normen werden dabei Hinweise auf die Schiedspraxis, auf das einschlägige Schrifttum, aber auch auf von privaten oder zwischenstaatlichen Organisationen ausgearbeitete Regelwerke angefügt, die es dem Nutzer der Datenbank ermöglichen sollen, die Zugehörigkeit der jeweiligen Normen zur lex mercatoria zu verifizieren und damit die Überzeugungskraft der Datenbank zu überprüfen. Obwohl die CENTRAL-Liste den Anspruch erhebt, den jeweiligen Stand der lex mercatoria so weit als möglich abzubilden, nimmt sie im August 2004 zur Bestätigung der einzelnen hierzu zu zählenden Normen nur auf rund 50 Bestimmungen der UP 1994 Bezug. Dabei handelt es sich zum Teil nur um einzelne Absätze sehr komplexer Regelungen. Von den 22 Regelungen, die in den UP zum Thema Vertragsschluss getroffen werden (Art. 2.1ff. UP 1994, Art. 2.1.1ff. UP 2004), reflektieren nach Einschätzung des CENTRAL nur drei Bestimmungen die Wertungen, die der internationale Handel als für sich verbindlich anerkennt.[525] Von den 20 Regelungen, die in den Art. 3.1ff. UP die Gültigkeit regeln, verweist die CENTRAL-Liste lediglich auf fünf[526], und von den die Erfüllung normierenden 17 Bestimmungen der Art. 6.1.1ff. UP werden ebenfalls nur fünf Regelungen in Bezug genommen.[527] Hieraus folgt, dass die in den übrigen etwa 70 Normen der UP zum Ausdruck kommenden Wertentscheidungen der UNIDROIT-Arbeitsgruppe, insbesondere ein Großteil der die Bereiche Vertragsschluss, Gültigkeit und Erfüllung regelnden Bestimmungen, zumindest nicht mit den nach Einschätzung des CENTRAL zur lex mercatoria gehörenden Normen übereinstimmen.

(b) Wesens- und Strukturmerkmale der lex mercatoria

Das vorstehend gefundene Ergebnis stützt auch der Blick auf die - ungeachtet der im Einzelnen divergierenden Definitionsbemühungen - typischen Eigenheiten der lex mercatoria: Existenz und Inhalt der lex mercatoria beruhen sowohl nach dem restriktiven als auch nach dem extensiven Begriffsverständnis auf ihrer tatsächlichen und kontinuierlichen Selbstschaffung und –veränderung durch Parteien und Schiedsgerichte.[528]

---

[522] Im Internet zu finden unter www.central.uni-koeln.de.
[523] Im Internet zu finden unter www.tldb.de.
[524] Ausführlich Berger, The CENTRAL-List, 121ff.
[525] Genannt werden die Art. 2.2, 2.6 und 2.15 Abs. 3 UP 1994 (Art. 2.1.2, 2.1.6 und 2.1.15 Abs. 3 UP 2004).
[526] Es handelt sich um Art. 3.5, 3.8f., 3.11 Abs. 1 und 3.16 UP.
[527] Art. 6.1.1 lit. c, 6.1.4, 6.1.9, 6.1.16f. UP.
[528] Vischer/Huber/Oser, Kapitel 2, § 2, Rn. 102; Teubner, Globale Bukowina, 26; Michaels, RabelsZ 62 (1998), 580, 616; Loquin, Où en est la Lex Mercatoria?, 23, 30; López Rodriguez, 100f., 211; Baron, Arb. Int. 15 (1999), 115, 123; Schmidtchen, Lex Mercatoria, 1, 25; Goldman, J.D.I. 1979, 475, 478.

Während sich die lex mercatoria somit nicht bindend formulieren lässt[529], weil sie sich gerade durch „eine erhebliche Unschärfe und eine weitgehende Wandelbarkeit"[530] auszeichnet, handelt es sich bei den UP um eine ausformulierte, unflexible Kodifizierung und damit gerade nicht um ein spontanes und vorläufiges, in ständiger Entwicklung begriffenes Normengefüge.[531] Zwischen der lex mercatoria und den UP besteht folglich ein entscheidender struktureller Unterschied, der einer Gleichsetzung von beidem entgegensteht.[532] Die UP können deshalb, wenn überhaupt, angesichts ihrer vergleichsweisen Unflexibilität stets nur eine „Momentaufnahme" der lex mercatoria in ihrer im Zeitpunkt der Abfassung des Regelwerks existierenden Form wiedergeben. Weiterentwicklungen der lex mercatoria, deren Normenbestand zwangsläufig dem Wandel der Zeit unterliegt, vermögen sie nicht zu berücksichtigen.[533] Die der lex mercatoria wesenseigene ständige Entstehung und Veränderung aus sich heraus hat vielmehr zur Folge, dass der Versuch ihrer Konsolidierung und schriftlichen Fixierung bestenfalls auf den Inhalt der lex mercatoria rückwirken kann.[534]

(c) Zwischenergebnis

Ohne Zweifel können den UP wesentliche Anhaltspunkte für den Inhalt der lex mercatoria entnommen werden.[535] Auch steht außer Frage, dass eine Reihe ihrer Bestimmungen die lex mercatoria wiedergibt.[536] Der Blick auf die Entstehungsgeschichte des Regelwerks sowie auf die Wesensmerkmale der lex mercatoria bringt jedoch ans Licht, dass die UP in ihrer Gesamtheit weder in ihrer ursprünglichen noch in ihrer erweiterten Fassung als Kodifikation, und sei es auch nur eines Teils der lex mercatoria qualifiziert werden können. Es ginge daher zu weit, die UP als „authentischen Ausdruck dessen, was gemeinhin ‚lex mercatoria' genannt wird"[537] zu bezeichnen oder sie gar mit ihr gleichzusetzen.[538] Nicht einmal die Verfasser der UP selbst hatten jemals

---

[529] Frick, Arbitration, 94; Michaels, RabelsZ 62 (1998), 580, 616; Berger, European Private Law, 43, 48.

[530] Canaris, 5, 15; ebenso Marrella, La nuova lex mercatoria, 279, 285.

[531] Vischer/Huber/Oser, Kapitel 2, § 2, Rn. 122; Vischer, FS Schlechtriem, 445, 446; Burkart, 97f.; Petz, 135; Mankowski, RIW 2003, 2, 14; Berger, Kodifizierung, 150; Michaels, RabelsZ 62 (1998), 580, 616f.; Canaris, 5, 15; Berger/Dubberstein/Lehmann/Petzold, ZVglRWiss 101 (2002), 12, 29; López Rodriguez, 100f.; Marrella, La nuova lex mercatoria, 279, 285.

[532] Marrella, La nuova lex mercatoria, 279, 285.

[533] Berger, JZ 1999, 369, 374; ders., Kodifizierung, 150 unter Hinweis auf das „Kodifikationsdilemma": „Jeder Kodifikationsversuch muss daher zwangsläufig rechtsfortbildend wirken, und selbst dann führen die Kodifikationsbemühungen nur zu einer Momentaufnahme, die schon bald nicht mehr der aktuellen Rechtsentwicklung entspricht." Ebenso Leible, Wege zu einem europäischen Vertragsrecht, 421; Marrella, La nuova lex mercatoria, 279, 285.

[534] Michaels, RabelsZ 62 (1998), 580, 616; López Rodriguez, 100f.

[535] Marrella, La nuova lex mercatoria, 282f.

[536] Insoweit kann auf die CENTRAL-Liste verwiesen werden, im Internet zu finden unter www.tldb.de.

[537] So aber Bonell, RabelsZ 56 (1992), 274, 287.

[538] Im Ergebnis ebenso Canaris, 5, 14f.; Berger, Creeping Codification, 179; ders., The CENTRAL-List, 121, 141; Berger/Dubberstein/Lehmann/Petzold, ZVglRWiss 101 (2002), 12, 29; Fauvarque-

den Anspruch, mit den UP eine vollständige Kodifikation der lex mercatoria zu veröffentlichen.[539] Dies bringt auch die diesbezüglich zurückhaltende Formulierung in der Präambel zum Ausdruck („können angewandt werden"). Der von einigen Autoren und manchen Schiedsgerichten vertretenen Ansicht, bei den UP handele es sich um eine (Teil-)Kodifizierung der lex mercatoria[540], muss daher die Gefolgschaft versagt werden.

(2) Rückwirkung der UP auf die lex mercatoria?

Es wurde bereits angedeutet, dass die Einordnung der UP als Teil der lex mercatoria möglicherweise damit zu begründen ist, dass sie nach ihrem Erscheinen von den Akteuren des internationalen Wirtschaftsverkehrs in einem Ausmaß angenommen wurden, das es rechtfertigt, im Sinne der wirksamkeitsorientierten Ausprägung des positivistischen Rechtsbegriffs von ihrer tatsächlichen Anwendung und Befolgung durch Rechtsanwender und Rechtsunterworfene des internationalen Handelsverkehrs zu sprechen. Ob hiervon zum derzeitigen Zeitpunkt (schon) ausgegangen werden kann, ist fraglich, denn die UP müssen sich im Wege institutioneller Rechtsbildung zunächst in der Wirtschafts- und Schiedspraxis durchsetzen, bevor sie zur lex mercatoria gezählt werden können.[541] Sehr problematisch ist in diesem Zusammenhang allerdings, dass sich die Schiedsgerichtsbarkeit angesichts des Geheimhaltungsinteresses der Parteien

---

Cosson, in: A New Approach, 95, 115; Bortolotti, Unif. L. Rev. 2000, 141, 149; Vischer, Europ. J. L. Ref. 1998/1999, 203, 208; Michaels, RabelsZ 62 (1998), 580, 616f.; Mankowski, RIW 2003, 2, 14; Gebele, 80; Perales Viscasillas, Ariz. Journ. Int. Comp. L. 13 (1996), 383, 398; Sattar, Ind. J. Global Legal Stud. 5 (1997), 375, 382.

[539] Berger, Creeping Codification, 179f.

[540] International Arbitration Court of the Chamber of Commerce and Industry of the Russian Federation, Urteil vom 05.06.1997, No. 229/1996, UNILEX; Ad hoc Arbitration, Buenos Aires, Urteil vom 10.12.1997, UNILEX; ICC Award 9474/1999, UNILEX; ICC Award 9479/1999, UNILEX; ICC Award 10021/2000, UNILEX; ICC Award 10022/2000, UNILEX; International Arbitration Court of the Chamber of Commerce and Industry of the Russian Federation, Urteil vom 05.11.2002, No. 11/2002, UNILEX; einschränkend ICC Award 10422/2001, UNILEX (nach Ansicht des Schiedsgerichts verkörpern die UP – von vereinzelten Ausnahmen abgesehen – "a restatement of the rules which business persons engaged in international trade consider to meet their needs and expectations"); Goldstajn, Lex mercatoria and the CISG, 241, 253; Carrascosa González, 100; Traisci, Dir. comm. int. 1999, 474, 488; Leible, ZVglRWiss 97 (1998), 286, 312 (nur Teilkodifikation); Lando/Beale, Introduction, xxiv (in bezug auf die Lando-Prinzipien).

[541] Berger, Kodifizierung, 66; ders., ERPL 2001, 21, 33; Bonell, in: A New Approach, 1, 4f.; Boele-Woelki, IPRax 1997, 161, 164 mwN; dies., Terms of Co-Existence, 203, 213; van Houtte, Arb. Int. 11 (1995), 373, 382; ders., The UNIDROIT Principles, 181, 184; Huet, Conclusions, 263, 270; Kahn, Les Principes UNIDROIT, 39, 45, 53; Komarov, Remarks, 155, 162; Baron, Arb. Int. 15 (1999), 115, 130; Ramberg, Unif. L. Rev. 1998, 651, 656; Wortmann, Arb. Int. 14 (1998), 97, 103; Calliess, Zeitschr. f. Rechtssoz. 2002, 185, 193f.; Vischer/Huber/Oser, Kapitel 2, § 2, Rn. 115; Traisci, Dir. comm. int. 1999, 474, 487; Burkart, 69; Perales Viscasillas, Ariz. Journ. Int. Comp. L. 13 (1996), 383, 398; López Rodriguez, 175; Leduc, Revue Juridique Thémis 2001, 429, 449; Pendón Meléndez, Preámbulo, 49; Loquin, Où en est la Lex Mercatoria?, 23, 36; Maniruzzaman, Am. U. Int.'l L. Rev. 14 (1999), 657, 677.

durch mangelnde Publizität auszeichnet[542], was die Feststellung der Häufigkeit der Anwendung der UP in der schiedsrichterlichen Praxis ausgesprochen schwierig macht.[543] Dementsprechend divergieren die Ansichten über die Relevanz, die den UP in internationalen Wirtschaftsbeziehungen zukommt. Insbesondere die „Väter" der UP gehen von einer mittlerweile verbreiteten Verwendung des Regelwerks in grenzüberschreitenden Transaktionen aus.[544] Eine jüngst vom Center for Transnational Law (CENTRAL)[545] durchgeführte Studie will zeigen, dass die am internationalen Wirtschaftsverkehr Beteiligten in großer Zahl auf allgemeine Rechtsgrundsätze, die lex mercatoria und die UP oder transnationale Rechtsprinzipien verweisen.[546] Auch nach Einschätzung von Schack sind die UP dabei, sich in der internationalen Schiedspraxis zu behaupten.[547] Schließlich kommt in verschiedenen Schiedsentscheiden die Auffassung der Schiedsrichter zum Ausdruck, die in den UP enthaltenen Bestimmungen hätten im internationalen Handelsverkehr im Großen und Ganzen bereits Anerkennung gefunden, bzw. seien eine Quelle der lex mercatoria.[548] Auf der anderen Seite finden sich Autoren, denen zufolge die UP zumindest derzeit noch keine Handelsbräuche darstellen, zumal sie in der Schiedsgerichtsbarkeit keine ausreichend große Rolle spielten.[549] Mankowski verweist zur Bekräftigung seiner Auffassung auf eine Statistik der

---

[542] Van Houtte, The UNIDROIT Principles, 181, 184; Bonell, A „Global" Arbitration, 771, dort in Fn. 2; Schroeder/Oppermann, ZVglRWiss 99 (2000), 410, 416; de Ly, Lex Mercatoria (Law Merchant), 159, 167 und 173; Dasser, Lex Mercatoria, 189, 192; aA Berger, Kodifizierung, 60.

[543] Calliess, Zeitschr. f. Rechtssoz. 2002, 185, 196, 199; de Ly, Lex Mercatoria (Law Merchant), 159, 167; Brödermann, RIW 2004, 721, 722.

[544] Bonell, Unif. L. Rev. 1997, 34ff.; ders., RDAI 1997, 145, 155 unter Bezugnahme auf eine von UNIDROIT im September 1996 durchgeführte Umfrage, der zufolge 27% der bei UNIDROIT eingegangenen Antworten eine mindestens einmalige Verwendung der UP durch die Befragten erkennen ließen. Der aus dieser Umfrage resultierende Erkenntniswert ist allerdings angesichts der geringen Anzahl der Befragten und der aus den Angaben Bonells nicht ersichtlichen Kriterien, nach denen die Befragten ausgewählt wurden, mit Zurückhaltung zu bewerten, siehe Leible, Wege zu einem europäischen Vertragsrecht, 417. Für die weitgehend erfolgte Akzeptanz der UP im internationalen Wirtschaftsverkehr ferner Dasser, Vertragstypenrecht im Wandel, Rn. 407; Prujiner, Revue Juridique Thémis 2002, 561, 566 sowie Lando, The Principles of European Contract Law, 391, 399, der die UP als neues Element der lex mercatoria einordnet; neuerdings ferner Schilf, Vertragsgrundregeln, 344.

[545] Im Internet zu finden unter www.central.uni-koeln.de.

[546] Berger/Dubberstein/Lehmann/Petzold, ZVglRWiss 101 (2002), 12, 16ff.

[547] Schack, FS Kegel 2002, 179, 186.

[548] International Arbitration Court of the Chamber of Commerce and Industry of the Russian Federation, Urteil vom 27.07.1999, No. 302/1997, UNILEX; ICC Award 9875/1999, UNILEX; International Arbitration Court of the Chamber of Commerce and Industry of the Russian Federation, Urteil vom 06.11.2002, No. 217/2001, UNILEX.

[549] So Brödermann, RIW 2004, 721, 722 („Im Verhältnis zur absoluten Zahl der weltweit abgeschlossenen grenzübergreifenden Wirtschaftsverträge und der durchgeführten internationalen Schiedsverfahren ist die praktische Bedeutung sicherlich noch minimal [...]."); Herber, IHR 2003, 1, 7; Mankowski, RIW 2003, 2, 11; Magnus/Mankowski, ZVglRWiss 103 (2004), 131, 150; Mayer, The Role of the UNIDROIT Principles, 105ff.; ähnlich Brower, Privatization, 111, 120f.; Leduc, Revue Juridique Thémis 2001, 429, 447; Pendón Meléndez, Preámbulo, 49; zurückhaltend auch einige Veröffentlichungen älteren Datums, denen allerdings für die Frage nach der *derzeitigen* Verbreitung der UP in der Wirtschaftspraxis eine geringere Überzeugungskraft innewohnt, siehe etwa Huet, Conclusions,

ICC, der zufolge es in 80% aller Fälle, die im Jahre 2000 vor dem ICC International Court of Arbitration anhängig gemacht wurden, eine Wahl staatlichen Rechts und nur in 0,8% aller Fälle einen vertraglichen Rekurs auf die lex mercatoria, general principles oder general practice of trade gegeben hat.[550] Dieselbe Statistik lässt erkennen, dass die UP bis zum Jahre 2000 in weniger als 3% der von der ICC administrierten Verfahren eine Rolle gespielt haben.[551] Mankowski bezieht sich außerdem auf eine Statistik der Handelskammer Wien, aus der sich ergibt, dass in rund 100 Fällen neueren Datums kein einziges Mal die UP gewählt wurden.[552] An diesen völlig gegenläufigen Einschätzungen zeigt sich, dass die Frage nach der praktischen Bedeutung der UP in der internationalen Wirtschaftspraxis jedenfalls derzeit noch nicht eindeutig zu beantworten ist.[553] Zwar ist nicht von der Hand zu weisen, dass die UP seit dem Erscheinen der ursprünglichen Fassung des Regelwerks vor 10 Jahren zur Entscheidungsgrundlage zahlreicher schiedsgerichtlicher Urteile gemacht worden sind.[554] Da die überwiegende Zahl der Schiedsentscheide jedoch nicht der Öffentlichkeit zugänglich gemacht wird[555], lässt sich schwer sagen, ob diejenigen Urteile, in denen die UP eine Rolle spielen, in der Relation zur gesamten Zahl aller ergangenen Schiedssprüche auf dem Gebiet des internationalen Handelsvertragsrechts einen bedeutenden oder nur einen marginalen Stellenwert einnehmen.[556] Zudem handelt es sich bei den meisten der publizierten Schiedssprüche um solche, die in einem Verfahren unter den Auspizien des ICC-Schiedsgerichtshofs ergangen sind. Es kann nicht ohne weiteres davon ausgegangen werden, dass diese Entscheide repräsentativ sind für die internationale Han-

---

263, 270f.; Vagts, in: Contratación Internacional, 265, 266; Ramberg, Unif. L. Rev. 1998, 651, 656; Kahn, Vers l'institutionnalisation de la Lex Mercatoria, 125, 132.

[550] Mankowski, RIW 2003, 2, 14 unter Hinweis auf Mayer, The Role of the UNIDROIT Principles, 105, 108; Magnus/Mankowski, ZVglRWiss 103 (2004), 131, 150.

[551] Mayer, The Role of the UNIDROIT Principles, 105, 106.

[552] Mankowski, RIW 2003, 2, 11 unter Hinweis auf Melis, in: ICC International Court of Arbitration Bulletin – Special Supplement 2002, 133f.; Magnus/Mankowski, ZVglRWiss 103 (2004), 131, 150.

[553] De Ly, Lex Mercatoria (Law Merchant), 159, 166.

[554] Es gibt mittlerweile verschiedene Datenbanken, die die Verwendung der UP in der (schieds-)gerichtlichen Praxis dokumentieren, darunter die Datenbank „unilex" (www.unilex.info), derzufolge die UP bislang Gegenstand von rund 70 Verfahren waren.

[555] Dasser, Lex Mercatoria, 189, 192; de Ly, Lex Mercatoria (Law Merchant), 159, 167 und 173; Bonell, A „Global" Arbitration, 771, dort in Fn. 2; van Houtte, The UNIDROIT Principles, 181, 184; Schroeder/Oppermann, ZVglRWiss 99 (2000), 410, 416; aA Berger, Kodifizierung, 60 unter Hinweis auf die zunehmende Veröffentlichung schiedsgerichtlicher Urteile.

[556] Brödermann, RIW 2004, 721, 722; in diesem Sinne auch de Ly, Lex Mercatoria (Law Merchant), 159, 167 bezüglich der lex mercatoria: „From a legal sociological perspective it is, however, difficult to find hard empirical evidence regarding the application of the lex mercatoria in arbitration practice. One reason is confidentiality. Even if awards are published, they may not represent a fair view of general arbitration practice." Vgl. ferner ebenda, 173: "As regards arbitral case law, confidentiality often requires that awards are not published and, therefore, it is often difficult to draw representative conclusions from the published awards. Thus, a lot of empirical work is still do be done in order to collect information about the various forms and manifestations of international commercial self-regulation and regarding their actual use in practice."

delsschiedsgerichtsbarkeit im Allgemeinen.[557] Vor diesem Hintergrund ginge es wohl zu weit, würde man die UP derzeit als die lex mercatoria des internationalen Handelsverkehrs oder als deren Bestandteil qualifizieren. Erst wenn die Akteure des internationalen Handelsverkehrs, die Vertragsparteien, die Schiedsrichter (und sogar die staatlichen Richter) die UP anwenden, können sie zu einem Teil der lex mercatoria erstarken.[558] Dass die UP eine derartige Entwicklung durchlaufen werden, wird mit einiger Berechtigung weitgehend angenommen.[559] Eine verfrühte, voreilige Gleichsetzung der UP mit der lex mercatoria und ihre damit möglicherweise verbundene Anwendung auf einen Vertrag, ohne dass die Parteien diese Anwendung ausdrücklich vereinbart haben[560], ließe eine Verunsicherung der Vertragsschließenden befürchten, die infolgedessen – ähnlich wie im Fall des CISG – sicherheitshalber zum ausdrücklichen Ausschluss der UP neigen würden.[561] Bis sich die weitgehende Akzeptanz der UP einigermaßen zweifelsfrei nachweisen lässt, scheint daher, so paradox es klingen mag, bei der Beurteilung des Ausmaßes ihrer tatsächlichen Anwendung in der internationalen Wirtschaftspraxis Zurückhaltung angebracht, gerade um ihrer zukünftigen Akzeptanz nicht ungewollt entgegenzuwirken.

(3) Zwischenergebnis

Die vorstehenden Ausführungen haben gezeigt, dass die UP – ungeachtet der Zweifel an der bloßen Existenz einer lex mercatoria – nicht als deren (Teil-) Kodifikation qualifiziert werden können. Auch gibt es mangels nachweisbarer tatsächlicher Geltung der UP derzeit zumindest noch keinen zwingenden Anlass, das Regelwerk als Bestandteil der lex mercatoria einzuordnen. Daher besteht keine für die Frage nach der autonomen Rechtsgeltung der UP relevante Verbindung zwischen den UP und der lex mercatoria. Die Kontroverse bezüglich der Rechtsqualität der lex mercatoria braucht angesichts dessen hier nicht entschieden zu werden, da sie über die normative Qualität der UP keinen Aufschluss zu geben vermag.

---

[557] De Ly, Lex Mercatoria (Law Merchant), 159, 176.

[558] Boele-Woelki, IPRax 1997, 161, 164 mwN; dies., Terms of Co-Existence, 203, 213; Berger, ERPL 2001, 21, 33; ders., Kodifizierung, 66; van Houtte, Arb. Int. 11 (1995), 373, 382; Huet, Conclusions, 263, 270; Kahn, Les Principes UNIDROIT, 39, 45, 53; Komarov, Remarks, 155, 162; Ramberg, Unif. L. Rev. 1998, 651, 656; Wortmann, Arb. Int. 14 (1998), 97, 103; Calliess, Zeitschr. f. Rechtssoz. 2002, 185, 193f.; Perales Viscasillas, Ariz. Journ. Int. Comp. L. 13 (1996), 383, 398; Leduc, Revue Juridique Thémis 2001, 429, 449; Pendón Meléndez, Preámbulo, 49; Loquin, Où en est la Lex Mercatoria?, 23, 36; López Rodriguez, 175; Maniruzzaman, Am. U. Int.'l L. Rev. 14 (1999), 657, 677.

[559] Brödermann, RIW 2004, 721, 722; Boele-Woelki, IPRax 1997, 161, 164 mwN; Hartkamp, The Use of the UP, 253, 259; Komarov, Remarks, 155, 162; Noodt Taquela, Rev. der. com. 1999, 727, 749; Leduc, Revue Juridique Thémis 2001, 429, 449.

[560] Zur Frage, ob die UP der Streitentscheidung zugrunde gelegt werden können oder müssen, wenn die Parteien nicht ausdrücklich auf dieses Regelwerk, sondern allgemein auf die lex mercatoria oder die allgemeinen Rechtsgrundsätze verwiesen haben, siehe unten Kapitel 6.

[561] Kahn, Les Principes UNIDROIT, 39, 47.

dd. Schlussfolgerungen hinsichtlich der Rechtsqualität der UP unter dem Gesichtspunkt ihrer tatsächlichen Geltung bzw. unter dem Gesichtspunkt der lex mercatoria

Die aus den vorstehenden Erörterungen zu ziehenden Schlussfolgerungen für die Rechtsnatur der UP entsprechen weitgehend dem bereits im Zusammenhang mit den allgemeinen Rechtsgrundsätzen gefundenen Ergebnis: Selbst wenn man die lex mercatoria als autonome Rechtsgeltungsquelle einordnen will, steht der Einordnung der UP als Rechtsgeltungsquelle unter dem Gesichtspunkt ihrer vermeintlichen Identität mit der lex mercatoria entgegen, dass es an eben dieser Identität fehlt. Aus diesem Grunde ist auch gegenüber der Qualifizierung der UP als Rechtserkenntnisquelle mit bloß soziologischer Verbindlichkeit Zurückhaltung angebracht. Denn sie beschränken sich nicht auf eine durchgängige Beschreibung dessen, was die lex mercatoria ausmacht, sondern stellen an vielen Stellen Regelungen bereit, die nicht mit dem Normenbestand der lex mercatoria übereinstimmen. Unabhängig davon, wie man zur normativen Qualität der lex mercatoria steht, scheidet daher nicht nur die juristische, sondern auch die soziologische Geltung der UP aus, soweit sie über die Formulierung der tatsächlich zum Normenbestand der lex mercatoria zu zählenden Wertentscheidungen hinausgehen. Dies legt ihre Einordnung als bloße Rechtsgewinnungsquelle auch unter dem Gesichtspunkt der lex mercatoria nahe.

Im Ergebnis bleibt festzuhalten, dass die UP unter dem Gesichtspunkt der lex mercatoria keine autonome juristische Geltung entfalten können.[562]

d. Autonome Rechtsgeltung der UP unter dem Gesichtspunkt des Gewohnheitsrechts

Vor dem Hintergrund des positivistischen Rechtsquellen-Konzepts stellt sich die Frage nach der juristischen Geltung der UP ferner unter dem Gesichtspunkt des Gewohnheitsrechts. Autonome Geltung als Gewohnheitsrecht können aus privater Feder stammende Regelwerke nach langer tatsächlicher Übung und Akzeptanz durch den Rechtsanwender und den dem Recht Unterworfenen erlangen.[563]

aa. Begriff und Rechtsqualität des Gewohnheitsrechts

Das Gewohnheitsrecht zeichnet sich durch eine lange Übung (longa consuetudo) sowie durch die allgemein verbreitete Überzeugung von deren Gültigkeit (opinio necessitatis) aus.[564] Es setzt stets richterliche Anerkennung voraus.[565] Fraglich ist, ob Gewohn-

---

[562] Im Ergebnis ebenso Herber, IHR 2003, 1, 7; Canaris, 5, 14; Leible, Wege zu einem europäischen Privatrecht, 403. Wollte man hingegen die Identität zwischen den UP und der lex mercatoria bejahen und gleichzeitig die lex mercatoria als autonome Rechtsgeltungsquelle einordnen, so wird teils vertreten, dass dies für die Rechtsqualität der UP lediglich bedeuten würde, dass diese – wenn und soweit sie mit der lex mercatoria übereinstimmen - an der Rechtsgeltung der lex mercatoria teilhaben, nicht aber, dass sie eine solche aus sich selbst heraus entfalten und eine eigenständige Rechtsgeltungsquelle darstellen (so Leible, Wege zu einem europäischen Privatrecht, 403; Canaris, 5, 14; wohl auch Patocchi/Favre-Bulle, Sem. Jud. 120 (1998), 569, 571).

[563] Herber, IHR 2003, 1, 8; Basedow, GS Lüderitz, 1, 5.

[564] Larenz/Wolf, AT, § 3, Rn. 23; Röhl, 525; Rüthers, Rn. 232; Kelsen, 231f.

heitsrecht Rechtsgeltung für sich in Anspruch nehmen kann. Während die Befürworter eines streng positivistisch-formalistischen Ansatzes dem Gewohnheitsrecht angesichts der fehlenden Beteiligung des verfassungsmäßig berufenen Gesetzgebers eine objektive Rechtsgeltung absprechen[566], wird das Gewohnheitsrecht auch im Lichte des Rechtspositivismus nach ganz überwiegender Ansicht als eigenständige Quelle objektiven Rechts in den Kreis der Rechtsgeltungsquellen eingeordnet.[567] Die Begründungen hierfür divergieren: Während die Gestattungstheorie die Qualifizierung des Gewohnheitsrechts als Rechtsgeltungsquelle mit der ausdrücklichen oder stillschweigenden Autorisierung durch den Gesetzgeber oder die Gerichte begründet[568], stützt sich die Anerkennungs- oder Willenstheorie darauf, dass das Gewohnheitsrecht auf dem Willen und damit der Anerkennung durch die Rechtsgemeinschaft beruhe.[569] Es besteht allerdings keine Notwendigkeit, die vorliegende Untersuchung mit einer eingehenden Analyse der normativen Qualität des Gewohnheitsrechts zu belasten, wenn es im Rahmen der staatlichen Gerichtsbarkeit bezüglich der UP an den für die Entstehung von Gewohnheitsrecht konstitutiven Elementen fehlt. Daher soll nachstehend zunächst der Frage nachgegangen werden, ob die UP als Gewohnheitsrecht qualifiziert werden können.

bb. UP als Gewohnheitsrecht?

Für die Frage, ob die UP das Prädikat des Gewohnheitsrechts verdienen, ist zu unterscheiden zwischen ihrer Akzeptanz vor staatlichen Gerichten im Erkenntnisverfahren einerseits und im Anerkennungs- bzw. Aufhebungsverfahren andererseits.

(1) Akzeptanz der UP im Erkenntnisverfahren vor staatlichen Gerichten?

Die UP können nur dann als Gewohnheitsrecht klassifiziert werden, wenn sie durch jahrelange einheitliche Handhabung in der Rechtsprechung oder – in case-law-Systemen – durch Entscheidung eines Präzedenzfalles entwickelt wurden und darüber hinaus nicht gegen Gesetzesrecht verstoßen.[570] Zumindest die erste Voraussetzung ist bei den UP im Hinblick auf das Erkenntnisverfahren nicht erfüllt, denn die staatliche Gerichtsbarkeit sieht im Erkenntnisverfahren bislang ohne Zweifel von einer Anwendung der UP als Vertragsstatut ab.[571] Daher lässt sich eine Einordnung des Regelwerks als Gewohnheitsrecht insoweit nicht begründen.

---

[565] Mankowski, Stillschweigende Rechtswahl und wählbares Recht, 63, 95; Kelsen, 234.
[566] Hierzu Kelsen, 233, unter Bezugnahme auf Savigny, System des heutigen Römischen Rechts, 1840, 35.
[567] Röhl, 525; Kaufmann, 135; Rüthers, Rn. 232; siehe auch Koller, 22.
[568] Siehe Röhl, 525 unter Hinweis auf Hobbes, Leviathan, 1651, Kap. 26, 3.
[569] Siehe Röhl, 526.
[570] Koller, 29f.; Michaels, RabelsZ 62 (1998), 580, 614.
[571] De Ly, Lex Mercatoria (Law Merchant), 159, 166; Michaels, RabelsZ 62 (1998), 580, 614.

(2) Akzeptanz der UP im Anerkennungs- bzw. Aufhebungsverfahren vor staatlichen Gerichten?

Im Schrifttum gibt es Versuche, die autonome Geltung nichtstaatlichen Rechts mit dem Umstand zu begründen, dass staatliche Gerichte Schiedssprüche, die auf anationales Recht gestützt sind, wirksam unterbinden könnten, dies jedoch in aller Regel nicht tun.[572] Nichtlegislatorische Regelwerke erhielten spätestens dann die „staatliche Weihe“, wenn ein auf einem solchen „Recht“ basierender Schiedsspruch mit staatlicher Hilfe durchgesetzt werde.[573] Soweit das staatliche Anerkennungsgericht trotz schiedsrichterlicher Entscheidung auf der Grundlage eines nichtstaatlichen Rechts keinen Verstoß gegen den ordre public annehme, liege hierin eine Anerkennung anationaler Normen als mögliche Grundlage einer Rechtsentscheidung.[574] Wenn aber staatliche Gerichte die Anwendung anationalen Rechts durch Schiedsgerichte auf diese Weise akzeptierten, stelle sich die Frage, warum es den staatlichen Gerichten selbst verwehrt sein sollte, anationales Recht anzuwenden.[575]

Tatsächlich geht die Praxis staatlicher Gerichte ganz überwiegend dahin, Schiedssprüchen, die auf anationalem Recht basieren, in aller Regel die Anerkennung und Vollstreckbarerklärung nicht zu versagen.[576] Indessen muss bezweifelt werden, dass sich mit dem Hinweis auf diese anerkennungsfreundliche Praxis die im Rahmen dieses Kapitels zu untersuchende autonome Geltung der UP vor staatlichen Gerichten überzeugend begründen lässt.[577] Denn die Anerkennung und Vollstreckbarerklärung derartiger Schiedssprüche ist vor dem Hintergrund des Verbots ihrer vollen materiellen Nachprüfung in aller Regel geboten.[578] Bei dem im Rahmen des Anerkennungsverfahrens allein maßgeblichen ordre public handelt es sich um einen ausschließlich auf das konkrete Ergebnis der Rechtsanwendung im Einzelfall bezogenen Maßstab, nicht um einen auf die angewandte Norm bezogenen, abstrakt-generellen Maßstab.[579] Der ordre public steht dementsprechend der Anerkennungsfähigkeit eines Schiedsspruchs nicht schon deshalb entgegen, weil die schiedsrichterliche Entscheidungsfindung auf der lex

---

[572] Mertens, FS Odersky, 857, 867f.; Marrella, La nuova lex mercatoria, 577, 649; Lando, The Principles of European Contract Law, 391, 403; Burkart, 80; vgl. ferner die Nachweise bei Mankowski, RIW 2003, 2, 13, dort in Fn. 167.

[573] Burkart, 80; offengelassen von Schroeder/Oppermann, ZVglRWiss 99 (2000), 410, 419f. mit der Begründung, die Legitimation anationalen Rechts folge bereits aus dem Zusammenwirken von Verfahrens- und Vollstreckungsstatut, so dass es auf die diesbezügliche Wirkung der Anerkennung durch staatliche Gerichte nicht mehr ankomme.

[574] Marrella, La nuova lex mercatoria, 577, 649.

[575] Lando, The Principles of European Contract Law, 391, 403.

[576] Mankowski, RIW 2003, 2, 13 mit zahlreichen Nachweisen aus der Rechtsprechung, dort in Fn. 167; Frick, Arbitration, 98; Mertens, FS Odersky, 857, 867f.; Redfern/Hunter, 121; Nygh, 186ff., insbesondere S. 195 mit Nachweisen aus der Rechtsprechung; Schmidtchen, Lex Mercatoria, 1, 14.

[577] So auch Mankowski, RIW 2003, 2, 13; Michaels, RabelsZ 62 (1998), 580, 620; im Grundsatz ebenso Berger, Kodifizierung, 62; MüKo-Sonnenberger, Einl. IPR, Rn. 232; Nygh, 191.

[578] Mankowski, RIW 2003, 2, 13; Michaels, RabelsZ 62 (1998), 580, 620; Nygh, 191.

[579] BGH, Urteil vom 04.06.1992, BGHZ 118, 312, 331; Mankowski, RIW 2003, 2, 13; von Bar/Mankowski-Mankowski, IPR Bd. I, § 7, Rn. 265f.; von Bar, IPR Bd. I, § 7, Rn. 634; Looschelders, RabelsZ 65 (2001), 463, 481.

mercatoria oder sonstigen nicht aus staatlicher Feder stammenden Normen beruht.[580] „Ebensowenig wie der Staat, indem er einen Vergleich anerkennt und durchsetzt, seinem Inhalt den Rang objektiven Rechts zugesteht, ebensowenig erkennt er die lex mercatoria oder die Principles als objektives Recht an, wenn er einen auf ihrer Grundlage ergangenen Schiedsspruch durchsetzt."[581] Da weder das für die schiedsrichterliche Entscheidungsfindung berufene materielle Recht noch die für seine Ermittlung herangezogene kollisionsrechtliche Grundlage zum Verfahrensrecht i.S.d. Art. V Abs. 1 lit. d UNÜ zu zählen ist[582], ist die Anerkennung eines solchen Schiedsspruchs auch insoweit nicht mit der richterlichen Anerkennung auch des angewandten nichtstaatlichen Rechts zu verwechseln.[583] Aber selbst, wenn man die materielle Basis der schiedsrichterlichen Entscheidung für vom Anerkennungsgericht abstrakt überprüfbar hält – sei es im Rahmen der Prüfung am Maßstab des ordre public, sei es im Rahmen der Prüfung eines möglichen Verfahrensverstoßes -, bleibt die Frage, ob hieraus auch auf die autonome Geltung anationalen Rechts als Grundlage der Streitentscheidung vor staatlichen Gerichten geschlossen werden kann. Ein solcher Schluss setzt voraus, dass von der Anerkennung der Schiedspraxis durch nationale Gerichte auf die Gleichsetzung nichtstaatlicher Normen mit staatlichem Recht aus der Sicht nationalstaatlicher Rechtsordnungen geschlossen wird.[584] Die Zulässigkeit dieser Schlussfolgerung ist jedoch zu verneinen.[585] Denn „international arbitration is allowed to live its own life within an officially protected zone."[586] Die diesbezügliche Rolle der Staaten wird auf die eines „facilitators" reduziert, dessen Hauptaufgabe es ist, „to create a level playing field for private entrepreneurs."[587] Wenn nationale Rechtsordnungen der internationalen Schiedsgerichtsbarkeit somit faktisch einen weitreichenden Handlungsspielraum einräumen, kann daraus nicht die staatliche Autorisierung von in internationalen Handelsschiedsverfahren angewandten Normen gefolgert werden.[588]

cc. Schlussfolgerungen hinsichtlich der Rechtsqualität der UP unter dem Gesichtspunkt des Gewohnheitsrechts

Die UP erfüllen die Voraussetzung für ihre Einordnung als Gewohnheitsrecht weder im Hinblick auf ihre Verwendung im Erkenntnisverfahren noch unter Berücksichtigung der anerkennungsfreundlichen Praxis staatlicher Gerichte. Infolgedessen lässt sich die autonome Rechtsgeltung des Regelwerks auch unter dem Gesichtspunkt des Gewohnheitsrechts nicht begründen.

---

580 Mankowski, RIW 2003, 2, 13; Schroeder/Oppermann, ZVglRWiss 99 (2000), 410, 434f.; Dasser, 285f.; aA jedoch von Bar/Mankowski-von Bar, IPR Bd. I, § 2, Rn. 85; Triebel/Petzold, RIW 1988, 245, 249; Spickhoff, RabelsZ 56 (1992), 116, 136ff.
581 Michaels, RabelsZ 62 (1998), 580, 620.
582 Mankowski, RIW 2003, 2, 13; MüKo-Sonnenberger, Einl. IPR, Rn. 232.
583 Mankowski, RIW 2003, 2, 13; MüKo-Sonnenberger, Einl. IPR, Rn. 232.
584 MüKo-Sonnenberger, Einl. IPR, Rn. 232.
585 MüKo-Sonnenberger, Einl. IPR, Rn. 232.
586 Dasser, Lex Mercatoria, 189, 198.
587 Berger, European Private Law, 43, 46.
588 Stein, 233.

e. Ergebnis – Normative Qualität der UP nach dem positivistischen Rechtsbegriff

Vor dem Hintergrund der formal-positivistischen Lehre lassen sich die UP weder unter dem Gesichtspunkt des Gesetzes noch unter dem Gesichtspunkt der lex mercatoria, allgemeiner Rechtsgrundsätze oder des Gewohnheitsrechts als eigenständige Rechtsgeltungsquelle einordnen. Sie sind nach diesem Rechtsverständnis nichts weiter als „virtuelles Recht", dem es an der notwendigen formellen Qualität fehlt[589], und müssen folglich als Regelwerk mit autonomer normativer Kraft abgelehnt werden.[590] Bis sich ihre weitgehende Akzeptanz im grenzüberschreitenden Wirtschaftsverkehr zweifelsfrei nachweisen lässt, haben die UP aber auch im Lichte des soziologischen Rechtsverständnisses lediglich einen dem rechtswissenschaftlichen Schrifttum vergleichbaren Stellenwert. Sie stellen auch insoweit eine bloße „compilation doctrinale" und damit keine Rechtsquelle im normativen Sinne dar.[591] Legt man den positivistischen Rechtsbegriff, gleich ob in seiner formalen oder soziologischen Ausprägung zugrunde, sind die inhaltlichen Qualitäten der UP somit nur geeignet, sie als Rechtsgewinnungsquelle im moralischen bzw. philosophischen Sinne einzuordnen.[592] Und selbst dies ist nur möglich, wenn man sich gegen einen allzu strengen Formalismus entscheidet, der nichtstaatlichen Regeln nicht einmal diesen Status zugestehen möchte.[593] Als Konse-

---

[589] Mankowski, RIW 2003, 2, 11.

[590] Fauvarque-Cosson, in: A New Approach, 95, 98; von Bar/Mankowski-von Bar, IPR Bd. I, § 2, Rn. 75; Schnyder/Grolimund, FS Schlechtriem, 395, 397; Basedow, GS Lüderitz, 1, 5; Boschiero, 319, 352; Burkart, 87; Huet, Conclusions, 263, 270.

[591] Huet, Conclusions, 263, 270.

[592] Boele-Woelki, Terms of Co-Existence, 203, 212f.; Canaris, 5, 16; Leible, Wege zu einem europäischen Privatrecht, 403; Drobnig, FS Steindorff, 1141, 1151. Michaels, RabelsZ 62 (1998), 580, 588, 610 spricht insoweit von der „potentiell präskriptiven Funktion" der UP. Vor diesem Hintergrund kann das Regelwerk als Ergebnis rechtsvergleichender Arbeiten zur Begründung gesetzesbasierter Entscheidungen herangezogen werden, so Canaris, 5, 16; Leible, Wege zu einem europäischen Privatrecht, 403; Drobnig, FS Steindorff, 1141, 1151f. Sein progressiver Charakter steht dieser Einordnung nicht entgegen, da nicht ersichtlich ist, warum im Rahmen der von der nationalen Gesetzessystematik gezogenen Grenzen nicht auch sachverständige Argumente im Entscheidungsfindungsprozess Berücksichtigung finden können sollten, vgl. dazu Leible, Wege zu einem europäischen Privatrecht, 403; Michaels, RabelsZ 62 (1998), 580, 610.

[593] Canaris, 5, 16. Nach teils vertretener Auffassung (siehe dazu bereits oben Kapitel 3, B.II.2.a.aa.) kommt die Subsumtion der UP unter die Kategorie der Rechtsgewinnungsquelle mangels gesetzlicher Herkunft genauso wenig in Betracht wie ihre Klassifizierung als Rechtsgeltungsquelle. Für eine eingehende Kritik an dieser strengen Haltung vgl. Canaris, 5, 10ff., demzufolge gegen den (eng)-positivistischen Rechtsbegriff spricht, „dass er in klarem Widerspruch zur – nahezu alltäglichen – Praxis der Rechtsanwender – seien es Richter oder seien es Wissenschaftler [...] steht. Es gibt nämlich zweifellos zahlreiche Fälle, in denen der Rechtsanwender zwar nicht mehr eine auf das Gesetz gestützte Lösung für eine bestimmte Rechtsfrage geben kann, in denen er aber andererseits keineswegs sofort zu einer reinen Eigenwertung übergeht – wie das ein enger Positivismus annehmen muss -, sondern sich durchaus noch um eine spezifisch rechtliche Begründung seiner Entscheidung bemüht [...]. Darüber hinaus findet dieser den engen Positivismus überschreitende Ansatz eine verfassungsrechtliche Stütze in Art. 20 III GG, wonach die Rechtsprechung an ‚Gesetz und Recht' gebunden ist. [...] So hat denn auch das Bundesverfassungsgericht im berühmten Soraya-Beschluss ausgeführt, dass ‚das Recht

quenz der strikten Trennung von Recht und Moral, die dem Rechtspositivismus zueigen ist[594], vermögen die materiellen Qualitäten des Regelwerks seine juristische Geltung nicht zu begründen.[595]

3. Funktionaler Rechtsbegriff

Fraglich ist, ob man bei Zugrundelegung des funktionalen Rechtsbegriffs zu einem anderen Ergebnis käme. Folgt man dem funktionalen Rechtsbegriff, kann sich die juristische Geltung eines Regelwerks unabhängig von seiner staatlichen Herkunft und unabhängig vom Ausmaß seiner sozialen Wirksamkeit daraus ergeben, dass es die wesentlichen Funktionen einer Rechtsordnung[596] erfüllt und angesichts dessen seine Gleichstellung mit staatlichem Recht verdient.[597] Als unverzichtbar in diesem Sinne können die Friedensfunktion[598], d.h. die Gewährleistung von Rechtssicherheit und die davon kaum zu trennende Gestaltungsfunktion[599], d.h. die Vollständigkeit bzw. Fortbildungsfähigkeit sowie die Kohärenz einer Normenansammlung gelten, ebenso die hinzukommende Ausgleichsfunktion.[600] Es muss allerdings davor gewarnt werden, bei der Prüfung der UP auf ihre Funktionstauglichkeit überspannte Anforderungen zu stellen. Denn die Rechtsgeltung hängt auch im Lichte des funktionalen Rechtsverständnisses nicht davon ab, dass Normen diese Rechtszwecke vollständig realisieren müssen. Sie müssen nur im Allgemeinen darauf abzielen, diese Zwecke zu verwirklichen, weshalb es insoweit nur auf eine summarische Prüfung ankommt.[601]

---

nicht mit der Gesamtheit der geschriebenen Gesetze identisch ist [und dass] gegenüber den positiven Satzungen der Staatsgewalt unter Umständen ein Mehr an Recht bestehen kann' (BVerfG, Beschluss vom 14.2.1973 – 1 BvR 112/65, BVerfGE 34, 269, 287). Geht man aus diesen Gründen von einer solchen den engen Positivismus überschreitenden Position aus, so sind zumindest unter dem Aspekt der Rechtsgewinnungsquelle grundsätzlich auch solche Argumente und Begründungen relevant und berücksichtigungsfähig, die zwar nicht gesetzlicher Herkunft, gleichwohl aber rechtlicher Natur sind."

[594] Koller, 24; Rüthers, Rn. 472ff.; eingehend zum Verhältnis von Recht und Moral Röhl, 267ff.; speziell im Hinblick auf den soziologischen Rechtsbegriff Rehbinder, § 4, Rn. 51.

[595] Michaels, RabelsZ 62 (1998), 580, 611.

[596] Eingehend zu den Funktionen des Rechts Rehbinder, § 6, Rn. 96ff.

[597] Siehe zum funktionalen Rechtsbegriff bereits oben Kapitel 3, B.II.2.b.

[598] Zur Bezeichnung siehe Röhl, 419; Berger, Kodifizierung, 99; in der Sache das Gleiche meinend Rüthers, Rn. 75 („Ordnungsfunktion"); Highet, Enigma, 133, 140; López Rodriguez, 105.

[599] Röhl, 419; López Rodriguez, 105; Rüthers, Rn. 72 spricht von „Gestaltungs- und Steuerungsfunktion im Hinblick auf das menschliche Zusammenleben."

[600] Koller, 60; Burkart, 96f.; Rüthers, Rn. 86; Schroeder/Oppermann, ZVglRWiss 99 (2000), 410, 422; Highet, Enigma, 133, 140; Stein, 241; Radbruch, SJZ 1946, 105, 107.

[601] Koller, 61; Kaufmann, 150; Rüthers, Rn. 752 (sieht die Rechtsordnung als „*tendenziell* konsistentes, durchdachtes und widerspruchsfreies Gefüge von gesetzlichen Wertentscheidungen"); siehe dazu auch Radbruch, SJZ 1946, 105, 107, demzufolge von „gesetzlichem Unrecht" gesprochen werden kann, wenn das Gesetz Gerechtigkeitsforderungen in schlechthin unerträglichem Maße verletzt, während es sich dann, wenn durch das Gesetz Gerechtigkeit gar nicht erstrebt wird, um „Nicht-Recht" handeln soll.

a. Friedensfunktion und Gestaltungsfunktion – Systemcharakter der UP

aa. Ausgangspunkt

Zu den elementaren Funktionen, die eine Rechtsordnung zu erfüllen imstande sein muss, wird anerkanntermaßen die Gewähr von Rechtssicherheit - im Sinne der Beständigkeit und Berechenbarkeit des Rechts - durch das Aufstellen von hinreichend bestimmten Verhaltensleitlinien gezählt (Friedensfunktion).[602] Eine Rechtsordnung hat zudem die Aufgabe, die zweckmäßige und effiziente Gestaltung des sozialen Zusammenlebens durch das Bereitstellen von ausreichenden, hierfür geeigneten, kohärenten[603] und der Veränderung und Ergänzung zugänglichen sozialen Normen zu ermöglichen (Gestaltungsfunktion).[604] Sowohl die Friedens- als auch die Gestaltungsfunktion der Rechtsordnung stehen in engem Zusammenhang mit der Frage nach dem Systemcharakter einer Normensammlung: Bei Zugrundelegung des funktionalen Rechtsverständnisses ist die rechtsquellentheoretische Gleichstellung anationaler Normen mit staatlichem Recht nur im Falle eines – dynamischen[605] - Normen*systems,* nicht aber im Falle einer inkohärenten, nicht aufeinander abgestimmten bloßen Anhäufung von Vorschriften gerechtfertigt.[606] Von „Recht“ kann nur bei einer Normensammlung gesprochen werden, die die Entscheidung von Rechtsfragen ebenso ermöglicht wie staatliches Recht.[607]

bb. Systembegriff

Fraglich ist allerdings, wann ein Normenbestand Systemcharakter aufweist, denn der Begriff des „Systems“ hat bislang keine allgemein anerkannte Definition gefunden.[608] Nach dem „deduktiv-axiomatischen“ Systembegriff kann von einem System nur gesprochen werden, wenn es von einer axiomatisch gesetzten obersten Grundnorm ausgeht.[609] Das hiervon zu unterscheidende „klassifikatorisch-kategorale“ Systemverständnis macht die Systemeigenschaft davon abhängig, dass durch die strukturelle Verknüpfung verschiedener Rechtsbegriffe ein genereller Begriff einen spezifischen

---

[602] Calliess, Zeitschr. f. Rechtssoz. 2002, 185, 200f.; Schroeder/Oppermann, ZVglRWiss 99 (2000), 410, 422; Burkart, 89, 96f.; Kaufmann, 149; Highet, Enigma, 133, 140; Gaillard, Arb. Int. 17 (2001), 59, 70; Berger, Kodifizierung, 99; Koller, 58, 61; Petz, 63; Röhl, 419; Rüthers, Rn. 386f.; Schmidtchen, Lex Mercatoria, 1f.; Radbruch, SJZ 1946, 105, 107.

[603] Vgl. hierzu insbesondere Kegel/Schurig, § 2 II 3 b, 141f.: „Innerhalb derselben Rechtsordnung sind die Rechtssätze meist aufeinander abgestimmt; Widerspruchsfreiheit kann im allgemeinen unterstellt werden. [...] Es ist dies das Interesse am inneren Entscheidungseinklang: Das Recht, das wir anwenden, muss nach Möglichkeit in sich geschlossen sein.“

[604] Koller, 59; Schmidtchen, Lex Mercatoria, 1f.; Gaillard, Arb. Int. 17 (2001), 59, 68f.; Schroeder, JJZ 2002, 257, 259.

[605] Gaillard, Arb. Int. 17 (2001), 59, 68; Koller, 92.

[606] Rüthers, Rn. 139; Koller, 57; ebenso Schroeder/Oppermann, ZVglRWiss 99 (2000), 410, 422 und Stein, 241, allerdings ohne sich explizit für den funktionalen Rechtsbegriff auszusprechen.

[607] Schroeder, JJZ 2002, 257, 259.

[608] Riesenhuber, 5; ausführlich zu den verschiedenen Systembegriffen Canaris, Systemdenken und Systembegriff, 19ff.

[609] Röhl, 416; Sandrock, Sinn und Methode, 42f.

Begriff verständlich machen kann und umgekehrt.[610] Hingegen zeichnet sich ein System nach dem teleologischen Systembegriff durch das Vorliegen von Hierarchie (Ordnungsfunktion) und Einheit (Vereinheitlichungsfunktion)[611] und damit durch eine zusammenhängende Sinn- und Wertungseinheit aus.[612] Um die vorliegende Untersuchung nicht unnötig mit der Diskussion um das „richtige" Systemverständnis zu belasten, soll hier auf eine Auseinandersetzung mit den verschiedenen Ansätzen verzichtet und für die nachfolgend anzustellenden Überlegungen der teleologische Systembegriff zugrunde gelegt werden.[613] Der so verstandene Systemgedanke verbietet offensichtliche Wertungswidersprüche und erfordert eine innere Ordnung der Rechtsnormen im Sinne eines erstrebten, widerspruchsfreien Wertgefüges.[614] Ein solches ist dann gegeben, wenn die in den einzelnen Bestimmungen zum Ausdruck kommenden Wertungen aufeinander abgestimmt und in sich stimmig sind[615], der Normenbestand mithin mehr darstellt als eine zusammenhanglose Aneinanderreihung von Prinzipien.[616] Das neben der Ordnung unverzichtbare Strukturmerkmal der Einheit stellt auf eine in sich geschlossene, einheitliche Regelung ab[617], die insbesondere in der Herleitung spezieller Bestimmungen aus wenigen tragenden Grundwertungen zum Ausdruck kommt.[618] Erforderlich sind ferner bestehende Zusammenhänge zwischen den Rechtssätzen in dem Sinne, dass ein Rechtssatz einen anderen erläutert bzw. ergänzt.[619] Einheit als Element des teleologischen Systembegriffs setzt auch Widerspruchsfreiheit voraus[620] und damit gleichzeitig einen Mechanismus, mit dessen Hilfe sich im Rahmen der Rechtsanwendung Friktionen auflösen lassen und rechtsfortbildend eingeschritten werden kann.[621] Beides wird durch die Wechselwirkung von allgemeinen Grundsätzen und konkreten Regeln und durch den hierdurch ermöglichten „Kreislauf zwischen

---

610 Sandrock, Sinn und Methode, 43.

611 Berger, Kodifizierung, 87; Petz, 63; Rüthers, Rn. 140f.; Röhl, 420; eingehend Canaris, Systemdenken und Systembegriff, 11ff.

612 Rüthers, Rn. 142; Sandrock, Sinn und Methode, 44.

613 Darin übereinstimmend mit Berger, Kodifizierung, 87; Riesenhuber, 5; Canaris, Systemdenken und Systembegriff, 11ff.

614 Rüthers, Rn. 140, 751.

615 Canaris, Systemdenken und Systembegriff, 12ff.; Riesenhuber, 5; Rüthers, Rn. 140; Kegel/Schurig, § 2 II 3 b, 141f.

616 Röhl, 416; Berger, Kodifizierung, 66; van Schilfgaarde, ERPL 1997, 1, 4.

617 Kelsen, 209; Röhl, 277.

618 Canaris, Systemdenken und Systembegriff, 12ff.

619 Koller, 92, 110; Riesenhuber, 6.

620 Riesenhuber, 6; Rüthers, Rn. 141 (innere Einheit setzt ein auf Widerspruchsfreiheit und Zweckmäßigkeit gerichtetes Wertungssystem voraus); Kelsen, 209; eingehend zum Postulat der Widerspruchsfreiheit Canaris, Systemdenken und Systembegriff, 16ff.; Sodan, JZ 1999, 864ff.; vgl. ferner Kegel/Schurig, § 2 II 3 b, 141f.: „Innerhalb derselben Rechtsordnung sind die Rechtssätze meist aufeinander abgestimmt; Widerspruchsfreiheit kann im allgemeinen unterstellt werden. [...] Es ist dies das Interesse am inneren Entscheidungseinklang: Das Recht, das wir anwenden, muss nach Möglichkeit in sich geschlossen sein."

621 Rüthers, Rn. 278; López Rodriguez, 108.

Problementdeckung, Prinzipienbildung und Systemverfestigung" gewährleistet.[622] Von einem System im teleologischen Sinne kann nach alledem nur dann gesprochen werden, wenn die einzelnen Rechtssätze einer inhaltlichen Systematisierung zugänglich und die Weichen für eine systemkonforme Rechtsfortbildung gestellt sind.[623] Beide nach dem teleologischen Systembegriff maßgeblichen Merkmale – Einheit und Ordnung – dienen in erster Linie der Rechtssicherheit, da sie die Rechtsfindung nachvollziehbar und vorhersehbar machen.[624] Einheit und Ordnung eines Normenbestandes indizieren zudem ein gewisses Maß an Vollständigkeit.[625]

cc. Prinzipen und Regeln – Begriff und Bedeutung für die Systemeigenschaft

Ob die UP ein System im vorstehend beschriebenen Sinne darstellen und damit gleichzeitig grundlegende Funktionen einer Rechtsordnung erfüllen, hängt unter anderem vom Zusammenspiel allgemeiner Grundsätze und Regeln in den UP ab.

Allgemeine Rechtsgrundsätze zeichnen sich in erster Linie durch ein hohes Maß an Abstraktion sowie dadurch aus, dass sie allgemeine Wertungen enthalten, die ein ganzes Rechtsinstitut oder ein vollständiges Rechtsgebiet wie ein roter Faden durchziehen.[626] Prinzipien sind dementsprechend weit unspezifischer formuliert als Regeln; sie wollen lediglich ein ungefähres Ziel vorgeben, nicht aber der exakten Subsumtion dienen.[627] Prinzipien enthalten, anders ausgedrückt, „Optimierungsgebote".[628] Sie zeichnen sich durch ihre Ausfüllungs- und Interpretationsbedürftigkeit[629] sowie dadurch aus, „dass sie in unterschiedlichen Graden erfüllt werden können und dass das gebotene Maß ihrer Erfüllung nicht nur von den tatsächlichen, sondern auch von den rechtlichen Möglichkeiten der Adressaten abhängt".[630] Im Verhältnis zu anderen allgemeinen Grundwertungen beansprucht das Prinzip keine absolute, unumstößliche Geltung; vielmehr kann es nur nach einem sorgfältigen Prozess der Abwägung gegen andere Prinzipien zur Anwendung gelangen.[631] Bei Regeln handelt es sich demgegenüber um konkrete, gesetzesgleiche Normen, die sich dadurch auszeichnen, dass sie vollumfänglich und unbedingt zu befolgen sind. Erwünscht ist allein das von der Regel vorgege-

---

[622] Berger, Kodifizierung, 126; in diesem Sinne auch van Schilfgaarde, ERPL 1997, 1, 4; Esser, 7.
[623] Berger, Kodifizierung, 87; Petz, 63; van Schilfgaarde, ERPL 1997, 1, 4; López Rodriguez, 108.
[624] Riesenhuber, 7.
[625] Schroeder, JJZ 2002, 257, 274; von Breitenstein, FS Sandrock, 111, 113; Blaurock, ZEuP 1993, 247, 263.
[626] Drobnig, Vereinheitlichung, 745, 746f. mwN. Eingehend Riesenhuber, 12ff. Zur Abgrenzung des Rechtsprinzips im eigentlichen Sinne von anderen, ähnlichen Erscheinungsformen eingehend Röhl, 251ff.
[627] Röhl, 255; Petz, 55 spricht insoweit von „unscharf formulierten Programmsätzen".
[628] Berger, ZVglRWiss 94 (1995), 217, 231; ebenso Petz, 55; Gebauer, Unif. L. Rev. 2000, 683, 694 mwN.
[629] Fauvarque-Cosson, in: A New Approach, 95, 97; Petz, 55.
[630] Berger, ZVglRWiss 94 (1995), 217, 231; ders., Kodifizierung, 161; in diesem Sinne auch Riesenhuber, 14; Röhl, 255; Petz, 55.
[631] Röhl, 255; Petz, 55; Berger, Kodifizierung, 161; Riesenhuber, 14; van Houtte, The UNIDROIT Principles, 181, 184; Wengler, ZfRV 1982, 11, 17.

bene Verhalten.[632] „Erfüllt ein Sachverhalt die Bedingungen einer Rechtsregel, so tritt die Rechtsfolge ein, erfüllt er sie nicht, tritt die Rechtsfolge nicht ein."[633] Im Konfliktfall geht die aus der Abwägung der hinter ihr stehenden allgemeinen Grundwertungen hervorgegangene Regel[634] dem Rechtsprinzip vor.[635]

Dass ein möglichst großer Bestand an Regeln, d.h. konkreten Verhaltensgeboten, der Rechtssicherheit dient, weil die darin aufgestellten Verhaltensleitlinien und Rechtsfolgen ihrer Missachtung für den Rechtsunterworfenen klar erkennbar sind, liegt auf der Hand. Hinsichtlich der Bedeutung allgemeiner Rechtsgrundsätze für die Einordnung einer Normenansammlung als System ist festzustellen, dass „die allgemeinen Rechtsgrundsätze das Substrat für die Wechselwirkung zwischen Rechtsanwendung im Einzelfall und übergeordneter Systembildung bilden, die zur Ableitung von präzisen, speziellen Rechtssätzen führen kann."[636] Prinzipien dienen, anders ausgedrückt, der Herleitung von möglicherweise fehlenden konkreten Regeln und sind damit unerlässlich für eine konsequente Rechtsfortbildung.[637] Dem Zusammenspiel von Regeln und Prinzipien sind somit im Idealfall einerseits hinreichend konkrete Verhaltensgebote zu entnehmen. Andererseits erlaubt es aber auch die vorhersehbare Beantwortung der vom Regelwerk nicht ausdrücklich geregelten Fragen und stellt insoweit eine grundlegende Voraussetzung für die Qualifizierung einer Rechtsordnung als (teleologisches) System dar.[638]

dd. Publizität und Transparenz als Grundvoraussetzung von Rechtssicherheit

Daneben muss eine Normensammlung auch über Publizität und Transparenz verfügen[639], deren Vorliegen als eine elementare Voraussetzung für die Gewährleistung von Rechtssicherheit gelten kann.[640] „Die Publizität oder Transparenz des Entscheidungssystems ist Voraussetzung dafür, dass die Parteien die Rechtsfolgen ihres Handelns erkennen und damit auch eine Risikobewertung des eigenen Verhaltens vornehmen können. Sie betrifft in erster Linie die Zugänglichkeit des Rechts und ist auf diese

---

[632] Gebauer, Unif. L. Rev. 2000, 683, 693; van Houtte, The UNIDROIT Principles, 181, 184; Berger, Kodifizierung, 160.
[633] Petz, 54; so auch Röhl, 254.
[634] Riesenhuber, 15.
[635] Röhl, 255.
[636] Kropholler, Einheitsrecht, 159; in diesem Sinne auch Berger, Kodifizierung, 126; Gaillard, Arb. Int. 17 (2001), 59, 66; Sandrock, Sinn und Methode, 44.
[637] Röhl, 255; Berger, Kodifizierung, 48, 96; ders., The CENTRAL-List, 121, 139; van Schilfgaarde, ERPL 1997, 1, 4; Riesenhuber, 16; Dasser, Vertragstypenrecht im Wandel, Rn. 393; Weidemann, 32; Blase, 96; Baron, Arb. Int. 15 (1999), 115, 129; Gaillard, Arb. Int. 17 (2001), 59, 67.
[638] Berger, Kodifizierung, 126 und 161; van Schilfgaarde, ERPL 1997, 1, 4; Baron, Arb. Int. 15 (1999), 115, 129; Gaillard, Arb. Int. 17 (2001), 59, 66; Esser, 7; Sandrock, Sinn und Methode, 44; siehe auch Rüthers, Rn. 139, demzufolge das Vorliegen eines Rechtssystems einen Zusammenhang zwischen Einzelnormen und anderen Normen voraussetzt.
[639] Schroeder, JJZ 2002, 257, 273; Highet, Enigma, 133, 140; López Rodriguez, 107; Stein, 241.
[640] Schroeder, JJZ 2002, 257, 273; López Rodriguez, 107; Stein, 241.

Weise Voraussetzung einer vorhersehbaren Entscheidung."[641] Publizität und Transparenz werden dementsprechend als allgemeine Rechtsgeltungsvoraussetzung betrachtet.[642]

ee. Schlussfolgerungen für die Erfüllung der Friedens- und Gestaltungsfunktion durch die UP - Systemcharakter der UP

Im Folgenden ist nun zu prüfen, ob die UP vor dem Hintergrund der vorstehenden Erläuterungen ein Rechtssystem darstellen und damit sowohl die Friedens- als auch die Gestaltungsfunktion einer Rechtsordnung zu erfüllen imstande sind. Da bereits herausgearbeitet wurde, dass keine für die normative Qualität relevante Verbindung zwischen den UP und der lex mercatoria oder den allgemeinen Rechtsgrundsätzen besteht[643], können die hierfür notwendigen Voraussetzungen nur unmittelbar von den UP selbst erfüllt werden. Ob die lex mercatoria oder die allgemeinen Rechtsgrundsätze ein „System" im hier relevanten Sinne darstellen und infolgedessen über autonome Rechtsqualität verfügen[644], ist daher für die Frage nach der autonomen Geltung der UP unerheblich.

(1) Publizität und Transparenz der UP

Daran, dass die UP angesichts ihrer schriftlichen Ausformulierung, ihrer Übersetzung in zahlreiche Sprachen und ihrer in Buchform[645] sowie im Internet[646] erfolgten Veröffentlichung sowohl Publizität als auch Transparenz gewährleisten, kann kein Zweifel bestehen.[647] Im Vergleich zur Anwendung eines dem judizierenden Richter im Zweifel unbekannten ausländischen Rechts können die UP daher für sich in Anspruch nehmen, weder besondere Ermittlungs- noch Verständnisschwierigkeiten zu bereiten.[648]

---

[641] Schroeder, JJZ 2002, 257, 273; ebenso Leible, ZVglRWiss 97 (1998), 286, 311; Calliess, Zeitschr. f. Rechtssoz. 2002, 185, 199.

[642] Berger, Kodifizierung, 59; Stein, 241; Calliess, Zeitschr. f. Rechtssoz. 2002, 185, 207; wohl auch Highet, Enigma, 133, 140.

[643] Vgl. die Ausführungen oben Kapitel 3, B.III.2.b. und c.

[644] Die normative Qualität der lex mercatoria wird nicht nur von ihrer tatsächlichen Wirksamkeit, sondern zumindest auch von ihrer funktionalen Eignung als Rechtssystem abhängig gemacht, so etwa Berger, European Private Law, 43, 47; Weise, 114f.; entschieden dagegen Gaillard/Savage, 809.

[645] UNIDROIT, International Institute for the Unification of Private Law (Hrsg.), UNIDROIT Principles of International Commercial Contracts, Rome 1994; dass., UNIDROIT Principles of International Commercial Contracts, Rome 2004.

[646] www.unidroit.org.

[647] Calliess, Zeitschr. f. Rechtssoz. 2002, 185, 199; Schroeder, JJZ 2002, 257, 273; de Miguel Asensio, Dir. comm. int. 1998, 859, 873; Fiedler, 212; Juenger, Unif. L. Rev. 2000, 171, 184; Blase, www.europa.eu.int/comm/justice_home/news/consulting_public/rome_i/doc/eu_statement_20031124_de.pdf, 14.

[648] Zu diesem klassischen Problem der Anwendung ausländischen Rechts siehe etwa Gebele, 68; Juenger, Am. J. Comp. L. 42 (1994), 381, 385, dort in Fn. 16.

(2) Regelungsdichte der UP

Der Friedens- wie der Gestaltungsfunktion einer Rechtsordnung könnten die UP nur dann gerecht werden, wenn sie für den von ihnen geregelten Bereich der internationalen Handelsverträge eine gewisse Vollständigkeit für sich in Anspruch nehmen könnten.[649] Gerade diese Eigenschaft wird den UP jedoch von einem Großteil des Schrifttums abgesprochen.

(a) Meinungsstand

Zahlreiche Autoren stehen auf dem Standpunkt, dass die UP selbst die allgemeinen Fragen des Vertragsrechts nicht vollständig abdeckten, und eine abschließende Regelung besonderer Vertragstypen böten sie erst recht nicht.[650] Ein „System von Vertragsrechtsregeln", das zu sein die UP beanspruchten[651], solle Regelungen für sämtliche Probleme bereithalten, die aus den vertragsrechtlichen Beziehungen der Parteien resultieren können. Die UP hingegen schlössen eine Reihe von relevanten Fragen von ihrem Regelungsbereich aus.[652] Insoweit sei ohnehin der ergänzende Rekurs auf ein mittels des IPR zu bestimmendes staatliches Vertragsstatut notwendig.[653] Die Regelungsdichte der UP sei zwar im Bereich der speziell für den internationalen Handelsverkehr zugeschnittenen Regeln bemerkenswert, keinesfalls aber im Bereich des allgemeinen Vertragsrechts, dem zweifellos auch in internationalen Handelsverträgen eine große Bedeutung zukomme.[654] Teils wird auch vertreten, die in den UP enthaltenen Bestimmungen seien zu allgemein gehalten und zu flexibel, um dem Rechtsanwender bei der Behandlung spezifischer Rechtsprobleme wirklich zu nützen. Sie setzten zuviel voraus, was zwar dem aus dem civil-law-Rechtskreis stammenden Rechtsanwender, nicht aber dem im common law ausgebildeten Juristen bekannt und selbstverständlich sei und brächten für letzteren dementsprechende Schwierigkeiten bei der Rechtsanwendung mit sich.[655] Ferner wird darauf hingewiesen, die UP seien noch nicht durch Rechtsprechung und Wissenschaft konkretisiert, weshalb ihre Auslegung oft nicht weniger Schwierigkeiten bereite als die eines nationalen Rechts.[656] Von der Gegenauffassung wird eingeräumt, dass die UP zahlreiche Lücken aufwiesen, da sie einige für den Vertragsschluss relevanten Fragen nicht abdeckten. Eine Regelung fehle etwa in bezug

---

[649] Auf eine gewisse Regelungsdichte abstellend auch López Rodriguez, 105; Gaillard, Arb. Int. 17 (2001), 59, 66.

[650] Bonell, Restatement, 192; Mankowski, RIW 2003, 2, 12; Kropholler, IPR, § 52, II 3 e; Raeschke-Kessler, The UNIDROIT Principles in Contemporary Contract Practice, 99f.

[651] So UNIDROIT Principles 1994, Preamble, Anm. 4.a.

[652] Van Houtte, Arb. Int. 11 (1995), 373, 381; Boschiero, 319, 357f.

[653] Giardina, J.D.I. 1995, 547, 556; Michaels, RabelsZ 62 (1998), 580, 608; Mankowski, RIW 2003, 2, 12; Staudinger-Magnus, Art. 27 EGBGB, Rn. 48; Prujiner, Revue Juridique Thémis 2002, 561, 568; Boschiero, 319, 357f.; Raeschke-Kessler, The UNIDROIT Principles in Contemporary Contract Practice, 99f.

[654] Drobnig, Unif. L. Rev. 1998, 385, 391.

[655] Vagts, in: Contratación Internacional, 265, 276f.; ähnlich van Houtte, The UNIDROIT Principles, 181, 185.

[656] Drobnig, Unif. L. Rev. 1998, 385, 395.

auf Beweislast, Stellvertretung, Aufrechnung, Verwirkung, Verjährung, Vergleich, Stundung, Erlass, Rechts- und Geschäftsfähigkeit der Parteien, Abtretung, Gesamtgläubiger- bzw. Schuldnerschaft, Vertragsübernahme und Eigentumsübergang.[657] Bezüglich der Regelungsdichte innerhalb des Regelungsbereichs der UP wird von dieser Lehrmeinung jedoch geltend gemacht, die UP stünden, soweit ihr Regelungsbereich reiche, den nationalen allgemeinen Vertragsrechtsregelungen an System- und Regelungsdichte kaum nach[658], sie sei sogar fast durchweg höher als die des sehr abstrakt formulierten BGB.[659]

Der dargestellte Streitstand bezieht sich ausschließlich auf die im Jahre 1994 veröffentlichte Fassung der UP. Im Hinblick auf die erst kürzlich erschienene Neufassung des Regelwerks wird die Regelungsdichte der UP, soweit ersichtlich, im Schrifttum noch nicht thematisiert. Geht man jedoch von der Anwendung der UP 2004 aus, werden einige der mit Blick auf den beschränkten Regelungsbereich des Regelwerks vorgebrachten Bedenken angesichts der mannigfachen Neuregelungen gegenstandslos.[660] Insoweit sei nur auf die neu aufgenommenen Bestimmungen betreffend die Stellvertretung, Verträge zugunsten Dritter, Aufrechnung, Abtretung, Schuldübernahme, Vertragsübernahme sowie auf die Verjährungsvorschriften und die Anpassung verschiedener Regelungen an die besonderen Anforderungen des elektronischen Geschäftsverkehrs hingewiesen.[661]

(b) Stellungnahme

Die Hinweise auf die vermeintlich mangelnde Regelungsdichte der UP vermögen weder hinsichtlich der externen noch hinsichtlich der internen Lücken[662] des Regelwerks zu überzeugen.

Was den Vorwurf des beschränkten Regelungsbereichs und die damit einhergehende Notwendigkeit angeht, zusätzlich ein ergänzendes Statut zu bestimmen, ist zu sagen, dass diese Situation im Falle der Anwendung internationalen Einheitsrechts, das, wie beispielsweise das CISG, stets nur Teilbereiche umfasst[663] und daher ebenfalls die

---

[657] Petz, 126, dort in Fn. 478.

[658] MPI, RabelsZ 68 (2004), 1, 32; Michaels, RabelsZ 62 (1998), 580, 586; Vischer, Europ. J. L. Ref. 1998/1999, 203, 211; Burkart, 96f.; Juenger, Unif. L. Rev. 2000, 171, 178; Gebele, 81; Kahn, Vers l'institutionnalisation de la Lex Mercatoria, 125, 132; vgl. ferner Redfern/Hunter, 123: "The principles are comprehensive."

[659] So jedenfalls für das BGB vor dem In-Kraft-Treten des SchuldrechtsmodernisierungsG am 01.01.2002 Leible, ZVglRWiss 97 (1998), 286, 316; ders. Wege zu einem europäischen Vertragsrecht, 413; Juenger, Unif. L. Rev. 2000, 171, 178; ders./Sánchez Lorenzo, Rev. esp. der. int. 2000, 15, 30.

[660] Bonell, Unif. L. Rev. 2004, 5, 17. Für einen Überblick über die neu eingefügten Bestimmungen siehe oben Kapitel 3, A.II. Die sich aufdrängende Frage, wie sich die Existenz der neuen Fassung der UP auf die Anwendbarkeit der UP 1994 auswirkt, wird unten Kapitel 5, B.II.3.f.ff. im Zusammenhang mit der Problematik der dynamischen Verweisung behandelt und bedarf an dieser Stelle keiner Erörterung.

[661] Für Einzelheiten siehe Bonell, Unif. L. Rev. 2004, 5, 18f. und oben Kapitel 3, A.II.

[662] Zu Unterscheidung vgl. oben Kapitel 2, A.II.1.

[663] Basedow, GS Lüderitz, 1, 2; Kropholler, Einheitsrecht, 301; Vischer/Huber/Oser, Kapitel 3, § 3, Rn. 298; López Rodriguez, 330.

ergänzende Anwendung des kollisionsrechtlich zu bestimmenden Rechts erfordert[664], allgemein akzeptiert wird, ebenso im Falle der Teilrechtswahl.[665] Angesichts dessen ist nicht ersichtlich, warum sie im Falle der Anwendung eines nichtstaatlichen Regelwerks zum unlösbaren Problem werden sollte.[666] Was die zweifellos gegebenen internen Lücken, also die offenen Fragen innerhalb des Regelungsbereichs der UP anbelangt, sollte nicht vergessen werden, dass angesichts der Vielfalt möglicher Lebenssachverhalte auch nationale Kodifikationen wie das BGB Lücken aufweisen und nicht geeignet sind, den aus dem gesellschaftlichen Zusammenleben resultierenden tatsächlichen Regelungsbedarf vollständig abzudecken.[667] Wenn somit auch im Rahmen staatlicher Rechte der Wunschtraum von der Lückenlosigkeit nicht mit der Rechtswirklichkeit übereinstimmt[668], so lässt sich nicht überzeugend begründen, warum nichtlegislatorische Normensammlungen an ihrer Lückenhaftigkeit scheitern müssen.[669] Vollständig ist eine Rechtsordnung, wenn sie bewusst auf Ergänzung und Ausfüllung durch von Rechtsprechung und Lehre anzustellende systematische und teleologische Erwägungen angelegt ist[670] und damit, wie bei nationalen Kodifikationen grundsätzlich der Fall, vor dem Hintergrund neuer gesellschaftlicher und wirtschaftlicher Entwicklungen trotz fehlender expliziter Regelungen sachgerechte Lösungen her-

---

[664] Vischer/Huber/Oser, Kapitel 3, § 3, Rn. 298; López Rodriguez, 330; Schillo, IHR 2003, 257, 258; Basedow, GS Lüderitz, 1, 2; Marrella, La nuova lex mercatoria, 156.

[665] Stein, 229; Boschiero, 319, 358f.; zur Teilrechtswahl näher unten Kapitel 5, B.II.2.e.dd.(1).(a).(bb).

[666] Wie hier Boele-Woelki, IPRax 1997, 161, 171; Boschiero, 319, 358f.; López Rodriguez, 330; Stein, 229.

[667] BVerfG, Beschluss vom 14.2.1973 – 1 BvR 112/65, BVerfGE 34, 269, 287; Berger, Kodifizierung, 89; Rüthers, Rn. 271, 775; Mertens, FS Odersky, 857, 861; Lando, The Principles of European Contract Law, 391, 403; Brower, Privatization, 111, 122; Röhl, 48, 278; von Breitenstein, FS Sandrock, 111, 113; Koller, 207; van Schilfgaarde, ERPL 1997, 1, 4f.; López Rodriguez, 106; Weise, 64; Baron, Arb. Int. 15 (1999), 115, 123; Blase, www.europa.eu.int/comm/justice_home/news/consulting_public/rome_i/doc/eu_statement_20031124_de.pdf, 12; Santos Belandro, 90; Ehrlich, Grundlegung der Soziologie des Rechts, 28f. Röhl, 616 unterscheidet insoweit zwischen „primären Lücken", die einem Gesetz von Anfang an anhaften, weil der Gesetzgeber regelungsbedürftige Fragen nicht bedacht hat, sowie „sekundären Lücken", die dadurch entstehen, dass sich die Verhältnisse seit dem Erlass des Gesetzes geändert haben und „Rechtslücken", von denen gesprochen werden kann, wenn es für ganze Lebensbereiche überhaupt an einer moralisch oder politisch wünschenswerten gesetzlichen Regelung fehlt (Koller, 210 und Rüthers, Rn. 842ff. bezeichnen diese Lückenkategorie als „rechtspolitische Lücken"). Weiter wird differenziert zwischen „Normlücken", d.h. Unvollständigkeiten oder Unklarheiten von Einzelnormen (Rüthers, Rn. 842ff.) sowie „Gesetzeslücken", d.h. Unvollständigkeiten innerhalb eines Gesetzes, die vom Standpunkt der Zwecke und Wertungen des betreffenden Gesetzes festgestellt werden (Rüthers, Rn. 842ff.; Koller, 210) und „Rechtslücken", d.h. Unvollständigkeiten, die sich im Lichte der Zwecke und Wertungen der gesamten Rechtsordnung ergeben (Koller, 210).

[668] Röhl, 48, 278; von Breitenstein, FS Sandrock, 111, 113.

[669] López Rodriguez, 326; Schroeder, JJZ 2002, 257, 274; Virally, FS Goldman, 373, 378.

[670] Schroeder, JJZ 2002, 257, 274; von Breitenstein, FS Sandrock, 111, 113; Mertens, FS Odersky, 857, 861f.; Berger, Kodifizierung, 89; Rüthers, Rn. 271, 775; Lando, The Principles of European Contract Law, 391, 403; Gaillard, Arb. Int. 17 (2001), 59, 66; Stein, 242.

vorzubringen geeignet ist.[671] Die auch staatlichen Rechten innewohnende Lückenhaftigkeit zieht daher nicht etwa die fehlende Rechtsqualität, sondern allein die Notwendigkeit der Fortentwicklung des Rechts nach sich.[672] Daraus folgt, dass die zweifellos gegebene Lückenhaftigkeit der UP ihrer Qualifizierung als System und der Gewährleistung der Friedens- und Gestaltungsfunktion jedenfalls dann nicht entgegen stünde, wenn sie Mechanismen bereit hielten, die die systemkonforme Fortbildung des Regelwerks ermöglichen.[673] Aus diesem Grunde soll von einer näheren Auseinandersetzung mit den auf die Regelungsdichte vorgebrachten Argumenten abgesehen und stattdessen auf die eigentlich entscheidende Frage eingegangen werden, ob den UP ausreichende Vorgaben zu entnehmen sind, denen der Rechtsanwender entnehmen kann, wie die dem Regelwerk unzweifelhaft innewohnenden Regelungslücken zu ergänzen sind.

(3) Fortbildungsfähigkeit der UP

(a) Art. 1.6 Abs. 2 UP

Art. 1.6 Abs. 2 UP bestimmt, dass die in den Regelungsbereich der UP fallenden, jedoch nicht ausdrücklich geregelten Rechtsfragen soweit wie möglich im Einklang mit den dem Regelwerk zugrunde liegenden allgemeinen Grundsätzen zu beantworten sind.[674] Dem Text des Art. 1.6 Abs. 2 UP ist zwar nicht zu entnehmen, wie die internen Lücken des Regelwerks zu füllen sind, die nicht mittels Rückgriff auf die allgemeinen Grundsätze der UP beantwortet werden können, und auch die Behandlung externer Regelungslücken hat dort keine Regelung erfahren.[675] Allerdings heißt es in der offiziellen Anmerkung zu Art. 1.6 Abs. 2 UP, dass bei Unmöglichkeit der autonomen Ergänzung der (internen) Lücken auf staatliche Rechte zurückzugreifen ist.[676] Die offiziellen Anmerkungen stellen einen integralen Bestandteil des Regelwerks dar, zumal sie ergänzend zum Ausdruck bringen sollen, mit welchem im Normtext selbst nicht unmittelbar zum Ausdruck kommenden Inhalt die UNIDROIT-Arbeitsgruppe die erläuterte Bestimmung verstanden wissen wollte.[677] Daher lässt sich den UP zwar ab-

---

[671] Von Breitenstein, FS Sandrock, 111, 133.

[672] Koller, 207; López Rodriguez, 108; Weise, 64; Baron, Arb. Int. 15 (1999), 115, 123; Stein, 242; Marrella, La nuova lex mercatoria, 651.

[673] Baron, Arb. Int. 15 (1999), 115, 129; Stein, 242.

[674] Ausführlich Weidemann, Lückenergänzung und richterliche Rechtsfortbildung nach Art. 1.6 II der UNIDROIT-Principles for international commercial contracts: Methode und Beispiele: Rückgewährschuldverhältnisse, postvertragliche Pflichten, objektive Beweislast (2001).

[675] Prujiner, Revue Juridique Thémis 2002, 561, 568.

[676] Vgl. UNIDROIT Principles 1994, Art. 1.6 UP, Anm. 4: "The need to promote uniformity in the application of the Principles implies that when such gaps arise a solution should be found, whenever possible, within the system of the Principles itself *before resorting to domestic laws.*" (Hervorhebung durch Verfasserin). Ebenso Weidemann, 31; Schack, FS Kegel 2002, 179, 186; Ziegel, The UNIDROIT Principles, 221, 227, dort in Fn. 14; siehe ferner die im Jahre 1999 vom UNIDROIT Governing Council verabschiedete Modell-Klausel, abgedruckt bei Bonell, Unif. L. Rev. 2004, 5, 10: „This contract shall be governed by the UNIDROIT Principles [1994], [except as to Articles ...], supplemented when necessary by the law of [jurisdiction X]." Die vorgeschlagene Klausel ist auch als Fußnote zur Präambel in der 2004-Version der UP enthalten.

[677] Petz, 53; Bonell, RDAI 1997, 145, 150; Boele-Woelki, IPRax 1997, 161, 162; Burkart, 50.

schließend entnehmen, wie mit den innerhalb des Regelungsbereichs des Regelwerks offen gebliebenen Fragen zu verfahren ist. Über die Behandlung der außerhalb des Regelungsbereichs liegenden Lücken schweigen jedoch sowohl Art. 1.6 Abs. 2 UP als auch die ihn erläuternden offiziellen Anmerkungen. Nun könnte man geneigt sein, im Wege eines Umkehrschlusses zu argumentieren, dass die externen Regelungslücken offenkundig mittels Rückgriffs auf ein ergänzend zu bestimmendes nationales Recht zu ergänzen sind, zumal Art. 1.6 Abs. 2 UP die systemimmanente Lückenergänzung nur für interne Regelungslücken vorsieht und in dem Falle, dass den den UP zugrunde liegenden Prinzipien keine Lösung zu entnehmen ist, sogar für interne Regelungslücken den Rückgriff auf staatliches Recht vorsieht. Die Diskussion im Zusammenhang mit der gleichgelagerten Problematik des Art. 7 Abs. 2 CISG zeigt allerdings, dass hier auch abweichende Ansätze denkbar sind.[678] Da auch in nationalen Rechten die Methodik der Lückenergänzung häufig nicht ausdrücklich vom Gesetzgeber geregelt ist, sondern vielmehr von der Rechtsprechung nicht nur angewendet, sondern auch entwickelt wird[679], wäre die bezüglich der externen Lücken fehlende explizite Anordnung jedenfalls dann unschädlich, wenn sich, wie für die ebenfalls nicht gesetzlich geregelte Behandlung der externen Lücken des CISG[680], eine Judikatur zur Lückenergänzung herausgebildet hätte, die den Rechtsanwender insoweit beispielsweise auf das nach den Regeln des IPR zu bestimmende Recht verweist. Von einer gefestigten Rechtsprechungspraxis in diesem Sinne kann zwar derzeit, soweit ersichtlich, für die UP noch nicht gesprochen werden.[681] Es läge aber aus der Sicht sowohl staatlicher Gerichte als auch aus der Sicht von Schiedsgerichten zumindest nahe, ebenso zu verfahren wie im Falle des CISG und ergänzend auf das kollisionsrechtlich berufene nationale Recht zu rekurrieren.[682] Bonell als einer der „Väter" der UP und andere Autoren gehen denn auch ganz selbstverständlich von dieser Methode aus.[683] Dies entspricht der auch in den offiziellen Kommentaren verschiedener Bestimmungen der UP hinsichtlich der

---

[678] Siehe oben Kapitel 2, A.II.2.

[679] BVerfG, Beschluss vom 14.2.1973 – 1 BvR 112/65, BVerfGE 34, 269, 287; van Alstine, UPennLR 146, 1 (1997/1998), 687, 737ff.; Rüthers, Rn. 650; Gaillard, Arb. Int. 17 (2001), 59, 68f.

[680] Vgl. oben Kapitel 2, A.II.2.a.

[681] Zumindest in den in der Datenbank "unilex" (www.unilex.info) aufgeführten Urteilen, die unter Heranziehung der UP gefällt wurden, wurde die Lückenhaftigkeit des Regelwerks bislang nur vereinzelt aktuell, so etwa in dem Schiedsentscheid Arbitration Institute of the Stockholm Chamber of Commerce. Court Stockholm, No. 117/1999 von 2001, UNILEX.

[682] So geschehen in Arbitration Institute of the Stockholm Chamber of Commerce. Court Stockholm, No. 117/1999 von 2001, UNILEX; siehe ferner MPI, RabelsZ 86 (2004), 1, 31f. sowie Basedow, AcP 2000, 445, 460. Der in der Entscheidung ICC Award 7110/1998, UNILEX vom Schiedsgericht befürwortete Rückgriff auf allgemeine Rechtsgrundsätze für die Beantwortung von Fragen, die in den UP keine Regelung erfahren haben, beruht auf dem Umstand, dass die Parteien ihren Vertrag von vornherein nicht explizit den UP, sondern den allgemeinen Rechtsgrundsätzen unterstellt haben und kann daher nicht als Ausdruck einer bestimmten, vom Schiedsgericht favorisierten Methodik der Ergänzung externer Lücken des Regelwerks verstanden werden.

[683] Bonell, Unif. L. Rev. 2004, 5, 24; de Miguel Asensio, Dir. comm. int. 1998, 859, 878; Raeschke-Kessler, The UNIDROIT Principles in Contemporary Contract Practice, 99, 100; Weidemann, 108.

Behandlung externer Lücken als selbstverständlich vorausgesetzten Vorgehensweise.[684]

Zusammenfassend lässt sich sagen, dass die UP mit Art. 1.6 Abs. 2 hinreichend genaue Vorgaben enthalten, die dem zur Entscheidung berufenen Rechtsanwender einen Leitfaden zur systemimmanenten Ergänzung und Ausfüllung des Regelwerks an die Hand geben. Darüber hinaus kann davon ausgegangen werden, dass der Rechtsanwender vor dem Hintergrund des Art. 7 Abs. 2 CISG sowie angesichts der in den offiziellen Anmerkungen der UP an verschiedenen Stellen zum Ausdruck kommenden Auffassung der UNIDROIT-Arbeitsgruppe auch bedenkenlos auf das kollisionsrechtlich berufene Recht zurückgreifen kann, um die externen Lücken des Regelwerks zu ergänzen.

(b) Prinzipien und Regeln in den UP

Art. 1.6 Abs. 2 UP verweist den Richter für die Ergänzung der in den Regelungsbereich des Regelwerks fallenden Lücken auf die diesem zugrunde liegenden allgemeinen Rechtsgrundsätze. Die von Art. 1.6 Abs. 2 UP vorgegebene autonome Rechtsfortbildung veranschaulicht besonders deutlich die Bedeutung und Notwendigkeit von aufeinander abgestimmten Prinzipien als Maximen für die voraussehbare Auslegung und Fortentwicklung des Regelwerks.[685] Die Bezeichnung der UP als „Prinzipien“ des Internationalen Handelsrechts[686] kann für das Vorliegen dieser System-Anforderung zwar nicht maßgeblich sein, denn tatsächlich weisen sie nicht nur ausfüllungsbedürftige Prinzipien, sondern darüber hinaus auch zahlreiche detaillierte und konkrete Regeln auf.[687] Der aber zweifellos vorhandene Bestand an allgemeinen Grundsätzen ermöglicht die Weiterentwicklung des Regelwerks gemäß den in Art. 1.6 Abs. 2 UP aufge-

[684] Weidemann, 108; vgl. etwa UNIDROIT Principles 1994, Anm. zu Art. 3.1 UP; siehe ferner die nunmehr als Fußnote zur Präambel der UP 2004 angefügte Modell-Klausel („This contract shall be governed by the UNIDROIT Principles [1994], [except as to Articles ...], supplemented when necessary by the law of [jurisdiction X].“), die – ohne Unterscheidung nach internen und externen Lücken des Regelwerks – von der ergänzenden Heranziehung nationalen Rechts ausgeht.

[685] Berger, Kodifizierung, 127, 162; Baron, Arb. Int. 15 (1999), 115, 129; Dasser, Vertragstypenrecht im Wandel, Rn. 393; Weidemann, 32; Blase, 99; Gaillard, Arb. Int. 17 (2001), 59, 67.

[686] Zu den Gründen für die Wahl der Bezeichnung siehe Petz, 55 mwN.

[687] Gebauer, Unif. L. Rev. 2000, 683, 694; Baron, Arb. Int. 15 (1999), 115, 129; Fauvarque-Cosson, in: A New Approach, 95, 97; Petz, 55; Michaels, RabelsZ 62 (1998), 580, 586; Dasser, Vertragstypenrecht im Wandel, Rn. 393. So stellen etwa Bestimmungen wie diejenigen über den Vertragsschluss (Art. 2.1ff. UP 1994 bzw. Art. 2.1.1ff. UP 2004), über Zahlungsweise und –währung (Art. 6.1.7ff. UP) und den Schadensersatz wegen Nichterfüllung (Art. 7.4.1 UP) sehr konkrete Regeln mit festumrissenem Anwendungsbereich dar, während insbesondere das erste Kapitel einige allgemeine Grundsätze bereithält. Insoweit sind etwa zu nennen das Prinzip der Vertragsfreiheit, der Grundsatz von Treu und Glauben, des favor contractus und der Offenheit gegenüber Handelsbräuchen sowie das Prinzip der Kontrolle gegen Unbilligkeit, vgl. Petz, 56ff.; Brödermann, RIW 2004, 721, 722; siehe auch Berger, Kodifizierung, 161ff. sowie Weidemann, 88ff. mit weiteren Beispielen.

stellten Vorgaben in vorhersehbarer Weise[688], so dass das Erfordernis der Rechtssicherheit auch unter diesem Blickwinkel weitgehend erfüllt ist.[689]

(c) Einwand der fehlenden Konkretisierung der UP durch Rechtsprechung und Rechtswissenschaft

Der im Schrifttum vereinzelt vorkommende Hinweis auf die bislang nicht weit vorangeschrittene Konkretisierung der UP durch Rechtsprechung und Wissenschaft vermag an dem vorstehend festgehaltenen Ergebnis nichts zu ändern: Zwar ist es richtig, dass eine große Zahl von Präzedenzfällen ein Recht konkretisiert, was die Ermittelbarkeit des Rechtsinhalts fördern und die Sicherheit und Vorhersehbarkeit der Rechtsfindung erhöhen kann im Vergleich zu einem Recht, das mangels Judikatur und konkreter Rechtsanwendung eher als „law in the books“ denn als „law in action“ zu bezeichnen ist.[690] In funktionaler Hinsicht maßgeblich und entscheidend ist jedoch nur, dass ein Regelwerk seine systemimmanente Fortbildung in vorhersehbarer Weise *ermöglicht*, nicht aber, dass diese Fortbildung bereits umfassend *erfolgt* ist.[691] Wer dies anders sehen will, müsste auch jedem vergleichsweise jungen bzw. grundlegend reformierten nationalen Gesetz mit dieser Begründung die Rechtsqualität absprechen.[692] Dies hätte zur Folge, dass man zumindest vorläufig weder das neue deutsche Schuldrecht noch das in Neufassung befindliche Niederländische Zivilgesetzbuch oder sonstige Reformgesetze als Recht begreifen könnte. Dies kann nicht richtig sein.

(d) Zwischenergebnis

Im Ergebnis ist festzuhalten, dass sich Art. 1.6 Abs. 2 UP in Verbindung mit den offiziellen Anmerkungen der Verfasser hinreichend deutlich entnehmen lässt, wie die Beantwortung offener Rechtsfragen zu erfolgen hat. Art. 1.6 Abs. 2 UP gibt explizit die autonome Ergänzung der in den Regelungsbereich des Regelwerks fallenden Lücken vor. Aufgrund des danach erforderlichen und zudem tatsächlich vorhandenen Bestandes an allgemeinen Grundsätzen, die den UP zugrunde liegen, bestehen keine Bedenken, dem Regelwerk intrasystemare Fortbildungsfähigkeit und damit verbunden die Gewähr von materieller Rechtssicherheit zuzusprechen.[693] Das Miteinander von Regeln und Prinzipien prägt maßgeblich die den UP eigene Struktur und stellt gleichzeitig die ordnende Funktion der dem Regelwerk zugrunde liegenden inhaltlichen Maximen unter Beweis.[694] Ihre ohne Zweifel lückenhafte Regelungsdichte lässt sich angesichts dessen durchaus mit der Schlussfolgerung vereinbaren, dass die UP sowohl der Friedens- als auch der Gestaltungsfunktion gerecht werden. Denn sie weisen einen

---

688 Baron, Arb. Int. 15 (1999), 115, 129; Berger, Kodifizierung, 126f.
689 Burkart, 96.
690 Mankowski, RIW 2003, 2, 6.
691 Rüthers, Rn. 752; Koller, 61; Kaufmann, 150.
692 In diesem Sinne auch Baron, Arb. Int. 15 (1999), 115, 123.
693 Boele-Woelki, IPRax 1997, 161, 164; Baron, Arb. Int. 15 (1999), 115, 129; Petz, 64; Berger, Kodifizierung, 160.
694 Petz, 63; Baron, Arb. Int. 15 (1999), 115, 129.

beträchtlichen Normenbestand auf und sind darauf angelegt, nicht geregelte Fragen mit Hilfe systematisch-teleologischer Erwägungen einer Antwort zuzuführen.[695]

(4) Kohärenz der UP

Die UP müssten ferner einen Bestand an tendenziell konsistenten, kohärenten, weitgehend widerspruchsfreien Bestimmungen aufweisen, um die Anforderungen zu erfüllen, die an die für den Systemcharakter unverzichtbare Ordnungs- und Einheitsfunktion eines Rechts gestellt werden.[696] Dabei ist zu berücksichtigen, dass faktisch keine Rechtsordnung und kein Gesetz ein völlig widerspruchsfreies Wertungs-, Sinn- oder Regelungsgefüge bildet.[697] Im Rahmen dieser Arbeit kann eine eingehende Analyse im Hinblick auf mögliche Friktionen und Widersprüche innerhalb der UP nicht vorgenommen werden. Da insoweit aber ohnehin keine überzogenen Anforderungen zu stellen sind, zumal die Problematik widersprüchlicher, nicht gänzlich konsistenter Regelungen auch staatlichen Rechten nicht fremd ist, soll hier die Feststellung genügen, dass zumindest keine offenkundige Inkonsistenz der in den UP enthaltenen Bestimmungen ersichtlich ist. Insbesondere handelt es sich bei den UP nicht um ein „beziehungsloses Nebeneinander verschiedener Vorschriften", das der lex mercatoria häufig entgegengehalten wird[698], sondern um eine Zusammenstellung von auf inhaltliche Leitgedanken rückführbaren, zumindest tendenziell kohärenten Normen.[699]

(5) Zwischenergebnis: Erfüllung der Friedens- und Gestaltungsfunktion durch die UP - Systemcharakter der UP

Die bisherigen Erörterungen haben gezeigt, dass die UP angesichts des in ihnen zum Ausdruck kommenden Zusammenspiels konkreter Bestimmungen mit inhaltlichen Leitgedanken sowohl Ordnungs- als auch Einheitscharakter aufweisen und damit die wesentlichen Voraussetzungen für ihre Qualifizierung als System erfüllen.[700] Da sie die Vorhersehbarkeit des Ergebnisses der Rechtsanwendung weitgehend gewährleisten[701] und insbesondere ihre intrasystemare Fortbildung ermöglichen[702], steht ihrer Qualifizierung als in sich geschlossenes, der Weiterentwicklung zugängliches System nichts entgegen.[703] Im Gegensatz zur lex mercatoria handelt es sich bei den UP gerade

---

[695] Petz, 64; Berger, Kodifizierung, 160; Boele-Woelki, IPRax 1997, 161, 164; Baron, Arb. Int. 15 (1999), 115, 129.

[696] Vgl. oben Kapitel 3, B.III.3.a.bb.

[697] Rüthers, Rn. 271, 278, 775; Kelsen, 209.

[698] So etwa von Bar/Mankowski-von Bar, IPR Bd. I, § 2, Rn. 75; diesen Mangel der lex mercatoria gesteht auch ein Teil ihrer leidenschaftlichsten Verfechter ein, wie z.B. Teubner, Globale Bukowina, 26.

[699] Burkart, 96; Baron, Arb. Int. 15 (1999), 115, 129.

[700] Berger, Kodifizierung, 160; Petz, 63; Kahn, Vers l'institutionnalisation de la Lex Mercatoria, 125, 132; Luzzatto, I principi UNIDROIT, 91, 95; Baron, Arb. Int. 15 (1999), 115, 129.

[701] Gaillard, Arb. Int. 17 (2001), 59, 62.

[702] Berger, Kodifizierung, 160; Petz, 64; Boele-Woelki, IPRax 1997, 161, 164; Baron, Arb. Int. 15 (1999), 115, 129.

[703] Berger, Kodifizierung, 127, 163; Boele-Woelki, IPRax 1997, 161, 164; Baron, Arb. Int. 15 (1999), 115, 129.

nicht um eine Zusammenfassung von nicht aufeinander abgestimmten Spezialnormen.[704] Die UP werden daher sowohl der Friedens- als auch der Gestaltungsfunktion einer Rechtsordnung gerecht.

b. Ausgleichs- und Gerechtigkeitsfunktion

Für ihre Einordnung als autonome Rechtsgeltungsquelle im Sinne des funktionalen Rechtsbegriffs müssen rechtliche Normen zudem den Moral- und Gerechtigkeitsvorstellungen der Beteiligten einigermaßen entsprechen. Dies macht das Aufstellen von Verhaltens-Richtlinien erforderlich, die einen allgemein annehmbaren Ausgleich gegensätzlicher Interessen herbeiführen.[705] Die Funktionsfähigkeit einer Rechtsordnung hängt mit anderen Worten auch davon ab, in welchem Maß das Recht Gerechtigkeitsvorstellungen der Rechtsgemeinschaft verwirklicht.[706] Kriterien der Gerechtigkeit in diesem Sinne sind Gleichbehandlung, Sachgerechtigkeit, Verhältnismäßigkeit, Fairness und Einzelfallgerechtigkeit.[707] Nun wird gerade den UP vielfach vorgehalten, dass sie diese Anforderung zu erfüllen nicht imstande seien: Diesbezüglich wird verbreitet vorgebracht, dass sie angesichts ihres nur schwach ausgeprägten Bestandes an zwingenden Regeln, insbesondere wegen des in Art. 3.1 lit. c UP 1994 (Art. 3.1 lit. b UP 2004) ausdrücklich festgestellten Fehlens einer Regelung betreffend die Ungültigkeit von Verträgen wegen Sittenwidrigkeit oder wegen Verstoßes gegen gesetzliche Verbote, kein ausgewogenes System vertraglicher Gerechtigkeit darstellten und daher nicht in der Lage seien, einen angemessenen vertraglichen Interessenausgleich zu gewährleisten.[708] Dem wird zu Recht entgegengehalten, dass die UP in der Tat einen beachtlichen Bestand an zwingenden Normen aufweisen, die unbillige Ergebnisse vermeiden sollen. Dabei handelt es sich meist um Konkretisierungen des in Art. 1.7 UP niedergelegten Grundsatzes von Treu und Glauben, die, wie sich aus Art. 1.5 UP ergibt, nicht Gegenstand der Vertragsfreiheit sind.[709] In diesem Zusammenhang sind zu nennen Art. 1.7 Abs. 2 UP (Unabdingbarkeit der Pflicht, im Einklang mit Treu und Glauben zu handeln), Art. 3.19 UP (Unabdingbarkeit der Bestimmungen des 3. Kapi-

---

[704] Burkart, 96; siehe zur lex mercatoria Mankowski, RIW 2003, 2, 13; von Bar/Mankowski-von Bar, IPR Bd. I, § 2, Rn. 75; Carrascosa González, 103; Wortmann, Arb. Int. 14 (1998), 97, 102; Highet, Enigma, 133, 142; Rigaux, C. Dr. Europ. 1988, 306, 318.

[705] Koller, 60; Rüthers, Rn. 86; Burkart, 96f.; Mertens, FS Odersky, 857, 872; Radbruch, SJZ 1946, 105, 107; siehe ferner Highet, Enigma, 133, 140, der den Ausgleichscharakter als Systemvoraussetzung versteht.

[706] Rüthers, Rn. 86.

[707] Rüthers, Rn. 386f.

[708] Drobnig, Unif. L. Rev. 1998, 385, 391; Kropholler, IPR, § 52 II 3 e; Boggiano, Unif. L. Rev. 1996, 219, 226; Hultmark, in: A New Approach, 301, 306; Hartkamp, Unif. L. Rev. 2003, 81, 82, 88.

[709] Vischer, FS Schlechtriem, 445, 447; Vischer/Huber/Oser, Kapitel 3, § 3, Rn. 301; Burkart, 81, 97; Petz, 126; Mankowski, RIW 2003, 2, 11; Ziegel, The UNIDROIT Principles, 221, 227; Patocchi/Favre-Bulle, Sem. Jud. 120 (1998), 569, 574; Leible, Wege zu einem europäischen Privatrecht, 411; ders., ZVglRWiss 97 (1998), 286, 315f.; Charpentier, Revue Juridique Thémis 2002, 355, 361; Wilhelmsson, Unif. L. Rev. 2003, 141, 147; López Rodriguez, 153. Eingehend zu diesen Vorschriften und ihrer Bedeutung für die Herstellung eines angemessenen Interessenausgleichs Corapi, Europa e diritto privato 2002, 23ff.

tels über die Gültigkeit bzw. die Anfechtbarkeit von Rechtsgeschäften wegen Täuschung, Drohung oder Wucher), Art. 5.7 Abs. 2 UP 1994 bzw. Art. 5.1.7 Abs. 2 UP 2004 (Unabdingbarkeit des Gebots der Herabsetzung unangemessener Preisbestimmungen) sowie Art. 7.4.13 Abs. 2 UP (Unabdingbarkeit des Gebots der Herabsetzung unangemessener Vertragsstrafen).[710] Obwohl im Text der UP nicht explizit als solche bezeichnet, stellt auch der Freizeichnungsklauseln regelnde Art. 7.1.6 UP seinem Zweck zufolge eine zwingende Bestimmung dar[711], ebenso die Art. 6.2.1ff. UP (hardship) sowie Art. 7.1.7 UP (höhere Gewalt). Vorschriften, von denen die Vertragspartner nicht abweichen können, finden sich ferner im Zusammenhang mit AGB: Individualvereinbarungen haben zwingend Vorrang (Art. 2.21 UP 1994 bzw. Art. 2.1.21 UP 2004), überraschende Klauseln müssen explizit in den Vertrag aufgenommen werden, um Geltung zu entfalten (Art. 2.20 UP 1994 bzw. Art. 2.1.20 UP 2004)[712], und die Unklarheit von Bestimmungen geht stets zu Lasten des Verwenders (Art. 4.6 UP).[713] Die jüngst veröffentlichte, deutlich erweiterte Version der UP weist zudem weitere Bestimmungen auf, die als zwingende Normen ausgestaltet sind. Insoweit ist insbesondere Art. 10.3 Abs. 2 UP 2004 zu nennen, der die Möglichkeit der Modifikation von Verjährungsfristen erheblich einschränkt. Hinzu kommt die nunmehr in Art. 1.8 UP 2004 erfolgte explizite Normierung des Verbots des venire contra factum proprium, das den dem Regelwerk zugrunde liegenden „Geist kaufmännischer Loyalität" erkennen lässt.[714] Charpentier[715] erwägt darüber hinaus angesichts des auf Treu und Glauben Bezug nehmenden Wortlauts des Art. 1.5 UP die Einbeziehung fast aller im offiziellen Kommentar zu Art. 1.7 UP genannten Bestimmungen des Regelwerks in die Gruppe unabdingbarer Regeln, namentlich Art. 2.15 UP 1994 (Art. 2.1.15 UP 2004), Art. 2.16 UP 1994 (Art. 2.1.16 UP 2004), Art. 2.4 UP 1994 (Art. 2.1.4 UP 2004), Art. 5.3 UP 1994 (Art. 5.1.3 UP 2004), Art. 6.2.3 UP, Art. 2.18 UP 1994 (Art. 2.1.18 UP 2004), Art. 2.20 UP 1994 (Art. 2.1.20 UP 2004), Art. 6.1.3 UP, Art. 6.1.5 UP, Art. 7.1.2 UP und Art. 7.4.8 UP. Aus den genannten Vorschriften wird deutlich, dass die Kontrolle gegen Unbilligkeit in den UP einen durchaus bemerkenswerten Niederschlag gefunden hat. Auch im Verhältnis von Unternehmern zueinander können gravierende Unterschiede in der Sachkenntnis und der Geschäftserfahrung der Kontrahenten die Korrektur von als ungerecht empfundenen Ergebnissen erforderlich machen.[716] Die UNIDROIT-Arbeitsgruppe hat dies in ihre Überlegungen einbezogen.[717]

---

[710] UNIDROIT Principles 1994, Art. 1.5 UP, Anm. 3; MPI, RabelsZ 68 (2004), 1, 32f.; Bonell, ZfRV 1996, 152, 155; Berger, Kodifizierung, 169; Charpentier, Revue Juridique Thémis 2002, 355, 361, dort in Fn. 11ff.; Larroumet, La Semaine Juridique 1997, 147, 150; López Rodriguez, 153.

[711] UNIDROIT Principles 1994, Art. 1.5 UP, Anm. 3; Charpentier, Revue Juridique Thémis 2002, 355, 362, dort in Fn. 14; Petz, 62; Bonell, ZfRV 1996, 152, 155; Berger, Kodifizierung, 169.

[712] Bonell, ZfRV 1996, 152, 155; Santos Belandro, 184f.; Wichard, RabelsZ 60 (1996), 269, 286.

[713] Bonell, ZfRV 1996, 152, 155; Santos Belandro, 184f.; Wichard, RabelsZ 60 (1996), 269, 286.

[714] Brödermann, RIW 2004, 721, 735.

[715] Charpentier, Revue Juridique Thémis 2002, 355, 362ff.

[716] Drobnig, Unif. L. Rev. 1998, 385, 391; Hartkamp, Unif. L. Rev. 2003, 81, 82; de Miguel Asensio, Dir. comm. int. 1998, 859, 866f.; Wilhelmsson, Unif. L. Rev. 2003, 141, 146.

An diesem Eindruck vermag die Tatsache nichts zu ändern, dass Art. 3.1 UP bestimmte, den vertraglichen Interessenausgleich betreffende Gesichtspunkte, insbesondere die Ungültigkeit des Vertrages wegen Sittenwidrigkeit oder wegen Verstoßes gegen ein Verbotsgesetz, ausdrücklich vom Regelungsbereich des Regelwerks ausnimmt.[718] Denn dass die Ausprägung des in den UP erkennbaren Systems vertraglicher Gerechtigkeit möglicherweise von einzelnen diesbezüglich besonders weit entwickelten staatlichen Rechten abweicht, ist, wie bereits dargelegt, irrelevant, solange eine entsprechende Finalität zugrunde liegt.[719] Insoweit ist ferner zu bedenken, dass die UP gemäß Absatz 1 ihrer Präambel ohnehin nur im Zusammenhang mit internationalen Handelsgeschäften herangezogen werden wollen, so dass Verträge, in denen der Gesichtspunkt des Interessenausgleichs aufgrund der besonderen Schutzbedürftigkeit einer Partei besonders zum Tragen kommt – wie Verbraucherverträge, Wohnungsmiet- oder Arbeitsverträge – vom Anwendungsbereich der UP ausgeschlossen sind.[720] Für Handelsverträge stellt auch das nationale Recht, beispielsweise im Bereich der AGB-Kontrolle, geringere Anforderungen.[721] Hingegen wäre es fragwürdig, aus der Tatsache, dass auch nationale Vertragsrechte weitgehend dispositiven Charakter aufweisen und nur vergleichsweise wenig unabdingbare Bestimmungen enthalten, zu schließen, dass es im Zusammenhang mit vertragsrechtlichen Regelungen überhaupt nicht auf die Gesichtspunkte des Interessenschutzes und der Vertragsgerechtigkeit ankomme.[722] Denn davon, dass nationale Vertragsrechte diesen Gedanken keinerlei Rechnung tragen, kann bei weitem nicht die Rede sein.[723]

Die summarische Überprüfung der UP führt somit zu dem Ergebnis, dass der Gedanke der Vertragsgerechtigkeit bzw. des Schutzes des schwächeren Vertragspartners dem Regelwerk ohne Zweifel zugrunde liegt und in seinen zwingenden Bestimmungen

---

[717] MPI, RabelsZ 68 (2004), 1, 33; Brödermann, RIW 2004, 721, 735; Petz, 62; Bonell, ZfRV 1996, 152, 155; Stein, 249; Mankowski, RIW 2003, 2, 11; ders., Stillschweigende Rechtswahl und wählbares Recht, 63, 96f.; Vischer, FS Schlechtriem, 445ff.; Berger, Kodifizierung, 169; Mazeaud, A propos du droit virtuel des contrats, 205, 208ff.; Dasser, Vertragstypenrecht im Wandel, Rn. 402.

[718] Zur Tragweite des Art. 3.1 UP näher Weidemann, 43ff.

[719] Koller, 61; Kaufmann, 150; Rüthers, Rn. 752.

[720] UNIDROIT Principles 1994, Preamble, Anm. 2; Wichard, RabelsZ 60 (1996), 269, 286; Burkart, 82; Petz, 126; Berger, Kodifizierung, 66; Wilhelmsson, Unif. L. Rev. 2003, 141, 142; Grundmann, FS Rolland, 145, 156.

[721] Burkart, 81 unter Hinweis auf § 24 AGBG a.F. (durch das SchRModG in § 310 Abs. 1 BGB n.F. übernommen); ebenso Mazeaud, A propos du droit virtuel des contrats, 205, 208ff.; Wichard, RabelsZ 60 (1996), 269, 286; vgl. ferner Nygh, 142f., López Rodriguez, 40 und Fernández Arroyo/Fresnedo de Aguirre, 949, 951f., die darauf hinweisen, dass die Marktteilnehmer nicht vor jeder durch ihre wirtschaftlich schwächere Position bedingten möglichen Benachteiligung bei der Interessendurchsetzung geschützt werden müssten, da es sich bei den im Einzelnen voneinander abweichenden Einflussmöglichkeiten und Kräfteverhältnissen kleiner im Vergleich zu großen Unternehmen um typische Konsequenzen des Wirtschaftsverkehrs im freien Markt handele und die Hinnahme nachteiliger Positionen die Beschränkung der Grundmaxime der Vertragsfreiheit zugunsten der schwächeren Marktteilnehmer nur in engen Ausnahmefällen erforderlich mache.

[722] So aber Glenn, 53, 62.

[723] Vgl. statt aller de Miguel Asensio, Dir. comm. int. 1998, 859, 866.

zahlreiche Ausprägungen erfahren hat. Ob diese für ein vertragliches Gleichgewicht Sorge tragenden Vorschriften im Einzelnen denen staatlicher Rechte entsprechen, ist, wie bereits ausgeführt, nicht von Bedeutung. Eine entsprechende Finalität garantieren die UP jedenfalls[724], anders als die lex mercatoria, die nach Ansicht einiger Autoren gegenüber der Interessen- und Machtausübung ökonomischer Akteure besonders anfällig ist.[725]

c. Normeffizienz

Von einigen Autoren wird auch die Normeffizienz, d.h. die organisierte Durchsetzung von Normen durch hierfür zuständige Zwangsinstitutionen, als eine elementare Voraussetzung für die Qualifikation von Normen als Normensystem betrachtet.[726] Der Gesichtspunkt effektiver Normdurchsetzung mag für die Einordnung der lex mercatoria als von staatlichem Recht und staatlichen Institutionen gänzlich unabhängiges, sich selbst genügendes transnationales Rechtssystem seine Bedeutung haben.[727] Für die hier zu untersuchende Frage nach der autonomen, d.h. von einem staatlichen Rechtsanwendungsbefehl unabhängigen Geltung der UP vor staatlichen Gerichten würde das Abstellen auf die Normeffizienz jedoch in einen Teufelskreis führen. Denn wenn die UP als objektives Recht vor staatlichen Gerichten angewendet werden können, ergeht darauf hin das Urteil eines staatlichen Gerichts, für dessen zwangsweise Durchsetzung die staatlichen Zwangsapparate genauso zur Verfügung stehen wie bei der Heranziehung staatlichen Rechts als Entscheidungsgrundlage.[728] Daher hängt die Normeffizienz der UP davon ab, ob man ihnen autonome oder zumindest abgeleitete Rechtsgeltung zuerkennen will. Umgekehrt die autonome Geltung des Regelwerks von der Effizienz seiner Normen abhängig zu machen, hieße, das Pferd von hinten aufzuzäumen.

d. Ergebnis – Normative Qualität der UP nach dem funktionalen Rechtsbegriff

Die vorangehenden Darlegungen haben gezeigt, dass die UP die Funktionen einer Rechtsordnung in gleicher Weise zu erfüllen imstande sind wie staatliche Rechte. Sie bestehen aus Bestimmungen, „die eine dem Rechtssicherheitsgedanken genügende innere Kohärenz sowie einen dem Postulat der Einzelfallgerechtigkeit Rechnung tragenden materiellen Gehalt aufweisen."[729] Damit ist gleichzeitig klar, dass es sich bei

---

[724] Ebenso Burkart, 81; MPI, RabelsZ 68 (2004), 1, 33; Kahn, Les Principes UNIDROIT, 39, 48 (spricht davon, dass die in Art. 1.5 UP erfolgte Aufnahme zwingender Regelungen den UP Rechtscharakter verleihe); Petz, 62; Bonell, ZfRV 1996, 152, 155; Mankowski, RIW 2003, 2, 11; ders., Stillschweigende Rechtswahl und wählbares Recht, 63, 96f.; Vischer, FS Schlechtriem, 445ff.; Berger, Kodifizierung, 169; Dasser, Vertragstypenrecht im Wandel, Rn. 402; Schilf, Vertragsgrundregeln, 377.

[725] Teubner, Globale Bukowina, 26; Carrascosa González, 102; López Rodriguez, 130.

[726] Eingehend Schroeder, JJZ 2002, 257ff., 268ff.; Koller, 58; Schroeder/Oppermann, ZVglRWiss 99 (2000), 410, 422; Stein, 242.

[727] Siehe dazu Kapitel 3, B.III.2.c.bb.

[728] Wichard, RabelsZ 60 (1996), 269, 283.

[729] Burkart, 92.

den UP um ein System handelt.[730] Anders als im Lichte eines positivistischen Rechtsverständnisses lassen sich die UP vor dem Hintergrund einer funktionalen Betrachtung als aus sich heraus juristisch verbindliches Recht und damit nicht nur als Rechtsgewinnungs-, sondern als autonome Rechtsgeltungsquelle einstufen. Ihre Rechtsqualität entspricht dementsprechend der eines „code des obligations" für internationale Verträge.[731] Ihre juristische Bindungswirkung beziehen die UP nach diesem Verständnis nicht aus einem staatlichen Rechtsetzungsakt, sondern aus ihrer Qualität.

IV. Stellungnahme - Auseinandersetzung mit dem positivistischen und dem funktionalen Rechtsbegriff

Während sich die UP den vom formal-positivistischen Rechtsbegriff umfassten Quellen nicht zuordnen lassen[732] und die Annahme ihrer autonomen Rechtsgeltung auch vor dem Hintergrund des soziologischen Rechtspositivismus jedenfalls nach hier vertretener Auffassung mangels ihrer tatsächlichen Wirksamkeit nicht möglich ist[733], gestattet das funktionale Rechtsverständnis die Qualifizierung der UP als Rechtsgeltungsquelle und damit als Normen, die aus sich heraus, d.h. autonom, über juristische Bindungswirkung verfügen. Obwohl sich die Rechtstheorie dadurch auszeichnet, dass „hier Meinungen aufeinander prallen, von denen im Prinzip keine irgendeinen Anspruch erheben kann, ernster genommen zu werden als die andere und bei der es bisher weder Sieger noch Besiegte gibt und voraussichtlich auch niemals geben wird"[734], soll nachfolgend der Versuch unternommen werden, den nach Ansicht der Verfasserin vorzugswürdigeren Ansatz herauszuarbeiten.

1. Auseinandersetzung mit dem funktionalen Rechtsbegriff

Der funktionale Rechtsbegriff rüttelt nicht nur in ideologischer Hinsicht „an den Grundfesten rechtstheoretischer Vorstellungen des Rechts als staatlich-souverän dekretierte und sanktionierte Sozialkontrolle, als ‚Inbegriff der in einem Staate geltenden Zwangsnormen'."[735] Das materielle Rechtsquellenkonzept begegnet vor allen Dingen gravierenden rechtspraktischen Bedenken. Denn insbesondere die Frage nach der Ausgewogenheit von Normen und der von ihnen gewährleisteten Vertragsgerechtigkeit, die gemäß dem funktionalen Rechtsbegriff die Voraussetzung für die Einstufung eines nichtstaatlichen Regelwerks als „Recht" darstellen soll, wird – jedenfalls soweit die UP betroffen sind – bei weitem nicht einheitlich beurteilt.[736] Der an materiellen Gesichtspunkten orientierte Begriff der Rechtsquelle nimmt nicht nur eine Überforderung

---

[730] Berger, Kodifizierung, 160; Petz, 63; Kahn, Vers l'institutionnalisation de la Lex Mercatoria, 125, 132; Luzzatto, I principi UNIDROIT, 91, 95; Baron, Arb. Int. 15 (1999), 115, 129; Boele-Woelki, IPRax 1997, 161, 164.
[731] Kahn, Vers l'institutionnalisation de la Lex Mercatoria, 125, 132.
[732] Canaris, 5, 10; vgl. ferner oben Kapitel 3, B.III.2.
[733] Siehe dazu oben Kapitel 3, B.III.2.
[734] Mertens, FS Odersky, 857, 866.
[735] Berger, Kodifizierung, 27.
[736] Herber, IHR 2003, 1, 7. Siehe dazu bereits oben Kapitel 3, B.III.3.b. sowie unten Kapitel 5, B.II.3.f.bb.(2).(c).(bb).

des staatlichen Richters hin. Er würde im Falle der UP und wohl auch im Falle der meisten sonstigen nichtstaatlichen Regelwerke in Ermangelung einer entsprechenden normativen Entscheidung auch nicht zur zweifelsfreien Klärung der Frage beitragen, ob es sich bei diesen Regelwerken um objektiv geltendes, für das entscheidende Gericht verbindliches Normenmaterial handelt oder nicht.[737] Insofern ist bereits fraglich, welcher Mindeststandard vor dem Hintergrund der teils völlig unterschiedlich geprägten Rechtsordnungen speziell für internationale Handelsbeziehungen maßgeblich wäre.[738] Dementsprechend wird auch von den Anhängern der Gegenmeinung geltend gemacht, ein Vorrang des inhaltlich richtigen vor dem ordnungsgemäß gesetzten Recht sei nicht zu begründen, zumal fraglich sei, wie man die Rechtsgeltung eines privaten Regelwerks beurteilen solle, wenn dieses nicht einheitlich bewertet würde.[739] Von juristischer Geltung kann man aber anerkanntermaßen nur bei denjenigen Normen sprechen, von deren Anwendung durch den Richter die Parteien im Rechtsstreit *ausgehen können und müssen.*[740] Die Gewissheit, die dies impliziert[741], bestünde bei einem materiellen Rechtsverständnis keinesfalls, was umso bedenklicher ist, als die Rechtswissenschaft nicht nur auf Rechtssicherheit, sondern auch auf Praktikabilität ausgerichtet ist.[742] Der autonome Geltungsanspruch der UP kann daher von staatlichen Rechtsordnungen nicht hingenommen werden, soweit er ausschließlich aus ihrem materiellen Rechtsordnungscharakter hergeleitet wird.

2. Auseinandersetzung mit dem soziologisch-positivistischen Rechtsbegriff

a. Unzulässige Gleichsetzung von soziologischer und juristischer Geltung

Was nun die wirksamkeitsorientierte Ausprägung des Rechtspositivismus anbelangt, wird vorgebracht, der soziologische Positivismus verschiebe das Problem der Rechtsgeltung in unzulässiger Weise von der normativen auf die soziologische und psychologische Ebene.[743] Er verkenne damit den in der Geltung des Rechts mitgedachten An-

---

[737] Herber, IHR 2003, 1, 7; Michaels, RabelsZ 62 (1998), 580, 618; Kaufmann, 150; ebenso Koller, 28 in Bezug auf die materiellrechtlichen Kriterien der Moral und Gerechtigkeit sowie S. 121f. in Bezug auf die Willkürlichkeit der rationalen Ausprägung der Naturrechtslehre; siehe ferner Kegel/Schurig, § 2 I, 131 sowie Kelsen, 64ff., der die Frage aufwirft, an den Normen *welcher* Moralordnung sich das Recht denn zu orientieren habe, zumal es nicht möglich sei, „zu bestimmen, was unter allen Umständen für gut und böse, gerecht und ungerecht gehalten werden muss"; vgl. weiter dens., 64ff., der hinsichtlich der Naturrechtslehre ausführt: „Eine positivistische [...] Rechtslehre behauptet nicht [...], dass es keine Gerechtigkeit gebe, sondern dass tatsächlich sehr viele, voneinander verschiedene und einander möglicherweise widersprechende Gerechtigkeitsnormen vorausgesetzt werden. [...] Aber sie besteht darauf, dass diese Wertmaßstäbe nur relativen Charakter haben und dass daher die Akte, durch die eine und dieselbe positive Rechtsordnung gesetzt wurde, mit dem einen Maßstab gemessen als gerecht gerechtfertigt, mit dem anderen aber als ungerecht verurteilt werden können."

[738] De Ly, Lex Mercatoria (Law Merchant), 159, 168.

[739] Michaels, RabelsZ 62 (1998), 580, 618.

[740] Michaels, RabelsZ 62 (1998), 580, 611; Mertens, RabelsZ 56 (1992), 219, 240.

[741] Rüthers, Rn. 217.

[742] Rüthers, Rn. 50.

[743] Kelsen, 215ff.; Larenz, Methodenlehre, 38 mwN dort in Fn. 11 und S. 82; de Ly, Lex Mercatoria (Law Merchant), 159, 169; Behrens, 32, 35.

spruch auf Verbindlichkeit, d.h. den normativen Sinn des Rechts[744], ohne dass es ihm gelänge, „deutlich zu machen, wie die *soziologisch* zu beobachtende tatsächliche Geltung eines positiven Rechts auch seine *normative* Geltung im Sinne eines Sollens zu begründen vermag."[745] Denke man den Gedanken zu Ende, erhebe der soziologische Rechtspositivismus auch kriminelle Gesellschaftsgruppen, wie etwa die Mafia, zum Gesetzgeber.[746] Im Übrigen bleibe unklar, in welchem Verhältnis die von den verschiedenen sozialen Gruppen entwickelten Rechte zueinander stünden.[747] Hierauf wird entgegnet, dass es zwar richtig sei, dass ein soziologischer Geltungsbegriff nicht mit dem juristischen Geltungsbegriff gleichzusetzen ist. Allerdings finde diese Gegenüberstellung in der herkömmlichen Diskussion zumeist vor dem Hintergrund eines vorhandenen staatlichen Regelwerks statt, und dort sei sie auch berechtigt. Im internationalen Handelsrecht, wo der vorhandene staatliche Regelbestand häufig unzulänglich sei, müsse aber der „Schaffung, Befolgung und Sanktionierung tatsächlicher Abläufe und Regeln und der fortdauernden Übung im Sinne einer normativen Kraft des Faktischen" juristische Relevanz beigemessen werden.[748] Im Rahmen der Globalisierung werde politische Normsetzung marginalisiert, von der „Spitze der Normenhierarchie" entfernt und mit anderen Typen sozialer Normsetzung gleichgesetzt.[749] Der Nationalstaat könne unter diesen Umständen nicht mehr als der „natürliche Hort der Gesetzgebung" angesehen werden.[750] Jedoch bringt diese Haltung das Risiko mit sich, nicht sorgfältig zwischen Rechtsnormen und Erscheinungen rein gesellschaftlicher Natur zu unterscheiden.[751] Der soziologische Positivismus verfehlt „etwas gerade dem Recht Eigentümliches und Wesentliches, nämlich den ihm eigenen Geltungsanspruch, das Sollensmoment."[752] Darum wird auch der Annahme juristischer Geltung der lex mercatoria entgegengehalten, dass der Schluss aus ihrer durchaus denkbaren sozialen Geltung auf eine juristische der „Schluss von einem Sein auf ein Sollen" sei, der „eine unzulässige Verschiebung der Begriffsbedeutung von Geltung" bedeute.[753] Selbst religiösen Rechten und damit Rechtsordnungen von weit größerer Kohärenz als sie die lex mercatoria für sich in Anspruch nehmen könne, käme vor deutschen staatlichen Gerichten lediglich eine mittelbare Geltung zu, und auch diese sei davon abhängig, dass das In-

---

744 Larenz, Methodenlehre, 65.

745 Larenz, Methodenlehre, 82; ebenso von Bar/Mankowski-von Bar, IPR Bd. I, § 2, Rn. 76; MüKo-Sonnenberger, Einl. IPR, Rn. 232 mwN; de Ly, Lex Mercatoria (Law Merchant), 159, 169; Michaels, RabelsZ 62 (1998), 580, 611.

746 De Ly, Lex Mercatoria (Law Merchant), 159, 169.

747 De Ly, Lex Mercatoria (Law Merchant), 159, 169.

748 So Burkart, 90; ähnlich auch Teubner, FS Zöllner, 565, 578f.; Zumbansen, RabelsZ 67 (2003), 637, 649.

749 Teubner, FS Zöllner, 565, 577.

750 Basedow, FS Stoll, 405, 413; López Rodriguez, 33.

751 Dies räumt selbst Teubner, FS Zöllner, 565, 581 als Anhänger des Rechtspluralismus ein. Siehe auch Zumbansen, RabelsZ 67 (2003), 637, 649; ebenso Mann, ICLQ 36 (1987), 437, 448.

752 Larenz, Methodenlehre, 38, 82 mit weiteren Nachweisen dort in Fn. 11; de Ly, Lex Mercatoria (Law Merchant), 159, 169; von Bar/Mankowski-von Bar, IPR Bd. I, § 2, Rn. 76; MüKo-Sonnenberger, Einl. IPR, Rn. 232 mwN; Michaels, RabelsZ 62 (1998), 580, 611; Kelsen, 215ff.

753 Michaels, RabelsZ 62 (1998), 580, 615.

ternationale Privatrecht das Recht eines Staates berufe, der das religiöse Recht auch im staatlichen Bereich für verbindlich erklärt.[754] Bei der lex mercatoria stünden die Richter, obwohl unerlässliches Element der Rechtsbildung aus sich selbst heraus, außerhalb des rechtsbildenden Systems. Sie gelte daher womöglich in den Kreisen, die sie akzeptierten, könne jedoch, eben weil sie sich systembezogen begründe, für außerhalb des Systems Stehende keine Verbindlichkeit beanspruchen.[755]

Der Nutzen des soziologischen Positivismus beschränkt sich vor diesem Hintergrund darauf, dem Gesetzgeber die Kenntnisnahme von Tatsachen zu ermöglichen, derer er zur Entwicklung zweckmäßiger Regelungen bedarf.[756]

b. Unsichere Feststellung der sozialen Wirksamkeit von Normen

Gegen das soziologische Rechtsverständnis spricht überdies, dass sich die tatsächliche Wirksamkeit von Normen, ebenso wie ihre inhaltlichen Qualitäten, häufig nicht mit Sicherheit feststellen lässt. Die oben erwähnten Meinungsverschiedenheiten bezüglich der Häufigkeit, mit der die UP in der internationalen Schiedspraxis zur Grundlage der Streitentscheidung gemacht werden, machen dies deutlich.[757] Problematisch ist in diesem Zusammenhang zunächst, dass die für die Feststellung der relativen Häufigkeit einschlägiger Entscheide notwendige Offenlegung aller schiedsrichterlichen Urteile allen Dokumentationsbemühungen zum Trotz noch lange nicht gegeben ist und angesichts des verständlichen Geheimhaltungsinteresses der Parteien wohl auch niemals gegeben sein wird.[758] Unklar ist aber nicht nur, wie viele einschlägige Schiedsurteile tatsächlich existieren und welchen prozentualen Anteil an der Summe aller Schiedsverfahren sie ausmachen[759], in denen sich die Anwendung beispielsweise der UP aus inhaltlicher Sicht angeboten hätte. Unklar ist auch, ab welchem Ausmaß tatsächlicher Wirksamkeit Normen im soziologischen Sinne „gelten" sollen. Kommt es etwa im Falle der UP auf ihre Heranziehung in 20% der Fälle an, in denen sich ihre Verwendung in inhaltlicher Hinsicht angeboten hätte, oder sollen erst 50% oder gar 70% ausreichen? Die Überprüfung der faktischen Wirksamkeit von Normen ist folglich mit einer mindestens dreifachen empirischen Unsicherheit behaftet.[760] Wer die Beurteilung

---

[754] Von Bar/Mankowski-von Bar, IPR Bd. I, § 2, Rn. 76.

[755] Michaels, RabelsZ 62 (1998), 580, 615 mwN.

[756] Larenz, Methodenlehre, 66.

[757] Wie hier von Bar/Mankowski-von Bar, IPR Bd. I, § 2, Rn. 75f.

[758] Vgl. hierzu bereits oben Kapitel 3, B.III.2.c.cc.(2). Insoweit wird auch völlig zu Recht geltend gemacht, dass die notwendige Überprüfung der Billigung von Normen durch den Handelsverkehr zumindest die Publizität und Transparenz der jeweiligen Normen voraussetze, was etwa im Falle der lex mercatoria, der es entschieden an Publizität fehle, auch angesichts der zunehmenden Listenbildung nicht der Fall sei, vgl. dazu Leible, ZVglRWiss 97 (1998), 286, 311; Mankowski, RIW 2003, 2, 13; Herber, IHR 2003, 1, 8; aA Berger, The CENTRAL-List, 121, 122; Calliess, Zeitschr. f. Rechtssoz. 2002, 185, 199f. unter Hinweis auf die CENTRAL-Liste. Für die UP trifft dieser Einwand allerdings nicht zu, siehe oben Kapitel 3, B.III.3.a.ee.(1).

[759] Vgl. de Ly, Lex Mercatoria (Law Merchant), 159, 167.

[760] Die Auswahl, Gewichtung und Bewertung empirischer Determinanten ist schon im Lager der Befürworter einer lex mercatoria umstritten, vgl. Stein, 13; de Ly, Lex Mercatoria (Law Merchant), 159, 167 und 173.

der autonomen Geltung von Normen von deren tatsächlicher Befolgung oder zumindest von der Bereitschaft hierzu abhängig machen will, nimmt daher eine bedenkliche Rechtsunsicherheit in Kauf, die sich mit dem, was objektive Geltung ausmacht, nämlich die auch für den Rechtsunterworfenen erkennbare Maßgeblichkeit von Normen für den Rechtsanwender[761], schwerlich vereinbaren lässt.

3. Zwischenbetrachtung

Zusammenfassend ist festzustellen, dass es sowohl dem funktionalen als auch dem soziologischen Rechtsbegriff an Überzeugungskraft mangelt. Dies beruht auf den beiden Ansätzen innewohnenden inhaltlichen bzw. faktischen Unwägbarkeiten sowie auf den rechtstheoretischen Bedenken bezüglich der Herleitung des Geltungsanspruchs. Hinzu kommt, dass bei einem völligen Verzicht auf staatliche Beteiligung am Rechtsetzungsprozess die Gefahr besteht, dass die so erfolgende Regelsetzung in Ermangelung institutioneller Widerstände einen angemessenen Interessenausgleich nicht zu gewährleisten vermag.[762] Anders als zu Zeiten, in denen es an nationalstaatlichen Gesetzgebungsgrenzen und entsprechenden Rechtsetzungsautoritäten fehlte, bringt die heute anerkannte nationalstaatliche Gesetzeshoheit ein Interesse der Nationalstaaten an der Kontrolle grenzüberschreitender Rechtsstreitigkeiten mit sich.[763] Dass internationale Verträge im nationalen Recht, insbesondere im nationalen Kollisionsrecht, nicht immer auf ein ideales rechtliches Umfeld stoßen[764], mag zutreffen, vermag die dargelegten Bedenken jedoch nicht zu entkräften. Dies gilt insbesondere, weil auch und gerade der internationale Handel auf Rechtssicherheit bezüglich des objektiv geltenden Rechts angewiesen ist.[765]

---

[761] Michaels, RabelsZ 62 (1998), 580, 611; Mertens, RabelsZ 56 (1992), 219, 240.

[762] Vischer, Europ. J. L. Ref. 1998/1999, 203, 210f.; Carrascosa González, 102; Spickhoff, RabelsZ 56 (1992), 116, 132; Teubner, Globale Bukowina, 26; weitere Nachweise bei Berger, Kodifizierung, 64.

[763] Herber, IHR 2003, 1, 5 unter Hinweis auf den geschichtlichen Überblick bei Blaurock, ZEuP 1993, 247ff.; Bagheri, 199; López Rodriguez, 87, 89f.; Glenn, 53, 55; Schmidtchen, Lex Mercatoria, 1, 3f.; siehe aber auch Berger, European Private Law, 43, 53, der davon ausgeht, dass das staatliche Interesse an der Kontrolle des internationalen Wirtschaftsverkehrs im Schwinden begriffen ist: „The new lex mercatoria ist the law of b2b transactions. It has nothing to do with consumer protection. It was for that very reason that transnational commercial law could free itself from the constraints of traditional dogmatism and the theory of legal sources."

[764] Staudinger-Sturm/Sturm, Einl. IPR, Rn. 100; Weise, 1ff.; Teubner, FS Zöllner, 565, 578f.; Zumbansen, RabelsZ 67 (2003), 637, 649; Burkart, 90; siehe außerdem Stein, 16ff. und 219ff., die besonders auf die durch die kollisionsrechtliche Anknüpfung bewirkten Rechtsunsicherheiten hinweist.

[765] Kropholler, Einheitsrecht, 241, 275f.; Vagts, in: Contratación Internacional, 265, 271; Riesenhuber, 201; Leible, Verbesserung des kollisionsrechtlichen Verbraucherschutzes, 133, 145; Bagheri, 194; Blaurock, ZEuP 1993, 247, 261; Schack, FS Kegel 2002, 179, 190; von Breitenstein, FS Sandrock, 111, 133; Kegel/Schurig, § 2 II 3 c, 143; Dreyzin de Klor/Saracho Cornet, Rev. Jur. Argent. LA LEY 1995, 1037, 1047; López Rodriguez, 28; Baron, Arb. Int. 15 (1999), 115, 122; aA Berger/Dubberstein/Lehmann/Petzold, ZVglRWiss 101 (2002), 12, 34.

4. Auseinandersetzung mit dem formal-positivistischen Rechtsbegriff

Angesichts dieser Bedenken scheint sich das formale Abgrenzungskriterium des förmlichen Gesetzgebungsverfahrens am besten zur Definition des Rechtsbegriffs zu eignen, selbst wenn hierdurch einer Reihe von Regelwerken, deren inhaltliche Qualität nach Auffassung vieler den staatlichen Rechtsetzungsakten in nichts nachsteht, die autonome Rechtsqualität abgesprochen werden muss. Dem von der Gegenansicht ins Feld geführten Argument, es gebe schließlich auch im deutschen Recht Normen, die nicht vom Staat gesetzt worden, aber trotzdem verbindlich seien, wie etwa das Kirchenrecht[766], mangelt es an Überzeugungskraft. Denn in dem in Bezug genommenen Fall – Art. 140 GG iVm Art. 137 Abs. 3 Weimarer Reichsverfassung – existiert mit Art. 140 GG eine staatliche Norm, die die Geltung des nicht aus staatlicher Feder stammenden Kirchenrechts anerkennt. Damit lässt sich seine – übrigens nur abgeleitete, nicht autonome - Verbindlichkeit auf staatliche Legitimation zurückführen. Dies genügt den Anforderungen, die die setzungsorientierte Ausprägung des Rechtspositivismus stellt.[767] Die Beurteilung der normativen Qualität von Normen anhand ihrer verfassungsgemäßen Setzung bewirkt im Gegensatz zum funktionalen und zum soziologischen Ansatz ein Höchstmaß an Rechtssicherheit. Überdies kann davon ausgegangen werden, dass in einem staatlichen Gesetzgebungsverfahren zustande gekommene Normen einer einseitigen Interessenwahrnehmung vorbeugen.[768] Aus diesen Gründen scheint das richtigere Ergebnis zu sein, dass eine Rechtsnorm nicht darum gilt, weil sie einen bestimmten Inhalt hat oder weil sie über eine bestimmte tatsächliche Wirkung verfügt, sondern weil sie in einer bestimmten Weise erzeugt worden ist.[769] Dass der vor diesem Hintergrund in Ermangelung einschlägigen materiellen Einheitsrechts unverzichtbare Weg über das staatliche Kollisionsrecht mit einiger Rechtsunsicherheit behaftet ist, kann nicht ernsthaft bestritten werden.[770] Jedoch ist, wie ausgeführt, keine der vorgeschlagenen Alternativen zur Staatlichkeit des Rechts als Voraussetzung seiner Geltung geeignet, ein Mehr an Rechtssicherheit herbeizuführen.

Nach alledem können Regelwerke, die ohne Beteiligung eines verfassungsmäßig berufenen Gesetzgebers zustande gekommen sind, ungeachtet ihres Inhalts und ungeachtet ihrer sozialen Wirksamkeit nicht als autonome Rechtsgeltungsquelle qualifiziert werden.

V. Ergebnis und Gang der weiteren Darstellung

Die Untersuchung der normativen Qualität der UP hat ans Licht gebracht, dass das Regelwerk aus sich heraus nicht als Recht im Sinne einer autonomen Rechtsgeltungsquelle aufgefasst werden kann, wenn man den vorzugswürdigen formal-

---

[766] Vgl. statt aller Rüthers, Rn. 54 unter Hinweis auf Art. 140 GG iVm Art. 137 Abs. 3 WRV.

[767] Petz, 71; Michaels, RabelsZ 62 (1998), 580, 621; Canaris, 5, 18.

[768] Leible, Wege zu einem europäischen Privatrecht, 414; Bucher, 39; Wichard, RabelsZ 60 (1996), 269, 285; Püls, 161; Burkart, 81; Mertens, RabelsZ 56 (1992), 219, 239; Petz, 36.

[769] Kelsen, 200f.

[770] Siehe zu dieser Kritik statt aller de Miguel Asensio, Dir. comm. int. 1998, 859, 864f.; López Rodriguez, 41.

positivistischen Rechtsbegriff zugrunde legt.[771] Entsprechend der zu Beginn dieses Kapitels dargelegten Vorgehensweise ist daher nunmehr der Frage nachzugehen, ob die UP – wenn sie schon nicht als autonome Geltungsquelle eingeordnet werden können – eine abgeleitete Geltung für sich in Anspruch nehmen können.[772] Das wäre der Fall, wenn es eine staatliche Norm gäbe, die den nicht aus eigener Kraft geltenden UP zur Anwendung verhilft. Als „Mittler" oder „Nabelschnur"[773] im so verstandenen Sinne kommt zum einen der Parteiwille in Betracht[774], dessen Beachtlichkeit sich allerdings nach der Reichweite bestimmt, die der Vertrags- und der Parteiautonomie vom geltenden Recht beigemessen werden.[775] Daneben kann sich die Anwendbarkeit der UP aus staatlichen bzw. staatsvertraglichen Kollisionsnormen ergeben, die die UP unabhängig von einem darauf gerichteten Willen der Vertragspartner zur Anwendung berufen und ihnen damit zu mittelbarer Geltung verhelfen. Der Parteiwille auf der einen Seite und das Kollisionsrecht auf der anderen Seite bilden daher zwei miteinander verwobene mögliche Legitimationsquellen. Die Fragestellung, ob die UP durch staatliche Anwendungsanordnung, d.h. durch positivierende Gesetzgebung oder Staatsverträge verbindlich und damit zur (mittelbaren) Rechtsgeltungsquelle geworden sind[776],

---

[771] Petz, 39; Canaris, 5ff.; Huber, FS Everling, 493, 507; MüKo-Sonnenberger, Einl. IPR, Rn. 234; MüKo-Martiny, Art. 27 EGBGB, Rn. 32; Schnyder/Grolimund, FS Schlechtriem, 395, 399; Gruber, Methoden des internationalen Einheitsrechts, 17f.; Raeschke-Kessler, Should an Arbitrator, 167, 171; Kegel/Schurig, § 1 IX 2 d, 127f.; Opertti Badán/Fresnedo de Aguirre, 46; Kahn, Vers l'institutionnalisation de la Lex Mercatoria, 125, 127ff.; Flechtner, The CISG's impact, 169, 170. Im Ergebnis ebenso, allerdings ohne nähere Begründung auch ICC Award 9419/1998, UNILEX; Patocchi/Favre-Bulle, Sem. Jud. 120 (1998), 569, 571; Dasser, Vertragstypenrecht im Wandel, Rn. 393 („...da die Prinzipien ungeachtet ihrer Allgemeinheit oder Konkretheit nur unverbindliche Vorschläge sind, nicht objektives Recht."); Drobnig, FS Steindorff, 1141, 1152; da Gama E Souza jr, Revue Juridique Thémis 2002, 375, 382 („... since their norms are not autonomously binding, ..."); Boschiero, 319, 352; Larroumet, La Semaine Juridique 1997, 147, 148 („... les principes n'ont pas de valeur obligatoire autonome ..."); Parra-Aranguren, Tul. L. Rev. 69 (1994/1995), 1239, 1249; Mazeaud, A propos du droit virtuel des contrats, 205f.; Eickelberg, 202. Auch der UNIDROIT Governing Council hat in der Einleitung zur 1994-Version des Regelwerks ausdrücklich festgestellt, dass er den Prinzipien keine rechtliche Verbindlichkeit beimisst.

[772] Die notwendige Unterscheidung zwischen autonomer und derivativer Legitimität von Normen betont auch Berger, Kodifizierung, 36. Anders offenbar Schilf, Vertragsgrundregeln, 141 und 341, der die kollisionsrechtliche Berufung nichtstaatlicher Regeln als Vertragsstatut von vornherein auszuschließen scheint, sofern ihre Qualifizierung als autonomes Recht nicht möglich ist.

[773] Mertens, FS Odersky, 857, 869.

[774] Siehe nur Larroumet, La Semaine Juridique 1997, 147, 148; Opertti Badán/Fresnedo de Aguirre, 46.

[775] Da Gama E Souza jr, Revue Juridique Thémis 2002, 375, 382; Mertens, FS Odersky, 857, 869. Näher dazu unten Kapitel 5.

[776] Drobnig, Vereinheitlichung, 745, 746; ders., FS Steindorff, 1141, 1152; teils wird insofern von der den UP zuteil werdenden „staatlichen Weihe" gesprochen, siehe Wichard, RabelsZ 60 (1996), 269, 283; Leible, Wege zu einem europäischen Privatrecht, 410; ferner Frick, RIW 2001, 416, 419: „Nur eine Ermächtigung durch das Kollisions- und Schiedsrecht verankert die UP im staatlichen Recht und legitimiert sie, so dass aus einem privaten Regelwerk dann doch ein Vertragsstatut, eben ‚Recht' wird." Ebenso Schroeder/Oppermann, ZVglRWiss 99 (2000), 410, 419; Herber, IHR 2003, 1, 8; Schnyder/Grolimund, FS Schlechtriem, 395, 399.

ist auch vor dem Hintergrund des formal-positivistischen Rechtsverständnisses konsequent. Denn die für die juristische Verbindlichkeit als unerlässlich empfundene staatliche Legitimation bedeutet nicht, dass ausschließlich (originär) staatlich gesetztes Recht anzuwenden ist, sondern dass nur Normen angewandt werden können, die das staatlich gesetzte Recht zur Anwendung beruft.[777] Verweist also eine nationale Rechtsordnung durch ihr Kollisionsrecht – sei es durch das Zulassen einer derartigen Rechtswahl, sei es durch objektive Anknüpfung – oder auf andere Weise auf die UP, dann verleiht sie diesen (abgeleitete) staatliche Legitimation[778] und damit einen rechtstheoretischen Geltungsgrund.[779] Dabei wird nachfolgend gemäß der bereits oben[780] vorgezeichneten Vorgehensweise zunächst zu prüfen sein, ob die UP hinsichtlich der internen Regelungslücken des Übereinkommens über Art. 7 Abs. 2 CISG als allgemeine Grundsätze im Sinne dieser Vorschrift zur Anwendung berufen werden. Sodann wird es mit Blick auf die Ergänzung der internen Lücken, die nicht mittels der in Art. 7 Abs. 2 CISG genannten allgemeinen Grundsätze des Übereinkommens ergänzt werden können sowie der externen Regelungslücken darum gehen, ob sich die Geltung der UP aus dem staatlichen Kollisionsrecht ableiten lässt. Diese Untersuchung wird sich auf das für staatliche Gerichte im Geltungsbereich des Europäischen Schuldvertragsrechtsübereinkommens und der Interamerikanischen Konvention über das auf internationale Verträge anwendbare Recht maßgebliche Kollisionsrecht beschränken. Ob und in welchem Umfang sich eine abgeleitete Geltung der UP auch aus den verschiedenen für Schiedsgerichte maßgeblichen Kollisionsnormen ergibt, ist demgegenüber nicht Gegenstand dieser Arbeit.

---

[777] Michaels, RabelsZ 62 (1998), 580, 621; Kegel/Schurig, § 1 IX 2 d, 127f.; Petz, 71; Vischer/Huber/Oser, Kapitel 2, § 2, Rn. 118; Vischer, Europ. J. L. Ref. 1998/1999, 203, 210; Berger, ZVglRWiss 94 (1995), 217, 223; Canaris, 5, 19; Herber, IHR 2003, 1, 8; Burkart, 99; Hultmark, in: A New Approach, 301, 307; Spickhoff, RabelsZ 56 (1992), 116, 131f.; von Bar, IPR Bd. I, § 2, Rn. 104.
[778] Kegel/Schurig, § 1 IX 2 d, 127f.; Opertti Badán/Fresnedo de Aguirre, 46.
[779] Petz, 71; Michaels, RabelsZ 62 (1998), 580, 621; Canaris, 5, 18.
[780] Kapitel 2, D.

Kapitel 4: Lückenfüllung mittels allgemeiner Grundsätze, die dem CISG zugrunde liegen

Art. 7 Abs. 2 CISG schreibt vor, dass Fragen, die im Übereinkommen geregelte Gegenstände betreffen, aber dort nicht ausdrücklich entschieden werden, vorrangig mit den allgemeinen Grundsätzen zu schließen sind, die dem CISG selbst zugrunde liegen. Angesichts der Tatsache, dass die Verfasser der UP diesen in Abs. 5 ihrer Präambel gerade die Aufgabe zugewiesen haben, Hilfe für die Auslegung und Lückenfüllung internationalen Einheitsrechts zu geben, drängt sich die Frage auf, ob die UP als allgemeine Grundsätze im Sinne von Art. 7 Abs. 2 CISG gelten können. Die nachfolgende Darstellung behandelt die soeben aufgeworfene Frage einheitlich, ohne Unterscheidung nach der von den Parteien angerufenen Gerichtsbarkeit. Dieses Vorgehen soll die Notwendigkeit einer differenzierenden Betrachtung keineswegs in Abrede stellen: Während der staatliche Richter bei der Entscheidungsfindung zuförderst dem Geltungsanspruch des staatlich gesetzten Rechts zur Durchsetzung verhelfen muss, ist der Schiedsrichter in erster Linie der Durchsetzung des Parteiwillens verpflichtet.[781] Um diesem Willen möglichst weitgehende Geltung zu verschaffen, ist dem Schiedsrichter in beträchtlichem Umfang auch eine Abweichung von gesetzlichen Vorgaben möglich, soweit dies dem Parteiinteresse dienlich ist.[782] Soweit in den folgenden Ausführungen für die Schließung interner Lücken nach Maßgabe des Art. 7 Abs. 2 CISG bestimmte Anforderungen herausgearbeitet werden, ist ihre Einhaltung für staatliche Gerichte daher in jedem Fall verbindlich, während sich für Schiedsgerichte angesichts des in der Schiedsgerichtsbarkeit geltenden Vorrangs des Parteiwillens vor dem Geltungsanspruch des Gesetzes je nach Interesse der Parteien im konkreten Einzelfall durchaus geringere Anforderungen ergeben können.

A. Anwendbarkeit der UP als allgemeine Grundsätze im Sinne von Art. 7 Abs. 2 CISG bei entsprechendem ausdrücklichem Hinweis der Parteien

Hinsichtlich der Anwendbarkeit der UP als allgemeine Grundsätze ergeben sich nach einer im Schrifttum verbreiteten Ansicht keine besonderen Probleme, sofern die Parteien die UP zum Zwecke der Füllung von im CISG enthaltenen internen Lücken in ihren Vertragstext einbezogen haben. Diese im Rahmen der materiellrechtlichen Vertragsfreiheit getroffene Wahl müsse sowohl von Schiedsgerichten als auch von staatlichen Gerichten berücksichtigt werden.[783] Dieser Haltung kann jedoch nur dann uneingeschränkt gefolgt werden, wenn man mit einem Teil des Schrifttums von der Dispositivität des Art. 7 Abs. 2 CISG ausgeht.[784] Folgt man hingegen der von der Gegenmeinung und der auch hier vertretenen Auffassung, dass Art. 7 Abs. 2 CISG nicht der

---

[781] Mertens, FS Odersky, 857, 868; Wichard, RabelsZ 60 (1996), 269, 276; Solomon, RIW 1997, 981, 987; Dasser, 167; Voit, JZ 1997, 120, 122; Redfern/Hunter, 95.

[782] Voit, JZ 1997, 120, 122.

[783] Bonell, Unif. L. Rev. 2000, 199, 210; Schlechtriem/Schwenzer-Ferrari, Art. 7, Rn. 62; Ferrari, Unif. L. Rev. 1997, 451, 460; Veneziano, RDAI 2001, 477, 478; Herber, IHR 2003, 1, 9.

[784] Vgl. hierzu die Schrifttumsnachweise oben Kapitel 2, A.IV.

Disposition der Parteien unterliegt[785], kann die Vereinbarung der UP als allgemeine Grundsätze im Sinne des Art. 7 Abs. 2 CISG nur Bestand haben, soweit sich die Vertragspartner hiermit innerhalb der von der Vorschrift gezogenen Grenzen bewegen.[786] Andernfalls liegt ein vertraglicher Ausschluss des Art. 7 Abs. 2 CISG vor[787], der, wie bereits ausgeführt, unzulässig ist.[788]

B. Anwendbarkeit der UP als allgemeine Grundsätze im Sinne von Art. 7 Abs. 2 CISG ohne entsprechenden ausdrücklichen Hinweis der Parteien

Die Frage, ob die UP im Sinne des Art. 7 Abs. 2 CISG als allgemeine Grundsätze eingeordnet werden können, die dem CISG zugrunde liegen, wird insbesondere für den Fall sehr kontrovers diskutiert, dass sich dem Vertrag insoweit keinerlei Hinweise entnehmen lassen:

I. Restriktive Auffassung

In der Literatur finden sich Stimmen, die die Heranziehung der UP als allgemeine Grundsätze, die dem CISG zugrunde liegen, jedenfalls in Ermangelung eines entsprechenden Hinweises von Seiten der Parteien für nicht vertretbar halten.[789] Die Anhänger dieser Auffassung stützen sich im wesentlichen auf das Argument, dass die UP nach dem CISG entwickelt und verabschiedet wurden und diesem somit als das zeitlich nachfolgende Regelungswerk schon begrifflich keinesfalls zugrunde liegen könnten.[790] Darüber hinaus wird geltend gemacht, dass die UP nicht als allgemeine Grundsätze eingestuft werden könnten.[791]

II. Extensive Auffassung

Einer anderen Ansicht zufolge sollen die UP demgegenüber auch in Ermangelung eines entsprechenden Hinweises durch die Parteien als allgemeine Grundsätze im Sinne von Art. 7 Abs. 2 CISG herangezogen werden können, sofern feststehe, dass es sich bei den einzelnen Regeln der UP um „allgemeine Prinzipien internationaler Handelsverträge" handele.[792] Ob dies der Fall sei, sei für jede einzelne Regel gesondert zu ermitteln.[793] Zwar hält ein Teil der Vertreter dieser Auffassung die in Art. 7 Abs. 2 CISG

---

[785] Siehe oben Kapitel 2, A.IV.

[786] Für die Vorgaben des Art. 7 Abs. 2 CISG und die Vereinbarkeit der Heranziehung der UP als allgemeine Grundsätze im Sinne dieser Bestimmung mit den sich hieraus ergebenden Anforderungen siehe die nachfolgenden Ausführungen unter Kapitel 4, B.

[787] Ebenso Herber, IHR 2003, 1, 9.

[788] Vgl. oben Kapitel 2, A.IV.

[789] Sabourin, in: A New Approach, 237, 247; Herber, IHR 2003, 1, 9; Drobnig, Use of the UP, 223, 228; Eickelberg, 209ff.; Flechtner, The CISG's impact, 169, 191ff.; Janssen, IHR 2004, 194, 198.

[790] Sabourin, in: A New Approach, 237, 247; Flechtner, The CISG's impact, 169, 190.

[791] Sabourin, in: A New Approach, 237, 247.

[792] Basedow, in: A New Approach, 125, 149f.; ders., FS Drobnig, 21, 25; ders., Unif. L. Rev. 2000, 129, 136f.; Garro, Tul. L. Rev. 69 (1994/1995), 1149, 1133, 1156; Burkart, 215; ohne weitere Einschränkung auch Berger, Creeping Codification, 182; Fauvarque-Cosson, R.I.D.C. 2-1998, 463, 484; Storme, Rev. dr. int. dr. comp. 1995, 309, 317; Magnus, RabelsZ 59 (1995), 469, 477, 492f.

[793] Basedow, Unif. L. Rev. 2000, 129, 137; Burkart, 216.

zum Ausdruck gebrachte Einschränkung auf solche Grundsätze, die sich auch im CISG finden lassen, grundsätzlich für angebracht und zu berücksichtigen, um den internationalen Entscheidungsgleichklang nicht zu gefährden und den Rechtsanwender davon abzuhalten, die seiner Rechtsordnung zugrunde liegenden Grundsätze für maßgeblich zu halten.[794] Die Einschränkung auf dem CISG innewohnende Grundsätze wird jedoch dann als obsolet betrachtet, „wenn und soweit sich allgemeine Grundprinzipien entwickeln oder entwickeln werden, die international abgestimmt sind und tatsächlich generelle Anerkennung finden."[795]

III. Vermittelnde Auffassung

Die wohl überwiegende Meinung in der Lehre macht die Anwendbarkeit der UP davon abhängig, dass die konkreten Regeln, auf die zum Zwecke der Lückenfüllung zurückgegriffen werden soll, allgemeine Prinzipien zum Ausdruck bringen, die auch dem CISG zugrunde liegen bzw. in ihm Niederschlag gefunden haben.[796] Die in den UP enthaltenen Grundsätze sollen nach dieser Ansicht lediglich herangezogen werden können, um die Ermittlung der dem CISG zugrunde liegenden allgemeinen Grundsätze zu erleichtern[797], eine auf einen allgemeinen Grundsatz des CISG gestützte Lösung mittels ihrer „persuasive authority" zu bekräftigen und auf diese Weise die ohnehin schon in der Konvention enthaltenen Grundsätze zu bestätigen[798], oder um die dem Abkommen „zugrundeliegenden Wertungen und Rechtsgrundsätze herauszuschälen

---

[794] Burkart, 214f.; Magnus, RabelsZ 59 (1995), 469, 477, 492f.

[795] Magnus, RabelsZ 59 (1995), 469, 492f.; Burkart, 215; in diesem Sinne auch Bianca/Bonell-Bonell, Art. 7, Anm. 2.3.2.2.

[796] Bonell, Unif. L. Rev. 2000, 199, 211; ders., Unif. L. Rev. 1996, 26, 36; ders. Restatement, 78; Michaels, RabelsZ 62 (1998), 580, 606; Ferrari, JZ 1998, 9, 16; ders., Unif. L. Rev. 1997, 451, 460; Schlechtriem/Schwenzer-Ferrari, Art. 7, Rn. 63; Wichard, RabelsZ 60 (1996), 269, 298; Canaris, 5, 28; Gruber, Methoden des internationalen Einheitsrechts, 304; Carbone, Principi dei contratti internazionali, 23, 32; Schlechtriem, Rn. 52, dort in Fn. 106; Brunner, Art. 7, Rn. 9; Veneziano, RDAI 2001, 477, 479; Petz, 97; Bridge, The UK Sale of Goods Act, 115, 137; Perales Viscasillas, in: Contratación Internacional, 187, 198 u. 203; Hartkamp, The Use of the UP, 253, 258; Ziegel, The UNIDROIT Principles, 221, 227; Abascal, Los principios de UNIDROIT, 211, 218; Burkart, 219; López Rodriguez, 163; Vischer/Huber/Oser, Kapitel 3, § 3, Rn. 300; Leible, Wege zu einem europäischen Privatrecht, 423. Nicht speziell auf die UP bezogen auch Kropholler, Einheitsrecht, 302, der auf dem Standpunkt steht, dass nationale Gerichte allgemeine Rechtsgrundsätze, die über die eigene Teleologie des Einheitsrechts hinausgehen, nur dann anwenden sollten, wenn diese Grundsätze mit den Grundwertungen des jeweiligen Einheitsrechts im Einklang stehen.

[797] Hartkamp, The Use of the UP, 253, 258; Veneziano, RDAI 2001, 477, 479; Petz, 97; Bridge, The UK Sale of Goods Act, 115, 137.

[798] Ferrari, JZ 1998, 9, 16; Ziegel, The UNIDROIT Principles, 221, 227; Schlechtriem/Schwenzer-Ferrari, Art. 7, Rn. 63; Petz, S. 97.

und schärfer zu konturieren“[799] bzw. näher zu umschreiben.[800] Diese Haltung hat auch in der staatlichen und schiedsrichterlichen Rechtsprechung Niederschlag gefunden.[801]

IV. Stellungnahme

Eine vertretbare Antwort auf die Frage, ob es sich bei den UP um allgemeine Grundsätze im Sinne von Art. 7 Abs. 2 CISG handelt, kann nur anhand einer sorgfältigen Interpretation der Vorschrift vor dem Hintergrund der in Art. 7 Abs. 1 CISG aufgestellten Maximen beantwortet werden.[802] Dabei sind die bereits dargelegten, für die Auslegung internationalen Einheitsrechts maßgeblichen Methoden zu berücksichtigen, namentlich Wortlaut und Entstehungsgeschichte des Art. 7 Abs. 2 CISG, seine systematische Stellung im Übereinkommen sowie teleologische Überlegungen.[803]

1. Grammatikalische Auslegung des Art. 7 Abs. 2 CISG

Der Wortlaut des Art. 7 Abs. 2 CISG erlaubt nicht generell den Rückgriff auf allgemeine Rechtsgrundsätze, sondern nur die Heranziehung solcher allgemeiner Grundsätze, auf denen die Konvention beruht[804] und macht damit deutlich, dass der Rekurs auf sonstige, d.h. „externe“, und seien es auch rechtsvergleichend gewonnene allgemeine Rechtsprinzipien, ausgeschlossen ist.[805] Ob es sich bei den UP um externe Prinzipien oder aber um allgemeine Grundsätze handelt, die dem CISG zugrunde liegen, kann sicherlich nicht von der zeitlichen Reihenfolge der Verabschiedung des CISG einerseits und der UP andererseits abhängen. Denn die UP stellen zum Teil Regeln fest, die schon vor ihrer Ausarbeitung und auch schon vor Beginn der Verhandlungen zum CISG bestanden und praktiziert wurden.[806] Darüber hinaus schließt die spätere Entste-

---

[799] Wichard, RabelsZ 60 (1996), 269, 298; Petz, 97; Abascal, Los principios de UNIDROIT, 211, 218.

[800] Ferrari, JZ 1998, 9, 16; Schlechtriem/Schwenzer-Ferrari, Art. 7, Rn. 64; Carbone, Principi dei contratti internazionali, 23, 32.

[801] So etwa Cour d'Appel de Grenoble, Urteil vom 23.10.1996, UNILEX; ICC Award Nr. 8128/1995, UNILEX; Schiedsgericht der Bundeskammer der gewerblichen Wirtschaft in Österreich, Urteile vom 15.06.1994, SCH 4318 und 4366, UNILEX (Heranziehung von Art. 7.4.9 UP für die Konkretisierung und Bestätigung des dem CISG zugrunde liegenden allgemeinen Grundsatzes des vollen Schadensausgleichs).

[802] Gebauer, Unif. L. Rev. 2000, 683, 697; Staudinger-Magnus, Art. 7 CISG, Rn. 9; Schlechtriem/Schwenzer-Ferrari, Art. 7, Rn. 4; Burkart, 221; Bianca/Bonell-Bonell, Art. 7, Anm. 2.3.2.2; Perales Viscasillas, Ariz. Journ. Int. Comp. L. 13 (1996), 383, 404; Diedrich, RIW 1995, 353, 355ff.; Schmid, Einheitliche Anwendung, 40, 174.

[803] Vgl. oben Kapitel 2, B.IV.

[804] Leible, Wege zu einem europäischen Privatrecht, 423; siehe auch den Wortlaut der englischen und französichen Übersetzung des Konventionstextes („is based“ nach der englischen Textfassung, während die französische Fassung etwas schwächer von „dont elle s'inspire“ spricht), vgl. hierzu Magnus, RabelsZ 59 (1995), 469, 476.

[805] Ferrari, JZ 1998, 9, 16; Gebauer, Unif. L. Rev. 2000, 683, 694f.; Flechtner, The CISG's impact, 169, 190; Enderlein/Maskow/Strohbach-Maskow, Art. 7 CISG, Anm. 9.2; Gruber, Methoden des internationalen Einheitsrechts, 302f.; siehe auch für den insoweit fast gleichlautenden Art. 1.6 Abs. 2 UP Weidemann, 32.

[806] Basedow, FS Drobnig, 21, 25; ders., Unif. L. Rev. 2000, 129, 137; Bonell, Unif. L. Rev. 1996, 26, 30.

hung der UP nicht aus, dass sich ihre Verfasser eingehender mit verschiedenen im CISG bereits geregelten Rechtsfragen auseinandergesetzt und dabei die dem Übereinkommen zugrunde liegenden allgemeinen Grundsätze klarer erfasst haben als der Konventionsgesetzgeber selbst.[807] Das von den Anhängern der restriktiven Auffassung angeführte Argument, die UP könnten der Konvention schon deshalb nicht „zugrunde liegen", weil sie nach dem CISG erarbeitet und veröffentlicht wurden[808], erscheint daher allzu formalistisch und steht der Subsumtion dieses Regelwerks unter die in Art. 7 Abs. 2 CISG gebrauchte Formulierung nicht entgegen.[809] Ferner ist dem Wortlaut der Vorschrift nicht zu entnehmen, dass nur ein Rückgriff auf die im Übereinkommen ausdrücklich formulierten Grundsätze möglich sein soll. Deshalb sind die UP entgegen der restriktiven Auffassung nicht schon deshalb von der Anwendung zur Lückenergänzung im Rahmen des Art. 7 Abs. 2 CISG ausgeschlossen, weil sie als – in formaler Hinsicht – externe Prinzipien keinen expliziten Niederschlag im Übereinkommen gefunden haben. Andererseits ist die Formulierung insofern eindeutig, als die UP keine Anwendung im Rahmen des Art. 7 Abs. 2 CISG finden können, wenn und soweit sie sich in keiner Weise auf das Übereinkommen zurückführen lassen. Insbesondere genügt es nicht, dass ein in Betracht gezogener, in den UP formulierter allgemeiner Rechtsgrundsatz den an der Ausarbeitung des Übereinkommens beteiligten Rechtsordnungen gemein ist, wenn er nicht auch im CISG zum Ausdruck kommt.[810]

Die auf den Wortlaut des Art. 7 Abs. 2 CISG abstellende Auslegung der Vorschrift stützt somit allein die vermittelnde Auffassung, während weder die restriktive noch die extensive Ansicht mit dem Normtext in Einklang zu bringen ist.

2. Historische Auslegung des Art. 7 Abs. 2 CISG

Die uneingeschränkte Anwendbarkeit der UP als allgemeine Grundsätze im Sinne von Art. 7 Abs. 2 CISG wird u.a. mit der Fassung der Vorgängervorschrift, Art. 17 EKG, begründet, die hinsichtlich des Rückgriffs auf allgemeine Grundsätze den nahezu identischen Wortlaut hatte wie Art. 7 Abs. 2 CISG. Art. 17 EKG ließ nach damals ganz überwiegender Ansicht die uneingeschränkte Heranziehung von auf rechtsvergleichender Grundlage erarbeiteten externen Grundsätzen jedenfalls dann zu, wenn sich dem Abkommen selbst keine allgemeinen Grundsätze entnehmen ließen.[811] Angesichts der insoweit fast gleichlautenden Fassung des Art. 7 Abs. 2 CISG könne für diesen nichts Abweichendes gelten.[812]

Unterzieht man die bereits oben[813] skizzierte Entstehungsgeschichte des Art. 7 Abs. 2 CISG einer näheren Betrachtung, kommt man indes zu einem gänzlich anderen Er-

---

[807] Canaris, 5, 28. Das CISG zählt zu den maßgeblichen Quellen der UP, vgl. oben Kapitel 3, A.III.

[808] So Sabourin, in: A New Approach, 237, 247; Flechtner, The CISG's impact, 169, 190.

[809] Bonell, Unif. L. Rev. 2000, 199, 210.

[810] Gebauer, Unif. L. Rev. 2000, 683, 694f.

[811] Dölle-Wahl, Art. 17 EKG, Rn. 50ff.; Mertens/Rehbinder, Art. 17 EKG, Rn. 24; Magnus, RabelsZ 59 (1995), 469, 474; Burkart, 168 und 172; Eickelberg, 182ff.

[812] Basedow, Unif. L. Rev. 2000, 129, 136 unter Berufung auf Bianca/Bonell-Bonell, Art. 7, Anm. 2.3.2.2.

[813] Siehe oben Kapitel 2, A.I.

gebnis: Bereits der Wortlaut des Art. 7 Abs. 2 CISG bringt, vergleicht man ihn mit dem Wortlaut der Vorläufernorm, zum Ausdruck, dass die Heranziehung allgemeiner Grundsätze zum Zwecke der Ergänzung interner Lücken in gewisse Schranken verwiesen werden sollte. Auch wenn Art. 7 Abs. 2 CISG und Art. 17 EKG beide auf die dem Übereinkommen zugrunde liegenden allgemeinen Prinzipien Bezug nehmen, so wird an dem in Art. 7 Abs. 2 CISG eingefügten subsidiären Verweis auf das Kollisionsrecht und zudem am Fehlen einer Art. 2 EKG vergleichbaren Regelung deutlich, dass - anders als nach Art. 17 EKG - die Ergänzung interner Lücken nun nicht mehr um jeden Preis mittels eines Rückgriffs auf allgemeine Grundsätze zu erfolgen hat, sondern notfalls unter Heranziehung des kollisionsrechtlich berufenen Rechts.[814] Damit ist die Frage, was zu geschehen hat, wenn sich im Übereinkommen keine geeigneten allgemeinen Grundsätze finden lassen, klar zugunsten des Kollisionsrechts und gegen externe allgemeine Grundsätze beantwortet worden. Während unter der früheren Rechtslage der ergänzende Rückgriff auf das IPR durch Art. 2 EKG ausdrücklich untersagt war, ist er nun in Art. 7 Abs. 2 CISG sogar explizit vorgeschrieben. Für eine ergänzende Anwendung von auf rechtsvergleichender Basis erarbeiteten Grundsätzen ist seit dem In-Kraft-Treten des CISG mithin kein Raum mehr. Angesichts dessen kann trotz der fast gleichlautenden Bezugnahme auf die dem Übereinkommen inhärenten Prinzipien in Art. 7 Abs. 2 CISG einerseits und Art. 17 EKG andererseits keine Rede davon sein, dass die Tragweite beider Bestimmungen dieselbe ist. Überdies ist gegenüber dem Hinweis der Gegenmeinung auf die Rechtsprechung zu Art. 17 EKG Vorsicht geboten: Abgesehen davon, dass es angesichts der geringen Anzahl von Ratifikationen zu einer geographisch beschränkten und damit nur bedingt aussagekräftigen Rechtsprechung gekommen ist[815], könnte der im Zusammenhang mit Art. 17 EKG entwickelten Judikatur nur dann ausschlaggebende Bedeutung beigemessen werden, wenn Art. 17 EKG einerseits und Art. 7 Abs. 2 CISG andererseits den identischen Wortlaut hätten.[816] Gerade dies ist aber, wie gezeigt, nicht der Fall.

Aus der historischen Betrachtung des Art. 7 Abs. 2 CISG ergibt sich nach alledem mit besonderer Deutlichkeit, dass die Vorschrift den Rückgriff auf solche Grundsätze verbietet, die dem Übereinkommen nicht zugrunde liegen, weil sie in keiner Weise auf die der Konvention eigenen Wertungen zurückgeführt werden können. Der Blick auf die Entstehungsgeschichte der Vorschrift entzieht damit der extensiven Lehrmeinung ebenso den Boden wie die grammatikalische Interpretation.

3. Systematische und teleologische Auslegung des Art. 7 Abs. 2 CISG

Von den im Rahmen der systematischen Betrachtung des Art. 7 Abs. 2 CISG zu berücksichtigenden übrigen Vorschriften des Übereinkommens könnte lediglich Art. 7 Abs. 1 CISG Bedeutung erlangen, mit dessen Vorgaben sich der Sinngehalt des Art. 7 Abs. 2 CISG vereinbaren lassen muss, damit es nicht zu Wertungswidersprüchen in-

---

[814] Ähnlich Schmid, Zusammenspiel, 70; Burkart, 177; Diedrich, RIW 1995, 353, 356.
[815] Neumayer/Ming, Art. 7, Anm. 7.
[816] Burkart, 177.

nerhalb der Konvention kommt.[817] Art. 7 Abs. 1 CISG kommt darüber hinaus, und kaum trennbar von dem soeben genannten Aspekt, insoweit Bedeutung zu, als er vorgibt, welche Gesichtspunkte bei der Ermittlung des Regelungszwecks, den der Konventionsgesetzgeber mit der Schaffung des Art. 7 Abs. 2 CISG verfolgt hat, den Ausschlag geben. Sowohl die systematische als auch die teleologische Interpretation des Art. 7 Abs. 2 CISG hat sich somit an Art. 7 Abs. 1 CISG zu orientieren, weshalb beide Auslegungsmethoden hier gemeinsam zu behandeln sind. Bei der Ermittlung der ratio des Art. 7 Abs. 2 CISG sind folglich zur Vermeidung von Wertungswidersprüchen innerhalb des Übereinkommens die in Art. 7 Abs. 1 CISG normierten Auslegungsmaximen zu berücksichtigen, namentlich der internationale bzw. autonome Charakter des Übereinkommens (unten a.bb.) und die Notwendigkeit seiner einheitlichen Anwendung (nachstehend a.aa.).[818]

a. Der Regelungszweck des Art. 7 Abs. 2 CISG

aa. Einheitliche Anwendung des Übereinkommens

Aus dem Zusammenspiel der beiden Absätze des Art. 7 CISG ergibt sich, dass die in Art. 7 Abs. 2 CISG vorgegebene Beschränkung auf solche Grundsätze, die dem CISG zugrunde liegen, zum einen die Funktion hat, bei der Ergänzung von Einheitsrecht einem vorschnellen Rückgriff auf unvereinheitlichtes Recht vorzubeugen und auf diese Weise die vom Konventionsgesetzgeber angestrebte international möglichst weitgehende Einheitlichkeit in der Anwendung – genauer: in der Ergänzung - des Abkommens zu bewirken und zu bewahren.[819] Dies folgt nicht nur aus dem in Art. 7 Abs. 1 CISG für die Auslegung der Bestimmungen des Übereinkommens – mithin auch für die Auslegung des Art. 7 Abs. 2 CISG - normierten Rechtsgedanken[820], sondern auch aus dem Zweck des Einheitsrechts, dessen Schaffung sinnlos wäre, würde man den Vertragsstaaten die Möglichkeit zugestehen, in Zweifelsfragen ohne weiteres und beliebig auf aus dem eigenen Recht bekannte Lösungen zurückzugreifen. Der auf die Einheitlichkeit der Lückenergänzung bezogene Regelungszweck des Art. 7 Abs. 2 CISG gestattet für sich genommen somit die ergänzende Heranziehung all derjenigen Normen, die von Schiedsgerichten und nationalen Gerichten, gleich welchem Staat sie angehören, in gleicher Weise zur Grundlage der Streitentscheidung gemacht werden,

---

[817] Schmid, Einheitliche Anwendung, 40, 174; Bianca/Bonell-Bonell, Art. 7, Anm. 2.3.2.2; Diedrich, RIW 1995, 353, 355ff.; Gebauer, Unif. L. Rev. 2000, 683, 697; Perales Viscasillas, Ariz. Journ. Int. Comp. L. 13 (1996), 383, 404; Staudinger-Magnus, Art. 7 CISG, Rn. 9; Schlechtriem/Schwenzer-Ferrari, Art. 7, Rn. 4; Burkart, 221.

[818] Perales Viscasillas, Ariz. Journ. Int. Comp. L. 13 (1996), 383, 404; Schmid, Einheitliche Anwendung, 40, 174; Diedrich, RIW 1995, 353, 355ff.; Gebauer, Unif. L. Rev. 2000, 683, 697; Staudinger-Magnus, Art. 7 CISG, Rn. 9; Schlechtriem/Schwenzer-Ferrari, Art. 7, Rn. 4; Burkart, 221; Bianca/Bonell-Bonell, Art. 7, Anm. 2.3.2.2.

[819] Perales Viscasillas, in: Contratación Internacional, 187, 197; Burkart, 215; Magnus, RabelsZ 59 (1995), 469, 476f.; Schmid, Einheitliche Anwendung, 172; Diedrich, RIW 1995, 353, 358; Kramer, JBl 1996, 137, 148.

[820] Ferrari, R.I.D.C. 4-1996, 813, 846; Schmid, Zusammenspiel, 71; Schmid, Einheitliche Anwendung, 174; Kramer, JBl 1996, 137, 148.

so dass bei der Ergänzung offener Fragen im CISG unterschiedliche Ergebnisse nicht zu befürchten sind.

bb. Autonome Anwendung des Übereinkommens – Berücksichtigung der dem CISG zugrunde liegenden Wertungen

Die möglichst einheitliche Handhabung von Streitfragen ist jedoch nicht der einzige Zweck, den der Konventionsgesetzgeber mit der Schaffung des Art. 7 Abs. 2 CISG verfolgte. Art. 7 Abs. 2 CISG liegt ersichtlich auch das Gebot zugrunde, sich bei der Beantwortung von im CISG offengebliebenen Fragen an die Prämissen der Konvention zu halten und damit die autonome Anwendung des Übereinkommens zu gewährleisten.[821] Die sich aus dem Wortlaut des Art. 7 Abs. 2 CISG ergebende Einschränkung auf diejenigen Grundsätze, auf denen das CISG basiert, hat, anders ausgedrückt, auch die Funktion, die Ergänzung offener Fragen jenseits der Wertungen des Übereinkommens möglichst zu vermeiden[822] und weist das Postulat der einheitlichen Anwendung damit in gewisse Schranken. Dies entspricht den Vorgaben des Art. 7 Abs. 1 CISG, demzufolge Art. 7 Abs. 2 CISG, wie jeder anderen Bestimmung des Übereinkommens, nur ein solcher Bedeutungsgehalt beigemessen werden darf, der dem autonomen Charakter der Konvention gerecht wird[823], der also im Einklang mit dem der Konvention innewohnenden System und den ihr zugrundeliegenden Zwecken und Zielen steht.[824] Es bedarf daher einer deutlichen Differenzierung zwischen solchen allgemeinen Rechtsgrundsätzen, die einer bestimmten Einheitsrechtskonvention innewohnen und solchen Prinzipien, die – losgelöst von Text, Struktur und Sinnzusammenhang einer konkreten einheitsrechtlichen Kodifikation – im Wege der Rechtsvergleichung ermittelt werden.[825]

Die Notwendigkeit einer möglichst weitgehenden Beantwortung offener Rechtsfragen aus dem Kontext der Konvention heraus folgt allerdings nicht nur aus dem in Art. 7 Abs. 1 CISG normierten Gebot der autonomen Anwendung, sondern auch aus dem Umstand, dass es sich beim CISG um ein völkerrechtlich verbindliches Abkommen handelt. Es wurde von den Vertragsstaaten als für sie verbindlich anerkannt, weil man sich mit den Regelungen und Wertungen des Übereinkommens einverstanden erklärte. Der in den einzelnen Bestimmungen des CISG zum Ausdruck kommende Konsens wurde teilweise äußerst mühsam erarbeitet. Die über 10jährige Ausarbeitungsdauer und das Studium der travaux préparatoires lassen keinen Zweifel daran, dass die sehr unterschiedlichen Interessen der verschiedenen an der Ausarbeitung beteiligten Rechtsordnungen und –traditionen die Ausformulierung des Übereinkommens zu einer sehr komplizierten Angelegenheit und die Erarbeitung eines Kompromisses zwischen

---

[821] Diedrich, RIW 1995, 353, 358; Bianca/Bonell-Bonell, Art. 7, Anm. 2.3.2.2.

[822] So auch Schmid, Zusammenspiel, 71.

[823] Burkart, 221; Bianca/Bonell-Bonell, Art. 7, Anm. 2.3.2.2.

[824] Gebauer, Unif. L. Rev. 2000, 683, 686 unter Hinweis auf Schlechtriem-Herber, 2. Auflage, Art. 7, Rn. 13.

[825] Kropholler, Einheitsrecht, 298f.; Weidemann, 32; Flechtner, The CISG's impact, 169, 190; Janssen, IHR 2004, 194, 198; Enderlein/Maskow/Strohbach-Maskow, Art. 7 CISG, Anm. 9.2.

den beteiligten Rechtsordnungen und den dahinterstehenden Auffassungen erforderlich gemacht haben.[826] Dies gilt in besonderem Maße für Art. 7 Abs. 2 CISG[827], der auch in seinem jetzigen Wortlaut noch heftig umstritten war: Die Norm wurde mit 17 Stimmen angenommen, während sich 14 Stimmen gegen ihre Aufnahme aussprachen und 11 Delegierte ganz von einer Positionierung absahen.[828] Die Vertragsstaaten haben das Abkommen schließlich vor dem Hintergrund unterzeichnet, dass eventuelle offene Fragen, die im Übereinkommen geregelte Gegenstände betreffen, dort jedoch nicht ausdrücklich entschieden werden, jedenfalls im Einklang mit den dem Abkommen zugrunde liegenden, auf einem allgemeinen Konsens beruhenden Wertungen beantwortet werden.[829] Es ist durchaus denkbar, dass der eine oder andere Vertragsstaat von einer Ratifizierung abgesehen hätte, wenn das CISG auf anderen, insbesondere auf bestimmten nationalen Wertungen basieren würde, als dies tatsächlich der Fall ist.

b. Vereinbarkeit der vertretenen Auffassungen mit dem Regelungszweck des Art. 7 Abs. 2 CISG

Nachfolgend soll geprüft werden, inwieweit die einzelnen oben dargestellten divergierenden Lehrmeinungen dem vorstehend aufgezeigten Normzweck des Art. 7 Abs. 2 CISG gerecht werden können.

aa. Extensive und vermittelnde Auffassung

(1) Einheitliche Anwendung

Mit dem Anliegen der einheitlichen Anwendung allein ist es durchaus vereinbar, die in Art. 7 Abs. 2 CISG vorgesehene ersatzweise Heranziehung nationalen Rechts nur als „ultima ratio" und damit so aufzufassen, dass unbedingt zuerst der Versuch unternommen werden muss, international abgestimmte und zudem tatsächlich generell anerkannte allgemeine Grundprinzipien ausfindig zu machen.[830] Der Gefahr, dass sich der Rechtsanwender bei der Ergänzung interner Regelungslücken von seiner Heimatrechtsordnung leiten lässt, könnte durch den Rückgriff auf solche Grundsätze begegnet und „die Zersplitterung des Einheitsrechts in viele verschiedene nationale Anwendungen"[831] vermieden werden.[832] Die UP würden sich insoweit zumindest auf den ersten Blick nicht nur deshalb anbieten, weil sie in weiten Teilen ausführlichere Regelungen

---

[826] Leible, ZVglRWiss 97 (1998), 286, 310; Kropholler, Einheitsrecht, 20; Juenger, Unif. L. Rev. 2000, 171, 178; Ferrari, JZ 1998, 9, 10; Flechtner, The CISG's impact, 169, 192.

[827] Zur Entstehungsgeschichte der Vorschrift siehe bereits oben Kapitel 2, A.I. und ausführlich Eickelberg, 182ff.

[828] Honnold, Documentary History, 478 (Official Records, 257, Nr. 35); Eickelberg, 184.

[829] Herber, IHR 2003, 1, 9.

[830] Diederich, RIW 1995, 353, 358; Magnus, RabelsZ 59 (1995), 469, 476; Ferrari, JZ 1998, 9, 15; Basedow, Unif. L. Rev. 2000, 129, 137; Gebauer, Unif. L. Rev. 2000, 683, 688; Burkart, 202; Schmid, Einheitliche Anwendung, 175; siehe ferner Kropholler, Einheitsrecht, 203f. zum internationalen Einheitsrecht allgemein.

[831] Burkart, 220.

[832] Burkart, 218 und 220; Carbone, Principi dei contratti internazionali, 25, 29f.; Gruber, Methoden des internationalen Einheitsrechts, 305.

enthalten als das CISG. Auch „die international einheitliche Terminologie und Systematik“[833] der UP lässt es naheliegend erscheinen, zum Zwecke der Fortbildung von Einheitsrecht auf sie zurückzugreifen und so von der Anwendung nationalen Rechts abzusehen.[834] Dem Erfordernis der einheitlichen Anwendung wäre allerdings nur dann Genüge getan, sofern man auf Regeln zurückgreift, die tatsächlich international einheitliche Anerkennung finden. Dies zu gewährleisten, ist besonders schwierig, zumal allgemeine Rechtsgrundsätze sowohl im Hinblick auf ihren Anwendungsbereich als auch hinsichtlich ihres genauen Regelungsinhalts zumeist sehr unspezifisch sind.[835] Mit ihrer Ermittlung dürfte sich der staatliche Richter daher in aller Regel vor enorme Schwierigkeiten gestellt sehen.[836] Wer deshalb den Rückgriff auf die UP für besonders naheliegend hält, muss bedenken, dass die UNIDROIT-Arbeitsgruppe sich im wesentlichen bemüht hat, die Regelungen des CISG zu generalisieren, sie um neue Konzepte zu erweitern und mit den Bedürfnissen der Handelskreise abzustimmen.[837] Gerade die Orientierung an den Bedürfnissen der Handelskreise zeigt jedoch, dass die Verfasser der UP sich auch von dem Wunsch haben leiten lassen, die für den internationalen Handel beste Lösung zu ermitteln, die nicht notwendig der von den Rechtsordnungen oder den Akteuren des internationalen Wirtschaftsverkehrs allgemein anerkannten Lösung entsprechen muss.[838] Dies ist ein durchaus zu begrüßendes Anliegen, zumal zu hoffen ist, dass auf diese Weise langfristig gesehen auch Einfluss auf die nationalen Rechte im Sinne einer zeitgemäßen Fortentwicklung des autonomen, unvereinheitlichten Rechts genommen werden kann. Dass die auf diesem Wege erzielten Lösungen jedoch nicht durchweg den Konsens der nationalen Rechtsordnungen und der internationalen Handelspraxis widerspiegeln, sondern an einigen Stellen daran vorbei gehen mit dem Ziel, praktischen Bedürfnissen gerecht zu werden, wurde bereits aufgezeigt.[839] Angesichts dieses Umstandes ist jede einzelne UP-Regelung auf ihre Allgemeingültigkeit hin zu prüfen. Dies wird im Wesentlichen auch von der extensiven Gegenauffassung gesehen[840], die insoweit auch nicht zu beanstanden ist. Die von Art. 7 Abs. 2 CISG angestrebte Einheitlichkeit ist für sich genommen bereits dann gewahrt, wenn auf externe Prinzipien zurückgegriffen wird, solange sie zweifellos eine allgemeine internationale Akzeptanz für sich in Anspruch nehmen können und ihre Heranziehung daher den internationalen Entscheidungseinklang nicht beeinträchtigt.[841]

---

[833] Wichard, RabelsZ 60 (1996), 269, 298; Boele-Woelki, Terms of Co-Existence, 203, 210.

[834] Berger/Dubberstein/Lehmann/Petzold, ZVglRWiss 101 (2002), 12, 31, dort in Fn. 75.

[835] Kropholler, Einheitsrecht, 151; Blaurock, ZEuP 1993, 247, 260f.; Herber, IHR 2003, 1, 5; Kassis, 395; von Bar/Mankowski-von Bar, IPR Bd. I, § 2, Rn. 94; Wengler, ZfRV 1982, 11, 16f.; López Rodriguez, 96.

[836] Kropholler, Einheitsrecht, 301.

[837] Magnus, RabelsZ 59 (1995), 469, 493; Flechtner, The CISG's impact, 169, 191; vgl. im Einzelnen zu den Quellen der UP oben Kapitel 3, A.III.

[838] Michaels, RabelsZ 62 (1998), 580, 606; Flechtner, The CISG's impact, 169, 191; siehe außerdem oben Kapitel 3, A.III.

[839] Siehe dazu oben Kapitel 3, B.III.2.b.cc.(2) und Kapitel 3, B.III.2.c.cc.(1).(a).

[840] Vgl. nur Burkart, 216; Basedow, Unif. L. Rev. 2000, 129, 137.

[841] Burkart, 215; Gruber, Methoden des internationalen Einheitsrechts, 305.

Ob es sich bei diesen Grundsätzen um solche handelt, die auch im Übereinkommen Niederschlag gefunden haben, ist für die einheitliche Anwendung daher zwar nicht entscheidend.[842] Eine entsprechende Prüfung, wie sie die vermittelnde Meinung vorschlägt, ist dem Vereinheitlichungsziel andererseits aber auch nicht abträglich, im Gegenteil: Die Begrenzung der in Betracht kommenden Prinzipien auf die dem CISG innewohnenden dürfte die Ermittlung von Grundsätzen mit übereinstimmenden Inhalten durch die Gerichte der Vertragsstaaten sogar begünstigen.[843] Daher eignet sich auch die vermittelnde Auffassung dafür, einheitliche Ergebnisse bei der Ergänzung von Lücken im CISG zu erzielen. Die Einheitlichkeit wird hierbei, anders als im Lichte der extensiven Auffassung, allerdings nicht dadurch herbeigeführt, dass der herangezogene Grundsatz allgemeine Anerkennung genießt, sondern dadurch, dass nur bestimmte Grundsätze, nämlich die, die sich dem CISG entnehmen lassen, zur Lückenergänzung herangezogen werden können. Damit ist der Kreis der Prinzipien, auf die zurückgegriffen werden darf, so eng eingegrenzt, dass eine einheitliche Fortbildung der Konvention möglich erscheint.

(2) Autonome Anwendung

Der von der extensiven Lehrmeinung befürwortete unreflektierte Rückgriff auf die UP könnte jedoch im Einzelfall zu Ergebnissen führen, die von den Wertungen abweichen, die dem CISG zugrunde liegen und mit denen sich die Vertragsstaaten einverstanden erklärt haben. Damit würde nicht nur die gebotene autonome Anwendung des Übereinkommens gefährdet. Die Signatarstaaten haben sich durch die Akzeptanz der Lückenfüllungsregel völkervertraglich gebunden und können daher nicht hinnehmen, dass die vereinbarten Kriterien durch einen Mechanismus ersetzt werden, für den keine einheitsrechtliche Grundlage besteht.[844] Die durch den Rückgriff auf beliebige andere Regeln möglicherweise erfolgende Verbesserung des Übereinkommens ist – so reizvoll diese Option zuweilen auch sein mag - nicht zulässig. Denn ungeachtet der Tatsache, dass die UP in weiten Teilen mit dem CISG übereinstimmen und von diesem inspiriert wurden[845], besteht die Möglichkeit, dass es sich bei einzelnen ihrer Regelungen um solche handelt, die von den Grundsätzen abweichen, die dem CISG zugrunde liegen.[846] In der Tat wird eine solche Abweichung nicht allzu häufig zu bejahen

---

[842] Burkart, 215.

[843] Gebauer, Unif. L. Rev. 2000, 683, 697; Ferrari, Unif. L. Rev. 1997, 451, 460; Magnus, RabelsZ 59 (1995), 469, 476; Kropholler, Einheitsrecht, 292, 302.

[844] Herber, IHR 2003, 1, 9; Ziegel, The UNIDROIT Principles, 221, 227; Burkart, 220; Flechtner, The CISG's impact, 169, 192.

[845] Perales Viscasillas, Ariz. Journ. Int. Comp. L. 13 (1996), 383, 400; Magnus, RabelsZ 59 (1995), 469, 476; Bonell, Unif. L. Rev. 1996, 26, 30; ders., Restatement, 47; Wichard, RabelsZ 60 (1996), 269, 297f.; Brunner, Art. 7, Rn. 9; vgl. ferner oben Kapitel 3, A.III.

[846] Eickelberg, 203; Flechtner, The CISG's impact, 169, 192ff.; López Rodriguez, 163; Marrella, La nuova lex mercatoria, 158f. Näher zu den zwischen den UP und dem CISG feststellbaren Unterschieden und Übereinstimmungen insbesondere Loewe, Kaufrechtsübereinkommen, 7ff.; Lando, The CISG and the UNIDROIT Principles, 451ff.; Darankoum, Revue Juridique Thémis 2002, 421, 445ff.; Burkart, 224ff.

sein.[847] Dass die Möglichkeit besteht, kann aber nicht ernsthaft bestritten werden.[848] Dies ergibt sich auch aus der Entstehungsgeschichte der UP, deren Entwicklung als rechtlich nicht verbindliches Regelwerk auch den Zweck hatte, die Defizite abzumildern, die ein verbindliches Abkommen hinsichtlich des Grades an Rechtsvereinheitlichung aufweist.[849] Die Teilnehmer der UNIDROIT-Arbeitsgruppe konnten, anders als im Falle des CISG, größere Zugeständnisse und größere Abstriche von der im eigenen Land vorherrschenden Rechtsauffassung machen. Dies liegt vor allem daran, dass sie zum einen nicht in offizieller Funktion, sondern als Privatpersonen an der Ausarbeitung der UP teilnahmen[850] und dass sie zum anderen wussten, dass die UP nicht (unmittelbar) verbindlich sein würden.[851] Die UP enthalten dementsprechend auch in den vom CISG geregelten Bereichen an einigen Stellen Regelungen, mit denen sich die Mehrheit der Teilnehmer der UNCITRAL-Arbeitsgruppe während der Vorbereitungen zum CISG nicht einverstanden erklären wollte.[852] Angesichts dieser Tatsache ist entsprechend der vermittelnden Lehrmeinung eine Überprüfung jeder einzelnen UP-Regel auf ihre Vereinbarkeit mit den dem CISG zugrunde liegenden Wertungen unerlässlich. Nur so lässt sich vermeiden, dass die Heranziehung der UP im Einzelfall zu einem Ergebnis führt, das der Konventionsgesetzgeber nicht befürwortet und damit zum Ausdruck gebracht hat, dass diese Regelung nicht konsensfähig war. Hieran zeigt sich, dass der Rechtsanwender entgegen der extensiven Auffassung nicht von der Beachtung der dem CISG zugrunde liegenden Grundsätze absehen darf; andernfalls wäre eine an den Wertungen des Übereinkommens vorbeigehende Rechtsfortbildung zu befürchten und damit gleichzeitig eine Missachtung des Willens des Konventionsgesetzgebers und der Vertragsstaaten, die sich diesem Willen durch ihren Beitritt zur Konvention angeschlossen haben.[853]

---

[847] Brunner, Art. 7, Rn. 9.

[848] Leible, Wege zu einem europäischen Privatrecht, 423; Janssen, IHR 2004, 194, 198; Marrella, La nuova lex mercatoria, 158f.

[849] Mertens, RabelsZ 56 (1992), 219, 220; Bonell, RabelsZ 56 (1992), 274, 276; Basedow, AcP 2000, 445, 456f.; Petz, 39, 41. Die Verfasser einer Einheitsrechts-Konvention sind sich darüber im Klaren, dass sie nicht für alle klärungsbedürftigen Fragen zu einem Konsens gelangen können. Wenn sich die Vertragsstaaten rechtspolitisch kontroversen Vorstellungen verpflichtet fühlen, auf deren Durchsetzung sie im eigenen Land nicht verzichten wollen, ist es besser, diese Fragen aus dem Regelungsbereich des Übereinkommens auszuklammern, und insoweit auf eine Vereinheitlichung des Rechts zu verzichten, siehe dazu Kropholler, Einheitsrecht, 97; Juenger, Unif. L. Rev. 2000, 171, 178; Ferrari, JZ 1998, 9, 10.

[850] Zur Zusammensetzung der Arbeitsgruppe siehe oben Kapitel 3, A.I.

[851] Da Gama E Souza jr, Revue Juridique Thémis 2002, 375, 380; Juenger, Unif. L. Rev. 2000, 171, 178.

[852] Boele-Woelki, Terms of Co-Existence, 203, 207; Petz, 94; Janssen, IHR 2004, 194, 198.

[853] Siehe dazu Kropholler, Einheitsrecht, 275f., demzufolge der eindeutig erkennbare Wille der an der Ausarbeitung beteiligten Personen im Sinne der Rechtssicherheit und Rechtseinheit nicht übergangen werden sollte; ähnlich Flechtner, The CISG's impact, 169, 192; Ziegel, The UNIDROIT Principles, 221, 227; Herber, IHR 2003, 1, 9.

bb. Restriktive Auffassung

Der restriktiven Auffassung ist demgegenüber entgegenzuhalten, dass bei einem kategorischen Ausschluss eines Rückgriffs auf die UP sowohl die Ermittlung allgemein anerkannter als auch dem CISG zugrunde liegender und damit einheitlicher Lösungen erheblich schwieriger wäre. Damit bestünde die Gefahr, dass der Richter, der sich von den UP zu diesem Zweck nicht inspirieren lassen darf, vorschnell auf nationales Recht zurückgreift, um die zu entscheidende Rechtsfrage zu beantworten. Dies aber würde nicht nur dem Gebot der einheitlichen Anwendung des Übereinkommens zuwiderlaufen, das den Rückgriff auf nationales Recht und damit einhergehend die von Fall zu Fall divergierende Behandlung offener Rechtsfragen möglichst vermeiden will.[854] Beeinträchtigt würde zudem die mit Art. 7 Abs. 2 CISG ebenfalls bezweckte, möglichst weitgehende autonome Anwendung des Übereinkommens.[855] Denn Art. 7 Abs. 2 CISG ist das klare Mandat zu entnehmen, dass die Heranziehung nationalen Rechts vermieden werden soll, soweit die Ergänzung einer internen Lücke aus dem Übereinkommen heraus irgendwie möglich ist.[856] Das diesbezüglich von den Anhängern der restriktiven Lehrmeinung vorgebrachte Argument, die zur Lückenergänzung herangezogenen Grundsätze müssten sich ausschließlich dem Übereinkommen selbst entnehmen lassen, da andernfalls die Gefahr bestehe, Wertungen in das CISG hineinzulesen, die der Konvention tatsächlich gar nicht innewohnen[857], steht der hier vertretenen Auffassung nicht entgegen. Denn dieser Gefahr lässt sich, wie bereits ausgeführt, begegnen, indem man die herangezogenen „externen" Prinzipien nicht unreflektiert auf das CISG überträgt, sondern mit der gebotenen Objektivität überprüft, ob diese sich als Konkretisierung eines dem Übereinkommen ohnehin zugrunde liegenden allgemeinen Prinzips darstellen. Der Einwand Flechtner's, der Umweg über die UP sei auch deshalb abzulehnen, weil er unnötig umständlich sei, wenn sich dem CISG doch ohnehin ein zur Lösung der jeweiligen offenen Rechtsfrage geeigneter Grundsatz entnehmen lasse[858], ist zwar an sich zutreffend. Es wäre deshalb auch falsch, auf einem unbedingten, obligatorischen Rückgriff auf die UP zu bestehen, wenn der Richter dieses Hilfsmittels gar nicht bedarf.[859] Dort hingegen, wo das Gericht bei der Ermittlung einer auf allgemeinen Grundsätzen des CISG basierenden Lösung auf Schwierigkeiten stößt, ist es nicht etwa besonders umständlich, sondern im Gegenteil erheblich einfacher und zeitsparender, sich zunächst von den in den UP enthaltenen Bestimmungen inspirieren zu lassen und damit eine mögliche, allerdings in einem nächsten Schritt noch zu verifizierende Antwort vor Augen zu haben. Die nach hier vertretener Auffassung unbedingt notwendige Sicherstellung der Rückbindung einer UP-Bestimmung an die Konvention stellt in Flechtner's Augen einen unnötig komplizierten Vorgang dar, der die Mühe

---

[854] Schmid, Einheitliche Anwendung, 175; Berger/Dubberstein/Lehmann/Petzold, ZVglRWiss 101 (2002), 12, 31, dort in Fn. 75.

[855] Schmid, Einheitliche Anwendung, 175.

[856] Kramer, JBl 1996, 137, 148.

[857] Eickelberg, 209f.; Janssen, IHR 2004, 194, 198.

[858] Flechtner, The CISG's impact, 169, 191.

[859] AA offenbar Burkart, 221f.

nicht wert sei.[860] Dem muss jedoch entschieden widersprochen werden. Denn der durch die Feststellung der Rückbindung erforderliche Aufwand kann im Vergleich zur ohne jegliche Anhaltspunkte vorzunehmenden Suche nach einem allgemeinen, dem CISG zugrunde liegenden Grundsatz nur eine Erleichterung darstellen.

c. Zwischenergebnis

Die nähere Betrachtung des Art. 7 Abs. 2 CISG unter systematisch-teleologischen Gesichtspunkten hat ergeben, dass die Ergänzung interner Konventionslücken mit allgemeinen Rechtsgrundsätzen, die sich nicht an den Konventionstext rückbinden lassen, zwar mit dem Vereinheitlichungszweck in Einklang zu bringen sein kann, sofern es sich tatsächlich um allgemein anerkannte Grundsätze handelt. Eine solche Vorgehensweise würde jedoch dem Willen des Gesetzgebers zuwiderlaufen, der durch die Formulierung des Art. 7 Abs. 2 CISG deutlich gemacht hat, dass die in den Regelungsbereich der Konvention fallenden offenen Fragen des Einheitskaufrechts nicht durch irgendeine, und sei sie auch noch so „internationale" oder einheitliche Lösung zu beantworten sind, sondern ausschließlich auf der Grundlage derjenigen rechtlichen Wertungen, mit denen sich die Vertragsstaaten durch die Ratifizierung des Übereinkommens einverstanden erklärt haben. Die extensive Lehrmeinung widerspricht damit klar der mit Art. 7 Abs. 2 CISG verfolgten Gesamt-Zielsetzung, d.h. der Einheitlichkeit der Rechtsanwendung im Rahmen der dem Übereinkommen zugrunde liegenden Wertungen. Die einheitliche Anwendung des Einheitsrechts verlangt aber vom Rechtsanwender die Respektierung der vom Einheitsrecht für die Rechtsfortbildung gesetzten Regeln. Dies gilt auch und gerade vor dem Hintergrund des im internationalen Handelsverkehr in der Regel besonders hoch zu veranschlagenden Stellenwerts der Rechtssicherheit.[861] Den entsprechenden, in Art. 7 Abs. 2 CISG zum Ausdruck kommenden Willen der an der Ausarbeitung beteiligten Staaten zu umgehen, bedeutete daher eine nicht hinnehmbare Einbuße an Rechtssicherheit und Rechtseinheit.[862] Hinzu kommt, dass schon bei der Ermittlung der dem CISG zugrunde liegenden allgemeinen Grundsätze die Gefahr der Uneinheitlichkeit besteht, weil die zur Streitentscheidung berufenen Gerichte Prinzipien unterschiedlichen Inhalts erarbeiten. Dann ist diese Ge-

---

[860] Flechtner, The CISG's impact, 169, 191; vgl. ferner Janssen, IHR 2004, 194, 198: „Darüber hinaus birgt diese Vorgehensweise die Gefahr in sich, bei falscher Anwendung zu einer Verwischung der Grenzen zwischen dem CISG und den Principles zu führen. Aber selbst bei korrekter Anwendung dürfte der Mehrwert an Rechtssicherheit gering sein und in keinem angemessenen Verhältnis zur Gefahr der Auflösung der Grenzen zwischen UN-Kaufrecht und den Principles stehen."

[861] Kropholler, Einheitsrecht, 241, 275f. Zur Bedeutung der Rechtssicherheit Vagts, in: Contratación Internacional, 265, 271; Riesenhuber, 201; Leible, Verbesserung des kollisionsrechtlichen Verbraucherschutzes, 133, 145; Bagheri, 194; Blaurock, ZEuP 1993, 247, 261; Schack, FS Kegel 2002, 179, 190; von Breitenstein, FS Sandrock, 111, 133; Kegel/Schurig, § 2 II 3 c, 143; Dreyzin de Klor/Saracho Cornet, Rev. Jur. Argent. LA LEY 1995, 1037, 1047; López Rodriguez, 28; Baron, Arb. Int. 15 (1999), 115, 122; aA Berger/Dubberstein/Lehmann/Petzold, ZVglRWiss 101 (2002), 12, 34 unter Berufung auf die CENTRAL-Umfrage. Diese habe zu Tage gebracht, dass das Bedürfnis nach Rechtssicherheit und Vorhersehbarkeit im internationalen Wirtschaftsverkehr „jedenfalls keine absoluten Determinanten" seien.

[862] Kropholler, Einheitsrecht, 275; Gruber, Methoden des internationalen Einheitsrechts, 287.

fahr umso größer, wenn der Rückgriff auf jedwede allgemeinen Grundsätze zulässig sein soll, ohne dass die Quelle dieser Grundsätze begrenzt wird.[863] „Vor allem, wenn sich die Rechtsfortbildung nicht mehr an der erkennbaren Teleologie des internationalen Einheitsrechts ausrichten kann, sondern auf rechtsvergleichend gewonnene allgemeine Rechtsgrundsätze zurückgreifen muss, besteht die Gefahr willkürlicher Entscheidungen."[864] Das gilt insbesondere dann, wenn der Rückgriff auf rechtsvergleichend gewonnene allgemeine Rechtsgrundsätze erfolgt, weil und soweit diese Vorgehensweise als die im Vergleich zum Rückgriff auf nationales Recht gerechtere Lösung bewertet wird. Denn hiermit würden „die eigenen Gerechtigkeitsvorstellungen an die Stelle derjenigen des Übereinkommens bzw. des Gesetzgebers" gestellt.[865] Für weitgehende Rechtssicherheit ist hingegen gesorgt, wenn die Parteien davon ausgehen können, dass offene Rechtsfragen entweder anhand des begrenzten Bestands allgemeiner Grundsätze beantwortet werden, auf denen das Übereinkommen basiert, oder aber mittels des kollisionsrechtlich berufenen Rechts, falls solche Grundsätze auch mit Hilfsmitteln nicht auffindbar sind.[866] Die jeglichen Rückgriff auf die UP ausschließende restriktive Lehrmeinung schließlich krankt daran, dass sie den vorschnellen Rückgriff auf nationales Recht begünstigt. Denn sie verwehrt dem Richter ein effektives Hilfsmittel, dessen Nutzung es ihm erheblich erleichtern kann, eine den Vorgaben des Art. 7 Abs. 2 CISG entsprechende, einheitliche und autonome Lösung für offengebliebene Rechtsfragen zu finden. Sowohl die von Art. 7 Abs. 2 CISG erstrebte Einheitlichkeit als auch die Autonomität der Rechtsfortbildung lässt sich allein durch die vermittelnde Auffassung erreichen. Sie gestattet dem Gericht, sich eines geeigneten Hilfsmittels zu bedienen, sofern dies nicht zu Ergebnissen führt, die sich mit den Vorgaben des Art. 7 Abs. 2 CISG, namentlich mit den der Konvention zugrunde liegenden allgemeinen Grundsätzen, nicht in Einklang bringen lassen.

Zusammenfassend lässt sich festhalten, dass sich die extensive Lehrmeinung allenfalls mit einem der beiden von Art. 7 Abs. 2 CISG verfolgten Regelungszwecke vereinbaren lässt, während die restriktive Auffassung keinem dieser Normzwecke genügt. Einzig die vermittelnde Lehrmeinung berücksichtigt sowohl den Vereinheitlichungszweck des Art. 7 Abs. 2 CISG als auch die Notwendigkeit autonomer Rechtsfortbildung und ist daher aus systematisch-teleologischer Sicht klar vorzugswürdig.

---

[863] Magnus, RabelsZ 59 (1995), 469, 476; Ferrari, Unif. L. Rev. 1997, 451, 460; Gebauer, Unif. L. Rev. 2000, 683, 697.

[864] Kropholler, Einheitsrecht, 292, 302. Zwar steht Kropholler auf dem Standpunkt, dass die Grenze zwischen zulässiger und unzulässiger Rechtsfortbildung in diesen Fällen schwer zu ziehen sei. Im Falle des CISG ist diese Grenzziehung jedoch weit weniger schwierig, da Art. 7 Abs. 2 CISG die Quelle der heranzuziehenden Grundsätze klar begrenzt.

[865] Eickelberg, 209.

[866] Siehe auch Koller, 207, der zutreffend darauf hinweist, dass Rechtsfortbildung vor dem Hintergrund der Erfordernisse der Rechtssicherheit im Sinne der Verlässlichkeit von Normen und der Rechtsstaatlichkeit in ihre Grenzen verwiesen werden muss.

4. Zusammenfassung der Auslegungsergebnisse und Schlussfolgerungen

Der Wortlaut des Art. 7 Abs. 2 CISG trägt weder das restriktive noch das extensive Verständnis der Vorschrift, stützt aber die vermittelnde Auffassung. Anhand der Entstehungsgeschichte lässt sich ferner belegen, dass Grundsätze, die zwar möglicherweise allgemeingültig sind, dem CISG jedoch nicht innewohnen, anders als unter Geltung des Art. 17 EKG im Rahmen der Lückenfüllung nicht berücksichtigt werden können. Schließlich haben systematisch-teleologische Überlegungen zu Tage gebracht, dass Art. 7 Abs. 2 CISG nur dann richtig verstanden wird, wenn man berücksichtigt, dass die einheitliche Anwendung des Übereinkommens zweifellos ein zentrales Anliegen ist, das aber nicht um jeden Preis Geltung beansprucht, sondern zugunsten der autonomen Anwendung eingeschränkt wird.

Zu unkritisch und damit nicht vertretbar erscheint die Ansicht, die die uneingeschränkte Anwendbarkeit der UP zur Füllung interner Lücken im CISG befürwortet, sofern sie nur allgemeine Rechtsgrundsätze darstellen.[867] Dementsprechend verdient auch die von Burkart[868] offenbar befürwortete Ansicht keine Zustimmung, die Schranke der einheitlichen Anwendung beziehe sich nur auf den „negativen Anwendungsbereich" des CISG, da nur insoweit von einer „Beschneidung der nationalen Rechtsetzungskompetenz" gesprochen werden könne, wenn statt auf nationales Recht auf die UP zurückgegriffen werde. Denn der Hinweis Burkarts, dass der Rückgriff auf externe Grundsätze dann nicht die Rechtsetzungskompetenz der Mitgliedstaaten berühre, wenn es nur um „den positiven Anwendungsbereich" des CISG, also um seine internen Lücken geht, und dass daher der Rückgriff auf die UP stets zulässig sei, soweit die Ergänzung interner Lücken betroffen ist, stellt einen Zirkelschluss dar: Art. 7 Abs. 2 CISG bringt ja gerade unmissverständlich zum Ausdruck, dass den Vertragsstaaten des Übereinkommens auch im Falle interner Lücken die Rechtsetzungskompetenz zukommt, soweit keine dem Übereinkommen zugrunde liegenden allgemeinen Prinzipien gefunden werden können. Den Wortlaut der Vorschrift übersieht auch Burkart nicht. Er steht allerdings auf dem Standpunkt, dass die teleologische Auslegung des Art. 7 Abs. 2 CISG – das Abstellen auf die Rechtseinheit als zentrale ratio conventionis – zu dem Ergebnis führt, dass *entgegen dem Wortlaut* des Art. 7 Abs. 2 CISG auch auf externe Prinzipien zurückgegriffen werden darf, um die einheitliche Anwendung des Übereinkommens zu sichern.[869] Aus welchem Grunde der teleologischen Auslegung, die überdies die in Art. 7 Abs. 2 CISG mit dem Postulat der autonomen Lückenergänzung zum Ausdruck kommende Schranke der einheitlichen Anwendung nicht gebührend berücksichtigt, mehr Gewicht beigemessen wird als der grammatikalischen Interpretation, die anerkanntermaßen die Grenze der zulässigen Auslegung darstellt[870], bleibt offen. Abzulehnen ist aber auch eine restriktive Auslegung des Art. 7 Abs. 2 CISG im Sinne einer rigorosen Ablehnung des Rückgriffs auf die UP zum Zwecke der

---

[867] Im Ergebnis ebenso Bonell, Unif. L. Rev. 2000, 199, 210; Gebauer, Unif. L. Rev. 2000, 683, 694f.; Flechtner, The CISG's impact, 169, 190ff.

[868] Burkart, 220f.

[869] Burkart, 221.

[870] Larenz/Wolf, AT, § 4, Rn. 50; Eickelberg, 45.

Ergänzung interner Lücken der Konvention. Denn sie verwehrt es dem Richter, mittels Rückgriffs auf ein geeignetes Hilfsmittel die von Art. 7 Abs. 2 CISG vorgeschriebene autonome und einheitliche Vorgehensweise bei der Ergänzung offener Rechtsfragen in möglichst effizienter Weise zu beherzigen. Die UP können daher zur Ergänzung von Lücken im CISG herangezogen werden, wenn und soweit in der Konvention selbst zum Ausdruck kommt, dass eine bestimmte den UP entnommene Regelung auch für sie gelten kann.[871] Ohne diese inhaltliche und strukturelle Nähe zum Abkommen und erst recht bei einem Widerspruch zu den ihm zugrunde liegenden Wertungen fehlt jedoch die nach dem Wortlaut, der Historie und der ratio des Art. 7 Abs. 2 CISG unerlässliche Verknüpfung zwischen derart ermittelten Grundsätzen und dem CISG. Die Missachtung des Gebots der Rückbindung und die damit zwangsläufig einhergehende willkürliche Heranziehung von allgemeinen Grundsätzen brächte die Gefahr mit sich, das mit der Anwendung der Konvention verfolgte Ziel der Einheitlichkeit zu unterlaufen.[872] „Das Bemühen, Rechtsverweigerung zu vermeiden, das die Rechtsfortbildung im nationalen Recht wesentlich vorantreibt, zieht im Bereich des Einheitsrechts nicht, da immer eine, gegebenenfalls mit Hilfe des Kollisionsrechts zu ermittelnde nationale Rechtsordnung bereitsteht.“[873] Der mit dem Rückgriff auf das kollisionsrechtlich berufene Recht verbundene Verlust an Einheitlichkeit der Rechtsanwendung ist zweifellos zu beklagen, außerhalb der Grenzen des vereinheitlichten Bereichs entspricht er aber dem Willen des Gesetzgebers.[874] Die Heranziehung der UP ist daher nur innerhalb des Einheitsrechts zulässig; sie darf zu seiner Konkretisierung, nicht aber zu seiner Ausdehnung führen.[875] Dies entspricht der sowohl in der staatlichen als auch in der Schiedsgerichtsbarkeit vorherrschenden Entscheidungspraxis.[876]

Die UP stellen mithin keine selbständige, sondern lediglich eine unterstützende Quelle für die autonome Lückenergänzung dar.[877] Ihre Wirkung ist insoweit nicht rechtskonstitutiv, sondern rein deklaratorisch.[878] Diese unterstützende Funktion kann den UP im wesentlichen in drei unterschiedlichen Ausprägungen zukommen. Diejenigen allgemeinen Grundsätze des CISG, die in ihrem Inhalt schon sehr konkret sind, können mittels Heranziehung der UP zusätzlich bestätigt werden. Dies bedeutet, dass ihnen „persuasive authority“ und damit besondere Bedeutung beim Begründen von

---

871 Magnus, RabelsZ 59 (1995), 469, 476; Ferrari, Unif. L. Rev. 1997, 451, 460; vgl. ferner die Nachweise oben Kapitel 4, B.III.

872 Magnus, RabelsZ 59 (1995), 469, 476; Ferrari, Unif. L. Rev. 1997, 451, 460; Gebauer, Unif. L. Rev. 2000, 683, 697.

873 Wichard, RabelsZ 60 (1996), 269, 297f.; ebenso Kropholler, Einheitsrecht, 301ff.; Schmid, Zusammenspiel, 72.

874 Wichard, RabelsZ 60 (1996), 269, 297. Zur Frage, ob dieses Problem abgefedert werden kann, indem man die UP kollisionsrechtlich beruft, siehe unten Kapitel 5.

875 Wichard, RabelsZ 60 (1996), 269, 297f.; Ferrari, Unif. L. Rev. 1997, 451, 460; Gruber, Methoden des internationalen Einheitsrechts, 303.

876 Vgl. die Nachweise oben Kapitel 4, B.III.

877 Ferrari, Unif. L. Rev. 1997, 451, 460.

878 Gruber, Methoden des internationalen Einheitsrechts, 303 unter Hinweis darauf, dass sich eine verbindliche Wirkung der UP im Rahmen des Art. 7 Abs. 2 CISG nur begründen ließe, wenn Art. 7 Abs. 2 CISG auf die UP verweisen würde.

Lösungen zukommt, die aus dem CISG heraus gefunden wurden.[879] Diejenigen dem CISG zugrunde liegenden Prinzipien hingegen, deren Inhalt so allgemein und abstrakt ist, dass sie der weiteren Konkretisierung bedürfen, um eine hinreichend genaue Antwort auf offengebliebene Fragen liefern zu können, können durch einen Rückgriff auf die UP derart konkretisiert werden, dass sie befriedigende Antworten bieten können.[880] Schließlich können die UP das Auffinden eines der Konvention zugrunde liegenden allgemeinen Prinzips erleichtern.[881] Hierin wird deutlich, dass man aus Art. 7 Abs. 2 CISG keine Rechtsgeltung der UP ableiten kann.[882] Angesichts der denkbaren Abweichungen zwischen den UP und dem CISG kann das Regelwerk auch nicht als zuverlässige Rechtserkenntnisquelle für die dem Übereinkommen zugrunde liegenden Grundsätze dienen.[883] Mehr als die Funktion einer Rechtsgewinnungsquelle, der sich Anregungen bezüglich der dem CISG zugrunde liegenden Prinzipien entnehmen lassen, kann den UP vor dem Hintergrund des Art. 7 Abs. 2 CISG nicht beigemessen werden.

Die praktischen Auswirkungen der Divergenzen zwischen der extensiven und der hier vertretenen vermittelnden Auffassung sollten nicht überbewertet werden, da beide Ansätze in vielen Fällen zu identischen Lösungen führen werden. Dies liegt, wie bereits erwähnt, daran, dass die UP an vielen Stellen inhaltlich mit dem CISG übereinstimmen und noch häufiger zumindest an seine Regelungen anknüpfen.[884] Es ist zudem durchaus angebracht, sich bei der Schließung interner Lücken des Übereinkommens in den eben dargestellten Grenzen von dem Gedanken leiten zu lassen, dass angesichts der Entstehungsgeschichte der UP ihre Anwendung im Zweifel sinnvoller ist als der Rückgriff auf staatliches Recht. Aus diesem Grunde sollte zur Vermeidung eines voreiligen Rückgriffs auf nationales Recht sowohl die Ermittlung allgemeiner Grundsätze, auf denen das CISG basiert, als auch die Beurteilung, ob sich eine inhaltlich zur Ergänzung eignende UP-Regel in einem solchen Prinzip niederschlägt, großzügig gehandhabt werden. Zuzustimmen ist daher Veneziano[885], die den Rückgriff auf die UP auch in den Zweifelsfällen befürwortet, in denen man die Existenz eines entsprechenden allgemeinen Grundsatzes im CISG mit guten Gründen sowohl annehmen als auch ablehnen kann.

---

[879] Ferrari, JZ 1998, 9, 16; Petz, 92; Burkart, 213.

[880] So auch Burkart, 213f.; Veneziano, RDAI 2001, 477, 479; Petz, 97; Ferrari, JZ 1998, 9, 16.

[881] Veneziano, RDAI 2001, 477, 479; Petz, 97; Bridge, The UK Sale of Goods Act, 115, 137; Hartkamp, The Use of the UP, 253, 258; Burkart, 214.

[882] Gruber, Methoden des internationalen Einheitsrechts, 303.

[883] In diesem Sinne auch Bridge, The UK Sale of Goods Act, 115, 137.

[884] Petz, 94; Prujiner, Revue Juridique Thémis 2002, 561, 572; Schilf, Unif. L. Rev. 1999, 1004, 1009; Magnus, RabelsZ 59 (1995), 469, 492; Brunner, Art. 7, Rn. 9.

[885] Veneziano, RDAI 2001, 477, 482.

Kapitel 5: Lückenfüllung mittels des kollisionsrechtlich berufenen Rechts

A. Ausgangspunkt

Für den Fall, dass keine allgemeinen Grundsätze existieren, mit deren Hilfe interne Lücken geschlossen werden können, sieht Art. 7 Abs. 2 CISG die Anwendung des durch die Regeln des IPR des Forumstaates berufenen Rechts vor. Der Rückgriff auf das IPR ist außerdem notwendig, wenn es sich bei der zu beantwortenden Rechtsfrage um eine externe Lücke handelt.[886] Auch in diesem Zusammenhang stellt sich die Frage, inwieweit die UP für die Füllung der im CISG enthaltenen Lücken herangezogen werden können.

In Anbetracht der Tatsache, dass die UP in mancherlei Hinsicht umfassendere Regelungen enthalten als das CISG, kann es sich aus Sicht der Parteien anbieten, ihre ergänzende Geltung für diejenigen Bereiche zu vereinbaren, die das CISG nicht bzw. nicht ausreichend regelt.[887] Wenn sich die Vertragsparteien im Hinblick auf die Füllung von Konventionslücken den UP unterstellen wollen, so haben sie stets die Möglichkeit, von ihrer materiellrechtlichen Vertragsfreiheit[888] Gebrauch zu machen und die UP im Rahmen des Vertragsstatuts, d.h. neben einem staatlichen Recht, ganz oder auch nur partiell in ihren Vertrag einzubeziehen (wie AGB). Dann bleiben sie aber den zwingenden Vorschriften des staatlichen Vertragsstatuts unterworfen, das mit Hilfe von Kollisionsnormen bestimmt worden ist und nach dem sich auch die Gültigkeit der Einbeziehung der UP beurteilt (materiellrechtliche Verweisung).[889] Reicht darüber hinaus die Parteiautonomie der Vertragspartner[890] so weit, dass anstelle eines staatlichen Rechts die UP selbst zum das CISG ergänzenden Vertragsstatut erhoben werden können, so gelangen die UP anstelle eines staatlichen Rechts, insbesondere auch anstelle dessen intern zwingender Bestimmungen zur Anwendung, mit der Konsequenz, dass die Parteien nur noch den Eingriffsnormen und dem ordre public des Forumstaa-

---

[886] S.o. Kapitel 2, A.II.2.

[887] Bonell, Unif. L. Rev. 1996, 26, 38; Prujiner, Revue Juridique Thémis 2002, 561, 574; Petz, 93; Schlechtriem, FS Jayme, 1353, 1360; Perales Viscasillas, Ariz. Journ. Int. Comp. L. 13 (1996), 383, 404; vgl. ferner die Übersichten über das den UP im Hinblick auf Regelungslücken des CISG innewohnende Ergänzungspotential bei Loewe, Kaufrechtsübereinkommen, 7ff.; Lando, The CISG and the UNIDROIT Principles, 451ff.; Darankoum, Revue Juridique Thémis 2002, 421, 445ff.; Flechtner, The CISG's impact, 169, 176ff., 193ff.; Burkart, 224ff.

[888] Die hiermit angesprochene Privatautonomie besteht in der materiellrechtlichen Freiheit, „den Inhalt eines Rechtsgeschäfts durch Festlegung im Einzelnen" selbst zu bestimmen, Kropholler, Einheitsrecht, 213.

[889] Boele-Woelki, IPRax 1997, 161, 165; Wichard, RabelsZ 60 (1996), 269, 275; Drobnig, Unif. L. Rev. 1998, 385, 386; Giardina, J.D.I. 1995, 547, 549; Kropholler, IPR, § 40 I; ders., Einheitsrecht, 213; Kegel/Schurig, § 18 I 1 c, 655; MüKo-Martiny, Art. 27 EGBGB, Rn. 14; da Gama E Souza jr, Revue Juridique Thémis 2002, 375, 400.

[890] Die Parteiautonomie ist die kollisionsrechtliche Freiheit, „die für ein Rechtsverhältnis maßgebende Rechtsordnung selbst zu wählen", Kropholler, Einheitsrecht, 213.

tes unterworfen bleiben (kollisionsrechtliche Verweisung).[891] Wie in Absatz 2 ihrer Präambel deutlich zum Ausdruck kommt, nehmen die UP für sich in Anspruch, nicht nur im Rahmen einer materiellrechtlichen, sondern auch im Rahmen einer kollisionsrechtlichen Verweisung und damit als Vertragsstatut zur Anwendung gelangen zu können. Für die kollisionsrechtliche Anwendbarkeit eines Regelwerks sind jedoch nicht seine eigenen Kollisionsnormen, sondern die Verweisungsregeln des Forums maßgeblich.[892] Eine „Geltung durch Selbstberufung" ist nicht möglich.[893] Während die Parteien die UP im Rahmen ihrer Vertragsfreiheit zweifellos im Wege einer materiellrechtlichen Verweisung ergänzend in den Vertrag einbeziehen können[894], steht die kollisionsrechtliche Verweisung auf die UP als (Lückenfüllungs-) Vertragsstatut den Parteien daher nur dann offen, wenn die durch das jeweilige Kollisionsrecht gewährleistete Parteiautonomie auch die Wahl nichtstaatlicher Normen einschließt.[895] Ist eine solche kollisionsrechtliche Wahl der UP dagegen nicht möglich, so kann ihre Inbezugnahme durch die Vertragspartner lediglich als materiellrechtliche Verweisung qualifiziert werden. Im Übrigen ist dann ein objektives staatliches Vertragsstatut zu ermitteln.[896]

---

[891] Berger, ZVglRWiss 94 (1995), 217, 224; Frick, RIW 2001, 416, 417; Drobnig, Unif. L. Rev. 1998, 385, 386; Kropholler, IPR, § 40 I; MüKo-Martiny, Art. 27 EGBGB, Rn. 13; Vischer, FS Schlechtriem, 445, 448; Kegel/Schurig, § 18 I 1 c, 655.

[892] Michaels, RabelsZ 62 (1998), 580, 593; Charpentier, Revue Juridique Thémis 2002, 355, 368; Herber, IHR 2003, 1, 8; Mankowski, RIW 2003, 2, 8; Roth, FS Jayme, 757, 759; MüKo-Sonnenberger, Einl. IPR, Rn. 239; Drobnig, Vereinheitlichung, 745, 754; da Gama E Souza jr, Revue Juridique Thémis 2002, 375, 384; Schnyder/Grolimund, FS Schlechtriem, 395, 403; Nygh, 175.

[893] Michaels, RabelsZ 62 (1998), 580, 613 mwN; Mankowski, Stillschweigende Rechtswahl und wählbares Recht, 63, 95.

[894] Mankowski, Stillschweigende Rechtswahl und wählbares Recht, 63, 92; MPI, RabelsZ 68 (2004), 1, 30; Fauvarque-Cosson, in: A New Approach, 95, 111; Drobnig, Unif. L. Rev. 1998, 385, 386; Giardina, J.D.I. 1995, 547, 549; Vischer, Europ. J. L. Ref. 1998/1999, 203; Ferrari, Tul. L. Rev. 69 (1994/1995), 1227, 1229; Petz, 119; Burkart, 60; Leible, Wege zu einem europäischen Privatrecht, 408; da Gama E Souza jr, Revue Juridique Thémis 2002, 375, 400.

[895] Drobnig, Vereinheitlichung, 745, 754; Fernández Arroyo/Fresnedo de Aguirre, 949, 976; siehe auch Kropholler, Einheitsrecht, 214, der darauf hinweist, dass sich die Parteiautonomie nicht aus einem überpositiven Prinzip der persönlichen Freiheit rechtfertigt, sondern der Verankerung im positiven Recht bedarf.

[896] Michaels, RabelsZ 62 (1998), 580, 596 und 619. Mankowski, Stillschweigende Rechtswahl und wählbares Recht, 63, 90ff. hält die Frage nach der kollisionsrechtlichen Wählbarkeit nichtstaatlicher Regelwerke für allenfalls in akademisch-theoretischer, nicht jedoch in praktischer Hinsicht für relevant, da die Praxis nur in wenigen Fällen auf die UP Bezug nehme (zur Verbreitung der UP in der Praxis des internationalen Wirtschaftsverkehrs bereits oben, Kapitel 3, B.III.2.c.cc.(2)). Dem naheliegenden Einwand, der nur seltene Rückgriff auf die UP habe seine Ursache in der umstrittenen kollisionsrechtlichen Anerkennung nichtstaatlicher Regelwerke vor staatlichen Gerichten, hält Mankowski entgegen, dass es äußerst unwahrscheinlich sei, dass die Praxis auf die UP rekurrieren würde, würde man ihre Wahl auch kollisionsrechtlich anerkennen, zumal in der internationalen Vertragspraxis selbst das – besser dokumentierte und immerhin staatlicher Feder entspringende - CISG zumeist abbedungen werde. Zudem werfe die bloß materiellrechtliche Wählbarkeit privater Regelwerke keine größeren Probleme auf, da die wenigsten nationalen Rechtsordnungen im Bereich des internationalen Wirtschaftsverkehrs zwischen Unternehmen in größerem Umfang über den engen Bereich des Art. 7 EVÜ

Die Kollisionsregeln, denen das angerufene Gericht unterliegt, entscheiden wegen der fehlenden autonomen Geltung der UP[897] auch über die Frage, ob das Regelwerk ergänzend und mit kollisionsrechtlicher Wirkung anwendbar ist, ohne dass die Vertragsschließenden zum Zwecke der Lückenfüllung auf es Bezug genommen haben. Hiervon zu unterscheiden ist der objektive materiellrechtliche Rückgriff auf die UP durch das Gericht, der – ebenfalls wegen ihrer mangelnden juristischen Verbindlichkeit aus sich selbst heraus - nur möglich ist, wenn das anwendbare staatliche Vertragsstatut den Richter zu diesem Vorgehen ermächtigt.

Da der staatliche Richter einerseits und der Schiedsrichter andererseits an unterschiedliche Kollisionsnormen gebunden ist, muss die vorstehend skizzierte Untersuchung der subjektiven und der objektiven kollisionsrechtlichen Anwendbarkeit der UP danach differenzieren, ob die Streiterledigung vor einem staatlichen Gericht oder vor einem Schiedsgericht erfolgen soll.[898] Im Rahmen der vorliegenden Arbeit wird die aufgezeigte Problematik jedoch, wie bereits erwähnt, nur im Hinblick auf die staatliche Gerichtsbarkeit untersucht. Der staatliche Richter ist bei der Bestimmung des anwendbaren Rechts in jedem Fall an sein eigenes nationales Recht und damit auch an die darin enthaltenen Kollisionsnormen gebunden.[899] Die Anwendbarkeit der UP als – ergänzendes - Vertragsstatut beurteilt sich mithin nach dem Kollisionsrecht desjenigen Staates, dem das jeweils angerufene Gericht angehört. Im Folgenden soll die Rechtslage zunächst für den Fall geprüft werden, dass die Vertragspartner das Gericht eines dem Europäischen Schuldvertragsübereinkommen unterliegenden EU-Mitgliedstaates angerufen haben (sogleich B.). Sodann soll der Frage nachgegangen werden, ob die UP eine kollisionsrechtliche Rolle spielen können, wenn das zur Entscheidung berufene Gericht einem Vertragsstaat der Interamerikanischen Konvention angehört (unten C.).

B. Verhandlung vor Gericht eines Mitgliedstaates der EU

Die staatlichen Gerichte der EU-Mitgliedstaaten[900] sind an die Kollisionsnormen des Römischen Übereinkommens über das auf Schuldverträge anwendbare Recht aus dem Jahre 1980 (EVÜ)[901] gebunden, die in der Bundesrepublik Deutschland zwar nicht unmittelbar gelten, die der deutsche Gesetzgeber jedoch im Jahre 1986 mit den Art. 27

hinausgehende zwingende Normen aufwiesen (ebenso Samtleben, IPRax 1998, 385, 390f.; Gebele, 137; Prujiner, Revue Juridique Thémis 2002, 561, 571), so dass von der Zulassung einer kollisionsrechtlichen Wahl der UP keine wesentlich anderen Wirkungen zu erwarten seien als von ihrer schon jetzt anerkanntermaßen zulässigen materiellrechtlichen Inbezugnahme (ähnlich Glenn, 53, 62).

[897] Vgl. die Ausführungen in Kapitel 3.

[898] Bonell, Unif. L. Rev. 2000, 199, 200; Boele-Woelki, IPRax 1997, 161, 165.

[899] Bonell, Unif. L. Rev. 2000, 199, 201; Ferrari JZ 1998, 9, 17.

[900] Für neue Mitgliedstaaten gilt das EVÜ nur, sofern auch ein Beitritt zum Übereinkommen bereits erfolgt ist.

[901] Konsolidierter Text in: ABl. EG Nr. C 27 vom 26.01.1998, 34.

- 37 in das EGBGB übernommen hat.[902] Das Übereinkommen regelt in Art. 3 (Art. 27 EGBGB) das anwendbare Recht für den Fall, dass die Parteien eine ausdrückliche Rechtswahl getroffen haben. Art. 4 EVÜ (Art. 28 EGBGB) hingegen bestimmt das anwendbare Recht in Ermangelung einer Rechtswahl von Seiten der Parteien.

I. Zur Entstehungsgeschichte des EVÜ

Die Kodifikation des EG-Kollisionsrechts wurde bereits in den 1960er Jahren in Angriff genommen.[903] Im Jahre 1972 legte die EG-Kommission den „Vorentwurf eines Übereinkommens über das auf vertragliche und außervertragliche Schuldverhältnisse anwendbare Recht“[904] vor.[905] Die Überarbeitung dieses Entwurfs führte zum Römischen Übereinkommen über das auf Schuldverträge anwendbare Recht aus dem Jahre 1980 (EVÜ)[906], das am 01.04.1991 in Kraft getreten ist[907] und in einem von Mario Giuliano und Paul Lagarde verfassten Bericht[908] erläutert wurde.

II. Ergänzende Anwendbarkeit der UP bei entsprechendem ausdrücklichem Hinweis der Parteien

Haben die Parteien eines internationalen Vertrages eine Wahl betreffend das auf ihren Vertrag anwendbare Recht getroffen und findet die Verhandlung vor dem Gericht eines EU-Mitgliedstaates statt, so richten sich Zulässigkeit und Wirkung dieser Wahl nach Art. 3 Abs. 1 Satz 1 EVÜ, der Art. 27 Abs. 1 Satz 1 EGBGB entspricht. Art. 3 Abs. 1 Satz 1 EVÜ bestimmt: „Der Vertrag unterliegt dem von den Parteien gewählten Recht.“ Ob diese Vorschrift es den Parteien gestattet, die UP im Wege der kollisionsrechtlichen Verweisung als (ergänzendes) Vertragsstatut zu berufen, ist heftig umstritten.

1. Meinungsstand

Eine im Vordringen befindliche Auffassung bejaht mit unterschiedlicher Begründung die Möglichkeit einer kollisionsrechtlichen Berufung der UP im Geltungsbereich des EVÜ.[909] Nach traditioneller und immer noch herrschender Meinung hingegen verweist

---

[902] „Gesetz zu dem Übereinkommen über das auf vertragliche Schuldverhältnisse anzuwendende Recht“ v. 25.7.1986 (BGBl. 1986 II, 809). Eine Ausnahme bildet die Vorschrift des Art. 29 a EGBGB, die nicht dem EVÜ entstammt.

[903] Staudinger-Magnus, Vorbem. zu Art. 27-37 EGBGB, Rn. 22; MüKo-Martiny, Vor Art. 27 EGBGB, Rn. 10; Cheshire and North's, 535.

[904] Dok. XIV/398/72 (deutscher Text abgedruckt in RabelsZ 38 (1974), 211).

[905] MüKo-Martiny, Vor Art. 27 EGBGB, Rn. 10; Cheshire and North's, 535; Staudinger-Magnus, Vorbem. zu Art. 27-37 EGBGB, Rn. 24.

[906] Konsolidierter Text in: ABl. EG Nr. C 27 vom 26.01.1998, 34.

[907] Bek. v. 12.7.1991, BGBl. 1991 II, 871.

[908] Mario Giuliano/Paul Lagarde, Report on the Convention on the law applicable to contractual obligations, AblEG Nr. C 282 vom 31.10.1980, 1ff.

[909] Boele-Woelki, IPRax 1997, 161, 166ff.; dies., Terms of Co-Existence, 203, 225; Wichard, RabelsZ 60 (1996), 269, 282ff.; Vischer, Europ. J. L. Ref. 1998/1999, 203, 211ff.; Vischer/Huber/Oser, Kapitel 2, § 2, Rn. 125; Basedow, in: A New Approach, 125, 146; Grundmann, FS Buxbaum, 213, 216; ders., FS Rolland, 145ff.; MüKo-Spellenberg, Vor Art. 11 EGBGB, Rn. 24; Kappus, IPRax 1993, 137, 139;

Art. 3 Abs. 1 Satz 1 EVÜ trotz seines offenen Wortlauts ausschließlich auf staatliches Recht und schließt damit die Möglichkeit aus, nichtstaatliche Regelwerke wie die UP zum Vertragsstatut zu erheben.[910] Larroumet und wohl auch Kessedjian halten zwar

---

Petz, 127f.; Hartkamp, The Use of the UP, 253, 256; Storme, Rev. dr. int. dr. comp. 1995, 309, 313; Schilf, Vertragsgrundregeln, 370f.; Calvo Caravaca/Carrascosa Gonzáles, 66f. (nur für die UP, nicht für nichtstaatliches Recht im allgemeinen); Dutoit, 39, 44f.; Schwimann, 104 („Es kann jedes konkretisierte Normenmaterial gewählt werden [...], auch nichtstaatliches Recht [...]"); Strikwerda, NJB 1996, 408, 411f.; Leible, ZVglRWiss 97 (1998), 286, 312ff.; Lorenz, RIW 1987, 569, 573f. (für anationales Recht im allgemeinen); Lando, King's College Law Journal 7 (1996/1997), 55, 64 (für die lex mercatoria); Berger, Creeping Codification, 180 (für die lex mercatoria); Schröder/Wenner, Rn. 114; Blase, www.europa.eu.int/comm/justice_home/news/consulting_public/rome_i/doc/eu_statement_20031124_de.pdf, 14; wohl auch Kronke, RIW 1998, 257, 262; einschränkend Schack, FS Kegel 2002, 179, 186, der zwar eine extensive Auslegung des Art. 3 EVÜ befürwortet, nichtstaatliche Regelwerke aber in Anlehnung an ein soziologisches Rechtsverständnis nur unter der Voraussetzung als „Recht" im Sinne des Art. 3 EVÜ anerkennen will, dass sie sich in der Praxis der internationalen Schiedsgerichtsbarkeit bewährt haben; siehe ferner Patocchi/Favre-Bulle, Sem. Jud. 120 (1998), 569, 603ff. sowie Mayer, AJP 1998, 499, 502 (beide zu Art. 116 des Schweizerischen IPRG).

910 Bonell, Unif. L. Rev. 2000, 199, 201; ders. Unif. L. Rev. 1996, 26, 38; Michaels, RabelsZ 62 (1998), 580, 597; Ferrari JZ 1998, 9, 17; Schlechtriem/Schwenzer-Ferrari, Art. 7, Rn. 67; Flechtner, The CISG's impact, 169, 190; Drobnig, Vereinheitlichung, 745, 754; ders., Unif. L. Rev. 1998, 385, 388f.; Juenger, Am. J. Comp. L. 45 (1997), 195, 204; Parra-Aranguren, Tul. L. Rev. 69 (1994/1995), c1239, 1245; de Miguel Asensio, Dir. comm. int. 1998, 859, 874; Soergel-von Hoffmann, Art. 27 EGBGB, Rn. 12; MüKo-Sonnenberger, Einl. IPR, Rn. 208, 231; Kropholler, IPR, § 52 II 3 e; von Bar, IPR Bd. II, § 4, Rn. 425; Erman-Hohloch, Art. 27 EGBGB, Rn. 9; MüKo-Martiny, Art. 27 EGBGB, Rn. 30; Staudinger-Magnus, Art. 27 EGBGB, Rn. 48; von Hoffmann/Thorn, IPR, § 10, Rn. 28; Blessing, Journ. Int. Arb. 1997, 39, 56; Lagarde, Rev. crit. dr. internat. privé 1991, 287, 300; Pendón Meléndez, Preámbulo, 50; Fernández Arroyo, Rev. crit. dr. internat. privé 1995, 178, 182; ders./Fresnedo de Aguirre, 949, 967; Pereznieto Castro, Riv. dir. int. priv. e proc. 1994, 765ff.; Canaris, 5, 19; Hultmark, in: A New Approach, 301, 307; Carbone, Principi dei contratti internazionali, 23, 27; Fauvarque-Cosson, in: A New Approach, 95, 111; Bortolotti, Unif. L. Rev. 2000, 141, 147; Mankowski, RIW 2003, 2, 12; von Bar/Mankowski-von Bar, IPR Bd. I, § 2, Rn. 77, dort in Fn. 419; Lorenz, IPRax 1987, 269, 272; Herber, IHR 2003, 1, 8; Kassis, 374; Sono, Tul. L. Rev. 75 (2001), 1185, 1186; Fernández Rozas/Sánchez Lorenzo, 556; Tassikas, 22; Bamberger/Roth-Spickhoff, Art. 27 EGBGB, Rn. 6; Junker, FS Sandrock, 443, 460; Pérez Vera, 304; Briggs, 159; Rigaux, C. Dr. Europ. 1988, 306, 316, 318f.; ders., Quelques problèmes d'interprétation, 33, 41; Dasser, Vertragstypenrecht im Wandel, Rn. 396; Weintraub, 141, 153; Mayer/Heuzé, Rn. 703; Prujiner, Revue Juridique Thémis 2002, 561, 569; Czernich/Heiss/Nemeth-Heiss, Art. 3, Rn. 44; Horn, Internationales Vertragsrecht, 80f.; Nygh, 60; Cheshire and North's, 559f.; „Grünbuch über die Umwandlung des Übereinkommens von Rom aus dem Jahr 1980 über das auf vertragliche Schuldverhältnisse anzuwendende Recht in ein Gemeinschaftsinstrument sowie über seine Aktualisierung" vom 14.01.2003, KOM (2002) 654 endg., 27; Stellungnahme des Europäischen Wirtschafts- und Sozialausschusses zum Grünbuch über die Umwandlung und Aktualisierung des EVÜ, Abl. EG Nr. C 108 vom 30.04.2004, 1, 7; Calliess, Zeitschr. f. Rechtssoz. 2002, 185, 196 (weist auf die Beschränkung der staatlichen Gerichtsbarkeit auf die Anwendung nationalen Rechts hin, ohne ausdrücklich auf Art. 3 EVÜ Bezug zu nehmen); ferner Spickhoff, RabelsZ 56 (1992) 116, 134 und Villani, 80f. sowie Mann, ICLQ 36 (1987), 437, 448 in bezug auf die lex mercatoria; nicht ganz klar Hartkamp, Unif. L. Rev. 2003, 81, 86f. sowie Siehr, § 22 III 2. Gegen die kollisionsrechtliche Wählbarkeit der UP ist auch Boggiano, La solución de controversias, 15, 18f., der allerdings auf der Grundlage der von ihm vorgeschlagenen "Doktrin der materiellen Autonomie" die den Parteien verbleibende Möglichkeit der materiellrechtlichen Verweisung auf die UP

die Wählbarkeit der lex mercatoria als Vertragsstatut für möglich, sofern diese in ausreichendem Maße zwingende Regeln bereit stellt. Den UP im besonderen sprechen sie jedoch unter Hinweis auf die in Art. 1.4 UP getroffene Regelung jegliche Statutsqualität ab.[911] In der Rechtsprechung wurde die Frage der Wählbarkeit nichtstaatlichen Rechts im Geltungsbereich des EVÜ bislang kaum thematisiert. Dies ist nicht verwunderlich, da die weit überwiegende Zahl der internationalen Handelsverträge eine Schiedsklausel enthält und Schiedsgerichte sich mangels Bindung an das EVÜ (Art. 1 Nr. 1 lit. d EVÜ) nicht mit dieser Frage befassen müssen. In den wenigen veröffentlichten Urteilen staatlicher Gerichte, die einen Bezug zu dieser Problematik aufweisen, machen die Richter allerdings deutlich, dass sie der Bezugnahme der Parteien auf Normen nichtstaatlicher Provenienz lediglich die Bedeutung einer materiellrechtlichen Verweisung beimessen, die Wählbarkeit nichtstaatlichen Rechts als Vertragsstatut auf der Grundlage des Art. 3 Abs. 1 Satz 1 EVÜ mithin ausschließen.[912]

2. Stellungnahme

a. Ausgangspunkt

Die bisherige Diskussion um die Frage, ob Art. 3 Abs. 1 Satz 1 EVÜ auch die kollisionsrechtliche Wahl nichtstaatlichen Rechts von Seiten der Parteien gestattet, zeichnet sich durch eine an Beiträgen zwar zahlreiche, aber auch überraschend ungeordnete, unstrukturierte Auseinandersetzung aus. Bedauerlich und einer Lösung des Problems wenig förderlich ist die Tatsache, dass die meisten Autoren davon absehen, ihre Position zu begründen. Insgesamt lässt die Diskussion eine nähere Auseinandersetzung mit

---

so versteht, dass die in den Vertrag inkorporierten UP nicht nur das dispositive Recht der staatlichen lex causae verdrängen, sondern auch diejenigen zwingenden Vorschriften, die lediglich für nationale, nicht aber für internationale Verträge Geltung beanspruchen. Kritisch hierzu Fernández Arroyo/Fresnedo de Aguirre, 949, 954.

911 Larroumet, La Semaine Juridique 1997, 147, 149; Kessedjian, Rev. crit. dr. internat. privé 1995, 641, 657. Zu dem auf Art. 1.4 UP bezogenen Argument siehe näher unten Kapitel 5, B.II.3.f.bb.(2).(c).(cc.)

912 So Trib. Padova, 11.01.2005, UNILEX; Court of Appeal, Civil Division, Shamil Bank of Bahrain v. Beximco Pharmaceuticals Ltd. and Others, 28.01.2004, [2004] EWCA Civ 19, 14 (ausdrückliche Bezugnahme auf den restriktiv verstandenen Art. 3 Abs. 1 Satz 1 EVÜ und infolgedessen Ausschluss der kollisionsrechtlichen Wählbarkeit der Scharia); ebenso die Vorinstanz London High Court of Justice, Queen's Bench Division Commercial Court, Shamil Bank of Bahrain vs. Eximco Pharmaceuticals Ltd. and Others, 01.08.2003, Anm. 27, WESTLAW, 2003 WL 22187542, Stand 30.12.2004 (siehe für eine Besprechung dieses Urteils Bälz, IPRax 2005, 44ff.); ferner High Court of Justice Queen's Bench Division, Commercial Court, Islamic Investment Company of the Gulf (Bahamas) Ltd. v. Symphony Gems N.V. & Ors., 2001 Folio 1226, 13.02.2002, 2002 WL 346969, 4 (der Richter stellt hier - allerdings ohne jede Begründung - fest, dass das streitige Vertragsverhältnis nicht der von den Parteien vereinbarten Scharia, sondern dem Englischen Recht unterstehe); Cour d'Appel d'Angers, Urteil vom 18.05.1989, Rev. crit. dr. internat. privé 1990, 501, 502 (ohne ausdrückliche Bezugnahme auf das EVÜ).

den von beiden Seiten vorgebrachten Argumenten vermissen.[913] Angesichts der Tatsache, dass die extensive Auffassung schon lange nicht mehr als unbedeutende Mindermeinung betrachtet werden kann, ist eine eingehende Betrachtung der von beiden Seiten eingenommenen Standpunkte unumgänglich.

Man wird eine befriedigende Lösung für die hier angesprochene Problematik nur durch eine sorgfältige Auslegung des Art. 3 Abs. 1 Satz 1 EVÜ finden können, indem man die Vorschrift im Hinblick auf ihren Wortlaut, ihre Entstehungsgeschichte, ihre systematische Stellung innerhalb des Übereinkommens sowie mit Blick auf das von ihr verfolgte Regelungsziel einer eingehenden Analyse unterzieht. Dabei ist gem. Art. 18 EVÜ dem internationalen Charakter der Norm und dem Wunsch Rechnung zu tragen, zu einer einheitlichen Auslegung und Anwendung des Übereinkommens zu gelangen. Da sich die Verfasser des EVÜ bei der Abfassung des Art. 18 EVÜ bewusst an Art. 7 Abs. 1 CISG orientierten[914], kann insoweit weitgehend auf die obigen Ausführungen[915] zu Art. 7 CISG verwiesen werden.[916] Weil das EVÜ im weitesten Sinne dem Gemeinschaftsrecht angehört oder zumindest als gemeinschaftsnah einzustufen ist[917], ist allerdings im Vergleich zur Auslegung des CISG als notwendige Modifikation des Auslegungskanons zu beachten, dass das Gemeinschaftsrecht auch bei der Interpretati-

---

[913] Soweit ersichtlich, hat bislang nur Blase, 221ff. den Versuch unternommen, die Diskussion um die diesbezügliche Tragweite der in Art. 3 Abs. 1 Satz 1 EVÜ normierten Rechtswahlbefugnis zu systematisieren; siehe neuerdings auch Schilf, Vertragsgrundregeln.

[914] Giuliano/Lagarde, 42; Staudinger-Magnus, Art. 36 EGBGB, Rn. 4; MüKo-Martiny, Art. 36 EGBGB, Rn. 1; Schmid, Einheitliche Anwendung, 60f.; Gruber, Methoden des internationalen Einheitsrechts, 119f.

[915] Siehe oben Kapitel 2, B.IV.

[916] So auch Czernich/Heiss/Nemeth-Rudisch, Art. 18, Rn. 5; Schmid, Einheitliche Anwendung, 60f.; eingehend zu den für das EVÜ maßgeblichen Auslegungsmethoden Plender/Wilderspin, The European Contracts Convention, 29ff.; MüKo-Martiny, Art. 36 EGBGB, Rn. 15ff. Die nachfolgenden Ausführungen bauen auf der bis zum 31.07.2004 geltenden Rechtslage auf, wonach der EuGH in bezug auf das EVÜ über keine Auslegungskompetenz verfügt. Für das EVÜ wurde in zwei Protokollen vereinbart, dass der EuGH als supranationales Gericht auf Vorlage eines Vertragsstaates über Auslegungsfragen entscheiden kann (Erstes und Zweites Brüsseler Protokoll zur Übertragung bestimmter Zuständigkeiten für die Auslegung des am 19. Juni 1980 in Rom zur Unterzeichnung aufgelegten Übereinkommens über das auf vertragliche Schuldverhältnisse anzuwendende Recht auf den Gerichtshof der Europäischen Gemeinschaften vom 19.12.1988, BGBl. 1995 II, 916 und 923). Diese Protokolle sind für die Bundesrepublik Deutschland und zahlreiche weitere, allerdings nicht sämtliche EU-Mitgliedstaaten am 01.08.2004 in Kraft getreten. Zu den im Rahmen dieser Arbeit nicht näher zu thematisierenden, mit dem Übergang der Auslegungskompetenz auf den EuGH einhergehenden Besonderheiten, die im Rahmen der Auslegung des Übereinkommens und für die Konkretisierung des Art. 18 EVÜ zu berücksichtigen sind, insbesondere zu den Auswirkungen auf die Übertragbarkeit der für das CISG entwickelten Auslegungsmethoden auf das EVÜ, vgl. Schmid, Einheitliche Anwendung, 168ff.

[917] Staudinger-Magnus, Art. 36 EGBGB, Rn. 9; Riesenhuber, 39f.; Schmid, Einheitliche Anwendung, 167; zurückhaltend Bonomi, 16, demzufolge das Übereinkommen nicht zum Gemeinschaftsrecht zu zählen ist; ebenso Villani, 8ff.; vgl. ferner Siems, GPR 03-04, 66, 70, der unter Berufung auf Jessurun d'Oliveira, in: Fawcett (Hrsg.), Reform and Development of Private International Law, Essays in Honour of Sir Peter North (2002), 120ff. von einem Staatsvertrag mit "para-kommunitärem Charakter" spricht.

on des Übereinkommens eine gewisse Berücksichtigung finden muss[918], damit der notwendige Einklang zwischen staatsvertraglichem und originär europäischem IPR soweit als möglich gewahrt wird. Dies erfordert insbesondere im Rahmen der teleologischen Betrachtung eine Orientierung an der ratio des gesamten Gemeinschaftsrechts, während nach allgemeinen Grundsätzen der Regelungsgehalt des Übereinkommens selbst in erster Linie maßgeblich wäre.[919] Ähnliches gilt für die systematische Interpretation, für die zwar vorrangig der Bedeutungszusammenhang innerhalb des EVÜ und dessen Funktionsweise maßgeblich ist, die darüber hinaus jedoch auch den gemeinschaftsrechtlichen Bezug, insbesondere die Prinzipien und Ziele des EGV zu beachten hat.[920] Neben dieser Konformauslegung erfordert Art. 18 EVÜ eine integrationsfreundliche Auslegung. Damit ist gemeint, dass eine dem EVÜ zugehörige Norm bei Zweifelsfragen nicht etwa restriktiv zu beurteilen ist, um die Souveränität der Vertragsstaaten so wenig wie möglich zu beeinträchtigen. Der gegebene Gemeinschaftsrechtsbezug verlangt vielmehr, von zwei denkbaren Lesarten einer Norm diejenige auszuwählen, welche die Integration zwischen den Mitgliedstaaten begünstigt und nicht behindert.[921] Da das EVÜ in prozessrechtlicher Hinsicht von der EuGVVO ergänzt wird, ist schließlich von Bedeutung, in welcher Weise gleichlautende Begriffe dort verstanden werden. Deshalb müssen etwaige parallele Konzepte der EuGVVO und deren Auslegung durch den EuGH Berücksichtigung finden.[922]

Bei der Beantwortung der Frage nach der kollisionsrechtlichen Wählbarkeit anationalen Rechts ist es aus Gründen der analytischen Klarheit unerlässlich, zwei Fragen sorgfältig auseinander zu halten: Zunächst ist mittels Auslegung des Art. 3 Abs. 1 Satz 1 EVÜ die Frage zu beantworten, ob die Vorschrift die kollisionsrechtliche Wahl nichtstaatlichen Rechts im allgemeinen und der UP im besonderen de lege lata *gestattet* (siehe sogleich b. – g.). Für den Fall, dass dies zu verneinen ist, muss man sich weiter fragen, ob die Vorschrift die kollisionsrechtliche Wahl nichtstaatlichen Rechts im Allgemeinen und der UP im Besonderen denn de lege ferenda gestatten *sollte* und, falls dies zu bejahen ist, wie ein veränderter Art. 3 EVÜ aussehen könnte (siehe unten 3.). Diese Überlegung gewinnt angesichts der in Kürze anstehenden, im Zuge der

918 Eingehend Czernich/Heiss/Nemeth-Rudisch, Art. 18, Rn. 5, 8ff.; Staudinger-Magnus, Vorbem. zu Art. 27-37 EGBGB, Rn. 9f. und Art. 36 EGBGB, Rn. 9; Sbordone, 89ff.

919 Staudinger-Magnus, Art. 36 EGBGB, Rn. 10; Czernich/Heiss/Nemeth-Rudisch, Art. 18, Rn. 12, 17; Riesenhuber, 41f. mit Nachweisen aus der Rechtsprechung des EuGH.

920 Czernich/Heiss/Nemeth-Rudisch, Art. 18, Rn. 17; Staudinger-Magnus, Art. 36 EGBGB, Rn. 20.

921 Schmid, Einheitliche Anwendung, 167; Czernich/Heiss/Nemeth-Rudisch, Art. 18, Rn. 17; MüKo-Martiny, Art. 36 EGBGB, Rn. 19.

922 MüKo-Martiny, Art. 36 EGBGB, Rn. 17; Czernich/Heiss/Nemeth-Rudisch, Art. 18, Rn. 17, 29 zum EuGVÜ; Staudinger-Magnus, Art. 36 EGBGB, Rn. 10; Gebauer, Unif. L. Rev. 2000, 683, 695 zum EuGVÜ; eingehend Boschiero, 319, 327ff.; Ehle, GPR 03-04, 49, 51 („Im Sinne der Gewährung effektiven Rechtsschutzes wäre es zu begrüßen, wenn der Einklang zwischen den beiden komplementären Instrumenten EVÜ und EuGVVO wiederhergestellt und auch in Zukunft erhalten bleiben würde.“).

Umwandlung des EVÜ in ein Gemeinschaftsinstrument geplanten inhaltlichen Überarbeitung des Übereinkommens[923] an besonderer Bedeutung.

b. Grammatikalische Auslegung des Art. 3 Abs. 1 Satz 1 EVÜ

Im Rahmen der grammatikalischen Auslegung des Art. 3 Abs. 1 Satz 1 EVÜ ist der Wortsinn, der dem Begriff „Recht" üblicherweise beigemessen wird, zu ermitteln. Im vorliegenden Zusammenhang ist dabei zu prüfen, ob der in der Vorschrift verwendete Begriff „Recht" generell auch nichtstaatliche Regeln umfasst.

Das von der h.M. befürwortete restriktive Verständnis des Art. 3 Abs. 1 Satz 1 EVÜ beruht auf einem klassisch-restriktiven Rechtsquellenkonzept[924], das ebenso wie der dem extensiven Verständnis des Art. 3 Abs. 1 Satz 1 EVÜ zugrunde liegende funktional oder soziologisch verstandene Rechtsquellenbegriff[925] bereits oben[926] vorgestellt wurde und hier nicht noch einmal erörtert werden muss. Bezugnehmend auf den formal-positivistisch verstandenen Wortsinn des Terminus „Recht" stehen die Vertreter der h.M. auf dem Standpunkt, als „Recht" würden in der deutschen Gesetzessprache üblicherweise nur staatlich gesetzte oder staatlich anerkannte Normen und nicht auch von Privatpersonen abgefasste Regeln bezeichnet.[927] Nun muss die grammatikalische Interpretation auf den Wortsinn abstellen, der einem Ausdruck im allgemeinen Sprachgebrauch, im Sprachgebrauch der Juristen oder im besonderen Sprachgebrauch des auszulegenden Gesetzes üblicherweise beigemessen wird.[928] Einen üblichen Wortsinne in diesem Sinne gibt es im Hinblick auf den Begriff „Recht" aber gerade nicht, denn es ist, wie bereits dargelegt, „bis heute nicht gelungen, eine allgemeingültige und generell etablierte Definition" des Rechtsbegriffs zu entwickeln.[929] Dass die Verfasserin im Einklang mit der klassischen Rechtsquellenlehre den formalen Rechtsbegriff für

---

[923] Siehe hierzu das von der Kommission vorgelegte „Grünbuch über die Umwandlung des Übereinkommens von Rom aus dem Jahr 1980 über das auf vertragliche Schuldverhältnisse anzuwendende Recht in ein Gemeinschaftsinstrument sowie über seine Aktualisierung" vom 14.01.2003, KOM (2002) 654 endg.

[924] Burkart, 90; Blessing, Journ. Int. Arb. 1997, 39, 56; Glenn, 53, 61.

[925] Burkart, 90. Leible, Wege zu einem europäischen Privatrecht, 402f. spricht sich zwar - ausgehend von einem *positivistischen* Rechtsbegrifff - gegen die objektive juristische Geltung der UP aus, befürwortet aber andererseits (S. 414) ein *funktionales* Verständnis des in Art. 3 Abs. 1 Satz 1 EVÜ gebrauchten Terminus „Recht" und bejaht dementsprechend die kollisionsrechtliche Wählbarkeit der UP. Kritisch zur Gleichsetzung des in Art. 3 Abs. 1 Satz 1 EVÜ gebrauchten Rechtsbegriffs mit der Rechtsordnung eines bestimmten Staates auch Bälz, IPRax 2005, 44ff., der sich allerdings nicht explizit für ein bestimmtes Begriffsverständnis ausspricht. Vgl. ferner Schwimann, 104, der allein auf die inhaltliche Bestimmtheit des gewählten Rechts abstellt, dabei zu dem Schluss kommt, dass Art. 3 Abs. 1 Satz 1 EVÜ die Wahl eines jeden „konkretisierten Normenmaterials" gestatte, wozu auch die UP zu zählen seien und sich damit einem funktionalen Rechtsverständnis annähert. Den in Art. 3 Abs. 1 Satz 1 EVÜ gebrauchten Rechtsbegriff soziologisch verstehend etwa Schack, FS Kegel, 179, 186.

[926] Siehe oben Kapitel 3, B.II.2

[927] Vgl. dazu die Nachweise oben Kapitel 3, B.II.2.a.aa.

[928] Larenz/Wolf, AT, § 4, Rn. 35; Kropholler, Einheitsrecht, 264f.; Sbordone, 92.

[929] Burkart, 83, siehe ferner bereits oben Kapitel 3, B.II.2.

vorzugswürdig hält[930], macht diesen nicht zum für die Wortlautauslegung allein maßgeblichen *üblichen* Wortsinn. Unabhängig davon, welchem Rechtsverständnis man zuneigt, zeigt daher allein der leidenschaftliche Streit um den „richtigen" Rechtsbegriff, dass die grammatikalische Auslegung des Art. 3 Abs. 1 Satz 1 EVÜ keine zuverlässige Antwort auf die Frage nach der Wählbarkeit nichtstaatlichen Rechts im Geltungsbereich der Vorschrift zu geben vermag.

Darüber hinaus muss aber auch bezweifelt werden, dass irgendeiner der dargestellten Rechtsbegriffe geeignet ist, über die Reichweite des Art. 3 Abs. 1 Satz 1 EVÜ Aufschluss zu geben: Dass sowohl die nach funktional-materiellen Kriterien vorgenommene Einordung der UP in das System der Rechtsquellen als auch das Abstellen auf ihre soziale Wirksamkeit unter Rechtssicherheits-Gesichtspunkten mehr als bedenklich ist, wurde bereits dargelegt.[931] Der hier untersuchte Zusammenhang rechtfertigt keine abweichende Beurteilung der rechtspraktischen Tauglichkeit dieser Ansätze: Ebensowenig, wie die abstrakte Frage nach der objektiven juristischen Geltungskraft nichtlegislatorischer Normen von materiellen oder sozialen Kriterien abhängig gemacht werden kann, ohne zu unerträglicher Unsicherheit zu führen, kann auch die Reichweite der von Art. 3 Abs. 1 Satz 1 EVÜ normierten Rechtswahlfreiheit nicht von den unscharfen Voraussetzungen der inhaltlichen Bestimmtheit, Ausgewogenheit und Kohärenz oder gar von häufig nicht zweifelsfrei feststellbaren faktischen Gegebenheiten abhängen. Im Gegenteil, gerade im Lichte des EVÜ wiegt die auf die Rechtssicherheit bezogene Argumentation besonders schwer. Denn die Gewähr der Voraussehbarkeit des Vertragsstatuts gehört zu den zentralen Anliegen des Übereinkommens, wie sich im Rahmen der teleologischen Interpretation des Art. 3 EVÜ noch zeigen wird.[932] Der von den Anhängern des weiten Verständnisses des Art. 3 EVÜ geltend gemachte Einwand, es sei kein überzeugender Grund ersichtlich, warum der im EVÜ verwendete Rechtsbegriff notwendig mit vom Staat geschaffenen Normen gleichzusetzen sei und warum nicht stattdessen im Wege einer funktionalen Betrachtung unter den Begriff des Rechts jede Ordnung subsumiert werden könne, die eine gewisse Regelungsdichte, Rechtssicherheit und Vertragsgerechtigkeit zu gewährleisten imstande ist[933], oder – so die Anhänger eines soziologischen Rechtsbegriffs - die sich in der internationalen Wirtschaftspraxis bewährt habe[934], begegnet daher im Vergleich zur oben behandelten Frage der autonomen Geltung der UP noch gewichtigeren Bedenken. Aber auch dem formal-positivistischen Rechtsverständnis mangelt es vor dem Hintergrund einer möglichen abgeleiteten Rechtsgeltung der UP an Überzeugungskraft. Seine Anhänger müssen sich mit dem Einwand konfrontieren lassen, dass, wenn die Einordnung von Normen als „Recht" von ihrer staatlichen Anerkennung abhängt, diese Anerkennung auch durch eine entsprechende Ausgestaltung der Parteiautonomie er-

930 Vgl. oben Kapitel 3, B.IV.
931 Siehe oben Kapitel 3, B.IV.
932 Vgl. unten Kapitel 5, B.II.2.e.dd.(2).
933 Leible, Wege zu einem europäischen Privatrecht, 414.
934 Vgl. etwa Schack, FS Kegel 2002, 179, 186.

folgen kann.[935] Steht es gemäß Art. 3 Abs. 1 Satz 1 EVÜ den Parteien frei, auch nichtstaatliche Normen als Vertragsstatut zu berufen, so erhalten diese – unabhängig von der abstrakten Frage nach ihrer Rechtsqualität - die „staatliche Weihe".[936] Spätestens zu diesem Zeitpunkt würden sie auch im formal-positivistischen Sinne zu zwar nicht autonom, aber jedenfalls zu abgeleitet geltendem Recht erstarken.[937] Das im Zusammenhang mit der objektiven juristischen Verbindlichkeit der UP klar vorzugswürdig erscheinende formale Rechtsquellenkonzept krankt im Rahmen der grammatikalischen Interpretation des Art. 3 Abs. 1 Satz 1 EVÜ daran, dass es einerseits die Rechtsqualität an einen förmlichen Gesetzgebungsakt knüpft, andererseits aber nicht berücksichtigt, dass sich die gesetzgeberische Anerkennung auch aus gerade derjenigen Vorschrift ergeben kann, deren Reichweite zu erhellen ist. Anders ausgedrückt: Ob das von Art. 3 Abs. 1 Satz 1 EVÜ angesprochene „Recht" auch die UP erfasst, kann bei Zugrundelegung des formalen Rechtsbegriffs nur dann geklärt werden, wenn feststeht, ob über Art. 3 Abs. 1 Satz 1 EVÜ eine gesetzgeberische Anerkennung nichtstaatlichen Rechts erfolgt ist.[938] Wer die Einordnung der UP als „Recht" im Sinne von Art. 3 Abs. 1 Satz 1 EVÜ mit der Begründung ablehnen will, den UP fehle es an gesetzgeberischer Anerkennung, zieht daher einen Zirkelschluss: Die für die abgeleitete Rechtsgeltung notwendige gesetzgeberische Anerkennung könnte ja gerade in Art. 3 Abs. 1 Satz 1 EVÜ liegen, was jedoch erst mittels der nachfolgend vorzunehmenden historischen, systematischen und teleologischen Auslegung abschließend geklärt werden kann. So unpraktisch und unter Rechtssicherheits-Gesichtspunkten unbefriedigend das soziologische und das funktionale Rechtsquellenkonzept ist, so wenig ist die klassisch-formale Lehre imstande, aus sich heraus zur Klärung der Frage beizutragen, ob der in Art. 3 Abs. 1 Satz 1 EVÜ gebrauchte Rechtsbegriff neben staatlichem auch nichtstaatliches Recht umfasst.

Unabhängig von diesen rechtstheoretischen Erwägungen ließe sich allerdings im Ergebnis die auf den formalen Rechtsbegriff abstellende restriktive Auffassung mit der französischen, spanischen, italienischen sowie der dänischen Fassung des Übereinkommens in Einklang bringen: Der in der französischen Fassung verwendete Begriff „loi" wird im französischsprachigen Rechtsraum nur auf staatliches Recht bezogen[939], während dem Ausdruck „droit" ein umfassenderer Bedeutungsgehalt beigemessen wird.[940] Auch der in der spanischen – gem. Art. 33 EVÜ allerdings nicht authentischen

---

[935] Wichard, RabelsZ 60 (1996), 269, 283; Michaels, RabelsZ 62 (1998), 580, 597; Leible, Wege zu einem europäischen Privatrecht, 410; ders., Derecho de los Negocios, Sept. 1999, 11, 13; Frick, RIW 2001, 416, 419; Herber, IHR 2003, 1, 8.

[936] Wichard, RabelsZ 60 (1996), 269, 283.

[937] Michaels, RabelsZ 62 (1998), 580, 597; Wichard, RabelsZ 60 (1996), 269, 283; Leible, Wege zu einem europäischen Privatrecht, 410; Frick, RIW 2001, 416, 419; Herber, IHR 2003, 1, 8.

[938] So auch Wichard, RabelsZ 60 (1996), 269, 283; Herber, IHR 2003, 1, 8; Frick, RIW 2001, 416, 419: „Nur eine Ermächtigung durch das Kollisions- und Schiedsrecht verankert die UP im staatlichen Recht und legitimiert sie, so dass aus einem privaten Regelwerk dann doch ein Vertragsstatut, eben „Recht" wird."

[939] Kassis, 373; Fernández Arroyo, Rev. crit. dr. internat. privé 1995, 178, 182.

[940] Rigaux, Quelques problèmes d'interprétation, 33, 41.

- Fassung verwendete Begriff „ley" wird im Gegensatz zum Terminus „derecho" restriktiv verstanden.[941] Gleiches gilt für die in der italienischen und dänischen Version gebrauchten Begriffe „legge" bzw. „lov".[942] Die englische und niederländische Übersetzung hingegen verwendet die nicht notwendig auf Gesetze bezogenen Ausdrücke "law" bzw. "recht".[943] Insgesamt indizieren die verschiedenen sprachlichen Fassungen des Art. 3 Abs. 1 Satz 1 EVÜ zwar ein enges Verständnis des in der Norm zugrunde gelegten Rechtsbegriffs. Eine über diese Indizwirkung hinausgehende Bedeutung sollte dem Vergleich der einzelnen Versionen angesichts der insgesamt uneinheitlichen Begriffsverwendung jedoch nicht beigemessen werden.[944]

Im Ergebnis ist festzuhalten, dass zwar sowohl rechtstheoretische als auch praktische Erwägungen sowie Gründe der Rechtssicherheit für ein klassisch-formales Verständnis des Rechtsbegriffs sprechen. Auch die französische, italienische, spanische und dänische Fassung des Art. 3 Abs. 1 Satz 1 EVÜ indizieren die Beschränkung der Parteiautonomie auf die Wahl legislativen Rechts. Der formale Rechtsbegriff jedoch macht die Einordnung eines Regelwerks als Recht von seiner staatlichen Anerkennung und damit von einer Frage abhängig, die u.a. mit Hilfe des Wortsinns des in Art. 3 Abs. 1 Satz 1 EVÜ verwendeten Ausdrucks „Recht" geklärt werden soll. Selbst wenn man diese Bedenken nicht teilt und einen der dargestellten rechtsquellentheoretischen Ansätze für tauglich hält, die Reichweite der in Art. 3 Abs. 1 Satz 1 EVÜ garantierten Rechtswahlfreiheit zu erhellen, ist hiermit angesichts der Strittigkeit der Problematik der für die grammatikalische Auslegung maßgebliche „übliche" Wortsinn noch nicht gefunden. Insgesamt zeigt sich damit, dass die Wortlaut-Auslegung des Art. 3 Abs. 1 Satz 1 EVÜ bezüglich der Frage nach der kollisionsrechtlichen Wählbarkeit nichtstaatlichen Rechts im Geltungsbereich des EVÜ zu keinem eindeutigen Ergebnis führt.

c. Systematische Auslegung des Art. 3 Abs. 1 Satz 1 EVÜ

Im Rahmen der an systematischen Kriterien orientierten Auslegung des Art. 3 Abs. 1 Satz 1 EVÜ muss man sich fragen, in welchem Verhältnis die Vorschrift zu den übrigen Bestimmungen des Übereinkommens steht.[945] Wie sich gleich zeigen wird, versuchen die Anhänger der restriktiven Auffassung die Gegenmeinung unter anderem unter Hinweis darauf zu entkräften, dass nahezu alle übrigen Bestimmungen des EVÜ explizit auf ein ausländisches, d.h. staatliches Recht Bezug nähmen. Dies lege den Schluss nahe, dass es sich bei der Auslassung des Zusatzes „des Staates" in Art. 3 Abs. 1 Satz 1 EVÜ um eine unbeachtliche sprachliche Verkürzung handele. Ungeachtet ihres Ge-

---

[941] Leible, Wege zu einem europäischen Privatrecht, 416; ders., ZVglRWiss 97 (1998), 286, 317; Santos Belandro, 86 (die genannten Autoren beziehen sich auf den Wortlaut des dem Art. 3 EVÜ entsprechenden Art. 7 der Interamerikanischen Konvention über das auf internationale Verträge anwendbare Recht, vgl. dazu unten Kapitel 5, C.II.).

[942] Rigaux, Quelques problèmes d'interprétation, 33, 41; Marrella, Contratto e impresa / Europa 2000, 29, 41.

[943] Rigaux, Quelques problèmes d'interprétation, 33, 41.

[944] Rigaux, Quelques problèmes d'interprétation, 33, 41.

[945] Larenz/Wolf, AT, § 4, Rn. 42.

wichts für die systematische Interpretation werden die relevanten Bestimmungen nachfolgend in der Reihenfolge erörtert, in der sie im Übereinkommen erscheinen.

aa. Verhältnis des Art. 3 Abs. 1 Satz 1 EVÜ zu Art. 1 Abs. 1 EVÜ

Die Vertreter der restriktiven Auffassung bemühen sich, der Gegenmeinung durch den Hinweis auf Art. 1 Abs. 1 EVÜ bzw. Art. 3 Abs. 1 Satz 1 EGBGB den Boden zu entziehen, dem zu entnehmen sei, dass die Kollisionsregeln des Übereinkommens ausschließlich „die Wahl zwischen dem Recht verschiedener Staaten" betreffen.[946]

Dieses Argument hat bei weitem nicht die Überzeugungskraft, die ihm offenbar weithin beigemessen wird. Denn anders als möglicherweise im Falle des Art. 3 Abs. 1 Satz 1 EGBGB, der da lautet: „Bei Sachverhalten mit einer Verbindung zum Recht eines ausländischen Staates bestimmen die folgenden Vorschriften, welche Rechtsordnungen anzuwenden sind (Internationales Privatrecht)", ist äußerst zweifelhaft, ob der Wortlaut des hier allein maßgeblichen Art. 1 Abs. 1 EVÜ den Standpunkt der restriktiven Auffassung zu stützen vermag. Angesichts der Tatsache, dass das EVÜ gem. Art. 33 EVÜ nicht nur in seiner deutschen Fassung, sondern u.a. auch in seiner englischen, französischen und italienischen Fassung Authentizität beansprucht, lohnt sich ein Blick auf den Wortlaut des Art. 1 Abs. 1 EVÜ in den genannten sprachlichen Versionen.

Art. 1 Abs. 1 EVÜ lautet in der deutschen Fassung:

> „Die Vorschriften dieses Übereinkommens sind auf vertragliche Schuldverhältnisse *bei Sachverhalten, die eine Verbindung zum Recht verschiedener Staaten aufweisen*, anzuwenden."

Art. 1 Abs. 1 EVÜ lautet in der englischen Fassung:

> „The rules of this Convention shall apply to contractual obligations *in any situation involving a choice between the laws of different countries*."

Art. 1 Abs. 1 EVÜ lautet in der französischen Fassung:

> „Les dispositions de la présente convention sont applicables, *dans les situations comportant un conflit de lois*, aux obligations contractuelles."

Art. 1 Abs. 1 EVÜ lautet in der italienischen Fassung:

---

[946] Court of Appeal, Civil Division, Shamil Bank of Bahrain v. Beximco Pharmaceuticals Ltd. and Others, 28.01.2004, [2004] EWCA Civ 19, 14; Drobnig, Vereinheitlichung, 745, 754; ders., Unif. L. Rev. 1998, 385, 388; Juenger, Am. J. Comp. L. 42 (1994), 381, 383; MüKo-Sonnenberger, Einl. IPR, Rn. 208; Fernández Arroyo, Rev. crit. dr. internat. privé 1995, 178, 182; Pérez Vera, 304; Roth, FS Jayme, 757, 758; Sono, Tul. L. Rev. 75 (2001), 1185, 1186; Junker, FS Sandrock, 443, 460f.

„Le disposizioni della presente convenzione si applicano alle obbligazioni contrattuali *nelle situazioni che implicano un conflitto di leggi*."

Die nähere Betrachtung des Art. 1 Abs. 1 EVÜ unter Berücksichtigung der deutschen, englischen, französischen und italienischen Fassung ergibt folgendes Bild:

(1) Deutsche Fassung des Art. 1 Abs. 1 EVÜ

Die deutsche Fassung des Art. 1 Abs. 1 EVÜ beschreibt lediglich die Ausgangssituation, die gegeben sein muss, um dem EVÜ zur Anwendung zu verhelfen: das Vorliegen eines Schuldverhältnisses, dessen Sachverhalt (anknüpfungsrelevante[947]) Verbindungen zum Recht verschiedener Staaten aufweist, so dass die Parteien zunächst nicht wissen, welche Regeln einem möglichen Streitfall zugrunde zu legen sind.[948] Dass dieses Problem nur durch einen Rückgriff auf staatliches Recht gelöst werden kann, besagt Art. 1 Abs. 1 EVÜ keineswegs.[949] Wenn ein Sachverhalt Bezüge zum Recht verschiedener Staaten aufweist, so heißt das nicht automatisch, dass nur eines dieser betroffenen staatlichen Rechte auf den Vertrag angewandt werden kann. Die deutsche Fassung des Art. 1 Abs. 1 EVÜ ist mithin hinsichtlich der Staatlichkeit bzw. Nichtstaatlichkeit des Vertragsstatuts offen und vermag die h.M. aus diesem Grunde nicht zu stützen.

(2) Englische Fassung des Art. 1 Abs. 1 EVÜ

Weniger eindeutig ist jedoch die englische Fassung derselben Bestimmung, der zu entnehmen ist, dass die Vorschriften des EVÜ Anwendung finden sollen, wenn eine Situation die *Wahl* zwischen dem Recht verschiedener Länder zur Folge hat bzw. erfordert. Unabhängig von den unterschiedlichen Bedeutungen, die dem Begriff „involve" beigemessen werden können[950], lässt es die von der deutschen Fassung abweichende Formulierung „choice between the laws of different countries" möglich erscheinen, dass hier von der Konsequenz, weniger von der Ausgangssituation die Rede ist.[951] Während die deutsche Fassung als sachverhaltsbezogen verstanden werden muss, gerät dieses Ergebnis bei Betrachtung der englischen Fassung ins Wanken.

---

[947] Schwimann, 104; Czernich/Heiss/Nemeth-Heiss, Art. 3, Rn. 4.

[948] So auch Schwimann, 103f.; Czernich/Heiss-Nemeth, Art. 1, Rn. 5.

[949] Ebenso Leible, Wege zu einem europäischen Privatrecht, 409f.; ders., ZVglRWiss 97 (1998), 286, 314.

[950] Angehen, betreffen, zur Folge haben, mit sich bringen, nach sich ziehen, erfordern, verbunden sein mit (Duden Oxford. Großwörterbuch Englisch. Deutsch-Englisch, Englisch-Deutsch, 2. Auflage, Mannheim etc. 1999 sowie Dietl/Moss/Lorenz (Hrsg.), Wörterbuch für Recht, Wirtschaft und Politik, Teil I, Englisch-Deutsch, 3. Auflage, München 1985).

[951] Vgl. Court of Appeal, Civil Division, Shamil Bank of Bahrain v. Beximco Pharmaceuticals Ltd. and Others, 28.01.2004, [2004] EWCA Civ 19, 14; auch Plender/Wilderspin, The European Contracts Convention, 56 gehen davon aus, dass der englische Wortlaut des Art. 1 Abs. 1 EVÜ die Beschränkung der Rechtswahlfreiheit auf die Wahl eines staatlichen Rechts indiziert.

(3) Französische und italienische Fassung des Art. 1 Abs. 1 EVÜ

Ähnlich der englischen Fassung kann sowohl der in der französischen Fassung des Art. 1 Abs. 1 EVÜ gewählte Begriff „comporter" als auch der in der italienischen Fassung verwendete Ausdruck „implicare" einerseits im Sinne von „einschließen/beinhalten", andererseits im Sinne von „mit sich bringen/zur Folge haben" verstanden werden.[952] Anders als im Falle der englischen Fassung („involve") legen hier jedoch beide Verständnisalternativen den Schluss auf die Sachverhaltsbezogenheit des Art. 1 Abs. 1 EVÜ nahe. Der Grund hierfür liegt darin, dass im Unterschied zur englischen Fassung nicht von „choice between the laws of different countries" die Rede ist, sondern von „conflit de lois" bzw. „conflitto di leggi". Der Begriff „Konflikt" lässt eher an eine Ausgangssituation denken und besagt nichts über die zur Lösung dieses Konflikts zu ergreifenden Maßnahmen.[953]

(4) Schlussfolgerungen

Die Bewertung der vorstehenden Überlegungen muss berücksichtigen, dass der deutschen, englischen, französischen und italienischen Fassung des Art. 1 Abs. 1 EVÜ gem. Art. 33 EVÜ gleiches Gewicht zukommt. Es muss mithin ein Auslegungsergebnis gefunden werden, das als kleinster gemeinsamer Nenner mit allen vier Versionen in Einklang zu bringen ist. Insoweit ist festzustellen, dass alle verglichenen Fassungen, mit Ausnahme der englischen, auf eine reine Sachverhaltsbezogenheit des Art. 1 Abs. 1 EVÜ schließen lassen.[954] Während die deutsche Fassung diesbezüglich kaum Zweifel lässt, lässt sich ein solches Verständnis der französischen und der italienischen Version, deren Wortlaut etwas offener ist als der deutsche, jedenfalls am besten begründen. Dieses Ergebnis wird auch durch den Giuliano/Lagarde-Bericht gestützt. Die Berichterstatter nehmen zwar zum Bedeutungsgehalt des Art. 1 Abs. 1 EVÜ in der hier relevanten Hinsicht keine ausdrückliche Stellung. Einige Äußerungen können jedoch im Sinne einer reinen Sachverhaltsbezogenheit der Bestimmung verstanden werden. So heißt es dort in den Ausführungen zu Art. 1 Abs. 1 EVÜ, „... thereby giving the legal systems of several countries claims to apply. These are precisely the situations in which the uniform rules are intended to apply. Moreover the present wording of paragraph 1 means that the uniform rules are to apply in all cases where the dispute would give rise to a conflict between two or more legal systems."[955] Schließlich wird selbst von einem Anhänger der h.M. unter Bezugnahme auf die englische Fassung des Art. 1 Abs. 1 EVÜ eingeräumt, dass die Bestimmung trotz ihrer missverständlichen Formulierung nur sachverhaltsbezogen zu verstehen sei.[956]

---

[952] Langenscheidts MAXI Wörterbuch Französisch, Französisch-Deutsch, Deutsch-Französisch, Neubearbeitung, Berlin etc. 2001; Langenscheidts Handwörterbuch Italienisch, Teil I, Italienisch-Deutsch, Neubearbeitung, Berlin etc. 2000.

[953] In diesem Sinne auch Sbordone, 117f.

[954] Ebenso Leible, ZVglRWiss 97 (1998), 286, 314.

[955] Giuliano/Lagarde, 10.

[956] Mankowski, RIW 2003, 2, 12.

Daher spricht vieles dafür, dass Art. 1 Abs. 1 EVÜ nur sachverhaltsbezogen zu verstehen ist.[957] Entgegen der Meinung der Anhänger des restriktiven Verständnisses des Art. 3 Abs. 1 Satz 1 EVÜ kann keinesfalls davon die Rede sein, dass die Vorschrift eindeutig zum Ausdruck bringt, dass der Vertrag als Folge der Kollision verschiedener Rechtsordnungen ausschließlich staatlichem Recht unterstellt werden kann.[958]

bb. Verhältnis des Art. 3 Abs. 1 Satz 1 EVÜ zu Art. 2 EVÜ

Etwas überzeugender ist der Hinweis der restriktiven Lehrmeinung auf Art. 2 EVÜ[959], der den universellen Charakter des Übereinkommens zum Ausdruck bringt.[960] Insoweit wird angeführt, dass, wäre das Übereinkommen auch auf die Wahl nichtstaatlicher Regeln angelegt, gerade Art. 2 EVÜ, der deutlich machen soll, dass sich der Kreis der in Betracht kommenden Vertragsstatute nicht auf die Rechtsordnungen der Mitgliedstaaten beschränkt, die Universalität des EVÜ auch hinsichtlich nichtstaatlicher Regeln deutlich machen müsste. Dass er dies nicht tue, sondern die Universalität nur im Hinblick auf die Rechtsordnungen von Nichtvertragsstaaten deklariere, spreche sehr dafür, dass ein Vertrag unter dem EVÜ nur staatlichem Recht unterstellt werden kann.[961] Wenngleich dieser Erklärungsversuch nicht gänzlich von der Hand zu weisen ist, wird ihm nicht minder überzeugend entgegengehalten, die Vorschrift wolle lediglich klarstellen, dass die Anwendbarkeit einer Rechtsordnung nicht davon abhängt, dass der hinter dieser Rechtsordnung stehende Staat das Übereinkommen ratifiziert hat. Einer entsprechenden Klarstellung bedürfe es bei der Anwendung anationalen Rechts nicht, da hinter diesem kein Staat stehe, dessen ausgebliebener Beitritt zum Übereinkommen der Anwendbarkeit seines Rechts entgegenstehen könnte. Aus diesem Grunde könne der fehlenden Nennung nichtstaatlicher Rechtsquellen in Art. 2 EVÜ nicht entnommen werden, dass die Möglichkeit der Wahl von Normen nichtstaatlicher Herkunft im Geltungsbereich des Übereinkommens ausgeschlossen ist; die Vorschrift habe insoweit keinerlei Aussagekraft.[962] Diese beiden gänzlich gegenläufigen Ansätze erscheinen beide vertretbar, wenngleich einiges dafür spricht, dass Art. 2 EVÜ im Sinne des zuletzt genannten Erklärungsansatzes lediglich zum Ausdruck bringen soll, dass die Identität des anzuwendenden Rechts ohne Belang ist.[963] Für diese Sichtweise, die der Einbeziehung anationaler Normen in den Geltungsbereich des Art. 3 Abs. 1 Satz 1 EVÜ nicht entgegenstünde, spricht auch die englische Fassung der

---

[957] So auch Horn, Internationales Vertragsrecht, 69; Mankowski, RIW 2003, 2, 12; Leible, ZVglRWiss 97 (1998), 286, 314.
[958] Leible, Derecho de los Negocios, Sept. 1999, 11, 13.
[959] Bonell, Unif. L. Rev. 2000, 199, 201; Drobnig, Unif. L. Rev. 1998, 385, 388f.; Carbone, Principi dei contratti internazionali, 23, 27; Michaels, RabelsZ 62 (1998), 580, 597; Roth, FS Jayme, 757, 758.
[960] Giuliano/Lagarde, 13; Jacquet, Aperçu de la Convention de Rome, 21; Cheshire and North's, 551f.; ausführlich zum Regelungszweck des Art. 2 EVÜ Sbordone, 95ff.
[961] In diesem Sinne Bamberger/Roth-Spickhoff, Art. 27 EGBGB, Rn. 6.
[962] Hernández-Bretón, IPRax 1998, 378, 382 zum inhaltsgleichen Art. 2 der Interamerikanischen Konvention über das auf internationale Verträge anwendbare Recht (dazu unten Kapitel 5, C.II.2.d.bb.).
[963] So Jacquet, Aperçu de la Convention de Rome, 21: „Elle [la convention] est indifférente à l'identité de la loi designé»; ebenso Horn, Internationales Vertragsrecht, 77; Gebele, 133.

Vorschrift, in der es heisst: „Any law specified by this Convention shall be applied whether or not it is the law of a Contracting State." Insgesamt erscheint Art. 2 EVÜ jedoch nicht geeignet, wirklich zweifelsfreien Aufschluss über die Tragweite zu geben, die der Parteiautonomie im Übereinkommen eingeräumt wurde.

cc. Verhältnis des Art. 3 Abs. 1 Satz 1 EVÜ zu Art. 3 Abs. 3 EVÜ

Der Hinweis der h.M. auf Art. 3 Abs. 3 EVÜ[964] hält hingegen einer kritischen Betrachtung stand. Art. 3 Abs. 3 EVÜ regelt den dort beschriebenen Fall ausdrücklich für ausländisches Recht[965], worunter zweifelsfrei ein einem fremden Staat zuzuordnendes Recht zu verstehen ist. Der Wortlaut des Art. 3 Abs. 3 EVÜ erfasst nichtstaatliche Regeln somit nicht, obwohl die in der Bestimmung angesprochene Problematik in gleicher Weise bei der Wahl nichtstaatlichen Rechts auftreten würde. Art. 3 Abs. 3 EVÜ spricht daher dafür, dass die in Art. 3 Abs. 1 Satz 1 EVÜ normierte Rechtswahlbefugnis auf ein staatliches Recht beschränkt sein soll.[966] Dieses Argument fällt besonders schwer zugunsten der restriktiven Auffassung ins Gewicht, weil Absatz 3 in unmittelbarem Zusammenhang mit der in Abs. 1 desselben Artikels normierten Rechtswahlfreiheit steht und aus diesem Grunde mehr Aufschluss über die dieser Bestimmung zugrunde liegenden Wertungen zu geben vermag als jede andere Vorschrift des Übereinkommens.

dd. Verhältnis des Art. 3 Abs. 1 Satz 1 EVÜ zu Art. 4 Abs. 1 Satz 1 EVÜ

Unter Berufung auf den Wortlaut des Art. 3 Abs. 1 Satz 1 EVÜ, der nur von „dem von den Parteien gewählten Recht" spricht, während im Zusammenhang mit der objektiven Anknüpfung in Art. 4 Abs. 1 Satz 1 EVÜ vom „Recht des Staates" die Rede ist, vertreten die Anhänger der extensiven Auslegung des Art. 3 Abs. 1 Satz 1 EVÜ die Auffassung, dieser sprachliche Unterschied sei so zu verstehen, dass zwar keine objektive Anknüpfung an nichtstaatliches Recht möglich ist, dass die Parteien aber durchaus nichtstaatliche Rechtsnormen wählen können.[967] Teilweise wird etwas abgeschwächt angemerkt, dass sich der Wortlaut des Art. 3 Abs. 1 Satz 1 EVÜ einer solchen Auslegung jedenfalls nicht verschließe.[968] Dem wird aus den Reihen der h.M. entgegen-

---

964 Court of Appeal, Civil Division, Shamil Bank of Bahrain v. Beximco Pharmaceuticals Ltd. and Others, 28.01.2004, [2004] EWCA Civ 19, 14; Bonell, Unif. L. Rev. 2000, 199, 201; Drobnig, Unif. L. Rev. 1998, 385, 388f.; Carbone, Principi dei contratti internazionali, 23, 27; Michaels, RabelsZ 62 (1998), 580, 597; MüKo-Sonnenberger, Einl. IPR, Rn. 231; Canaris, 5, 19.

965 Vgl. den Wortlaut in der englischen Fassung "foreign law", in der französischen Fassung "loi étrangère", in der italienischen Fassung „legge straniera".

966 AA Kappus, IPRax 1993, 137, 140 bezüglich Art. 27 Abs. 3 EGBGB, der von der „Wahl des Rechts eines anderen Staates" spricht. Ungeachtet des restriktiven Wortlauts könne aus der Sonderfallregelung des Art. 27 Abs. 3 EGBGB nicht auf eine zwingend gebotene einschränkende Auslegung der Rechtswahlfreiheit geschlossen werden.

967 Wichard, RabelsZ 60 (1996), 269, 282; Kronke, RIW 1998, 257, 262; Leible, ZVglRWiss 97 (1998), 286, 313f.; Naumann, 61; wohl auch Kappus, IPRax 1993, 137, 139.

968 Vischer, Europ. J. L. Ref. 1998/1999, 203, 211f.; ders., FS Schlechtriem, 445, 452, wobei allerdings eingeräumt wird, dass der Wortlaut des Art. 3 Abs. 1 EVÜ möglicherweise nicht absichtlich so offen gestaltet wurde.

gehalten, dass es sich bei der Fassung des Art. 3 Abs. 1 Satz 1 EVÜ lediglich um eine gesetzestechnische Verkürzung handele, aus der sich keine Schlüsse hinsichtlich der Tragweite der Rechtswahlfreiheit ziehen ließen.[969] Teilweise wird die Erwähnung des „Recht des Staates" in Art. 4 Abs. 1 Satz 1 EVÜ von den Anhängern der h.M. sogar als Argument für die generelle Beschränkung des EVÜ auf staatliches Recht angeführt.[970]

In der Tat ist wahrscheinlich, dass der in Art. 4 Abs. 1 Satz 1 EVÜ enthaltene Zusatz „des Staates" nur angefügt wurde, weil er notwendig war, um den Anknüpfungspunkt für die engste Verbindung zum Ausdruck zu bringen. Im Falle des Art. 3 Abs. 1 Satz 1 EVÜ, der nicht auf die engste Verbindung abstellt, war ein vergleichbarer Zusatz hingegen gar nicht notwendig.[971] Bei der Einfügung in Art. 4 Abs. 1 Satz 1 EVÜ bzw. – je nach Sichtweise - der Auslassung in Art. 3 Abs. 1 Satz 1 EVÜ dürfte es sich folglich nur um eine sprachliche Notwendigkeit bzw. Selbstverständlichkeit handeln, der keinerlei Aussagekraft hinsichtlich der hier zu beantwortenden Frage nach der Wählbarkeit nichtstaatlicher Regelwerke beigemessen werden kann. Dieses Ergebnis stützen auch die englische, französische und italienische Fassung des Übereinkommens, die gem. Art. 33 EVÜ, ebenso wie die deutsche Fassung, allesamt authentische Originalversionen darstellen.[972] An Aussagekraft der Vorschrift fehlt es auch, soweit die h.M. auf Art. 4 Abs. 1 Satz 1 EVÜ Bezug nimmt, um die generelle exklusive Ausrichtung des EVÜ auf staatliches Recht zu begründen. Denn Art. 4 Abs. 1 Satz 1 EVÜ betrifft den Fall, in dem die Parteien von einer Rechtswahl abgesehen haben und sagt nichts über den von dieser Situation zu unterscheidenden Fall aus, dass sich die Vertragspartner für ein bestimmtes Vertragsstatut entschieden haben.

Im Ergebnis ist damit festzuhalten, dass Art. 4 Abs. 1 Satz 1 EVÜ weder die extensive noch die restriktive Interpretation des Art. 3 Abs. 1 Satz 1 EVÜ besonders zu stützen vermag.

ee. Verhältnis des Art. 3 Abs. 1 Satz 1 EVÜ zu Art. 5 und 6 EVÜ

Schwer nachzuvollziehen ist, inwieweit der zum Teil ins Feld geführte Art. 5 Abs. 2 EVÜ[973] Aufschluss über die Tragweite der Rechtswahlfreiheit im EVÜ geben soll. Die Norm besagt lediglich, dass sich der Verbraucher stets auf die ihn schützenden zwingenden Bestimmungen seines Aufenthaltsstaates berufen kann, und zwar auch dann, wenn die Parteien dieses Recht an sich abgewählt haben. Dass die Parteien das objektiv anwendbare Recht durch ein anderes staatliches Recht ersetzt haben müssen, ist dem Wortlaut des Art. 5 Abs. 2 EVÜ keineswegs zu entnehmen. Er wäre in seiner gegenwärtigen Form gleichermaßen sinnvoll, wenn die Parteien ein nichtstaatliches Re-

---

[969] Mankowski, RIW 2003, 2, 11; Junker, FS Sandrock, 443, 460.

[970] So etwa Roth, FS Jayme, 757, 758; Staudinger-Magnus, Art. 27 EGBGB, Rn. 34.

[971] Zutreffend Junker, FS Sandrock, 443, 460.

[972] Die englische Fassung spricht von „law" (Art. 3 Abs. 1 Satz 1 EVÜ) und „law of the state" (Art. 4 Abs. 1 Satz 1 EVÜ); die französische Fassung spricht von „loi" (Art. 3 Abs. 1 Satz 1 EVÜ) und „loi du pays" (Art. 4 Abs. 1 Satz 1 EVÜ); die italienische Fassung spricht von „legge" (Art. 3 Abs. 1 Satz 1 EVÜ) und „legge del paese" (Art. 4 Abs. 1 Satz 1 EVÜ).

[973] Drobnig, Unif. L. Rev. 1998, 385, 388f.

gelwerk zum Vertragsstatut berufen hätten. Ähnliches gilt für Art. 6 Abs. 1 EVÜ. Aber auch der Hinweis auf Art. 6 Abs. 2 EVÜ[974] ist nicht überzeugend. Art. 6 Abs. 2 EVÜ nimmt, ebenso wie Art. 5 Abs. 3 EVÜ, auf die auch in Art. 4 EVÜ geregelte objektive Bestimmung des Vertragsstatuts Bezug. Die Vorschrift gilt damit ohnehin nur für den Fall der ausgebliebenen Rechtswahl, der ja von vornherein eine eigene Regelung erfahren hat und wie bereits dargelegt für den Fall, dass die Parteien auf ein bestimmtes Recht verwiesen haben, keine Rückschlüsse zulässt. Für die Verwendung des Zusatzes „des Staates" in Art. 6 Abs. 2 und Art. 5 Abs. 3 EVÜ gilt daher das vorstehend zu Art. 4 EVÜ Gesagte entsprechend.

ff. Verhältnis des Art. 3 Abs. 1 Satz 1 EVÜ zu Art. 7 Abs. 1 Satz 1 EVÜ

Die Anhänger einer restriktiven Auslegung des Art. 3 Abs. 1 Satz 1 EVÜ weisen ferner auf Art. 7 Abs. 1 Satz 1 EVÜ hin, der eindeutig erkennen lasse, dass nur an die Wahl staatlichen Rechts gedacht war.[975] Art. 7 Abs. 1 Satz 1 EVÜ könne nicht direkt angewendet werden, wenn sich die Wahl der Parteien nicht auf ein staatliches Recht bezieht. Basedow[976] als Anhänger einer extensiven Interpretation des Art. 3 Abs. 1 Satz 1 EVÜ hält dem entgegen, das Prinzip der Rechtswahlfreiheit sei im EVÜ von derart grundlegender Bedeutung, dass sich seine Grenzen nicht aus einer Vorschrift ergeben könnten, die wie Art. 7 Abs. 1 EVÜ gemäß Art. 22 EVÜ Gegenstand eines Vorbehalts von Seiten der Vertragsstaaten sein kann und daher nicht in jedem Vertragsstaat angewandt werden muss. Art. 7 Abs. 1 Satz 1 EVÜ sei daher lediglich als spezielles Beispiel für eine allgemeinere ungeschriebene Kollisionsregel hinsichtlich der Anwendung zwingender Bestimmungen zu verstehen und stehe einer Einbeziehung nichtstaatlichen Rechts in die Rechtswahlbefugnis nicht entgegen. Im Falle der Wahl nichtlegislatorischer Normen sei Art. 7 Abs. 1 Satz 1 EVÜ analog anzuwenden, um die Wirkung der Rechtswahl – genau wie bei der Wahl staatlichen Rechts – einzuschränken.[977]

Zunächst ist klarzustellen, dass der Text des Art. 7 Abs. 1 Satz 1 EVÜ für sich genommen nichts darüber aussagt, ob privat formulierte Regelwerke von der Rechtswahlfreiheit der Parteien umfasst werden. Art. 7 Abs. 1 Satz 1 EVÜ bestimmt: „Bei Anwendung des *Rechts eines bestimmten Staates* aufgrund dieses Übereinkommens kann den zwingenden Bestimmungen *eines anderen Staates....*". Dem Wortlaut ist nicht zwingend zu entnehmen, dass aufgrund des Übereinkommens ausschließlich staatliches Recht zur Anwendung gelangen kann. Er besagt lediglich, dass jedenfalls dann, wenn ein bestimmtes nationales Recht aufgrund der Kollisionsnormen des EVÜ zur Anwendung gelangt, den zwingenden Regeln eines anderen Staates nach Maßgabe

---

[974] Drobnig, Unif. L. Rev. 1998, 385, 388f.

[975] Soergel-von Hoffmann, Art. 27 EGBGB, Rn. 12; Roth, FS Jayme, 757, 758; Michaels, RabelsZ 62 (1998), 580, 597.

[976] Basedow, in: A New Approach, 125, 146f.

[977] Ebenfalls von der Vereinbarkeit des Art. 7 EVÜ mit einer extensiven Interpretation des Art. 3 Abs. 1 Satz 1 EVÜ ausgehend - allerdings unter Berufung auf den restriktiven Anwendungsbereich der Vorschrift und unter Hinweis auf die ratio der Norm: Schilf, Vertragsgrundregeln, 368f.

des Art. 7 EVÜ Beachtung zu schenken ist. Gleichwohl ist dem Sinn der Norm zu entnehmen, dass das Übereinkommen offenbar nur auf die Anwendung staatlichen Rechts angelegt ist. Denn die hier geregelte Problematik stellt sich nicht nur bei der Heranziehung staatlichen Rechts, sondern in gleichem Maße bei der Anwendung nichtstaatlicher Regelwerke. Nur, wenn man Art. 7 Abs. 1 Satz 1 EVÜ aus diesem Blickwinkel betrachtet, deutet die Tatsache, dass eine Regelung nur für staatliches Recht getroffen wurde, mithin Art. 7 Abs. 1 Satz 1 EVÜ für nichtstaatliche Regelwerke allenfalls analog angewendet werden könnte, darauf hin, dass das EVÜ nicht auf die Wahl privater Kodifikationen ausgerichtet ist. Diese Indizwirkung wird auch nicht dadurch gemindert, dass es sich bei Art. 7 Abs. 1 EVÜ angesichts der eindeutigen Regelung des Art. 22 Abs. 1 lit. a EVÜ um eine abdingbare Vorschrift handelt. Denn auch eine abdingbare Vorschrift ist Bestandteil des Abkommens und kann durchaus Aufschluss über die diesem zugrundeliegenden Wertungen geben.

gg. Verhältnis des Art. 3 Abs. 1 Satz 1 EVÜ zu Art. 15 EVÜ

Vereinzelt wird schließlich Art. 15 EVÜ zur Begründung der restriktiven Auslegung des Art. 3 Abs. 1 Satz 1 EVÜ angeführt.[978] Art. 15 EVÜ sieht vor, dass unter dem nach dem Übereinkommen anzuwendenden Recht eines Staates die in diesem Staat geltenden Rechtsnormen unter Ausschluss derjenigen des Internationalen Privatrechts zu verstehen sind. Allein dem Wortlaut der Vorschrift lässt sich der Ausschluss nichtstaatlichen Rechts aus dem Kreis der kollisionsrechtlich wählbaren Rechte jedoch nicht entnehmen. Denn der Text des Art. 15 EVÜ lässt sich ohne weiteres dahingehend verstehen, dass die Gesamtverweisung (nur) dann ausgeschlossen sein soll, wenn es sich bei dem anzuwendenden Recht um das Recht eines Staates handelt. Damit stellt sich allerdings die Frage, warum der Grundsatz der Sachnormverweisung nur für die Wahl eines nationalen Rechts festgeschrieben und die Problematik nicht auch für die Wahl eines anationalen Rechts einer Regelung zugeführt wurde.

Der unumstrittene Regelungszweck des Art. 15 EVÜ besteht darin, die unmittelbare Anwendung des fremden Sachrechts durch Verdrängung des fremden autonomen Kollisionsrechts sicherzustellen.[979] Dies dürfte insbesondere in den Fällen einer Rechtswahl dem Willen der Parteien entsprechen, die sich hiermit in aller Regel auf die materiellen Bestimmungen des gewählten Rechts beziehen und deren Wille durch die Anwendung der Kollisionsnormen des berufenen Rechts nicht unterlaufen werden sollte.[980] Im Falle der objektiven Verweisung dient die Beschränkung auf eine Sachnormverweisung der Sinnerhaltung der vom Gericht vorgenommenen Ermittlung der engsten Verbindung, die durch ausländisches Kollisionsrecht nicht korrigiert werden soll.[981] Dies gilt umso mehr, als das Kollisionsrecht anderer Staaten auf andere An-

---

[978] Siehe z.B. Roth, FS Jayme, 757, 758.

[979] Kropholler, Einheitsrecht, 335; Nygh, 61f.

[980] Giuliano/Lagarde, 37; Staudinger-Hausmann, Art. 35 EGBGB, Rn. 4; MüKo-Martiny, Art. 35 EGBGB, Rn. 1; Briggs, 162; Pérez Vera, 305.

[981] Staudinger-Hausmann, Art. 35 EGBGB, Rn. 4; Giuliano/Lagarde, 37f.; MüKo-Martiny, Art. 35 EGBGB, Rn. 1.

knüpfungspunkte abstellen könnte als auf den der engsten Verbindung.[982] Insgesamt soll Art. 15 EVÜ aus Sicht des Übereinkommens zweckverfehlenden Anknüpfungen entgegenwirken[983] und verfolgt nicht den Zweck, den im EVÜ verwendeten Rechtsbegriff zu definieren.[984]

Wenn somit die Sinnwahrung der Suche nach der engsten Verbindung und der von den Parteien ausgeübten Rechtswahl das entscheidende Motiv für die Einfügung des Art. 15 EVÜ in die Konvention war, stellt sich allerdings die Frage, warum die Vorschrift die „engste Verbindung" zu einem nichtstaatlichen Recht und den auf dessen Anwendung gerichteten Willen der Vertragspartner nicht schützen will. Dass der Ausschluss der Rück- oder Weiterverweisung in Art. 15 EVÜ nur für ein staatliches Vertragsstatut geregelt wurde, stünde dem extensiven Verständnis des Art. 3 Abs. 1 Satz 1 EVÜ dann nicht entgegen, wenn ein entsprechender Regelungsbedarf im Falle eines anationalen, supranationalen oder transnationalen Statuts nicht bestünde, weil dieses keine Kollisionsnormen enthält.[985] Indes sind nichtstaatliche Kollisionsnormen durchaus denkbar, wenn sie auch bislang nur selten vorkommen[986], so dass Art. 15 EVÜ wegen seines nur auf staatliches Recht bezogenen Wortlauts strenggenommen gegen die kollisionsrechtliche Wählbarkeit der UP spricht. Gleichwohl sollte der Auslassung einer auf nichtstaatliche Rechte bezogenen Regelung angesichts der Seltenheit anationalen Kollisionsrechts und in Anbetracht des damit einhergehenden geringen Regelungsbedarfs kein allzu großes Gewicht für die Begründung der restriktiven Auffassung beigemessen werden.

---

[982] MüKo-Martiny, Art. 35 EGBGB, Rn. 7; zu alternativen Anknüpfungsmomenten siehe Berger, Kodifizierung, 15ff. und unten Kapitel 5, B.III.2.c.bb.

[983] Horn, Internationales Vertragsrecht, 150.

[984] Nygh, 61f.; ihm folgend Schilf, Vertragsgrundregeln, 370.

[985] So Santos Belandro, 92, dort in Fn. 16 für Art. 17 der Interamerikanischen Konvention über das auf internationale Verträge anwendbare Recht (dazu unten Kapitel 5, C.II.2.d.gg.).

[986] Samtleben, IPRax 1998, 385, 390; Maniruzzaman, Am. U. Int.'l L. Rev. 14 (1999), 657, 682; Lamm, 274. Ein Beispiel für anationale Kollisionsnormen sind diejenigen Bestimmungen eines nichtstaatlichen Regelwerks, die den Rechtsanwender für die Behandlung der von dem Regelwerk nicht geregelten und autonom nicht zu ergänzenden Rechtsfragen auf ein anderes Recht verweisen, MPI RabelsZ 68 (2004), 1, 32; ebenso Kropholler, Einheitsrecht, 199 für das internationale Einheitsrecht. Danach wäre z.B. Art. 1:106 Abs. 2 der Europäischen Vertragsrechts-Prinzipien als nichtstaatliche Kollisionsnorm einzustufen, vgl. MPI RabelsZ 68 (2004), 1, 32. Weniger eindeutig ist dies im Falle des Art. 1.6 Abs. 2 UP, der explizit ausschließlich die autonome Lückenfüllung regelt und gerade nicht auf ein ergänzend anzuwendendes anderes Recht verweist. Berücksichtigt man jedoch die Art. 1.6 Abs. 2 UP ergänzenden offiziellen Anmerkungen (dazu oben Kapitel 3, B.III.3.a.ee.(3).(a).), kann auch Art. 1.6 Abs. 2 UP als Kollisionsnorm verstanden werden. Siehe ferner Kronke, FS Jayme, 461, 466f., der sich für ein langfristig auf rechtsvergleichender Basis zu erarbeitendes „International Restatement (and Pre-Statement) of the Conflict of Laws" ausspricht.

hh. Verhältnis des Art. 3 Abs. 1 Satz 1 EVÜ zum sekundären Gemeinschaftsrecht (Richtlinienkollisionsrecht)

Vor dem Hintergrund des Gebots der gemeinschaftsrechtskonformen Auslegung[987] muss ferner das Kollisionsrecht einiger schuldvertraglicher EG-Richtlinien Berücksichtigung finden[988]: In der in Art. 6 Abs. 2 AGB-Richtlinie und in Art. 12 Abs. 2 Fernabsatz-Richtlinie verwendeten Formulierung „...wenn das *Recht eines Drittlands* als das auf den Vertrag anzuwendende Recht gewählt wurde...", in der in Art. 12 Abs. 2 Finanzdienstleistungs-Fernabsatz-Richtlinie gewählten Formulierung „...dass das *Recht eines Drittstaates* als das auf den Vertrag anzuwendende Recht gewählt wird..." sowie in der in Art. 7 Abs. 2 Verbrauchsgüterkauf-Richtlinie gebrauchten Formulierung „... dass das *Recht eines Nichtmitgliedstaates* als das auf den Vertrag anzuwendende Recht gewählt wird..." kommt zum Ausdruck, dass der Gemeinschaftsgesetzgeber offenbar von der Beschränkung der Rechtswahlfreiheit auf staatliches Recht ausgeht.[989]

ii. Ergebnis der systematischen Auslegung des Art. 3 Abs. 1 Satz 1 EVÜ

Von denjenigen Vorschriften des EVÜ, die die restriktive Literaturmeinung anführt, um zu belegen, dass das Übereinkommen nur auf die Wahl staatlichen Rechts angelegt ist, vermögen lediglich die Hinweise auf Art. 3 Abs. 3 und Art. 7 Abs. 1 Satz 1 EVÜ zu überzeugen. Diese Bestimmungen sprechen auch bei näherem Hinsehen dafür, dass die Systematik des Übereinkommens ausschließlich auf die Wahl eines staatlichen Rechts ausgerichtet ist. Zwar ginge es angesichts der Seltenheit nichtstaatlicher Kollisionsnormen wohl zu weit, aus der nur staatlichen Kollisionsnormen Rechnung tragenden Vorschrift des Art. 15 EVÜ für sich genommen zwingend auf den Ausschluss der Wählbarkeit anationalen Rechts zu schließen. Jedoch vermag Art. 15 EVÜ in der

---

987 Siehe oben Kapitel 5, B.II.2.a.

988 Vgl. Riesenhuber, 41, unter Hinweis darauf, dass der Gemeinschaftsgesetzgeber bei seinen vertragsrechtlichen Regelungen stets vom EVÜ ausgehe; Staudinger-Magnus, Vorbem. zu Art. 27-37 EGBGB, Rn. 10.

989 Das Nebeneinander des EVÜ und einzelner sektorbezogener Regelungen in EG-Richtlinien führt allerdings ungeachtet des in Art. 20 EVÜ vorgesehenen Vorrangs des sekundären Gemeinschaftsrechts innerhalb des europäischen Kollisionsrechts zu beträchtlichen Spannungen, insbesondere, weil die Richtlinien in erster Linie den Verbraucherschutz und nicht den Einklang mit dem EVÜ anvisieren. Diese Problematik kann im Rahmen der vorliegenden Arbeit keine nähere Erörterung finden, siehe aber aus dem umfangreichen Schrifttum Klauer, Das europäische Kollisionsrecht der Verbraucherverträge zwischen Römer EVÜ und EG-Richtlinien, 2002; Siems, GPR 03-04, 66, 70; Leible, Verbesserung des kollisionsrechtlichen Verbraucherschutzes, 133, 144f.; Boschiero, 319, 323ff.; Czernich/Heiss/Nemeth-Helmberg, Art. 20, Rn. 6ff. Verschiedene der von der Europäischen Kommission im Zuge der Umwandlung des EVÜ in ein Gemeinschaftsinstrument vorgeschlagenen Änderungen (siehe dazu das „Grünbuch über die Umwandlung des Übereinkommens von Rom aus dem Jahr 1980 über das auf vertragliche Schuldverhältnisse anzuwendende Recht in ein Gemeinschaftsinstrument sowie über seine Aktualisierung" vom 14.01.2003, KOM (2002) 654 endg.) sollen nicht zuletzt der Verbesserung der Kohärenz zwischen dem EVÜ und dem Kollisionsrecht verschiedener EG-Richtlinien dienen, dazu Ehle, GPR 03-04, 49, 51; MPI, RabelsZ 68 (2004), 1, 16f.; Boschiero, 319, 377ff.

Gesamtschau mit Art. 3 Abs. 3 und Art. 7 Abs. 1 Satz 1 EVÜ das restriktive Verständnis des Art. 3 Abs. 1 Satz 1 EVÜ durchaus zu stützen. Art. 1 Abs. 1, Art. 2, Art. 4 Abs. 1 Satz 1, Art. 5 sowie Art. 6 EVÜ hingegen geben keinen Anlass zu der Annahme, dass die in Art. 3 Abs. 1 Satz 1 EVÜ normierte Parteiautonomie auf die Wahl nationalen Rechts beschränkt ist. Art. 4 Abs. 1 Satz 1 EVÜ ist allerdings auch nicht geeignet, die extensive Interpretation des Art. 3 Abs. 1 Satz 1 EVÜ zu stützen, da gute Gründe dafür sprechen, dass der im Vergleich zu Art. 3 Abs. 1 Satz 1 EVÜ engere Wortlaut nur auf sprachlichen Gründen beruht und keine Aussagekraft hinsichtlich der Wählbarkeit anationalen Rechts hat. Da insbesondere Art. 3 Abs. 3 EVÜ angesichts seiner Nähe zu Art. 3 Abs. 1 Satz 1 EVÜ ein besonderes Gewicht für dessen Bedeutungsgehalt für sich in Anspruch nehmen kann, spricht unter systematischen Gesichtspunkten einiges für eine restriktive Interpretation des Art. 3 Abs. 1 Satz 1 EVÜ.[990] Dieses Ergebnis wird durch das Kollisionsrecht einiger schuldvertraglicher EG-Richtlinien bestätigt.

d. Historische Auslegung des Art. 3 Abs. 1 Satz 1 EVÜ

Fraglich ist, ob der im Rahmen der systematischen Auslegung gewonnene Eindruck, dass das EVÜ auf die Wahl staatlichen Rechts beschränkt ist, der an historischen Kriterien orientierten Betrachtung des Art. 3 Abs. 1 Satz 1 EVÜ stand hält.[991] Die historische Interpretation sucht Gebotsgehalt und Normzweck gesetzlicher Vorschriften aus dem Kontext ihrer Entstehungsgeschichte zu ermitteln.[992]

Den Materialien sind zwar keine direkten Hinweise auf anationales Recht zu entnehmen[993], im Gegenteil: Im Giuliano/Lagarde-Bericht ist im Zusammenhang mit verschiedenen Bestimmungen des Abkommens sogar ausdrücklich von dem von den Parteien gewählten „staatlichen Recht" die Rede.[994] Dies bedeutet aber nicht notwendig, dass nichtstaatliches Recht im Rahmen der Rechtswahlfreiheit keine Rolle spielen soll-

---

[990] Im Ergebnis ebenso Roth, FS Jayme, 757, 758; Mankowski, RIW 2003, 2, 11; López Rodriguez, 131; aA Schilf, Vertragsgrundregeln, 370f.

[991] Historischen Argumenten kommt zwar bei der Auslegung völkerrechtlicher Verträge gem. Art. 32 WVK grundsätzlich ein geringeres Gewicht zu als grammatikalischen und systematischen Argumenten. Mit dem erläuternden Bericht von Giuliano/Lagarde steht allerdings eine „Quelle ersten Ranges" zur Verfügung (so Staudinger-Magnus, Art. 36 EGBGB, Rn. 17; Czernich/Heiss/Nemeth-Rudisch, Art. 18, Rn. 12, 20; MüKo-Martiny, Art. 36 EGBGB, Rn. 18), die ausführlich über die Intention der Übereinkommensverfasser Aufschluss gibt und daher unbedingt heranzuziehen ist.

[992] Rüthers, Rn. 780; Larenz/Wolf, AT, § 4, Rn. 42.

[993] Der Giuliano/Lagarde Bericht schweigt zu der Frage, dies stellt auch Rigaux, C. Dr. Europ. 1988, 306, 318 fest. Auch die von Lando/von Hoffmann/Siehr im Jahre 1975 in dem Band „European Private International Law of Obligations" veröffentlichten Beiträge zum EVÜ-Vorentwurf von 1972 thematisieren nichtstaatliches Recht in keinster Weise, obwohl sich einige der Beiträge mit der Parteiautonomie und ihren Grenzen befassen. Sonstige Vorarbeiten, Verhandlungsprotokolle etc. sind bewusst nicht veröffentlicht worden, vgl. Bonomi, 16.

[994] Siehe z.B. Giuliano/Lagarde, 26, Anm. 1 zu Art. 7 („[...]..., and hence apply them in preference to the law of another State which may have been chosen by the parties to govern their contract."). Dafür, dass der Giuliano/Lagarde-Bericht die Möglichkeit der Berücksichtigung nichtstaatlichen Rechts auszuschließen scheint, siehe auch Marrella, La nuova lex mercatoria, 117.

te. Die ausgebliebene Thematisierung nichtstaatlichen Rechts ist vielmehr mit seinem wenig fortgeschrittenen Entwicklungsstand zur Zeit der Ausarbeitung des Übereinkommens zu erklären[995], weshalb seine Verfasser seinerzeit die Wählbarkeit von Normen anationaler Herkunft offenbar schlicht nicht in ihre Überlegungen einbezogen haben.[996] Infolge dieser möglicherweise nur historisch bedingten Lücke des EVÜ befürworten einige Autoren die Wählbarkeit der UP unter Berufung auf eine „dynamische Interpretation" des Art. 3 Abs. 1 Satz 1 EVÜ. Mit deren Hilfe sollen staatliche Gerichte das Übereinkommen an die heutigen Gegebenheiten im internationalen Wirtschaftsverkehr, insbesondere an die Existenz privater Regelwerke anpassen, ihre Wählbarkeit als Vertragsstatut ermöglichen und damit das EVÜ für neue und praxisgerechte Entwicklungen öffnen.[997] Der Gedanke an eine dynamische Interpretation des Art. 3 Abs. 1 Satz 1 EVÜ hat einiges für sich, weil zu bedenken ist, dass es nach der objektiven Theorie „nicht auf den Willen der Verfasser im Zeitpunkt der Ausarbeitung des Übereinkommens, sondern auf die Effektivität des Übereinkommens in der Gegenwart" ankommt.[998] Der Wille des historischen Gesetzgebers ist daher keinesfalls statisch, sondern immer auch unter dem Gesichtspunkt der veränderten Umstände zu beurteilen.[999] Dass sich die Bedürfnisse des internationalen Wirtschaftsverkehrs seit den 1970er Jahren geändert haben, steht außer Zweifel.[1000] Gleichwohl hilft dieser Ansatz vorliegend nicht weiter: Die dynamische Interpretation hätte zwar einerseits zur Konsequenz, dass der in der Systematik des Übereinkommens zum Ausdruck kommende Ausschluss nichtstaatlicher Regelwerke aus den Überlegungen der Verfasser des EVÜ nicht als zwingendes Indiz für deren heutige Unanwendbarkeit betrachtet werden kann.[1001] Wenn nämlich zur Zeit der Ausarbeitung des Art. 3 EVÜ an nichtstaatliche Regelwerke wie die UP gar nicht gedacht wurde, vermag die in Art. 3 Abs. 3 und Art. 7 Abs. 1 Satz 1 EVÜ deutlich werdende Beschränkung der Parteiautonomie weit weniger zu überzeugen. Dies bedeutet aber andererseits nicht notwendig, dass privat formulierte Regelwerke aus heutiger Perspektive dem Anwendungsbereich des Art. 3 EVÜ unterfallen. Denn die Entstehungsgeschichte des EVÜ liefert keinerlei Anhaltspunkte dafür, ob seine Verfasser, hätten sie bei seiner Ausarbeitung über die kollisionsrechtliche Wählbarkeit nichtstaatlichen Rechts im allgemeinen und der UP

---

[995] Insbesondere die Ausarbeitung nichtstaatlicher Regelwerke wie der UP oder der Europäischen Vertragsrechtsprinzipien (EP) war in den 1970er Jahren noch in ihren Anfängen begriffen.

[996] Burkart, 91; Blase, 225; Lagarde, Rev. crit. dr. internat. privé 1991, 287, 300f.; Boele-Woelki, IPRax 1997, 161, 169; Calvo Caravaca/Carrascosa Gonzáles, 67; Hartkamp, Unif. L. Rev. 2003, 81, 87; López Rodriguez, 133.

[997] Petz, 127f.; Hartkamp, The Use of the UP, 253, 256; Vischer, Europ. J. L. Ref. 1998/1999, 203, 212; Calvo Caravaca/Carrascosa Gonzáles, 67; Sbordone, 93.

[998] Kropholler, Einheitsrecht, 259.

[999] Vgl. Kropholler, Einheitsrecht, 274, der darauf hinweist, dass es (vor dem Hintergrund der hier zugrunde gelegten objektiven Theorie) in erster Linie „um eine sinnvolle Ordnung der Gegenwart und nicht um eine Zementierung historischer Fakten geht"; eingehend Gruber, Methoden des internationalen Einheitsrechts, 183ff.; ferner Blase, 225; Vischer, Europ. J. L. Ref. 1998/1999, 202, 212.

[1000] Vgl. statt aller Boschiero, 319, 321.

[1001] Blase, 225.

im besonderen nachgedacht, diese Wahlmöglichkeit in Art. 3 Abs. 1 EVÜ einbezogen oder ob sie– angesichts der verbreiteten Bedenken bezüglich der Herkunft und der inhaltlichen Qualitäten anationalen Rechts – auf eine solche Einbeziehung verzichtet hätten.[1002] Dies kann aus heutiger Sicht nicht mehr festgestellt werden. Aus der Tatsache allein, dass zur Zeit der Ausarbeitung des Übereinkommens schon die neu eingeführte Möglichkeit der Parteien, ein neutrales Recht zu bestimmen, als fortschrittlich betrachtet wurde, kann jedenfalls entgegen der Ansicht von Blase[1003] wohl nicht darauf geschlossen werden, dass die Übereinkommensverfasser gleichsam in konsequenter Progressivität auch die Wählbarkeit des hier in Rede stehenden anationalen Rechts befürwortet hätten, wenn es damals bereits in der heutigen Form existiert hätte. Eine derartige Schlussfolgerung scheint gewagt, bedenkt man, dass es bei der Möglichkeit der Wahl eines neutralen Rechts immerhin um staatliches Recht geht, bei Regelwerken wie den UP aber gerade nicht.

Der Gedanke der dynamischen Interpretation, so naheliegend er grundsätzlich auch ist, führt im Fall des Art. 3 Abs. 1 Satz 1 EVÜ daher nicht weiter. Ob die Verfasser des EVÜ gewillt gewesen wären, die Wahl nichtstaatlichen Rechts der Wahl staatlichen Rechts gleichzustellen, kann man letztlich nur beurteilen, wenn man die im weiteren Verlauf dieser Arbeit unter teleologischen Gesichtspunkten zu untersuchende Frage beantwortet, ob die Unterschiede zwischen nichtstaatlichem und staatlichem Recht so beträchtlich sind, dass ihre kollisionsrechtliche Gleichstellung nicht wünschenswert ist. Man gelangt damit - gleichsam im fließenden Übergang – zur Auslegung des Art. 3 Abs. 1 Satz 1 EVÜ anhand teleologischer Kriterien.

e. Teleologische Auslegung des Art. 3 Abs. 1 Satz 1 EVÜ

Die auf teleologische Kriterien abstellende Betrachtung des Art. 3 Abs. 1 Satz 1 EVÜ muss die Frage beantworten, ob die kollisionsrechtliche Gleichsetzung anationalen Rechts mit nationalem Recht dem Regelungszweck der Vorschrift zuwiderlaufen würde.[1004] Hierfür ist nach dem Sinn einer Beschränkung der Rechtswahlfreiheit auf staatliche Rechtsordnungen zu fragen, wobei verschiedene Aspekte zu berücksichtigen sind, die zum einen ganz allgemein das Internationale Privatrecht, die staatliche Rechtsetzungsgewalt sowie die richterliche Rechtsanwendungspflicht betreffen (vgl. aa. – cc.) und zum anderen aus der ratio des EVÜ folgen (dazu unten dd.).

[1002] Zu diesem Ergebnis gelangt auch Boele-Woelki, IPRax 1997, 161, 166, 169; dies., Terms of Co-Existence, 203, 225.

[1003] Blase, 226.

[1004] Zur elementaren Bedeutung der teleologischen Interpretation für die Ermittlung des Sinngehalts der Bestimmungen des EVÜ MüKo-Martiny, Art. 36 EGBGB, Rn. 19; Bonomi, 14f.; Plender/Wilderspin, The European Contracts Convention, 29ff.; vgl. ferner Larenz/Wolf, AT, § 4, Rn. 50, die darauf hinweisen, dass es entscheidend auf den objektiven Regelungszweck der auszulegenden Norm ankommt, wenn die grammatikalische, systematische und historische Interpretation verschiedene Deutungsmöglichkeiten zulassen.

aa. IPR ist wesensmäßig auf die Berufung staatlichen Rechts ausgerichtet

Die restriktive Auslegung des Art. 3 Abs. 1 Satz 1 EVÜ wird teilweise damit begründet, dass das Internationale Privatrecht seiner ganzen Anlage nach darauf gerichtet sei, darüber zu befinden, welchen Staates Recht anzuwenden ist.[1005] Dieses Argument entspringt jedoch einem Zirkelschluss. Zu Recht wird ihm entgegengehalten, aus der Eigenart des Internationalen Privatrechts sei ein Ausschluss nichtnationalen Rechts nicht zu begründen, denn jedem Gesetzgeber stehe es frei, den Weg für die kollisionsrechtliche Verweisung auf anationale Normensammlungen frei zu machen.[1006] Insbesondere gebe es keine im Gemeinschaftsrecht verankerte oder dem Gemeinschaftsrecht übergeordnete Norm, die den Inhalt der Parteiautonomie vorgibt oder beschränkt.[1007] Ebenfalls zu Recht wird zu bedenken gegeben, dass es ja gerade nicht das Anliegen des Internationalen Privatrechts sei, die Interessen eines Staates oder aller Staaten durchzusetzen, sondern – außerhalb des Bereichs der Eingriffsnormen und des ordre public – die staatlichen Interessen hinter die der Parteien zurücktreten zu lassen.[1008] Aus der Natur des Internationalen Privatrechts folgt das Erfordernis der Staatlichkeit des in der Sache anwendbaren Rechts daher jedenfalls nicht.[1009]

bb. Verletzung der staatlichen Rechtsetzungsgewalt

Auch das gegen die extensive Lehrmeinung angeführte, auf das Primat des staatlichen Rechts bezogene Argument, Rechtsgeltung könne stets nur von staatlichen Autoritäten verliehen werden, nichtstaatlichen Regelwerken fehle es jedoch an der „staatlichen Weihe“[1010] und damit an Verbindlichkeit[1011], vermag nicht zu überzeugen. Denn bei der Untersuchung der Frage, ob Art. 3 Abs. 1 Satz 1 EVÜ die kollisionsrechtliche Wahl nichtstaatlichen Rechts gestattet, wird die staatliche Rechtsetzungsgewalt gar nicht in Frage gestellt. Vielmehr geht es gerade um die Frage, ob die Wahl nichtstaatlichen Rechts bereits kollisionsrechtlich geregelt und Normen anationaler Herkunft damit auf der Ebene des Kollisionsrechts durch staatliche Geltungsanordnung zur Verbindlichkeit verholfen wird. Über seine Geltung entscheidet vor dem Hintergrund die-

---

[1005] Spickhoff, RabelsZ 56 (1992), 116, 133f.; Zumbansen, RabelsZ 67 (2003), 637, 672; vgl. hierzu auch Basedow, FS Stoll, 405, 411, der diese von ihm selbst abgelehnte Interpretation auf die Bezeichnung „*Internationales* Privatrecht“ zurückführt.

[1006] Wichard, RabelsZ 60 (1996), 269, 283; Burkart, 81, 91; Dasser, Vertragstypenrecht im Wandel, Rn. 396; Michaels, RabelsZ 62 (1998), 580, 597f.; Gebele, 132; Roth, FS Jayme, 757, 759f.; Wengler, ZfRV 1982, 11, 26; Boggiano, International standard contracts, 15.

[1007] Roth, FS Jayme, 757, 759f.

[1008] Wichard, RabelsZ 60 (1996), 269, 283f.; Blase, 230; Vischer, Europ. J. L. Ref. (1998/1999), 203, 212.

[1009] Michaels, RabelsZ 62 (1998), 580, 598; Burkart, 81, 91; Wichard, RabelsZ 60 (1996), 269, 283; Dasser, Vertragstypenrecht im Wandel, Rn. 396; Gebele, 132; Roth, FS Jayme, 757, 759f.; Wengler, ZfRV 1982, 11, 26.

[1010] Diesen Begriff verwendet Wichard, RabelsZ 60 (1996), 269, 283.

[1011] Von Bar/Mankowski-von Bar, IPR Bd. I, § 2, Rn. 76; Spickhoff, RabelsZ 56 (1992), 116, 128ff. Zum hiermit angesprochenen formal-positivistischen Rechtsbegriff vgl. bereits oben Kapitel 3, B.II.2.a.aa.

ser Fragestellung nicht das anationale Recht selbst, sondern staatliches (Kollisions-) Recht.[1012]

cc. Verletzung der Pflicht zur Anwendung staatlichen Rechts

Gegen den in eine ähnliche Richtung weisenden Einwand, staatliche Gerichte dürften aufgrund ihrer vom Staat abgeleiteten Rechtsprechungsfunktion nur staatliches Recht bzw. von einer staatlichen Rechtsordnung anerkannte Normen zur Anwendung bringen[1013], wird vereinzelt argumentiert, die auf die Einhaltung des staatlichen Rechts gerichtete Verpflichtung des Richters schließe nicht aus, dass er im internationalen Verhältnis der Autonomie der Parteien größeren Raum gewährt als im nationalen. Im rein innerstaatlichen Verhältnis gehe es um die Durchsetzung der nationalen Rechts- und Sozialordnung, deren Garant der Richter als Organträger sei. Hingegen werde ein internationaler Vertrag im Falle der Rechtswahl von Seiten der Parteien ausschließlich kraft der bindenden kollisionsrechtlichen Parteiautonomie einer nationalen Rechtsordnung unterstellt. Deshalb könne von einer Einbettung des Vertrages in die gewählte innerstaatliche Rechts- und Sozialordnung oft nicht die Rede sein.[1014] Ferner sei auch der Schiedsrichter nicht an die Anwendung staatlichen Rechts gebunden, obwohl auch er letztlich seine Rechtsprechungsfunktion vom Staat ableite.[1015] Dieses argumentativen Umwegs bedarf es jedoch gar nicht. Denn der Hinweis auf die Beschränkung des staatlichen Richters auf die Anwendung staatlichen Rechts steht der extensiven Interpretation des Art. 3 Abs. 1 Satz 1 EVÜ gar nicht entgegen: Es wird ja staatliches Recht angewendet, wenn Art. 3 Abs. 1 Satz 1 EVÜ in seiner Eigenschaft als staatliche Vorschrift nichtstaatliches Recht zur Anwendung beruft.[1016] Dies wird offenbar auch übersehen, wenn gegen die Beschränkung des staatlichen Richters auf die Anwendung staatlichen Rechts Art. 1 Abs. 1 lit. b CISG angeführt wird, aus dem folge, dass ein staatlicher Richter ein Recht anwenden kann, das für ihn nicht staatsvertraglich verbindlich ist.[1017] Denn da Art. 1 Abs. 1 lit. b CISG bestimmt, dass das CISG dann anzuwenden ist, wenn die Regeln des IPR zum Recht eines Vertragsstaates führen, ist das CISG in diesem Fall für den entscheidenden Richter zwar nicht über das materielle Einheitsrecht staatsvertraglich bindend. Das Übereinkommen ist dann aber kraft des Kollisionsrechts und damit ebenfalls über staatliches Recht verbindlich.

Soweit mit dem Hinweis auf die unerlässliche Anwendung staatlichen Rechts die üblicherweise gegen die Wählbarkeit der lex mercatoria beschworene Gefahr einer

---

1012 Leible, Wege zu einem europäischen Privatrecht, 410; ebenso Roth, FS Jayme, 757, 763; Michaels, RabelsZ 62 (1998), 580, 597; Wichard, RabelsZ 60 (1996), 269, 283; Frick, RIW 2001, 416, 419; Herber, IHR 2003, 1, 8.

1013 Von Bar, IPR Bd. I, § 2, Rn. 114; Spickhoff, RabelsZ 56 (1992), 116, 128ff.; Blaurock ZEuP 1993, 247, 264.

1014 Vischer/Huber/Oser, Kapitel 2, § 2, Rn. 123; Vischer, FS Schlechtriem, 445, 449.

1015 Vischer, FS Schlechtriem, 445, 451.

1016 Roth, FS Jayme, 757, 764; Frick, RIW 2001, 416, 419; Herber, IHR 2003, 1, 8; Leible, Derecho de los Negocios, Sept. 1999, 11, 13.

1017 Vischer, FS Schlechtriem, 445, 450.

„verkappten Billigkeitsentscheidung"[1018] angesprochen wird, zu der ein staatliches Gericht anerkanntermaßen nicht befugt ist[1019], ist festzustellen, dass diese Gefahr nicht auf der fehlenden Staatlichkeit von Normen, sondern auf ihrer fehlenden Konkretisierung beruhen dürfte. Solange das angerufene Gericht seine Entscheidung auf klar definierte Regeln mit festumrissenem Anwendungsbereich stützen kann, besteht vor dem Hintergrund des Verbots von Billigkeitsentscheidungen kein Anlass für eine Beschränkung der Rechtswahlfreiheit auf staatliches Recht.[1020]

dd. Ratio des EVÜ: Parteiautonomie, Rechtssicherheit

Weder das Wesen des Internationalen Privatrechts noch das staatliche Rechtsetzung- und Rechtsanwendungsprimat ist somit geeignet, ein überzeugendes Argument für die Beschränkung der Rechtswahlfreiheit auf staatliches Recht zu liefern. Daher ist im Folgenden auf den speziellen Regelungszweck des EVÜ abzustellen, in dessen Lichte die in Art. 3 Abs. 1 Satz 1 EVÜ normierte Rechtswahlfreiheit zu betrachten ist.[1021] Dabei sind die Faktoren Parteiautonomie (sogleich (1)) und Rechtssicherheit (unten (2)) von ausschlaggebender Bedeutung.

(1) Parteiautonomie

Die im Schrifttum für und wider die kollisionsrechtliche Wählbarkeit nichtstaatlicher Regelwerke vorgebrachten Argumente lassen sich zu einem großen Teil dem Problemkreis von Gegenstand, Reichweite und Grenzen der vom europäischen Kollisionsrecht gewährten Parteiautonomie zuordnen.

(a) Gegenstand und Reichweite der Parteiautonomie

(aa) Die Rechtswahlfreiheit im Allgemeinen

Einigkeit besteht darüber, dass die Verfasser des EVÜ mit der Schaffung des Art. 3 Abs. 1 EVÜ die zentrale Absicht verfolgten, den Vertragsparteien eine weitreichende Parteiautonomie zu gewähren.[1022] Ausgehend von der Prämisse, dass generell die Par-

---

[1018] Roth, FS Jayme, 757, 765; in diesem Sinne auch Mann, ICLQ 36 (1987), 437, 447f.; Mayer/Heuzé, Rn. 703; Frick, Arbitration, 97. Das Gericht entscheidet nach Billigkeit, wenn es seinem Urteil jede sachliche Erwägung zugrunde legt, die zur Lösung des Falles geeignet erscheint, vgl. Herber, IHR 2003, 1, 8.

[1019] Von Bar/Mankowski-von Bar, IPR Bd. I, § 2, Rn. 86; Hartkamp, Unif. L. Rev. 2003, 81, 86; Herber, IHR 2003, 1, 8; Burkart, 84; Blaurock, ZEuP 1993, 247, 264; Mann, ICLQ 36 (1987), 437, 448.

[1020] Auch die Kodifizierung des berufenen Rechts ist nicht erforderlich, da die Gefahr einer Billigkeitsentscheidung auch im Falle des kollisionsrechtlich wählbaren, aber nicht kodifizierten Common Law sowie des ebenfalls nicht in Gesetzesform festgehaltenen Islamischen Rechts für nicht gegeben oder jedenfalls für hinnehmbar erachtet wird. Siehe dazu auch unten Kapitel 5, B.II.2.e.dd.(1).(d).

[1021] Die ratio des Übereinkommens als Schlüssel zur zutreffenden Ermittlung des Sinngehalts ihrer Normen betonen zu Recht MüKo-Martiny, Art. 36 EGBGB, Rn. 19; Bonomi, 14f.; Plender/Wilderspin, The European Contracts Convention, 29ff.

[1022] MPI, RabelsZ 68 (2004), 1, 31; MüKo-Martiny, Art. 36 EGBGB, Rn. 20; Staudinger-Magnus, Vorbem. zu Art. 27-37 EGBGB, Rn. 33; Riesenhuber, 121; Marrella, La nuova lex mercatoria, 119; Schack, FS Kegel 2002, 179, 190; Boschiero, 319, 346; Bonomi, 17; Kühne, FS Kegel 2002, 65, 66;

teien „die besten Sachwalter ihrer Interessen“ sind[1023], sollte den Parteien die Möglichkeit gegeben werden, aus allen existierenden Rechtsordnungen das für ihren Vertrag am besten geeignete Recht auszuwählen, ohne dass der Kreis der wählbaren Rechtsordnungen irgendwie beschränkt ist[1024] und unabhängig davon, ob das zwischen ihnen bestehende Schuldverhältnis eine wie auch immer geartete Berührung zu dem gewählten Recht aufweist.[1025] Die Rechtswahl ist daher wirksam, ohne dass es auf ein berechtigtes oder anerkanntes Interesse der Vertragspartner an der Anwendung des gewählten Rechts[1026] oder auf einen objektiven Zusammenhang zwischen dem gewählten Recht und den Parteien oder dem Sachverhalt ankäme.[1027] Gleichgültig ist auch die inhaltliche Qualität des berufenen Rechts.[1028] Deshalb spielt es keine Rolle, ob es einen dem mangels Rechtswahl anwendbaren Recht entsprechenden Bestand an Vertragsgerechtigkeit sicherstellenden zwingenden Normen aufweist oder für den konkreten Vertragstyp passende bzw. ausreichende Regelungen bereithält.[1029]

Bei der Parteiautonomie handelt es sich nicht zuletzt um ein Gebot europarechtlichen Ursprungs: Das europäische Primärrecht verbietet jede unnötige Behinderung des grenzüberschreitenden Geschäfts- und Rechtsverkehrs innerhalb der Europäischen Union.[1030] Die Kollisionsnormen des internationalen Schuldvertragsrechts müssen in

---

Jacquet, Aperçu de la Convention de Rome, 21, 23; Magnus/Mankowski, ZVglRWiss 103 (2004), 131, 149; Stellungnahme des Europäischen Wirtschafts- und Sozialausschusses zum Grünbuch über die Umwandlung und Aktualisierung des EVÜ, Abl. EG Nr. C 108 vom 30.04.2004, 1, 5. Das Institut der Parteiautonomie ist heute zu den Grundpfeilern der nationalen Kollisionsrechte zu zählen, siehe hierzu und für einen geschichtlichen Überblick über die Entwicklung der Rechtswahlfreiheit Dasser, Vertragstypenrecht im Wandel, Rn. 329ff. mwN; Boschiero, 319, 342 mwN; Tillman, Journal of Business Law 2002, 45; Tassikas, 13, dort in Fn. 19; Kropholler, IPR, § 40; zur im Hinblick auf die Parteiautonomie traditionell kritischen Haltung vieler südamerikanischer Staaten vgl. da Gama E Souza jr, Revue Juridique Thémis 2002, 375, 385ff.

[1023] Mankowski, RIW 2003, 2, 3; Schack, FS Kegel 2002, 179, 195; Tassikas, 13.

[1024] Tassikas, 21; Staudinger-Magnus, Art. 27 EGBGB, Rn. 35; Mayer/Heuzé, Rn. 705; Audit, Droit International Privé, 678; Erman-Hohloch, Art. 27 EGBGB, Rn. 7.

[1025] „Grünbuch über die Umwandlung des Übereinkommens von Rom aus dem Jahr 1980 über das auf vertragliche Schuldverhältnisse anzuwendende Recht in ein Gemeinschaftsinstrument sowie über seine Aktualisierung“ vom 14.01.2003, KOM (2002) 654 endg., 13; Leible, ZVglRWiss 97 (1998), 286, 304; MüKo-Martiny, Art. 27 EGBGB, Rn. 20; Erman-Hohloch, Art. 27 EGBGB, Rn. 7f.; MPI, RabelsZ 68 (2004), 1, 31; Mankowski, RIW 2003, 2, 5; ders., Stillschweigende Rechtswahl und wählbares Recht, 63, 86; Sbordone, 97; Lorenz, RIW 1987, 569ff.; Mayer/Heuzé, Rn. 705; Audit, Droit International Privé, 678.

[1026] Begründung der Bundesregierung zum Entwurf eines Gesetzes zur Neuregelung des Internationalen Privatrechts, BT-Drucks. 10/504, 95; ferner Vischer, FS Schlechtriem, 445, 449f.; Mankowski, RIW 2003, 2, 4; Leible, ZVglRWiss 97 (1998), 286, 304; aA Kegel/Schurig, § 18 I 1 c, 653.

[1027] Vischer, FS Schlechtriem, 445, 449f.; Mankowski, RIW 2003, 2, 4; Dasser, Vertragstypenrecht im Wandel, Rn. 331; Boschiero, 319, 347; Bonomi, 18; Jacquet, Aperçu de la Convention de Rome, 21, 23.

[1028] Staudinger-Blumenwitz, Art. 6 EGBGB, Rn. 150.

[1029] Roth, FS Jayme, 757, 761; López Rodriguez, 326; MPI, RabelsZ 68 (2004), 1, 32.

[1030] Grundmann, FS Rolland, 145, 151ff.; Herdegen, Rn. 282f.; Hobe, Rn. 237; Fernández Rozas/Sánchez Lorenzo, 555.

Anbetracht des in Art. 18 EVÜ postulierten Gebots der gemeinschaftsrechtskonformen Auslegung[1031] diesen Grundwerten des Gemeinschaftsrechts entsprechen, namentlich dürfen sie die Grundfreiheiten des EG-Vertrags nicht ungerechtfertigt beeinträchtigen.[1032] Dabei ist weitgehend anerkannt, dass die Grundfreiheiten auch Rechtswahlfreiheit verbürgen.[1033]

(bb) Die Teilrechtswahl im Besonderen

Die bemerkenswerte Reichweite der von Art. 3 EVÜ gewährten Rechtswahlfreiheit kommt auch in Art. 3 Abs. 1 Satz 3 EVÜ zum Ausdruck, demzufolge die Parteien „die Rechtswahl für ihren ganzen Vertrag oder nur für einen Teil desselben treffen" können. Die hiermit eingeräumte Möglichkeit der Teilrechtswahl soll nachfolgend einer näheren Betrachtung unterzogen werden.

i. Die möglichen Konstellationen der Teilrechtswahl und ihre Wirkung

Der Regelung des Art. 3 Abs. 1 Satz 3 EVÜ lassen sich verschiedene mögliche Konstellationen der Teilrechtswahl entnehmen.

Dass die Parteien ihre Rechtswahlbefugnis nur für einen Teil ihres Vertrages ausüben können, während der Rest des Vertrages der objektiven Anknüpfung durch das Gericht unterliegt, ist angesichts des Wortlauts der Vorschrift unstreitig.[1034] Weniger eindeutig ist, ob Art. 3 Abs. 1 Satz 3 EVÜ auch die Vertragsspaltung (dépecage) gestattet, d.h. die kollisionsrechtliche Zuordnung verschiedener Teile des Vertrages zu verschiedenen Rechtsordnungen. Aus der Lektüre des Giuliano/Lagarde-Berichts ergibt sich jedoch konkludent, dass auch ein solches Vorgehen zulässig ist[1035], und dies entspricht auch der ganz überwiegenden Meinung.[1036] Es ließe sich auch schwerlich erklären, warum eine Vertragsspaltung durch das Gericht gem. Art. 4 Abs. 1 Satz 2 EVÜ zweifelsfrei möglich ist, den Vertragspartnern selbst diese Möglichkeit jedoch versagt bleiben soll.[1037] Dabei ist nicht bloß die sogenannte große Vertragsspaltung

---

[1031] Siehe oben Kapitel 5, B.II.2.a.

[1032] Stoll, FS Jayme, 905, 911; Bonomi, 120; MüKo-Martiny, Vor Art. 27 EGBGB, Rn. 3; Staudinger-Magnus, Vorbem. zu Art. 27-37 EGBGB, Rn. 5f.; Leible, Verbesserung des kollisionsrechtlichen Verbraucherschutzes, 133, 146; eingehend zum Verhältnis von Grundfreiheiten und Privatrecht Riesenhuber, 84ff.

[1033] Leible, Verbesserung des kollisionsrechtlichen Verbraucherschutzes, 133, 146f.; Grundmann, FS Rolland, 145, 151ff.; Remien, Zwingendes Vertragsrecht, 178 für die Vertragsfreiheit; Staudinger-Magnus, Vorbem. zu Art. 27-37 EGBGB, Rn. 9.

[1034] Vgl. statt aller Nygh, 128.

[1035] Giuliano/Lagarde, 13; Nygh, 130; Tassikas, 16.

[1036] London High Court of Justice, Queen's Bench Division Commercial Court, Shamil Bank of Bahrain vs. Eximco Pharmaceuticals Ltd. and Others, 01.08.2003, Anm. 28, WESTLAW, 2003 WL 22187542, Stand 30.12.2004; MüKo-Martiny, Art. 27 EGBGB, Rn. 53ff., 60; Staudinger-Magnus, Art. 27 EGBGB, Rn. 90; Erman-Hohloch, Art. 27 EGBGB, Rn. 19; Soergel-von Hoffmann, Art. 27 EGBGB, Rn. 53; von Bar, IPR Bd. II, § 4, Rn. 426; Jayme, FS Kegel 1987, 253ff.; Roth, FS Jayme, 757, 762; Tassikas, 16; Santos Belandro, 105; Nygh, 130; Lorenz, RIW 1987, 569, 573; Cheshire and North's, 553.

[1037] Nygh, 131.

zulässig, d.h. die Unterstellung des Vertragsabschlusses und der Vertragserfüllung unter verschiedene Rechtsordnungen, sondern darüber hinaus auch die sogenannte kleine Vertragsspaltung, mit der die Wahl von verschiedenen Rechtsordnungen für die einzelnen Vertragspflichten gemeint ist.[1038] Vereinzelt wird vertreten, Art. 3 EVÜ gestatte es den Parteien darüber hinaus, ein Statut zu wählen, dessen unliebsame intern zwingende Normen auszuschalten und sich auf diese Weise in ein von zwingenden Normen weitgehend befreites Vertragsstatut zu flüchten.[1039] Begründet wird dies mittels eines Erst-Recht-Schlusses aus der den Vertragspartnern zweifellos eingeräumten Möglichkeit, das mangels Rechtswahl anzuwendende Recht in Gänze, d.h. inklusive seiner (intern) zwingenden Bestimmungen abzubedingen. Dann müsse es den Parteien erst Recht erlaubt sein, lediglich die zwingenden Normen des an sich anwendbaren oder gewählten Rechts abzubedingen und es somit nur teilweise zur Anwendung zu bringen. Dies soll allerdings nur insoweit gelten, als es sich um Normen handelt, die sich lediglich auf innerstaatliche Transaktionen beziehen.[1040] Dem wird jedoch zu Recht entgegengehalten, dass die kollisionsrechtliche (Teil-)Wahl eines anderen Rechts die Wahl dieses Rechts mitsamt seiner unabdingbaren Normen zum Gegenstand hat, die als solche auch zu respektieren sind.[1041] Gerade dies unterscheidet die kollisionsrechtliche von der materiellrechtlichen Verweisung.[1042] Die Teilrechtswahl hat im Zweifel kollisionsrechtliche Wirkung, beruft also alle, auch die zwingenden Normen der für den Vertragsteil gewählten Rechtsordnung.[1043] Dementsprechend erlaubt Art. 3 Abs. 1 Satz 3 EVÜ es den Parteien nicht, für den Gesamtvertrag ein eigenes Normengemisch aus mehreren Rechtsordnungen herzustellen, bei dem z.B. deutsches Recht als Basis und zwingende Normen des englischen Rechts als Zusatz dienen. Die Vorschrift gestattet die Wahl verschiedener Rechtsordnungen für jeden abgrenzbaren Vertragsteil, nicht aber die Wahl von Teilen einer Rechtsordnung für den Gesamtvertrag.[1044]

Ist zweifelhaft, ob die Verweisung auf ein bestimmtes Recht dem ganzen Vertrag oder nur einem Teil desselben gilt, so kann zwar aus einem festgestellten Willen, eine Rechtswahl zu treffen, nicht ohne weiteres auf den Willen geschlossen werden, das gewählte Recht auf das gesamte Rechtsgeschäft anzuwenden.[1045] Jedoch wird davon ausgegangen, dass die Teilrechtswahl eine Ausnahme darstellt und die Annahme einer

---

[1038] Von Hoffmann/Thorn, IPR, § 10, Rn. 39.
[1039] Boggiano, International standard contracts, 25ff.
[1040] Boggiano, International standard contracts, 25ff.
[1041] Soergel-von Hoffmann, Art. 27 EGBGB, Rn. 53; Stoll, FS Kegel 1987, 623, 648; Wichard, RabelsZ 60 (1996), 269, 273; von Bar, IPR Bd. II, § 4, Rn. 426; Tassikas, 36; Charpentier, Revue Juridique Thémis 2002, 355, 373; Santos Belandro, 148.
[1042] Vgl. oben Kapitel 5, A.
[1043] Soergel-von Hoffmann, Art. 27 EGBGB, Rn. 53; Staudinger-Magnus, Art. 27 EGBGB, Rn. 96; Lorenz, IPRax 1987, 269, 272.
[1044] Staudinger-Magnus, Art. 27 EGBGB, Rn. 93; von Bar, IPR Bd. II, § 4, Rn. 426.
[1045] Tassikas, 17; Santos Belandro, 106; Cheshire and North's, 553.

Vertragsspaltung entsprechend deutlicher Anhaltspunkte bedarf, weshalb im Zweifel, d.h. in Ermangelung solcher Hinweise, von einer Gesamtrechtswahl auszugehen ist.[1046]

ii. Die Schranken der Teilrechtswahl

Art. 3 Abs. 1 Satz 3 EVÜ sind keine expliziten Schranken zu entnehmen, innerhalb derer sich die Teilrechtswahl bewegen müsste. Gleichwohl ist anerkannt, dass sie nicht unbeschränkt möglich ist. Grenzen werden der Spaltung des Vertragsstatuts insoweit gesetzt, als sie nach allgemeiner Ansicht auf eine abspaltbare Frage und damit auf eine Rechtsfrage von einer gewissen Selbständigkeit bezogen sein muss.[1047] Anders formuliert: Die Teilrechtswahl muss sich auf inhaltlich abtrennbare Elemente des Vertrages beziehen, die verschiedenen Rechten unterworfen werden können, ohne dass dies zu widersprüchlichen Ergebnissen führt, die auch durch Anpassung und Auslegung nicht überwunden werden können.[1048] Selbständigkeit in diesem Sinne ist gegeben, wenn eine Sektion des Vertrages juristisch und ökonomisch unabhängig ist vom Rest des Vertrages, wenn sich mithin der Vertrag entweder in mehrere einzelne Verträge aufspalten lässt oder wenn mehrere juristisch und ökonomisch selbständige Teile vorliegen, die gleichwohl keine eigenständigen Verträge darstellen.[1049] Die Vertragsspaltung ist deshalb unwirksam, wenn die Unterwerfung der Vertragsteile unter verschiedene Rechtsordnungen zu einer widersprüchlichen und inkohärenten Lösung der strittigen Vertragsfragen führt und hierdurch der Grundsatz der materiellen Harmonie verletzt wird, etwa weil die Parteien Geboten unterliegen, die miteinander unvereinbar sind.[1050] Dies hat zur Folge, dass der parteiliche Konsens sowie synallagmatische Fragen, die sich durch einen unauflöslichen Zusammenhang der gegenseitigen Leistungspflichten auszeichnen, einem einheitlichen Recht unterliegen müssen. So dürfen sich beispielsweise die sich aus der Nichterfüllung kaufvertraglicher Pflichten ergebenden Rechte

---

[1046] Staudinger-Magnus, Art. 27 EGBGB, Rn. 95; MüKo-Martiny, Art. 27 EGBGB, Rn. 58f.; Kropholler, IPR, § 52 II 3 b; Erman-Hohloch, Art. 27 EGBGB, Rn. 19.

[1047] So etwa Roth, FS Jayme, 757, 762; MüKo-Martiny, Art. 27 EGBGB, Rn. 56; Bamberger/Roth-Spickhoff, Art. 27 EGBGB, Rn. 27; Windmöller, 70ff.; Kropholler, IPR, § 52 II 3 b; Horn, Internationales Vertragsrecht, 81; Tassikas, 16; Mayer/Heuzé, Rn. 710; Erman-Hohloch, Art. 27 EGBGB, Rn. 21.

[1048] Giuliano/Lagarde, 17; Czernich/Heiss/Nemeth-Heiss, Art. 3, Rn. 34; von Hoffmann/Thorn, IPR, § 10, Rn. 39; Bamberger/Roth-Spickhoff, Art. 27 EGBGB, Rn. 27; Staudinger-Magnus, Art. 27 EGBGB, Rn. 94; Lagarde, Rev. crit. dr. internat. privé 1991, 287, 302; Tassikas, 16; Boschiero, 319, 348; Briceno Berrù, Dir. comm. int. 1997, 1003, 1010; Santos Belandro, 102; Nygh, 133; Mayer/Heuzé, Rn. 710; Horn, Internationales Vertragsrecht, 81; MüKo-Martiny, Art. 27 EGBGB, Rn. 56. Aus dem (mit Blick auf die Möglichkeiten einer Teilrechtswahl vergleichsweise zurückhaltenden) englischen Schrifttum vgl. Cheshire and North's, 553.

[1049] Santos Belandro, 107; ferner Horn, Internationales Vertragsrecht, 81, demzufolge die notwendige Selbständigkeit jedenfalls bei den in Art. 10 EVÜ genannten Materien gegeben ist.

[1050] Von Hoffmann/Thorn, IPR, § 10, Rn. 39; Pérez Vera, 303; Calvo Caravaca/Carrascosa Gonzáles, 70; Hernández-Bretón, IPRax 1998, 378, 381; Boschiero, 319, 348; siehe auch MüKo-Martiny, Art. 27 EGBGB, Rn. 56, der betont, dass nur die absolute Unvereinbarkeit und Unüberwindbarkeit der Widersprüche zum Scheitern der Teilrechtswahl führen könne.

und Pflichten der Parteien nicht nach verschiedenen Rechtsordnungen beurteilen.[1051] Hingegen kann für die Behandlung des Vertragsschlusses, der Vertragsdurchführung, für Vertragsstrafen, Garantieklauseln, Währungsklauseln, Klauseln über höhere Gewalt und für die vorvertragliche Haftung ohne weiteres ein vom übrigen Vertragsstatut abweichendes Teilstatut gewählt werden.[1052] Im Übrigen jedoch ist die Aufspaltung des Vertragsstatuts an keine besonderen Voraussetzungen geknüpft. Insbesondere büßt die Teilrechtswahl ihre kollisionsrechtliche Wirkung nicht schon dann ein, wenn sie ersichtlich in der Absicht vorgenommen wird, nicht erwünschte zwingende Normen des andernfalls anzuwendenden Vertragsstatuts auf diesem Wege auszuschalten.[1053] Denn die Spaltung des Vertragsstatuts durch die Parteien ist in Kenntnis der Möglichkeit eingeführt worden, dass sie als Mittel zur Ausschaltung zwingender Normen benutzt werden kann.[1054] Als Kompensation hierfür sind Art. 3 Abs. 3 sowie Art. 5 und 6 EVÜ geschaffen worden[1055], die in eng begrenzten Fällen die Geltung zwingender Normen garantieren und mit deren Hilfe dem Risiko begegnet werden kann, dass die Aufspaltung des Vertrages mit dem Ziel vorgenommen wird, bestimmte zwingende Vorschriften zu umgehen und sich das anwendbare Recht individuell zusammenzustellen.[1056] Über die in Art. 3 Abs. 3 EVÜ bei reinen Inlandsfällen und die in Art. 5 und 6 EVÜ bei besonderem Schutzbedürfnis einer Partei vorgesehene Begrenzung der Parteiautonomie hinaus kann eine Ungültigkeit der Teilrechtswahl mit der Begründung, die Parteien würden bewusst und in missbräuchlicher Weise bestimmte zwingende Vorschriften umgehen, wohl nur in extremen Fällen angenommen werden.[1057] Die Gegenmeinung ignoriert die von Art. 3 Abs. 1 Satz 3 EVÜ angeordnete kollisionsrechtliche Wirkung der Teilverweisung.[1058]

[1051] Soergel-von Hoffmann, Art. 27 EGBGB, Rn. 58f.; Pérez Vera, 303; Calvo Caravaca/Carrascosa Gonzáles, 70; Rigaux, C. Dr. Europ. 1988, 306, 317; Jayme, FS Kegel 1987, 253, 263; Bonomi, 40, dort in Fn. 98; Tassikas, 16; Cheshire and North's, 553; aA Staudinger-Magnus, Art. 27 EGBGB, Rn. 94, der die Vertragsspaltung hinsichtlich synallagmatischer Pflichten nur dann für unzulässig hält, wenn sie tatsächlich widersprüchliche Ergebnisse nach sich zieht; ebenso MüKo-Martiny, Art. 27 EGBGB, Rn. 56f.; Erman-Hohloch, Art. 27 EGBGB, Rn. 21.

[1052] Soergel-von Hoffmann, Art. 27 EGBGB, Rn. 58f.; Pérez Vera, 303; Calvo Caravaca/Carrascosa Gonzáles, 70; Staudinger-Magnus, Art. 27 EGBGB, Rn. 94; Santos Belandro, 107.

[1053] Giuliano/Lagarde, 17; Soergel-von Hoffmann, Art. 27 EGBGB, Rn. 56; Staudinger-Magnus, Art. 27 EGBGB, Rn. 97; MüKo-Martiny, Art. 27 EGBGB, Rn. 10; Bamberger/Roth-Spickhoff, Art. 27 EGBGB, Rn. 27; Czernich/Heiss/Nemeth-Heiss, Art. 3, Rn. 33; Windmöller, 83; Audit, Droit International Privé, 678f.; Boggiano, International standard contracts, 26; aA aber z.B. Mayer/Heuzé, Rn. 710, die die Restriktion der Teilverweisung durch die Aufstellung des Verbots der Umgehung zwingender Normen befürworten, sofern deutliche Anhaltspunkte für eine entsprechende Absicht auch nur eines der Vertragspartner feststellbar sind.

[1054] Soergel-von Hoffmann, Art. 27 EGBGB, Rn. 56.

[1055] Dazu sogleich (b).

[1056] Giuliano/Lagarde, 17; Bamberger/Roth-Spickhoff, Art. 27 EGBGB, Rn. 27; Czernich/Heiss/Nemeth-Heiss, Art. 3, Rn. 33; Soergel-von Hoffmann, Art. 27 EGBGB, Rn. 56f.; Staudinger-Magnus, Art. 27 EGBGB, Rn. 97.

[1057] MüKo-Martiny, Art. 27 EGBGB, Rn. 10.

[1058] Windmöller, 83.

Die die vorstehend aufgezeigten Schranken nicht berücksichtigende Teilrechtswahl stellt eine unwirksame Rechtswahl dar mit der Folge, dass das Vertragsstatut im Wege objektiver Anknüpfung durch den Richter ermittelt werden muss.[1059]

(b) Beschränkung der Parteiautonomie durch staatliche Ordnungsinteressen, insbesondere durch das Gebot der Vertragsgerechtigkeit

Das Prinzip der Parteiautonomie beansprucht, ebenso wie das der (materiellrechtlichen) Privatautonomie, nach einhelliger Ansicht keine absolute Geltung, sondern darf eingeschränkt werden, soweit öffentliche Interessen oder Interessen Dritter als schutzwürdiger eingestuft werden.[1060] Denn die Aufgabe des Staates, die größtmögliche Entfaltungsfreiheit zu gewährleisten, findet ihre Grenze in der Sozialverträglichkeit dieser Freiheit.[1061] Eine im EVÜ deutlich zu Tage tretende Schranke der durch Art. 3 EVÜ gewährten Parteiautonomie ist in den Art. 7 und 16 EVÜ zu erblicken.[1062] Gleich, welches Recht die Parteien als Vertragsstatut benennen, sind über Art. 7 EVÜ stets die Eingriffsnormen der lex fori und ggf. dritter Staaten sowie über Art. 16 EVÜ der ordre public des Forumstaates zu beachten.[1063] Die kollisionsrechtliche Autonomie der Vertragspartner geht mithin nicht soweit, dass auch diese den *Ordnungsinteressen des Staates* dienenden Normen zugunsten eines anderen Statuts ausgeschaltet werden könnten.[1064] Die Parteiautonomie stößt darüber hinaus insoweit an ihre Grenzen, als den Parteien bei der Anwendung des berufenen Rechts ein gewisser Mindestschutzstandard, d.h. ein Mindestmaß an *vertraglichem Interessenausgleich* zuteil werden soll. Angesichts der Tatsache, dass der Gesichtspunkt der vom anwendbaren Recht gewährleisteten Vertragsgerechtigkeit in der Diskussion über die Wählbarkeit der UP im Geltungsbereich des EVÜ eine große Rolle spielt[1065], soll diese Schranke der Rechtswahlfreiheit nachstehend etwas eingehender erörtert werden.

[1059] Giuliano/Lagarde, 13; Gebele, 123; Cheshire and North's, 553; Santos Belandro, 102f. zur Teilrechtswahl in der Interamerikanischen Konvention über das auf internationale Verträge anwendbare Recht, dazu unten Kapitel 5, C.II.2.e.aa.

[1060] Repgen, 10; Staudinger-Magnus, Art. 27 EGBGB, Rn. 24; Remien, Zwingendes Vertragsrecht, 34 mwN; Tillman, Journal of Business Law 2002, 45, 46ff.; Tassikas, 21. Ausführlich zu den zwingenden Normen im Europäischen und Schweizerischen Internationalen Privatrecht Bonomi, Le norme imperative nel diritto internazionale privato, 1998.

[1061] Schack, FS Kegel 2002, 179, 189, 195; Gebele, 162.

[1062] Riesenhuber, 123ff.; ausführlich zur Reichweite der Art. 7, 16 EVÜ Bonomi, 137ff.

[1063] Eingehend zum Eingriffsrecht, insbesondere zur Frage, ob Art. 7 EVÜ auch Normen des Verbraucherschutzes einbezieht Sonnenberger, IPRax 2003, 104ff.; Stoll, FS Jayme, 905ff. mit zahlreichen Nachweisen dort in Fn. 13; Riesenhuber, 128ff.; Bonomi, 137ff.; Boschiero, 319, 360ff., 388; Kühne, FS Kegel 2002, 65, 75ff.; zu Inhalt und Reichweite des Art. 7 Abs. 2 EVÜ vgl. Knöfel, Journal of Business Law 1999, 239ff.; Tillman, Journal of Business Law 2002, 45ff. Zum Vorschlag einer Überarbeitung des Art. 7 EVÜ siehe Freitag, Einfach und international zwingende Normen, 167ff.; Magnus/Mankowski, ZVglRWiss 103 (2004), 131, 177. Zu Art. 16 EVÜ näher unten Kapitel 5, B.II.2.e.dd.(1).(f).(bb).

[1064] Roth, FS Jayme, 757, 762; Bonomi, 20.

[1065] Dazu näher unten Kapitel 5, B.II.3.f.bb.(2).(c).(bb).

(aa) Sicherstellung der Anwendung der intern zwingenden Normen eines bestimmten Staates

Dass der Grundsatz des Schutzes der schwächeren Partei als Schranke der Rechtswahlfreiheit Eingang in das EVÜ gefunden hat, zeigt sich besonders deutlich an Art. 5 und 6 EVÜ[1066], die den Verbraucher und den Arbeitnehmer in bestimmten Situationen vor einer für ihn ungünstigen Rechtswahl schützen und zu diesem Zweck die Geltung der den Verbraucher oder Arbeitnehmer schützenden intern zwingenden Normen eines bestimmten Staates gewährleisten sollen.[1067] Allerdings ist zuzugeben, dass der in Art. 5 und 6 EVÜ nur für Verbraucher- und Arbeitsverträge normierte Anwendungsvorrang bestimmter intern zwingender Bestimmungen nicht geeignet ist, die Beschränkung der Parteiautonomie von Handelspartnern zu begründen, um die allein es im Zusammenhang mit der Wählbarkeit der UP geht. Einen Schutz der intern zwingenden Normen einer bestimmten Rechtsordnung, der nicht von der Person des Vertragsschließenden, sondern von der Belegenheit des Sachverhalts abhängig ist und daher auch für Handelsverträge Relevanz hat, normiert jedoch Art. 3 Abs. 3 EVÜ. Diese Bestimmung stellt die Anwendung der zwingenden Normen eines bestimmten Staates, nämlich des Staates, in dem alle Teile des Sachverhalts im Zeitpunkt der Rechtswahl belegen sind, in Fällen fehlenden Auslandsbezugs sicher.[1068] In diesem Zusammenhang ist auch darauf hinzuweisen, dass die Europäische Kommission in Punkt 3.1.2. ihres Grünbuchs zur Überarbeitung des EVÜ und seiner Umwandlung in ein Gemeinschaftsinstrument[1069] vorgeschlagen hat, eine Generalklausel zum Schutz der schwächeren Vertragspartei in das anvisierte Gemeinschaftsinstrument aufzunehmen, die bei Belegenheit aller oder bestimmter Vertragselemente innerhalb der Gemeinschaft den Anwen-

---

[1066] Grundlegend zur Reichweite dieser Bestimmungen Riesenhuber, 123ff.; Bonomi, 137ff.; Leible, Verbesserung des kollisionsrechtlichen Verbraucherschutzes, 133ff. (zu Art. 5 EVÜ und seiner anvisierten Neufassung); Boschiero, 319, 394ff.; Tillman, Journal of Business Law 2002, 45, 52ff.

[1067] Dies wurde jüngst von der Europäischen Kommission bekräftigt, siehe „Grünbuch über die Umwandlung des Übereinkommens von Rom aus dem Jahr 1980 über das auf vertragliche Schuldverhältnisse anzuwendende Recht in ein Gemeinschaftsinstrument sowie über seine Aktualisierung" vom 14.01.2003, KOM (2002) 654 endg., 13. Der beschränkte Regelungsbereich der Art. 5 und 6 EVÜ wird durch das gem. Art. 20 EVÜ vorrangige EG-Richtlinien-Kollisionsrecht erweitert, das den durch die jeweilige Richtlinie gewährten Schutz des Verbrauchers oder Arbeitnehmers trotz Wahl des Rechts eines Nichtmitgliedstaates bei einem engen Zusammenhang zum Gebiet der Mitgliedstaaten sicherstellen will, siehe z.B. Art. 6 Abs. 2 AGB-Richtlinie, Art. 12 Abs. 2 Finanzdienstleistungs-Fernabsatz-Richtlinie, Art. 12 Abs. 2 Fernabsatz-Richtlinie, Art. 7 Abs. 2 Verbrauchsgüterkaufrichtlinie und Art. 3 Entsende-Richtlinie. Zum Verhältnis und den Wechselwirkungen zwischen dem EVÜ und dem Richtlinien-Kollisionsrecht siehe Klauer, Das europäische Kollisionsrecht der Verbraucherverträge zwischen Römer EVÜ und EG-Richtlinien, 2002; Czernich/Heiss/Nemeth-Helmberg, Art. 20, Rn. 6ff.; Ehle, GPR 03-04, 49, 51; Siems, GPR 03-04, 66, 70; Leible, Verbesserung des kollisionsrechtlichen Verbraucherschutzes, 133, 144f.; Boschiero, 319, 323ff.

[1068] Püls, 174; Bonomi, 137ff.; Art. 3 Abs. 3 EVÜ betrifft anerkanntermaßen auch die intern zwingenden Normen, siehe statt aller von Hoffmann/Thorn, IPR, § 10, Rn. 29.

[1069] „Grünbuch über die Umwandlung des Übereinkommens von Rom aus dem Jahr 1980 über das auf vertragliche Schuldverhältnisse anzuwendende Recht in ein Gemeinschaftsinstrument sowie über seine Aktualisierung" vom 14.01.2003, KOM (2002) 654 endg.

dungsvorrang der gemeinschafts-intern individualschützenden zwingenden Normen und damit die Einhaltung des gemeinschaftlichen Mindeststandards an Schutz sicherstellen und auch für Handelsverträge gelten soll.[1070] Das künftige Gemeinschaftsinstrument könnte somit einen im Vergleich zum EVÜ sogar erweiterten Anwendungsvorrang intern zwingender Normen gewährleisten wollen. Besondere Relevanz hätte die anvisierte Klausel bei einer Wahl der UP zum Vertragsstatut, da sich diese – anders als möglicherweise die Europäischen Vertragsrechtsprinzipien (EP)[1071] - nicht dem Gemeinschaftsrecht zuordnen lassen, weshalb ihrer Wahl bei Vorliegen der Voraussetzungen der vorgeschlagenen Generalklausel nur eingeschränkte Wirkung zukäme.

Art. 3 Abs. 3, 5 und 6 EVÜ setzen mithin der Parteiautonomie in den dort geregelten Fällen eine (kollisionsrechtliche[1072]) Schranke, ohne allerdings die Wirksamkeit der Rechtswahl in Gänze in Frage zu stellen.[1073]

(bb) Sicherstellung der Anwendung der intern zwingenden Normen irgendeines Staates

Angesichts der vorstehenden Ausführungen könnte man zu dem Schluss gelangen, dass sich der kollisionsrechtliche Schutz der schwächeren Vertragspartei auf die bereits genannten Art. 3 Abs. 3, 5 und 6 EVÜ beschränkt und ein darüber hinausgehender Schutz auf der Ebene des Kollisionsrechts nicht bezweckt ist.[1074] Dies hätte zur Konsequenz, dass die schwächere Partei eines Handelsvertrages, der einen über die bloße Wahl ausländischen Rechts hinausgehenden Auslandsbezug aufweist und damit nicht in den Schutzbereich der Art. 3 Abs. 3, 5 und 6 EVÜ fällt, zugunsten einer möglichst umfassenden Parteiautonomie vom Internationalen Privatrecht gänzlich schutzlos gestellt würde.

Indessen zeigt sich an dem Zusammenspiel der Art. 3 Abs. 1 Satz 1, Art. 3 Abs. 3, Art. 5 und 6 EVÜ lediglich, dass das EVÜ in den von diesen Bestimmungen nicht erfassten Fallgestaltungen die Sicherstellung der Anwendung der für einen angemessenen Interessenausgleich sorgenden, die Privatautonomie einschränkenden zwingenden Bestimmungen einer *bestimmten* Rechtsordnung nicht für notwendig erachtet. Auf die

---

[1070] Siehe zu diesem Vorschlag der Kommission, insbesondere auch zur Einbeziehung von Handelsverträgen in die angeregte Regelung, die zustimmende Stellungnahme des Max Planck Instituts für ausländisches und internationales Privatrecht in RabelsZ 68 (2004), 1, 16f.; ferner Boschiero, 319, 377ff. Zustimmend auch der „Bericht des Europäischen Parlaments über die Aussichten auf eine Angleichung des Zivilprozessrechts in der Europäischen Union (KOM (2002) 746 und KOM (2002) 654 – C5-0201/2003 – 2003/2087 (INI))“ vom 30.01.2004, A5-0041/2004 endg., 7, 11.

[1071] Siehe hierzu Lando/Beale (Hrsg.), Principles of European Contract Law, Part I + II, Kluwer Law International, The Hague 2000 sowie Lando/Clive/Prüm/Zimmermann (Hrsg.), Principles of European Contract Law, Part III, Kluwer Law International, The Hague 2003.

[1072] Zum kollisions- und materiellrechtlichen Gehalt dieser Bestimmungen siehe Kühne, FS Kegel 2002, 65, 73ff.

[1073] Riesenhuber, 123ff.; Remien, Zwingendes Vertragsrecht, 187; ausführlich Bonomi, 137ff.; Tillman, Journal of Business Law 2002, 45, 50ff.; Fiedler, 136.

[1074] So wohl Windmöller, 83.

Anwendung der intern zwingenden Normen *irgendeines* Rechts verzichtet das Übereinkommen in diesen Fällen hingegen nicht. Denn die Parteiautonomie ist in ihrer nach der Konzeption des EVÜ kaum begrenzten Reichweite nur deshalb gerechtfertigt, weil man davon ausgeht, dass sich in jedem gewählten Recht „gewisse zwingende Normen finden lassen, die mit den zwingenden Normen derjenigen Rechtsordnung zumindest vergleichbar sind, die mangels Rechtswahl anwendbar wäre, so dass die Vertragsfreiheit auch im Falle einer Rechtswahl doch in vertretbaren Grenzen gehalten wird."[1075] Dem EVÜ kommt daher in den über die von Art. 3 Abs. 3, 5 und 6 EVÜ geregelten Fällen hinaus die - nicht materiellrechtliche, sondern kollisionsrechtliche - Steuerungsfunktion zu, die Anwendung eines Rechts zu gewährleisten, das überhaupt zwingende Normen aufweist und damit dem Gedanken Rechnung trägt, dass die Privatautonomie nicht zur „Herrschaft des Starken über den Schwachen"[1076] führen darf.[1077] Dem kann nicht entgegengehalten werden, hiermit würden die notwendigen Grenzen zwischen Parteiautonomie und Privatautonomie, bzw. zwischen kollisionsrechtlichen Anliegen und dem materiellrechtlichen Schutz der Parteien verwischt.[1078] Denn an den Art. 3 Abs. 3, 5 und 6 EVÜ zeigt sich, dass es auch zu den kollisionsrechtlichen Anliegen gehört, einen gewissen materiellrechtlichen Schutz der schwächeren Vertragspartei sicherzustellen und die kollisionsrechtliche Parteiautonomie aus materiellrechtlichen Gründen einzuschränken.[1079] Dass der Parteiwille in diesen Schutzbestimmungen nur bei bestimmten Privatrechtsgeschäften besonders enge Schranken erfahren hat, vermag nichts daran zu ändern, dass auch der von ihnen nicht erfasste internationale Handel nicht gänzlich auf eine steuernde und schützende Funktion des Kollisionsrechts verzichten kann.[1080] Nicht nur im Verhältnis zwischen Unternehmer und Verbraucher, sondern auch im Verhältnis verschiedener Unternehmer zueinander können gravierende Unterschiede in der Sachkenntnis und der Geschäftserfahrung der Vertragsparteien zu Tage treten, weshalb es zu unbilligen und daher korrekturbedürftigen Ergebnissen kommen kann.[1081] Diese für den Handelsverkehr zweifellos nur eingeschränkt erforderliche Steuerungsfunktion[1082] nimmt auch das EVÜ wahr. Denn wo die Abwahl eines Rechts einschließlich seiner zwingenden Vorschriften zugunsten einer anderen Rechtsordnung möglich ist, bleibt letztlich immer noch

---

[1075] Bucher, 39; Wichard, RabelsZ 60 (1996), 269, 285; Püls, 161; Burkart, 81; Schroeder/Oppermann, ZVglRWiss 99 (2000), 410, 422; de Miguel Asensio, Dir. comm. int. 1998, 859, 876.

[1076] Kropholler, IPR, § 40, IV 1.

[1077] Schroeder/Oppermann, ZVglRWiss 99 (2000), 410, 422; Gebele, 162; Kropholler, IPR, § 40, IV 1.

[1078] Fernández Rozas/Sánchez Lorenzo, 555; so auch angedeutet von Wichard, RabelsZ 60 (1996), 269, 284.

[1079] Wichard, RabelsZ 60 (1996), 269, 287; die überwiegende Prägung der von Art. 5 und 6 EVÜ bewirkten Beschränkungen der Parteiautonomie durch materiellrechtliche Gerechtigkeitsvorstellungen betont auch Kühne, FS Kegel 2002, 65, 73ff., 82.

[1080] Püls, 161; siehe auch Sonnenberger, IPRax 2003, 104, 112 in bezug auf den Handelsvertreter.

[1081] Petz, 62; Drobnig, Unif. L. Rev. 1998, 385, 391; Bonell, ZfRV 1996, 152, 155; de Miguel Asensio, Dir. comm. int. 1998, 859, 866f.; wohl auch Berger, Kodifizierung, 124.

[1082] Wichard, RabelsZ 60 (1996), 269, 286; Burkart, 81; Fernández Arroyo/Fresnedo de Aguirre, 949, 951f.; Mazeaud, A propos du droit virtuel des contrats, 205, 208ff.; Nygh, 142f.; López Rodriguez, 40.

die Garantie eines Mindeststandards an Gerechtigkeitsgewähr, der staatlichem Recht von vornherein unterstellt werden kann[1083] und der – dies zeigt sich an dem restriktiven Anwendungsbereich der Art. 3 Abs. 3, 5 und 6 EVÜ – für den Handelsverkehr offenkundig als ausreichend erachtet wird.[1084] Dem wird teils entgegengehalten, dass gerade das Vertragsrecht, das über die Kollisionsnormen des EVÜ berufen wird, in aller Regel weitgehend dispositiv ausgestaltet sei und einen relativ geringen Bestand an zwingenden Bestimmungen aufweise. Daher könne es nach dem EVÜ nicht maßgeblich auf einen bestimmten Bestand an zwingenden Normen ankommen.[1085] In der Tat zeichnen sich nationale Vertragsrechte in aller Regel durch eine weitgehend dispositive Prägung aus. Man kann aber nicht sagen, dass ihnen zwingende Normen fremd wären. Gerade im Bereich des Zustandekommens und des Inhalts des Vertrages enthalten nationale Vertragsrechte durchaus Normen, von denen die Parteien nicht abweichen können.[1086] Daher vermag der auf die weitgehende Dispositivität vertragsrechtlicher Regelungen abstellende Einwand nur zu erklären, dass es nicht auf eine bestimmte Ausprägung des Interessenschutzes in dem gewählten Recht ankommt[1087], sondern nur darauf, dass es sich durch eine entsprechende Finalität auszeichnet.

Somit ist die Parteiautonomie, abgesehen von Art. 7 und 16 EVÜ und über den engen Anwendungsbereich der Art. 3 Abs. 3, 5 und 6 EVÜ hinaus, auch insoweit immanent beschränkt, als dem EVÜ der Gedanke zugrunde liegt, dass mit der von den Vertragspartnern ausgeübten Rechtswahl stets zwingende Normen zur Anwendung gelangen, die zumindest in Ansätzen dem Gedanken Rechnung tragen, dass die materiellrechtliche Privatautonomie zugunsten der schutzbedürftigen schwächeren Vertragspartei einzuschränken ist.[1088]

[1083] Leible, Wege zu einem europäischen Privatrecht, 414; Bucher, 39; Wichard, RabelsZ 60 (1996), 269, 285; Püls, 161; Burkart, 81; Spickhoff, RabelsZ 56 (1992), 116, 132. In diesem Sinne schon RG, Urteil vom 28.5.1936, JW 1936, 2058, 2059: „Nur die uneingeschränkte Unterwerfung unter irgendeine bestimmte gesetzgebende Gewalt gibt die auch für das zwischenstaatliche Rechtsleben unentbehrliche Gewähr dafür, dass das Schuldverhältnis nötigenfalls auch gegen den selbstsüchtigen Willen des wirtschaftlich stärkeren Partners oder auch beider Partner [...] geregelt wird."

[1084] Wichard, RabelsZ 60 (1996), 269, 286; vgl. ferner Grundmann, FS Rolland, 145, 154: „Das harmonisierte Schuldvertragsrecht filtert also zielgenau diejenigen Bereiche heraus, in denen am ehesten der von der h.M. befürchtete ‚selbstsüchtige Willen' der Wirtschaft gebändigt werden muss."

[1085] Glenn, 53, 62.

[1086] De Miguel Asensio, Dir. comm. int. 1998, 859, 866.

[1087] So auch Roth, FS Jayme, 757, 761; López Rodriguez, 326; MPI, RabelsZ 68 (2004), 1, 32; Schilf, Vertragsgrundregeln, 378.

[1088] Im Ergebnis ebenso MPI, RabelsZ 68 (2004), 1, 33 sowie von Bar/Lando/Swann, ERPL 2002, 183, 224f., die die Statutsqualität eines nichtlegislatorischen Regelwerks u.a. von einem ausreichenden Bestand an zwingenden Normen abhängig machen wollen.

(cc) Gegenauffassung: EVÜ verzichtet auf den Schutz intern zwingender Normen und ist damit nicht auf Vertragsgerechtigkeit angelegt

Insbesondere von Roth[1089] ist darauf hingewiesen worden, dass das EVÜ nach seiner inneren Struktur nicht auf den Schutz intern zwingender Bestimmungen angelegt sei. Die Parteien hätten nicht nur die Möglichkeit, ein staatliches Recht ihrer Wahl zu berufen, sondern könnten das Vertragsstatut darüber hinaus gem. Art. 3 Abs. 1 Satz 3 EVÜ aufspalten und aus mehreren, nur in Teilen gewählten Rechtsordnungen zusammensetzen. Angesichts der hiermit einhergehenden, von den Übereinkommensverfassern in Kauf genommenen Möglichkeit der Umgehung intern zwingender Normen könne man davon ausgehen, dass es dem EVÜ nicht auf die Wahrung der Anwendbarkeit intern zwingender Bestimmungen ankomme.[1090] Wenn aber die intern zwingenden Normen zugunsten staatlicher Rechte preisgegeben würden, die nicht unbedingt äquivalente zwingende Normen bereitstellen müssen, und im Wege der Teilrechtswahl sogar ein Statut kreiert werden könne, das durch die Kumulierung und durch den Ausschluss verschiedenster Schutzbestimmungen ein in sich unstimmiges, inkohärentes System vertraglicher Gerechtigkeit ergeben könne, sei nicht einzusehen, warum diese Preisgabe intern zwingender Bestimmungen nicht auch zugunsten anationaler Rechte möglich sein soll.[1091] Offenkundig würden der Teilrechtswahl nur insoweit Grenzen gezogen, als dies eine sinnvolle Rechtsanwendung erforderlich mache; die Regelungszwecke und Funktionen der intern zwingenden Normen seien insoweit ohne Belang und bewirkten keine Begrenzung der Teilrechtswahlfreiheit. Die intern zwingenden Normen würden durch die Rechtswahlfreiheit der Parteien praktisch schutzlos gestellt, die Herstellung der Vertragsgerechtigkeit liege in den Händen der Vertragsparteien. Die durch die (kombinierte) Teilrechtswahl möglicherweise entstehenden Regelungslücken und Rechtsunsicherheiten sowie das mögliche Fehlen einer ausgewogenen Regelung würden jedoch offenbar zugunsten der Praktikabilität des gewählten Rechts in Kauf genommen.[1092] Auch von anderer Seite wird vorgebracht, es sei „schlicht nicht einzusehen, warum willkürlich und privatautonom kombiniertes Recht verschiedener Staaten, das so nirgends gilt, unbestritten wählbar sein soll, privat formuliertes Recht aber nicht."[1093]

[1089] Roth, FS Jayme, 757, 761ff.

[1090] Roth, FS Jayme, 757, 761ff.; ebenso Püls, 159.

[1091] Roth, FS Jayme, 757, 761ff.; in diesem Sinne auch Storme, Rev. dr. int. dr. comp. 1995, 309, 313; wohl auch López Rodriguez, 323.

[1092] Roth, FS Jayme, 757, 761ff.

[1093] Schwimann, 104; Juenger, in: Contratación Internacional, 229, 234; Vischer, FS Schlechtriem, 445, 449f.; Storme, Rev. dr. int. dr. comp. 1995, 309, 313; Boschiero, 319, 357; López Rodriguez, 323; dies., ERPL 2004, 167, 180; Audit, Droit International Privé, 682f.; Nordic Group for Private International Law, www.europa.eu.int/comm/justice_home/news/consulting_public/rome_i/news_summary_rome1_en.htm, 18; wohl auch Marrella, La nuova lex mercatoria, 119.

(dd) Stellungnahme

Die genannten Autoren haben sich auf den Standpunkt gestellt, die innere Struktur des EVÜ lasse angesichts der Möglichkeit der Teilrechtswahl den Verzicht des Übereinkommens auf den Schutz intern zwingender Normen erkennen. Die Dimension des vom EVÜ bezweckten – kollisionsrechtlichen – Schutzes der schwächeren Vertragspartei wurde bereits aufgezeigt und damit auch, dass die u.a. von Roth vertretene Ansicht jedenfalls außerhalb der Teilrechtswahl nicht zutreffen kann. Die dargestellte Auffassung wäre mithin nur dann überzeugend, wenn sich speziell aus der Möglichkeit der Teilrechtswahl eine abweichende Beurteilung der Steuerungsfunktion des Europäischen Kollisionsrechts und der daraus resultierenden Beschränkung der Parteiautonomie ergäbe. Insoweit bestehen jedoch erhebliche Zweifel:

Zum einen beanspruchen die Art. 3 Abs. 3, 5 und 6 EVÜ auch im Falle der Teilrechtswahl Geltung mit der Konsequenz, dass die Befugnis der Parteien, sich durch die Aufspaltung des Vertragsstatuts ihr eigenes System vertraglicher Gerechtigkeit zu schaffen, in den dort geregelten Fällen erheblich eingeschränkt wird.[1094] Jedenfalls für reine Inlandssachverhalte sowie für bestimmte Fallgruppen von Verbraucher- und Arbeitsverträgen ist die These Roths daher zu relativieren. Zum anderen bleibt es auch im Falle der Teilrechtswahl bei der dem EVÜ zugrunde liegenden Prämisse, dass mit der kollisionsrechtlichen Wahl stets ein Recht zur Anwendung gelangt, das dem Schutzbedürfnis der schwächeren Vertragspartei Rechnung trägt. Denn die intern zwingenden Bestimmungen des Teilstatuts gelangen, soweit sein Anwendungsbereich nach dem Willen der Parteien reicht, in jedem Fall zur Anwendung.[1095] Die Aufspaltung des Vertragsstatuts ermöglicht es den Parteien mithin nicht, ein Statut zu wählen, dessen unliebsame intern zwingende Normen auszuschalten und sich in ein auf diese Weise von jeglichen zwingenden Normen befreites Vertragsstatut zu flüchten.[1096] Die Vertragsschließenden haben lediglich die Möglichkeit, die intern zwingenden Normen einer bestimmten Rechtsordnung nicht zur Anwendung zu bringen. An deren Stelle gelangt aber stets eine andere (Teil-)rechtsordnung zur Anwendung, die ihrerseits über ihr eigenes System intern zwingender Normen verfügt, das der Beurteilung der vom übrigen Vertrag abspaltbaren Frage in Gänze zugrunde zu legen ist.[1097] Die Vertragsspaltung bewirkt daher nur, dass die zwingenden Normen, welche den jeweiligen Vertragsteil

---

[1094] Giuliano/Lagarde, 17; Lorenz, RIW 1987, 569, 573; Bamberger/Roth-Spickhoff, Art. 27 EGBGB, Rn. 27; Czernich/Heiss/Nemeth-Heiss, Art. 3, Rn. 33; Soergel-von Hoffmann, Art. 27 EGBGB, Rn. 56; Staudinger-Magnus, Art. 27 EGBGB, Rn. 97.

[1095] Soergel-von Hoffmann, Art. 27 EGBGB, Rn. 53; Stoll, FS Kegel 1987, 623, 648; von Bar, IPR Bd. II, § 4, Rn. 426; Wichard, RabelsZ 60 (1996), 269, 273; Charpentier, Revue Juridique Thémis 2002, 355, 373; Tassikas, 36; Santos Belandro, 148.

[1096] Siehe dazu oben Kapitel 5, B.II.2.e.dd.(1).(a).(bb).i.

[1097] Stoll, FS Kegel 1987, 623, 648; Soergel-von Hoffmann, Art. 27 EGBGB, Rn. 53; Wichard, RabelsZ 60 (1996), 269, 273; Tassikas, 36; Charpentier, Revue Juridique Thémis 2002, 355, 373; Santos Belandro, 148; vgl. auch die Ausführungen oben Kapitel 5, B.II.2.e.dd.(1).(a).(bb).i.

betreffen, unterschiedlichen Rechtsordnungen zu entnehmen sind.[1098] Da die Teilrechtswahl nur dann wirksam ist, wenn die der Teilrechtsordnung zugeordnete Frage von einer Selbständigkeit ist, die es erlaubt, sie getrennt von den übrigen Fragen des Vertrages zu behandeln und einer widerspruchsfreien Antwort zuzuführen[1099], ist die Gefahr des von Roth beschworenen Szenarios gänzlich unzulänglicher vertraglicher Gerechtigkeit jedenfalls innerhalb einer abspaltbaren Frage grundsätzlich gar nicht gegeben. Die sich aus der Nichterfüllung vertraglicher Pflichten ergebenden Rechte und Pflichten der Kontrahenten beispielsweise werden abschließend von der hierfür gewählten Teilrechtsordnung geregelt, die für diesen Regelungskomplex zwingende und aufeinander abgestimmte Normen bereithalten wird[1100], soweit sie dies unter Berücksichtigung des Gebots des vertraglichen Interessenausgleichs für notwendig erachtet. Im Einzelfall mag der diesbezügliche Schutzstandard dürftig sein. Dies bestätigt jedoch lediglich, dass es für die kollisionsrechtliche Wählbarkeit eines Rechts nicht auf eine bestimmte Ausprägung des Schutzes der schwächeren Vertragspartei ankommt.[1101] Zwar besteht die Möglichkeit, dass es dem wirtschaftlich überlegenen Vertragspartner gelingt, die einzelnen abspaltbaren Fragen gerade denjenigen Teilrechtsordnungen zu unterwerfen, die für den Bereich eben dieser abtrennbaren Fragen die für ihn günstigeren, unter Umständen sogar von jeglichen zwingenden Normen freien Lösungen bereithalten. Hieraus zu folgern, dass das EVÜ gänzlich auf die Gewährung von Vertragsgerechtigkeit verzichtet, ginge aber wohl zu weit. Eine solche Betrachtungsweise würde zu sehr auf ein im Einzelfall denkbares, jedoch keineswegs zwingendes Ergebnis der Vertragsaufspaltung abstellen und nicht angemessen berücksichtigen, dass die Teilrechtswahl im Grundsatz nicht zu einem von zwingenden Normen gänzlich freien, sondern vielmehr zu einem Gesamtstatut führt, dass die intern zwingenden Normen verschiedener Rechtsordnungen in sich vereint.[1102] Die Gegenauffassung zieht aus einer zwar denkbaren, jedoch sehr speziellen und in der Praxis nicht häufig vorkommenden Konsequenz der Vertragsaufspaltung[1103] eine sehr folgenreiche Schlussfolgerung. Stellt man sich nämlich auf den Standpunkt, dass das EVÜ nicht auf den Schutz zwingender Normen angelegt ist und damit die Wahl eines jeden Rechts zulässt, ohne dass man im Grundsatz gewisse Anforderungen an den Interessenschutz stellt, entsteht die Gefahr, dass auch diejenigen Vertragspartner, die sich einem von zwingenden Normen freien Statut gar nicht unterstellen wollen, mit der Wahl eines Rechts, das trotz seines von den Parteien möglicherweise nicht erkannten mangelnden Systems vertraglichen Interessenausgleichs kollisionsrechtlich wählbar ist, ihren Ver-

---

[1098] Tassikas, 36; Stoll, FS Kegel 1987, 623, 648; Wichard, RabelsZ 60 (1996), 269, 273; Charpentier, Revue Juridique Thémis 2002, 355, 373; Santos Belandro, 148; Soergel-von Hoffmann, Art. 27 EGBGB, Rn. 53.

[1099] Dazu bereits oben Kapitel 5, B.II.2.e.dd.(1).(a).(bb).ii.

[1100] Tassikas, 36.

[1101] Roth, FS Jayme, 757, 761; López Rodriguez, 326.

[1102] Tassikas, 36.

[1103] Schon die Teilrechtswahl bzw. Vertragsaufspaltung als solche wird, ungeachtet des Ergebnisses, zu dem sie führt, als in der Praxis eher selten bezeichnet, siehe etwa Tassikas, 16; Staudinger-Magnus, Art. 27 EGBGB, Rn. 91.

trag ungewollt einem Statut unterstellen, das dem Gedanken des Schutzes der schwächeren Vertragspartei keinerlei Rechnung trägt. Geht man hingegen von der Notwendigkeit eines Mindestbestandes an zwingenden Normen aus, bleibt den Parteien, die sich ein von zwingenden Normen freies Statut schaffen wollen, stets die Möglichkeit, zu diesem Zweck auf die Teilrechtswahl zurückgreifen. Diejenigen Parteien, die dieses Ziel nicht verfolgen, werden dann aber hinreichend geschützt. In Anbetracht der weitreichenden Konsequenzen, die die Argumentation Roths mit sich brächte, erscheint daher eine etwas grundsätzlichere, von dem aus der Teilrechtswahl im Einzelfall resultierenden Ergebnis gelöste Sichtweise vorzugswürdig, zumal eine übermäßige Beschränkung der Parteiautonomie hierdurch nicht zu befürchten ist.

Im Ergebnis ist festzustellen, dass man aus der Möglichkeit der Teilrechtswahl im Einklang mit Roth folgern kann, dass das EVÜ hinsichtlich des anwendbaren Rechts auf ein ausgewogenes System vertraglicher Gerechtigkeit verzichtet, weil der Vertrag infolge der Vertragsspaltung insgesamt einseitig die Interessen einer Vertragspartei bedienen könnte. Gleichwohl liegt der Teilrechtswahl der Gedanke zugrunde, dass für eine abspaltbare Frage eine Rechtsordnung zur Anwendung gelangt, die dem Gebot der Vertragsgerechtigkeit im Grundsatz Rechnung trägt, weshalb die Teilrechtswahl nur bewirkt, dass der Vertrag einer – möglicherweise unausgewogenen - Kumulation verschiedener Schutzsysteme unterstellt wird.[1104] Die Spaltung des Vertragsstatuts führt aber in der Regel nicht dazu, dass sich die Rechte und Pflichten der Kontrahenten nach einem von zwingenden Normen freien Recht beurteilen.

(ee) Schlussfolgerungen für den Stellenwert der Vertragsgerechtigkeit als Schranke der Parteiautonomie

Zusammenfassend lässt sich somit festhalten, dass das vom EVÜ verfolgte Anliegen, den Parteien eines internationalen Schuldvertrages eine möglichst weitreichende Parteiautonomie einzuräumen, unter dem Vorbehalt der Gewährung eines gewissen Maßes an Vertragsgerechtigkeit steht. Für reine Inlandsfälle sowie für bestimmte Verbraucher- und Arbeitsverträge wird diese Schranke durch den Anwendungsvorrang der intern zwingenden Normen eines bestimmten Staates gezogen. In den verbleibenden Fällen wird die Parteiautonomie (lediglich) dadurch beschränkt, dass mit der Rechtswahl nur ein Recht berufen werden kann, das die materiellrechtliche Privatautonomie durch die Bereitstellung zwingender Normen in ihre Schranken verweist und damit gewährleistet, dass die wirtschaftlich schwächere Vertragspartei dem überlegenen Partner nicht völlig schutzlos ausgeliefert ist.[1105] Hingegen kommt es nicht darauf an, dass das gewählte Recht einen Bestand an zwingenden Normen aufweist, die in ihrer Qualität mit dem Schutzsystem des mangels Rechtswahl anwendbaren Rechts vergleichbar sind. Eine derartig weitreichende Schranke der Parteiautonomie lässt sich

---

[1104] Tassikas, 36; Stoll, FS Kegel 1987, 623, 648; Wichard, RabelsZ 60 (1996), 269, 273; Charpentier, Revue Juridique Thémis 2002, 355, 373; Santos Belandro, 148.

[1105] Bucher, 39; Wichard, RabelsZ 60 (1996), 269, 285; Püls, 161; Burkart, 81; Schroeder/Oppermann, ZVglRWiss 99 (2000), 410, 422; de Miguel Asensio, Dir. comm. int. 1998, 859, 876.

dem Übereinkommen nicht entnehmen, das zweifelsfrei die Wahl jeden staatlichen Rechts zulässt, ohne eine Prüfung seiner diesbezüglichen Qualitäten vorzunehmen.[1106]

Die Figur der Teilrechtswahl vermag an diesem Ergebnis nichts zu ändern, da die gewählte Teilrechtsordnung mitsamt ihrer zwingenden Bestimmungen zur Anwendung kommt[1107] und hierdurch sichergestellt ist, dass die zu lösende Teilfrage nach Maßgabe des von dem gewählten Recht für notwendig erachteten Schutzes der schwächeren Vertragspartei einer Antwort zugeführt wird. Einzuräumen ist lediglich, dass in der Möglichkeit der Vertragsaufspaltung deutlich wird, dass es nach der Konzeption des EVÜ offenbar nicht darauf ankommt, den Vertrag in seiner Gesamtheit einem in sich geschlossenen, ausgewogenen System vertraglicher Gerechtigkeit zu unterstellen. Einem vollständigen Verzicht auf die Anwendung intern zwingender Normen und auf die Gewährleistung des Schutzes der schwächeren Vertragspartei kommt dies jedoch nicht gleich. Das zwingende Recht ist damit ungeachtet der vom EVÜ eingeräumten extensiven Rechtswahlmöglichkeiten nicht gänzlich vermeidbar und lässt sich grundsätzlich auch durch die Teilrechtswahl nicht vollständig aus der Welt schaffen.[1108]

(c) Beschränkung der Parteiautonomie durch das Gebot der sachgerechten, widerspruchsfreien Lösung der Streitfragen

Dem Institut der Teilrechtswahl kann eine zusätzliche Schranke der Rechtswahlfreiheit entnommen werden:

Indem die Wirksamkeit der Teilrechtswahl davon abhängig gemacht wird, dass sie sich auf ein selbständiges, abspaltbares Element des Vertrages bezieht, soll verhindert werden, dass untrennbar miteinander verbundene Streitfragen verschiedenen Rechtsordnungen unterstellt und damit möglicherweise inkonsistenten, widersprüchlichen und nicht sachgerechten Lösungen zugeführt werden.[1109] Nur, wenn sämtliche in einem untrennbaren Zusammenhang stehenden Vertragsfragen einem einzigen Statut unterstellt werden, wird die für unerlässlich erachtete materielle Harmonie als gegeben angesehen. Hierin zeigt sich, dass dem anwendbaren Recht offenbar die Fähigkeit zugeschrieben und abverlangt wird, die sich aus einem Vertrag ergebenden, untrennbar miteinander verbundenen Fragen grundsätzlich einer konsistenten und materiell harmonischen Lösung zuzuführen.[1110] Darüber hinaus wird dadurch, dass nur selbständige Vertragselemente einem jeweils anderen Recht unterstellt werden können, auch ge-

---

[1106] Roth, FS Jayme, 757, 761; López Rodriguez, 326; Staudinger-Blumenwitz, Art. 6 EGBGB, Rn. 150.

[1107] Stoll, FS Kegel 1987, 623, 648; Wichard, RabelsZ 60 (1996), 269, 273; von Bar, IPR Bd. II, § 4, Rn. 426; Staudinger-Magnus, Art. 27 EGBGB, Rn. 96; Lorenz, IPRax 1987, 269, 272; Tassikas, 36; Charpentier, Revue Juridique Thémis 2002, 355, 373; Santos Belandro, 148.

[1108] Tassikas, 22.

[1109] Siehe oben Kapitel 5, B.II.2.e.dd.(1).(a).(bb).ii.

[1110] Staudinger-Magnus, Vorbem. zu Art. 27-37 EGBGB, Rn. 38; vgl. ferner Kegel/Schurig, § 2 II 3 b, 141f.: „Innerhalb derselben Rechtsordnung sind die Rechtssätze meist aufeinander abgestimmt; Widerspruchsfreiheit kann im allgemeinen unterstellt werden. [...] Es ist dies das Interesse am inneren Entscheidungseinklang: Das Recht, das wir anwenden, muss nach Möglichkeit in sich geschlossen sein."

währleistet, dass es über die untrennbar miteinander verbundenen Fragen hinaus auch innerhalb des gesamten Vertrages nicht zu Widersprüchen oder Friktionen kommt. Da die Teilrechtswahl unwirksam ist, wenn sie das Erfordernis der Selbständigkeit der vom übrigen Vertrag abgespaltenen Elemente außer acht lässt und damit die Gefahr materieller Inkonsistenz heraufbeschwört[1111], kann folgerichtig auch ein Recht, das dem Gebot sachgerechter und widerspruchsfreier Lösungen nicht gerecht wird, nicht wirksam zum Vertragsstatut berufen werden. Nun steht außer Zweifel, dass das Übereinkommen keine Handhabe dafür bietet, staatliche Rechte auf die Einhaltung dieser Anforderung hin zu überprüfen und ihre kollisionsrechtliche Wählbarkeit von einem positiven Ausgang dieser Prüfung abhängig zu machen. Da unter dem EVÜ jedes staatliche Recht wählbar ist, gleich welche Qualität es aufweist, muss man vielmehr davon ausgehen, dass das Übereinkommen einem staatlichen Statut stets ein Mindestmaß an materieller Harmonie unterstellt und dieses auch für ausreichend erachtet.[1112] Ein Recht, das diese Vermutung nicht für sich in Anspruch nehmen kann und möglicherweise hinter diesem Mindestmaß zurückbleibt, kann jedoch nach der in der Schranke der Teilrechtswahl zum Ausdruck kommenden Wertung des EVÜ nicht mit kollisionsrechtlicher Wirkung berufen werden.

(d) Beschränkung der Parteiautonomie durch das Erfordernis der Kodifizierung und der Publizität des gewählten Rechts

Fraglich ist, ob die von Art. 3 EVÜ gewährte Parteiautonomie auch insoweit eine Einschränkung erfährt, als das gewählte Recht nur dann die intern zwingenden Normen des mangels Rechtswahl anzuwendenden Rechts verdrängt, wenn es kodifiziert ist. Dies wird man verneinen müssen, denn das Europäische Kollisionsrecht verweist auf Rechtsordnungen, die von deutschen Vorstellungen durchaus abweichende Rechtsquellen kennen.[1113] Offenkundigstes Beispiel hierfür ist das englische Recht, das im Schuldvertragsrecht zum größten Teil vom nicht kodifizierten Common Law geprägt wird und nur ausnahmsweise durch gesetzgeberische Akte fixiert ist.[1114] Zu nennen ist ferner das Saudi Arabische Zivilrecht, für das über weite Teile das nicht kodifizierte – und im Übrigen nicht staatliche, sondern religiöse[1115] - Islamische Recht maßgeblich ist.[1116] Wenn dem EVÜ somit nicht zu entnehmen ist, dass die Rechtswahlfreiheit

---

[1111] Siehe oben Kapitel 5, B.II.2.e.dd.(1).(a).(bb).ii.

[1112] So auch Kegel/Schurig, § 2 II 3 b, 141f.

[1113] Spickhoff, RabelsZ 56 (1992), 116, 128.

[1114] Vgl. statt aller Graf von Bernstorff, § 3 I, 45ff.; Spickhoff, RabelsZ 56 (1992), 116, 128. Als eine der wenigen Kodifikationen im Bereich des englischen Vertragsrechts ist der Sale of Goods Act 1979 zu nennen.

[1115] Bälz, Die islamische Scharia, 63, 67; Spickhoff, RabelsZ 56 (1992), 116, 128.

[1116] Court of Appeal, Civil Division, Shamil Bank of Bahrain v. Beximco Pharmaceuticals Ltd. and Others, 28.01.2004, [2004] EWCA Civ 19, 16 (islamisches Recht als wesentlicher Bestandteil des Saudi Arabischen Erbrechts); Krüger, FS Geimer, 485ff., insbes. 493ff. (islamisches Recht als wesentlicher Bestandteil des Saudi Arabischen Vertragsrechts); ferner von Bar/Mankowski-von Bar, IPR Bd. I, § 2, Rn. 76 und Spickhoff, RabelsZ 56 (1992), 116, 128 zur kollisionsrechtlichen Bedeutung religiödurch die Notwendigkeit der schriftlichen Fixierung des gewählten Rechts begrenzt wird, so ist jedoch, um bei den genannten Beispielen zu bleiben, sowohl dem Common Law als auch dem Islamischen Recht gemein, dass sie und die Institutionen, die sie schufen, von nationalen Rechten als verbindlich anerkannt werden.[1117] Daraus wiederum lässt sich der Schluss ziehen, dass das gewählte Recht nach den Wertungen des EVÜ unabhängig von seiner schriftlichen Fixierung dann kollisionsrechtliche Wirkung entfalten kann, wenn es von einer staatlichen Rechtsordnung, auf die verwiesen wird, als verbindlich anerkannt wird.[1118] Diese Überlegung lässt sich entsprechend auf die Frage übertragen, ob das gewählte Recht geografisch definiert sein muss, um als Vertragsstatut in Betracht zu kommen. Islamisches Recht etwa zeichnet sich mehr durch seine persönliche Zuordnung als durch seine geografische Eingrenzung aus; gleichwohl steht dies seiner Wählbarkeit als Bestandteil eines staatlichen Rechts, das es als verbindlich anerkennt, nicht entgegen.[1119]

In diesem Zusammenhang liegt es zudem nahe, sich zu fragen, ob die Parteiautonomie insoweit einer Beschränkung unterliegt, als die Statutsqualität des gewählten Rechts von seiner allgemeinen Zugänglichkeit abhängt. Hierfür würde sprechen, dass fehlende Publizität zu Rechtsunsicherheit führt[1120] und damit einem elementaren Anliegen des Römischen Übereinkommens widersprechen könnte.[1121] Allerdings geht es bei der vom EVÜ anvisierten Rechtssicherheit um die Vorhersehbarkeit des anwendbaren Rechts als solchem; der Rechtsunterworfene soll sich Klarheit darüber verschaffen können, ob etwa italienisches oder englisches Recht für seinen Vertrag maßgeblich ist.[1122] Die Vorhersehbarkeit des Inhalts des Statuts betrifft demgegenüber nicht die kollisionsrechtliche, sondern die materiellrechtliche Vorhersehbarkeit und Rechtssicherheit, die dem EVÜ gleichgültig ist. Dies zeigt sich nicht zuletzt am Beispiel der kollisionsrechtlichen Wählbarkeit einer jeden Common-Law-Rechtsordnung, die stets den Nachteil mit sich bringt, dass es – solange für eine bestimmte Frage noch keine gefestigte Rechtsprechung exisitiert – schwer ist, den genauen Inhalt der Entscheidung des angerufenen Gerichts vorherzusagen.[1123] Im Ergebnis ist damit festzustellen, dass

---

ser Rechte; zur Dichotomie von islamischem und staatlich gesetztem Recht in den arabischen Staaten siehe Bälz, Die islamische Scharia, 63ff.

[1117] So Court of Appeal, Civil Division, Shamil Bank of Bahrain v. Beximco Pharmaceuticals Ltd. and Others, 28.01.2004, [2004] EWCA Civ 19, 16 in bezug auf das islamische Recht als Bestandteil des Saudi Arabischen Zivilrechts; Spickhoff, RabelsZ 56 (1992), 116, 128; von Bar/Mankowski-von Bar, IPR Bd. I, § 2, Rn. 76; Nygh, 62f.; Redfern/Hunter, 110 unter Hinweis auf die Verfassungen Yemens, Qatars und Ägyptens.

[1118] BGH, Beschluss vom 12.12.1979 – IV ZB 65/79, NJW 1980, 1221; von Bar/Mankowski-von Bar, IPR Bd. I, § 2, Rn. 76; Spickhoff, RabelsZ 56 (1992), 116, 128; Nygh, 62f.; Redfern/Hunter, 110.

[1119] Nygh, 62f.

[1120] Leible, ZVglRWiss 97 (1998), 286, 311; Schroeder, JJZ 2002, 257, 273; López Rodriguez, 107; Stein, 241; Calliess, Zeitschr. f. Rechtssoz. 2002, 185, 199.

[1121] Zur vom EVÜ angestrebten Rechtssicherheit näher unten Kapitel 5, B.II.2.e.dd.(2).

[1122] Dazu unten Kapitel 5, B.II.2.e.dd.(2).

[1123] Mankowski, RIW 2003, 2, 6.

die Publizität des anwendbaren Rechts zwar wünschenswert, aus Sicht des EVÜ aber nicht konstitutiv für seine Statutsqualität ist.[1124]

(e) Beschränkung der Parteiautonomie durch das Erfordernis der Regelungsdichte bzw. des Systemcharakters

Man muss sich ferner fragen, ob die kollisionsrechtliche Wirksamkeit der Rechtswahl vom EVÜ davon abhängig gemacht wird, dass das berufene Recht eine Regelungsdichte aufweist, die es befähigt, sämtliche aus einem internationalen Schuldvertrag herrührenden Fragen einer Antwort zuzuführen.

An der in Art. 3 Abs. 1 Satz 3 EVÜ eingeräumten Möglichkeit der Teilrechtswahl[1125] zeigt sich, dass es genügt, wenn das gewählte Recht grundsätzlich imstande ist, diejenigen selbständigen Vertragselemente, auf die sich die Teilrechtswahl bezieht, zu regeln. Die kollisionsrechtliche Wirksamkeit der Rechtswahl wird mithin nicht dadurch beeinträchtigt, dass der Regelungsbereich des gewählten Rechts nicht sämtliche sich aus dem Vertrag ergebenden Fragen umfasst, sofern die Vertragspartner zum Ausdruck bringen, dass die nicht geregelten Fragen gar nicht von diesem Recht beantwortet werden sollen. In diesem Fall können die von dem Teilstatut nicht erfassten und ihm auch nicht zugewiesenen Fragen anhand des ergänzend gewählten oder anhand des gem. Art. 4 EVÜ objektiv anwendbaren Rechts einer Klärung zugeführt werden.[1126] Wenn allerdings die Parteien ein in seinem Regelungsbereich beschränktes Recht gewählt haben, ohne diese Wahl auf einen Teil des Vertrages zu begrenzen, ist es nicht ohne weiteres möglich, die von dem gewählten Recht nicht geregelten Fragen unter Heranziehung eines anderen Rechts einer Lösung zuzuführen. Es besteht weitgehende Einigkeit darüber, dass den Vertragspartnern eine Teilrechts- anstelle einer Gesamtrechtswahl nur bei Vorliegen deutlicher Anhaltspunkte unterstellt werden kann.[1127] Andernfalls ist das gewählte Recht für den gesamten Vertrag maßgeblich[1128], was wiederum zur Folge hat, dass seine Lücken autonom, d.h. mit Hilfe derjenigen Mechanismen zu schließen sind, die die lückenhafte Rechtsordnung für die Lückenfüllung vorsieht.[1129] Soweit das für den gesamten Vertrag gewählte Recht diejenigen Bereiche nicht regelt, die ohnehin vom Anwendungs- und Geltungsbereich des EVÜ aus-

---

[1124] AA jedoch von Bar/Mankowski-von Bar, IPR Bd. I, § 2, Rn. 76, der als Voraussetzung für die kollisionsrechtliche Wählbarkeit eines Rechts betont, dass der Richter in die Lage versetzt werden muss, sich über den Inhalt des gewählten Rechts Klarheit zu verschaffen.

[1125] Vgl. zur Teilrechtswahl bereits oben Kapitel 5, B.II.2.e.dd.(1).(a).(bb).

[1126] Czernich/Heiss/Nemeth-Heiss, Art. 3, Rn. 32; Staudinger-Magnus, Art. 27 EGBGB, Rn. 95; MüKo-Martiny, Art. 27 EGBGB, Rn. 59.

[1127] Staudinger-Magnus, Art. 27 EGBGB, Rn. 95; Kropholler, IPR, § 52 II 3 b; MüKo-Martiny, Art. 27 EGBGB, Rn. 58f.

[1128] Staudinger-Magnus, Art. 27 EGBGB, Rn. 95; MüKo-Martiny, Art. 27 EGBGB, Rn. 58f.; Kropholler, IPR, § 52 II 3 b.

[1129] In aller Regel wird die Lückenergänzung auf der Grundlage der der lückenhaften Rechtsordnung innewohnenden allgemeinen Rechtsgrundsätze vorgenommen, siehe dazu BVerfG, Beschluss vom 14.2.1973 – 1 BvR 112/65, BVerfGE 34, 269, 287 sowie Michaels, RabelsZ 62 (1998), 580, 608 mwN dort in Fußnote 134; Berger, Creeping Codification, 180; Bonell, Restatement, 224; Abascal, Los Principios de UNIDROIT, 211, 218. Näher dazu unten Kapitel 7.

genommen sind, wie die Rechts- und Geschäftsfähigkeit, die Stellvertretung sowie das Beweis- und Verfahrensrecht (Art. 1 Abs. 2 lit. a, f und h EVÜ), können diese Regelungsdefizite sicherlich keinen Einfluss auf seine kollisionsrechtliche Wählbarkeit haben, denn eine diesbezügliche Rechtswahl ginge ohnehin ins Leere.[1130] Aber auch darüber hinausgehende Beschränkungen des Regelungsbereichs dürften der kollisionsrechtlichen Wählbarkeit nicht entgegenstehen, zumal das EVÜ keinerlei Instrumentarium vorsieht, das die Eignung eines Rechts als Vertragsstatut von seinem umfassenden Regelungsbereich abhängig macht.[1131] Angesichts der Tatsache, dass auch nationale Rechtsordnungen bei weitem nicht ohne Regelungslücken auskommen[1132], aber gleichwohl unzweifelhaft als Vertragsstatut gewählt werden können[1133], wird man davon ausgehen müssen, dass es sich bei der umfassenden Regelungsdichte nach der Konzeption des EVÜ nicht um eine unerlässliche Voraussetzung für die kollisionsrechtliche Wählbarkeit eines Rechts handelt.[1134] Dies gilt jedenfalls dann, wenn der Rechtsanwender auf gesetzliche, gewohnheitsrechtliche oder durch die Rechtsprechung entwickelte Vorgaben zurückgreifen kann, die ihm Aufschluss darüber geben, wie bezüglich der Regelungslücken des gewählten Rechts zu verfahren ist.[1135] Unter dieser Voraussetzung, die, wie bereits aufgezeigt, in engem Zusammenhang mit dem Systemcharakter eines Normenbestandes steht[1136] und die nationale Rechte durchweg erfüllen dürften[1137], erscheint auch das aus den Reihen der Vertreter der extensiven Auffassung vorgebrachte Argument vertretbar, eine Beschränkung der Parteiautonomie sei selbst in Anbetracht der Lückenhaftigkeit eines Rechts nicht notwendig, weil schließlich nur die Parteien mit der Unsicherheit bzw. Unbestimmtheit der von ihnen gewählten Rechtssätze leben müssten.[1138]

Im Ergebnis ist daher festzustellen, dass man zwar den Systemcharakter einer Normensammlung zu den Voraussetzungen ihrer Eignung als Rechtswahlobjekt machen könnte, zumal die gem. Art 3 Abs. 1 Satz 1 EVÜ ja unzweifelhaft kollisionsrechtlich wählbaren staatliche Rechte diese Voraussetzung in der Regel erfüllen dürften.[1139] Eine Regelungsdichte, die es erlaubt, sämtliche sich aus einem grenzüberschreitenden Vertrag möglicherweise ergebenden Streitfragen zu beantworten, ist jedoch, dies wur-

---

[1130] Petz, 126, dort in Fn. 478.

[1131] Roth, FS Jayme, 757, 761; MPI, RabelsZ 68 (2004), 1, 32; López Rodriguez, 171.

[1132] Siehe oben Kapitel 3, B.III.3.a.ee.(2).(b).

[1133] MPI, RabelsZ 68 (2004), 1, 32; Roth, FS Jayme, 757, 761; López Rodriguez, 171.

[1134] López Rodriguez, 171; MPI, RabelsZ 68 (2004), 1, 32; Roth, FS Jayme, 757, 761.

[1135] Anders von Bar/Lando/Swann, ERPL 2002, 183, 224f., die die kollisionsrechtliche Wählbarkeit eines nicht-legislatorischen „European Restatement of Law" davon abhängig machen wollen, dass dieses die gesamte Bandbreite des Vertragsrechts abdeckt und damit deutlich machen, dass sie den umfassenden Regelungsbereich zur Voraussetzung der Statutsqualität machen.

[1136] Siehe oben Kapitel 3, B.III.3.a.

[1137] Siehe dazu van Alstine, UPennLR 146, 1 (1997/1998), 687, 737, mit zahlreichen Beispielen für einschlägige gesetzliche Bestimmungen verschiedener Rechtsordnungen dort in Fn. 202f. Siehe ferner Rüthers, Rn. 823f. unter Hinweis auf § 132 GVG, §11 IV VwGO, § 45 IV ArbGG, § 41 IV SGG als Ermächtigungsnormen für die Lückenergänzung.

[1138] So z.B. Kappus, IPRax 1993, 137, 139; Patocchi/Favre-Bulle, Sem. Jud. 120 (1998), 569, 605.

[1139] So Schroeder/Oppermann, ZVglRWiss 99 (2000), 410, 422.

de bereits aufgezeigt[1140], nicht notwendig, um die Systemeigenschaft eines Regelwerks zu begründen, solange dieses seine intrasystemare Ergänzung ermöglicht. Die umfassende Regelungsdichte eines Rechts kann nach alledem nicht die Voraussetzung für seine kollisionsrechtliche Wählbarkeit nach dem EVÜ sein.[1141]

(f) Schlussfolgerungen hinsichtlich der Vereinbarkeit der kollisionsrechtlichen Wählbarkeit nichtstaatlichen Rechts mit der vom EVÜ angestrebten Gewährleistung größtmöglicher Parteiautonomie

(aa) Schlussfolgerungen aus Reichweite und Schranken der Parteiautonomie

Die vorstehenden Ausführungen haben gezeigt, dass die durch Art. 3 Abs. 1 Satz 1 EVÜ eingeräumte Parteiautonomie nur sehr wenigen Schranken unterliegt. Die Parteien können das auf den Vertrag anwendbare Recht frei wählen und sind dabei nicht auf die Berufung einer einzigen Rechtsordnung beschränkt, sondern dürfen das Vertragsstatut aus einzelnen Teilen verschiedener Rechtsordnungen zusammensetzen. Beschränkungen sieht sich die Rechtswahlfreiheit gem. Art. 7 EVÜ zugunsten von Eingriffsnormen der lex fori oder dritter Staaten, gem. Art. 16 EVÜ zugunsten des ordre public des Forumstaates sowie gem. Art. 3 Abs. 3 EVÜ bei reinen Inlandssachverhalten und gem. Art. 5, 6 EVÜ bei Verbraucher- und Arbeitsverträgen ausgesetzt. Diesen Bestimmungen ist gemein, dass sie die kollisionsrechtliche Wirkung der Rechtswahl in bestimmten Fällen einschränken. Eine darüber hinausgehende Schranke erfährt die Parteiautonomie nach dem Konzept des EVÜ in der Notwendigkeit, dass das als Statut gewählte Recht ein Mindestmaß an Vertragsgerechtigkeit gewähren und damit dem Schutz der schwächeren Vertragspartei und einem angemessenen Interessenausgleich Rechnung tragen muss.[1142] Zudem geht aus den allgemein anerkannten Grenzen der Teilrechtswahl hervor, dass das EVÜ davon ausgeht, dass das gewählte Statut die aus einem Vertrag herrührenden Streitfragen einer sachgerechten und widerspruchsfreien Lösung zuzuführen vermag. Hingegen muss das gewählte Recht nicht kodifiziert und allgemein zugänglich sein, noch kommt es auf seine umfassende Regelungsdichte an, sofern es seine systembezogene Fortbildung ermöglicht.

Die damit deutlich gewordene Grundentscheidung der Verfasser des EVÜ, den Parteien eines internationalen Schuldvertrages eine möglichst weitreichende Parteiautonomie einzuräumen[1143], hat zur Folge, dass die Beschränkung dieses Prinzips nur aus-

---

[1140] Siehe oben Kapitel 3, B.III.3.a.ee.(2).(b).

[1141] MPI, RabelsZ 68 (2004), 1, 32; Roth, FS Jayme, 757, 761; López Rodriguez, 171; aA offenbar von Bar/Lando/Swann, ERPL 2002, 183, 224f.

[1142] Im Ergebnis ebenso MPI, RabelsZ 68 (2004), 1, 33 sowie von Bar/Lando/Swann, ERPL 2002, 183, 224f., die die Statutsqualität eines nicht-legislorischen Regelwerks u.a. von einem ausreichenden Bestand an zwingenden Normen abhängig machen wollen.

[1143] MPI, RabelsZ 68 (2004), 1, 31; Burkart, 91; Bonomi, 17; Schack, FS Kegel 2002, 179, 195; Leible, ZVglRWiss 97 (1998), 286, 305; vgl. auch Riesenhuber, 121, der die Parteiautonomie als „überragenden“ Grundsatz im EVÜ bezeichnet; ähnlich Boschiero, 319, 348 („... che l'attuale ambito di applicazione riconosciuto al principio dell'autonomia dalla convenzione di Roma è amplissimo“); generell für eine möglichst umfassende Parteiautonomie Basedow, FS Stoll, 405, 413.

nahmsweise möglich ist und einer besonderen Begründung bedarf.[1144] Die entscheidende Frage ist daher nicht, warum Art. 3 Abs. 1 Satz 1 EVÜ auch die Wahl nichtstaatlichen Rechts gestatten sollte, sondern vielmehr, warum Art. 3 Abs. 1 Satz 1 EVÜ trotz des ihm innewohnenden Postulats weitreichender Gestaltungsfreiheit die Wahl nichtstaatlichen Rechts *nicht* gestatten sollte. Mit anderen Worten gebietet die ratio des EVÜ, den Parteien eine größtmögliche Autonomie zu gewähren, die Wählbarkeit nichtstaatlichen Rechts jedenfalls dann, wenn sein Ausschluss aus dem Kreis der wählbaren Rechte nicht mit Hinweis auf die oben erörterten Schranken überzeugend begründet werden kann. Denn die Beschränkung der Rechtswahlfreiheit der Parteien auf ein staatliches Recht würde dann eine dem Sinn des EVÜ widersprechende Restriktion der Parteiautonomie darstellen. Vor diesem Hintergrund muss man sich fragen, ob ein Mindestmaß an Vertragsgerechtigkeit und materieller Harmonie sowie intrasystemare Fortbildungsfähigkeit nur durch staatliches, nicht aber durch privat formuliertes Recht gewährleistet werden kann. Nicht aus staatlicher Feder stammendem Recht diese Qualitäten pauschal abzusprechen, ist durch nichts gerechtfertigt. Denn die Tatsache allein, dass Normen nicht von einem verfassungsmäßig legitimierten Gesetzgebungsorgan erlassen wurden, kann nicht als überzeugendes Argument für einen ungenügenden Schutzstandard zugunsten der schwächeren Vertragspartei oder für mangelnde materiellrechtliche Konsistenz oder Fortbildungsfähigkeit bemüht werden.[1145] Richtig ist lediglich, dass man bei staatlichem Recht, das ein verfassungsrechtlich vorgegebenes Gesetzgebungsverfahren durchlaufen hat, ohne weitere Prüfung sowohl ein gewisses Schutzniveau als auch eine gewisse materiellrechtliche Ausgewogenheit und Widerspruchsfreiheit unterstellen kann, da dort beträchtliche institutionelle Widerstände z.B. einer einseitigen Interessendurchsetzung entgegenwirken.[1146] Bei nichtstaatlichem Recht, das diese unwiderlegliche Vermutung in Ermangelung entsprechender institutioneller Garantien nicht für sich in Anspruch nehmen kann und deshalb einen besonderen Legitimationsbedarf nach sich zieht[1147], ist ein pauschales Urteil weder in der einen noch in der anderen Richtung möglich.[1148] In diesen Fällen müssen seine materiellen Qualitäten in jedem Einzelfall positiv festgestellt werden.[1149]

[1144] So ausdrücklich Leible, ZVglRWiss 97 (1998), 286, 305; siehe auch Schack, FS Kegel 2002, 179, 195: "Parteiautonomie ist vielmehr geboten, weil es im IPR allein um die Regelung privater Rechtsbeziehungen geht und die Parteien selbst am besten wissen, was sie wollen. Dem darf sich der Staat nur entgegenstellen, wo dies zum Schutze eines schwächeren Vertragspartners, unbeteiligter Dritter oder überwiegender Interessen der Allgemeinheit unumgänglich ist"; ähnlich Fernández Arroyo/Fresnedo de Aguirre, 949, 951f.; wohl auch Bonomi, 22.

[1145] So auch Mertens, RabelsZ 56 (1992), 219, 240.

[1146] Leible, Wege zu einem europäischen Privatrecht, 414; Bucher, 39; Wichard, RabelsZ 60 (1996), 269, 285; Püls, 161; Burkart, 81; Mertens, RabelsZ 56 (1992), 219, 239; Petz, 36.

[1147] Mertens, FS Odersky, 857, 872.

[1148] Mertens, RabelsZ 56 (1992), 219, 240; aA offenbar Lando, The Principles of European Contract Law, 391, 403, der sich für die kollisionsrechtliche Wählbarkeit jeden nichtstaatlichen Rechts, auch der lex mercatoria, ausspricht, ohne dass es auf dessen materiellrechtliche Qualitäten ankommen soll.

[1149] Mertens, RabelsZ 56 (1992), 219, 240; MPI, RabelsZ 68 (2004), 1, 33.

Man kommt daher nicht umhin, jedes einzelne nichtstaatliche Recht, dessen Wahl als Statut zur Debatte steht, auf seine inhaltlichen Qualitäten hin zu überprüfen.[1150] Da auch staatlichen Rechten Defizite hinsichtlich des Interessenschutzes sowie Widersprüche und Friktionen innewohnen, wäre es verfehlt, diesbezüglich übertriebene Anforderungen zu stellen. Die Grundanforderung eines entsprechenden Mindeststandards darf jedoch auch für privat formuliertes Recht nicht außer Acht gelassen werden.[1151] Anationales Recht, das staatlichen Rechtsordnungen in dieser Hinsicht in nichts nachsteht, ist dann aber ebenso wie nationales Recht geeignet, gem. Art. 3 Abs. 1 Satz 1 EVÜ zum Vertragsstatut gewählt zu werden[1152], weil es den gebotenen Mindeststandard nicht unter- und die Parteien mit der Wahl eines solchen Rechts folglich die Grenze der kollisionsrechtlichen Parteiautonomie nicht überschreiten. Dass die Wählbarkeit nichtstaatlicher Regelwerke mit kollisionsrechtlicher Wirkung zur Ausschaltung gemeinschaftsrechtlicher Wertungen führen könnte[1153], ist indessen zweifelhaft. Denn das EVÜ sieht einen Schutz gemeinschaftsrechtlicher Wertungen nur in dem beschriebenen Umfang vor[1154] und nimmt im Übrigen, wie in Art. 2 EVÜ zum Ausdruck kommt, ihre Preisgabe auch bei der Wahl des Rechts eines Nichtvertragsstaates in Kauf.

(bb) Systembruch durch vorgeschaltete abstrakte Inhaltskontrolle?

Der damit notwendigen inhaltlichen Überprüfung nichtlegislatorischer Regelwerke[1155] wird entgegengehalten, sie führe zu einem „fundamentalen Systembruch innerhalb des Rechtswahltatbestandes", zumal bei staatlichem Recht dessen Qualität gleichgültig und die Lehre vom „better law approach" kein Bestandteil des europäischen Kollisionsrechts sei.[1156] Es könne nicht angehen, staatliches Recht nur ex post im Wege der Kontrolle anhand des ordre public des Forums zu evaluieren, während man nichtstaat-

---

[1150] Mertens, RabelsZ 56 (1992), 219, 240; MPI, RabelsZ 68 (2004), 1, 33; Magnus/Mankowski, ZVglRWiss 103 (2004), 131, 150. Eine bloß formale Anmeldung potentieller Rechtswahlobjekte mit automatischer Registrierung bei der Europäischen Kommission, wie von Mankowski, Stillschweigende Rechtswahl und wählbares Recht, 63, 96, angedacht und zu Recht verworfen, kommt daher nicht in Frage, da ein derartiges Anmeldeverfahren die unerlässliche materiellrechtliche Evaluation der in Frage kommenden nichtstaatlichen Regelwerke keinesfalls ersetzen könnte.

[1151] MPI, RabelsZ 68 (2004), 1, 33; Magnus/Mankowski, ZVglRWiss 103 (2004), 131, 150.

[1152] MPI, RabelsZ 68 (2004), 1, 33; Vischer, FS Schlechtriem, 445, 451.

[1153] So etwa Jayme, Vergemeinschaftung, 3, 5.

[1154] Grundmann, FS Rolland, 145, 154. Die Schutzmechanismen der Art. 3 Abs. 3, 5, 6, 7 und 16 EVÜ würden auch gegenüber einem nichtstaatlichen Vertragsstatut eingreifen, siehe dazu MPI, RabelsZ 68 (2004), 1, 33; Wichard, RabelsZ 60 (1996), 269, 288; Berger, Kodifizierung, 74; Mankowski, Stillschweigende Rechtswahl und wählbares Recht, 63, 92f.; Wortmann, Arb. Int. 14 (1998), 97, 103; Kappus, IPRax 1993, 137, 140; Glenn, 53, 62f.; Nygh, 191; Staudinger-Sturm/Sturm, Einl. IPR, Rn. 109; López Rodriguez, 93; Juenger/Sánchez Lorenzo, Rev. esp. der. int. 2000, 15, 33; aA offenbar Jayme, Vergemeinschaftung, 3, 5; Lorenz, RIW 1987, 569, 574.

[1155] Siehe auch Mankowski, Stillschweigende Rechtswahl und wählbares Recht, 63, 97: „[...] wenn man für nichtstaatliche Codices einen Filter nach Qualität und Herkunft etablieren müsste, was aus der Sache heraus unvermeidbar wäre."

[1156] Mankowski, Stillschweigende Rechtswahl und wählbares Recht, 63, 97; López Rodriguez, 326f.

liches Recht einer inhaltlichen ex ante Kontrolle unterziehe und die ordre public Kontrolle damit in abstrahierter Form vorschalte; dies führe, je nach potentiellem Rechtswahlobjekt, zur Zugrundelegung unterschiedlicher Maßstäbe und zum unterschiedlichen Ablauf des Rechtsanwendungsprozesses.[1157]

i. Das System der inhaltlichen Überprüfung des Vertragsstatuts im EVÜ

In der Tat sieht das EVÜ keine vorgeschaltete Inhaltskontrolle vor, die vorab über die Wirksamkeit der von den Vertragspartnern getroffenen Rechtswahl entscheidet. Vielmehr ist jedes staatliche Recht, unabhängig von seiner inhaltlichen Qualität, mit kollisionsrechtlicher Wirkung wählbar.[1158] Das EVÜ sieht gem. Art. 16 EVÜ ausschließlich eine nachgeschaltete Kontrolle des einmal feststehenden Vertragsstatuts zur Sicherung des ordre public des Forumstaates vor. Die vom Gericht vorzunehmende Bewertung des ausländischen Rechts bezieht sich dabei nur auf das konkrete Ergebnis der Rechtsanwendung, nicht aber auf den abstrakten Inhalt seiner Normen.[1159] Der Grund für die bloße Ergebniskontrolle im Rahmen der ordre public-Prüfung liegt darin, dass es anmaßend anmuten würde, eine von einem ausländischen verfassungsmäßig berufenen Gesetzgeber erlassene Regelung generell zu zensieren.[1160] Da die zensierte Norm in ihrem Erlassstaat unbeeinträchtigt von ihrer Kritisierung durch den deutschen Rechtsanwender weitergelten würde, wäre ein solches Vorgehen auch wenig sinnvoll.[1161] Daher nimmt das Gericht die ihm vom EVÜ eingeräumte Kontrollbefugnis nur war, um einzelne unerwünschte Ergebnisse, zu denen die Anwendung des bereits ermittelten Vertragsstatuts führt, zu hinterfragen und ggfs. zu korrigieren. Die Wirksamkeit der Rechtswahl im Ganzen wird aber durch Art. 16 EVÜ nicht in Frage gestellt, im Gegenteil: Die Beurteilung des Ergebnisses der Anwendung fremden Rechts setzt notwendigerweise die kollisionsrechtliche Ermittlung des maßgeblichen Statuts voraus.[1162] Die Kontrolle am Maßstab des ordre public stellt damit nicht den Ausgangspunkt, sondern den (vorläufigen) Abschluss eines kollisionsrechtlichen Entscheidungsprozesses dar[1163] und ist zudem stets nur ultima ratio des Rechtsanwenders.[1164]

[1157] Mankowski, Stillschweigende Rechtswahl und wählbares Recht, 63, 97f.; ders., in: von Bar/Mankowski, IPR Bd. I, § 7, Rn. 265.

[1158] Staudinger-Blumenwitz, Art. 6 EGBGB, Rn. 150; Roth, FS Jayme, 757, 761; López Rodriguez, 326; MPI, RabelsZ 68 (2004), 1, 32.

[1159] BGH, Urteil vom 04.06.1992, BGHZ 118, 312, 331 (zur ordre public-Kontrolle im Rahmen des § 328 ZPO); Kegel/Schurig, § 16 III 2 b, 526ff.; von Bar/Mankowski-Mankowski, IPR Bd. I, § 7, Rn. 265; Staudinger-Blumenwitz, Art. 6 EGBGB, Rn. 105ff.; MüKo-Sonnenberger, Art. 6 EGBGB, Rn. 44, 47; Erman-Hohloch, Art. 6 EGBGB, Rn. 14.

[1160] Looschelders, RabelsZ 65 (2001), 463, 481; von Bar/Mankowski-Mankowski, IPR Bd. I, § 7, Rn. 265.

[1161] Von Bar/Mankowski-Mankowski, IPR Bd. I, § 7, Rn. 265.

[1162] Staudinger-Blumenwitz, Art. 6 EGBGB, Rn. 15, 102; MüKo-Sonnenberger, Art. 6 EGBGB, Rn. 44.

[1163] Staudinger-Blumenwitz, Art. 6 EGBGB, Rn. 15.

[1164] MüKo-Sonnenberger, Art. 6 EGBGB, Rn. 14; Staudinger-Blumenwitz, Art. 6 EGBGB, Rn. 19.

ii. Bruch dieses Systems durch eine vorgeschaltete abstrakte Inhaltskontrolle nichtstaatlicher Regelwerke?

Die nach hier vertretener Auffassung unerlässliche Vorschaltung einer Kontrolle des Inhalts nichtlegislatorischer Regelwerke und die damit verbundene Abhängigkeit der Wirksamkeit der gesamten Rechtswahl vom Ausgang dieser Prüfung wirft im Hinblick auf das vorstehend aufgezeigte System zwei Probleme auf. Zum einen steht die Notwendigkeit der *Vorschaltung* einer Inhaltskontrolle schon bei der Frage, ob das gewählte nichtstaatliche Recht grundsätzlich anwendbar ist, im scheinbaren Widerspruch zur nach der Konzeption des Übereinkommens allein zulässigen ex post-Kontrolle. Zum anderen stellt sich die *Abstraktheit* der Inhaltskontrolle als begründungsbedürftig dar, die sich bei der hier vorgeschlagenen materiellen Überprüfung nichtlegislatorischen Rechts auf das Recht als solches bezieht, und nicht lediglich auf das Ergebnis, zu dem seine Anwendung im Einzelfall führen kann.

Allerdings lässt sich der in der Vorschaltung einer abstrakten Normenkontrolle liegende vermeintliche „Bruch" des vom EVÜ vorgesehenen Systems bei näherer Betrachtung durchaus rechtfertigen: Zum einen wird sowohl aus der Systematik als auch aus der Entstehungsgeschichte des EVÜ deutlich, dass das Übereinkommen auf der Staatlichkeit des gewählten Rechts aufbaut.[1165] Um auch die Wählbarkeit nichtstaatlichen Rechts zu ermöglichen, bedarf es daher einer Modifizierung dieses Systems. Diese besteht darin, in bezug auf private Regelwerke – und nur in bezug auf diese - eine summarische inhaltliche Prüfung vorzuschalten. Damit wird das bestehende System nicht gebrochen, sondern an die Existenz privat formulierten Rechts angepasst. Die ordre public-Kontrolle baut auf der Voraussetzung auf, dass das der materiellen Entscheidung zugrunde liegende Statut auf einer zulässigen subjektiven oder objektiven Anknüpfung beruht, die allenfalls im konkreten Ergebnis der Normanwendung ausnahmsweise nicht hinnehmbar ist.[1166] Im Falle nichtstaatlicher Regelwerke gilt diese Prämisse der ohne weiteres gegebenen Wirksamkeit der Rechtswahl aber, wie gezeigt, gerade nicht. Vielmehr soll mit der vorgeschalteten Normenkontrolle die Zulässigkeit ihrer Heranziehung als Statut überhaupt erst begründet werden. Erst wenn dies geschehen ist, kann auch für nichtstaatliche Vertragsstatute die im EVÜ zum Ausdruck kommende allgemeine Regel gelten, dass nur noch der konkrete, ergebnisbezogene Maßstab des ordre public angelegt werden darf. Diese ungleiche Behandlung staatlichen und nichtstaatlichen Rechts findet ihre Rechtfertigung darin, dass die – und sei es auch nur abgeleitete - Geltung von Normen, die kein staatliches Gesetzgebungsverfahren durchlaufen haben, einen besonders hohen Legitimationsbedarf mit Blick auf ihre materiellen Qualitäten mit sich bringt, wenn man wie hier von der Prämisse ausgeht, dass das EVÜ die Statutsqualität einer Normensammlung von bestimmten inhaltlichen Merkmalen abhängig macht.[1167] Dem kann man auch nicht entgegenhalten, eine solche vorgeschaltete Qualitätsprüfung sei unnötig, zumal sich nicht hinnehmbare Ergebnisse

---

[1165] Vgl. oben Kapitel 5, B.II.2.c. und d.

[1166] Staudinger-Blumenwitz, Art. 6 EGBGB, Rn. 15, 102; MüKo-Sonnenberger, Art. 6 EGBGB, Rn. 44.

[1167] Mertens, FS Odersky, 857, 872; Leible, Wege zu einem europäischen Privatrecht, 413.

der Anwendung anationalen Rechts ja ohnehin im Wege der nachgeschalteten ordre public-Kontrolle ausmerzen ließen.[1168] Denn die Überprüfung am Maßstab des ordre public gem. Art. 16 EVÜ vermag ausweislich des Wortlauts der Vorschrift nur solche Ergebnisse zu beseitigen, die *aus Sicht des Staates, dessen Gericht zur Entscheidung berufen ist,* nicht hinnehmbar sind, weil sie mit *dessen* elementaren, unverzichtbaren Grundwertungen schlicht nicht vereinbar sind. Demgegenüber gilt es bei der hier vorgeschlagenen, abstrakten materiellen Überprüfung nichtlegislatorischer Regelwerke nicht die aus Sicht der lex fori, sondern die *aus Sicht des EVÜ* nicht hinnehmbaren materiellen Defizite des Vertragsstatuts auszumachen. Schließlich vermag auch der das Verbot der abstrakten Kontrolle ausländischer Normen rechtfertigende Respekt vor dem ausländischen Gesetzgeber im Falle nichtstaatlichen Rechts nicht zu überzeugen, da es insoweit an einem verfassungsmäßig legitimierten Gesetzgeber fehlt, der die abstrakte Kontrolle der von ihm erlassenen Normen durch einen ausländischen Rechtsanwender als anmaßend empfinden könnte.

iii. Zwischenergebnis

Nach alledem bestehen unter dem Gesichtspunkt eines möglichen Systembruchs, insbesondere im Lichte des Art. 16 EVÜ, keine Bedenken, die Wählbarkeit eines nichtstaatlichen Regelwerks zum Vertragsstatut vom positiven Ausgang einer vorgeschalteten abstrakten Normenkontrolle abhängig zu machen.

(cc) Ergebnis

Im Lichte des dem EVÜ zugrunde liegenden Gebots der Parteiautonomie betrachtet, können die UP als Vertragsstatut gewählt werden, sofern sie dem Gebot vertraglichen Interessenausgleichs Rechnung tragen und sofern sie eine materielle Qualität aufweisen, die es – ggfs. durch Rechtsfortbildung - ermöglicht, die aus einem grenzüberschreitenden Vertrag herrührenden Fragen einer sachgerechten, in sich widerspruchsfreien Lösung zuzuführen. Die damit unerlässliche Vorschaltung einer abstrakten Normenkontrolle stellt eine Modifizierung des dem EVÜ innewohnenden Kontroll-Systems, nicht aber einen nicht hinnehmbaren Bruch dieses Systems dar.

(2) Rechtssicherheit und Einheitlichkeit

(a) Rechtssicherheit und Einheitlichkeit bezüglich des anwendbaren Rechts als elementare Zielsetzung des EVÜ

Der Regelungszweck des EVÜ erschöpft sich nicht in der Einräumung einer umfassenden Gestaltungsfreiheit. Das wohl dringendste Ziel, das mit der Ausarbeitung des EVÜ verfolgt wurde, war es, das Maß an Rechtssicherheit insbesondere dadurch zu erhöhen, dass den Parteien schon bei Vertragsschluss die zuverlässige Ermittlung des auf den Vertrag anwendbaren Rechts ermöglicht und erleichtert wird und diesbezügliche Unsicherheiten weitgehend vermieden werden.[1169]

[1168] So aber offenbar Juenger/Sánchez Lorenzo, Rev. esp. der. int. 2000, 15, 33.

[1169] Giuliano/Lagarde, 4f. (Introduction, Punkt 1. 2. und 3.); MüKo-Martiny, Art. 36 EGBGB, Rn. 20; Carrascosa González, 92; Boschiero, 319, 336, 413; Bonomi, 22; Schack, FS Kegel 2002, 179, 190;

Maßgebliches Motiv für die Ausarbeitung des Übereinkommens war die Beseitigung der bis dahin aufgrund der unterschiedlichen einzelstaatlichen Regelungen bestehenden Unsicherheiten bei der Feststellung des Vertragsstatuts. Insbesondere sollte der Gefahr abweichender Ergebnisse in den Mitgliedstaaten begegnet werden, die mit der Anwendung des von Forum zu Forum unterschiedlichen Kollisionsrechts einhergeht.[1170] Diese Zielsetzung der Einheitlichkeit und Rechtssicherheit beruht auf der Überlegung, dass nur die bestmögliche Voraussehbarkeit des den Vertrag regelnden Rechts es den Parteien eines internationalen Handelsvertrages ermöglicht, die ihren jeweiligen Interessen entsprechenden Dispositionen zu treffen, und dabei die „Unsicherheits- und Vorsichtskosten“[1171] bzw. Beratungskosten[1172] möglichst niedrig zu halten.[1173] Die möglichst weitgehende Vorhersehbarkeit der gerichtlichen Entscheidung über das anwendbare Recht und der damit verbundene innerstaatliche und internationale Entscheidungseinklang gehört zu den elementaren Zielsetzungen des Kollisionsrechts an sich.[1174] Da die Bestimmung des anwendbaren Rechts durch die Vertragspartner die Rechtssicherheit hinsichtlich des Vertragsstatuts maximiert, kommt der

---

Cheshire and North's, 536; „Grünbuch über die Umwandlung des Übereinkommens von Rom aus dem Jahr 1980 über das auf vertragliche Schuldverhältnisse anzuwendende Recht in ein Gemeinschaftsinstrument sowie über seine Aktualisierung“ vom 14.01.2003, KOM (2002) 654 endg., Punkt 3.2.5.; Stellungnahme des Europäischen Wirtschafts- und Sozialausschusses zum Grünbuch über die Umwandlung und Aktualisierung des EVÜ, Abl. EG Nr. C 108 v. 30.04.2004, 1, 5.

[1170] Dies geht insbesondere aus der Präambel des Übereinkommens (Abs. 3) hervor; vgl. außerdem Giuliano/Lagarde, 5 (Introduction, Punkt 2.); MüKo-Martiny, Art. 36 EGBGB, Rn. 19; Bonomi, 14; Schack, FS Kegel 2002, 179, 183; Cheshire and North's, 536.

[1171] Mankowski, RIW 2003, 2, 3.

[1172] Siems, GPR 03-04, 66, 69.

[1173] Mankowski, RIW 2003, 2, 3; Magnus/Mankowski, ZVglRWiss 103 (2004), 131, 135f.; Siems, GPR 03-04, 66, 69; Blaurock, ZEuP 1993, 247, 261; Schack, FS Kegel 2002, 179, 190. Ebenso wie das Gebot möglichst weitreichender Parteiautonomie lässt sich auch das Gebot möglichst großer Rechtssicherheit auf die Zielsetzungen des Europarechts zurückführen: Wenn die Parteien eines grenzüberschreitenden Vertrages im Unklaren über das auf ihren Vertrag anwendbare Recht bleiben, ist dies ebenso geeignet, eine potentielle Behinderung des Europäischen Binnenverkehrs darzustellen wie die unnötig beschränkte Parteiautonomie, siehe dazu Siems, GPR 03-04, 66, 70; Sonnenberger, ZVglRWiss 100 (2001), 107, 121f. Vgl. ferner Bonomi, 15: „[...] si introduce un intollerabile fattore di incertezza, che rischia di frenare il processo di integrazione.“

[1174] Kronke, FS Jayme, 461, 466; Kegel/Schurig, § 2 II 3 c, 143; Juenger, Unif. L. Rev. 2000, 171, 176; Schack, FS Kegel 2002, 179, 186; Magnus/Mankowski, ZVglRWiss 103 (2004), 131, 135f. Angesichts dieser klaren Zielsetzung kann an dieser Stelle offen bleiben, wie hoch der Stellenwert der Rechtssicherheit im internationalen Wirtschaftsverkehr tatsächlich zu veranschlagen ist. Siehe zu dieser Frage Kropholler, Einheitsrecht, 241; Riesenhuber, 201; Magnus/Mankowski, ZVglRWiss 103 (2004), 131, 135f.; Boschiero, 319, 343; von Breitenstein, FS Sandrock, 111, 133; Vagts, in: Contratación Internacional, 265, 271; Bagheri, 194; Blaurock, ZEuP 1993, 247, 261; Schack, FS Kegel 2002, 179, 190; Kegel/Schurig, § 2 II 3 c, 143; Dreyzin de Klor/Saracho Cornet, Rev. Jur. Argent. LA LEY 1995, 1037, 1047; López Rodriguez, 28; de Miguel Asensio, Dir. comm. int. 1998, 859, 864; Baron, Arb. Int. 15 (1999), 115, 122 (für einen hohen Stellenwert der Rechtssicherheit) sowie zur Gegenansicht Berger/Dubberstein/Lehmann/Petzold, ZVglRWiss 101 (2002), 12, 34.

Parteiautonomie für die Erreichung der angestrebten Rechtssicherheit eine besondere Bedeutung zu.[1175]

(b) Schlussfolgerungen hinsichtlich der Vereinbarkeit der kollisionsrechtlichen Wählbarkeit nichtstaatlichen Rechts mit der vom EVÜ angestrebten Gewährleistung größtmöglicher Rechtssicherheit und Einheitlichkeit

Wie aber steht es mit der vom EVÜ so offenkundig bezweckten Gewährung von Rechtssicherheit und Entscheidungseinklang, wenn man die kollisionsrechtliche Wählbarkeit nichtstaatlichen Rechts auf der Grundlage des Art. 3 Abs. 1 Satz 1 EVÜ in Erwägung zieht?

Es wurde bereits dargelegt, dass die Überprüfung des von den Vertragspartnern berufenen anationalen Rechts auf inhaltliche Vergleichbarkeit mit staatlichem Recht für jedes einzelne in Betracht kommende Recht gesondert erfolgen muss, da ein entsprechendes Mindestmaß in Anbetracht des fehlenden staatlichen Gesetzgebungsverfahrens nicht von vornherein zugrundegelegt werden kann. Eine allgemeingültige Antwort auf die Frage, ob Art. 3 Abs. 1 Satz 1 EVÜ die Wahl nichtstaatlichen Rechts zulässt, ist daher nicht möglich. Die Prüfung der materiellrechtlichen Qualität anationalen Rechts auf der Grundlage des derzeit geltenden Art. 3 EVÜ würde jedoch wegen ihrer auf das jeweilige Regelwerk bezogenen und damit nicht abstrakt-generellen, sondern individuell-konkreten Betrachtungsweise zu uneinheitlichen Ergebnissen führen[1176] und damit eine untragbare Rechtsunsicherheit bezüglich des anwendbaren Rechts mit sich bringen[1177], weil dem EVÜ keine klaren Kriterien entnommen werden können, die diese Abgrenzung und Bewertung auch nur ansatzweise vorhersehbar machen würden.[1178] Ob die von den Parteien getroffene Rechtswahl kollisionsrechtlichen Bestand hat, würde daher nicht schon bei Vertragsschluss, sondern erst nach einer Einzelfallprüfung durch das Gericht mit Sicherheit feststehen. Diese Konsequenz wäre

---

[1175] MPI, RabelsZ 68 (2004), 1, 41; MüKo-Martiny, Art. 27 EGBGB, Rn. 7; Püls, 157; von Hoffmann, General Report, 1; Cheshire and North's, 553; Boschiero, 319, 343 mwN; Schack, FS Kegel 2002, 179, 190; Fernández Arroyo/Fresnedo de Aguirre, 949, 972; Nygh, 2f.; López Rodriguez, 23; Tassikas, 13; Mankowski, RIW 2003, 2f.; Hill, Journ. Int. Arb. 1996, 163, 164.

[1176] Herber, IHR 2003, 1, 7; Magnus/Mankowski, ZVglRWiss 103 (2004), 131, 150; Blase, www.europa.eu.int/comm/justice_home/news/consulting_public/rome_i/doc/eu_statement_20031124_de.pdf, 25. Die an späterer Stelle vorzunehmende Untersuchung der materiellen Qualitäten der UP und die in diesem Zusammenhang erfolgende Darstellung der teils völlig gegensätzlichen diesbezüglich eingenommenen Standpunkte wird dies sehr anschaulich machen, siehe unten Kapitel 5, B.II.3.f.bb.(2).(c). sowie bereits oben Kapitel 3, B.III.3.

[1177] Radicati di Brozolo, Libre circulation, 87, 95; Leible, Verbesserung des kollisionsrechtlichen Verbraucherschutzes, 133, 145; in diesem Sinne wohl auch Mankowski, Stillschweigende Rechtswahl und wählbares Recht, 63, 97f.; ders., in: von Bar/Mankowski, IPR Bd. I, § 7, Rn. 265; ferner Dasser, Vertragstypenrecht im Wandel, Rn. 331: „Es ist mit der Rechtssicherheit nicht vereinbar, die Wahl der Parteien nachträglich zu hinterfragen, soweit nicht ein besonderes Schutzbedürfnis der Parteien besteht."

[1178] Ebenso Blase, www.europa.eu.int/comm/justice_home/news/consulting_public/rome_i/doc/eu_statement_20031124_de.pdf, 25 in bezug auf die Qualifizierung nichtstaatlicher Normen als "Rechtsvorschriften" im Sinne von § 1051 ZPO.

umso bedenklicher, als gerade die Ausübung einer Rechtswahl durch die Vertragspartner im Vergleich zur Bestimmung des Vertragsstatuts durch das Gericht ein Höchstmaß an Rechtssicherheit gewährleisten soll.[1179] Auch die in Art. 18 EVÜ vorgegebene Einheitlichkeit der Auslegung des Übereinkommens[1180] wäre schwerlich sichergestellt, nähme man die bei der derzeitigen Fassung des Art. 3 EVÜ geradezu unvermeidliche unterschiedliche Bewertung der inhaltlichen Qualitäten und damit zwangsläufig auch der Anwendbarkeit nichtstaatlicher Regelwerke durch die jeweiligen mitgliedstaatlichen Gerichte in Kauf.[1181] Diesem Argument begegnet Petz[1182] mit dem Hinweis, der Begriff „Recht" im Sinne von Art. 3 Abs. 1 Satz 1 EVÜ stelle „gewisse inhaltliche und systematische Anforderungen", die die von Canaris erwähnten „Machwerke"[1183] wohl kaum erfüllen dürften. Hiermit ist jedoch nichts gewonnen, gelangt man doch so wieder zur Ausgangsfrage: Wer soll beurteilen, ob ein Regelwerk diese „gewissen inhaltlichen und systematischen Anforderungen" erfüllt und ob es demgemäß als „Recht" im Sinne von Art. 3 Abs. 1 Satz 1 EVÜ qualifiziert werden kann?

Zwar könnte man den vorstehenden Überlegungen auf den ersten Blick entgegenhalten, dass das EVÜ auch im Zusammenhang mit der objektiven Alternativanknüpfung gemäß Art. 5, 6 EVÜ die kollisionsrechtliche Wirksamkeit der Rechtswahl von einem materiellrechtlichen Günstigkeitsvergleich abhängig macht[1184] und damit zugunsten größerer Einzelfallgerechtigkeit beträchtliche Unsicherheiten bei der Bestimmung des anwendbaren Rechts in Kauf nimmt.[1185] Jedoch ermöglichen Art. 5 und 6 EVÜ keine vorgeschaltete Prüfung der Wirksamkeit der Rechtswahl im Ganzen, sondern nur eine nachgeschaltete Inhaltskontrolle, die die Zulässigkeit der Rechtswahl nicht grundsätzlich in Frage stellt, sondern ihre Wirksamkeit nur punktuell korri-

---

[1179] MPI, RabelsZ 68 (2004), 1, 41; Püls, 157; von Hoffmann, General Report, 1; Boschiero, 319, 343 mwN; Schack, FS Kegel 2002, 179, 190; Fernández Arroyo/Fresnedo de Aguirre, 949, 972; Nygh, 2f.; López Rodriguez, 23; Tassikas, 13; Mankowski, RIW 2003, 2f.; Leible, ZVglRWiss 97 (1998), 286, 306.

[1180] Bonomi, 17; Kegel/Schurig, § 2 II 3 a, 139f.

[1181] Dabei sind voneinander abweichende Entscheidungen sowohl auf nationaler als auch auf internationaler Ebene zu befürchten; letzteres umso mehr, als die unterschiedlichen Rechtskulturen den einzelnen, hier herausgearbeiteten materiellen Anforderungen eine durchaus unterschiedliche Bedeutung beimessen würden. Insbesondere das bei der Bewertung der inhaltlichen Qualitäten ausschlaggebende Verhältnis zwischen Partei- und Privatautonomie einerseits und Schutz vor Ausbeutung andererseits variiert in den Rechtsordnungen der EU-Mitgliedstaaten, vgl. Remien, Zwingendes Vertragsrecht, 34 mwN.

[1182] Petz, 127.

[1183] Canaris, 5, 19.

[1184] Siehe hierzu nur Staudinger-Magnus, Vorbem. zu Art. 27-37 EGBGB, Rn. 36; ders., Art. 29 EGBGB, Rn. 105ff.; Bonomi, 25; López Rodriguez, 110; Fiedler, 135f. Ob es sich bei dem vorzunehmenden Vergleich um einen Gesamtgünstigkeitsvergleich handelt oder um einen auf die jeweilige Streitfrage bezogenen konkreten Ergebnisvergleich, bedarf im vorliegenden Zusammenhang keiner näheren Erörterung, siehe dazu Lorenz, RIW 1987, 569, 576f.; MüKo-Martiny, Art. 29 EGBGB, Rn. 38; Staudinger-Magnus, Art. 29 EGBGB, Rn. 106.

[1185] Zu den mit Art. 5 EVÜ verbundenen Unwägbarkeiten siehe etwa Leible, Verbesserung des kollisionsrechtlichen Verbraucherschutzes, 133, 145.

giert.[1186] Darüber hinaus sind Art. 5, 6 EVÜ immerhin die grundlegenden Kriterien zu entnehmen, die erste Anhaltspunkte für die kollisionsrechtliche Entscheidungsfindung liefern (engste Verbindung bzw. Mindestschutz gemäß den zwingenden Bestimmungen des Staates, in dem der Verbraucher oder Arbeitnehmer seinen gewöhnlichen Aufenthalt hat), was im Falle des Art. 3 EVÜ bezüglich nichtlegislatorischer Regelwerke nicht einmal im Ansatz der Fall ist. Daher dürfte die Entscheidung, ob das gewählte Recht hinter dem vom Aufenthalts-Staat gewährten Verbraucher- bzw. Arbeitnehmerschutz zurückbleibt, weitaus leichter und in vorhersehbarerer Weise zu treffen sein als die Entscheidung über die Statutsqualität eines privat formulierten Regelwerks, zumal der Richter, der diese Bewertung vorzunehmen hat, dem EVÜ hinsichtlich der hierfür zugrunde zu legenden Kriterien überhaupt nichts entnehmen kann.

Vor dem Hintergrund der vorstehenden Überlegungen wäre die Voraussehbarkeit des anwendbaren Rechts nur dann gewährleistet, wenn man den Parteien über Art. 3 EVÜ die Möglichkeit einräumt, *jedes* nichtstaatliche Recht zum Vertragsstatut zu erheben oder *keines*. Dass die kollisionsrechtliche Wählbarkeit *jeden* nichtstaatlichen Rechts im Geltungsbereich des EVÜ ausscheiden muss, liegt auf der Hand. Insoweit wird zu Recht vorgebracht, dass man, „eröffnet man die kollisionsrechtliche Wahl für [eines der existierenden Regelwerke, wie] die UP, dies folgerichtig grundsätzlich auch für andere von Privatpersonen verfasste Regelwerke tun müsste – und nichts gewährleistet, dass diese die gleiche inhaltliche Qualität wie die UP aufweisen."[1187] Aus diesem Grunde kann die einzig vertretbare Antwort auf die Frage, ob die vom EVÜ bezweckte Rechtssicherheit mit der Wählbarkeit anationalen Rechts in Einklang zu bringen ist, nur die sein, dass das EVÜ die Parteien auf die Wahl eines staatlichen Rechts beschränkt.

(3) Schlussfolgerungen hinsichtlich der kollisionsrechtlichen Wählbarkeit nichtstaatlichen Rechts aus der ratio des EVÜ

Die Frage nach der Wählbarkeit anationalen Rechts bewegt sich in dem vorstehend beschriebenen Spannungsfeld von Parteiautonomie und Rechtssicherheit.

(a) Schlussfolgerungen aus dem Gebot der Parteiautonomie

In der Konzeption des EVÜ wird deutlich, dass die Parteiautonomie die Wählbarkeit jeden Rechts erfordert, das grundsätzlich das Erzielen von als gerecht, sachgerecht und widerspruchsfrei empfundenen Ergebnissen ermöglicht, indem es einen ausreichenden Bestand an hierfür notwendigen Normen bereithält und, sofern dies nicht der Fall ist, seine systembezogene Ergänzung ermöglicht. Anationales Recht, das diesen Anforderungen genügt, muss im Lichte des Gebots der Parteiautonomie betrachtet ebenso wie nationales Recht mit kollisionsrechtlicher Wirkung gewählt werden können. Da auch

---

[1186] Riesenhuber, 123ff.; Remien, Zwingendes Vertragsrecht, 187; Staudinger-Magnus, Art. 29 EGBGB, Rn. 97; ausführlich Bonomi, 137ff.; Tillman, Journal of Business Law 2002, 45, 50ff.; Fiedler, 136; vgl. dazu bereits oben Kapitel 5, B.II.2.e.dd.(1).(b).(aa).

[1187] Canaris, 5, 19; ähnlich Sonnenberger, ZVglRWiss 100 (2001), 107, 122f.; Magnus/Mankowski, ZVglRWiss 103 (2004), 131, 150.

die Wählbarkeit staatlicher Rechte nicht von der Einhaltung eines bestimmten Qualitätsstandards abhängt, impliziert das Gebot der Rechtswahlfreiheit die Hinnahme von Regelungslücken und eines im Vergleich zu manchen hochentwickelten staatlichen Rechten möglicherweise schwächer ausgeprägten Gerechtigkeitsmaßstabs des gewählten anationalen Rechts, solange eine entsprechende Finalität erkennbar ist. Diesbezügliche Defizite des berufenen Statuts werden über die Art. 3 Abs. 3, 5, 6 und 16 EVÜ korrigiert, soweit dies aus der Sicht des Übereinkommens erforderlich ist.[1188] Im Übrigen verbietet es das Anliegen des EVÜ, den Parteien eines internationalen Schuldvertrages eine möglichst weitreichende Rechtswahlfreiheit einzuräumen, die Vertragspartner vor den Folgen ihres Handelns zu schützen.

(b) Schlussfolgerungen aus dem Gebot der Rechtssicherheit und Einheitlichkeit

Angesichts der Tatsache, dass nicht jedes privat formulierte Regelwerk, sondern nur ein bestimmten inhaltlichen Anforderungen genügendes nichtstaatliches Recht als Vertragsstatut in Betracht kommt, wäre dem Anliegen des EVÜ, die Voraussehbarkeit des auf den Vertrag anwendbaren Rechts zu ermöglichen, nur dann genüge getan, wenn Art. 3 EVÜ ein Instrumentarium bereitstellen würde, welches es den Parteien und dem Rechtsanwender ermöglicht, die kollisionsrechtliche Entscheidung mit hinreichender Sicherheit vorauszusehen bzw. zu treffen. Die bisweilen schwierige Unterscheidung zwischen „Meisterwerk und Machwerk"[1189] und damit die Entscheidung über die Wählbarkeit eines nichtstaatlichen Regelwerks als Vertragsstatut darf nicht dem Rechtsanwender überlassen bleiben, sondern muss vom Staat getroffen werden.[1190] Da jedoch gerade dies bislang nicht erfolgt ist, gebietet es die vom EVÜ angestrebte Rechtssicherheit bezüglich des anwendbaren Rechts nach hier vertretener Auffassung, Art. 3 Abs. 1 Satz 1 EVÜ einschränkend auszulegen und die vertragliche Bezugnahme auf nichtstaatliche Regelwerke nur als materiellrechtliche Verweisung aufzufassen.

(c) Gesamtbewertung

Das Abstellen auf den auf die Parteiautonomie bezogenen Regelungszweck des EVÜ führt somit zu einem die extensive Auffassung stützenden Ergebnis, sofern man den UP die notwendige materielle Eignung zuschreiben will[1191], während das Abstellen auf den auf die Rechtssicherheit bezogenen Regelungszweck des Übereinkommens erheb-

---

[1188] MPI, RabelsZ 68 (2004), 1, 33; Wichard, RabelsZ 60 (1996), 269, 288; Berger, Kodifizierung, 74; Mankowski, Stillschweigende Rechtswahl und wählbares Recht, 63, 92f.; Wortmann, Arb. Int. 14 (1998), 97, 103; Kappus, IPRax 1993, 137, 140; Glenn, 53, 62f.; Nygh, 191; Staudinger-Sturm/Sturm, Einl. IPR, Rn. 109; López Rodriguez, 93; Juenger/Sánchez Lorenzo, Rev. esp. der. int. 2000, 15, 33; aA offenbar Jayme, Vergemeinschaftung, 3, 5; Lorenz, RIW 1987, 569, 574.

[1189] Canaris, 5, 19.

[1190] So auch Herber, IHR 2003, 1, 7 sowie Blase, www.europa.eu.int/comm/justice_home/news/consulting_public/rome_i/doc/eu_statement_20031124_de.pdf, 25f. (lezterer in bezug auf § 1051 ZPO).

[1191] Die Befürworter einer Einbeziehung der UP in den Kreis der gem. Art. 3 EVÜ wählbaren Rechte sehen die materielle Vergleichbarkeit der UP mit staatlichem Recht durchweg als gegeben an, siehe dazu unten Kapitel 5, B.II.3.f.bb.(2)(c).

lich zugunsten der restriktiven Interpretation des Art. 3 Abs. 1 Satz 1 EVÜ ins Gewicht fällt. Bei der gebotenen Abwägung zwischen diesen beiden gegenläufigen Aspekten[1192] sollten folgende Gesichtspunkte Berücksichtigung finden:

Art. 18 EVÜ, aber auch Absatz 3 der Präambel des Übereinkommens machen deutlich, dass die Einheitlichkeit seiner Auslegung und Anwendung von maßgeblicher Bedeutung ist.[1193] Diese Zielsetzung würde unterlaufen, nähme man die bei der derzeitigen Fassung des Art. 3 EVÜ geradezu unvermeidliche unterschiedliche Bewertung der inhaltlichen Qualitäten nichtstaatlicher Regelwerke durch die mitgliedstaatlichen Gerichte in Kauf. Klarheit und Einheitlichkeit vermag nur die Ansicht zu gewährleisten, die die kollisionsrechtliche Verweisung auf anationales Recht kategorisch ablehnt. Die Gegenauffassung könnte eine vergleichbare Rechtssicherheit nur dann gewährleisten, wenn sie die nach hier vertretener Ansicht nicht hinnehmbare kollisionsrechtliche Wahl jeden nichtstaatlichen Rechts zulassen wollte. Dass dies auch von den Anhängern der extensiven Ansicht jedenfalls mehrheitlich nicht gewollt ist, zeigt sich bereits daran, dass sie in erster Linie mit den speziellen materiellrechtlichen und formalen Qualitäten der UP argumentieren, um gerade deren Gleichsetzung mit nationalem Recht zu begründen.[1194] Zu berücksichtigen ist ferner, dass die mit der extensiven Auslegung des Art. 3 Abs. 1 Satz 1 EVÜ einhergehende Unsicherheit über das auf den Vertrag anwendbare Recht den Interessen der Parteien in aller Regel weitaus mehr schaden dürfte als die Beschränkung der Parteiautonomie auf die kollisionsrechtliche Berufung staatlichen Rechts.[1195] Denn die Ungewissheit bezüglich des Vertragsstatuts hindert die Kontrahenten an der effektiven Wahrnehmung ihrer Interessen und erhöht die Transaktionskosten erheblich.[1196] „Für die Parteien steht die Vorhersehbarkeit des materiellrechtlichen Ergebnisses im Vordergrund, das auf einem kollisionsrechtlich möglichst einfachen und kostengünstigen Weg erreicht werden muss. Streitigkeiten über mehrere Instanzen über die richtige Anwendung von Kollisionsnormen sind dabei genauso unerwünscht wie die zeit- und kostenaufwendige Ermittlung ausländischen

---

[1192] Die Bestimmung eines angemessenen Verhältnisses zwischen den gleichermaßen legitimen Zielsetzungen der Flexibilität und Einzelfallgerechtigkeit einerseits und der Rechtssicherheit andererseits kann als geradezu klassischer Konflikt des Internationalen Privatrechts gelten, vgl. Boschiero, 419f.; Baumann, Das Recht Deutschlands und der Schweiz im Dialog V (1996), 2, 32.

[1193] Vgl. Bonomi, 17: "Ci sembra molto significativo che l'unica disposizione dedicata alle questioni di interpretazione, valorizzi espressamente l'obiettivo dell'uniformità."

[1194] Vgl. die zahlreichen Nachweise unten Kapitel 5, B.II.3.f.bb.(2).(c). sowie oben Kapitel 3, B.III.3.

[1195] Die Bedeutung der Rechtssicherheit aus unternehmerischer Sicht betonen auch Riesenhuber, 201; Kropholler, Einheitsrecht, 241, 275f.; Blaurock, ZEuP 1993, 247, 261; de Miguel Asensio, Dir. comm. int. 1998, 859, 864; Vagts, in: Contratación Internacional, 265, 271; Leible, Verbesserung des kollisionsrechtlichen Verbraucherschutzes, 133, 145; Bagheri, 194; Schack, FS Kegel 2002, 179, 190; von Breitenstein, FS Sandrock, 111, 133; Kegel/Schurig, § 2 II 3 c, 143. Zur Gegenansicht siehe Berger/Dubberstein/Lehmann/Petzold, ZVglRWiss 101 (2002), 12, 34. Zur ökonomischen Bewertung der mit dem Kollisionsrecht verbundenen Rechtsunsicherheiten vgl. Ott/Schäfer, Vereinheitlichung, 203ff.

[1196] Mankowski, RIW 2003, 2, 3; Magnus/Mankowski, ZVglRWiss 103 (2004), 131, 135f.; Siems, GPR 03-04, 66, 69; Blaurock, ZEuP 1993, 247, 261; Calliess, Zeitschr. f. Rechtssoz. 2002, 185, 200; von Breitenstein, FS Sandrock, 111, 133.

Rechts."[1197] Auf der anderen Seite steht den Vertragspartnern jedes existierende staatliche Recht und außerdem die Möglichkeit zur Verfügung, im Wege der Teilrechtswahl das für sie optimale Statut aus mehreren staatlichen Rechtsordnungen zusammenzusetzen. Hinzu kommt, dass die Versagung einer kollisionsrechtlichen Inbezugnahme privat formulierter Regelwerke vor staatlichen Gerichten es den Parteien unbenommen lässt, auf die Schiedsgerichtsbarkeit auszuweichen und auf diesem Wege ihrem Willen nach der Anwendung der UP als Vertragsstatut Geltung zu verschaffen.[1198] Überdies steht die Zulässigkeit einer materiellrechtlichen Verweisung auf die UP außer Frage.[1199] Die mit der unerlässlichen Einzelfallprüfung einhergehende Rechtsunsicherheit wäre in Anbetracht dieser vielfältigen alternativen Gestaltungsmöglichkeiten viel weniger hinnehmbar als eine entsprechende klare Absage an die Parteien.[1200]

Aus diesen Gründen sollte dem Gebot der Voraussehbarkeit des Vertragsstatuts das größere Gewicht beigemessen und einer Einbeziehung nichtstaatlichen Rechts in den Kreis der kollisionsrechtlich wählbaren Rechte jedenfalls unter hier zu erörternden teleologischen Gesichtspunkten die Gefolgschaft versagt werden. Der teilweise vertretenen Auffassung, den UP könnten weder kollisions- noch materiellrechtliche Bedenken mit überzeugender Begründung entgegengehalten werden, weshalb das Anliegen der Parteiautonomie in den Vordergrund trete, es den Parteien zu ermöglichen, das für ihre Verhältnisse beste Vertragsrecht zu wählen[1201], kann daher nicht gefolgt werden. Die Unvereinbarkeit mit dem Anliegen des EVÜ, die maximale Vorhersehbarkeit des Vertragsstatuts zu gewährleisten, stellt gerade ein kollisionsrechtliches Hindernis für die Wählbarkeit der UP dar.[1202] Zwar mag es zutreffen, dass das auf Gemeinschaftsebene harmonisierte Schuldvertragsrecht die nur sehr eingeschränkte Schutzbedürftigkeit der Unternehmerschaft zum Ausdruck bringt, soweit es um die Inhaltskontrolle

---

1197 Vgl. Schack, FS Kegel 2002, 179, 190, der hieraus allerdings entgegen der hier vertretenen Auffassung die Schlussfolgerung zieht, dass das Vorhersehbarkeitsinteresse für eine sehr weitgehende Parteiautonomie spreche, die auch die Wahl nichtstaatlichen Rechts zulasse, sofern es sich in der Wirtschaftspraxis bewährt habe. Indessen dürfte es an der Vorhersehbarkeit gerade fehlen, wenn man die kollisionsrechtliche Wirksamkeit des vertraglichen Verweises auf nichtstaatliches Recht von seiner jeweiligen Akzeptanz im grenzüberschreitenden Wirtschaftsverkehr abhängig macht. Das gälte selbst dann, wenn diese Voraussetzung in Art. 3 EVÜ explizite Erwähnung gefunden hätte, denn dass die Akzeptanz etwa der UP bei weitem nicht einheitlich beurteilt wird, hat bereits die Darstellung oben Kapitel 3, B.III.2.c.cc.(2) gezeigt.

1198 Mankowski, Stillschweigende Rechtswahl und wählbares Recht, 63, 93; Magnus/Mankowski, ZVglRWiss 103 (2004), 131, 152; Dasser, Vertragstypenrecht im Wandel, Rn. 396; Boschiero, 319, 348; Juenger, The Problem with Private International Law (FS Siehr), 289, 306. Die Frage nach der kollisionsrechtlichen Wählbarkeit der UP bei gleichzeitiger Vereinbarung einer Schiedsklausel ist nicht Gegenstand der vorliegenden Arbeit.

1199 Magnus/Mankowski, ZVglRWiss 103 (2004), 131, 152; siehe ferner oben Kapitel 5, A.

1200 Radicati di Brozolo, Libre circulation, 87, 95.

1201 Wichard, RabelsZ 60 (1996), 269, 288.

1202 Hiervon zu unterscheiden ist die Frage, ob die *Motivation* für diese Zielsetzung des Kollisionsrechts möglicherweise nicht nur kollisionsrechtlicher, sondern auch materiellrechtlicher Natur ist, siehe insoweit für die Parteiautonomie Kühne, FS Kegel 2002, 65, 73ff.

des anwendbaren Rechts geht.[1203] Der hiervon zu unterscheidende Aspekt der Rechtssicherheit im Sinne der Voraussehbarkeit des Vertragsstatuts spielt jedoch auch und gerade im reinen Handelsverkehr eine große Rolle[1204], weshalb auch Unternehmer insoweit nicht schutzlos gestellt werden dürfen. Die mit der Beschränkung der Parteiautonomie möglicherweise einhergehende potentielle Behinderung des grenzüberschreitenden Verkehrs dürfte sich, wie dargelegt, vergleichsweise gering auswirken und erscheint vor dem Hintergrund der gebotenen Rechtssicherheit und der als Folge der Vernachlässigung dieses Postulats denkbaren Handelshindernisse[1205] durchaus gerechtfertigt.

ee. Ergebnis der teleologischen Auslegung des Art. 3 Abs. 1 Satz 1 EVÜ

Die teleologische Auslegung hat gezeigt, dass sich die Beschränkung der Rechtswahlfreiheit auf die kollisionsrechtliche Wählbarkeit staatlichen Rechts zwar weder mit dem Wesen des Internationalen Privatrechts noch mit staatlichen Rechtsetzungs- und Rechtsanwendungsprimaten begründen lässt. Die am Sinn und Zweck orientierte Auslegung des EVÜ im speziellen führt jedoch nach Abwägung des dem Übereinkommen zugrunde liegenden Gebots der Parteiautonomie mit dem Postulat der Rechtssicherheit zu dem Ergebnis, dass im Lichte der derzeitigen Fassung des Art. 3 EVÜ weder die Wählbarkeit nichtstaatlichen Rechts im allgemeinen noch die Wählbarkeit nur bestimmter Regelwerke mit dem Regelungszweck des Übereinkommens in Einklang zu bringen ist. Anders als in der Literatur vielfach vertreten[1206], ist die Analyse der inhaltlichen Qualitäten der UP und ihrer Vergleichbarkeit mit staatlichem Recht daher ungeachtet ihres Ergebnisses nicht geeignet, die Einbeziehung dieses Regelwerks in die von Art. 3 Abs. 1 Satz 1 EVÜ gewährte Parteiautonomie zu begründen. Sie ist gleichwohl von besonderer Bedeutung, wenn es um die Frage geht, inwieweit Art. 3 EVÜ einer Revision unterzogen werden sollte, um die Wahl der UP und anderer aus privater Feder stammender Regelwerke zu ermöglichen. Diese Überlegungen drängen sich im Hinblick auf die anstehende Reform des EVÜ im Zuge seiner anvisierten Umwandlung in eine EG-Verordnung[1207] geradezu auf und sollen an späterer Stelle angestellt werden.[1208]

[1203] So etwa Grundmann, FS Rolland, 145, 154; vgl. ferner die Nachweise unten Kapitel 5, B.II.3.f.bb.(2).(c).(bb).

[1204] Riesenhuber, 201; Kropholler, Einheitsrecht, 241, 275f.; Blaurock, ZEuP 1993, 247, 261; de Miguel Asensio, Dir. comm. int. 1998, 859, 864; Vagts, in: Contratación Internacional, 265, 271; Leible, Verbesserung des kollisionsrechtlichen Verbraucherschutzes, 133, 145; Bagheri, 194; Schack, FS Kegel 2002, 179, 190; von Breitenstein, FS Sandrock, 111, 133; Kegel/Schurig, § 2 II 3 c, 143; aA Berger/Dubberstein/Lehmann/Petzold, ZVglRWiss 101 (2002), 12, 34.

[1205] Siems, GPR 03-04, 66, 70; Sonnenberger, ZVglRWiss 100 (2001), 107, 121f.; Bonomi, 15

[1206] Vgl. statt aller Wichard, RabelsZ 60 (1996), 269, 288 sowie die Nachweise unten Kapitel 5, B.II.3.f.bb.(2).(c). und oben Kapitel 3, B.III.3.

[1207] Siehe zum Reformvorhaben das von der Europäischen Kommission vorgelegte „Grünbuch über die Umwandlung des Übereinkommens von Rom aus dem Jahr 1980 über das auf vertragliche Schuldverhältnisse anzuwendende Recht in ein Gemeinschaftsinstrument sowie über seine Aktualisierung" vom 14.01.2003, KOM (2002) 654 endg. Die Umwandlung des EVÜ in eine EG-*Verordnung* wird in den bislang erschienenen Veröffentlichungen zum Grünbuch der Kommission eindeutig favorisiert,

f. Berücksichtigung ausländischer Rechtsprechung

Abschließend ist auf einen weiteren Gesichtspunkt einzugehen, der im Rahmen der Diskussion über die kollisionsrechtliche Wählbarkeit nichtstaatlichen Rechts im Geltungsbereich des EVÜ erörtert wird und sich der von Art. 18 EVÜ verlangten Berücksichtigung ausländischer Judikatur zuordnen lässt.[1209]

Boele-Woelki als Vertreterin der extensiven Auslegung des Art. 3 Abs. 1 Satz 1 EVÜ steht zwar auf dem Standpunkt, dass das EVÜ prinzipiell die Wahl nichtstaatlichen Rechts nicht gestatte. Sie beruft sich dann aber auf eine niederländische Rechtsprechung[1210], der zufolge die Anwendbarkeit des CISG bei entsprechendem Hinweis von Seiten der Parteien unter bestimmten Umständen auch dann möglich sein soll, wenn der Anwendungsbereich der Konvention eigentlich gar nicht eröffnet ist (sog. opting-in) und überträgt diese Rechtsprechung auf die UP.[1211] Diesem Ansatz ist zunächst entgegenzuhalten, dass das von Boele-Woelki berufene Urteil eine vereinzelte Entscheidung, keinesfalls eine ständige oder wenigstens unumstrittene Rechtsprechung darstellt, um die es sich jedoch handeln müsste, um der ausländischen Rechtsprechung den im Rahmen der Interpretation von Einheitsrecht denkbaren „persuasive value“[1212] zukommen zu lassen. Aber auch in der Sache sieht sich der angestellte Vergleich Bedenken ausgesetzt. Denn selbst, wenn man sich auf den Standpunkt stellt, das CISG könne außerhalb der in Art. 1 Abs. 1 lit. a und b CISG gesteckten Grenzen mit kollisionsrechtlicher Wirkung gewählt werden[1213], handelt es sich beim CISG immerhin um einen Staatsvertrag, der mittlerweile von über 60 Staaten ratifiziert wurde und damit vielfache gesetzgeberische Anerkennung gefunden hat.[1214] Auch wenn der Rechtscha-

---

siehe etwa mit eingehender Begründung den „Bericht des Europäischen Parlaments über die Aussichten auf eine Angleichung des Zivilprozessrechts in der Europäischen Union (KOM (2002) 746 und KOM (2002) 654 – C5-0201/2003 – 2003/2087 (INI))“ vom 30.01.2004, A5-0041/2004 endg., 7, 11; MPI, RabelsZ 68 (2004), 1, 11; Magnus/Mankowski, ZVglRWiss 103 (2004), 131, 136; Boschiero, 319, 330ff.; ferner Stoll, FS Jayme, 905, 909f.; Siems, GPR 03-04, 66, 70; Ehle, GPR 03-04, 49, 50; Staudinger, Anknüpfung von Gerichtsstandsvereinbarungen, 37ff.; Hau, Rahmenbedingungen, 13, 20; Leible, Verbesserung des kollisionsrechtlichen Verbraucherschutzes, 133, 145; Juenger, Unif. L. Rev. 2000, 171, 183.

1208 Siehe dazu unten Kapitel 5, B.II.3.

1209 Zum Gebot der Berücksichtigung ausländischer Rechtsprechung im Rahmen des EVÜ siehe Staudinger-Magnus, Art. 36 EGBGB, Rn. 2; Czernich/Heiss/Nemeth-Rudisch, Art. 18, Rn. 19 sowie zur Auslegung von Einheitsrecht im Allgemeinen oben Kapitel 2, B.IV.2.

1210 Hoge Raad, Urteil vom 26.05.1989, N.J. 1990, 105.

1211 Boele-Woelki, IPRax 1997, 161, 166f.; zustimmend López Rodriguez, 325.

1212 Zur Berücksichtigung ausländischer Rechtsprechung im Rahmen der Auslegung von Einheitsrecht siehe oben Kapitel 2, B.IV.2.

1213 Dieser äußerst umstrittenen Frage soll im Rahmen der vorliegenden Arbeit nicht nachgegangen werden. Der kollisionsrechtlichen Wählbarkeit des Übereinkommens ablehnend gegenüberstehend z.B. Mankowski, RIW 2003, 2, 10f. mwN dort in Fn. 128f.; ders., Stillschweigende Rechtswahl und wählbares Recht, 63, 90; Magnus/Mankowski, ZVglRWiss 103 (2004), 131, 154; Reinhart, Art. 6, Rn. 9; bejahend hingegen z.B. Honsell-Siehr, Art. 6 CISG, Rn. 15.

1214 Honsell-Siehr, Art. 6 CISG, Rn. 15; Magnus/Mankowski, ZVglRWiss 103 (2004), 131, 154.

rakter einer Konvention insoweit, als ihr Anwendungsbereich nicht eröffnet ist, zweifelhaft sein mag[1215], steht die Wahl des CISG der Wahl eines staatlichen Rechts doch sehr viel näher als der Wahl eines privaten Regelwerks – einer in keinem Staat in Kraft getretenen „Gesamtkodifikation“[1216] -, um die es hier geht.[1217] Die zitierte niederländische Rechtsprechung kann für die Wählbarkeit nichtlegislatorischen Rechts deshalb keine Aussagekraft für sich in Anspruch nehmen.

g. Zusammenfassung der Auslegungsergebnisse und Schlussfolgerungen hinsichtlich der kollisionsrechtlichen Wählbarkeit nichtstaatlichen Rechts im Geltungsbereich des EVÜ

Der Übersichtlichkeit halber seien nachstehend die unter b. – f. gewonnenen Erkenntnisse kurz zusammengefasst, bevor im Anschluss daran eine Gesamtbewertung aller Auslegungsergebnisse vorgenommen werden soll.

aa. Zusammenfassung der Auslegungsergebnisse

Die grammatikalische Auslegung des Art. 3 Abs. 1 Satz 1 EVÜ hat ergeben, dass bislang nicht geklärt ist, was genau unter dem in der Norm verwendeten Begriff „Recht“ zu verstehen ist. Aus diesem Grunde und weil weder der funktionale noch der positivistische Rechtsbegriff im Hinblick auf die hier zu klärende Problematik vollständig zu überzeugen vermag, stellt sich die Wortlautauslegung als wenig geeignet dar, um die Frage nach der Reichweite des Art. 3 Abs. 1 Satz 1 EVÜ zu beantworten. Die systematische Betrachtung des Art. 3 Abs. 1 Satz 1 EVÜ hat gezeigt, dass die Gesamtschau der Vorschriften des Übereinkommens, namentlich Art. 3 Abs. 3 und Art. 7 Abs. 1 EVÜ sowie – allerdings mit geringerer Überzeugungskraft - Art. 15 EVÜ eine Beschränkung der Parteiautonomie auf die Wahl staatlichen Rechts nahe legt. Art. 1 Abs. 1, Art. 2, Art. 4 Abs. 1, Art. 5 und Art. 6 EVÜ sind hingegen nicht geeignet, das restriktive Verständnis des Art. 3 Abs. 1 Satz 1 EVÜ zu stützen. Die historische Interpretation des Art. 3 Abs. 1 Satz 1 EVÜ ist ohne greifbares Ergebnis geblieben, da weder anhand der Gesetzesmaterialien noch anhand des hypothetischen Willens der Übereinkommensverfasser festgestellt werden kann, ob die angesichts der systematischen Betrachtung naheliegende Beschränkung der Rechtswahlfreiheit auf die Berufung nationalen Rechts nur darauf beruht, dass bei der Ausarbeitung des Übereinkommens lediglich nicht an die Möglichkeit der Wahl privat formulierten Rechts gedacht wurde, oder ob die kollisionsrechtliche Wählbarkeit nichtstaatlichen Rechts auch nicht gewollt war. Die insoweit aufschlussreichere Untersuchung des Art. 3 Abs. 1 Satz 1 EVÜ unter teleologischen Gesichtspunkten hat ergeben, dass es bei der gegenwärtigen Fassung der Vorschrift nicht darauf ankommen kann, ob die UP im besonderen mit staatlichem Recht vergleichbar und daher ebenso wie dieses kollisionsrechtlich wählbar sind, obwohl die Frage nach der Reichweite der Parteiautonomie bei der inhaltli-

---

[1215] Magnus/Mankowski, ZVglRWiss 103 (2004), 131, 154.

[1216] Honsell-Siehr, Art. 6 CISG, Rn. 15.

[1217] In diesem Sinne auch Michaels, RabelsZ 62 (1998), 580, 597; Drobnig, Unif. L. Rev. 1998, 385, 391f.; Honsell-Siehr, Art. 6 CISG, Rn. 15.

chen Qualität nichtstaatlichen Rechts anzusetzen hat und sich daher einer generellen Beantwortung verschließt. Denn die Dimension des Art. 3 Abs. 1 Satz 1 EVÜ kann nicht allein von der vom Rechtsanwender vorzunehmenden, an keinerlei gesetzlichen Vorgaben orientierten Einzelbetrachtung des jeweiligen anationalen Rechts abhängen. Der ratio des EVÜ, die größtmögliche Voraussehbarkeit des anwendbaren Rechts zu gewährleisten, kann man nur gerecht werden, wenn man Normen nichtstaatlicher Herkunft von vornherein von der Rechtswahlfreiheit der Parteien ausnimmt. Die Auslegung des Art. 3 Abs. 1 Satz 1 EVÜ mittels des Rückgriffs auf ausländische Rechtsprechung zur Wählbarkeit des CISG vermag demgegenüber keinen Aufschluss über die aus der Vorschrift folgende Tragweite der Rechtswahlfreiheit zu geben.

bb. Schlussfolgerungen

Die Gewichtung der vorstehend zusammengefassten Auslegungsergebnisse ergibt folgendes Bild:

Da wegen des Postulats größtmöglicher Parteiautonomie nicht die *Einbeziehung* nichtstaatlichen Rechts in den Kreis der kollisionsrechtlich wählbaren Rechte, sondern sein *Ausschluss* aus diesem Kreis einer besonderen Begründung bedarf[1218], kann die Beschränkung der Parteiautonomie auf die Wahl staatlichen Rechts nur mittels derjenigen Auslegungsergebnisse überzeugend begründet werden, die eindeutig gegen die Möglichkeit der kollisionsrechtlichen Wahl anationalen Rechts sprechen. Der historische Ansatz hat ebenso wie der Rückgriff auf ausländische Rechtsprechung nicht zu dem Ergebnis geführt, dass Art. 3 Abs. 1 Satz 1 EVÜ die kollisionsrechtliche Wahl der UP verbietet. Für die restriktive Auslegung des Art. 3 Abs. 1 Satz 1 EVÜ sprechen nach hier vertretener Auffassung in erster Linie teleologische Gründe, da die für die Gleichstellung nichtstaatlichen Rechts mit staatlichem Recht erforderliche Einzelfallbetrachtung in Ermangelung gesetzlich vorgegebener Abgrenzungskriterien zu unerträglicher Rechtsunsicherheit führen würde. Dieses Ergebnis wäre mit der für die Interpretation des EVÜ besonders bedeutsamen ratio des Übereinkommens[1219] unvereinbar. Für die Beschränkung auf die Wählbarkeit staatlichen Rechts sprechen zudem systematische Erwägungen. Zwar ist weder Art. 1 Abs. 1 noch Art. 2, 4, 5 oder Art. 6 EVÜ eine solche Restriktion zu entnehmen. Jedoch deuten Art. 3 Abs. 3 und Art. 7 Abs. 1 EVÜ bei einer Gesamtschau der Vorschriften des Übereinkommens darauf hin, dass das EVÜ auf die Wählbarkeit nur nationalen Rechts ausgerichtet ist. Ob man Art. 15 EVÜ ebenfalls eine solche Bedeutung beimessen kann, hängt davon ab, wie stark man die praktisch bisher eher unbedeutende Möglichkeit anationaler Kollisionsnormen gewichten möchte. Für den im Rahmen der grammatikalischen Auslegung zu berücksichtigenden Rechtsbegriff des Art. 3 Abs. 1 Satz 1 EVÜ ist zwar angesichts der Kontroverse, ob der Terminus „Recht" im positivistischen oder im funktionalen Sinne zu verstehen ist, kein für die Wortlautinterpretation erforderlicher „üblicher" Wortsinn gefunden worden, so dass dieser Auslegungsansatz nicht zu einem Ergebnis geführt

---

[1218] Siehe bereits oben Kapitel 5, B.II.2.e.dd.(1).(f).(aa).

[1219] MüKo-Martiny, Art. 36 EGBGB, Rn. 19; Bonomi, 14f.; Plender/Wilderspin, The European Contracts Convention, 29ff.

hat, der die restriktive Auslegung des Art. 3 Abs. 1 Satz 1 EVÜ besonders stützt. Auch kann angesichts der beiden Ansätzen innewohnenden Unzulänglichkeiten nicht davon gesprochen werden, dass die formal-positivistische Lehre die vorzugswürdigere ist und daher das restriktive Verständnis des Art. 3 Abs. 1 Satz 1 EVÜ zu begründen geeignet ist. Allerdings entspräche der Ausschluss nichtstaatlichen Rechts aus dem Kreis der wählbaren Rechte wohl dem Sinngehalt, der der französischen, italienischen, spanischen und dänischen Fassung des Art. 3 Abs. 1 Satz 1 EVÜ üblicherweise beigemessen wird. Die Zweifel an der Übertragbarkeit der von Boele-Woelki angeführten niederländischen Rechtsprechung betreffend das CISG auf die Problematik der Wählbarkeit der UP wiegen vor dem Hintergrund dieser zahlreichen für ein restriktives Verständnis sprechenden Argumente besonders schwer und lassen an eine unzulässige Extension der Reichweite des Art. 3 Abs. 1 Satz 1 EVÜ denken.[1220]

Entgegen einer teils geäußerten Einschätzung[1221] kann nach alledem nicht davon gesprochen werden, dass die für und gegen die Wählbarkeit nichtstaatlicher Regelwerke sprechenden Gründe ausgeglichen sind. Bei eingehender Betrachtung zeigt sich, dass die restriktive Lehrmeinung mehr Überzeugungskraft für sich in Anspruch nehmen kann. Angesichts dessen muss man der Gegenauffassung die Gefolgschaft versagen. Den Parteien, die ihren Rechtsstreit vor einem staatlichen Gericht in der Europäischen Union führen, steht derzeit ausschließlich die Verweisung auf ein staatliches Vertragsstatut offen. Dies wird vielfach und zu Recht als „Anachronismus“ empfunden[1222]; aus dem EVÜ heraus dürfte aber eine andere Schlussfolgerung nur schwer zu begründen sein. Die Anhänger der extensiven Auffassung müssen sich vorwerfen lassen, nicht exakt zu differenzieren zwischen dem, was im Geltungsbereich des EVÜ de lege lata *möglich ist* und dem, was aus ihrer Sicht im Geltungsbereich des Übereinkommens de lege ferenda *möglich sein sollte.* Eine derartige teleologische Extension überschreitet die Grenzen dessen, was im Rahmen der Auslegung zulässig ist. Die Parteien eines internationalen Handelsvertrages können daher bei der gegenwärtigen Rechtslage die UP nicht wirksam zum ergänzenden Vertragsstatut berufen, um Lücken im CISG zu füllen. Für die Wirkung einer Wahl der UP durch die Vertragspartner bedeutet dies, dass sie vor einem staatlichen Gericht im Geltungsbereich des Übereinkommens nicht als kollisionsrechtliche, sondern ausschließlich als materiellrechtliche

---

[1220] Drobnig, Unif. L. Rev. 1998, 385, 392.

[1221] Blase, 233.

[1222] Juenger, The Problem with Private International Law, 26 und 29; ders., Am. J. Comp. L. 42 (1994), 381, 384; ders, Unif. L. Rev. 2000, 171, 183f.; Kronke, FS Jayme, 461, 468; Roth, FS Jayme, 757ff.; MPI, RabelsZ 68 (2004), 1, 30ff.; Hartkamp, Unif. L. Rev. 2003, 81, 87; López Rodriguez, 322. Nach Auffassung von Grundmann, FS Rolland, 145, 151ff. ist wegen der Einschränkung der Gestaltungsfreiheit der Vertragspartner und der damit einhergehenden zumindest potentiellen Behinderung des grenzüberschreitenden Verkehrs innerhalb der Europäischen Union auch an einen Verstoß gegen die dem EVÜ vorgehenden EG-Grundfreiheiten zu denken, sofern die Beschränkung auf die Wahl staatlichen Rechts nicht durch zwingende Gründe des Allgemeininteresses zu rechtfertigen ist; ders., FS Buxbaum, 213, 216, dort in Fn. 10; ähnlich Staudinger-Magnus, Vorbem. zu Art. 27-37 EGBGB, Rn. 9; kritisch Schilf, Vertragsgrundregeln, 387ff. Diesem auf europäisches Primärrecht bezogenen Gesichtspunkt soll jedoch im Rahmen dieser Arbeit nicht nachgegangen werden.

Verweisung betrachtet werden kann.[1223] Nur so ist den Anforderungen des EVÜ Genüge getan.

3. Vorschlag für eine Revision des Art. 3 EVÜ und der mit ihm zusammenhängenden Bestimmungen des Übereinkommens

a. Ausgangspunkt

Im Hinblick auf die anstehende inhaltliche Überarbeitung der Vorschriften des – voraussichtlich in eine Verordnung umzuwandelnden - EVÜ liegt die Frage nahe, ob Art. 3 EVÜ im Zuge dieser Revision auf die Wählbarkeit nichtstaatlichen Rechts ausgedehnt werden sollte. Diese Frage wird auch im Grünbuch der Europäischen Kommission[1224] ausdrücklich aufgeworfen. Obwohl im Rahmen der vorliegenden Arbeit grundsätzlich nur die Wählbarkeit der UP im speziellen von Interesse ist, ist der Blick auf die künftige Dimension der gemeinschaftsrechtlichen Rechtswahlbestimmung auch deshalb von Bedeutung, weil in jüngster Zeit verschiedene Arbeits- und Forschungsgruppen auf dem Gebiet des Europäischen Schuldvertragsrechts dazu übergegangen sind, die Ergebnisse ihrer Forschungen in Form von Restatements oder Zusammenstellungen von Regeln der Öffentlichkeit zugänglich zu machen. Neben den hinlänglich bekannten Europäischen Vertragsrechtsprinzipien der Lando-Kommission (EP)[1225] seien beispielhaft genannt der Entwurf eines Europäischen Vertragsgesetzbuches der Gandolfi-Arbeitsgruppe (Gandolfi-Kodex)[1226] sowie die Principles of European Sales Law der Study Group on a European Civil Code.[1227] Ob die von der Europäischen Kommission zwecks Vereinheitlichung des europäischen Vertragsrechts angeregte Ausarbeitung eines sogenannten „optionalen Instruments"[1228] im Zusammenhang mit der kollisionsrechtlichen Wählbarkeit nichtstaatlichen Rechts ebenfalls relevant ist[1229], ist allerdings fraglich, zumal über die Nichtstaatlichkeit eines derartigen Instruments keine Einigkeit besteht.[1230] Angesichts der in diesen und anderen Projek-

---

1223 Lagarde, Rev. crit. dr. internat. privé 1991, 287, 300; Fauvarque-Cosson, in: A New Approach, 95, 111.

1224 „Grünbuch über die Umwandlung des Übereinkommens von Rom aus dem Jahr 1980 über das auf vertragliche Schuldverhältnisse anzuwendende Recht in ein Gemeinschaftsinstrument sowie über seine Aktualisierung" vom 14.01.2003, KOM (2002) 654 endg.

1225 Siehe hierzu Lando/Beale (Hrsg.), Principles of European Contract Law, Part I + II, Kluwer Law International, The Hague 2000 sowie Lando/Clive/Prüm/Zimmermann (Hrsg.), Principles of European Contract Law, Part III, Kluwer Law International, The Hague 2003.

1226 Der Entwurf ist als Buch erschienen: Giuseppe Gandolfi (Hrsg.), Code Européen des Contrats - Avant-projet, Giuffrè Verlag, 3. Auflage, Mailand 2002.

1227 Im Internet zu finden auf der homepage der Study Group unter www.sgecc.net.

1228 Siehe hierzu die Mitteilung der Kommission „Ein Kohärenteres Europäisches Vertragsrecht – Ein Aktionsplan", KOM (2003) 68 endg., 27f.

1229 So etwa MPI, RabelsZ 68 (2004), 1, 33; López Rodriguez, ERPL 2004, 167ff.

1230 Mankowski, Stillschweigende Rechtswahl und wählbares Recht, 63, 86f. etwa steht auf dem Standpunkt, dass auch bloß optional zur Verfügung gestellte Rechtskomplexe zum staatlichen Recht zu zählen seien, weshalb ein als opt-in-Modell ausgestaltetes Europäisches Vertragsgesetzbuch kollisionsrechtlich wählbar sei (weitere Nachweise siehe dort). Auch ratifizierte Staatsverträge oder rezipierte Modellgesetze verlören ihre Rechtsqualität nicht, weil sie zu ihrer „Aktivierung einer Parteiverten deutlich werdenden Aktualität der Problematik erscheint es geboten, nachfolgend einige Überlegungen bezüglich der Revision des Art. 3 EVÜ und der mit ihm zusammenhängenden Bestimmungen des Übereinkommens anzustellen. In Anbetracht der Zurückhaltung, die der kollisionsrechtlichen Wählbarkeit nichtstaatlichen Rechts derzeit noch entgegengebracht wird, wäre es allerdings verfehlt, dabei strikt an den im Rahmen dieser Arbeit aufgezeigten dogmatischen Vorgaben zu verhaften. Die Verfasserin hat sich vielmehr zum Ziel gesetzt, einen praktikablen und konsensfähigen Reform-Vorschlag zu unterbreiten. Es wird sich im Folgenden zeigen, dass dieses Anliegen gelegentlich ein Abweichen von den gefundenen Ergebnissen erforderlich macht. Ferner sei darauf hingewiesen, dass die nachstehenden Ausführungen auf der Prämisse aufbauen, dass sich der Gemeinschaftsgesetzgeber auch im Hinblick auf das anvisierte Gemeinschaftsinstrument den selben Zielen verpflichtet fühlt, die auch dem EVÜ zugrunde liegen. Zwar könnte man darüber nachdenken, die Gewichtung der im EVÜ zum Ausdruck kommenden Regelungszwecke neu zu überdenken und etwa zugunsten einer möglichst weitreichenden Gestaltungsfreiheit der Parteien auf die bestmögliche Voraussehbarkeit des anwendbaren Rechts zu verzichten. Auf diese Weise ließen sich zweifellos flexiblere Lösungen erzielen. Derartige Überlegungen lassen sich jedoch dem Grünbuch der Kommission nicht entnehmen[1231] und sollen auch im Rahmen dieser Arbeit nicht angestellt werden, da sie sich zu weit vom eigentlichen Anliegen der Verfasserin entfernen würden. Die folgenden Anregungen beruhen daher auf denjenigen Maximen, die auch das EVÜ prägen, zumal auch vor diesem Hintergrund bedeutende Neuerungen möglich sind.

b. Änderungsbedarf und Änderungsziel

Die bisherigen Ausführungen haben gezeigt, dass Art. 3 EVÜ in seiner jetzigen Ausgestaltung bei einer Gesamtschau mit den übrigen Normen des EVÜ und bei Berücksichtigung des vordringlichen Zwecks des Übereinkommens, Rechtssicherheit bezüglich des anwendbaren Rechts zu gewährleisten, der Wählbarkeit nichtstaatlichen Rechts entgegensteht. Es wurde jedoch auch deutlich, dass im Übrigen, insbesondere vor dem Hintergrund der Parteiautonomie, eine rigorose Beschränkung auf die kollisionsrechtliche Wählbarkeit staatlichen Rechts in der Sache, d.h. losgelöst von der derzeitigen Fassung des Art. 3 EVÜ und verschiedener anderer Bestimmungen des Über-

---

einbarung bedürften", und auch das Haager Einheitliche Kaufrecht sei in seinen Vertragsstaaten auch dann „Recht" gewesen, wenn diese den Vorbehalt zu Gunsten eines reinen opt-in-Modells eingelegt hatten. Auch bewusst als fakultatives Instrument geschaffenes Recht verfüge eben über Rechtsqualität, die es angesichts der hinter ihm stehenden staatlichen Geltungsanordnung durch seine Ausgestaltung als opt-in-Modell ebenso wenig verlöre wie dispositives Recht seine Rechtsqualität durch seine Abdingbarkeit einbüße. Konditioniert sei lediglich die Anwendungs-, nicht aber die für die Rechtsqualität maßgebliche staatliche Geltungsanordnung.

[1231] Dem Grünbuch ist im Gegenteil zu entnehmen, dass der Gemeinschaftsgesetzgeber auch in Zukunft maßgeblich am Ziel der Rechtssicherheit festhalten will, siehe dazu das „Grünbuch über die Umwandlung des Übereinkommens von Rom aus dem Jahr 1980 über das auf vertragliche Schuldverhältnisse anzuwendende Recht in ein Gemeinschaftsinstrument sowie über seine Aktualisierung" vom 14.01.2003, KOM (2002) 654 endg., Punkt 3.2.5.

einkommens, kaum überzeugend zu begründen ist.[1232] Im Gegenteil, vieles spricht für eine Einbeziehung privater Regelwerke in die Rechtswahlfreiheit. Dies gilt umso mehr angesichts der zunehmenden Internationalisierung des Wirtschaftsverkehrs und des mit dieser Entwicklung einhergehenden Bedürfnisses nach flexiblen rechtlichen Gestaltungsmöglichkeiten.[1233] Stellt man sich die Frage nach der möglichen Ausgestaltung der Rechtswahlfreiheit im überarbeiteten Gemeinschafts-Kollisionsrecht, sind diese Erkenntnisse zu berücksichtigen. Dabei muss es insbesondere darum gehen, die gegen die Wählbarkeit nichtstaatlichen Rechts sprechenden systematischen und teleologischen Hindernisse auszuräumen. Während die in systematischer Hinsicht notwendigen Änderungen derjenigen Vorschriften, in deren Gesamtschau die Rechtswahlbestimmung zu betrachten ist, durchweg durch sprachliche Anpassungen vorgenommen werden können, wirft das entscheidende gegen die extensive Auffassung sprechende Argument, das Gebot der Voraussehbarkeit des anwendbaren Rechts, größere Probleme auf. Im Lichte der oben[1234] gefundenen Ergebnisse sollte die reformierte Rechtswahlbestimmung die Wahl nichtstaatlichen Rechts gestatten, wenn und soweit dieses nicht hinter den wesentlichen, für staatliches Recht charakteristischen und für die Zwecke des EVÜ unerlässlichen Funktionen und Eigenschaften eines Vertragsstatuts zurückbleibt. Stellt man Überlegungen hinsichtlich einer Änderung des Art. 3 EVÜ an, deren Ergebnis eine Rechtswahlbestimmung sein soll, die die kollisionsrechtliche Verweisung auf ein diesen Anforderungen genügendes nichtstaatliches Recht in vorhersehba-

---

1232 Für die Ausdehnung der Rechtswahlfreiheit auf die kollisionsrechtliche Wählbarkeit der UP im Zuge der Umwandlung des EVÜ in ein Gemeinschaftsinstrument auch Kronke, FS Jayme, 461, 468; Roth, FS Jayme, 757, 761ff.; MPI, RabelsZ 68 (2004), 1, 30ff.; Marrella, La nuova lex mercatoria, 119; Weintraub, 141, 153; Hartkamp, Unif. L. Rev. 2003, 81, 87; de Miguel Asensio, Dir. comm. int. 1998, 859, 875; Juenger, Unif. L. Rev. 2000, 171, 183f.; ders./Sánchez Lorenzo, Rev. esp. der. int. 2000, 15, 38; Boele-Woelki, IPRax 1997, 161, 171; López Rodriguez, 324ff.; dies., ERPL 2004, 167ff.; einschränkend von Bar/Lando/Swann, ERPL 2002, 183, 224f. für die kollisionsrechtliche Wählbarkeit eines nichtlegislatorischen „European Restatement of Law", sofern dieses die gesamte Bandbreite des Vertragsrechts abdeckt und einen ausreichenden Bestand an zwingenden Normen aufweist; generell für eine möglichst weitreichende Parteiautonomie und für die kollisionsrechtliche Wählbarkeit anationalen Rechts Basedow, FS Stoll, 405, 411; Lando, The Principles of European Contract Law, 391, 403; Blase, www.europa.eu.int/comm/justice_home/news/consulting_public/rome_i/doc/eu_statement_20031124_de.pdf, 14ff.; Font i Segura, www.europa.eu.int/comm/justice_home/news/consulting_public/rome_i/news_summary_rome1_en.htm, 8; aA Jayme, Vergemeinschaftung, 3, 5, der im Falle der Wählbarkeit nichtstaatlicher Regelwerke eine Aushöhlung der gemeinschaftsrechtlichen Wertungen befürchtet. Die Reaktionen von Wirtschaft und Lehre auf das Grünbuch der Kommission zur Frage der künftigen kollisionsrechtlichen Wählbarkeit nichtstaatlicher Regelwerke sind insgesamt gespalten, siehe dazu das Diskussionspapier zu der am 27.01.2004 von der Europäischen Kommission durchgeführten Anhörung, S. 3 (Hearing on the Conversion of the Rome Convention of 1980 on the Law Applicable to Contractual Obligations into a Community Instrument („Rome I"), Brussels, 27 January 2004, im Internet zu finden unter www.ec.europa.eu/justice_home/news/consulting_public/rome_i/doc/discussion_paper_final_en.pdf (Stand: Dezember 2005). Die Stellungnahmen sind im Internet zu finden unter www.europa.eu.int/ comm/justice_home/news/consulting_public/rome_i/news_summary_rome1_en.htm (Stand: Dezember 2005)).

1233 Boschiero, 319, 348; Juenger, Unif. L. Rev. 2000, 171, 183; Basedow, FS Stoll, 405, 413.

1234 Siehe oben Kapitel 5, B.II.2.

rer Weise ermöglicht, geht es mithin im Kern um die Frage, wie der „neue" Art. 3 EVÜ auszugestalten wäre, wenn man einerseits nicht jedes nichtstaatliche Recht als Statut anerkennen will, andererseits die Parteien, die Rechtsberater und die Rechtsanwender nicht im Unklaren darüber lassen will, wann eine auf anationales Recht bezogene Verweisung kollisionsrechtlich wirksam ist und wann nicht.

c. Änderungsoptionen

Das vorstehend skizzierte Ziel ließe sich erreichen, indem man die grundsätzliche Beschränkung der Rechtswahlfreiheit auf die Wahl staatlichen Rechts klarstellt und ergänzend einen Ausnahmekatalog bestimmter, namentlich bezeichneter Regelwerke in die reformierte Rechtswahlbestimmung aufnimmt, die ausnahmsweise mit kollisionsrechtlicher Wirkung gewählt werden können, weil ihre Überprüfung durch den Gemeinschaftsgesetzgeber zu dem Ergebnis geführt hat, dass diese genau bezeichneten Regelwerke eine staatlichem Recht vergleichbare Qualität aufweisen, so dass ihrer kollisionsrechtlichen Gleichstellung mit nationalem Recht nichts im Wege steht. Der Vorteil dieser Option läge offenkundig in einem Höchstmaß an Voraussehbarkeit des anwendbaren nichtstaatlichen Rechts, da dem Rechtsanwender keinerlei Entscheidungsspielraum hinsichtlich der Wirksamkeit dieser Rechtswahl zukäme. Ebenso offenkundig ist der mit einer solchen Lösung einhergehende Nachteil fehlender Flexibilität und mangelnder Aufgeschlossenheit bezüglich derjenigen privaten Regelwerke, mit deren Ausarbeitung und Veröffentlichung in den nächsten Jahren zu rechnen ist. Diese wären dann bis auf weiteres, d.h. bis zur nächsten Überarbeitung der Rechtswahlbestimmung, von der Möglichkeit der kollisionsrechtlichen Berufung ausgeschlossen, und zwar ungeachtet ihrer Qualität. Eine solche Versteinerung des Rechts ist nicht wünschenswert, die abschließende Enumeration bestimmter Regelwerke sollte daher nicht das Ziel einer Änderung des Art. 3 EVÜ sein. Das andere Extrem, eine allgemein und sehr offen gehaltene Formulierung, die den Rechtsunterworfenen etwa die Möglichkeit einräumt, nichtstaatliches Recht zum Vertragsstatut zu erheben, „wenn und soweit das gewählte nichtstaatliche Recht mit staatlichem Recht vergleichbar ist", könnte zwar insbesondere im Hinblick auf die zu erwartende zunehmende Ausarbeitung privater Regelwerke ein hohes Maß an Flexibilität für sich in Anspruch nehmen. Ihr wäre jedoch andererseits entgegenzuhalten, dass zum einen eine große Gefahr bestünde, dass der Richter, der mit dieser Bewertung des gewählten Regelwerks häufig zeitlich und fachlich überfordert sein dürfte, Regelwerke für staatlichem Recht gleichwertig erklärt, die ein solches Gütesiegel bei näherem Hinsehen nicht verdient haben. Zum anderen ließe man die Parteien bis zur kollisionsrechtlichen Entscheidungsfindung des Gerichts im Unklaren darüber, ob das gewählte Recht wirksam als Statut berufen wurde. Dies liefe der vom EVÜ bezweckten Voraussehbarkeit des auf den Vertrag anwendbaren Rechts in unerträglicher Weise zuwider. Zu denken wäre daher an einen Mittelweg, der den Parteien die vom EVÜ geforderte Gewissheit hinsichtlich des anwendbaren Rechts bietet, ohne sich den für die Zukunft zu erwartenden Entwicklungen zu verschließen. Diese vorzugswürdige Kompromisslösung soll nachstehend ausgearbeitet werden. Sie erfordert nicht nur die Überarbeitung des Art. 3 EVÜ, sondern, da es auch eine Reihe bislang bestehender systematischer Hindernisse auszuräumen gilt, auch die Neufassung einiger anderer Bestimmungen des Übereinkommens. Zu den änderungsbedürftigen Normen des EVÜ im Einzelnen:

d. Änderung des Art. 1 Abs. 1 EVÜ

Der bisherige Art. 1 Abs. 1 EVÜ sollte in der Neufassung zweifelsfrei klarstellen, dass er sachverhaltsbezogen und nicht rechtsfolgenbezogen zu verstehen ist. Ausreichend wäre eine entsprechende Korrektur der insoweit missverständlichen englischen Fassung. Insbesondere die deutsche Fassung der Vorschrift bedarf keiner Änderung, da sie ihre Sachverhaltsbezogenheit eindeutig zum Ausdruck bringt.

e. Änderung des Art. 2 EVÜ

Um dem derzeit angesichts der deutschen Fassung des Art. 2 EVÜ möglicherweise bestehenden Eindruck entgegenzuwirken, dass die Universalität des EVÜ nur auf die Anwendung eines nichtmitgliedstaatlichen *staatlichen* Rechts bezogen ist, sollte die Bestimmung auch in ihrer deutschen Version so gefasst werden, dass deutlich wird, dass es sich bei dem auf den Vertrag anwendbaren Recht nicht notwendig um ein staatliches Recht handeln muss. Der bisherige Art. 2 EVÜ sollte daher in seiner deutschen Fassung in Zukunft lauten:

> „Das nach dieser Verordnung bezeichnete Recht ist auch dann anzuwenden, wenn es nicht das Recht eines Mitgliedstaates ist.“[1235]

Diese Formulierung entspricht weitgehend der englischen Fassung des Art. 2 EVÜ.[1236]

f. Änderung des Art. 3 EVÜ

Der Schwerpunkt des Änderungsbedarfs liegt selbstverständlich bei Art. 3 EVÜ. Für seine Neufassung können aus den bereits angestellten Überlegungen[1237] folgende Schlussfolgerungen gezogen werden:

[1235] Im Folgenden wird von der wahrscheinlichen und sowohl vom Europäischen Parlament als auch in der Literatur ganz überwiegend befürworteten Entwicklung ausgegangen, dass das EVÜ nicht nur überarbeitet, sondern außerdem in eine EG-*Verordnung* umgewandelt wird, siehe dazu etwa den „Bericht des Europäischen Parlaments über die Aussichten auf eine Angleichung des Zivilprozessrechts in der Europäischen Union (KOM (2002) 746 und KOM (2002) 654 – C5-0201/2003 – 2003/2087 (INI))“ vom 30.01.2004, A5-0041/2004 endg., 7, 11; ferner MPI, RabelsZ 68 (2004), 1, 11; Magnus/Mankowski, ZVglRWiss 103 (2004), 131, 136; Boschiero, 319, 330ff.; Stoll, FS Jayme, 905, 909f.; Siems, GPR 03-04, 66, 70; Ehle, GPR 03-04, 49, 50; Staudinger, Anknüpfung von Gerichtsstandsvereinbarungen, 37ff.; Hau, Rahmenbedingungen, 13, 20; Leible, Verbesserung des kollisionsrechtlichen Verbraucherschutzes, 133, 145; Juenger, Unif. L. Rev. 2000, 171, 183. Vgl. außerdem das Diskussionspapier zu der am 27.01.2004 von der Europäischen Kommission durchgeführten Anhörung, S. 1f. (Hearing on the Conversion of the Rome Convention of 1980 on the Law Applicable to Contractual Obligations into a Community Instrument („Rome I“), Brussels, 27 January 2004, im Internet zu finden unter www.ec.europa.eu/justice_home/news/consulting_public/rome_i/doc/discussion_paper_final_en.pdf (Stand: Dezember 2005)).

[1236] Art. 2 EVÜ lautet in der englischen Fassung: „Any law specified by this Convention shall be applied whether or not it is the law of a Contracting State.“

aa. Schrankenlose kollisionsrechtliche Wählbarkeit staatlichen Rechts und beschränkte kollisionsrechtliche Wählbarkeit nichtstaatlichen Rechts

Der bisherige Art. 3 EVÜ sollte in der Neufassung klarstellen, dass die Parteien grundsätzlich nur staatliches Recht als auf ihren Vertrag anwendbares Recht wählen können. Zusätzlich sollte die Bestimmung klarstellen, dass die Parteien ihren Vertrag unter bestimmten Umständen (dazu sogleich bb.) auch nichtstaatlichem Recht mit kollisionsrechtlicher Wirkung unterstellen können.

bb. Beschränkung der kollisionsrechtlichen Wählbarkeit nichtstaatlichen Rechts auf bestimmte und bestimmbare Regelwerke

(1) Notwendigkeit der Beschränkung auf bestimmte und bestimmbare Regelwerke

Die kollisionsrechtliche Wählbarkeit nichtstaatlichen Rechts darf aus den bereits dargelegten Gründen nicht schrankenlos ermöglicht werden, sondern bedarf einer sinnvollen, d.h. zwischen der Parteiautonomie und der notwendigen Voraussehbarkeit des Vertragsstatuts abwägenden Beschränkung. Wählbar dürfen nur diejenigen Regelwerke sein, die nach einer summarischen Prüfung staatlichem Recht gleichwertig erscheinen. Da die notwendige Differenzierung nach – von der Rechtswahlfreiheit nach hier vertretener Auffassung umfassten – „Meisterwerken" und nach – von der Rechtswahlfreiheit nach hier vertretener Auffassung gerade nicht erfassten – „Machwerken"[1238] nicht allein dem Rechtsanwender überlassen werden kann, ist es Aufgabe des Gemeinschaftsgesetzgebers, die Rechtswahlnorm des künftigen Gemeinschaftsinstruments so zu gestalten, dass der Parteiautonomie die im Hinblick auf die Wählbarkeit anationalen Rechts notwendigen Grenzen in einer für die Parteien und den Rechtsanwender erkennbaren Weise gesetzt werden. Der Gemeinschaftsgesetzgeber müsste hierfür durch eine Änderung des bisherigen Art. 3 EVÜ die mit kollisionsrechtlicher Wirkung wählbaren nichtstaatlichen Rechte bestimmen bzw. bestimmbar und damit vorhersehbar machen. Die Verfasserin befürwortet zu diesem Zweck eine Kombination aus einer Aufzählung bestimmter für kollisionsrechtlich wählbar erachteter Regelwerke (dazu nachstehend (2)) und einer Öffnungsklausel, die auch die Wählbarkeit der nicht von dieser Aufzählung erfassten Regelwerke ermöglicht, sofern sie mit den enumerierten Regelwerken vergleichbar sind (dazu unten (3)).

(2) Enumeration bestimmter Regelwerke

Die neue Rechtswahlbestimmung sollte zunächst explizit diejenigen nichtstaatlichen Regelwerke aufzählen, die in jedem Fall trotz ihrer nichtstaatlichen Herkunft als Vertragsstatut berufen werden können.[1239]

[1237] Siehe oben Kapitel 5, B.II.2.

[1238] So Canaris, 5, 19.

[1239] Für die ausdrückliche Nennung der UP und der EP in der neuen Rechtswahlbestimmung auch MPI, RabelsZ 68 (2004), 1, 33 und 100. Gegen eine ausdrückliche Nennung einzelner Regelwerke jedoch Roth, FS Jayme, 757, 771.

(a) Funktion der Enumeration bestimmter Regelwerke

Eine solche Enumeration sollte aus zwei Gründen erfolgen: Jede ausdrückliche Nennung eines Regelwerks bewirkt eine entsprechende Klarstellung und führt durch die Reduzierung des Beurteilungsspielraums des Gerichts zu einem Höchstmaß an Voraussehbarkeit des Vertragsstatuts. Darüber hinaus knüpft die noch zu erörternde Öffnungsklausel, die nach dem hier vorgeschlagenen Konzept ebenfalls Eingang in die neue Rechtswahlbestimmung finden sollte, an die ausdrücklich genannten anationalen Vertragsstatute an, die als Modelle bzw. Beispiele[1240] für mit staatlichem Recht vergleichbare private Regelwerke fungieren und hiermit dem Rechtsanwender die Beurteilung der Qualität eines nicht in der Aufzählung enthaltenen nichtstaatlichen Rechts erleichtern, was wiederum für die Kontrahenten eine verbesserte Voraussehbarkeit der kollisionsrechtlichen Entscheidung des Gerichts zur Folge hat.

(b) Voraussetzung der Enumeration bestimmter Regelwerke – Vergleichbarkeit mit staatlichem Recht

Die explizite Nennung eines Regelwerks in der neuen Rechtswahlbestimmung setzt seine Überprüfung durch den Gemeinschaftsgesetzgeber voraus, wobei es entscheidend darauf ankommt, ob das jeweilige Regelwerk mit staatlichem Recht vergleichbar ist. Nur wenn es unter den nach dem EVÜ maßgeblichen Gesichtspunkten hinter der Qualität einer staatlichen Rechtsordnung zurückbleibt, ist es gerechtfertigt, seine Gleichstellung mit verfassungsmäßig zustande gekommenem Recht abzulehnen und die Parteien auf die Wahl einer nationalen Rechtsordnung zu beschränken[1241], der die Einhaltung eines Mindeststandards an Vertragsgerechtigkeit und materieller Konsistenz grundsätzlich ohne weiteres unterstellt werden kann.[1242] Dabei ist hervorzuheben, dass es nicht auf eine ins Detail gehende Analyse des Regelwerks Vorschrift für Vorschrift ankommt. Erforderlich und ausreichend ist seine lediglich summarische Prüfung, bei der es darum geht, ob den nach der Konzeption des EVÜ für die Eignung als Statut unverzichtbaren Merkmalen in dem zu untersuchenden Regelwerk im Grundsatz Rechnung getragen wurde. So wie es auf die Wirksamkeit der Wahl eines bestimmten staatlichen Rechts keinen Einfluss hat, dass dieses in einzelnen Bereichen hinter dem Niveau anderer nationaler Rechtsordnungen zurückbleibt[1243], kann auch die Eignung eines aus privater Feder stammenden Regelwerks als Vertragsstatut nicht mit der Begründung in Zweifel gezogen werden, dass es bezüglich einzelner Regelungen hinter anderen nationalen Rechten zurückbleibt.[1244] Man sollte die materiellen Anforderungen, die an anationales Recht zu stellen sind, daher nicht zu hoch schrauben und eine

---

1240 So auch MPI, RabelsZ 68 (2004), 1, 33.

1241 Blase, 227; Vischer, Europ. J. L. Ref. 1998/1999, 203, 211; Wichard, RabelsZ 60 (1996), 269, 285ff.

1242 Burkart, 89; Leible, Wege zu einem europäischen Privatrecht, 414.

1243 Roth, FS Jayme, 757, 761; López Rodriguez, 326; MPI, RabelsZ 68 (2004), 1, 32.

1244 López Rodriguez, 326; Schroeder, JJZ 2002, 257, 274; Virally, FS Goldman, 373, 378 (alle in bezug auf die Lückenhaftigkeit der UP).

entsprechende Finalität genügen lassen. Die Verfasserin beschränkt sich nachfolgend zur Veranschaulichung der notwendigen Prüfungsschritte auf die summarische Untersuchung der UP, um deren kollisionsrechtliche Wählbarkeit es vorliegend in erster Linie geht.

(c) Vergleichbarkeit eines nichtstaatlichen Regelwerks mit staatlichem Recht am Beispiel der UP

(aa) Kodifizierung, Publizität, Erkennbarkeit der Verfasser

Die vorstehenden Ausführungen zur Neugestaltung des Art. 3 EVÜ haben bereits erkennen lassen, dass die kollisionsrechtliche Wählbarkeit nach hier vertretener Auffassung allein für „Regelwerke" und damit ausschließlich für kodifiziertes anationales Recht in Betracht kommen sollte.[1245] Zwar wurde an anderer Stelle[1246] dargelegt, dass diese strenge Formanforderung aus dem EVÜ heraus jedenfalls dann nicht zu begründen ist, wenn eine staatliche Anerkennung der nicht kodifizierten Normen erfolgt ist, die sich ja durchaus auch aus einer kollisionsrechtlichen Vorschrift ergeben kann.[1247] Rechtspolitische sowie praktische Gründe sprechen jedoch dagegen, vom Erfordernis der Kodifizierung abzusehen: Zum einen erscheint es zum gegenwärtigen Zeitpunkt angesichts der Skepsis, der sich die kollisionsrechtliche Wählbarkeit nichtstaatlichen Rechts ausgesetzt sieht, geradezu aussichtslos, dass sich der Gemeinschaftsgesetzgeber auf die Einbeziehung nichtkodifizierten nichtstaatlichen Rechts einigen wird. Schon aus diesem Grunde wäre es müßig, hier einen entsprechenden Vorschlag zu unterbreiten. Des weiteren ist zu bedenken, dass kodifiziertes privat formuliertes Recht sowohl vom Gemeinschaftsgesetzgeber (im Hinblick auf die ausdrückliche Nennung in der neuen Rechtswahlnorm) als auch vom zur Entscheidung berufenen Gericht (im Hinblick auf die notwendige Überprüfung des gewählten Rechts nach Maßgabe der weiter unten zu erörternden Öffnungsklausel) erheblich leichter und mit einem für die Vertragspartner vorhersehbareren Ergebnis auf seine inhaltlichen Qualitäten überprüft werden kann als nicht kodifizierte Normen. Ferner entfällt mit dem Erfordernis der Konkretisierung und Fixierung nichtstaatlicher Regeln in Form eines Regelwerks auch der der Wählbarkeit nichtstaatlichen Rechts häufig entgegengehaltene Einwand unzumutbarer Ermittlungsschwierigkeiten.[1248] Dies gilt jedenfalls dann, wenn das betreffende Regelwerk seine allgemeine und problemlose Zugänglichkeit für sich in Anspruch nehmen kann, die daher ebenfalls Voraussetzung für seine ausdrückliche Nennung in der neuen Rechtswahlbestimmung sein sollte, obwohl das EVÜ diese Anforderung nicht stellt.[1249] Überdies wäre daran zu denken, die kollisionsrechtliche Gleichstellung eines nichtstaatlichen Regelwerks mit staatlichem Recht von der eindeutigen

---

[1245] Auch Grundmann, FS Rolland, 145, 156 sieht in der „Durchformulierung" der UP eine Grundvoraussetzung für ihre Wählbarkeit zum Vertragsstatut erfüllt.

[1246] Siehe oben Kapitel 5, B.II.2.e.dd.(1).(d).

[1247] Leible, Wege zu einem europäischen Privatrecht, 410; Roth, FS Jayme, 757, 764; Michaels, RabelsZ 62 (1998), 580, 597; Wichard, RabelsZ 60 (1996), 269, 283.

[1248] Erhoben beispielsweise von Bamberger/Roth-Spickhoff, Art. 27 EGBGB, Rn. 10.

[1249] Siehe oben Kapitel 5, B.II.2.e.dd.(1).(d).

Erkennbarkeit seiner Verfasser abhängig zu machen. Abgesehen von der hiermit einhergehenden Indizwirkung für die zu überprüfende Qualität und Neutralität des Regelwerks[1250] eröffnet die Erkennbarkeit der Verfasser sowohl dem Gericht als auch den Parteien bessere Möglichkeiten, gegebenenfalls notwendige Nachforschungen anzustellen.

Die UP sind schriftlich fixiert und jedermann sowohl in Buchform[1251] als auch über das Internet[1252] ohne weiteres zugänglich.[1253] Der Verfasser des Regelwerks – UNIDROIT - tritt bereits in dessen Bezeichnung zu Tage. Die nach hier vertretener Auffassung notwendigen formellen Voraussetzungen für die explizite Nennung im „neuen" Art. 3 EVÜ werden daher von den UP erfüllt.

(bb) Zwingende Normen, Vertragsgerechtigkeit, Interessenausgleich

Nicht nur gegen die autonome Geltung[1254], sondern auch und gerade gegen die kollisionsrechtliche Wählbarkeit der UP wird verbreitet vorgebracht, dass sie nur wenige zwingende Regeln aufwiesen und aus diesem Grunde kein ausgewogenes System vertraglicher Gerechtigkeit darstellten.[1255] Aber selbst soweit die Aufnahme zwingender Bestimmungen in die UP erfolgt ist, wird dies von einigen Autoren als wenig überzeugend bewertet, da sich mit Blick auf Art. 1.5 UP die Frage stelle, wie ein Regelwerk, das lediglich dadurch zur Grundlage der Streitentscheidung gemacht werden könne, dass sich die Parteien in Ausübung ihrer Parteiautonomie für seine Anwendung entschieden, gleichzeitig bestimmen könne, dass die Vertragspartner – wenn sie einmal die Anwendung des Regelwerks vereinbart haben – von einigen dieser Regeln keinesfalls abweichen können.[1256] Eine Regelung, derzufolge bestimmte Bestimmungen

---

[1250] Vgl. MPI, RabelsZ 68 (2004), 1, 33 („The respective body of principles has to be created by an independent, impartial, and neutral body [...]"); Kronke, FS Jayme, 461, 468; Drobnig, Vereinheitlichung, 745, 749, unter Hinweis darauf, dass nur renommierte Arbeitsgruppen in aller Regel über genügend Sachverstand und praktische Erfahrung verfügen, um ein qualitativ hochwertiges Regelwerk zu erarbeiten; vgl. ferner Mankowski, Stillschweigende Rechtswahl und wählbares Recht, 63, 96, der von unabhängigen Wissenschaftlern ausgearbeiteten Regelwerken zu Recht ein höheres Maß an Ausgewogenheit und Vertragsgerechtigkeit unterstellt als Eigenentwicklungen betroffener Wirtschaftskreise; so auch Grundmann, FS Rolland, 145, 153.

[1251] UNIDROIT, International Institute for the Unification of Private Law (Hrsg.), UNIDROIT Principles of International Commercial Contracts, Rome 1994; dass., UNIDROIT Principles of International Commercial Contracts, Rome 2004.

[1252] www.unidroit.org.

[1253] De Miguel Asensio, Dir. comm. int. 1998, 859, 873; Calliess, Zeitschr. f. Rechtssoz. 2002, 185, 199; Schroeder, JJZ 2002, 257, 273.

[1254] Dazu oben Kapitel 3, B.III.3.b.

[1255] Drobnig, Unif. L. Rev. 1998, 385, 391; Vischer, Europ. J. L. Ref. 1998/1999, 203, 211; Kropholler, IPR, § 52 II 3 e; Boggiano, Unif. L. Rev. 1996, 219, 226; Hultmark, in: A New Approach, 301, 306; Hartkamp, Unif. L. Rev. 2003, 81, 82, 88.

[1256] Kritisch insoweit Huet, Conclusions, 263, 267; Larroumet, La Semaine Juridique 1997, 147, 149; Kessedjian, Rev. crit. dr. internat. privé 1995, 641, 658; Parra-Aranguren, Tul. L. Rev. 69 (1994/1995), 1239, 1249f.; Prujiner, Revue Juridique Thémis 2002, 561, 579.

zwingend sein sollen, sei nur bei autonomer Geltung sinnvoll.[1257] Da ein Mindestbestand an Vertragsgerechtigkeit verbürgenden zwingenden Normen unerlässliche Voraussetzung für die kollisionsrechtliche Wählbarkeit nichtstaatlichen Rechts ist[1258], wären beide Argumente, würden sie zutreffen, geeignet, die mangelnde Statutsqualität der UP zu begründen. Sie bedürfen daher einer näheren Betrachtung:

Was die auf das fehlende System vertraglicher Gerechtigkeit abzielenden Einwände angeht, wurde bereits oben[1259] aufgezeigt, dass die UP staatlichen Rechten in dieser Hinsicht durchaus das Wasser reichen können, da sie offenkundig auf die Herstellung von Vertragsgerechtigkeit abzielen. Dass die Ausprägung des in den UP erkennbaren Systems vertraglicher Gerechtigkeit möglicherweise von einzelnen diesbezüglich besonders weit entwickelten staatlichen Rechten abweicht, ist, wie bereits dargelegt, irrelevant.[1260] Erforderlich und ausreichend ist, dass die UP im Grundsatz der Notwendigkeit des Schutzes der schwächeren Vertragspartei Rechnung tragen, was ohne Zweifel der Fall ist. Die über Art. 3.1 lit. c UP 1994 (Art. 3.1 lit. b UP 2004) ausdrücklich ausgenommenen Regelungen betreffend die Gültigkeit von Verträgen werden im Übrigen auch vom CISG nicht geregelt (siehe Art. 4 lit. a CISG), gleichwohl wird beanstandungslos hingenommen, dass für ihre Beantwortung auf unvereinheitlichtes nationales Recht zurückgegriffen werden muss[1261], das übrigens dann, wenn das CISG über Art. 1 Abs. 1 lit. a CISG zur Anwendung gelangt, zunächst zu ermitteln ist. Warum sollte für die UP oder vergleichbare Regelwerke ein strengerer Maßstab angelegt werden? Von den Anhängern der extensiven Auffassung wird überdies darauf hingewiesen, dass die UP gemäß Absatz 1 ihrer Präambel ohnehin nur im Zusammenhang mit internationalen Handelsgeschäften herangezogen werden wollen; für Handelsverträge stelle auch das nationale Recht geringere Anforderungen.[1262] Ob diese wohl zutreffende Erwägung für die Frage der kollisionsrechtlichen Wählbarkeit anationalen Rechts von Bedeutung ist, ist jedoch zweifelhaft. Denn selbst wenn die UP für einen Verbraucher- oder Arbeitsvertrag berufen würden, wären Verbraucher und Arbeitnehmer wegen Art. 3 Abs. 3 sowie 5 - 7 EVÜ, die auch gegenüber einem nichtlegislatorischen Vetragsstatut Geltung beanspruchen würden[1263], nicht gänzlich schutzlos gestellt, so dass für die

---

[1257] Herber, IHR 2003, 1, 8, dort in Fn. 44; Parra-Aranguren, Tul. L. Rev. 69 (1994/1995), 1239, 1249f.

[1258] Dazu bereits oben, Kapitel 5, B.II.2.e.dd.(1).(b); ebenso von Bar/Lando/Swann, ERPL 2002, 183, 224f.; MPI, RabelsZ 68 (2004), 1, 33.

[1259] Siehe oben Kapitel 3, B.III.3.b.

[1260] López Rodriguez, 326; Schroeder, JJZ 2002, 257, 274; Virally, FS Goldman, 373, 378 (alle in bezug auf die Lückenhaftigkeit der UP).

[1261] Vischer/Huber/Oser, Kapitel 3, § 3, Rn. 298; López Rodriguez, 330; Schillo, IHR 2003, 257, 258.

[1262] Wichard, RabelsZ 60 (1996), 269, 286; Petz, 126; Berger, Kodifizierung, 66; Wilhelmsson, Unif. L. Rev. 2003, 141, 142; Grundmann, FS Rolland, 145, 156; Burkart, 81 unter Hinweis auf § 24 AGBG a.F. (durch das SchRModG in § 310 Abs. 1 BGB n.F. übernommen); Nygh, 142f.; López Rodriguez, 40; siehe auch UNIDROIT Principles 1994, Preamble, Anm. 2.

[1263] MPI, RabelsZ 68 (2004), 1, 33; Berger, Kodifizierung, 74; Mankowski, Stillschweigende Rechtswahl und wählbares Recht, 63, 92f.; Wichard, RabelsZ 60 (1996), 269, 288; Grundmann, FS Rolland, 145, 156; López Rodriguez, ERPL 2004, 167, 183f.; Wortmann, Arb. Int. 14 (1998), 97, 103; Kappus, IPRax 1993, 137, 140; Glenn, 53, 62f.; Nygh, 191; Staudinger-Sturm/Sturm, Einl. IPR, Rn. 109; Juendort geregelten Fallgestaltungen etwaige Defizite der UP keine Benachteiligung der besonders schutzbedürftigen Partei zur Folge hätten. Für die über den zugegebenermaßen beschränkten Regelungsbereich der Art. 3 Abs. 3 und 5 - 7 EVÜ hinausgehenden Sachverhalte beabsichtigt das EVÜ weder den Verbraucher noch den Arbeitnehmer besonders zu schützen[1264], weshalb sich aus dem Übereinkommen keine weiterreichenden Anforderungen an das Schutzsystem des gewählten Rechts herleiten lassen, gleich, ob es staatlicher oder nichtstaatlicher Herkunft ist. Dass sich die Parteien mit der Wahl der UP als Vertragsstatut allen übrigen möglicherweise weiterreichenden zwingenden Normen des mangels Rechtswahl anwendbaren staatlichen Rechts entziehen könnten, die nicht unter den engen Bereich der genannten Schutzbestimmungen fallen, und die gerade auf die Schaffung eines vertraglichen Interessenausgleichs angelegt sind, nimmt man auch bei der Wahl nationalen Rechts hin.[1265] Warum hinsichtlich der UP etwas anderes gelten sollte, bedürfte einer sorgfältigen Begründung.

Was den zweiten Einwand anbelangt, so ist zuzugeben, dass die in den UP als zwingend bezeichneten Normen in der Tat wertlos wären, wenn sie für die Parteien nicht wirklich verbindlich wären. Dies ist jedoch nicht der Fall. Denn den Geltungsanspruch bezüglich ihrer zwingenden Bestimmungen beziehen die UP, wie bereits dargelegt, nicht aus sich selbst heraus, sondern aus einer staatlichen Norm, die ihre Geltung anordnet.[1266] Diese staatliche Geltungsanordnung liegt dann, wenn man die UP über die neue Rechtswahlbestimmung für kollisionsrechtlich wählbar erklärt, in eben dieser kollisionsrechtlichen Vorschrift. Die Bestimmung des Art. 1.5 UP erlangt mithin nur, dann aber stets verbindliche Bedeutung, sofern die UP nach Maßgabe des jeweiligen Kollisionsrechts als Statut anzuwenden sind.[1267] Mit der kollisionsrechtlichen Wahl der UP erkennen die Parteien somit gleichzeitig an, dass die in den UP als zwingende Bestimmungen gekennzeichneten Vorschriften unabdingbar sind, denn diese Wirkung sieht das Regelwerk vor und diese Wirkung ist auch die Voraussetzung für seine Gleichsetzung mit staatlichem Recht und damit für seine kollisionsrechtliche Wählbarkeit. So betrachtet fehlt es weder an einer staatlichen Geltungsanordnung bezüglich der von den UP vorgesehenen zwingenden Bestimmungen noch besteht für die Parteien die Möglichkeit, „nach Lust und Laune" von den als unabdingbar vorgesehenen Bestimmungen abzuweichen.[1268]

---

ger/Sánchez Lorenzo, Rev. esp. der. int. 2000, 15, 33; Schilf, Vertragsgrundregeln, 368; aA offenbar Jayme, Vergemeinschaftung, 3, 5; Lorenz, RIW 1987, 569, 574. Generell zur Geltung von Eingriffsnormen auch gegenüber einem nicht aus staatlicher Feder stammenden Vertragsstatut Marrella, La nuova lex mercatoria, 873ff.

1264 Grundmann, FS Rolland, 145, 154.

1265 Vgl. nur Grundmann, FS Rolland, 145, 156.

1266 Siehe oben Kapitel 3, B.V.

1267 Burkart, 59f.; wohl auch Prujiner, Revue Juridique Thémis 2002, 561, 580f., der im Falle einer bloß materiellrechtlichen Bezugnahme auf die UP auch die gem. Art. 1.5 UP zwingenden Bestimmungen des Regelwerks für abdingbar hält.

1268 Die Existenz des Art. 1.5 UP ist somit, entgegen der Einschätzung von Charpentier, Revue Juridique Thémis 2002, 355, 367, auch vor dem Hintergrund formal-positivistischer Überlegungen durchaus plausibel.

Die summarische Überprüfung der UP führt somit zu dem Ergebnis, dass der Gedanke des Schutzes der schwächeren Partei dem Regelwerk ohne Zweifel zugrunde liegt und in seinen zwingenden Bestimmungen hinreichende Ausprägungen erfahren hat. Ob diese für ein vertragliches Gleichgewicht Sorge tragenden Vorschriften im Einzelnen denen staatlicher Rechte entsprechen, ist nicht von Bedeutung. Den nach der Konzeption des EVÜ notwendigen Mindeststandard garantieren die UP jedenfalls.[1269]

(cc) Art. 1.4 UP

Im Zusammenhang mit dem auch von nichtstaatlichem Recht zu respektierenden Postulat der Vertragsgerechtigkeit wird ferner darauf hingewiesen, die UP sprächen sich selbst den Rang eines kollisionsrechtlich wählbaren Rechts ab, indem sie in ihrem Art. 1.4 den Vorrang zwingender Regeln des anwendbaren nationalen Rechts anerkennten und damit über den üblichen ordre-public-Vorbehalt hinaus zum Ausdruck brächten, dass sie sich nationalen Rechten als nicht ebenbürtig betrachten bzw. nur im Sinne einer materiellrechtlichen Verweisung Berücksichtigung finden können.[1270]

Diese Bedenken beruhen auf einem fehlgehenden Verständnis des Art. 1.4 UP.[1271] Art. 1.4 UP lautet: „Nothing in these Principles shall restrict the application of mandatory rules, whether of national, international or supranational origin, which are applicable in accordance with the relevant rules of private international law." Mit diesem Verweis auf die nach dem anwendbaren Kollisionsrecht zu berücksichtigenden zwingenden Normen wird lediglich eine Selbstverständlichkeit klargestellt.[1272] Art. 1.4 UP bringt nicht mehr und nicht weniger zum Ausdruck, als dass die Anwendung der UP nur unter dem Vorbehalt der Anwendung derjenigen Normen möglich ist, deren Anwendung das jeweils maßgebliche Kollisionsrecht für unerlässlich erachtet.[1273] Um welche Art von zwingenden Normen es sich hierbei handelt, hängt von der Tragweite ab, die dem Verweis auf die UP von den anzuwendenden Vorschriften des Internatio-

---

[1269] Zu diesem Ergebnis gelangt auch Burkart, 81. Auch das Max Planck Institut für ausländisches und internationales Privatrecht, RabelsZ 68 (2004), 1, 33 geht davon aus, dass die UP einen ausreichenden Schutzstandard gewährleisten. Kahn, Les Principes UNIDROIT, 39, 48 spricht davon, dass die in Art. 1.5 UP erfolgte Aufnahme zwingender Regelungen den UP Rechtscharakter verleiht.

[1270] Van Houtte, Arb. Int. 11 (1995), 373, 381; Kessedjian, Rev. crit. dr. internat. privé 1995, 641, 657; Kahn, Les Principes UNIDROIT, 39, 50; Fauvarque-Cosson, in: A New Approach, 95, 98; Parra-Aranguren, Tul. L. Rev. 69 (1994/1995), 1239, 1249; wohl auch Weidemann, 44, die auf dem Standpunkt steht, Art. 1.4 UP bewirke einen Ausschluss aller Fragen, die zwingenden Regelungen unterliegen, aus dem Anwendungsbereich der UP. Siehe ferner Larroumet, La Semaine Juridique 1997, 147, 149, der der Wählbarkeit der lex mercatoria als Vertragsstatut wohlwollend gegenüberzustehen scheint, in der Regelung des Art. 1.4 UP jedoch den entscheidenden Hinderungsgrund für die Wählbarkeit der UP als ein nationales Recht ersetzendes Vertragsstatut erblickt.

[1271] Zutreffend Dasser, Vertragstypenrecht im Wandel, Rn. 397.

[1272] Ebenso Burkart, 59f.; Pendón Meléndez, Art. 1.4 UP, 69.

[1273] Dasser, Vertragstypenrecht im Wandel, Rn. 397; Prujiner, Revue Juridique Thémis 2002, 561, 571; Bonell, Unif. L. Rev. 2004, 5, 31; Gebele, 137; wohl auch Berger, Kodifizierung, 170; Blase, www.europa.eu.int/comm/justice_home/news/consulting_public/rome_i/doc/eu_statement_20031124_de.pdf, 20.

nalen Privatrechts beigemessen wird. Ermöglichen die einschlägigen kollisionsrechtlichen Bestimmungen lediglich einen materiellrechtlichen Verweis auf die UP, hat dies – ebenso wie bei dem bloß materiellrechtlichen Verweis auf staatliches Recht – zur Folge, dass das inkorporierte Recht unter dem Vorbehalt sämtlicher zwingender Normen des Vertragsstatuts steht: Sowohl dessen intern zwingende Normen als auch die über Art. 7 EVÜ geschützten Eingriffsnormen sowie der über Art. 16 EVÜ geschützte ordre public kommen dann vorrangig zur Anwendung.[1274] Wenn und soweit das im Einzelfall anzuwendende Internationale Privatrecht jedoch auch die Erhebung der UP zum Vertragsstatut gestattet, gilt – jedenfalls nach den Regeln des EVÜ -, dass die intern zwingenden Bestimmungen des mangels Rechtswahl anwendbaren Rechts preisgegeben werden und die Anwendung der UP nur unter dem Vorbehalt der über Art. 7 EVÜ geschützten Eingriffsnormen[1275] sowie des über Art. 16 EVÜ geschützten ordre public steht.[1276] Art. 1.4 UP kann daher weder generell die Bedeutung beigemessen werden, dass die Anwendung der UP stets nur unter dem Vorbehalt der Art. 7, 16 EVÜ steht, noch dass stets die intern zwingenden Bestimmungen des mangels Rechtswahl anzuwendenden Rechts vorrangig zur Anwendung gelangen. Welche Art von zwingenden Bestimmungen der schrankenlosen Anwendung der UP entgegensteht, hängt allein von der Tragweite des Verweises auf die UP ab, die sich wiederum nach dem jeweils zugrunde zu legenden Kollisionsrecht bestimmt.[1277] Die Situation ist damit die gleiche wie bei staatlichen Rechten. Angesichts dessen vermag Art. 1.4 UP die Frage nach der Rechtsnatur der UP nicht zu beantworten.[1278]

(dd) Gewähr der sachgerechten, widerspruchsfreien Behandlung abspaltbarer Fragen

Wie sich insbesondere aus den Grenzen der Teilrechtswahl ergibt, setzt das EVÜ voraus, dass das gewählte Statut die strittigen Fragen des Vertrages einer sachgerechten, widerspruchsfreien Lösung zuzuführen imstande ist.[1279] Dass die UP diese Voraussetzung grundsätzlich erfüllen dürften, wurde bereits oben[1280] dargelegt.

[1274] UNIDROIT Principles 1994, Art. 1.4 UP, Anm. 2.

[1275] Eingehend zum Eingriffsrecht Sonnenberger, IPRax 2003, 104ff.; vgl. ferner die Nachweise oben Kapitel 5, B.II.2.e.dd.(1).(b).

[1276] Nygh, 191; Blase, www.europa.eu.int/comm/justice_home/news/consulting_public/rome_i/ doc/ eu_statement_20031124_de.pdf, 20; allgemein zur Relevanz zwingender Bestimmungen im Falle der Geltung der UP als Vertragsstatut siehe UNIDROIT Principles 1994, Art. 1.4 UP, Anm. 3.

[1277] UNIDROIT Principles 1994, Art. 1.4 UP, Anm. 4; Samtleben, IPRax 1998, 385, 390f.; Blase, 206; Vischer, FS Schlechtriem, 445, 453; Gebele, 137; Dasser, Vertragstypenrecht im Wandel, Rn. 397; Bonell, Unif. L. Rev. 2004, 5, 31; Pendón Meléndez, Art. 1.4 UP, 69; López Rodriguez, 186.

[1278] Im Ergebnis ebenso Berger, Kodifizierung, 170.

[1279] Siehe oben Kapitel 5, B.II.2.e.dd.(1).(c).

[1280] Vgl. oben Kapitel 3, B.III.3.a.ee.(4).

(ee) Regelungsdichte und Fortbildungsfähigkeit der UP

Dass die Qualität der UP im Hinblick auf ihre Regelungsdichte heftigst umstritten ist, wurde ebenfalls bereits aufgezeigt[1281]; insoweit kann auf die obigen Ausführungen verwiesen werden. Dabei ist an dieser Stelle darauf hinzuweisen, dass es vor allem die Befürworter der restriktiven Auslegung des Art. 3 Abs. 1 Satz 1 EVÜ sind, die den vermeintlich zu schmalen Regelungsbereich der UP gegen ihre kollisionsrechtliche Wählbarkeit anführen[1282], während es im wesentlichen die Anhänger der extensiven Lehre sind, die sich bemühen, diese Argumente zu entkräften.[1283] Speziell im Zusammenhang mit der hier aufgeworfenen Frage, ob die UP mit Blick auf die materielle Rechtssicherheit die Mindestanforderungen erfüllen, die das EVÜ an ihre kollisionsrechtliche Wählbarkeit knüpft, ist über die bereits erörterten Gesichtspunkte hinaus auf einige zusätzliche Aspekte einzugehen. Zum einen ist zu bedenken, dass ein nicht unerheblicher Teil der von den UP 1994 nicht behandelten Fragen, wie die Rechts- und Geschäftsfähigkeit, die Stellvertretung und das Beweis- und Verfahrensrecht, nach Art. 1 Abs. 2 lit. a, f und h EVÜ ohnehin vom Anwendungsbereich des Übereinkommens ausgeschlossen ist und eine Rechtswahl damit, selbst wenn die UP diesbezügliche Regelungen enthielten, ohne Wirkung bliebe.[1284] Aus diesem Grunde kann sich auch die Tatsache, dass die UP 2004 nunmehr in Art. 2.2.1ff. auch Regelungen betreffend die Stellvertretung enthalten, nicht auf ihre Eignung als Vertragsstatut im Geltungsbereich des EVÜ auswirken, denn die diesbezüglichen Bestimmungen des Regelwerks könnten gem. Art. 1 Abs. 2 lit. f EVÜ ohnehin keine Anwendung finden. Einen beträchtlichen Teil des Bereichs, den Art. 3 EVÜ gem. Art. 10 EVÜ als Vertragsrecht beruft, erfassen die UP aber jedenfalls.[1285] Dieses von den Befürwortern einer weiten Interpretation des Art. 3 EVÜ angeführte Argument wiegt nach der Veröffentlichung der UP 2004, die nunmehr auch die gem. Art. 10 Abs. 1 lit. d EVÜ zum Geltungsbereich des Vertragsstatuts gehörenden Regeln über die Verjährung (Art. 10.1ff. UP 2004) sowie zusätzliche Regeln betreffend das Erlöschen von Verpflichtungen (Kapitel 8 und 9 UP 2004) enthalten, umso schwerer.

Im Übrigen macht das EVÜ auch die Wählbarkeit eines staatlichen Rechts nicht davon abhängig, dass es die lückenlose Beantwortung sämtlicher im Zusammenhang mit einem internationalen Schuldvertrag denkbaren Fragen ermöglicht, sofern dem Rechtsanwender Mechanismen an die Hand gegeben werden, mit deren Hilfe sich be-

---

1281 Vgl. oben Kapitel 3, B.III.3.a.ee.(2).

1282 Bonell, Restatement, 192; Mankowski, RIW 2003, 2, 12; Kropholler, IPR, § 52, II 3 e; Raeschke-Kessler, The UNIDROIT Principles in Contemporary Contract Practice, 99f.; van Houtte, Arb. Int. 11 (1995), 373, 381; Giardina, J.D.I. 1995, 547, 556; Michaels, RabelsZ 62 (1998), 580, 608; Staudinger-Magnus, Art. 27 EGBGB, Rn. 48; Prujiner, Revue Juridique Thémis 2002, 561, 568; Boschiero, 319, 357f.; Drobnig, Unif. L. Rev. 1998, 385, 391ff.

1283 Vischer, Europ. J. L. Ref. 1998/1999, 203, 211; Burkart, 96f.; Juenger, Unif. L. Rev. 2000, 171, 178; Leible, ZVglRWiss 97 (1998), 286, 316; siehe ferner MPI, RabelsZ 68 (2004), 1, 32; Michaels, RabelsZ 62 (1998), 580, 586.

1284 Petz, 126, dort in Fn. 478.

1285 Burkart, 96f.; MPI, RabelsZ 68 (2004), 1, 32; Michaels, RabelsZ 62 (1998), 580, 586; Vischer, Europ. J. L. Ref. 1998/1999, 203, 211.

stehende Regelungsdefizite beseitigen lassen.[1286] Mit Art. 1.6 Abs. 2 UP und den ihnen innewohnenden allgemeinen Rechtsgrundsätzen halten die UP solche Mechanismen bereit.[1287] Die bezüglich der Behandlung externer Regelungslücken fehlenden expliziten Vorgaben im Normtext des Regelwerks ließen sich ohne größere Schwierigkeiten dadurch kompensieren, dass man eine entsprechende Lückenergänzungs-Regel in die Rechtswahlbestimmung des anvisierten Gemeinschaftsinstruments aufnimmt, die diesbezügliche Defizite der in Betracht kommenden anationalen Regelwerke auf kollisionsrechtlicher Ebene ausgleicht.[1288] Auf diese Weise könnte man vermeiden, dass einem im Übrigen Statutsqualität aufweisenden Regelwerk die kollisionsrechtliche Anerkennung versagt werden muss. Ein entsprechender Vorschlag soll weiter unten unterbreitet werden.[1289] Die mit der lückenergänzenden Anwendung des kollisionsrechtlich berufenen Rechts zwangsläufig einhergehende Aufspaltung des Vertragsstatuts kann entgegen einer im Schrifttum vertretenen Ansicht[1290] nicht überzeugend gegen die kollisionsrechtliche Wählbarkeit der UP angeführt werden, da das EVÜ die Vertragsspaltung in dieser Form durchaus gestattet, wie bereits ausgeführt wurde[1291] und ein vergleichbares Vorgehen auch im Falle der Anwendung des CISG erforderlich ist.[1292]

Im Ergebnis ist festzuhalten, dass keine Bedenken bestehen, die UP im Hinblick auf ihre Regelungsdichte und intrasystemare Fortbildungsfähigkeit nationalem Recht gleichzustellen; dies gilt umso mehr, wenn der Gemeinschaftsgesetzgeber anordnet, wie mit dem in der Regel beschränkten Regelungsbereich nichtstaatlicher Regelwerke umzugehen ist.

(ff) Besondere Eignung der UP für internationale Verträge

Für die Wählbarkeit der UP wird schließlich angeführt, dass sie weit mehr als jedes nationale Recht für internationale Handelsverträge geeignet seien, da sie sich – anders als nationale Rechtsordnungen - ausschließlich an den Bedürfnissen des internationalen Handelsverkehrs orientierten.[1293] Dies zeige sich etwa an Bestimmungen, die sich mit Divergenzen zwischen mehreren gleichermaßen authentischen Vertragstexten in verschiedenen Sprachen beschäftigen (Art. 4.7 UP), die festlegen, in welcher Währung Zahlungs- (Art. 6.1.9f. UP) oder Schadensersatzpflichten (Art. 7.4.12 UP) zu erfüllen

---

[1286] Siehe dazu oben Kapitel 5, B.II.2.e.dd.(1).(e) und zur Gegenansicht von Bar/Lando/Swann, ERPL 2002, 183, 224f., die die kollisionsrechtliche Wählbarkeit eines nichtlegislatorischen Regelwerks davon abhängig machen wollen, dass dieses die gesamte Bandbreite des Vertragsrechts abdeckt.

[1287] Vgl. oben Kapitel 3, B.III.3.a.ee.(3).

[1288] So auch Boschiero, 319, 358f.

[1289] Siehe unten Kapitel 5, B.II.3.f.ee.

[1290] Giardina, J.D.I. 1995, 547, 556; Michaels, RabelsZ 62 (1998), 580, 608; Mankowski, RIW 2003, 2, 12; Staudinger-Magnus, Art. 27 EGBGB, Rn. 48; Prujiner, Revue Juridique Thémis 2002, 561, 568.

[1291] Boschiero, 319, 357f.; Boele-Woelki, IPRax 1997, 161, 171; López Rodriguez, 330; Stein, 229; siehe bereits oben Kapitel 5, B.II.2.e.dd.(1).(a).(bb).

[1292] Vischer/Huber/Oser, Kapitel 3, § 3, Rn. 298; López Rodriguez, 330; Schillo, IHR 2003, 257, 258; Basedow, GS Lüderitz, 1, 2.

[1293] Berger, Kodifizierung, 13; Boele-Woelki, IPRax 1997, 161, 169; Burkart, 80.

sind oder wer für die Einholung behördlicher Genehmigungen verantwortlich ist und was im Falle einer Verzögerung ihrer Erteilung oder einer gänzlichen Verweigerung zu geschehen hat (Art. 6.1.14 – 6.1.17 UP).[1294] Demgegenüber zielten bei weitem nicht alle Bestimmungen einer nationalen Rechtsordnung auf eine Anwendung im internationalen Verhältnis; sie wollten vielmehr in erster Linie rein interne Sachverhalte erfassen.[1295] Dem ist zwar nichts entgegenzuhalten. Allerdings gehört die gezielte Ausrichtung der UP auf grenzüberschreitende Verträge nicht zu den Voraussetzungen ihrer kollisionsrechtlichen Wählbarkeit, zumal auch die Wählbarkeit eines staatlichen Rechts nicht an diese Anforderung geknüpft wird. Man könnte diesem Kriterium allenfalls „persuasive authority" zuschreiben, mit deren Hilfe sich die ohnehin schon festgestellte Statutsqualität eines konkreten Regelwerks bekräftigen lässt. Keinesfalls vermag die besondere Eignung für internationale Verträge das Fehlen unerlässlicher Anforderungen zu kompensieren.

(d) Zwischenergebnis

Die vorstehenden Ausführungen haben gezeigt, dass die UP grundsätzlich alle aus Sicht des EVÜ wesentlichen Qualitätsmerkmale aufweisen[1296] und jedenfalls solchen staatlichen Rechtsordnungen in materieller Hinsicht in nichts nachstehen, denen es an einer umfassenden Regelung im Bereich des Vertragsrechts fehlt.[1297] Insbesondere ermöglicht das Regelwerk die widerspruchsfreie und sachgerechte Beantwortung vertraglicher Streitfragen und verfügt über ein Instrumentarium zur Sicherstellung von Vertragsgerechtigkeit, das mit der Qualität nationalstaatlicher Kodifikationen durchaus vergleichbar ist. Ohne dass es sich hierbei um eine notwendige Voraussetzung für ihre kollisionsrechtliche Wählbarkeit handelt, überzeugen die UP zudem mehr als jedes staatliche Recht durch ihre besondere inhaltliche Eignung für internationale Verträge. Daher empfiehlt sich die ausdrückliche Erwähnung der UP als mit kollisionsrechtlicher Wirkung wählbares Regelwerk in der überarbeiteten Rechtswahlbestimmung des zu erwartenden Gemeinschaftsinstruments.[1298] Ob auch die Aufnahme der Europäischen Vertragsrechtsprinzipien (EP) sowie anderer privater Regelwerke in diesen Katalog geboten ist[1299], kann im Rahmen der vorliegenden Arbeit nicht untersucht werden. Im Sinne der bestmöglichen Voraussehbarkeit des Vertragsstatuts empfiehlt sich jedoch die Überprüfung und ausdrückliche Nennung möglichst vieler Regelwerke.

(3) Öffnungsklausel – Bestimmbarkeit sonstiger Regelwerke

Die neue Rechtswahlbestimmung sollte zwar nach hier vertretener Auffassung in jedem Fall die Wählbarkeit der UP und möglichst zahlreicher weiterer Regelwerke aus-

---

1294 Burkart, 80; Wichard, RabelsZ 60 (1996), 269, 289; Vischer/Huber/Oser, Kapitel 2, § 2, Rn. 121.

1295 Vischer/Huber/Oser, Kapitel 2, § 2, Rn. 126; López Rodriguez, 39f.

1296 Ebenso Burkart, 98; Vischer/Huber/Oser, Kapitel 2, § 2, Rn. 120.

1297 López Rodriguez, 171, 326; Juenger, Unif. L. Rev. 2000, 171, 178.

1298 So auch MPI, RabelsZ 68 (2004), 1, 33 und 100.

1299 Für die Aufnahme auch der EP siehe MPI, RabelsZ 68 (2004), 1, 33. Eine übersichtliche Gegenüberstellung der UP und der EP ist dem Beitrag von Bonell/Peleggi, Unif. L. Rev. 2004, 315ff. zu entnehmen.

drücklich feststellen. Es wäre jedoch sehr bedauerlich, wenn man künftigen Entwicklungen nur deshalb nicht durch eine kollisionsrechtliche Verweisung Rechnung tragen könnte, weil sie zur Zeit der Revision des EVÜ bzw. zur Zeit seiner Aktualisierung und Umwandlung in ein Gemeinschaftsinstrument noch nicht absehbar waren. Um einer solchen Versteinerung entgegenzuwirken, sollte sich die neue Rechtswahlbestimmung auch der Berufung bislang nicht bekannter Regelwerke nicht von vornherein verschließen.[1300] Die notwendige Aufgeschlossenheit ließe sich erreichen, indem man klarstellt, dass neben den ausdrücklich bezeichneten Regelwerken auch alle sonstigen Kodifikationen als Vertragsstatut gewählt werden können, die den explizit genannten Regelwerken in den für ihre Eignung als Vertragsstatut unverzichtbaren Aspekten vergleichbar sind. Allerdings sind dem Rechtsunterworfenen und dem Rechtsanwender möglichst genaue Kriterien an die Hand zu geben, mit deren Hilfe die Vergleichbarkeit eines in Betracht gezogenen anationalen Rechts mit den bereits ausdrücklich bezeichneten Regelwerken beurteilt werden kann.[1301] Aus diesem Grunde empfiehlt es sich, die maßgeblichen Kriterien explizit in dieser Öffnungsklausel zu nennen. Dabei handelt es sich namentlich um die allgemein zugängliche Textform, die Erkennbarkeit der Verfasser, die Bereitstellung eines Bestandes an zwingenden Regelungen, die auf den Schutz der schwächeren Vertragspartei abzielen, die Gewährleistung weitgehend widerspruchsfreier Lösungen sowie die Fortbildungsfähigkeit des Regelwerks.

(4) Zwischenbetrachtung

Die bis hierhin unterbreiteten Vorschläge zur Neufassung des Art. 3 EVÜ ermöglichen nach dem Dafürhalten der Verfasserin einen angemessenen Umgang mit dem dem EVÜ eigenen Spannungsfeld von Parteiautonomie und Rechtssicherheit. Eine auf der Basis der vorstehenden Anregungen reformierte Rechtswahlbestimmung würde den Vertragspartnern entsprechend den Vorgaben des EVÜ einen im Vergleich zur bisherigen Rechtslage deutlich weiteren Gestaltungsspielraum zugestehen, ohne dass das auch von dem neuen Gemeinschaftsinstrument zu wahrende Postulat der Voraussehbarkeit der kollisionsrechtlichen Entscheidung des Gerichts mißachtet wird und ohne dass die Akzeptanz der vorgeschlagenen Neufassung von vornherein aussichtslos erscheint. Die gebotene Rechtssicherheit würde angesichts der vorgeschlagenen Öffnungsklausel zwar nicht vollumfänglich erreicht. Denn während sich die Kodifizierung, Publizität und Erkennbarkeit der Verfasser nichtstaatlichen Rechts in der Regel zweifelsfrei feststellen lassen dürfte, besteht hinsichtlich der gestellten inhaltlichen Anforderungen ein gewisser Beurteilungsspielraum des Gerichts. Da dieser allerdings durch die Bezugnahme auf das Modell der UP und ggf. weiterer Regelwerke stark eingeschränkt wird, ist die mit der Öffnungsklausel einhergehende Einbuße an Rechtssicherheit nur geringfügig. Sie erscheint im Interesse der Akteure des internationalen

---

[1300] Dieser Gedanke scheint auch dem vom Max Planck Institut für ausländisches und internationales Privatrecht in RabelsZ 68 (2004), 1, 100 sowie dem von Roth, FS Jayme, 757, 771 unterbreiteten Vorschlag für die Neufassung des Art. 3 EVÜ zugrunde zu liegen (näher dazu sogleich).

[1301] In diesem Sinne auch Blase, www.europa.eu.int/comm/justice_home/news/consulting_public/rome_i/doc/eu_statement_20031124_de.pdf, 25f.

Wirtschaftsverkehrs, unter Berücksichtigung der ebenfalls zu gewährenden Parteiautonomie und im Lichte der primärrechtlich gebotenen Erleichterung des grenzüberschreitenden Rechtsverkehrs hinnehmbar.[1302] Im Übrigen wäre mit der Umwandlung des EVÜ in eine Verordnung der EuGH befugt, die Auslegung dieser Verordnung vorzunehmen[1303], was zur weitgehend einheitlichen Handhabung des im Rahmen dieser Arbeit unterbreiteten Reformvorschlags zusätzlich beitragen würde.

Zu unbestimmt und im Hinblick auf die Voraussehbarkeit der Entscheidung und die Einheitlichkeit der Entscheidungspraxis bedenklich erscheint hingegen die von Roth vorgeschlagene Formulierung, dass die Parteien auf „anerkannte und hinreichend bestimmte Regeln des internationalen Handelsverkehrs" verweisen können.[1304] Denn bei einer solchen Änderung des Art. 3 EVÜ bliebe es allein dem Gericht überlassen, über Akzeptanz und Bestimmtheit der gewählten Normen zu urteilen. Dass sich aber gerade die tatsächliche Akzeptanz von Normen häufig nur schwierig feststellen lässt, wurde im Rahmen dieser Arbeit bereits aufgezeigt.[1305] Vor dem Hintergrund des Rechtssicherheitsgebots ebenfalls abzulehnen ist der von der Nordic Group for Private International Law in Reaktion auf das Grünbuch der Kommission unterbreitete Vorschlag, neben staatlichem Recht auch "general principles of law" zum Gegenstand der Parteiautonomie zu machen.[1306] Ein wegen der beispielhaften Nennung der UP und der EP erheblich höheres Maß an Rechtssicherheit vermag zwar der vom Max Planck Institut für ausländisches und internationales Privatrecht unterbreitete Vorschlag zu gewährleisten, demzufolge Art. 3 Abs. 1 Satz 2 lauten soll: „The parties may choose as the applicable law: [...] general principles of law such as the UNIDROIT Principles of International Commercial Contracts and the Principles of European Contract law."[1307] Das entscheidende Gericht müsste sich bei dieser Formulierung jedoch selbst erarbeiten, auf welche der von den UP und den EP erfüllten Kriterien es für die kollisionsrechtliche Wählbarkeit sonstiger allgemeiner Rechtsgrundsätze ankommt.[1308] Hiermit

---

[1302] Nach Ansicht von Grundmann, FS Rolland, 145, 152ff. stehen die EG-Grundfreiheiten einer Inhaltskontrolle nichtstaatlicher Regelwerke außerhalb des Bereichs der Verbraucher- und Arbeitsverträge entgegen. Die hiermit angesprochenen primärrechtlichen Aspekte können im Rahmen der vorliegenden Arbeit, wie bereits erwähnt, keine nähere Erörterung finden. Keine primärrechtlichen Bedenken gegen die hier vorgeschlagene Inhaltskontrolle äußert das MPI, RabelsZ 68 (2004), 1, 33.

[1303] Vgl. nur Sonnenberger, ZVglRWiss 100 (2001), 107, 125.

[1304] Roth, FS Jayme, 757, 771. Ähnlich und den gleichen Bedenken ausgesetzt der im "Discussion Paper for the Expert Meeting on the Conversion of the Rome Convention of 1980 into a Community Instrument and its Modernisation ("Rome I"), Brussels, 17 February 2005" angeregte, offenbar an die Stellungnahme UNIDROITs zum Grünbuch der Europäischen Kommission (vgl. UNIDROIT, www.europa.eu.int/comm/justice_home/news/consulting_public/rome_i/news_summary_rome1_en.htm, 6) angelehnte künftige Text des Art. 3 Abs. 1 Satz 2 der zu erwartenden Rom I-Verordnung: "The parties may also choose internationally recognised principles and rules of contract law."

[1305] Siehe oben Kapitel 3, B.III.2.c.cc.(2).

[1306] Nordic Group for Private International Law, www.europa.eu.int/comm/justice_home/news/consulting_public/rome_i/news_summary_rome1_en.htm, 15.

[1307] MPI, RabelsZ 68 (2004), 1, 100.

[1308] Auch nach Auffassung des MPI darf nicht jedes nichtstaatliche Recht kollisionsrechtlich wählbar gestellt werden, sondern nur solche Regelwerke, die gewissen Anforderungen genügen. Das MPI würde der derzeit bestehende, wie dargelegt jedoch unter Rechtssicherheits-Aspekten nicht hinnehmbare Rechtszustand zumindest teilweise beibehalten.[1309] Abzulehnen ist ferner der von Blase angedachte, aber zu Recht verworfene Vorschlag einer Formulierung, die es den Parteien in Anlehnung an § 1051 ZPO gestattet, ihren Vertrag „Rechtsvorschriften" zu unterstellen.[1310] Denn bislang ist bei weitem nicht geklärt, welche Normen nichtstaatlicher Provenienz im Einzelnen von dieser Bezeichnung erfasst werden, so dass die derzeit bezüglich des Terminus „Recht" bestehenden Zweifel in ähnlicher Form weiterbestehen würden.[1311] Überdies ließe diese Formulierung jegliche, nach hier vertretener Auffassung jedoch unverzichtbare inhaltliche Überprüfung der zur Rede stehenden Normen vermissen.

cc. Wählbarkeit nichtstaatlichen Rechts nur für Handelsverträge

Denkbar ist eine Beschränkung der kollisionsrechtlichen Wählbarkeit nichtlegislatorischen Rechts auf reine Handelsgeschäfte.[1312] Dass Verbraucher und Arbeitnehmer durch die Wahl eines anationalen Rechts im Vergleich zur Wahl eines staatlichen Rechts benachteiligt würden, ist zwar, wie bereits erwähnt, zweifelhaft, da die Schutzmechanismen des EVÜ, namentlich Art. 3 Abs. 3, Art. 5 und 6 sowie Art. 7 und 16 EVÜ die Anwendbarkeit der zwingenden Vorschriften des objektiv anwendbaren Rechts in den dort vorgesehenen Fallgestaltungen sowie die Anwendbarkeit der Eingriffsnormen und des ordre public des Forumstaates auch im Falle eines privat ausformulierten Vertragsstatuts sicherstellen würden.[1313] Die in privat formulierten Regelwerken häufig festzustellende, zumeist bewusste Vernachlässigung des Verbraucher- und Arbeitnehmerschutzes würde somit über die Art. 5 und 6 EVÜ, aber auch

nennt insoweit und weitgehend im Einklang mit den hier für maßgeblich befundenen Kriterien die Unabhängigkeit und Neutralität der Verfasser, einen gewissen Bestand an Missbrauchsschutz sicherstellenden zwingenden Normen sowie eine gewisse Regelungsdichte im Hinblick auf die Rechte und Pflichten der Parteien eines internationalen Schuldvertrages, siehe MPI, RabelsZ 68 (2004), 1, 33.

1309 Wie hier Blase, www.europa.eu.int/comm/justice_home/news/consulting_public/rome_i/doc/eu_statement_20031124_de.pdf, 25f.

1310 Blase, www.europa.eu.int/comm/justice_home/news/consulting_public/rome_i/doc/eu_statement_20031124_de.pdf, 14, 25. Mit dieser Formulierung könnte ein weitgehender Gleichlauf zwischen den für staatliche Gerichte einerseits und für Schiedsgerichte andererseits maßgeblichen Kollisionsnormen hergestellt werden.

1311 Ebenso Blase, www.europa.eu.int/comm/justice_home/news/consulting_public/rome_i/doc/eu_statement_20031124_de.pdf, 25. Mit ähnlicher Begründung ablehnend auch UNIDROIT, www.europa.eu.int/comm/justice_home/news/consulting_public/rome_i/news_summary_rome1_en.htm, 5f.

1312 Staudinger-Sturm/Sturm, Einl. IPR, Rn. 109; Roth, FS Jayme, 757, 772.

1313 MPI, RabelsZ 68 (2004), 1, 33; Wichard, RabelsZ 60 (1996), 269, 288; Berger, Kodifizierung, 74; Mankowski, Stillschweigende Rechtswahl und wählbares Recht, 63, 92f.; Wortmann, Arb. Int. 14 (1998), 97, 103; Kappus, IPRax 1993, 137, 140; Glenn, 53, 62f.; Nygh, 191; Staudinger-Sturm/Sturm, Einl. IPR, Rn. 109; López Rodriguez, 93; Juenger/Sánchez Lorenzo, Rev. esp. der. int. 2000, 15, 33; aA offenbar Jayme, Vergemeinschaftung, 3, 5; Lorenz, RIW 1987, 569, 574. Generell zur Geltung von Eingriffsnormen auch gegenüber einem als Vertragsstatut berufenen privaten Regelwerk Marrella, La nuova lex mercatoria, 873ff.

über Art. 3 Abs. 3 EVÜ bzw. über die geplanten Neufassungen dieser Normen[1314] ohnehin aufgefangen. Die von diesen Bestimmungen nicht erfassten Fallgestaltungen will das EVÜ auch bei der Wahl staatlichen Rechts nicht schützen[1315], weshalb es in der Sache keinen überzeugenden Grund dafür gibt, bei der Wahl anationalen Rechts einen strengeren Maßstab anzulegen. Gegen eine Ausdehnung auf Verbraucher- und Arbeitsverträge sprechen jedoch rechtspolitische Gründe: Angesichts der verbreiteten Skepsis gegenüber nichtstaatlichem Recht scheint es geradezu aussichtslos, dass im gemeinschaftsrechtlichen Gesetzgebungsverfahren eine Verbraucher- und Arbeitsverträge einschließende Einigung zustande käme. Die Beschränkung der kollisionsrechtlichen Wählbarkeit anationalen Rechts auf Handelsverträge könnte die Akzeptanz dieses Novums erleichtern und sollte daher von der neuen Rechtswahlbestimmung vorgesehen werden.[1316]

dd. Ausschluss der stillschweigenden Rechtswahl

Ebenfalls allein aus rechtspolitischen Gründen wäre es denkbar, dem Verweis auf nichtlegislatorisches Recht nur in ausdrücklicher Form kollisionsrechtliche Wirkung beizumessen, weshalb die in Art. 3 Abs. 1 Satz 2, 2. und 3. Alt. EVÜ grundsätzlich eingeräumte Möglichkeit einer stillschweigenden Rechtswahl auf die Wahl eines staatlichen Rechts beschränkt werden könnte. In der Sache hingegen ist diese Restriktion weder aus dem EVÜ heraus noch aufgrund der Eigenheiten anationalen Rechts geboten.[1317]

ee. Lückenergänzung

Angesichts des begrenzten Regelungsbereichs der UP und anderer Regelwerke wird vorgeschlagen, den auf sie bezogenen Verweis, unabhängig vom Wortlaut der Rechtswahlklausel, nur als Teilrechtswahl aufzufassen und zur Lösung nicht geregelter Fragen auf das ergänzend gewählte oder mangels Rechtswahl anzuwendende nationale Recht zurückzugreifen.[1318]

[1314] Zu den entsprechenden Reformanregungen der Europäischen Kommission vgl. das „Grünbuch über die Umwandlung des Übereinkommens von Rom aus dem Jahr 1980 über das auf vertragliche Schuldverhältnisse anzuwendende Recht in ein Gemeinschaftsinstrument sowie über seine Aktualisierung" vom 14.01.2003, KOM (2002) 654 endg., Punkt 3.1.2, 3.2.7.

[1315] Grundmann, FS Rolland, 145, 154.

[1316] So im Ergebnis auch Roth, FS Jayme, 757, 772.

[1317] Daher verdient der vom Max Planck Institut für ausländisches und internationales Privatrecht in RabelsZ 68 (2004), 1, 100 unterbreitete Vorschlag einer Neufassung des Art. 3 EVÜ insoweit, als er die Möglichkeit der stillschweigenden Rechtswahl nicht auf staatliches Recht beschränkt, in der Sache auch durchaus Zustimmung. Kritisch hingegen Mankowski, Stillschweigende Rechtswahl und wählbares Recht, 63, 91f., der einen Konflikt mit Parteiinteressen befürchtet. Zurückhaltend auch Kahn, Vers l'institutionnalisation de la Lex Mercatoria, 125, 131 unter Hinweis darauf, dass angesichts des noch eingeschränkten Bekanntheitsgrades der UP bei der Annahme ihrer stillschweigenden Wahl Zurückhaltung geboten sei. Zu den Risiken der vorschnellen Annahme einer stillschweigenden Bezugnahme auf die UP im Falle einer sog. negativen Rechtswahl vgl. Berger, Am. J. Comp. L. 46 (1998), 129, 144ff.; Schnyder/Grolimund, FS Schlechtriem, 395, 405ff.

[1318] So Roth, FS Jayme, 757, 771.

Die vorgeschlagene Einordnung des Verweises auf ein nichtstaatliches Regelwerk als Teilrechtswahl macht es in Ermangelung einer entsprechenden Zuweisung von Seiten der Parteien erforderlich, vom Regelungsbereich des gewählten Rechts auszugehen und den Vertragspartnern den Willen zu unterstellen, dass sich die Rechtswahl nur auf diejenigen selbständigen Elemente des Vertrages beziehen soll, die vom Regelungsbereich des gewählten Rechts erfasst werden. Dies ist nicht ganz unproblematisch, da üblicherweise davon ausgegangen wird, dass die Teilrechtswahl eine Ausnahme darstellt und die Annahme einer Vertragsspaltung entsprechend deutlicher Anhaltspunkte bedarf, weshalb im Zweifel von einer Gesamtrechtswahl auszugehen ist.[1319] Fraglich ist auch, welche Probleme mit der Konstruktion einer Teilrechtswahl gelöst werden sollen. Anders als im Falle einer Gesamtrechtswahl besteht im Falle der Teilrechtswahl zwar von vornherein die Möglichkeit, für die von der Teilrechtswahl nicht erfassten Fragen mangels ergänzender Rechtswahl gem. Art. 4 EVÜ objektiv ein Statut zu ermitteln[1320], worin im Vergleich zur Einordnung des Verweises als Gesamtrechtswahl ein klarer Vorteil läge. Findet sich jedoch in dem gewählten Teilrecht keine Antwort auf eine Frage, die sich aus dem abspaltbaren Vertragselement ergibt, für welches das Teilstatut gewählt wurde, hilft die Klarstellung, der Verweis auf die UP stelle lediglich eine Teilrechtswahl dar, nicht weiter. Denn da die Teilrechtswahl nur für selbständige Vertragselemente möglich ist[1321], kann in diesem Fall nicht ohne weiteres ein zusätzliches Teilstatut bestimmt werden. Insoweit bleibt es vielmehr bei dem Grundsatz, dass der staatliche Richter die Lücke mit Hilfe derjenigen Mechanismen schließen muss, die die lückenhafte Rechtsordnung für die Lückenfüllung entwickelt hat.[1322] Mit der Konstruktion der Wahl eines anationalen Rechts als Teilrechtswahl bewirkt man im Vergleich zur Einordung als Gesamtrechtswahl mithin lediglich die Klarstellung, dass die vom Teilstatut nicht erfassten, ihm von den Parteien auch nicht zugewiesenen und vom Vertrag abspaltbaren Fragen nach einem gesonderten Statut zu beantworten sind. Im Übrigen, d.h. im Hinblick auf die vom Regelungsbereich des gewählten Teilstatuts nicht erfassten, aber zu demjenigen Vertragselement gehörigen Fragen, auf das sich die Teilrechtswahl bezieht, sowie im Hinblick auf die vom Regelungsbereich des gewählten Teilstatuts zwar grundsätzlich erfassten, dort aber nicht ausdrücklich entschiedenen Fragen stellen sich bei der Lückenfüllung des Teilstatuts die gleichen Fragen wie bei der Ergänzung des Gesamtstatuts. Angesichts dessen sollte man es den Parteien überlassen, ob die Wahl anationalen Rechts nur für eine abspaltbare Frage oder für den gesamten Vertrag gilt und stattdessen die Frage der Fortbildung der als Teil- oder Gesamtstatut gewählten nichtstaatlichen Regelwerke einer allgemeinen kollisionsrechtlichen Regelung zuführen.[1323]

1319 Staudinger-Magnus, Art. 27 EGBGB, Rn. 95; MüKo-Martiny, Art. 27 EGBGB, Rn. 58; Kropholler, IPR, § 52 II 3 b.

1320 Jacquet, Aperçu de la Convention de Rome, 21, 24; MüKo-Martiny, Art. 27 EGBGB, Rn. 59; Soergel-von Hoffmann, Art. 27 EGBGB, Rn. 53; Erman-Hohloch, Art. 27 EGBGB, Rn. 19.

1321 Dazu oben Kapitel 5, B.II.2.e.dd.(1).(a).(bb).ii.

1322 Michaels, RabelsZ 62 (1998), 580, 608 mwN dort in Fußnote 134; Berger, Creeping Codification, 180; Bonell, Restatement, 224; Abascal, Los Principios de UNIDROIT, 211, 218.

1323 Im Ergebnis ebenso Boschiero, 319, 358f.

Den internen Lücken[1324] des in Bezug genommenen Regelwerks könnte man dadurch begegnen, dass man in die Rechtswahlvorschrift des Gemeinschaftsinstruments eine Bestimmung nach dem Vorbild des Art. 7 Abs. 2 CISG aufnimmt, die klarstellt, dass Fragen, die in den Regelungsbereich des Regelwerks fallen, dort jedoch keine ausdrückliche Regelung erfahren haben, in erster Linie anhand der dem Regelwerk innewohnenden allgemeinen Grundsätze zu beantworten sind und dass der Rückgriff auf das ergänzend gewählte oder mangels Rechtswahl anzuwendende – nationale - Recht nur subsidiär möglich ist.[1325] Um die im Zusammenhang mit Art. 7 Abs. 2 CISG aufgetretenen Streitfragen bezüglich der Behandlung externer Lücken[1326] zu vermeiden[1327], sollte man ferner ausdrücklich klarstellen, dass auch sämtliche nicht vom Regelungsbereich des gewählten Rechts erfassten Fragen nach dem kraft IPR maßgeblichen Recht zu klären sind.[1328] Soweit das gewählte Regelwerk selbst seine Ergänzung regelt, ginge diese Bestimmung vor. Bei gleichlautender Regelung hätte die Regelung des Gemeinschaftsinstruments lediglich klarstellende Wirkung. In den übrigen Fällen könnte die angeregte kollisionsrechtliche Lösung die einer privaten Kodifizierung möglicherweise fehlenden Lückenergänzungsmechanismen ersetzen, die im Sinne materieller Rechtssicherheit zur Voraussetzung ihrer kollisionsrechtlichen Wählbarkeit gemacht werden sollten.[1329]

[1324] Zur Terminologie siehe oben Kapitel 2, A.II.1.

[1325] So auch Roth, FS Jayme, 757, 767. Art. 7 Abs. 2 CISG wird vielfach als einheitsrechtliches Pendant zur in den meisten staatlichen Rechten gebräuchlichen Methode der Lückenergänzung gesehen, siehe dazu van Alstine, UPennLR 146, 1 (1997/1998), 687, 737 mit Nachweisen. Der subsidiäre Rückgriff auf nationales Recht zur Ergänzung interner Regelungslücken in den UP entspricht der in UNIDROIT Principles 1994, Art. 1.6 UP, Anm. 4 zum Ausdruck kommenden Vorstellung der UNIDROIT-Arbeitsgruppe, wo es heisst: "The need to promote uniformity in the application of the Principles implies that when such gaps arise a solution should be found, whenever possible, within the system of the Principles itself *before resorting to domestic laws*." (Hervorhebung durch Verfasserin).

[1326] Zur Terminologie siehe oben Kapitel 2, A.II.1.

[1327] Zum Streitstand siehe oben Kapitel 2, A.II.2.

[1328] Vgl. auch Boschiero, 319, 358f.: „Tuttavia, il fatto che tali normative debbano necessariamente coesistere con i sistemi statali non impedisce che anch'esse possano configurarsi in principio come oggetto di un vero rinvio internazionalprivatistico ed applicarsi senza l'aggancio ad uno specifico sistema giuridico statale. Occorrerà semplicemente precisare in sede di revisione dell'art. 3 della convenzione di Roma che il riferimento ad esse operato dalle parti non comporta l'esclusione di ogni altra norma di origine statale laddove esse si rivelino insufficienti a risolvere l'insieme dei problemi giuridici che i giudici sono chiamati ad affrontare in un caso particolare. Del resto, la possibilità che il contratto risulti sottoposto a più di una disciplina è ammessa dalla stessa convenzione di Roma tanto a livello di autonomia internazionalprivatistica delle parti quanto del potere riconosciuto, seppure in misura più contenuta, al giudice di frazionare in contratto. Ne consegue che con la rete di sicurezza rappresentata dal riferimento in via sussidiara ad un vero e proprio ordinamento giuridico privo di lacune e in grado di fornire una risposta giuridica ad ogni problema concreto, individuato dal giudice mediante un criterio localizzatore di tipo oggettivo ritenuto dalla convenzione per l'ipotesi di una mancanza scelta, l'autonomia internazionalprivatistica potrà in principio indirizzarsi anche verso un sistema di norme che non sia del tutto completo e autosufficiente." Für einen ergänzenden Rückgriff auf das IPR der lex fori auch Schack, FS Kegel 2002, 179, 186.

[1329] Dazu oben Kapitel 5, B.II.2.e.dd.(1).(e).

Bei einer wie vorstehend vorgeschlagenen Ausgestaltung der neuen Rechtswahlbestimmung bedarf es des Rückgriffs auf die Figur der Teilrechtswahl nicht, um dem häufig begrenzten Regelungsbereich nichtlegislatorischen Rechts gerecht zu werden.

ff. Neufassungen der UP – dynamische Verweisung?

Die UP lassen sich erheblich leichter an geänderte Umstände anpassen und sind damit viel dynamischer als internationale Konventionen.[1330] Da sie mittlerweile in ihrer aktualisierten und erweiterten Fassung aus dem Jahre 2004 vorliegen[1331] und auch künftige Änderungen und Erweiterungen nicht ausgeschlossen sind, stellt sich die Frage, wie sich diese Anpassungen auf die kollisionsrechtliche Wählbarkeit des Regelwerks auswirken. Dabei muss man sich zum einen fragen, ob die nach hier vertretener Auffassung in der reformierten Rechtswahlbestimmung ausdrücklich zu erwähnenden UP nur in ihrer jetzigen Ausgestaltung oder auch in zukünftigen Ausgestaltungen gemeint sind. Zum anderen ist fraglich, ob die Verweisung der Vertragspartner auf die UP ohne nähere Bezeichnung der gemeinten Version des Regelwerks automatisch dazu führt, dass der Vertrag der im Zeitpunkt der Streitentscheidung akutellsten Fassung unterstellt wird.

(1) Dynamischer Verweis durch den Gesetzgeber?

Soweit es um den ausdrücklichen Verweis des Gesetzgebers auf die in jedem Fall mit kollisionsrechtlicher Wirkung wählbaren Regelwerke geht, ist zu bedenken, dass die Nennung eines bestimmten Regelwerks in der neuen Rechtswahlbestimmung die Konsequenz der oben am Beispiel der UP vorgenommenen inhaltlichen und strukturellen Überprüfung eines bestimmten Regelwerks auf seine Vergleichbarkeit mit staatlichem Recht darstellt. Die künftigen, noch unbekannten Fassungen des betreffenden Regelwerks können bei dieser Prüfung selbstverständlich keine Berücksichtigung finden. Es folgt daher aus der Natur der Sache, dass die in die reformierte Rechtswahlnorm aufzunehmenden Regelwerke durch einen Zusatz auf diejenige Fassung zu kennzeichnen sind, die dieser Überprüfung zugrunde gelegt wurde. Zwar ist angesichts der nur summarisch vorzunehmenden Untersuchung unwahrscheinlich, dass künftige Überarbeitungen zu einer im Hinblick auf die Vergleichbarkeit mit nationalem Recht abweichenden Bewertung führen würden. Ausgeschlossen werden kann dies jedoch nicht. Da den ausdrücklich genannten Regelwerken im Zusammenhang mit der Öffnungsklausel auch eine Vorbildfunktion zukommen soll, ist insoweit besondere Vorsicht geboten. Der ausdrückliche Hinweis des Gemeinschaftsgesetzgebers auf die kollisionsrechtliche Wählbarkeit bestimmter Regelwerke kann sich folgerichtig stets nur auf die den Gegenstand der Überprüfung bildende Version des entsprechend zu bezeichnenden Regelwerks beziehen und keinerlei Dynamik unterliegen. Eine Versteinerung des Kollisionsrechts dergestalt, dass private Regelwerke in ihrer überarbeiteten und möglicherweise sogar verbesserten Version von einer kollisionsrechtlichen Verweisung ausgeschlossen sind, ist hierdurch nicht zu befürchten. Denn die Parteien haben

[1330] Petz, 64.
[1331] Zu den erfolgten Änderungen vgl. oben Kapitel 3, A.II.

die Möglichkeit, eine neuere Version des Regelwerks über die flexiblere Öffnungsklausel zum Statut zu berufen. Die kollisionsrechtliche Wahl einer aktualisierten Fassung ist damit nicht ausgeschlossen, es bedarf lediglich einer Überprüfung ihrer Qualität anhand der in der Öffnungsklausel genannten Kriterien.

(2) Dynamischer Verweis durch die Vertragsparteien?

Ein anders gelagertes Problem betrifft die Frage nach der Dynamik der von den Parteien getroffenen Rechtswahl. Haben die Kontrahenten beispielsweise die UP als Vertragsstatut berufen, und werden nach Vertragsschluss neuere Versionen des Regelwerks veröffentlicht, stellt sich die Frage, ob der Streitentscheidung die bei Vertragsschluss existierende oder aber eine neuere Fassung des Regelwerks zugrunde zu legen ist. Dabei sind zwei Situationen zu unterscheiden: Zum einen muss man sich fragen, welche Fassung des gewählten Rechts zu berücksichtigen ist, wenn die Vertragspartner mögliche Änderungen des Vertragsstatuts erkennbar nicht in ihre Überlegungen einbezogen haben (dazu sogleich (a)). Zum anderen ist zu erörtern, wie die Dinge liegen, wenn die Parteien problembewusst eine Stabilisierungs- oder Versteinerungsklausel in ihren Vertrag aufgenommen haben (dazu unten (b)).

(a) Keine vertragliche Berücksichtigung der verschiedenen Fassungen

Haben die Vertragspartner die gegenwärtige oder zukünftige Existenz verschiedener Versionen des von ihnen gewählten Regelwerks gar nicht bedacht und daher auch keine diesbezügliche Regelung getroffen, so gilt es herauszufinden, welche Fassung der Streitentscheidung in dieser Situation zugrunde zu legen ist. Für eine von den Parteien berufene staatliche Rechtsordnung gilt insoweit, dass sie in dem Zustand Anwendung findet, den sie einschließlich der Wirkung ihrer intertemporalen Rechtsregeln im Zeitpunkt der Entscheidungsfindung erreicht hat.[1332] Welche Auswirkungen zwischenzeitliche Rechtsänderungen nach Vertragsschluss auf das gewählte Statut haben, richtet sich daher nach ganz h.M. in erster Linie nach den Übergangsbestimmungen des gewählten Rechts.[1333] Weist das gewählte Recht keine intertemporalen Bestimmungen auf, so gilt insoweit für staatliches Recht, dass sich die Rechtswahl auf das gewählte Recht, inklusive all seiner nachträglichen Änderungen bezieht.[1334]

Da die UP 2004 keine intertemporale Regelung für das Verhältnis zwischen den UP 1994 und den UP 2004 enthalten[1335], gälte bei Zugrundelegung der vorstehenden, für staatliches Recht entwickelten Grundsätze, dass in jedem Fall das bei Streitentschei-

---

[1332] Erman-Hohloch, Art. 27 EGBGB, Rn. 10; Staudinger-Magnus, Art. 27 EGBGB, Rn. 37; Nygh, 65. Eine Ausnahme von diesem Grundsatz gilt anerkanntermaßen für den Fall, dass sich das gewählte Recht grundlegend geändert hat: dann soll regelmäßig das frühere Recht maßgeblich sein, vgl. statt aller Staudinger-Magnus, Art. 27 EGBGB, Rn. 42.

[1333] Bamberger/Roth-Spickhoff, Art. 27 EGBGB, Rn. 9; MüKo-Martiny, Art. 27 EGBGB, Rn. 21; Samtleben, IPRax 1998, 385, 392. Nach der hier nicht näher zu erörternden Gegenauffassung ist primär das IPR maßgeblich, so etwa Fiedler, 128ff.

[1334] Nygh, 264; Gebele, 128f.

[1335] Brödermann, RIW 2004, 721, 734f.; ausdrücklich für die Aufnahme einer intertemporalen Bestimmung in nichtstaatliche Regelwerke MPI, RabelsZ 68 (2004), 1, 33.

dung aktuellere Regelwerk, einschließlich seiner zwingenden Bestimmungen Anwendung findet. Fraglich ist allerdings, ob dieser Grundsatz ohne weiteres auf nichtstaatliche Regelwerke übertragen werden kann. Denn staatliches Recht verfügt über autonome Rechtsgeltung. Es „gilt" somit, und zwar – in Ermangelung anders lautender Übergangsbestimmungen – ausschließlich in seiner jeweils aktuellsten Fassung. Frühere Fassungen büßen ihre Rechtsgeltung ein, soweit die intertemporalen Bestimmungen des neuen Rechts keine abweichende Regelung treffen. Die UP hingegen „gelten", wie oben dargelegt[1336], weder in ihrer ursprünglichen noch in ihrer aktuellen Fassung. Hinter ihnen steht kein Geltungsanspruch und auch keine Autorität, deren gesetzgeberische Befugnisse es zu respektieren gälte, weshalb sich in ihrem Fall, anders als bei Normen staatlicher Herkunft, kein automatischer Geltungsvorrang der Neufassung vor der Altfassung begründen lässt. Aus diesem Grunde kann für die Frage nach der maßgebenden Version des gewählten Regelwerks ausschließlich die vertragliche Behandlung dieses Problems bzw., mangels ausdrücklicher Regelung, der mutmaßliche Wille der Vertragspartner ausschlaggebend sein.[1337]

Verständigen sich die Kontrahenten in Kenntnis der bereits erfolgten Erweiterung des Regelwerks auf dessen Anwendung, ohne es näher nach dem Jahr seiner Veröffentlichung zu bezeichnen, wird man annehmen dürfen, dass sie sich auf die Neufassung festlegen wollten.[1338] Dabei kommt es stets entscheidend auf die Kenntnisse und die Interessen der Parteien im jeweiligen Einzelfall an.[1339] Wenn im Lichte der konkreten Umstände davon auszugehen ist, dass eine im Zeitpunkt des Vertragsschlusses bereits existierende aktuellere Fassung des Regelwerks auch nur einem der Vertragspartner nicht bekannt war, wird sich eine Einigung auf die Anwendung der Neufassung kaum feststellen lassen können.[1340] Dann kann im Zweifel nur die bei Vertragsschluss bekannte neueste Fassung zur Grundlage der Streitentscheidung gemacht werden.[1341] Von einer dynamischen Verweisung auszugehen, würde den allein ausschlaggebenden Erwartungen der Parteien in diesen Fällen widersprechen. Regelungen, die ausschließlich in der Neufassung des Regelwerks getroffen werden, könnten in diesem Fall nur mit einer gesonderten Begründung zugrunde gelegt werden.[1342] Im Hinblick auf erst nach Vertragsschluss erfolgte Erweiterungen und Änderungen des Regelwerks bedarf es einer besonders sorgfältigen Erforschung des mutmaßlichen Parteiwillens. Insoweit ist zu bedenken, dass zukünftige Änderungen von den Vertragsschließenden möglicherweise nicht erwartet wurden.[1343] Hier wird im Zweifel nicht von der Anwendung der bei Streitentscheidung jeweils aktuellsten Fassung, sondern von der Maßgeblichkeit der Altfassung auszugehen sein, da allein dies den Erwartungen der Parteien ent-

---

[1336] Vgl. Kapitel 3.

[1337] MPI, RabelsZ 68 (2004), 1, 33.

[1338] Brödermann, RIW 2004, 721, 734f.; Bonell, Unif. L. Rev. 2004, 5, 10, dort in Fn. 28; so grundsätzlich auch Nygh, 65.

[1339] Brödermann, RIW 2004, 721, 734f.

[1340] Brödermann, RIW 2004, 721, 734f.

[1341] Brödermann, RIW 2004, 721, 734f.

[1342] Brödermann, RIW 2004, 721, 734f.

[1343] Nygh, 65.

sprechen dürfte. Soweit ein nichtstaatliches Regelwerk über Übergangsbestimmungen verfügt, können auch diese mangels vorrangiger Geltung der jeweils neuesten Fassung nur maßgeblich sein, wenn feststeht, dass der Wille der Vertragspartner auf die Anwendung derjenigen Version des Regelwerks gerichtet ist, die diese Übergangsbestimmungen enthält. Dann, aber nur dann, gelangen dessen intertemporale Vorschriften wie jede andere Norm des Regelwerks zur Anwendung.

(b) Vertragliche Berücksichtigung der verschiedenen Fassungen: Auswirkungen einer Stabilisierungs- oder Versteinerungsklausel

Um der Anwendung der im Zeitpunkt der Streitentscheidung jeweils aktuellen Fassung des gewählten Regelwerks vorzubeugen, wäre aus Sicht der Vertragspartner daran zu denken, durch die Aufnahme einer Stabilisierungs- oder Versteinerungsklausel in den Vertrag ihrem Willen nach der Anwendung der UP in ihrer ausschließlich zu einem bestimmten Zeitpunkt aktuellen Fassung Ausdruck zu verleihen.[1344] Die Tragweite derartiger Klauseln ist im Hinblick auf die Anwendung staatlichen Rechts umstritten: Die überwiegende Meinung in der Literatur geht dahin, der Stabilisierungs- oder Versteinerungsklausel nur materiellrechtliche Wirkung beizumessen. Statut sei stets das im Zeitpunkt der Rechtsanwendung geltende Recht; das versteinerte Recht habe nur materiellrechtliche Wirkung.[1345] Andernfalls würde man den Parteien erlauben, sich dem Zugriff staatlichen Rechts zu entziehen[1346] und käme damit zu einem Vertrag ohne Recht, den das EVÜ jedoch nicht gestatte.[1347] Jeder Staat habe die Machtbefugnis, sein Recht zu ändern. Die Parteien, die sich auf die Anwendung eines bestimmten Rechts eingelassen hätten, könnten hierüber nicht disponieren.[1348] Die Altregelungen des gewählten Rechts blieben daher nur in dem Umfang wirksam vereinbart, in dem die gewählte Rechtsordnung sie noch zulasse und sie nicht durch zwingende Vor-

---

[1344] Nach Stabilisierungs- oder Versteinerungsklauseln soll das vereinbarte Recht mit demjenigen Inhalt gelten, welchen es zu einem bestimmten Zeitpunkt hat. Spätere Änderungen werden mit einer solchen Klausel ausgeschlossen, siehe dazu MüKo-Martiny, Art. 27 EGBGB, Rn. 24; Staudinger-Magnus, Art. 27 EGBGB, Rn. 41; Soergel-von Hoffmann, Art. 27 EGBGB, Rn. 23; Fiedler, 55ff. Bislang fehlt es insoweit an einer einheitlichen Terminologie. Ob die Bezeichnung „Stabilisierungsklausel" lediglich einen Oberbegriff darstellt und es sich bei der „Versteinerungsklausel" um einen Unterfall der Stabilisierungsklausel handelt, oder ob die Bezeichnung vom Status der Parteien oder vom Umfang der Einfrierung des anwendbaren Rechts abhängt, ist im Einzelnen umstritten, bedarf jedoch im vorliegenden Zusammenhang keiner Klärung. Besonderes ausführlich hierzu Fiedler, 55ff.; vgl. ferner Staudinger-Magnus, Art. 27 EGBGB, Rn. 41; Soergel-von Hoffmann, Art. 27 EGBGB, Rn. 23. Nachfolgend wird der Einfachheit halber von „Stabilisierungs- oder Versteinerungsklauseln" die Rede sein.

[1345] Santos Belandro, 95; MüKo-Martiny, Art. 27 EGBGB, Rn. 24; Bamberger/Roth-Spickhoff, Art. 27 EGBGB, Rn. 9; Gebele, 128f.; Erman-Hohloch, Art. 27 EGBGB, Rn. 10; Soergel-von Hoffmann, Art. 27 EGBGB, Rn. 23; wohl auch Hernández-Breton, IPRax 1998, 378, 381; Reithmann/Martiny-Martiny, 81; Mann, ICLQ 36 (1987), 437, 449; Mayer/Heuzé, Rn. 708; Fiedler, 221f.; Calvo Caravaca/Carrascosa Gonzáles, 67.

[1346] Soergel-von Hoffmann, Art. 27 EGBGB, Rn. 23.

[1347] Vgl. nur Fiedler, 151.

[1348] Püls, 179.

schriften beseitigt habe.[1349] Dem wird von der Gegenmeinung[1350] entgegengehalten, dass die Möglichkeit der Anwendung eines „toten" Rechts dem Internationalen Privatrecht auch in anderem Zusammenhang nicht fremd sei, so etwa im Falle des Art. 15 Abs. 1 EGBGB[1351], was u.a. mit der Notwendigkeit äußerer Rechtssicherheit begründet werde.[1352] Es sei nicht ersichtlich, warum diese Überlegung nicht auch im internationalen Schuldvertragsrecht Gültigkeit beanspruchen könne.[1353] Die Parteien eines internationalen Vertrages könnten daher, vorbehaltlich des Eingriffsrechts, Versteinerungsklauseln mit kollisionsrechtlicher Wirkung vereinbaren.[1354]

Es kann hier dahinstehen, welcher der vertretenen Ansätze bei der Wahl eines staatlichen Rechts überzeugender ist. Im Falle nichtstaatlicher Regelwerke gibt es jedenfalls keine gesetzgeberische Machtbefugnis, die es zu respektieren gilt. Damit entfällt ein wesentliches Argument gegen die kollisionsrechtliche Wirksamkeit von Stabilisierungs- oder Versteinerungsklauseln. Wenn somit, wie vorstehend unter (a) ausgeführt, ausschließlich der Wille der Vertragspartner über die der Streitentscheidung zugrunde zu legende Fassung entscheidet, folgt daraus zwangsläufig, dass eine Klausel, die nach Vertragsschluss erfolgende Änderungen des gewählten Regelwerks für nicht berücksichtigungsfähig erklärt, auch kollisionsrechtliche Wirkung entfalten muss. Denn deutlicher könnten die Kontrahenten ihren Vorstellungen kaum Ausdruck verleihen. Daher begegnet die kollisionsrechtliche Wirksamkeit einer Stabilisierungs – oder Versteinerungsklausel bei der Wahl nichtstaatlichen Rechts keinen Bedenken.

(c) Ergebnis

Mangels autonomer Geltung der UP und in Anbetracht der nicht vorhandenen Gesetzgebungsvorrechte ihrer Verfasser spricht nichts dagegen, die für die Streitentscheidung maßgebende Fassung der UP ausschließlich vom Willen der Kontrahenten im konkreten Einzelfall abhängig zu machen. Lässt sich ein entgegenstehender ausdrücklicher oder mutmaßlicher Wille nicht ermitteln, erscheint es angebracht, entgegen den für staatliches Recht geltenden Grundsätzen nicht von einer dynamischen, sondern von einer statischen Verweisung auszugehen. Maßgeblich ist damit im Zweifel die im Zeitpunkt des Vertragsschlusses den Kontrahenten bekannte aktuellste bzw. die von ihnen erwartete künftige Fassung des Regelwerks. Eine entsprechende Klarstellung sollte auch in der neuen Rechtswahlbestimmung erfolgen.

[1349] MüKo-Martiny, Art. 27 EGBGB, Rn. 24; Staudinger-Magnus, Art. 27 EGBGB, Rn. 41; Bamberger/Roth-Spickhoff, Art. 27 EGBGB, Rn. 9; Erman-Hohloch, Art. 27 EGBGB, Rn. 10; Soergel-von Hoffmann, Art. 27 EGBGB, Rn. 23; Gebele, 128f.

[1350] Leible, ZVglRWiss 97 (1998), 286, 305f. mwN; Nygh, 264; jedenfalls für reine Unternehmensverträge auch Vischer/Huber/Oser, Kapitel 2, § 2, Rn. 137f.

[1351] Art. 15 Abs. 1 EGBGB unterstellt die güterrechtlichen Wirkungen der Ehe dem bei der Eheschließung für die allgemeinen Wirkungen der Ehe maßgeblichen Recht.

[1352] Leible, ZVglRWiss 97 (1998), 286, 306.

[1353] Leible, ZVglRWiss 97 (1998), 286, 306; kritisch Fiedler, 131.

[1354] Leible, ZVglRWiss 97 (1998), 286, 306; ähnlich Vischer/Huber/Oser, Kapitel 2, § 2, Rn. 137f.

gg. Vorschlag einer Neufassung des Art. 3 EVÜ

Die Rechtswahlbestimmung des zu erwartenden Gemeinschaftsinstruments könnte somit lauten[1355]:

(1) Der Vertrag unterliegt dem von den Parteien gewählten Recht. Die Rechtswahl muss ausdrücklich sein oder sich mit hinreichender Sicherheit aus den Bestimmungen des Vertrages oder aus den Umständen des Falles ergeben. Die Parteien können die Rechtswahl für ihren ganzen Vertrag oder nur für einen Teil desselben treffen.

(2) Wählbar ist jedes staatliche Recht. Die Parteien eines Handelsvertrages können ferner die UNIDROIT-Prinzipien für internationale Handelsverträge in der Fassung von 1994 und in der Fassung von 2004 sowie jedes sonstige nicht von einem verfassungsmäßig legitimierten Rechtsetzungsorgan verfasste Recht wählen, das eine diesem Regelwerk vergleichbare Qualität aufweist. Von vergleichbarer Qualität im vorstehenden Sinne ist nichtstaatliches Recht insbesondere dann, wenn es
- in Textform festgehalten und der Öffentlichkeit ohne weiteres zugänglich ist;
- seinen Verfasser erkennen lässt;
- auf die Gewährleistung eines Mindestmaßes an Vertragsgerechtigkeit und Interessenausgleich zwischen den Parteien ausgerichtet ist, dessen ausnahmslose Geltung durch zwingende Bestimmungen sichergestellt ist;
- die weitgehend widerspruchsfreie und sachgerechte Lösung der sich aus dem Vertrag ergebenden Streitfragen ermöglicht
- und seine intrasystemare Fortbildung gewährleistet.

Nichtstaatliches Recht, das die vorstehend genannten Voraussetzungen nicht erfüllt, kann nicht als auf den Vertrag anwendbares Recht gewählt werden.

(3) Absatz 1 Satz 2, 2. und 3. Alt. findet im Falle der Wahl nichtstaatlichen Rechts keine Anwendung.

(4) Soweit das gewählte nichtstaatliche Recht nicht bestimmt, wie die Ergänzung seiner Regelungslücken zu erfolgen hat, sind Fragen, die in dem gewählten nichtstaatlichen Recht geregelte Gegenstände betreffen, aber darin nicht ausdrücklich entschieden werden, nach den allgemeinen Grundsätzen, die diesem Recht zugrunde liegen, oder mangels solcher Grundsätze nach dem Recht zu entscheiden, das nach den Regeln dieser Verordnung anzuwenden ist. Das nach den Regeln dieser Verordnung anzuwendende Recht ist auch für die von dem gewählten nichtstaatlichen Recht nicht geregelten Fragen maßgeblich, sofern das gewählte nichtstaatliche Recht nicht etwas anderes bestimmt.

(5) Soweit es an einer ausdrücklichen vertraglichen Vereinbarung fehlt, der sich entnehmen lässt, in welcher Fassung das gewählte nichtstaatliche Recht zur Anwendung gelangen soll, stellt im Zweifel die nach Kenntnis der Parteien im Zeitpunkt des Vertragsschlusses neueste Fassung das auf den Vertrag anwendbare Recht dar.

(6) Die Parteien können jederzeit vereinbaren, dass der Vertrag nach einem anderen staatlichen oder den Voraussetzungen des Abs. 2 genügenden nichtstaatlichen Recht zu beurteilen ist als dem, das zuvor entweder auf Grund einer früheren Rechtswahl nach diesem Artikel oder auf Grund anderer Vorschriften dieser Verordnung für ihn maßgebend war. Die Formgültigkeit des Vertrages im Sinne

---

[1355] Soweit der Vorschlag weitere Artikel in Bezug nimmt, handelt es sich um Artikel des EVÜ in seiner derzeit geltenden Fassung.

des Art. 9 und Rechte Dritter werden durch eine nach Vertragsabschluss erfolgende Änderung der Bestimmung des anzuwendenden Rechts nicht berührt.

(7) Sind alle anderen Teile des Sachverhalts im Zeitpunkt der Rechtswahl in ein- und demselben Staat belegen, so kann die Wahl eines ausländischen oder nichtstaatlichen Rechts im Sinne der Abs. 1 und 2 durch die Parteien – sei sie durch die Vereinbarung der Zuständigkeit eines ausländischen Gerichts ergänzt oder nicht – die Bestimmungen nicht berühren, von denen nach dem Recht jenes Staates durch Vertrag nicht abgewichen werden kann und die nachstehend „zwingende Bestimmungen" genannt werden.

(8) Auf das Zustandekommen und die Wirksamkeit der Einigung der Parteien über das anzuwendende Recht sind die Artikel 8, 9 und 11 dieser Verordnung anzuwenden.

g. Änderung des Art. 7 Abs. 1 Satz 1 EVÜ

Im Zuge der Überarbeitung des Art. 3 EVÜ wäre auch eine Änderung des Art. 7 Abs. 1 Satz 1 EVÜ erforderlich. Wie bereits ausgeführt, ist Art. 7 Abs. 1 Satz 1 EVÜ in seiner derzeit geltenden Fassung dann, wenn die Parteien ihren Vertrag einem nichtstaatlichen Recht unterstellt haben, nur analog anwendbar.[1356] Der Wortlaut des in der anvisierten Verordnung enthaltenen Art. 7 Abs. 1 Satz 1 müsste hingegen die unmittelbare Anwendbarkeit der Vorschrift auch für den Fall eines nichtstaatlichen Vertragsstatuts ermöglichen. Der bisherige Art. 7 Abs. 1 Satz 1 EVÜ sollte daher in Zukunft lauten:

> „Bei Anwendung des nach dieser Verordnung maßgeblichen Rechts kann den zwingenden Bestimmungen des Rechts des Staates, mit dem der Sachverhalt eine enge Verbindung aufweist, Wirkung verliehen werden, soweit diese Bestimmungen nach dem Recht dieses Staates ohne Rücksicht darauf anzuwenden sind, welchem Recht der Vertrag unterliegt."[1357]

h. Änderung des Art. 15 EVÜ

Geht man von der geringen praktischen Bedeutung nichtstaatlicher Kollisionsnormen aus, bedarf Art. 15 EVÜ keiner Änderung, da er dann in seiner jetzigen Fassung nicht gegen die kollisionsrechtliche Wählbarkeit anationalen Rechts spricht.[1358] Andernfalls müsste die Norm so gefasst werden, dass ihr Wortlaut die Möglichkeit nichtstaatlicher Kollisionsnormen gebührend berücksichtigt. Dabei ist zwar zu beachten, dass die Ausdehnung des Ausschlusses des renvoi auf anationale Kollisionsnormen zur Folge hätte,

---

[1356] Vgl. dazu oben Kapitel 5, B.II.2.c.ff.

[1357] Überzeugend ist auch der (allerdings über die bloße Berücksichtigung anationalen Rechts hinausgehende) Änderungsvorschlag des Max Planck Instituts für ausländisches und internationales Privatrecht, RabelsZ 68 (2004), 1, 108. Danach soll Art. 7 Abs. 4 der Verordnung lauten: „The internationally mandatory rules of a country, the law of which is neither the law of the forum nor the law governing the contract, may be given effect if the contract bears a close connection to this country. [...]."

[1358] Das MPI, RabelsZ 68 (2004), 1, 115 hält keinerlei diesbezügliche Änderung des Art. 15 EVÜ für erforderlich.

dass auch Normen wie diejenige des Art. 1:106 Abs. 2 EP[1359] nicht zur Anwendung gelangen und damit Vorschriften, die ja neben anderen Gesichtspunkten die Statutsqualität eines nichtlegislatorischen Regelwerks gerade ausmachen. Andererseits käme es auf Regeln wie Art. 1:106 Abs. 2 EP für die Frage der kollisionsrechtlichen Wählbarkeit eines nichtlegislatorischen Regelwerks nicht entscheidend an, wenn eine Formulierung Eingang in die neue Rechtswahlbestimmung findet, die die Lückenhaftigkeit solcher Regelwerke betrifft.[1360] In diesem Fall könnte man den in Art. 15 EVÜ vorgesehenen Ausschluss der Rück- und Weiterverweisung uneingeschränkt auf nichtstaatliche Kollisionsnormen ausdehnen. Dabei müsste allerdings die oben[1361] vorgeschlagene Einschränkung „Soweit das gewählte nichtstaatliche Recht nicht bestimmt, wie die Ergänzung seiner Regelungslücken zu erfolgen hat, ...“ zur Vermeidung von Widersprüchen gestrichen werden. Das gleiche Ergebnis ließe sich erzielen, indem man Art. 15 EVÜ grundsätzlich auf nichtstaatliche Kollisionsnormen ausdehnt, jedoch diejenigen Kollisionsnormen, die der Lückenhaftigkeit des Regelwerks gerecht werden sollen, von dem Ausschluss der Rück- und Weiterverweisung ausnahmsweise ausnimmt. Der in der hier vorgeschlagenen Neufassung des Art. 3 enthaltene Zusatz „Soweit das gewählte nichtstaatliche Recht nicht bestimmt, wie die Ergänzung seiner Regelungslücken zu erfolgen hat, ...“ könnte dann beibehalten werden. Will man demgegenüber den Umgang mit lückenhaften anationalen Regelwerken in der neuen Rechtswahlbestimmung keiner Regelung zuführen, sollte eine Ausdehnung des Anwendungsbereichs des Art. 15 EVÜ auf anationale Regelwerke in jedem Fall nur mit der Maßgabe erfolgen, dass Normen wie Art. 1:106 Abs. 2 EP vom Ausschluss der Rück- und Weiterverweisung ausgenommen werden.

Will man der Möglichkeit nichtstaatlicher Kollisionsnormen bei der Aktualisierung der Bestimmungen des EVÜ Rechnung tragen und befürwortet man gleichzeitig die Aufnahme der hier vorgeschlagenen Regelung für lückenhafte Regelwerke in den „neuen“ Art. 3[1362], dann sollte der bisherige Art. 15 EVÜ in Zukunft lauten:

> „Unter dem nach dieser Verordnung anzuwendenden Recht sind ausschließlich die diesem Recht zugehörigen Sachnormen unter Ausschluss derjenigen Normen zu verstehen, die für die jeweilige Rechtsfrage auf ein anderes Recht verweisen. Handelt es sich bei dem anzuwendenden Recht um nichtstaatliches Recht im Sinne von Art. 3 Abs. 2 Satz 2 und 3 dieser Verordnung, gilt Satz 1 nicht für diejenigen Normen, die für die Behandlung der in dem nichtstaatlichen Recht geregelten, dort aber nicht ausdrücklich entschiedenen Fragen und der in dem nichtstaatlichen Recht nicht geregelten Fragen auf ein anderes Recht verweisen.“

[1359] Für die Einordnung des Art. 1:106 Abs. 2 EP als Kollisionsnorm auch MPI, RabelsZ 68 (2004), 1, 32.

[1360] Dazu oben Kapitel 5, B.II.3.f.ee.

[1361] Vgl. Kapitel 5, B.II.3.f.gg. (Abs. 4)

[1362] Siehe Kapitel 5, B.II.3.f.gg.

III. Ergänzende Anwendbarkeit der UP ohne entsprechenden ausdrücklichen Hinweis der Parteien

Fraglich ist ferner, ob der Richter im Geltungsbereich des EVÜ zur Ergänzung von Lücken im CISG auf die UP zurückgreifen kann, ohne hierzu von den Parteien ermächtigt worden zu sein.

1. Gegenwärtige Rechtslage

Dass das angerufene Gericht seine Entscheidung nicht ohne staatlichen Rechtsanwendungsbefehl auf die UP stützen kann, wenn die Parteien die – und sei es auch nur materiellrechtliche - Geltung der UP nicht vereinbart haben, folgt daraus, dass es den UP an der hierfür erforderlichen autonomen normativen Geltung fehlt. Die UP stellen keine autonome Rechtsgeltungsquelle dar.[1363] Zwar käme grundsätzlich eine von staatlichen Normen abgeleitete, mittelbare objektive Geltung privater Regelwerke in Betracht. Im Geltungsbereich des EVÜ jedoch ist die Rechtslage vor staatlichen Gerichten eindeutig: Art. 4 Abs. 1 Satz 1 EVÜ, der ausdrücklich auf das „Recht des Staates" abstellt, mit dem der Vertrag die engsten Verbindungen aufweist, steht nach einhelliger Meinung jeder objektiven Anknüpfung an Normen nichtstaatlicher Herkunft entgegen.[1364] Mangels eines entsprechenden Hinweises der Vertragspartner ist es daher nicht möglich, die mit dem kollisionsrechtlich berufenen Recht zu ergänzenden Lücken anhand der UP zu schließen. Dies betrifft sowohl die externen Lücken als auch die internen Lücken, die nicht mit den allgemeinen Grundsätzen des CISG gefüllt werden können.[1365]

2. Überlegungen hinsichtlich einer Änderung des Art. 4 Abs. 1 EVÜ

Angesichts der in Kürze anstehenden Überarbeitung des EVÜ und seiner Umwandlung in eine EG-Verordnung[1366] drängt sich die Frage auf, ob Art. 4 Abs. 1 EVÜ so formuliert werden soll und kann, dass er die objektive kollisionsrechtliche Anwendbarkeit von aus privater Feder stammenden Regelwerken ermöglicht. Diese Frage wurde zwar im Grünbuch der Kommission nicht aufgeworfen, sollte jedoch im vorliegenden Zusammenhang kurz erörtert werden. Eine entsprechende Neugestaltung des Art. 4 Abs. 1 EVÜ wird nur vereinzelt angeregt. Zur Begründung wird angeführt, der Rückgriff auf ein eigens für internationale vertragliche Sachverhalte konzipiertes Regelwerk sei in der Regel dem Rückgriff auf ein für nationale Situationen geschaffenes Recht vorzuziehen; eine Benachteiligung der Parteien aufgrund der Anwendung nichtlegislatori-

---

[1363] Siehe oben Kapitel 3 zur normativen Qualität der UP. Zur Möglichkeit einer objektiven Heranziehung der UP vor staatlichen Gerichten, soweit das anwendbare staatliche Recht nicht ermittelbar ist oder keine Lösung bereit hält, siehe unten Kapitel 7.

[1364] Wichard, RabelsZ 60 (1996), 269, 294; Ferrari, JZ 1998, 9, 15; MPI, RabelsZ 68 (2004), 1, 41; Michaels, RabelsZ 62 (1998), 580, 603; Drobnig, Unif. L. Rev. 1998, 385, 392; Spickhoff, RabelsZ 56 (1992), 116, 134; Petz, 123; ferner Kappus, IPRax 1993, 137, 141 in bezug auf Art. 28 EGBGB.

[1365] Ferrari, JZ 1998, 9, 15.

[1366] Siehe das „Grünbuch über die Umwandlung des Übereinkommens von Rom aus dem Jahr 1980 über das auf vertragliche Schuldverhältnisse anzuwendende Recht in ein Gemeinschaftsinstrument sowie über seine Aktualisierung" vom 14.01.2003, KOM (2002) 654 endg.

schen Rechts sei in diesen Fällen nicht ersichtlich.[1367] Teils wird die bloß subsidiäre objektive kollisionsrechtliche Anwendbarkeit der UP vorgeschlagen für den Fall, dass die Ermittlung der engsten Verbindung des Vertrages zu einem staatlichen Recht zu keinem überzeugenden Ergebnis führt.[1368] Andere Autoren befürworten eine Änderung des Art. 4 Abs. 1 EVÜ dahingehend, dass auf die UP zurückgegriffen werden kann, um das staatliche objektive Vertragsstatut an die besonderen Gegebenheiten des internationalen Wirtschaftsverkehrs anzupassen und entsprechend zu interpretieren.[1369] Nachstehend soll geprüft werden, ob diesen Anregungen gefolgt werden kann.

a. Respektierung des Wunsches der Parteien nach der Anwendung des ansonsten anwendbaren Rechts

Gegen die Anwendung der UP als objektives Vertragsstatut wird vereinzelt geltend gemacht, dies könne dem Willen der Vertragspartner widersprechen, die möglicherweise deshalb von einer Rechtswahl abgesehen hätten, weil sie das ansonsten anwendbare Recht angewandt wissen wollten.[1370] Dieser Einwand vermag jedoch insofern nicht zu überzeugen, als dann, wenn die UP als mögliches objektives Statut in Art. 4 EVÜ aufgenommen würden, ja auch die UP als „ansonsten anwendbares Recht" in Betracht kämen. Ihre Anwendung durch das Gericht könnte somit den Erwartungen der Vertragspartner durchaus entsprechen.

b. Nachteile nichtstaatlichen Rechts

Die Eigenheiten nichtstaatlichen Rechts, insbesondere sein Zustandekommen ohne verfassungsmäßiges Gesetzgebungsverfahren, die häufig fehlende Rechtsprechungspraxis sowie sein zumeist begrenzter Regelungsbereich und die damit verbundene Notwendigkeit des ergänzenden Rückgriffs auf ein nationales Recht können von den Parteien eines internationalen Handelsvertrages durchaus als Nachteile empfunden werden. Dies dürfte vor allem bei Vertragspartnern der Fall sein, die sich einem formal-positivistisch geprägten Rechtsdenken verpflichtet fühlen. Es ist die Parteiautonomie, die die Anwendung privat formulierten Rechts rechtfertigt, weil nicht einzusehen ist, warum den Vertragspartnern, die sich bewusst für seine Anwendung entscheiden, diese Gestaltungsmöglichkeit versagt werden sollte, sofern das gewählte Regelwerk bestimmte, vom maßgeblichen Kollisionsrecht für unerlässlich befundene Anforderungen erfüllt. Haben die Parteien hingegen die Anwendbarkeit anationalen Rechts nicht ausdrücklich gewünscht, sollten ihnen die mit der Wahl nichtstaatlichen Rechts aus ihrer Sicht möglicherweise verbundenen Nachteile nicht aufgezwungen werden.[1371]

[1367] Ferrari, JZ 1998, 9, 16; Boele-Woelki, IPRax 1997, 161, 169f.

[1368] Glenn, 53, 63 bezüglich des mit Art. 4 Abs. 1 EVÜ weitgehend übereinstimmenden Art. 3112 des Quebec Civil Code.

[1369] De Miguel Asensio, Dir. comm. int. 1998, 859, 881; López Rodriguez, ERPL 2004, 167, 187f. (in bezug auf die Europäischen Vertragsrechtsprinzipien).

[1370] López Rodriguez, ERPL 2004, 167, 187.

[1371] Im Ergebnis auch Michaels, RabelsZ 62 (1998), 580, 605.

c. Mangelnde Voraussehbarkeit des anwendbaren Rechts

Die Ausdehnung des Art. 4 Abs. 1 EVÜ auf private Regelwerke sieht sich zudem einem noch gewichtigeren Einwand ausgesetzt:

aa. Mangelnde Voraussehbarkeit des objektiven Vertragsstatuts bei der hergebrachten Anknüpfung an die engste Verbindung

Es wurde bereits erörtert, dass das EVÜ in seiner Gesamtheit den Zweck verfolgt, eine größtmögliche Rechtssicherheit hinsichtlich des anwendbaren Rechts zu gewährleisten.[1372] Sowohl die Kontrahenten als auch der Rechtsberater sowie das zur Entscheidung berufene Gericht sollen in die Lage versetzt werden, das maßgebende Recht möglichst eindeutig ausmachen zu können. Zwar sind beim Fehlen einer Rechtswahl naturgemäß Abstriche vom Prinzip der Rechtssicherheit zu machen: Während die von den Vertragspartnern vorgenommene Wahl eines bestimmten Rechts die Rechtssicherheit hinsichtlich des anwendbaren Rechts maximiert, weil sowohl für die Parteien als auch für den Richter der Kreis der anwendbaren Normen exakt umrissen ist[1373], gilt dergleichen nicht, wenn die Parteien von einer Rechtswahl abgesehen haben. In diesem Fall muss das anwendbare Recht zunächst vom Gericht ermittelt werden, was zwangsläufig zu größerer Unsicherheit bezüglich des Statuts führt.[1374] Dass sich das EVÜ jedoch auch im Falle fehlender Rechtswahl um größtmögliche Rechtssicherheit bemüht, zeigt sich an der Regelung des Art. 4 EVÜ, der diesem Anliegen in seiner gegenwärtigen Fassung Rechnung trägt, indem er in Abs. 1 auf das Recht des Staates abstellt, der die engste Verbindung zum Vertrag aufweist.[1375] Diese engste Verbindung kann wiederum durch einen Rückgriff auf die in Art. 4 Abs. 2 EVÜ genannten Kriterien ermittelt werden. Gerade an der detaillierten „Anleitung“, die Art. 4 EVÜ zur Ermittlung der engsten Verbindung bereithält, zeigt sich das Gewicht, das der Voraussehbarkeit auch des objektiven Vertragsstatuts nach dem Konzept des Übereinkommens zukommen soll.[1376] Im Verhältnis zwischen dem Vertrag und einem bestimmten anationalen Regelwerk ist die Ermittlung einer solchen objektiven engsten Verbindung aufgrund der fehlenden räumlichen Prägung nichtstaatlicher Normen jedoch kaum

---

[1372] Dazu oben Kapitel 5, B.II.2.e.dd.(2).

[1373] Püls, 157; MPI, RabelsZ 68 (2004), 1, 41; Mankowski, RIW 2003, 2, 3; Nygh, 2f.

[1374] Nygh, 3.

[1375] Staudinger-Magnus, Vorbem. zu Art. 27-37 EGBGB, Rn. 34; eingehend zur objektiven Anknüpfung an die engste Verbindung Boschiero, 319, 407ff.

[1376] Gebele, 58; López Rodriguez, 26; Baumann, Das Recht Deutschlands und der Schweiz im Dialog V (1996), 2, 26; Tassikas, 28. Dass der Katalog des Art. 4 Abs. 2 EVÜ nach Ansicht vieler – siehe etwa „Grünbuch über die Umwandlung des Übereinkommens von Rom aus dem Jahr 1980 über das auf vertragliche Schuldverhältnisse anzuwendende Recht in ein Gemeinschaftsinstrument sowie über seine Aktualisierung“ vom 14.01.2003, KOM (2002) 654 endg., Punkt 3.2.5.; Boschiero, 414f.; López Rodriguez, 26f. – zu kompliziert ist, das Verhältnis der Regelungen untereinander nicht geklärt ist und damit die uneinheitliche Anwendung des Art. 4 EVÜ provoziert wird, vermag an der entsprechenden Finalität der Regelungen nichts zu ändern.

vorstellbar.[1377] Wenn somit der Anknüpfungspunkt der engsten Verbindung nicht geeignet ist, einem anationalen Regelwerk zur objektiven Anwendung zu verhelfen, könnte man sicherlich über die Aufnahme sonstiger Anknüpfungspunkte nachdenken, die es den Vertragsparteien ermöglichen, die Entscheidung des Gerichts über das anwendbare Recht vorherzusehen und es dem Richter gleichzeitig erleichtern, diese Entscheidung zu treffen. Worin aber sollten diese alternativen Anknüpfungspunkte bestehen? Wie könnte man Art. 4 EVÜ gestalten, damit der Richter und die Parteien wissen, wann ein staatliches und wann ein nichtstaatliches Recht zur Anwendung kommt und – sofern die Entscheidung zugunsten eines privat ausformulierten Rechts ausfällt – welchem konkreten Regelwerk der Vertrag unterstehen soll?

bb. Erhöhung der Voraussehbarkeit des anwendbaren Rechts durch alternative Anknüpfungsmomente?

Zu denken wäre daran, als Anknüpfungsmoment im „neuen" Art. 4 EVÜ den sogenannten „better-law-approach" vorzusehen, mit dessen Hilfe insbesondere amerikanische Kollisionsrechtler das anwendbare Recht allein nach funktionalen und materiellen Kriterien danach bestimmen, welche Rechtsordnung im jeweils zu entscheidenden Fall die sachgerechteste, beste oder modernste Lösung anbietet.[1378] Abgesehen davon, dass man das zur Entscheidung berufene Gericht mit der Auswahl des besten Rechts hoffnungslos überfordern würde[1379], kommt jedoch der „better-law-approach" angesichts der äußerst unscharf umrissenen Kriterien der Sachgemäßheit, der besten Eignung und der innovativsten Lösung mangels konkreter Auswahlkriterien einer Willkürentscheidung gleich.[1380] Er ist selbst nach Auffassung der US-amerikanischen Wirtschaft nicht geeignet, die Voraussehbarkeit des objektiven Vertragsstatuts im Vergleich zum Anknüpfungsmoment der engsten Verbindung zu verbessern.[1381] Zwar liegt auch Art. 5 und 6 EVÜ der „better-law-approach" zugrunde.[1382] Hier ist sich der Richter jedoch darüber im Klaren, dass er nur zwischen dem gewählten Recht und dem Recht des Aufenthaltsstaates Vergleiche anstellen muss, wobei es - für den Richter erkennbar - maßgeblich auf den Gesichtspunkt des effektivsten Verbraucher- bzw. Arbeitnehmerschutzes ankommt. Nun mag man argumentieren, dass die Willkürgefahr im Falle der UP vergleichsweise gering sei, da es sich bei ihnen um ein für internationale Sachverhalte speziell zugeschnittenes Regelwerk handelt. Indes ist insbesondere im Hinblick auf künftige Entwicklungen zu berücksichtigen, dass stets verschiedene für grenzüberschreitende Fallgestaltungen besonders geeignete Regelwerke in Betracht kommen werden. Die Bewertung ihrer Eignung im jeweiligen Einzelfall durch das entscheiden-

---

[1377] So auch MPI, RabelsZ 68 (2004), 1, 42; Berger, Kodifizierung, 15; Sonnenberger, ZVglRWiss 100 (2001), 107, 123; Maniruzzaman, Am. U. Int.'l L. Rev. 14 (1999), 657, 682.
[1378] Leflar, N.Y. Univ. L. Rev. 1966, 267ff., dazu López Rodriguez, 30; Zweigert, RabelsZ 37 (1973), 435, 447ff.; Kropholler, IPR, § 11 IV 3.
[1379] Berger, Kodifizierung, 16.
[1380] Von Bar, IPR Bd. I, § 6, Rn. 507; Berger, Kodifizierung, 16; Nygh, 141f.; López Rodriguez, 30.
[1381] Berger, Kodifizierung, 16 unter Hinweis auf Reimann, Vand. J. Int. L. 39 (1999), 571, 590.
[1382] Tillman, Journal of Business Law 2002, 45, 64ff.

de Gericht wäre kaum vorhersehbar.[1383] Hinzu kommt, dass die Überlegenheit eines Regelwerks bezüglich seiner speziellen Ausrichtung auf grenzüberschreitende Sachverhalte nicht das einzige ausschlaggebende Kriterium für die Bestimmung des Vertragsstatuts nach Maßgabe des „better-law-approach“ sein muss. Deshalb kann auch in internationalen Fällen im Einzelfall ein bestimmtes staatliches Recht das „bessere“ Recht sein. Die Revision des Art. 4 EVÜ nach den Maßstäben des „better-law-approach“ würde nach alledem zwar die objektive Berufung anationalen Rechts ermöglichen, jedoch gleichzeitig ein aus Sicht des EVÜ schwerlich hinnehmbares Defizit an Rechtssicherheit mit sich bringen. Ebenfalls abzulehnen ist das Anknüpfen an „nationale Interessen an der Funktionsfähigkeit des internationalen Wirtschaftsverkehrs“, das zur Anwendung des Rechts desjenigen Staates führt, der das größte Interesse an der Anwendung seines Rechts auf den zur Entscheidung anstehenden Fall hat.[1384] Dieser Ansatz ist nicht nur dem Ziel der Rechtssicherheit, Vorhersehbarkeit und Einheitlichkeit äußerst abträglich[1385] und deshalb mit dem Geist des europäischen Kollisionsrechts nicht in Einklang zu bringen. Er begünstigt außerdem die Anwendung der lex fori als Vertragsstatut.[1386] Mit dem ausschließlichen Abstellen auf staatliche Interessen, die letztlich in dem eigenen Interesse des jeweiligen nationalen Gesetzgebers bestehen[1387], werden überdies internationalprivatrechtliche Maßstäbe durch nationale Bewertungen überlagert.[1388] Deshalb ist auch schwer vorstellbar, dass diese Anknüpfung anationalem Recht zur objektiven Anwendbarkeit verhelfen würde. Fragwürdig ist ferner, dass im Zusammenhang mit privatrechtlichen Rechtsbeziehungen allein staatliche Interessen maßgeblich sein sollen.[1389] Ob die darüber hinaus ebenfalls denkbare Anknüpfung an die stets vorrangige lex fori methodisch nachvollziehbar und im Ergebnis sinnvoll ist, kann im vorliegenden Zusammenhang dahinstehen. Denn die voraussehbare objektive Berufung nichtlegislatorischen Rechts, um das es hier geht und das nie lex fori sein kann, lässt sich mit dieser Methode keineswegs erreichen. Schließlich begegnet auch die als Alternative zur Kollisionsnorm erwogene Bestimmung des anwendbaren Rechts mit Hilfe von Sachnormen im IPR erheblichen Bedenken. Denn die hiermit angesprochene, nach Wahl des Gerichts kumulative oder alternative Anwendung der verschiedenen Rechtsordnungen oder die Herausbildung einer eigenen anwendbaren Sachnorm aus den verschiedenen Sachnormen[1390] beschwört die Gefahr von Billigkeitsentscheidungen, der Überforderung des Richters sowie der mangelnden Voraussehbarkeit des Vertragsstatuts herauf.[1391]

[1383] Sonnenberger, ZVglRWiss 100 (2001), 107, 123.
[1384] Berger, Kodifizierung, 17f.; näher López Rodriguez, 29.
[1385] Burman, Vand. J. Transnat. L. 28 (1995), 367, 378; Juenger, Unif. L. Rev. 2000, 171, 176; Nygh, 141f.; López Rodriguez, 29.
[1386] Juenger, Unif. L. Rev. 2000, 171, 176.
[1387] Meessen, AöR 110 (1985), 398, 411; dazu auch Kropholler, IPR, § 11 IV 2.
[1388] Berger, Kodifizierung, 17.
[1389] López Rodriguez, 29.
[1390] Berger, Kodifizierung, 18f.; Bonell, RabelsZ 42 (1978), 485, 498.
[1391] Berger, Kodifizierung, 18f.

Im Ergebnis ist damit festzuhalten, dass der Grundsatz der engsten Verbindung, auf dem der gegenwärtige Art. 4 Abs. 1 EVÜ basiert, zwar nicht geeignet ist, den Vertrag einem privat formulierten Regelwerk zu unterstellen. Den übrigen denkbaren Anknüpfungspunkten, von denen wohl nur der „better-law-approach“ zu einer objektiven Berufung nichtlegislatorischer Normen führen könnte, ist er jedoch unter dem aus Sicht des EVÜ so bedeutsamen Gesichtspunkt der Voraussehbarkeit des anwendbaren Rechts deutlich überlegen.[1392]

cc. Schlussfolgerungen für die Voraussehbarkeit des objektiv anwendbaren Rechts im Falle der Anwendbarkeit der UP als objektives Vertragsstatut

Die Neutralität privater Regelwerke, die ihre Berufung als Statut aus Sicht der Kontrahenten so attraktiv machen kann, macht es unmöglich, ihre objektive Anwendbarkeit an das Vorliegen bestimmter Bezugspunkte zu knüpfen. Während der erforderliche Bezugspunkt in dem Fall, dass die Parteien auf die UP verwiesen haben, eben dieser Parteiwille ist, ist nicht ersichtlich, worin er in dem Fall bestehen sollte, dass eine Rechtswahl ausgeblieben ist. Die denkbaren alternativen Anknüpfungspunkte vermögen entweder nur zur Anwendung staatlichen Rechts zu führen oder bergen beträchtliche Defizite im Hinblick auf die Voraussehbarkeit des Vertragsstatuts in sich. Der auf die Voraussehbarkeit des Vertragsstatuts bezogene Einwand wiegt umso schwerer, als die Europäische Kommission in ihrem Grünbuch[1393] um Stellungnahmen zu der Frage bittet, ob die derzeitige Formulierung des Art. 4 Abs. 2 EVÜ, mit dessen Hilfe die gem. Art. 4 Abs. 1 EVÜ zu bestimmende engste Verbindung auszumachen ist, unter Rechtssicherheits-Gesichtspunkten hinreichend bestimmt ist, oder ob es insoweit einer weitergehenden Präzisierung bedarf, um die gebotene Voraussehbarkeit des anzuwendenden Rechts zu verbessern.[1394] Hieran zeigt sich, dass das Gebot der Voraussehbarkeit des objektiven Vertragsstatuts auch im anvisierten Gemeinschaftsinstrument einen hohen Stellenwert einnehmen soll.[1395] Es sind keine Gründe ersichtlich, die es rechtfertigen würden, von diesem Gebot Abstriche zu machen, nur um nichtstaatlichen Re-

---

[1392] MPI, RabelsZ 68 (2004), 1, 42; Boschiero, 319, 420. Wenn die Europäische Kommission in ihrem „Grünbuch über die Umwandlung des Übereinkommens von Rom aus dem Jahr 1980 über das auf vertragliche Schuldverhältnisse anzuwendende Recht in ein Gemeinschaftsinstrument sowie über seine Aktualisierung“ vom 14.01.2003, KOM (2002) 654 endg., Punkt 3.2.5. die Frage aufwirft, ob auf die allgemeine Anknüpfung an die engste Verbindung zugunsten der auf die charakteristische Leistung bezogenen Vermutung des Art. 4 Abs. 2 EVÜ verzichtet werden soll, dann ist damit nicht an eine Aufgabe des hinter dem Grundsatz der engsten Verbindung stehenden Prinzips gedacht, zumal die charakteristische Leistung ja gerade eine enge Verbindung darstellt. Angeregt wird damit lediglich die Aufgabe der Generalklausel des derzeitigen Art. 4 Abs. 1 EVÜ zugunsten einer von vornherein spezielleren Lösung. Die hiermit einhergehende Verbesserung bestünde in einem klareren Verhältnis der Abs. 1, 2 und 5 des Art. 4 EVÜ untereinander, nicht in der Aufgabe des Grundsatzes der engsten Verbindung zur Bestimmung des objektiven Vertragsstatuts.

[1393] „Grünbuch über die Umwandlung des Übereinkommens von Rom aus dem Jahr 1980 über das auf vertragliche Schuldverhältnisse anzuwendende Recht in ein Gemeinschaftsinstrument sowie über seine Aktualisierung“ vom 14.01.2003, KOM (2002) 654 endg., Punkt 3.2.5.

[1394] Eingehend hierzu Martiny, Objektive Vertragsanknüpfung und Form, 109ff.

[1395] So auch Boschiero, 319, 414.

gelwerken zur objektiven kollisionsrechtlichen Anwendbarkeit zu verhelfen. Hingegen stellt sich bei der von Glenn[1396] vorgeschlagenen, nur subsidiären Anwendung der UP das Problem fehlender geeigneter Anknüpfungsmomente nicht. Eine Klarstellung im Text des Art. 4 EVÜ, dass dann, wenn das Recht mit der engsten Verbindung zum Vertrag nicht oder nur mit unverhältnismäßigem Aufwand zu ermitteln ist, von einer objektiven Anknüpfung an staatliches Recht abzusehen und der Vertrag stattdessen den UP zu unterstellen ist, ist zwar auf den ersten Blick unter Rechtssicherheits-Gesichtspunkten durchaus denkbar. Allerdings muss man sich fragen, ob hiermit wirklich ein Mehr an Rechtssicherheit für die Parteien geschaffen wird, denn diese blieben weitgehend im Unklaren darüber, wovon es im Einzelnen abhängen soll, wann der Versuch der Ermittlung der engsten Verbindung gescheitert ist. Falls man die Ausweichmöglichkeit des Gerichts nicht auf die UP beschränken möchte, stellt sich außerdem auch hier die Frage nach geeigneten Kriterien, die die Wahl zwischen verschiedenen Regelwerken vorhersehbar machen. Durchaus vorstellbar erscheint demgegenüber die von einigen Autoren vorgeschlagene Neufassung des Art. 4 EVÜ dergestalt, dass die Vorschrift die Heranziehung der UP nicht als Vertragsstatut, sondern lediglich zur Interpretation des objektiv anwendbaren nationalen Rechts gestattet, um dieses an die Bedürfnisse des grenzüberschreitenden Wirtschaftsverkehrs anzupassen.[1397]

d. Fehlendes Bedürfnis nach der Anwendung nichtstaatlichen Rechts als objektives Vertragsstatut

Bedenkt man die vorstehend dargelegten Einwände gegen eine objektive Anwendbarkeit anationalen Rechts, erscheint eine entsprechende Änderung des Art. 4 EVÜ umso unangebrachter, als auch keine dringende Notwendigkeit besteht, internationale Handelsverträge privaten Regelwerken zu unterstellen. Denn wenngleich beispielsweise den UP eine im Vergleich zu den meisten staatlichen Rechten besondere Eignung für grenzüberschreitende Handelsverträge innewohnt, so bedeutet dies nicht, dass nationale Rechte für diesen Zweck völlig ungeeignet wären.[1398] Dem steht auch nicht entgegen, dass an anderer Stelle die Einführung der kollisionsrechtlichen Wählbarkeit nichtstaatlichen Rechts befürwortet wurde.[1399] Eine Beschränkung der neuen Rechtswahlbestimmung auf nationale Vertragsstatute ist schließlich nicht deshalb abzulehnen, weil staatliches Recht keine geeigneten Instrumentarien für den internationalen Handel bereitstellt. Vielmehr ist im Hinblick auf die vom europäischen Kollisionsrecht zu gewährende Parteiautonomie kein überzeugender Grund ersichtlich, den Parteien, die der Ansicht sind, dass ein bestimmtes anationales Regelwerk ihren Interessen am ehesten gerecht wird, diese Gestaltungsmöglichkeit zu versagen, sofern das jeweilige Regelwerk die oben dargelegten Anforderungen erfüllt.

1396 Glenn, 53, 63.

1397 So angeregt von de Miguel Asensio, Dir. comm. int. 1998, 859, 881; López Rodriguez, ERPL 2004, 167, 187f. (in bezug auf die Europäischen Vertragsrechtsprinzipien).

1398 So auch Gaillard, Arb. Int. 17 (2001), 59, 61.

1399 Dazu oben Kapitel 5, B.II.3.

e. Ergebnis

Staatliche Gerichte im Geltungsbereich des EVÜ sollten nach alledem nur bei einem entsprechenden Parteiwillen[1400] und nur in den in dieser Arbeit aufgezeigten Grenzen als ermächtigt angesehen werden, statt eines staatlichen Rechts nichtstaatliches Recht zur Anwendung zu bringen. Gegen die objektive Anwendbarkeit privat formulierten Rechts als Vertragsstatut sprechen die mit seiner Anwendung möglicherweise einhergehenden subjektiven Nachteile für die Kontrahenten, gewichtige Bedenken im Hinblick auf die nach der Konzeption des Übereinkommens gebotene Voraussehbarkeit des anwendbaren Rechts sowie das mangelnde Bedürfnis nach seiner objektiven Anwendbarkeit. Eine Änderung des Art. 4 EVÜ dahingehend, dass nichtlegislatorisches Recht in Ermangelung einer Rechtswahl als objektives Vertragsstatut herangezogen werden kann, ist daher nicht anzuraten.[1401] Denkbar wäre allerdings der Rekurs auf die UP zum Zwecke der Interpretation und Anpassung des objektiven staatlichen Vertragsstatuts.

IV. Zusammenfassung zur Anwendbarkeit der UP im Rahmen der Ergänzung von Lücken im CISG im Geltungsbereich des EVÜ

Das EVÜ erlaubt weder die kollisionsrechtliche Wahl der UP durch die Vertragspartner noch gestattet das Übereinkommen ihre objektive kollisionsrechtliche Berufung durch das Gericht. Für die Möglichkeit, zur Ergänzung von Lücken im CISG auf die UP zurückzugreifen, folgt aus diesen Ergebnissen, dass die internen Lücken des CISG, die einer autonomen Ergänzung nicht zugänglich sind, sowie die externen Lücken der Konvention durch die UP nur mit materiellrechtlicher Wirkung ergänzt werden können, wenn das angerufene Gericht den Vorschriften des EVÜ unterliegt. Bezüglich der subjektiven Anknüpfung ist allerdings im Zuge der anstehenden Revision des Römischen Übereinkommens und seiner anvisierten Umwandlung in eine EG-Verordnung eine Neufassung des Art. 3 EVÜ geboten, die es den Vertragspartnern unter bestimmten, gesetzlich festzulegenden Voraussetzungen ermöglicht, ihren Vertrag auch Regelwerken nichtstaatlicher Provenienz zu unterstellen.

1400 Roth, FS Jayme, 757, 771; MPI, RabelsZ 68 (2004), 1, 42; López Rodriguez, 331.

1401 Im Ergebnis ebenso López Rodriguez, 331; Roth, FS Jayme, 757, 771.

C. Verhandlung vor Gericht eines Vertragsstaates der Interamerikanischen Konvention

Findet das Verfahren vor einem staatlichen Gericht außerhalb der EU statt, ist das EVÜ nicht anwendbar. Die Frage, ob die UP vor einem staatlichen Gericht mit kollisionsrechtlicher Wirkung berufen werden können, ist dann nach den in diesen Staaten geltenden Kollisionsnormen zu beurteilen. Außerhalb der EU geltende Kollisionsnormen enthält beispielsweise die am 17.03.1994 verabschiedete Interamerikanische Konvention über das auf internationale Verträge anwendbare Recht (IAK).[1402]

I. Zur Entstehungsgeschichte der IAK

Der Verabschiedung der IAK gingen mehrjährige Vorarbeiten voraus.[1403] Im Anschluss an die im Jahre 1989 stattgefundene Vierte Interamerikanische Spezialkonferenz zum Internationalen Privatrecht (CIDIP-IV) wurde der mexikanische Professor Siqueiros vom Interamerikanischen Komitee mit der Erstellung eines Konventionsvorschlags beauftragt, der auf den während der Vierten Spezialkonferenz erarbeiteten Grundprinzipien[1404] aufbauen und zudem die Regelungen des EVÜ als Leitlinien berücksichtigen sollte.[1405] Der im Juli 1991 präsentierte Siqueiros-Entwurf[1406] war im November 1993 gemeinsam mit den von den Regierungen der Mitgliedstaaten der Organisation Amerikanischer Staaten (OAS) beantworteten Fragebögen[1407] Gegenstand der Expertenkonferenz in Tucson, Arizona, die mit der Verabschiedung eines neuen Konventionsentwurfs endete.[1408] Der Tucson-Entwurf schließlich stellte auf der Kon-

---

[1402] Die spanische Fassung findet sich beispielsweise bei Santos Belandro, 270ff., der englische Text ist abgedruckt in ILM 33, 1994, 732ff. Darüber hinaus ist der Konventionstext auf der Internetseite der OAS veröffentlicht (www.oas.org).

[1403] Ausführlich zur Entstehung der Interamerikanischen Konvention Parra-Aranguren, Rev. Fund. Proc. 11 (1994), 179, 184ff.

[1404] Actas y Documentos Cuarta Conferencia Especializada Interamericana sobre Derecho Internacional Privado (CIDIP-IV), Washington D.C., OEA, 1991, vol. I, S. 492, CIDIP-IV/doc.44/89, rev. 1. Die während der CIDIP-IV festgelegten Grundprinzipien betrafen insbesondere die Einführung sowie die Reichweite des Prinzips der Parteiautonomie, siehe dazu ausführlich Opertti Badán/Fresnedo de Aguirre, 27.

[1405] International Contracts. Draft Inter-American Convention on the Law Applicable to International Contractual Agreements, OEA/Ser.K/XXI.5, CIDIP-V/doc.12/93, S. 10; Noodt Taquela, Convención Interamericana, 91, 93; Sosa, 98f.; Lamm, 262; Dreyzin de Klor/Saracho Cornet, Rev. Jur. Argent. LA LEY 1995, 1037, 1038; Opertti Badán/Fresnedo de Aguirre, 30; Herbert, Rev. Urug. DIP 1994, 45ff.; Leyva Saavedra, Rev. Jur. Perú 1998, 315, 316f.

[1406] International Contracts. Draft Inter-American Convention on the Law Applicable to International Contractual Arrangements, OEA/Ser.K/XXI.5, CIDIP-V/doc.12/93.

[1407] International Contractual Arrangements, Background Material of the OAS Permanent Council on International Contractual Arrangements, OEA/Ser.K/XXI.5, CIDIP-V/doc.11/93; dazu Opertti Badán/Fresnedo de Aguirre, 29; Herbert, Rev. Urug. DIP 1994, 45, 47.

[1408] Contratación Internacional. Proyecto de Convención Interamericana sobre Derecho Aplicable a los Contratos Internacionales, Tucson, Arizona, 11 al 14 de noviembre de 1993, OEA/Ser.K/XXI.5, CIDIP-V/doc.15/93; Dreyzin de Klor/Saracho Cornet, Rev. Jur. Argent. LA LEY 1995, 1037, 1038;

ferenz von Mexico (CIDIP-V) im Jahre 1994 die Diskussionsgrundlage dar.[1409] Am 17.03.1994 wurde die IAK – auch Konvention von Mexiko genannt - in ihrer jetzigen Fassung von den Delegierten angenommen.[1410] An den der Verabschiedung der IAK vorausgehenden Verhandlungen waren 17 lateinamerikanische Staaten sowie die USA und Kanada beteiligt.[1411] Bislang ist die IAK allerdings nur für Mexico und Venezuela in Kraft getreten[1412], unterzeichnet wurde sie ferner von Bolivien, Brasilien und Uruguay.[1413]

II. Ergänzende Anwendbarkeit der UP bei entsprechendem ausdrücklichem Hinweis der Parteien

Bezüglich der Rechtswahlbefugnis der Parteien führt die IAK in ihrem Art. 7 Abs. 1 Satz 1 aus, dass der Vertrag dem von den Parteien gewählten Recht unterliegt. Art. 7 Abs. 1 Satz 1 IAK enthält dabei, ebenso wie Art. 3 Abs. 1 Satz 1 EVÜ, keine ausdrückliche Beschränkung auf staatliches Recht. Es stellt sich daher auch im Geltungsbereich der IAK die Frage nach der Möglichkeit einer kollisionsrechtlichen Berufung der UP. Dabei geht es wie im Rahmen des EVÜ ausschließlich um die Frage, ob die Parteien auch die intern zwingenden Normen des mangels Rechtswahl anzuwendenden Rechts abbedingen können. Die Eingriffsnormen sowie der ordre public des Forumstaates werden hingegen auch im interamerikanischen Kollisionsrecht durch die Ausübung der Parteiautonomie nicht preisgegeben.[1414]

1. Meinungsstand

Ebenso wie im europäischen Kollisionsrecht ist die Reichweite des Art. 7 Abs. 1 Satz 1 IAK äußerst umstritten: Der Ansicht zahlreicher Autoren zufolge ist die Parteiautonomie im Geltungsbereich der IAK auf die Wahl eines staatlichen Rechts beschränkt und damit die kollisionsrechtliche Wählbarkeit der UP ausgeschlossen.[1415] Nach ande-

---

Opertti Badán/Fresnedo de Aguirre, 30; Herbert, Rev. Urug. DIP 1994, 45, 47; Leyva Saavedra, Rev. Jur. Perú 1998, 315, 317.

[1409] Report of the Rapporteur of Committee I Regarding the Law Applicable to International Contracts, OEA/Ser.K/XXI.5 – CIDIP-V/doc.32/94 rev. 1, S. 1; Opertti Badán/Fresnedo de Aguirre, 30; Leyva Saavedra, Rev. Jur. Perú 1998, 315, 317; Parra-Aranguren, Rev. Fund. Proc. 11 (1994), 179, 214; Vetia, Jurídica (Mexico) 25 (1995-II), 383, 384.

[1410] Herbert, Rev. Urug. DIP 1994, 45, 48; Leyva Saavedra, Rev. Jur. Perú 1998, 315, 317.

[1411] Vischer, Europ. J. L. Ref. 1998/1999, 203, 214; Juenger, Am. J. Comp. L. 42 (1994), 381, 382; Parra-Aranguren, Rev. Fund. Proc. 11 (1994), 179, 211.

[1412] Der jeweils aktuelle Stand der Ratifikationen lässt sich der Internetseite der Organisation Amerikanischer Staaten (OAS) entnehmen (www.oas.org); siehe ferner Bonell, Unif. L. Rev. 2000, 199, 210; da Gama E Souza jr, Revue Juridique Thémis 2002, 375, 396; Lamm, 263.

[1413] Der jeweils aktuelle Stand der Unterzeichnungen lässt sich der Internetseite der Organisation Amerikanischer Staaten (OAS) entnehmen (www.oas.org); vgl. außerdem da Gama E Souza jr, Revue Juridique Thémis 2002, 375, 396; Lamm, 263.

[1414] Juenger, Am. J. Comp. L. 42 (1994), 381, 388; ders., Am. J. Comp. L. 45 (1997), 195, 204; näher dazu unten Kapitel 5, C.II.2.e.aa.

[1415] Drobnig, Unif. L. Rev. 1998, 385, 389; Fernández Arroyo, Rev. crit. dr. internat. privé 1995, 178, 182f.; Boggiano, Unif. L. Rev. 1996, 219, 226; Opertti Badán, El estado actual, 29, 43; ders./Fresnedo rer Auffassung hingegen ermöglicht Art. 7 Abs. 1 Satz 1 IAK auch die Wahl nichtnationalen Rechts als Vertragsstatut.[1416]

2. Stellungnahme

a. Ausgangspunkt

Welche der dargestellten Auffassungen die überzeugenderen Argumente für sich in Anspruch nehmen kann, lässt sich nur durch Auslegung des Art. 7 Abs. 1 Satz 1 IAK ermitteln.[1417] Für die im Rahmen der Interpretation von Einheitsrecht zu beachtenden Grundsätze kann auf die entsprechenden Ausführungen zum CISG und zum EVÜ verwiesen werden.[1418] Dabei ist insbesondere auf Art. 4 IAK hinzuweisen, der in seiner Zielsetzung der einheitlichen Anwendung des Übereinkommens Art. 18 EVÜ entspricht.[1419]

b. Grammatikalische Auslegung des Art. 7 Abs. 1 Satz 1 IAK

Was den Wortlaut des Art. 7 Abs. 1 Satz 1 IAK betrifft, wird zwar auch im Zusammenhang mit dem interamerikanischen Kollisionsrecht darauf hingewiesen, dass der Terminus „Recht" für gewöhlich mit staatlichem Recht gleichgesetzt werde.[1420] Es wurde jedoch bereits im Rahmen der gleichgelagerten Diskussion bezüglich Art. 3 EVÜ aufgezeigt, dass das hiermit bemühte klassisch-formale Rechtsquellenkonzept nicht geeignet ist, über den Bedeutungsgehalt des in einer Kollisionsnorm verwendeten Rechtsbegriffs Aufschluss zu geben.[1421] Diese Überlegungen können auf Art. 7 Abs. 1 Satz 1 IAK übertragen werden. Wenn somit rechtstheoretische Erwägungen im Rahmen der grammatikalischen Auslegung des Art. 7 Abs. 1 Satz 1 IAK nicht weiterhelfen, so fällt dennoch auf, dass Art. 7 Abs. 1 Satz 1 IAK in der spanischen Fassung von „derecho" und nicht von dem üblicherweise enger verstandenen[1422] Begriff „ley"

---

de Aguirre, 33; Lamm, 268; Fresnedo de Aguirre, An. der. com. 7/8 (1996/1999), 191, 199; Herbert, Rev. Urug. DIP 1994, 45, 53; Gebele, 135; Santos Belandro, 92; Lando, King's College Law Journal 7 (1996/1997), 55, 63; offenbar auch Lettermann, 298.

1416 Boele-Woelki, IPRax 1997, 161, 170; Michaels, RabelsZ 62 (1998), 580, 598; Juenger, Am. J. Comp. L. 45 (1997), 195, 204; ders., in: Contratación Internacional, 229, 234; Burman, Vand. J. Transnat. L. 28 (1995), 367, 381; Leible, ZVglRWiss 97 (1998), 286, 317; ders., Wege zu einem europäischen Privatrecht, 416; Steffens, Principios, 45, 46; Beraudo, 49, 51; Parra-Aranguren, in: E Pluribus Unum, 299, 308; Jayme, Vergemeinschaftung, 3, 5; Boschiero, 319, 352; Burkart, 61; Briceno Berrù, Dir. comm. int. 1997, 1003, 1009; Schröder/Wenner, Rn. 113; Schilf, Vertragsgrundregeln, 390.

1417 Die Bedeutung der Auslegung der Konvention zur Ermittlung des Sinngehalts ihrer Bestimmungen betont Leyva Saavedra, Rev. Jur. Perú 1998, 315, 319.

1418 Siehe oben Kapitel 2, B.IV. und Kapitel 5, B.II.2.a.

1419 Leyva Saavedra, Rev. Jur. Perú 1998, 315, 319; Veytia, Jurídica (Mexico) 25 (1995-II), 383, 386.

1420 Gebele, 132.

1421 Ausführlich oben Kapitel 5, B.II.2.b.

1422 Fresnedo de Aguirre, An. der. com. 7/8 (1996/1999), 191, 194; International Contractual Arrangements, Report of the Meeting of Experts on International Contractual Arrangements, Tucson, Arizona, November 11-14, 1993, OEA/Ser.K/XXI.5, CIDIP-V/doc.14/93, S. 11.

spricht.[1423] Dies wird von einigen Autoren als entscheidendes Argument zur Begründung des extensiven Verständnisses der Rechtswahlbestimmung angeführt.[1424] Während der in der englischen Version verwendete Terminus „law" keine Aussagekraft hinsichtlich der Einbeziehung anationalen Rechts hat, da die englische Rechtssprache diesbezügliche Differenzierungen nicht zulässt, scheint der Wortlaut der spanischen Fassung die extensive Auffassung somit tatsächlich zu stützen.[1425] Jedoch ist der Bedeutungsgehalt des Begriffs „derecho" im Gegensatz zum Terminus „ley" auch im romanischen Rechtskreis keinesweg in dem Sinne eindeutig geklärt, dass die Verwendung des erstgenannten stets auch anationale Rechtsquellen umfasst.[1426] Daher kann allein aus der Verwendung des Ausdrucks „derecho" nicht zweifelsfrei auf die Einbeziehung nichtstaatlichen Rechts in den Anwendungsbereich des Art. 7 IAK geschlossen werden. Mehr als eine Indizwirkung für die Möglichkeit der kollisionsrechtlichen Berufung der UP im Geltungsbereich der IAK kann der Wortlautauslegung daher keinesfalls zukommen.

c. Historische Auslegung des Art. 7 Abs. 1 Satz 1 IAK

Im Hinblick auf die ebenfalls zu berücksichtigende Entstehungsgeschichte des Art. 7 Abs. 1 Satz 1 IAK sind folgende Gesichtspunkte zu berücksichtigen:

Zum einen ist von Bedeutung, dass die soeben bereits angesprochene Verwendung des Begriffs „derecho" anstelle von „ley" keineswegs zufällig erfolgt ist. Aus den Verhandlungsberichten ergibt sich vielmehr deutlich, dass man während der Konferenzen bewusst von dem ursprünglich geplanten Begriff „ley" zum Terminus „derecho" übergegangen ist. Das Thema kam zwar während der Konferenzen in erster Linie im Zusammenhang mit der Wahl des Konventionstitels auf.[1427] Die gezielt vorgenommene Änderung des Titels von „*ley* aplicable en materia de contratación internacional"

[1423] Art. 7 Abs. 1 Satz 1 IAK lautet: „El contrato se rige por el derecho elegido por las partes."

[1424] Leible, Wege zu einem europäischen Privatrecht, 416; ders., ZVglRWiss 97 (1998), 286, 317; Santos Belandro, 86; Marrella, La nuova lex mercatoria, 120. Zwar steht Fernández Arroyo, Rev. crit. dr. internat. privé 1995, 178, 182 auf dem Standpunkt, dass in dem im französischen Konventionstext verwendeten Begriff „loi" anstelle von „droit" zum Ausdruck komme, dass die Rechtswahlfreiheit der Parteien auf staatliches Recht beschränkt sei. Indes ist zweifelhaft, ob die französische Fassung, abweichend von der spanischen Version, wirklich auf „loi" lautet. Der französische Konventionstext liegt der Verfasserin zwar nicht vor. Jedoch ist in der französischen Fassung des Tucson-Entwurfs von „droit" die Rede, siehe Contratación Internacional. Proyecto de Convención Interamericana sobre Derecho Aplicable a los Contratos Internacionales, Tucson, Arizona, 11 al 14 de noviembre de 1993, OEA/Ser.K/XXI.5, CIDIP-V/doc.15/93.

[1425] Die spanische Fassung soll für die Auslegung des Konventionstexts in erster Linie maßgeblich sein, zumal Spanisch während der Konferenzen die Arbeitssprache war. Dies soll gelten, obwohl Art. 33 IAK die Gleichrangigkeit aller authentischen Fassungen anordnet, vgl. dazu Juenger, Am. J. Comp. L. 42 (1994), 381, 393, dort in Fn. 53.

[1426] Fresnedo de Aguirre, An. der. com. 7/8 (1996/1999), 191, 194 (entsprechendes gilt für die französischen Ausdrücke „droit" bzw. „loi").

[1427] International Contractual Arrangements, Report of the Meeting of Experts on International Contractual Arrangements, Tucson, Arizona, November 11-14, 1993, OEA/Ser.K/XXI.5, CIDIP-V/doc.14/93, S. 11.

zu „derecho aplicable en materia de contratación internacional"[1428] zog jedoch auch die entsprechende Änderung des Titels des Kapitels über das anwendbare Recht und verschiedener Bestimmungen des Übereinkommens nach sich.[1429] Fraglich ist, welche Schlussfolgerungen aus der bewussten Wahl des umfassenderen[1430] Begriffs „derecho" für die Einbeziehung nichtstaatlichen Rechts in die Rechtswahlfreiheit gezogen werden können.[1431] Den Verhandlungsberichten ist zu entnehmen, dass der im Konventionstitel ursprünglich gebrauchte Begriff „ley" deshalb in „derecho" geändert wurde, weil der Begriff „ley" nur eine von mehreren möglichen Rechsquellen bezeichnet.[1432] Aus dieser Änderung der Terminologie kann zwar vor dem Hintergrund der Äußerungen der Konferenzteilnehmer geschlossen werden, dass man neben dem Gesetz auch andere Rechtsquellen zulassen wollte.[1433] Den Materialien lässt sich jedoch entgegen einer im Schrifttum vertretenen Ansicht nicht eindeutig entnehmen, dass man deutlich machen wollte, dass nicht nur staatliches Recht, sondern auch die Gebräuche und Gepflogenheiten des Handels bzw. die lex mercatoria vom Anwendungsbereich der Vorschrift erfasst werden.[1434] Die Änderung der Terminologie hätte auch dann ihre Berechtigung gehabt, wenn man mit dem umfassenderen Ausdruck „derecho" lediglich dem anglo-amerikanischen Rechtsraum entgegen kommen und deutlich machen wollte, dass auch das nicht kodifizierte common law in den Anwendungsbereich der Vorschrift einbezogen ist.[1435] Für diese Motivation würde auch sprechen, dass es zu den

---

1428 International Contractual Arrangements, Report of the Meeting of Experts on International Contractual Arrangements, Tucson, Arizona, November 11-14, 1993, OEA/Ser.K/XXI.5, CIDIP-V/doc.14/93, S. 11; Sosa, 103; Fresnedo de Aguirre, An. der. com. 7/8 (1996/1999), 191, 194; Santos Belandro, 86.

1429 International Contractual Arrangements, Report of the Meeting of Experts on International Contractual Arrangements, Tucson, Arizona, November 11-14, 1993, OEA/Ser.K/XXI.5, CIDIP-V/doc.14/93, S. 20. Daher scheint auch nicht von Bedeutung, ob die französische Fassung des Art. 7 Abs. 1 Satz 1 IAK, wie von Fernández Arroyo, Rev. crit. dr. internat. privé 1995, 178, 182 geltend gemacht, tatsächlich den restriktiveren Begriff „loi" verwendet. Denn bedenkt man die bewusst und im Lichte der spanischen Textversion vorgenommene Änderung des Wortlauts von „ley" zu „derecho", muss man fast unweigerlich zu dem Schluss gelangen, dass die möglicherweise abweichende französische Fassung nur darauf beruht, dass versäumt wurde, diese Änderung auch in der französischen Übersetzung zu berücksichtigen.

1430 Fresnedo de Aguirre, An. der. com. 7/8 (1996/1999), 191, 194; International Contractual Arrangements, Report of the Meeting of Experts on International Contractual Arrangements, Tucson, Arizona, November 11-14, 1993, OEA/Ser.K/XXI.5, CIDIP-V/doc.14/93, S. 11.

1431 Die Änderung des Wortlauts indiziert grundsätzlich, dass auch eine inhaltliche Änderung beabsichtigt war, vgl. dazu Gruber, Methoden des internationalen Einheitsrechts, 182.

1432 International Contractual Arrangements, Report of the Meeting of Experts on International Contractual Arrangements, Tucson, Arizona, November 11-14, 1993, OEA/Ser.K/XXI.5, CIDIP-V/doc.14/93, S. 11; Fresnedo de Aguirre, An. der. com. 7/8 (1996/1999), 191, 194.

1433 Sosa, 103; Noodt Taquela, Convención Interamericana, 91, 96; Briceno Berrù, Dir. comm. int. 1997, 1003, 1004.

1434 So aber Santos Belandro, 86f. unter Hinweis auf International Contractual Arrangements, Report of the Meeting of Experts on International Contractual Arrangements, Tucson, Arizona, November 11-14, 1993, OEA/Ser.K/XXI.5, CIDIP-V/doc.14/93, S. 21.

1435 Fresnedo de Aguirre, An. der. com. 7/8 (1996/1999), 191, 194.

grundlegenden Zielsetzungen der Konvention von Mexiko gehört, die Harmonie zwischen civil law- und common law-Systemen herzustellen.[1436] Vor diesem Hintergrund spräche die auf die sprachliche Fassung abstellende historische Interpretation des Art. 7 Abs. 1 Satz 1 IAK nicht zwangsläufig für eine extensive Handhabung der Parteiautonomie. Andererseits stünde sie der Einbeziehung nichtlegislatorischen Rechts in die Rechtswahlfreiheit der Parteien aber auch nicht entgegen.

Darüber hinaus muss man sich im Rahmen der historischen Betrachtung des Art. 7 Abs. 1 Satz 1 IAK fragen, ob die Materialien unabhängig von der soeben dargestellten Diskussion um die Begriffswahl erkennen lassen, dass die Konferenzteilnehmer den Vertragspartnern die Möglichkeit einräumen wollten, ihren Vertrag auch Normen nichtstaatlicher Herkunft zu unterstellen. Zwar ist insoweit zu bedenken, dass sich verschiedene Delegierte während der Konferenzen klar und unzweideutig dafür ausgesprochen haben, im Sinne größtmöglicher Rechtssicherheit auch die kollisionsrechtliche Wahl anationalen Rechts zuzulassen.[1437] Die Äußerung einzelner Konferenzteilnehmer kann jedoch nicht ohne weiteres als repräsentativ für den Willen des Konventionsgesetzgebers gelten.[1438] Da den Materialien im Übrigen zwar an verschiedenen Stellen zu entnehmen ist, dass die lex mercatoria, die UP und andere anationale Normen bei der Ausarbeitung des Übereinkommens Berücksichtigung finden sollten[1439], nicht jedoch, in welchem Ausmaß diese Berücksichtigung erfolgen sollte, scheinen die Delegierten die Frage der kollisionsrechtlichen Wählbarkeit nichtstaatlichen Rechts nicht eingehend erörtert zu haben.[1440] Die Zulassung des kollisionsrechtlichen Verweises auf nichtstaatliches Recht würde angesichts der schon im Zusammenhang mit dem EVÜ deutlich gewordenen Strittigkeit der Problematik eine mehr als bedeutsame Fortentwicklung des Kollisionsrechts darstellen.[1441] Da das EVÜ bei der Ausarbeitung der IAK eine maßgebliche Inspirationsquelle darstellte[1442], wird man annehmen können, dass dieses Thema dann, wenn die Delegierten den Vertragspartnern diese weitreichende Befugnis in Abweichung zum EVÜ hätten einräumen wollen, doch einen größeren Anlass zu kontroversen Diskussionen hätte geben müssen, als es offenbar tatsächlich der Fall war.

[1436] Report on the Preparation of Standards for the Regulation of International Legal Businesses Requiring them: International Contracts, OEA/Ser.K/XXI.5, CIDIP-V/doc.13/93, S. 29.

[1437] So etwa Kozolchyk und Gonzálo Parra-Aranguren, International Contractual Arrangements, Report of the Meeting of Experts on International Contractual Arrangements, Tucson, Arizona, November 11-14, 1993, OEA/Ser.K/XXI.5, CIDIP-V/doc.14/93, S. 2f., 8.

[1438] Larenz/Wolf, AT, § 4, Rn. 42.

[1439] Vgl. etwa International Contractual Arrangements, Report of the Meeting of Experts on International Contractual Arrangements, Tucson, Arizona, November 11-14, 1993, OEA/Ser.K/XXI.5, CIDIP-V/doc.14/93, S. 3, 8f., 27; Report on the Preparation of Standards for the Regulation of International Legal Businesses Requiring them: International Contracts, OEA/Ser.K/XXI.5, CIDIP-V/doc.13/93, S. 5ff.; International Contractual Arrangements, Background Material of the OAS Permanent Council on International Contractual Arrangements, OEA/Ser.K/XXI.5, CIDIP-V/doc.11/93, S. 38.

[1440] So auch Lamm, 268 unter Hinweis auf Actas (CIDIP-V) II (Comisión I), 40-46.

[1441] Fernández Arroyo, Rev. crit. dr. internat. privé 1995, 178, 182.

[1442] Vgl. Kapitel 5, C.I.

d. Systematische Auslegung des Art. 7 Abs. 1 Satz 1 IAK

Von zentraler Bedeutung ist der konventionsinterne systematische Zusammenhang, in dem sich Art. 7 IAK befindet. Eine Analyse der diesbezüglich vorgebrachten Argumente und der sonstigen relevanten Gesichtspunkte ergibt nachstehendes Bild:

aa. Verhältnis des Art. 7 Abs. 1 Satz 1 IAK zu Art. 1 IAK

Art. 1 IAK bestimmt, dass das Übereinkommen das auf internationale Verträge anwendbare Recht[1443] bestimmen soll. Welche Bedeutung dem in der Vorschrift gebrauchten Begriff „derecho“ beizumessen ist, wurde bereits bei der grammatikalischen Auslegung des Art. 7 Abs. 1 Satz 1 IAK erörtert.[1444] Die dort gefundenen Ergebnisse können auf Art. 1 IAK übertragen werden mit dem Resultat, dass die in Art. 1 IAK verwendete Terminologie das extensive Verständnis des Art. 7 Abs. 1 Satz 1 IAK zwar nicht besonders zu stützen vermag, ihm aber andererseits auch nicht entgegensteht.

bb. Verhältnis des Art. 7 Abs. 1 Satz 1 IAK zu Art. 2 IAK

Für das restriktive Verständnis von Art. 7 Abs. 1 Satz 1 IAK könnte man auf den ersten Blick Art. 2 IAK anführen, demzufolge das nach den Vorschriften der Konvention anwendbare Recht auch dann zur Anwendung kommt, wenn es sich um das Recht eines Nichtvertragsstaates handelt.[1445] Die nur beschränkte Aussagekraft einer derartigen Bestimmung für die Reichweite der Parteiautonomie wurde bereits im Zusammenhang mit dem nahezu gleichlautenden Art. 2 EVÜ dargelegt.[1446] Zwar wird dem Art. 2 IAK eine von Art. 2 EVÜ abweichende Funktion beigemessen: Art. 2 IAK könne im Gegensatz zu Art. 2 EVÜ nicht die Universalität des Übereinkommens zum Ausdruck bringen, da Art. 1 Abs. 2 IAK die Anwendung der Konvention im Verhältnis zu Nichtvertragsstaaten ausschließe.[1447] Stattdessen erfülle Art. 2 IAK ausschließlich die Funktion, den Parteien die Wahl des Rechts eines Nichtvertragsstaates als Vertragsstatut zu ermöglichen.[1448] Daraus ergibt sich jedoch für die Bedeutung der Vorschrift im Rahmen der systematischen Interpretation des Art. 7 Abs. 1 Satz 1 IAK keine abweichende Beurteilung. Art. 2 IAK kann der extensiven Auslegung des Art. 7 Abs. 1 Satz 1 IAK daher aus den oben genannten Gründen[1449] nicht überzeugend entgegengehalten werden.[1450]

[1443] „Derecho“ in der spanischen Fassung, „law“ in der englischen Fassung.
[1444] Vgl. oben Kapitel 5, C.II.2.b.
[1445] Art. 2 IAK lautet in der spanischen Fassung: „El derecho designado por esta Convención se aplicará aún cuando tal derecho sea el de un Estado no Parte.“ In der englischen Fassung heißt es: "The law designated by the Convention shall be applied even if said law is that of a State that is not a party."
[1446] Siehe oben Kapitel 5, B.II.2.c.bb.
[1447] Lamm, 265; Samtleben, IPRax 1998, 385, 386; aA Gebele, 133.
[1448] Lamm, 265; Leyva Saavedra, Rev. Jur. Perú 1998, 315, 321; Samtleben, IPRax 1998, 385, 386.
[1449] Vgl. oben Kapitel 5, B.II.2.c.bb.
[1450] Im Ergebnis ebenso Hernández-Breton, IPRax 1998, 378, 382; Gebele, 133.

cc. Verhältnis des Art. 7 Abs. 1 Satz 1 IAK zu Art. 3 IAK

Vereinzelt wird Art. 3 IAK für eine aufgeschlossene Einstellung des Übereinkommens gegenüber neueren Tendenzen und damit als Stütze für die extensive Lehrmeinung angeführt.[1451] Die Norm sieht vor, dass die Vorschriften der Konvention auch an innovative Formen des Vertragsverkehrs anzupassen sind, die aus neueren Entwicklungen des internationalen Handels folgen.[1452] Aus der Entstehungsgeschichte des Art. 3 IAK ergibt sich, dass die Vorschrift insbesondere den sich durch den elektronischen Handel ergebenden Besonderheiten und den sich bei Ausarbeitung des Übereinkommmens nicht existierenden, sich im Nachhinein entwickelnden Vertragstypen Rechnung tragen soll. Mit ihrer Aufnahme in den Text des Abkommens sollten entsprechende Anpassungen der Konvention durch eine flexible Auslegung ihrer Vorschriften ermöglicht werden.[1453] Mit Art. 3 IAK soll, anders ausgedrückt, insgesamt die Möglichkeit eröffnet werden, auf bei Abfassung des Konventionstextes unvorhergesehene Umstände und neue Anforderungen durch eine automatische Anpassung der relevanten Bestimmungen zu reagieren.[1454] Gleichwohl scheint Art. 3 IAK zur Stützung der extensiven Interpretation des Art. 7 Abs. 1 Satz 1 IAK nicht geeignet. Denn bei der hier zu untersuchenden Frage geht es nicht um eine nach Verabschiedung des Übereinkommens zu Tage getretene neuere Entwicklung, die eine Anpassung der Vorschriften der IAK notwendig machen würde. Vielmehr geht es um eine Entwicklung – gemeint ist die zunehmende Entstehung nichtstaatlichen Rechts, insbesondere in Form privater Regelwerke -, die während der Ausarbeitung der Konvention nicht nur hinlänglich bekannt, sondern außerdem auch Gegenstand der während der Konferenzen geführten Diskussionen war[1455] und infolgedessen sowohl in Art. 9 Abs. 2 Satz 2 IAK als auch in Art. 10 IAK zweifellos Eingang in die Konvention gefunden hat.[1456] Daher dürfte die zunehmende Entwicklung privat ausformulierter Regeln wohl nicht zu den unvorher-

---

[1451] So etwa Pereznieto Castro, Riv. dir. int. priv. e proc. 1994, 765, 775.

[1452] Art. 3 IAK lautet in der spanischen Fassung: „Las normas de esta Convención se aplicarán, con las adaptaciones necesarias y posibles, a las nuevas modalidades de contratación utilizadas como consecuencia del desarrollo comercial internacional."

[1453] Pereznieto Castro, Riv. dir. int. priv. e proc. 1994, 765, 775, dort in Fn. 38; Samtleben, IPRax 1998, 385, 391; Lamm, 265; Fresnedo de Aguirre, An. der. com. 7/8 (1996/1999), 191, 197; Dreyzin de Klor/Saracho Cornet, Rev. Jur. Argent. LA LEY 1995, 1037, 1042; Herbert, Rev. Urug. DIP 1994, 45, 58; Parra-Aranguren, in: E Pluribus Unum, 299, 306; Gebele, 51.

[1454] Gebele, 51; Parra-Aranguren, in: E Pluribus Unum, 299, 306; Opertti Badán/Fresnedo de Aguirre, 32.

[1455] Siehe International Contractual Arrangements, Report of the Meeting of Experts on International Contractual Arrangements, Tucson, Arizona, November 11-14, 1993, OEA/Ser.K/XXI.5, CIDIP-V/doc.14/93, S. 3, 8f., 27; Report on the Preparation of Standards for the Regulation of International Legal Businesses Requiring them: International Contracts, OEA/Ser.K/XXI.5, CIDIP-V/doc.13/93, S. 5ff.; International Contracts. Draft Inter-American Convention on the Law Applicable to International Contractual Arrangements, OEA/Ser.K/XXI.5, CIDIP-V/doc. 12/93, S. 14; ebenso Gebele, 79; Fernández Arroyo/Fresnedo de Aguirre, 949, 968; Lamm, 273.

[1456] In welchem Umfang die in Art. 9 Abs. 2 Satz 2 IAK und Art. 10 IAK genannten Quellen anationalen Ursprungs Berücksichtigung finden können, wird allerdings äußerst kontrovers diskutiert und wird an späterer Stelle zu erörtern sein, vgl. unten Kapitel 5, C.II.2.d.ee sowie Kapitel 5, C.III.

gesehenen Entwicklungen gehören, für deren Berücksichtigung Art. 3 IAK in den Konventionstext aufgenommen wurde. Art. 3 IAK hat dementsprechend für die Reichweite der in Art. 7 Abs. 1 Satz 1 IAK normierten Parteiautonomie keine Aussagekraft.

dd. Verhältnis des Art. 7 Abs. 1 Satz 1 IAK zu Art. 9 Abs. 2 Satz 2 IAK

Zum Teil wird auch Art. 9 Abs. 2 Satz 2 IAK herangezogen, um die Beschränkung der kollisionsrechtlichen Gestaltungsfreiheit auf die Wahl staatlichen Rechts zu begründen.[1457] Dabei wird nicht verkannt, dass Art. 9 Abs. 2 Satz 2 IAK, der dem Richter die Berücksichtigung der „allgemeinen Grundsätze des internationalen Handelsrechts" auferlegt, gerade nicht die Frage betrifft, ob die Parteien ihren Vertrag solchen Prinzipien unterstellen können, sondern sich ausschließlich auf den Fall bezieht, dass eine Rechtswahl nicht oder jedenfalls nicht wirksam erfolgt ist.[1458] Gerade dieser Umstand wird jedoch im Wege eines Umkehrschlusses der extensiven Auslegung des Art. 7 Abs. 1 Satz 1 IAK entgegengehalten: Die systematische Stellung des Hinweises auf allgemeine Handelsrechtsprinzipien, der sich nicht etwa im Zusammenhang mit der in Art. 7 IAK geregelten vertraglichen Rechtswahl, sondern erst im Zusammenhang mit der in Art. 9 IAK geregelten objektiven Anknüpfung finde, spreche gegen die Möglichkeit einer Berücksichtigung derartiger Grundsätze im Rahmen der Parteiautonomie.[1459] Dem ist nicht nur entgegenzuhalten, dass keineswegs geklärt ist, welche Bedeutung die in Art. 9 Abs. 2 Satz 2 IAK bezeichneten Rechtsquellen nichtstaatlichen Charakters im Rahmen der objektiven Anknüpfung überhaupt erlangen können.[1460] Gegen die vorgebrachte Argumentation spricht auch, dass die explizite Erwähnung nichtstaatlicher Quellen im Zusammenhang mit Art. 7 IAK nicht unbedingt notwendig wäre, um ihnen dort zur Anwendung zu verhelfen. Denn angesichts des offenen Wortlauts des Art. 7 IAK besteht, wie bereits aufgezeigt[1461], durchaus die Möglichkeit, dass der dort verwendete Rechtsbegriff nichtstaatliche Rechtsquellen auch ohne ihre ausdrückliche Erwähnung umfasst. In Art. 9 Abs. 1 IAK hingegen ist ausdrücklich und ausschließlich von staatlichem Recht die Rede[1462], weshalb es dort einer ausdrücklichen Nennung anationaler Quellen bedarf, um diesen zu einer wie auch immer gearteten Geltung im Rahmen der objektiven Anknüpfung zu verhelfen. Wenn man also den Inhalt des Art. 9 Abs. 2 Satz 2 IAK überhaupt fruchtbar machen kann, um die Grenze der Rechtswahlfreiheit zu klären, dann nur in dem Sinne, dass die objektive Berufung anationaler Quellen nach Art. 9 IAK jedenfalls ausgeschlossen wäre, wenn sie in dessen Abs. 2 keine explizite Erwähnung gefunden hätten. Hingegen rechtfertigt ihre aus-

---

[1457] Fernández Arroyo, Rev. crit. dr. internat. privé 1995, 178, 183; Santos Belandro, 92; Lamm, 268.
[1458] Zutreffend Samtleben, IPRax 1998, 385, 390.
[1459] Fernández Arroyo, Rev. crit. dr. internat. privé 1995, 178, 183; Santos Belandro, 92; Lamm, 268.
[1460] Welche Tragweite der in Art. 9 Abs. 2 Satz 2 IAK enthaltenen Bezugnahme auf nichtstaatliche Quellen im Einzelnen zukommt, wird weiter unten Kapitel 5, C.III. zu erörtern sein.
[1461] Siehe oben Kapitel 5, C.II.2.b.
[1462] Art. 9 Abs. 1 IAK lautet: "Si las partes no hubiesen elegido el derecho aplicable, o si su elección resultara ineficaz, el contrato se regirá por el derecho del Estado con el cual tenga los vínculos más estrechos."

gebliebene Erwähnung in Art. 7 IAK einen solchen Schluss bezüglich ihrer vertraglichen Berufung nicht ohne weiteres. Mehr lässt sich dem Zusammenspiel der beiden Bestimmungen nicht entnehmen.

ee. Verhältnis des Art. 7 Abs. 1 Satz 1 IAK zu Art. 10 IAK

Besonders umstritten ist, ob Art. 10 IAK zur Klärung der Frage nach der kollisionsrechtlichen Wählbarkeit nichtstaatlichen Rechts beitragen kann. Art. 10 IAK lautet in der spanischen Version: „Además de lo dispuesto en los articulos anteriores, se aplicarán, cuando corresponda, las normas, las costumbres y los principios del derecho comercial internacional, así como los usos y prácticas comerciales de general aceptación con la finalidad de realizar las exigencias impuestas por la justicia y la equidad en la solución del caso concreto."[1463] Die Meinungen bezüglich der Aussagekraft des Art. 10 IAK für die Reichweite der Parteiautonomie in der IAK sind geteilt.

(1) Meinungsstand

(a) Art. 10 IAK soll die kollisionsrechtliche Anwendung der UP ermöglichen

Von den Befürwortern der kollisionsrechtlichen Wählbarkeit anationaler Normen im Geltungsbereich der IAK wird angeführt, bei der Lektüre des Art. 7 IAK im Zusammenhang mit Art. 10 IAK werde deutlich, dass es den Parteien auch möglich sein soll, die in Art. 10 IAK genannten Quellen anationalen Charakters als Vertragsstatut zu wählen.[1464]

(b) Art. 10 IAK soll die Anwendung der UP nur im Rahmen des anwendbaren Rechts ermöglichen

Dieses Verständnis des Art. 10 IAK ist auf Kritik gestoßen. Art. 10 IAK erhebe die dort genannten Quellen nicht zum staatlichem Recht gleichrangigen Vertragsstatut, sondern bringe das anationale Recht nur zum Zwecke der Interpretation, Anpassung und Korrektur des anwendbaren Rechts zur Anwendung.[1465] Schon in der einleitenden Formulierung, wonach die genannten Vorschriften nur „zusätzlich" zu den übrigen Vorschriften der Konvention anzuwenden sind, aber auch durch die in der spanischen Fassung zusätzlich gebrauchte Formulierung „cuando corresponda" werde deutlich, dass die in Art. 10 IAK genannten Quellen nur im Rahmen des nach diesen Vorschrif-

---

[1463] Der Wortlaut der englischen Fassung ist: „In addition to the provisions in the foregoing articles, the guidelines, customs, and principles of international commercial law as well as commercial usage and practices generally accepted shall apply in order to discharge the requirements of justice and equity in the particular case."

[1464] Parra-Aranguren, in: E Pluribus Unum, 299, 308 unter Hinweis auf Report of the Rapporteur of Committee I Regarding the Law Applicable to International Contracts, OEA/Ser.K/XXI.5 – CIDIP-V/doc.32/94 rev. 1, S. 20; wohl auch da Gama E Souza jr, Revue Juridique Thémis 2002, 375, 408; Briceno Berrù, Dir. comm. int. 1997, 1003, 1014f.; Nygh, 262 (jeweils mwN).

[1465] Opertti Badán, El estado actual, 29, 50; Santos Belandro, 94; de Miguel Asensio, Dir. comm. int. 1998, 859, 881; Samtleben, IPRax 1998, 385, 390; Gebele, 135; Baumann, Das Recht Deutschlands und der Schweiz im Dialog V (1996), 2, 32; Beraudo, 49, 51.

ten maßgebenden Rechts anzuwenden sind.[1466] Das Vertragsstatut könne mithin durch den Rückgriff auf die UP in seiner praktischen Anwendung korrigiert werden, wenn es sich im konkreten Einzelfall als für internationale Transaktionen ungeeignet herausstellt und zu untragbaren Ergebnissen führt.[1467] Soweit dies nach der Zielsetzung des Art. 10 IAK erforderlich sei, könnten dabei auch zwingende Vorschriften des staatlichen Statuts verdrängt werden, ohne dass das anationale Recht dabei selbst zum Vertragsstatut avanciere. Dies folge insbesondere aus der in der englischen Fassung gebrauchten Formulierung „in order to discharge".[1468]

(2) Stellungnahme

Da Art. 10 IAK sowohl für die subjektive als auch für die objektive Anknüpfung Geltung beansprucht[1469], ist nachfolgend zunächst der allgemeine Sinngehalt der Vorschrift zu ermitteln, aus dem sodann auf ihre Aussagekraft für die hier zu untersuchende Tragweite des Art. 7 Abs. 1 Satz 1 IAK unter systematischen Gesichtspunkten zu schließen ist. In diesem Zusammenhang sind vor allen Dingen zwei Fragen zu beantworten: Zum einen ist zu prüfen, ob Art. 10 IAK die Anwendung der dort genannten Quellen überhaupt von ihrer Berufung durch die Parteien abhängig macht. Denn nur dann wäre eine Auswirkung der Norm auf die Parteiautonomie denkbar. Zum anderen stellt sich die Frage nach dem Umfang der Berücksichtigung der in Art. 10 IAK genannten Rechtsquellen, namentlich ob sie als alternatives oder ergänzendes Vertragsstatut zur Anwendung gelangen oder ob sie lediglich im Rahmen des anwendbaren Rechts Berücksichtigung finden können. Auf die Konsequenzen, die sich aus Existenz und Regelungsgehalt des Art. 10 IAK für die objektive Anknüpfung ergeben, soll erst an gegebener Stelle eingegangen werden.[1470]

(a) Grammatikalische Auslegung des Art. 10 IAK

Die Betrachtung des Art. 10 IAK unter grammatikalischen Gesichtspunkten gestattet eine Reihe von zweifelsfreien Schlussfolgerungen. So lässt sich dem Wortlaut des Art. 10 IAK entnehmen, dass die Vorschrift nicht nur für den ihr unmittelbar vorangehenden Art. 9 IAK, sondern auch für Art. 7 IAK gilt, mithin Auswirkungen auch in dem Fall haben muss, dass die Parteien ihren Vertrag einem bestimmten Statut unterstellt

---

[1466] Samtleben, IPRax 1998, 385, 390; Gebele, 96, 135. Der Passus „cuando corresponda" fehlt in der englischen Fassung; für den Vorrang des spanischen Textes als Arbeitssprache siehe Juenger, Am. J. Comp. L. 42 (1994), 381, 393, dort in Fn. 53.

[1467] Beraudo, 49, 51; Baumann, Das Recht Deutschlands und der Schweiz im Dialog V (1996), 2, 32; Samtleben, IPRax 1998, 385, 390; vgl. außerdem Vischer/Huber/Oser, Kapitel 2, § 2, Rn. 129, die darauf hinweisen, dass man nur dann, wenn eine Partei bei Vertragsschluss nachweislich auf die Anwendung einer Norm der zuständigen staatlichen Rechtsordnung vertraut habe, auf einer strikten Anwendung der Norm bestehen müsse.

[1468] Boggiano, La solución de controversias, 15, 21; Gebele, 135; zurückhaltend insoweit Dasser, Vertragstypenrecht im Wandel, Rn. 371f., der lediglich feststellt, dass die in der Vorschrift genannten Handelsbräuche „zumindest" vor dem dispositiven staatlichen Vertragsrecht Vorrang genießen sollen.

[1469] Dazu sogleich (a).

[1470] Dazu unten Kapitel 5, C.III.2.c.dd.

haben. Denn Art. 10 IAK bestimmt seine zusätzliche Anwendung nicht für *den* vorangehenden Artikel, sondern für *die* vorangehenden Artikel und bezieht damit auch Art. 7 und 8 IAK in seinen Anwendungsbereich ein.[1471] Ferner dürfte angesichts der Formulierung „Además de“ bzw. „In addition to“ zweifelsfrei feststehen, dass der Regelungsinhalt des Art. 10 IAK über den der Art. 7 und 9 IAK hinausgehen, d.h. einen diese Bestimmungen ergänzenden Inhalt haben muss. Des weiteren bringt die Vorschrift klar zum Ausdruck, dass die Berücksichtigung der Richtlinien, Gebräuche und allgemeinen Grundsätze des internationalen Handelsrechts sowie der Gepflogenheiten und allgemein anerkannten Handelsgewohnheiten nur dann geboten und offenbar auch nur dann möglich ist, wenn Gerechtigkeit und Billigkeit im konkreten Einzelfall dies erfordern.[1472] Da Art. 10 IAK als einzige Anwendungsvoraussetzung die Herstellung von Gerechtigkeit und Billigkeit nennt, legt sein Text außerdem nahe, dass die Anwendung der in der Vorschrift bezeichneten nichtstaatlichen Normen an keine darüber hinausgehenden Bedingungen geknüpft ist. Daraus folgt insbesondere, dass diese nicht von den Parteien berufen werden müssen, um im Rahmen des Art. 10 IAK Anwendung finden zu können. Der Wortlaut der Norm spricht allerdings andererseits auch nicht dagegen, dass die in Art. 10 IAK genannten Quellen auch von den Vertragspartnern berufen werden können. Allerdings scheint die Berücksichtigung einer solchen vertraglichen Verweisung ausweislich des Wortlauts der Bestimmung nur dann möglich zu sein, wenn Billigkeit und Einzelfallgerechtigkeit dies gebieten. Schließlich gestattet die Bezeichnung „los principios del derecho comercial internacional“ bzw. „principles of international commercial law“ die Schlussfolgerung, dass die in Art. 10 IAK angesprochenen Quellen auch die UP umfassen.[1473] Hingegen gibt der Text des Art. 10 IAK auch bei näherer Betrachtung keinen zuverlässigen Aufschluss darüber, ob die genannten Quellen als Vertragsstatut neben dem bzw. anstelle des nach Art. 7 Abs. 1 Satz 1 IAK wählbaren Rechts Bedeutung erlangen oder ob sie lediglich im Rahmen des maßgeblichen Rechts Anwendung finden können. Weder die Formulierung „Además de“ bzw. „In addition to“ noch die Worte „del caso concreto“ bzw. „in the particular case“ vermögen zur Klärung dieser Frage beizutragen.[1474]

(b) Historische und teleologische Auslegung des Art. 10 IAK

Möglicherweise können die nach der vorstehenden Textanalyse offengebliebenen Fragen unter historischen und – kaum trennbar damit verbunden – teleologischen Gesichtspunkten einer befriedigenden Antwort zugeführt werden. Im Rahmen dieser Un-

---

[1471] Dreyzin de Klor/Saracho Cornet, Rev. Jur. Argent. LA LEY 1995, 1037, 1044; Gebele, 91, 137.

[1472] Opertti Badán, Rev. Urug. DIP 1994-1999, 13, 35; Gebele, 91; Samtleben, IPRax 1998, 385, 390; Beraudo, 49, 51; Baumann, Das Recht Deutschlands und der Schweiz im Dialog V (1996), 2, 32.

[1473] Beraudo, 49, 51; Siqueiros, in: Contratación Internacional, 217, 224; Vischer/Huber/Oser, Kapitel 3, § 3, Rn. 307; Fernández Arroyo/Fresnedo de Aguirre, 949, 968; Juenger, Am. J. Comp. L. 42 (1994), 381, 391.

[1474] AA Gebele, 135, der gerade aus diesen Formulierungen schließt, dass die in Art. 10 IAK genannten Quellen nur im Rahmen des staatlichen Vertragsstatuts Berücksichtigung finden können; in diesem Sinne auch Samtleben, IPRax 1998, 385, 390, der sich allerdings maßgeblich auf die im spanischen Konventionstext enthaltene Formulierung „cuando corresponda“ stützt.

tersuchung ist der aus der Entstehungsgeschichte ableitbare, speziell auf die Rechtswahlfreiheit bezogene Normzweck des Art. 10 IAK zu ermitteln.[1475]

Die ohne Zweifel zutreffende Einschätzung einiger Autoren, Art. 10 IAK ziele darauf ab, die Anpassung der Streitentscheidung an moderne Entwicklungen im Bereich der Schuldverträge zu ermöglichen[1476], hilft für die hier zu beantwortende Frage allerdings nicht weiter, da sich diese Zielsetzung mit beiden vertretenen Auslegungsalternativen[1477] in Einklang bringen ließe. Das Gleiche gilt für den Hinweis, Art. 10 IAK liege ein „better-law-approach"[1478] bzw. ein „substantive-law-approach"[1479] zugrunde. Hilfreicher ist insoweit, dass während der Konferenz von Tucson mehrere Delegierte den Wunsch zum Ausdruck brachten, die lex mercatoria, internationale Handelsbräuche sowie die allgemeinen Grundsätze des internationalen Handelsrechts als primäre Quelle rechtlicher Pflichten in der Konvention zu nennen. Hiermit wollte man die mit dem Übereinkommen angestrebte Rechtssicherheit tatsächlich erzielen und außerdem gewährleisten, dass die IAK trotz ihres staatsvertraglichen Charakters nicht hinter der zügigen Entwicklung des internationalen Handels zurückbleibt.[1480] Es wurde allerdings auch erklärt, dass ein beträchtlicher Fortschritt in diese Richtung bereits dann erreicht würde, wenn man die Heranziehung von Quellen nichtstaatlicher Herkunft lediglich zum Zwecke der Interpretation des anwendbaren Rechts im Konventionstext verankern würde.[1481] Dafür, dass Art. 10 IAK letzten Endes auf diese zuletzt genannte Bedeutung reduziert werden sollte, spricht, dass sich ein weiterer Konferenzteilnehmer dafür aussprach, Art. 10 IAK mit den folgenden Worten einzuleiten: „No obstante lo dispuesto por los artículos anteriores ....". Dem lag die Überlegung zugrunde, dass die Formulierung „Además" der Regelung einen unerwünschten akkumulativen Charakter verleihe und damit den Eindruck erwecke, es handele sich um eine Frage der Rechtsanwendung und nicht bloß um eine Frage der Interpretation. Art. 10 IAK setze aber der lex mercatoria eine bedeutende Grenze, indem er ihr nicht den gleichen Rang einräume wie dem staatlichen Recht.[1482] Im Einklang mit dieser Äußerung wird im Schrifttum vorgebracht, der Richter solle mit Hilfe des Art. 10 IAK den Vertragsbe-

---

[1475] Zum auf die objektive Anknüpfung bezogenen Regelungszweck des Art. 10 IAK siehe unten Kapitel 5, C.III.2.c.dd.

[1476] Fresnedo de Aguirre, An. der. com. 7/8 (1996/1999), 191, 202; Herbert, Rev. Urug. DIP 1994, 45, 58; Lamm, 275.

[1477] D.h. sowohl mit der Anwendung der in Art. 10 IAK genannten Quellen als Vertragsstatut als auch mit ihrer Anwendung nur im Rahmen des für den Vertrag maßgeblichen Rechts.

[1478] López Rodriguez, 111; Gebele, 92.

[1479] Parra Aranguren, in: E Pluribus Unum, 299, 309.

[1480] International Contractual Arrangements, Report of the Meeting of Experts on International Contractual Arrangements, Tucson, Arizona, November 11-14, 1993, OEA/Ser.K/XXI.5, CIDIP-V/doc.14/93, S. 3 (Kozolchyk) und S. 8 (G. Parra-Aranguren).

[1481] International Contractual Arrangements, Report of the Meeting of Experts on International Contractual Arrangements, Tucson, Arizona, November 11-14, 1993, OEA/Ser.K/XXI.5, CIDIP-V/doc.14/93, S. 8f. (F. Parra-Aranguren).

[1482] Manifestaciónes del Dr. Opertti en sesión del 16/2/94 de la Comisión técnica creada por Resolución del MRE No. 473/93 para preparar la CIDIP-V, zitiert von Fresnedo de Aguirre, An. der. com. 7/8 (1996/1999), 191, 202f.

stimmungen in erster Linie „eine Bedeutung beimessen [zu] können, die dem internationalen Charakter des Vertrages sowie den gemeinsamen Parteierwartungen gerecht wird [...].“[1483] Diese Vorgehensweise solle sicherstellen, dass Normen einer staatlichen Rechtsordnung auf ihre Eignung für die spezifischen Bedürfnisse des internationalen Handelsverkehrs überprüft und notfalls auch korrigiert werden könnten.[1484] Die Finalität des Art. 10 IAK liege daher in der Schaffung von (materiellrechtlicher) Einzelfallgerechtigkeit.[1485] Die Norm eröffne die Möglichkeit, „kollisionsrechtliche Ergebnisse durch materielle Erwägungen zu überlagern“ und verdeutliche so „die untrennbare Verbindung von kollisionsrechtlicher und materiellrechtlicher Gerechtigkeit.“[1486] Der so verstandene Regelungszweck des Art. 10 IAK ließe sich auch damit in Einklang bringen, dass die Konferenzteilnehmer dem Richter nicht die Möglichkeit einräumen wollten, die Rechtswahl der Parteien dahingehend zu hinterfragen, ob eine hinreichende Beziehung zwischen dem gewählten Recht und dem jeweiligen Vertragsverhältnis besteht.[1487] Verstünde man hingegen Art. 10 IAK so, dass die Vorschrift dem Richter die Möglichkeit eröffnet, sich aus Gründen der Billigkeit über die erklärte Rechtswahl der Parteien hinwegzusetzen und den Vertrag anstelle des von ihnen gewählten Rechts in toto einem anderen Recht zu unterstellen, könnte dies dem Willen des Konventionsgesetzgebers widersprechen. Denn dieser wollte dem Gericht ja gerade nicht die Befugnis geben, die Rechtswahl der Parteien zu hinterfragen. Ein diesbezüglicher Widerspruch ließe sich nur vermeiden, wenn man Art. 10 IAK so verstünde, dass die Parteien die in der Vorschrift aufgeführten nichtstaatlichen Quellen als Ersatzrecht für den Fall unbilliger Ergebnisse gewählt haben müssen, damit der Richter dann auf sie zurückgreifen kann, um das eigentliche Statut zu ersetzen. Denn in diesem Falle wären es letztlich die Kontrahenten selbst, die ihre Rechtswahl, wenn auch nur vorsorglich, hinterfragen. Der Richter würde dann lediglich das von den Parteien vorsorglich ersatzweise bestimmte Recht anwenden. Für diese Auslegung findet sich jedoch im Wortlaut des Art. 10 IAK überhaupt keine Stütze.[1488]

Somit lässt sich der Regelungszweck des Art. 10 IAK auch vor dem Hintergrund der Entstehungsgeschichte der Vorschrift nicht zweifelsfrei klären. Gleichwohl spricht unter historisch-teleologischen Gesichtspunkten einiges dafür, dass dem Richter über Art. 10 IAK nicht die Befugnis eingeräumt werden sollte, die gesamte Rechtswahl der Vertragspartner zu hinterfragen. Er sollte offenbar lediglich in die Lage versetzt werden, die kollisionsrechtliche Entscheidung der Parteien hinsichtlich des Ergebnisses, das aus der Anwendung des gewählten Rechts folgt, punktuell zu korrigieren. Aber

---

[1483] Gebele, 91f.; ähnlich Herbert, Rev. Urug. DIP 1994, 45, 59; Burman, Vand. J. Transnat. L. 28 (1995), 367, 381.

[1484] Vischer/Huber/Oser, Kapitel 2, § 2, Rn. 129; Leyva Saavedra, Rev. Jur. Perú 1998, 315, 320; Gebele, 92.

[1485] Opertti Badán, Rev. Urug. DIP 1994-1999, 13, 35; Gebele, 91.

[1486] Gebele, 111.

[1487] International Contracts. Draft Inter-American Convention on the Law Applicable to International Contractual Arrangements, OEA/Ser.K/XXI.5, CIDIP-V/doc.12/93, S. 19f.; Opertti Badán/Fresnedo de Aguirre, 33; Herbert, Rev. Urug. DIP 1994, 45, 53.

[1488] Vgl. oben Kapitel 5, C.II.2.d.ee.(2).(a).

selbst, wenn man in Art. 10 IAK die Ermächtigung zur Anwendung nichtstaatlicher Rechtsquellen als Vertragsstatut erblicken wollte, bleibt folgendes zu berücksichtigen: Die historisch-teleologische Analyse der Vorschrift vermag den im Rahmen ihrer grammatikalischen Betrachtung gewonnenen Eindruck nicht auszuräumen, dass Art. 10 IAK nicht geeignet ist, den *Vertragspartnern* die Berufung anationaler Normen zu ermöglichen. Denn letztlich hängt es von den Erfordernissen der Billigkeit und Gerechtigkeit im Einzelfall und damit vom Ermessen des Richters ab, ob die so gewählten Normen tatsächlich zur Anwendung gelangen.

(c) Systematische Auslegung des Art. 10 IAK

Die Betrachtung der Stellung des Art. 10 IAK im Gefüge der Konvention bestätigt nicht nur die bereits aus dem Wortlaut ersichtliche Geltung sowohl für Art. 9 IAK als auch für Art. 7 IAK.[1489] Sie legt zudem den Schluss nahe, dass der Regelungsinhalt des Art. 10 IAK für die Frage der subjektiven und der objektiven Geltung anationalen Rechts jedenfalls im Grundsatz der gleiche sein dürfte, soweit die Eigenheiten der beiden Anknüpfungsmodalitäten nicht zwingend eine Differenzierung erfordern. Hingegen lässt sich der Position des Art. 10 IAK nicht zweifelsfrei entnehmen, ob er die Rechtswahlfreiheit erweitert, oder ob er lediglich zur Korrektur des schon anhand der Art. 7 – 9 IAK festgelegten Vertragsstatuts dienen soll. Die im Rahmen der systematischen Auslegung zu besorgende Widerspruchsfreiheit zwischen der auszulegenden Norm und den übrigen Normen des Konventionstextes[1490] wäre bei beiden Auslegungsvarianten gewahrt.

(3) Zwischenergebnis und Schlussfolgerungen für das Zusammenspiel von Art. 10 IAK und Art. 7 Abs. 1 Satz 1 IAK

Die vorstehenden Ausführungen haben nichts ergeben, was dagegen sprechen würde, dass die in Art. 10 IAK genannten Quellen auch von den Parteien berufen werden können. Allerdings zeigt sich sowohl am Wortlaut der Bestimmung als auch an dem ihr zugrunde liegenden Regelungszweck, dass die Berücksichtigung des – möglicherweise gewählten - nichtlegislatorischen Rechts auf der Grundlage des Art. 10 IAK nur insoweit möglich und geboten ist, als die Erfordernisse von Billigkeit und Gerechtigkeit im jeweiligen Einzelfall dies erforderlich machen. Art. 10 IAK kann schon aus diesem Grunde nicht zur Begründung der unbeschränkten kollisionsrechtlichen Wählbarkeit privat formulierten Rechts herangezogen werden.

Was den Umfang angeht, in dem der Rückgriff auf nichtstaatliches Recht im Lichte des Art. 10 IAK möglich ist, ist festzustellen, dass Art. 10 IAK bei grammatikalischer und systematischer Betrachtung keinen Aufschluss darüber gibt, ob die in ihm bezeichneten Quellen nichtstaatlichen Ursprungs nur im Rahmen des nach Art. 7 Abs. 1 IAK gewählten Rechts oder auch anstelle des nach Art. 7 Abs. 1 IAK gewählten Rechts herangezogen werden können. Die historisch-teleologische Interpretation der Norm gibt demgegenüber einigen Anlass zu der Annahme, dass die Vorschrift den

[1489] Siehe dazu oben Kapitel 5, C.II.2.d.ee.(2).(a).
[1490] Kropholler, Einheitsrecht, 271; Eickelberg, 45.

Rückgriff auf die genannten Rechtsquellen nur im Rahmen des bereits ermittelten Vertragsstatuts ermöglichen will. Ob der Richter mit der Heranziehung der UP und sonstiger anationaler Normen nach Maßgabe des Art. 10 IAK nur von den dispositiven oder auch von den zwingenden Normen des Vertragsstatuts abweichen kann, lässt sich zwar nicht zweifelsfrei feststellen. Für die an dieser Stelle zu beantwortende Frage, ob die IAK den Parteien die Möglichkeit einräumt, ihren Vertrag einem Recht nichtstaatlicher Herkunft zu unterstellen, ist dies jedoch nicht von Bedeutung und kann daher offen bleiben.

Insgesamt ist festzuhalten, dass Art. 10 IAK zwar die subjektive Berufung der UP nicht auszuschließen scheint. Ihre Berücksichtigung nach Maßgabe des Art. 10 IAK ist jedoch nur im Rahmen des gem. Art. 7 IAK gewählten Rechts und nur insoweit möglich, als die Herstellung von Billigkeit und Einzelfallgerechtigkeit dies erforderlich macht. Dieses Ergebnis bedeutet allerdings nicht notwendig den Ausschluss der kollisionsrechtlichen Wählbarkeit privater Regelwerke nach Art. 7 Abs. 1 Satz 1 IAK. Fest steht damit nur, dass sie sich jedenfalls nicht aus dem Zusammenspiel der Art. 7 und 10 IAK ergibt.[1491]

ff. Verhältnis des Art. 7 Abs. 1 Satz 1 IAK zu Art. 11 IAK

Desweiteren wird Art. 11 IAK zur Begründung des engen Verständnisses des Art. 7 Abs. 1 Satz 1 IAK bemüht. Art. 11 IAK bringe deutlich zum Ausdruck, dass eine kollisionsrechtliche Wahl nichtlegislatorischen Rechts im Geltungsbereich des Übereinkommens nicht möglich sei, da die Vorschrift die Abwahl der zwingenden Vorschriften des Forumstaates ausschließe.[1492] Dieser Einwand geht indes fehl. Da Art. 11 IAK keine Unterscheidung nach staatlichem und nichtstaatlichem Vertragsstatut zu entnehmen ist, muss der in der Vorschrift formulierte Vorbehalt gleichermaßen für staatliche und nichtstaatliche Rechte gelten. Es bedarf an dieser Stelle keines näheren Eingehens auf die Frage, welche Art von zwingenden Normen Art. 11 IAK im Einzelnen meint.[1493] Denn dass Art. 11 IAK über die Eingriffsnormen hinaus auch intern zwingende Bestimmungen erfasst, kann schon deshalb nicht sein, weil man die Norm in diesem Fall auch der kollisionsrechtlichen Wählbarkeit nationalen Rechts entgegenhalten müsste.[1494] Art. 11 IAK steht somit der kollisionsrechtlichen Wirkung des vertraglichen Verweises auf nichtstaatliche Normen nicht entgegen.

gg. Verhältnis des Art. 7 Abs. 1 Satz 1 IAK zu Art. 17 IAK

Unter Bezugnahme auf die Systematik der IAK stützen sich die Gegner der Wählbarkeit nichtlegislatorischen Rechts als Vertragsstatut maßgeblich auf Art. 17 IAK, der in der spanischen Fassung folgenden Wortlaut hat: „Para los efectos de esta Convención

---

[1491] Siehe etwa Beraudo, 49, 51, der zwar von der kollisionsrechtlichen Wählbarkeit nichtstaatlichen Rechts ausgeht, Art. 10 IAK aber gleichwohl nur im Rahmen des gewählten Rechts – insbesondere des gewählten staatlichen Rechts – anwenden will.

[1492] Boggiano, Unif. L. Rev. 1996, 219, 226.

[1493] Näher zu Art. 11 IAK unten Kapitel 5, C.II.2.e.aa.(2).

[1494] So auch Gebele, 133f., 159.

se entenderá por ‚derecho' el vigente en un Estado, con exclusión de sus normas relativas al conflicto de leyes."[1495] Betrachte man Art. 7 Abs. 1 Satz 1 IAK im Lichte des Art. 17 der Konvention, der den Begriff „derecho" als das „in einem Staat" geltende Recht definiere, so müsse man zu dem Schluss kommen, dass im Geltungsbereich der IAK die kollisionsrechtliche Wahl nichtstaatlicher Normen nicht möglich sei.[1496] Ob diese Schlussfolgerung vertretbar ist, lässt sich nur durch Auslegung des Art. 17 IAK überprüfen.

(1) Grammatikalische Auslegung des Art. 17 IAK

Tatsächlich scheint der Text des Art. 17 IAK ausdrücklich festzulegen, dass mit dem Begriff „Recht" im Sinne des Übereinkommens nur staatliches Recht gemeint ist. Im Lichte allein des Wortlauts der Vorschrift scheint daher auch die IAK von der Staatlichkeit des subjektiv berufenen Rechts auszugehen und eine subjektive Anknüpfung an die UP auszuschließen. Anders als Art. 15 EVÜ, könnte Art. 17 IAK wegen seines von Art. 15 EVÜ abweichenden Wortlauts im Sinne einer Legaldefinition verstanden werden.

(2) Historische und teleologische Auslegung des Art. 17 IAK

Dieser in Anbetracht des Wortlauts des Art. 17 IAK naheliegenden Schlussfolgerung ist jedoch die in der Entstehungsgeschichte deutlich werdende ratio der Vorschrift entgegenzuhalten. Art. 17 IAK wurde nicht geschaffen, um die Anwendung privat formulierten Rechts auf einen internationalen Vertrag auszuschließen. Den Verhandlungsberichten ist vielmehr zu entnehmen, dass Art. 17 IAK, ebenso wie die Vorschrift des Art. 15 EVÜ, der insoweit als Vorbild fungierte[1497], allein auf den Ausschluss der Rückverweisung abzielt und die damit verbundene Anordnung trifft, dass das nach den Regelungen der IAK maßgebliche Vertragsstatut allein die materiellen Rechtsnormen der ermittelten Rechtsordnung unter Ausschluss ihrer internationalprivatrechtlichen Bestimmungen umfasst.[1498] Der Regelungszweck des Art. 17 IAK besteht daher allein darin, die unmittelbare Anwendung des fremden Sachrechts durch Verdrängung des fremden Kollisionsrechts sicherzustellen. Hiermit soll verhindert werden, dass im Falle einer Rechtswahl der Wille der Vertragspartner durch die Anwendung der Kollisionsnormen des gewählten Rechts unterlaufen wird, und dass im Falle der objektiven Anknüpfung die durchzuführende Suche nach der engsten Verbindung, die auch

---

[1495] Die englische Fassung lautet: "For the purposes of this Convention, "law" shall be understood to mean the law current in a State, excluding rules concerning conflict of laws."

[1496] Drobnig, Unif. L. Rev. 1998, 385, 389; Fernández Arroyo, Rev. crit. dr. internat. privé 1995, 178, 182; da Gama E Souza jr, Revue Juridique Thémis 2002, 375, 397; Lamm, 268; Herbert, Rev. Urug. DIP 1994, 45, 53.

[1497] Parra-Aranguren, Rev. Fund. Proc. 11 (1994), 179, 223.

[1498] Hernández-Bretón, IPRax 1998, 378, 382; Burkart, 73; International Contractual Arrangements, Report of the Meeting of Experts on International Contractual Arrangements, Tucson, Arizona, November 11-14, 1993, OEA/Ser.K/XXI.5, CIDIP-V/doc.14/93, S. 33; Parra-Aranguren, Rev. Fund. Proc. 11 (1994), 179, 223; Gebele, 133.

nach der IAK maßgeblich ist[1499], gegenstandslos wird.[1500] Eine Legaldefinition des dem Übereinkommen zugrunde liegenden Rechtsbegriffs war mit der Einfügung des Art. 17 IAK hingegen zu keiner Zeit beabsichtigt.[1501]

Dass Art. 17 IAK ausdrücklich nur auf staatliches Recht Bezug nimmt, wird ebenso wie im Falle des Art. 15 EVÜ damit begründet, dass die Gefahr einer Rückverweisung nur bei staatlichen Rechten bestehe. Bei nicht aus staatlicher Feder stammendem Recht stelle sich die Frage der Gesamtverweisung nicht, da dieses keine Kollisionsnormen enthalte.[1502] Es wurde jedoch bereits darauf hingewiesen, dass nichtstaatliche Kollisionsnormen zwar selten, aber nicht undenkbar sind.[1503] Man muss sich daher fragen, warum Art. 17 IAK von dieser Möglichkeit keine Kenntnis zu nehmen scheint. Nur, wenn der in Art. 17 IAK normierte Ausschluss der Gesamtverweisung lediglich deshalb auf nationales Recht beschränkt ist, weil die Konferenzteilnehmer davon ausgegangen sind, dass nichtlegislatorisches Recht keine Kollisionsnormen enthalten kann, ein entsprechendes Regelungsbedürfnis mithin nur für staatliches Recht besteht, spräche der restriktive Wortlaut des Art. 17 IAK nicht gegen das extensive Verständnis des Art. 7 Abs. 1 Satz 1 IAK. Im Zusammenhang mit dem EVÜ wurde insoweit festgestellt, dass sich der Entstehungsgeschichte des Übereinkommens keine Anhaltspunkte dafür entnehmen lassen, dass seine Verfasser die Existenz und die Auswirkungen nichtstaatlicher Regeln in ihre Überlegungen einbezogen haben. Deshalb ist vorstellbar, dass Art. 15 EVÜ, ebenso wie einige andere Bestimmungen des EVÜ, nur deshalb restriktiv formuliert wurde, weil man sich seinerzeit die Existenz anationaler Verweisungsnormen nicht vor Augen geführt hat.[1504] Gerade dies könnte im Falle der IAK jedoch anders sein, wenn man sich mit einem Teil der Literatur auf den Standpunkt stellt, dass Art. 9 Abs. 2 Satz 2 IAK nichtstaatliche Kollisionsnormen anspricht, mit deren Hilfe das staatliche Recht mit der engsten Verbindung zum Vertrag ausfindig gemacht werden soll.[1505] Dann wäre klar, dass man sich während der Ausarbeitung der IAK der – sei es auch nur denkbaren, zukünftigen - Existenz nichtstaatlicher Kollisionsnormen durchaus bewusst war. Dann muss man sich aber fragen, warum dieses Wissen nicht auch in Art. 17 IAK berücksichtigt wurde. Ginge man insoweit von einer bewussten Entscheidung des Konventionsgesetzgebers aus, könnte dies nur bedeuten, dass die kollisionsrechtliche Wahl nichtstaatlicher Regeln im Geltungsbereich der IAK jedenfalls mit Blick auf Art. 17 IAK nicht möglich ist. Jedoch enthalten die Materialien keinerlei Hinweise darauf, dass man die im Rahmen des Art. 9 Abs. 2 Satz 2 IAK - möglicherweise - zur Kenntnis genommenen nichtstaatlichen Kollisionsnormen bewusst nicht in den Regelungsbereich des Art. 17 IAK einbeziehen wollte. Im Übrigen

---

1499 Siehe dazu unten Kapitel 5, C.III.

1500 Santos Belandro, 84; Hernández-Bretón, IPRax 1998, 378, 382; vgl. bereits zu Art. 15 EVÜ oben Kapitel 5, B.II.2.c.gg.

1501 Gebele, 133.

1502 Santos Belandro, 92, dort in Fn. 16.

1503 Vgl. oben Kapitel 5, B.II.2.c.gg.

1504 Vgl. oben Kapitel 5, B.II.2.d.

1505 Dieses Verständnis von Art. 9 Abs. 2 Satz 2 IAK ist ausgesprochen umstritten und wird unten Kapitel 5, C.III. einer näheren Betrachtung unterzogen.

ist zu bedenken, dass keineswegs feststeht, dass bei der Abfassung des Art. 9 Abs. 2 Satz 2 IAK tatsächlich nichtstaatliche Kollisionsnormen berücksichtigt wurden.[1506] Daher stünde bereits das Fundament der vorstehenden, die restriktive Auffassung stützenden Überlegung nicht auf wirklich festen Füßen. Im Lichte dieser Erwägungen lassen sich die aus der restriktiven Formulierung des Art. 15 EVÜ gezogenen Schlussfolgerungen auf Art. 17 IAK übertragen, so dass der fehlenden Einbeziehung anationaler Kollisionsnormen in Art. 17 IAK keine allzu große Bedeutung für die Auslegung des Art. 7 Abs. 1 Satz 1 IAK zukommen sollte.

(3) Systematische Auslegung des Art. 17 IAK

Der Blick auf die Position des Art. 17 IAK im Gesamtgefüge des Übereinkommens bestätigt das vorstehend gefundene Ergebnis. Art. 17 IAK befindet sich in einer Reihe mit Art. 14 – 16 und 18 IAK, die allesamt dem 4. Kapitel betreffend den „Anwendungsbereich" bzw. die „Reichweite des anwendbaren Rechts"[1507] angehören. Demgegenüber trägt das 2. Kapitel des Übereinkommens, dem u.a. die Art. 7 bis 10 IAK angehören, die Überschrift „Bestimmung des anwendbaren Rechts".[1508] Art. 17 IAK gehört somit nicht dem Kapitel an, dessen Bestimmungen das anwendbare Recht festlegen sollen. Art. 17 IAK steht vielmehr in dem Kapitel, dessen Bestimmungen klären sollen, in welchem Umfang und mit welchen Einschränkungen das nach den Vorschriften des 2. Kapitels bereits für anwendbar befundene Recht Anwendung finden kann.[1509] Aus dieser systematischen Betrachtung wird deutlich, dass es nicht das Anliegen des Art. 17 IAK sein kann und dass es verfehlt wäre, der Vorschrift die „Macht" beizumessen, über die Frage des anwendbaren Rechts und damit über die Statutsqualität nichtnationalen Rechts zu entscheiden.

(4) Zwischenergebnis

Während die grammatikalische Interpretation des Art. 17 IAK tatsächlich den Eindruck entstehen lässt, dass internationale Verträge im Geltungsbereich der IAK nur staatlichen Rechten unterworfen werden können, steht insbesondere der aus der historisch-teleologischen Betrachtung deutlich gewordene Regelungszweck des Art. 17 IAK dieser Schlussfolgerung entgegen. Die in den Verhandlungsberichten der 5. Spezialkonferenz zum Ausdruck kommende Zielsetzung des Art. 17 IAK, die Sinnerhaltung der subjektiven und objektiven Anknüpfung zu gewährleisten, ist die einzige Fi-

---

[1506] Dazu unten Kapitel 5, C.III.

[1507] „Ambito del derecho aplicable" bzw. „Scope of the applicable law" in der spanischen und englischen Textfassung.

[1508] „Determinación del derecho aplicable" bzw. „Determination of applicable law" in der spanischen und englischen Textfassung.

[1509] Wie hier Gebele, 133. An dieser Bewertung vermag auch die Existenz des im selben Kapitel stehenden Art. 16 IAK nichts zu ändern (Art. 16 IAK lautet: „El derecho del Estado donde deban inscribirse o publicarse los contratos internacionales regulará todas las materias concernientes a la publicidad de aquéllos."). Denn diese Bestimmung lässt sich in Anbetracht ihrer Stellung im 4. Kapitel durchaus in dem Sinne verstehen, dass dem Anwendungsbereich des nach den Regeln des 2. Kapitels anwendbaren Rechts für die in Art. 16 IAK angesprochenen Fragen eine Grenze gezogen werden soll.

nalität, die der Vorschrift nachweislich beigemessen werden kann. Das Verständnis der Norm als Legaldefinition des übereinkommensspezifischen Rechtsbegriffs ist nicht im Sinne der Übereinkommensväter. Die darüber hinausgehenden Ergebnisse der an der Entstehungsgeschichte und am Normzweck orientierten Auslegung des Art. 17 IAK sind nicht so eindeutig, dass aus der fehlenden Einbeziehung anationalen Rechts in den Wortlaut der Norm zweifelsfreie Schlussfolgerungen zugunsten einer der vertretenen Lehrmeinungen gezogen werden könnten. Eindeutig ist hingegen das Ergebnis der systematischen Betrachtung des Art. 17 IAK innerhalb der Konvention. Es lässt sich nicht in Einklang bringen mit dem von der restriktiven Lehrmeinung befürworteten Verständnis des Art. 17 IAK als Vorschrift, die die Anwendbarkeit nur nationalen Rechts als Vertragsstatut vorschreibt.

Im Ergebnis ist daher festzuhalten, dass Art. 17 IAK dem extensiven Verständnis des Art. 7 Abs. 1 Satz 1 IAK nicht überzeugend entgegengehalten werden kann.[1510]

hh. Ergebnis der systematischen Auslegung des Art. 7 Abs. 1 Satz 1 IAK

Die Betrachtung des Art. 7 Abs. 1 Satz 1 IAK im Systemzusammenhang der Konvention hat ergeben, dass keine der Normen, die im Schrifttum zur Begründung der divergierenden Lehrmeinungen bemüht werden, nennenswerte Aussagekraft für die Einbeziehung nichtstaatlichen Rechts in die von Art. 7 Abs. 1 Satz 1 IAK gewährte Parteiautonomie für sich in Anspruch nehmen kann. Den Art. 1 - 3, Art. 9 Abs. 2 Satz 2, Art. 10 und Art. 11 IAK ist dabei gemeinsam, dass sie das extensive Verständnis des Art. 7 Abs. 1 Satz 1 IAK zwar nicht besonders stützen, ihm aber andererseits auch nicht entgegenstehen. Art. 17 IAK kann man nur dann als Indiz für eine restriktive Handhabung der Parteiautonomie verstehen, wenn man von der eher unrealistischen Vorstellung ausgeht, dass es sich bei der Nichtberücksichtigung nichtstaatlicher Kollisions-

---

[1510] Die durch die ungenaue Formulierung der Norm verursachten Unsicherheiten hätte man vermeiden können. Diese Ansicht teilend, hat Santos Belandro (Santos Belandro, 84, dort auch Fn. 2) ausgeführt, Art. 17 IAK hätte richtigerweise wie folgt gefasst werden müssen: „Para los efectos de esta Convención – *cuando el derecho aplicable sea un derecho estatal* -, se entenderá por ‚derecho' el vigente en un Estado, con exclusión de sus normas relativas al conflicto de leyes." Dies entspricht einer Bemerkung, die der Delegierte Siqueiros in den Erläuterungen zu dem von ihm vorgelegten Konventionsentwurf macht: „When the Convention specifies application of the „law" of a country, this must be understood to mean the current law of that country (substantive law), excluding the rules on conflict of laws." (vgl. International Contracts. Draft Inter-American Convention on the Law Applicable to International Contractual Arrangements, OEA/Ser.K/XXI.5, CIDIP-V/doc.12/93, S. 32). Da jedoch nicht grundsätzlich ausgeschlossen werden kann, dass auch nichtstaatliches Recht Kollisionsnormen aufweist (Art. 1:106 Abs. 2 EP wird beispielsweise als nichtstaatliche Kollisionsnorm qualifiziert, siehe dazu MPI, RabelsZ 68 (2004), 1, 32), erscheint – vorausgesetzt, man hält die kollisionsrechtliche Berufung nichtstaatlichen Rechts überhaupt für möglich - folgende Formulierung noch besser geeignet, jeden Zweifel auszuschließen: „Para los efectos de esta Convención – *cuando el derecho aplicable contiene normas relativas al conflicto de leyes* – se entenderá por ‚derecho' todas sus normas, con exclusión de sus normas relativas al conflicto de leyes." Entsprechend dem bezüglich Art. 15 EVÜ unterbreiteten Vorschlag könnte man außerdem darüber nachdenken, diejenigen Kollisionsnormen, die dem Umgang mit der Lückenhaftigkeit eines nichtstaatlichen Rechts dienen, vom Verbot der Rück- und Weiterverweisung auszunehmen.

normen in der Vorschrift um eine bewusste Entscheidung der Konferenzteilnehmer handelt. Im Übrigen vermag Art. 17 IAK, insbesondere unter teleologischen und systematischen Gesichtspunkten, über die Tragweite der Rechtswahlfreiheit im Geltungsbereich der IAK keinen Aufschluss zu geben.

e. Teleologische Auslegung des Art. 7 Abs. 1 Satz 1 IAK

Möglicherweise geben die dem Übereinkommen im Allgemeinen und dem Art. 7 Abs. 1 Satz 1 IAK im speziellen zugrunde liegenden Wertungen und Zielsetzungen Aufschluss über die Dimension der Parteiautonomie. Da die Ausarbeitung der IAK maßgeblich auf das EVÜ gestützt wurde[1511], wird nachfolgend zur Vermeidung von Wiederholungen, soweit möglich, auf die obigen Ausführungen verwiesen. Nur soweit sich vom EVÜ abweichende Überlegungen aufdrängen, soll eine eingehendere Darstellung erfolgen.

Bereits im Zusammenhang mit der teleologischen Auslegung des Art. 3 EVÜ wurde ausgeführt, dass weder das Wesen des Internationalen Privatrechts noch die Rechtsetzungs- oder Rechtsprechungsaufgabe staatlicher Organe die Rechtswahlfreiheit der Parteien eines internationalen Vertrages per se auf die Wahl einer staatlichen Rechtsordnung beschränkt.[1512] Für die Interamerikanische Konvention ergibt sich insoweit keine abweichende Bewertung. Fraglich und zu prüfen ist jedoch, welche Bedeutung dem Aspekt der Parteiautonomie sowie dem Gebot der Voraussehbarkeit des anwendbaren Rechts im Rahmen der Konvention von Mexiko zukommt.

aa. Parteiautonomie

(1) Reichweite der Parteiautonomie

Auch die IAK ist auf eine weitreichende Rechtswahlfreiheit angelegt.[1513] Dies ist nicht selbstverständlich.[1514] Denn während sich die Parteiautonomie in den meisten Staaten Mittelamerikas schon frühzeitig durchgesetzt hat, standen die südamerikanischen Rechtsordnungen diesem Institut lange Zeit ausgesprochen skeptisch gegenüber.[1515] Die Rechtswahl ist wirksam, ohne dass es auf eine Beziehung zwischen dem Vertrag und dem gewählten Recht oder auf ein anderweitiges berechtigtes Interesse der Parteien ankommt.[1516] Zudem ist, wie im Geltungsbereich des EVÜ, gem. Art. 8 IAK die

---

[1511] Dazu oben Kapitel 5, C.I.

[1512] Siehe dazu oben Kapitel 5, B.II.2.e.aa.-cc.

[1513] Noodt Taquela, Rev. der. com. 1999, 727, 744; Herbert, Rev. Urug. DIP 1994, 45, 53; Leyva Saavedra, Rev. Jur. Perú 1998, 315, 318; Santos Belandro, 101; Hernández-Breton, IPRax 1998, 378, 380. Die Forderung nach einer möglichst schrankenlosen Parteiautonomie wurde auch während der Verhandlungen laut, siehe etwa International Contractual Arrangements, Report of the Meeting of Experts on International Contractual Arrangements, Tucson, Arizona, November 11-14, 1993, OEA/Ser.K/XXI.5, CIDIP-V/doc.14/93, S. 4, 9 sowie die Nachweise bei Parra-Aranguren, Rev. Fund. Proc. 11 (1994), 179, 203ff.

[1514] Leyva Saavedra, Rev. Jur. Perú 1998, 315, 318.

[1515] Baumann, Das Recht Deutschlands und der Schweiz im Dialog V (1996), 2, 7 mwN.

[1516] International Contracts. Draft Inter-American Convention on the Law Applicable to International Contractual Agreements, OEA/Ser.K/XXI.5, CIDIP-V/doc.12/93, S. 19f.; Noodt Taquela, Rev. der.

jederzeitige nachträgliche Änderung des Vertragsstatuts zulässig.[1517] Darüber hinaus ist gem. Art. 7 Abs. 1 Satz 3 IAK, in den gleichen Grenzen wie gem. Art. 3 Abs. 1 Satz 3 EVÜ[1518], die Teilrechtswahl sowie die Aufspaltung des Vertragsstatuts möglich.[1519]

(2) Beschränkungen der Parteiautonomie

Ebenso wie das europäische Vorbild kommt auch die IAK nicht ohne Beschränkungen der Parteiautonomie zugunsten staatlicher Ordnungsinteressen und des Schutzes des schwächeren Vertragspartners aus. So wird die Rechtswahl der Vertragspartner nur unter dem Vorbehalt von Eingriffsnormen der lex fori und ggf. von Drittstaaten (Art. 11 IAK) sowie unter dem Vorbehalt des ordre public des Forumstaates anerkannt (Art. 18 IAK).[1520] Anders als das EVÜ sieht die IAK jedoch keine Beschränkung der Rechtswahlfreiheit durch spezifische Sonderanknüpfungen für Verbraucher und Arbeitnehmer vor.[1521] Die Konvention begnügt sich vielmehr mit der Generalklausel des Art. 11 IAK, dessen Wortlaut zwar keinerlei Aufschluss darüber gibt, welche Art von zwingenden Normen von dieser Bestimmung erfasst sein sollen[1522], der nach allgemeiner Auffassung jedoch nur die Anwendung international zwingender Bestimmungen sicherstellen soll.[1523] Es geht im Rahmen des Art. 11 IAK somit grundsätzlich nur um diejenigen zwingenden Normen, die die Parteiautonomie beschränken, nicht jedoch um solche, die die Privatautonomie begrenzen. Die Generalklausel erfasst allerdings auch die Normen des Sonderprivatrechts, sofern sie internationale Geltung beanspruchen.[1524] Beschränkungen sieht sich die Rechtswahlfreiheit in Abweichung vom EVÜ ferner durch Art. 10 IAK ausgesetzt, der die Bedeutung erkennen lässt, die die Kon-

---

com. 1999, 727, 744; Lamm, 267; Fresnedo de Aguirre, An. der. com. 7/8 (1996/1999), 191, 199; Opertti Badán/Fresnedo de Aguirre, 33; Leyva Saavedra, Rev. Jur. Perú 1998, 315, 318; Hernández-Breton, IPRax 1998, 378, 380.

[1517] Fresnedo de Aguirre, An. der. com. 7/8 (1996/1999), 191, 201; Herbert, Rev. Urug. DIP 1994, 45, 54; Hernández-Breton, IPRax 1998, 378, 380.

[1518] Gebele, 123; Parra-Aranguren, Rev. Fund. Proc. 11 (1994), 179, 217; zur Teilrechtswahl im EVÜ vgl. die Ausführungen oben Kapitel 5, B.II.2.e.dd.(1).(a).(bb).

[1519] Sosa, 112; Noodt Taquela, Rev. der. com. 1999, 727, 744; Leyva Saavedra, Rev. Jur. Perú 1998, 315, 318; Briceno Berrù, Dir. comm. int. 1997, 1003, 1010; Herbert, Rev. Urug. DIP 1994, 45, 54, 60; Santos Belandro, 100ff.; Hernández-Breton, IPRax 1998, 378, 381; Veytia, Jurídica (Mexico) 25 (1995-II), 383, 387.

[1520] International Contracts. Draft Inter-American Convention on the Law Applicable to International Contractual Agreements, OEA/Ser.K/XXI.5, CIDIP-V/doc.12/93, S. 20; Fernández Arroyo/Fresnedo de Aguirre, 949, 952; Noodt Taquela, Rev. der. com. 1999, 727, 744; Fresnedo de Aguirre, An. der. com. 7/8 (1996/1999), 191, 204; Dreyzin de Klor/Saracho Cornet, Rev. Jur. Argent. LA LEY 1995, 1037, 1049.

[1521] Herbert, Rev. Urug. DIP 1994, 45, 60; Gebele, 51, 158.

[1522] Santos Belandro, 152; Gebele, 158ff.

[1523] Gebele, 53.

[1524] International Contractual Arrangements, Report of the Meeting of Experts on International Contractual Arrangements, Tucson, Arizona, November 11-14, 1993, OEA/Ser.K/XXI.5, CIDIP-V/doc.14/93, S. 9; Gebele, 161.

vention der materiellen Gerechtigkeit beimisst.[1525] Die Wirksamkeit der Rechtswahl als solche und damit die Anwendbarkeit des gewählten Rechts wird durch Art. 10 IAK allerdings ebenso wenig in Frage gestellt wie durch Art. 5, 6 EVÜ.[1526] Denn auch wenn der Richter zugunsten einer nach Maßgabe des Art. 10 IAK im jeweiligen Einzelfall besseren Lösung selbst von den intern zwingenden Normen des wirksam gewählten Vertragsstatuts abweichen darf und damit die Befugnis hat, die Wirksamkeit der Rechtswahl punktuell einzuschränken, so wird ihm diese Macht doch nur eingeräumt, nachdem zweifelsfrei feststeht, welchem Recht der Vertrag grundsätzlich untersteht.[1527]

Fraglich ist allerdings, ob auch im Geltungsbereich der IAK die Parteiautonomie nur deshalb anerkannt ist, weil sich in jedem staatlichen Recht zwingende Bestimmungen vorfinden, die die Vertragsfreiheit zugunsten des Schutzes der schwächeren Partei einschränken.[1528] Zudem stellt sich die Frage, ob die sonstigen Beschränkungen der Parteiautonomie, die für das EVÜ herausgearbeitet wurden[1529], namentlich die auf Vertragsgerechtigkeit, Kohärenz und Fortbildungsfähigkeit bezogenen Anforderungen, auch für die IAK Geltung beanspruchen. Denn anders als das EVÜ, sieht die IAK in ihrem Art. 10 einen Mechanismus vor, mit dem inhaltliche Defizite des Vertragsstatuts aufgefangen werden können, um im Einzelfall zu einer gerechten und billigen Lösung zu gelangen, ohne dass diese Korrekturmöglichkeit auf besonders schutzbedürftige Verträge, wie etwa Verbraucher- und Arbeitsverträge, beschränkt ist. Man könnte sich daher auf den Standpunkt stellen, dass der IAK die Qualität des gewählten Statuts gleichgültig ist, weil ja ohnehin die Möglichkeit besteht, entsprechende Defizite über Art. 10 IAK zu korrigieren. Gegen diese Überlegung spricht jedoch, dass das Eingreifen des Art. 10 IAK stets davon abhängig ist, dass der Richter das Nichtvorliegen der inhaltlichen Mindestanforderungen überhaupt erkennt. Dies gilt insbesondere für die fehlende Finalität bezüglich eines angemessenen Interessenausgleichs und die damit einhergehende Gefahr einer ungerechten und unbilligen Lösung des jeweiligen Einzelfalls. Denn das Urteil über die Tauglichkeit des anwendbaren Rechts im konkreten Einzelfall liegt mangels Festlegung präziser Kriterien in Art. 10 IAK weitgehend in den Händen des Richters.[1530] Die Entscheidung, ob das jeweilige Vertragsstatut den Anforderungen von Gerechtigkeit und Billigkeit im Einzelfall genügt, wird ausschließlich vom Rechtsanwender getroffen und nicht vom Gesetzgeber. Dessen diesbezügli-

---

[1525] Gebele, 91; Juenger, Am. J. Comp. L. 42 (1994), 381, 392.

[1526] Bezüglich Art. 5, 6 EVÜ siehe bereits oben Kapitel 5, B.II.2.e.dd.(2).(b).

[1527] Opertti Badán, El estado actual, 29, 50; Santos Belandro, 94; de Miguel Asensio, Dir. comm. int. 1998, 859, 881; Samtleben, IPRax 1998, 385, 390; Gebele, 135; Baumann, Das Recht Deutschlands und der Schweiz im Dialog V (1996), 2, 32; Beraudo, 49, 51; Vischer/Huber/Oser, Kapitel 2, § 2, Rn. 129. Zu Art. 10 IAK siehe bereits oben Kapitel 5, C.II.2.d.ee.

[1528] Kropholler, IPR, § 40, IV 1; Bucher, 39; Wichard, RabelsZ 60 (1996), 269, 285; Püls, 161; Burkart, 81; Schroeder/Oppermann, ZVglRWiss 99 (2000), 410, 422; de Miguel Asensio, Dir. comm. int. 1998, 859, 876; Gebele, 162.

[1529] Dazu oben Kapitel 5, B.II.2.e.dd.(1).

[1530] Juenger, Am. J. Comp. L. 42 (1994), 381, 392; Gebele, 54, 91; Fernández Arroyo/Fresnedo de Aguirre, 949, 956f.

cher Beitrag beschränkt sich darauf, die entsprechende Freiheit des Richters ausdrücklich zu konstituieren und in sehr vage Grenzen – Gerechtigkeit und Billigkeit im konkreten Fall - zu verweisen.[1531] Zwar könnte man argumentieren, dass der IAK die inhaltliche Qualität des anwendbaren Rechts eben derart gleichgültig ist, dass selbst die vagen Leitlinien des Art. 10 IAK für ausreichend befunden wurden und ein weitreichenderes Eingreifen des Gesetzgebers nicht für notwendig erachtet wurde. Im Lichte des Grundsatzes, dass die Parteiautonomie prinzipiell nur deshalb gerechtfertigt ist, weil sich letztlich in jedem Recht ein Mindestbestand an zwingenden Normen finden lässt[1532], erscheint eine so weitreichende Schlussfolgerung indessen sehr gewagt. Es scheint angebrachter, aus den mit der unpräzisen Fassung des Art. 10 IAK einhergehenden Gefahren für die schwächere Vertragspartei darauf zu schließen, dass die IAK doch stets von einer gewissen Grundqualität des Vertragsstatuts ausgeht. Es ist daher zu vermuten, dass der sehr weite Ermessensspielraum des Gerichts aus Sicht der Konvention nur deshalb hinnehmbar ist, weil letztlich nicht nur der Richter, sondern bereits das anwendbare Recht für ein Mindestmaß an Einzelfallgerechtigkeit und Schutz sorgt.

Angesichts dessen scheint die besser begründbare Schlussfolgerung diejenige zu sein, dass auch die IAK die Parteiautonomie insoweit beschränkt, als das gewählte Recht auf die Herstellung eines angemessenen Interessenausgleichs, die Kohärenz seiner Normen sowie auf seine intrasystemare Fortbildungsfähigkeit ausgerichtet sein muss.

(3) Schlussfolgerungen hinsichtlich der Vereinbarkeit der kollisionsrechtlichen Wählbarkeit nichtstaatlichen Rechts mit der von der IAK angestrebten Gewährleistung größtmöglicher Parteiautonomie

In Anbetracht des dem Übereinkommen zugrunde liegenden Gebots möglichst weitreichender Gestaltungsfreiheit gelangt man auch für die Konvention von Mexiko zu der Prämisse, dass nicht die Einbeziehung nichtstaatlichen Rechts *in*, sondern dessen Ausschluss *aus* dem Kreis der wählbaren Rechte einer besonderen Begründung bedarf.[1533] Folgerichtig ist die kollisionsrechtliche Wählbarkeit nichtstaatlichen Rechts auch im Geltungsbereich der IAK zwar nicht per se ausgeschlossen. Sie hängt jedoch davon ab, dass das jeweilige Regelwerk auf einen angemessenen Interessenausgleich sowie eine sachgerechte, widerspruchsfreie Behandlung der aus einem internationalen Vertrag resultierenden Streitfragen abzielt und zudem seine intrasystemare Fortbildung

---

[1531] Zwar räumt auch der im Rahmen dieser Arbeit unterbreitete Vorschlag bezüglich der Neufassung des Art. 3 EVÜ dem Gericht einen gewissen Beurteilungsspielraum ein, wenn es im Rahmen der Öffnungsklausel um die vom Richter vorzunehmende Beurteilung der inhaltlichen Qualitäten eines privaten Regelwerks geht. Immerhin wird dem Richter dabei aber durch die Vorgabe von Beispielen und die Auflistung maßgeblicher Kriterien ein erheblich konkreterer Leitfaden an die Hand gegeben als dies bei Art. 10 IAK der Fall ist, vgl. im Einzelnen oben Kapitel 5, B.II.3.f.

[1532] Kropholler, IPR, § 40, IV 1; Bucher, 39; Wichard, RabelsZ 60 (1996), 269, 285; Püls, 161; Burkart, 81; Schroeder/Oppermann, ZVglRWiss 99 (2000), 410, 422; de Miguel Asensio, Dir. comm. int. 1998, 859, 876; Gebele, 162.

[1533] Siehe für das EVÜ oben Kapitel 5, B.II.2.e.dd.(1).(f).(aa).

ermöglicht.[1534] Der einer inhaltlichen ex ante-Überprüfung nichtlegislatorischer Regelwerke entgegen gehaltene Einwand, diese Vorgehensweise stelle einen unzulässigen Systembruch dar, ist im Zusammenhang mit der IAK ebenso wenig überzeugend wie im Rahmen des EVÜ.[1535]

bb. Rechtssicherheit und Einheitlichkeit

Bezüglich des Ausmaßes an Rechtssicherheit, das die Verfasser des Übereinkommens im Rahmen der subjektiven Anknüpfung sicherstellen wollten, lassen sich der IAK folgende Anhaltspunkte und Wertungen entnehmen.

(1) Rechtssicherheit und Einheitlichkeit bezüglich des anwendbaren Rechts als elementare Zielsetzung der IAK

Ebenso wie im Rahmen des europäischen Kollisionsrechts diente gerade die Institutionalisierung der nahezu schrankenlosen Parteiautonomie in der Konvention von Mexiko dem primären Zweck, die Rechtssicherheit hinsichtlich des anwendbaren Rechts zu maximieren[1536] und damit eine Senkung der Transaktionskosten zu bewirken.[1537]

Fraglich ist allerdings, ob in der Bestimmung des Art. 10 IAK eine Beschränkung des Rechtssicherheitsgebots zum Ausdruck kommt. Insoweit wird geltend gemacht, die Konvention von Mexiko verzichte auf starre Anknüpfungen und eröffne dem Richter einen weiten Ermessensspielraum zugunsten maximaler Vertrags- und Einzelfallgerechtigkeit.[1538] Zwar wirkt Art. 10 IAK durch den ihm zugrunde liegenden „better-law-approach"[1539] und durch den dem Richter eingeräumten Ermessensspielraum zweifellos der Rechtssicherheit entgegen. Folgt man jedoch der hier vertretenen Auffassung, dass Art. 10 IAK nur zur Anwendung gelangt, nachdem das anwendbare Recht feststeht[1540], kann die Norm auf die Voraussehbarkeit des Vertragsstatuts selbst – und allein hierauf bezieht sich das spezifisch kollisionsrechtliche Rechtssicherheitsgebot[1541] - keine Auswirkungen haben. Die Parteien bleiben mithin trotz der dem Richter eingeräumten Möglichkeit, einzelne Bestimmungen des Vertragsstatuts den Vorstellungen und spezifischen Bedürfnissen der Parteien anzupassen, nicht darüber im Unklaren, ob

---

[1534] AA z.B. Samtleben, IPRax 1998, 385, 390, der die uneingeschränkte Zulässigkeit der kollisionsrechtlichen Berufung der UP schlicht mit dem allgemeinen Prinzip der Vertragsfreiheit begründet.

[1535] Dazu oben Kapitel 5, B.II.2.e.dd.(1).(f).(bb).

[1536] Speziell in bezug auf die IAK International Contractual Arrangements, Report of the Meeting of Experts on International Contractual Arrangements, Tucson, Arizona, November 11-14, 1993, OEA/Ser.K/XXI.5, CIDIP-V/doc.14/93, S. 3; Fernández Arroyo/Fresnedo de Aguirre, 949, 972; Arcagni, Rev. Jur. Argent. La Ley 1996 A, 1434, 1440; vgl. im Übrigen die Nachweise für das EVÜ oben Kapitel 5, B.II.2.e.dd.(2).(a).

[1537] Gebele, 71.

[1538] Juenger, Am. J. Comp. L. 42 (1994), 381, 392; Gebele, 54, 91; Fernández Arroyo/Fresnedo de Aguirre, 949, 956f.

[1539] López Rodriguez, 111; Gebele, 92.

[1540] Siehe dazu oben Kapitel 5, C.II.2.d.ee.

[1541] Siehe oben Kapitel 5, B.II.2.e.dd.(2).(a).

ihr Vertrag beispielsweise belgischem oder deutschem Recht untersteht.[1542] Die Zielsetzung der Voraussehbarkeit des Vertragsstatuts wird durch Art. 10 IAK daher ebenso wenig unterlaufen wie durch Art. 5, 6 EVÜ.[1543]

Man könnte überdies die Überlegung anstellen, ob Art. 9 IAK eine Einschränkung der auf die Voraussehbarkeit des anwendbaren Rechts bezogenen Zielsetzung der Konvention mit sich bringt. Denn im Rahmen der noch zu erörternden objektiven Anknüpfung gem. Art. 9 IAK haben die Verfasser der IAK zugunsten größerer Einzelfallgerechtigkeit davon abgesehen, die Ermittlung des objektiven Vertragsstatuts von allzu starren Kriterien abhängig zu machen.[1544] Eine solche Einschränkung wird man verneinen müssen: Gleich, welche Schlüsse man aus der in Art. 9 IAK getroffenen Regelung für die Möglichkeit einer *objektiven* Anknüpfung an nichtlegislatorisches Recht zieht[1545], haben diese Schlussfolgerungen für den Stellenwert, den das Übereinkommen der Voraussehbarkeit des Vertragsstatuts im Falle der *subjektiven* Anknüpfung einräumt, keine Aussagekraft. Aus den für die objektive Anknüpfung getroffenen Wertungen kann nicht ohne weiteres auf identische Wertungen beim Vorliegen einer Rechtswahl geschlossen werden, zumal die Rechtswahl gerade dazu dienen soll, die Vorhersehbarkeit des Vertragsstatuts zu optimieren[1546], während diesbezüglich bei der objektiven Anknüpfung ohnehin Abstriche zu machen sind.[1547]

Die IAK ist daher für den Fall einer Rechtswahl von Seiten der Vertragspartner ebenso auf maximale Rechtssicherheit bezüglich des anwendbaren Rechts ausgerichtet wie das EVÜ. Auf diese Zielsetzung haben weder Art. 10 IAK noch Art. 9 IAK einen Einfluss.

(2) Schlussfolgerungen hinsichtlich der Vereinbarkeit der kollisionsrechtlichen Wählbarkeit nichtstaatlichen Rechts mit der von der IAK angestrebten Gewährleistung größtmöglicher Rechtssicherheit und Einheitlichkeit

Wie gezeigt, liegt auch der IAK im Bereich der subjektiven Anknüpfung das Ziel zugrunde, hinsichtlich der Voraussehbarkeit des Vertragsstatuts für optimale Gewissheit zu sorgen. Hieraus folgt, dass sich die Zulassung der kollisionsrechtlichen Wahl der UP im Geltungsbereich der IAK denselben Bedenken ausgesetzt sieht wie im Gel-

---

[1542] Im Interesse der größtmöglichen Voraussehbarkeit des anwendbaren Rechts sollte die Wirksamkeit der Rechtswahl insbesondere nicht davon abhängen, dass diese nach Ansicht des Richters vernünftig bzw. von einem berechtigten Interesse der Parteien getragen sei, siehe dazu International Contracts. Draft Inter-American Convention on the Law Applicable to International Contractual Arrangements, OEA/Ser.K/XXI.5, CIDIP-V/doc.12/93, S. 19f.; Opertti Badán/Fresnedo de Aguirre, 33; Herbert, Rev. Urug. DIP 1994, 45, 53.

[1543] Zur gleichgelagerten Problematik betreffend Art. 5, 6 EVÜ vgl. oben Kapitel 5, B.II.2.e.dd.(2).(b).

[1544] Hierzu näher unten Kapitel 5, C.III.2.d.aa.

[1545] Vgl. unten Kapitel 5, C.III.

[1546] Fernández Arroyo/Fresnedo de Aguirre, 949, 972; MPI, RabelsZ 68 (2004), 1, 41; Püls, 157; von Hoffmann, General Report, 1; Boschiero, 319, 343 mwN; Schack, FS Kegel 2002, 179, 190; Nygh, 2f.; López Rodriguez, 23; Tassikas, 13; Mankowski, RIW 2003, 2f.

[1547] Püls, 157; MPI, RabelsZ 68 (2004), 1, 41; Mankowski, RIW 2003, 2, 3.

tungsbereich des EVÜ[1548], wenn sie von einer inhaltlichen Einzelfallprüfung abhängig gemacht wird[1549], die das Gericht ohne gesetzliche Vorgaben durchzuführen hat. Insbesondere Art. 10 IAK rechtfertig keine hiervon abweichende Schlussfolgerung, denn die durch Art. 10 IAK bewirkten Unsicherheiten sind, wie bereits ausgeführt, in ihrer Qualität nicht vergleichbar mit dem Szenario, dass der Richter zunächst nach eigenem Gutdünken über die materiellen Qualitäten eines nichtstaatlichen Regelwerks befinden muss, damit für die Parteien überhaupt erst feststeht, nach welchem Recht sich ihr Vertrag beurteilt. Für die vom Übereinkommen verlangte Rechtssicherheit wäre folglich nur dann gesorgt, wenn man entweder die Wahl jeden nichtstaatlichen Rechts mit kollisionsrechtlicher Wirkung zuließe oder aber die Einbeziehung privat formulierten Rechts in die von Art. 7 Abs. 1 Satz 1 IAK gewährte Parteiautonomie gänzlich ablehnte. Es wurde bereits im Zusammenhang mit der gleichgelagerten Problematik bezüglich Art. 3 EVÜ aufgezeigt, dass nur der letztere Weg gangbar ist.[1550] Daher bleibt im Ergebnis festzuhalten, dass die auf die Rechtssicherheit bezogene ratio der IAK der Wählbarkeit nichtstaatlicher Regelwerke zum Vertragsstatut entgegensteht.

cc. Schlussfolgerungen hinsichtlich der kollisionsrechtlichen Wählbarkeit nichtstaatlichen Rechts aus der ratio der IAK

Die vorstehenden Ausführungen haben gezeigt, dass sich die einzelnen Elemente des Spannungsfelds von Parteiautonomie, Einzelfallgerechtigkeit sowie Rechtssicherheit nach der Konzeption der Interamerikanischen Konvention nicht anders zueinander verhalten als nach der Konzeption des EVÜ. Angesichts dessen ist festzuhalten, dass sich die Wahl nichtstaatlichen Rechts zum Vertragsstatut, ebenso wie im Rahmen des Römischen Übereinkommens, zwar mit dem Gebot der Parteiautonomie vereinbaren lässt, sofern man gewisse inhaltliche Mindestanforderungen stellt. Sie ist aber unvereinbar mit der auch der IAK zugrunde liegenden elementaren Zielsetzung maximaler Rechtssicherheit bezüglich des anwendbaren Rechts. Es sind keine Gründe ersichtlich, die bei der Abwägung zwischen der Parteiautonomie einerseits und der Rechtssicherheit andererseits im vorliegenden Zusammenhang einen anderen Schluss nahe legen würden als im Rahmen des EVÜ. Insbesondere kann aus der flexiblen Regelung der objektiven Anknüpfung in Art. 9 IAK nicht geschlossen werden, dass im Rahmen der subjektiven Anknüpfung die Rechtssicherheit hinter der Parteiautonomie zurücktreten muss. Daher sollte der Rechtssicherheit auch im Geltungsbereich der IAK Vorrang vor der Parteiautonomie eingeräumt werden mit der Konsequenz, dass Art. 7 Abs. 1 Satz 1 IAK die kollisionsrechtliche Wahl der UP und vergleichbarer Regelwerke nicht gestattet.

1548 Vgl. zum EVÜ bereits oben Kapitel 5, B.II.2.e.dd.(2).

1549 Dazu oben Kapitel 5, C.II.2.e.aa.

1550 Siehe dazu die Ausführungen oben Kapitel 5, B.II.2.e.dd.(3).(b).

dd. Ergebnis der teleologischen Auslegung des Art. 7 Abs. 1 Satz 1 IAK

Die am Sinn und Zweck des Art. 7 Abs. 1 Satz 1 IAK ausgerichtete Interpretation hat ergeben, dass die kollisionsrechtliche Bezugnahme auf die UP mit der ratio der Vorschrift nicht in Einklang zu bringen ist.

f. Zusammenfassung der Auslegungsergebnisse und Schlussfolgerungen

aa. Zusammenfassung der Auslegungsergebnisse

Die Ergebnisse der Auslegung des Art. 7 Abs. 1 Satz 1 IAK können wie folgt zusammengefasst werden:

Die grammatikalische Interpretation des Art. 7 Abs. 1 Satz 1 IAK hat für die Frage nach der kollisionsrechtlichen Wählbarkeit nichtstaatlicher Regelwerke keinen zuverlässigen Aufschluss gegeben. Zwar scheint der letzten Endes gewählte Terminus „derecho" eher zugunsten eines extensiven Verständnisses der Vorschrift ins Gewicht zu fallen. Da jedoch auch unter Berücksichtigung der Entstehungsgeschichte der Vorschrift nicht zweifelsfrei zu klären ist, welche über das Gesetz hinausgehenden Rechtsquellen der Wortlaut der Vorschrift im Einzelnen erfassen soll, kann der grammatikalischen Betrachtung des Art. 7 Abs. 1 Satz 1 IAK allenfalls eine Indizwirkung zugunsten der extensiven Lehrmeinung zukommen. Weitgehend ergebnislos ist auch die darüber hinausgehende Analyse der Entstehungsgeschichte des Art. 7 Abs. 1 Satz 1 IAK geblieben, die zwar zu Tage gebracht hat, dass Rechtsquellen nichtstaatlicher Provenienz bei der Ausarbeitung der Konvention ohne Zweifel eine Rolle gespielt haben und nach dem Willen der Übereinkommensverfasser auch eine gewisse Bedeutung erlangen sollten. Für die Frage, ob Art. 7 IAK auch die Berufung derartiger Quellen als Vertragsstatut ermöglichen sollte, lässt sich den Materialien jedoch, soweit ersichtlich, nichts Eindeutiges entnehmen. Auch die Betrachtung der Stellung des Art. 7 Abs. 1 Satz 1 IAK im Gesamtgefüge des Abkommens hat keinerlei diesbezügliche Erkenntnisse ergeben. Insbesondere weist die IAK keine den Art. 3 Abs. 3 und Art. 7 Abs. 1 Satz 1 EVÜ vergleichbaren Regelungen auf, die im Zusammenhang mit Art. 3 Abs. 1 Satz 1 EVÜ aus systematischer Sicht für ein restriktives Verständnis der Parteiautonomie sprechen.[1551] Als wesentlich aufschlussreicher hat sich die teleologische Betrachtung der Rechtswahlbestimmung herausgestellt. Die Berücksichtigung des Regelungszwecks des Art. 7 Abs. 1 Satz 1 IAK hat deutlich gemacht, dass es für die Frage der Reichweite der Parteiautonomie vor dem Hintergrund der gebotenen Rechtssicherheit nicht auf die eigentlich entscheidende inhaltliche Qualität einzelner Regelwerke ankommen kann, weshalb nichtstaatliche Normen ganz aus dem Kreis möglicher Vertragsstatute auszuschließen sind.

bb. Schlussfolgerungen

Die Gewichtung der vorstehend zusammengefassten Auslegungsergebnisse ergibt folgendes Bild:

[1551] Siehe oben Kapitel 5, B.II.2.c.cc. und Kapitel 5, B.II.2.c.ff.

Da angesichts des die IAK maßgeblich prägenden Postulats größtmöglicher Parteiautonomie, ebenso wie im Rahmen des EVÜ, nicht die *Einbeziehung* nichtstaatlichen Rechts in den Kreis der kollisionsrechtlich wählbaren Rechte, sondern ihr *Ausschluss* aus diesem Kreis einer besonderen Begründung bedarf[1552], kann die Beschränkung der Parteiautonomie auf die Wahl nationalen Rechts nur mittels derjenigen Auslegungsergebnisse überzeugend begründet werden, die eindeutig gegen die Möglichkeit der kollisionsrechtlichen Verweisung auf anationales Recht sprechen. Jedoch haben weder der grammatikalische noch der historische oder der systematische Ansatz zu dem Ergebnis geführt, dass Art. 7 Abs. 1 Satz 1 IAK die Erhebung der UP zum Vertragsstatut verbietet. Für die restriktive Handhabung der Parteiautonomie sprechen nach hier vertretener Auffassung allerdings teleologische Gründe. Denn die für die Gleichstellung privat formulierten Rechts mit staatlichem Recht erforderliche Einzelfallbetrachtung würde in Ermangelung gesetzlich vorgegebener Abgrenzungskriterien zu unerträglicher, mit der ratio der Konvention unvereinbarer Rechtsunsicherheit führen. Art. 9 und 10 IAK rechtfertigen insoweit weder hinsichtlich der Schranken der Parteiautonomie noch hinsichtlich des Grades an angestrebter Rechtssicherheit eine vom EVÜ abweichende Einschätzung. Ob man sich zur weiteren Begründung dieses Ergebnisses auch auf Art. 17 IAK stützen kann, hängt davon ab, wie stark man die in dieser Bestimmung nicht erfolgte Berücksichtigung anationaler Kollisionsnormen gewichten möchte. Bei eingehender Betrachtung zeigt sich daher, dass die restriktive Auffassung mehr Überzeugungskraft für sich in Anspruch nehmen kann. Angesichts dessen muss man der Gegenauffassung die Gefolgschaft versagen. Den Parteien, die ihren Rechtsstreit vor einem staatlichen Gericht führen, das an die Vorschriften der Konvention von Mexiko gebunden ist, steht in kollisionsrechtlicher Hinsicht ausschließlich die Verweisung auf ein staatliches Vertragsstatut offen. Die IAK ermöglicht es den Parteien eines internationalen Handelsvertrages folglich nicht, die UP wirksam zum ergänzenden Vertragsstatut zu berufen, um Lücken im CISG zu füllen.

III. Ergänzende Anwendbarkeit der UP ohne entsprechenden ausdrücklichen Hinweis der Parteien

Für den Fall, dass die Parteien keine Rechtswahl getroffen haben, untersteht der Vertrag gem. Art. 9 Abs. 1 IAK dem „Recht des Staates", mit dem er die engsten Verbindungen aufweist. Art. 9 Abs. 2 IAK lautet ferner: „El tribunal tomará en cuenta todos los elementos objetivos y subjetivos que se desprendan del contrato para determinar el derecho del Estado con el cual tiene vínculos más estrechos. También tomará en cuenta los principios generales del derecho comercial internacional aceptados por organismos internacionales."[1553] Was die Regelung des Art. 9 IAK für die Möglichkeit einer Heranziehung der UP als objektives Vertragsstatut bedeutet, wird sehr kontrovers dis-

---

[1552] Vgl. oben Kapitel 5, C.II.2.e.aa.(3).

[1553] Die englische Fassung lautet: „The Court will take into account all objective and subjective elements of the contract to determine the law of the State with which it has the closest ties. It shall also take into account the general principles of international commercial law recognized by international organizations."

kutiert. Besonders umstritten ist dabei die Bedeutung der Bezugnahme auf die von internationalen Organisationen anerkannten allgemeinen Prinzipien des internationalen Handelsrechts in Art. 9 Abs. 2 Satz 2 IAK.

1. Meinungsstand

a. Anwendung nichtstaatlichen Rechts als alternatives oder subsidiäres Vertragsstatut

Einige Autoren erblicken in dem Nebeneinander der Regelung des Art. 9 Abs. 1 und Abs. 2 Satz 2 IAK die Möglichkeit, von einer komplizierten Suche nach dem staatlichen Recht mit der engsten Verbindung abzusehen und stattdessen auf Regelwerke wie die UP als Vertragsstatut zurückzugreifen.[1554] Das zur Entscheidung berufene Gericht soll danach den streitgegenständlichen Vertrag im Wege objektiver kollisionsrechtlicher Anknüpfung wahlweise einem staatlichen Recht oder den in Art. 9 Abs. 2 Satz 2 IAK bezeichneten anationalen Quellen unterwerfen können.[1555] Art. 9 IAK gestatte dem Richter, dasjenige Recht auszuwählen, "which best accords with substantial justice and the exigencies of international commerce."[1556] Leitlinie für die Entscheidung über das bessere Recht soll dabei der in Art. 10 IAK zum Ausdruck kommende Leitgedanke sein; Art. 9 Abs. 2 Satz 2 IAK sei nicht isoliert, sondern im Zusammenhang mit Art. 10 IAK zu lesen.[1557] Teilweise wird einschränkend vertreten, Art. 9 Abs. 2 Satz 2 IAK eröffne lediglich die Möglichkeit, private Regelwerke als subsidiäres Ersatzrecht anzuwenden, wenn es sich als unmöglich oder unverhältnismäßig aufwendig erweist, das anwendbare Recht nach objektiven oder subjektiven Kriterien zu bestimmen bzw. die einschlägige Norm des anwendbaren staatlichen Rechts zu ermitteln.[1558]

1554 Juenger, Am. J. Comp. L. 42 (1994), 381, 391; ders., Am. J. Comp. L. 45 (1997), 195, 206; ders. Unif. L. Rev. 2000, 171, 185; Arcagni, Rev. Jur. Argent. La Ley 1996 A, 1434, 1442; Parra Aranguren, in: E Pluribus Unum, 299, 308f.; Boele-Woelki, IPRax 1997, 161, 170; López Rodriguez, 183; Hernández-Breton, IPRax 1998, 378, 383; Carbone, Principi dei contratti internazionali, 23, 27; Sattar, Ind. J. Global Legal Stud. 5 (1997), 375, 381; Veytia, Jurídica (Mexico) 25 (1995-II), 383, 389f.

1555 Boele-Woelki, IPRax 1997, 161, 170; Juenger, Am. J. Comp. L. 42 (1994), 381, 391; Carbone, Principi dei contratti internazionali, 23, 27; Parra Aranguren, in: E Pluribus Unum, 299, 308f.; Arcagni, Rev. Jur. Argent. La Ley 1996 A, 1434, 1442; Veytia, Jurídica (Mexico) 25 (1995-II), 383, 389f.

1556 Juenger, Am. J. Comp. L. 45 (1997), 195, 206.

1557 Juenger, Am. J. Comp. L. 45 (1997), 195, 206; Arcagni, Rev. Jur. Argent. La Ley 1996 A, 1434, 1442.

1558 Veytia, Tul. L. Rev. 69 (1994/1995), 1191, 1197; Bonell, Restatement, 192; Samtleben, IPRax 1998, 385, 390; Leible, Wege zu einem europäischen Privatrecht, 420f.; Burkart, 66, 73; Baumann, Das Recht Deutschlands und der Schweiz im Dialog V (1996), 2, 14, 30; Schilf, Vertragsgrundregeln, 355; im Ergebnis ebenso Briceno Berrù, Dir. comm. int. 1997, 1003, 1014f., der die Möglichkeit der subsidiären objektiven kollisionsrechtlichen Anwendung der UP allerdings nicht aus Art. 9 IAK herleitet, sondern aus Art. 10 IAK (siehe dazu unten Kapitel 5, C.III.2.c.dd). Generell zur Anwendung der UP als Ersatzrecht auch unten Kapitel 7.

b. Anwendung nichtstaatlichen Rechts nur im Rahmen des staatlichen Vertragsstatuts

Nach anderer Auffassung soll der Richter die in Art. 9 Abs. 2 Satz 2 IAK erwähnten allgemeinen Grundsätze nur zu berücksichtigen haben, nachdem er das staatliche Recht mit der engsten Verbindung zum Vertrag ausfindig gemacht hat. Art. 9 Abs. 2 Satz 2 IAK ermögliche eine partielle objektive Geltung anationalen Rechts, auf das der Richter zurückgreifen könne, um das gem. Art. 9 Abs. 1 IAK ermittelte staatliche Vertragsstatut zu modifizieren.[1559] Die in Art. 9 Abs. 2 Satz 2 IAK genannten Quellen könnten ein staatliches Statut nicht ersetzen, sondern lediglich zu seiner Konkretisierung und Interpretation im konkreten Fall herangezogen werden, wenn es den aus den Eigenheiten des internationalen Wirtschaftsverkehrs resultierenden Bedürfnissen der Parteien nicht gerecht werde.[1560] Der Rückgriff auf die UP soll dabei allerdings nicht lediglich das Abweichen von den dispositiven Bestimmungen des anwendbaren staatlichen Rechts, sondern darüber hinaus auch die Anpassung all seiner intern zwingenden Normen ermöglichen, soweit diese zwar für rein nationale Vertragskonstellationen, nicht aber für Verträge mit grenzüberschreitendem Bezug Geltung beanspruchten.[1561]

c. Anwendung nichtstaatlichen Rechts als Hilfe zur Ermittlung des staatlichen Rechts mit der engsten Verbindung

Des weiteren wird mit Rücksicht auf die systematische Stellung des Art. 9 Abs. 2 Satz 2 IAK befürwortet, die Heranziehung der UP solle lediglich zur Bestimmung des anwendbaren nationalen Rechts erfolgen, indem der Richter mittels Rückgriff auf die in Art. 9 Abs. 2 Satz 2 IAK genannten nichtstaatlichen Quellen die nach Art. 9 Abs. 2 Satz 1 IAK maßgeblichen subjektiven und objektiven Elemente bestimme[1562] bzw. das staatliche Recht mit der engsten Verbindung zum Vertrag ausmache.[1563] Vereinzelt wird angeregt, die in Art. 9 Abs. 2 Satz 2 IAK genannten Quellen nur als Vergleichsmaßstab heranzuziehen, mit dessen Hilfe das staatliche Recht ermittelt werden soll, das diesen anationalen Quellen am ähnlichsten ist.[1564]

1559 Ferrari, JZ 1998, 9, 16; Schlechtriem/Schwenzer-Ferrari, Art. 7, Rn. 61; Michaels, RabelsZ 62 (1998), 580, 604; Boggiano, La solución de controversias, 15, 20f.; unklar Santos Belandro, 92.

1560 Boggiano, La solución de controversias, 15, 20f.

1561 Boggiano, La solución de controversias, 15, 21; generell zu diesem Ansatz Boggiano, International standard contracts, 25ff.

1562 Pereznieto Castro, Riv. dir. int. priv. e proc. 1994, 765, 773; Gebele, 89f.

1563 Opertti Badán/Fresnedo de Aguirre, 51; Fernández Arroyo, Rev. crit. dr. internat. privé 1995, 178, 184; Leible, Derecho de los Negocios, Sept. 1999, 11, 15; Dreyzin de Klor/Saracho Cornet, Rev. Jur. Argent. LA LEY 1995, 1037, 1046; Briceno Berrù, Dir. comm. int. 1997, 1003, 1011; Leyva Saavedra, Rev. Jur. Perú 1998, 315, 322; Lamm, 272ff.; Herbert, Rev. Urug. DIP 1994, 45, 59; de Miguel Asensio, Dir. comm. int. 1998, 859, 882; Gebele, 89f.; Gabaldón, 243, 252, dort in Fn. 6.

1564 Nygh, 188.

d. Die Haltung Vischers

Unklar ist, welcher der erwähnten Positionen die Haltung Vischers zuzuordnen ist, der die Auffassung vertritt, die UP sollten „als wichtige subsidiäre oder ergänzende Rechtsquelle im Rechtsfindungsprozess des staatlichen Gerichts" herangezogen werden.[1565] Den Ausführungen Vischers ist nicht zu entnehmen, ob er den Rechtsfindungsprozess auf kollisionsrechtlicher oder auf materiellrechtlicher Ebene anspricht. Daher stellt sich die Frage, ob Vischer die UP subsidiär und ergänzend heranziehen will, um das staatliche Recht mit der engsten Verbindung zum Vertrag ausfindig zu machen (Rechtsfindung im Sinne der Findung des anwendbaren Rechts) oder um im Rahmen des staatlichen Rechts die für die Parteien beste Lösung zu finden (Rechtsfindung im Sinne der Findung einer materiellrechtlichen Lösung innerhalb des anwendbaren Rechts).[1566]

2. Stellungnahme

Die immer wieder geäußerte Einschätzung, mit der IAK habe man ein „modernes" kollisionsrechtliches Instrument schaffen wollen[1567], hilft bei der Erfassung des Bedeutungsgehalts des Art. 9 IAK nicht weiter, denn „modern" in diesem Sinne wäre – jedenfalls im Vergleich zum EVÜ - jeder der hier dargestellten Auslegungsansätze. Man kommt daher auch im Falle des Art. 9 IAK nicht umhin, eine Untersuchung dieser Norm unter grammatikalischen, historischen, systematischen und teleologischen Gesichtspunkten vorzunehmen, um herauszufinden, ob Art. 9 IAK in Ermangelung einer Rechtswahl von Seiten der Parteien die kollisionsrechtliche Berufung der UP durch das Gericht gestattet.

a. Grammatikalische Auslegung des Art. 9 Abs. 1 und 2 IAK

Die Beschränkung der Richter im Falle fehlender Rechtswahl von Seiten der Parteien auf die Anwendung staatlichen Rechts wird von einigen Autoren unter Hinweis auf den Wortlaut des Art. 9 Abs. 1 IAK begründet: Der Schluss, die UP könnten als objektives Vertragsstatut der Entscheidung zugrunde gelegt werden, widerspreche Art. 9 Abs. 1 IAK, der als objektives Vertragsstatut ausdrücklich ein staatliches Recht vorsehe.[1568] Auch die Formulierung des Art. 9 Abs. 2 Satz 1 IAK mache deutlich, dass der Vertrag seine engste Verbindung nur zu einem Staat haben könne und bringe damit

---

[1565] Vischer, Europ. J. L. Ref. 1998/1999, 203, 214.

[1566] Vischer stünde auf demselben Standpunkt wie die Anhänger der vorstehend unter Kapitel 5, C.III.1.b dargestellen Lehrmeinung, wenn man den von ihm gebrauchten Begriff der „Rechtsfindung" nicht als „Findung des richtigen Statuts", sondern als „Findung der richtigen materiellen Entscheidung" versteht. Andernfalls läge die Einordnung der Äußerung Vischers unter die unter Kapitel 5, C.III.1.c beschriebene Ansicht nahe.

[1567] Vgl. statt aller Fernández Arroyo, Rev. crit. dr. internat. privé 1995, 178, 179; Baumann, Das Recht Deutschlands und der Schweiz im Dialog V (1996), 2, 29.

[1568] Ferrari, JZ 1998, 9, 16; Michaels, RabelsZ 62 (1998), 580, 604; Boggiano, La solución de controversias, 15, 20; Santos Belandro, 92f.; Pereznieto Castro, Riv. dir. int. priv. e proc. 1994, 765, 772; offenbar auch Lettermann, 298.

zum Ausdruck, dass die Bestimmung immer staatliches Recht berufe.[1569] Die Überzeugungskraft dieser Argumentation ist indessen beschränkt, da sie sich mit der expliziten Erwähnung nichtstaatlicher Quellen in Art. 9 Abs. 2 Satz 2 IAK überhaupt nicht auseinandersetzt. Was den von Art. 9 Abs. 2 Satz 2 IAK berufenen Normenkreis angeht, ist allgemein anerkannt, dass es sich bei den normschaffenden „internationalen Organisationen“ im Sinne von Art. 9 Abs. 2 Satz 2 IAK nicht um staatliche Einrichtungen handeln muss.[1570] Ferner besteht Einigkeit, dass mit der gewählten Formulierung alle Elemente der lex mercatoria[1571] und insbesondere die UP gemeint sind[1572], wenngleich diese nach hier vertretener Auffassung nicht durchweg deckungsgleich mit den allgemeinen Grundsätzen des internationalen Handelsrechts sind.[1573] Überdies ist unstreitig, dass Art. 9 Abs. 2 Satz 2 IAK nicht voraussetzt, dass sich die Parteien auf die dort bezeichneten anationalen Normen bezogen haben.[1574] Wenn der Wortlaut der Vorschrift somit den zweifelsfreien Schluss gestattet, dass Art. 9 Abs. 2 Satz 2 IAK auch bei ausgebliebener Rechtswahl einen Anwendungsbereich für die UP eröffnet, so ist jedoch aus dem Text der Vorschrift nicht ohne weiteres ersichtlich, welche Tragweite dem Rückgriff auf die in Art. 9 Abs. 2 Satz 2 IAK bezeichneten Normen zukommt. Unklar ist vor allem, wie sich die Bezugnahme auf diese Quellen zu dem in Art. 9 Abs. 1 IAK angeordneten und auch in Art. 9 Abs. 2 Satz 1 IAK vorausgesetzten staatlichen Statut verhält.

Insbesondere angesichts der zurückhaltenden Formulierung „soll berücksichtigen“[1575] sind Zweifel angebracht, ob Art. 9 Abs. 2 Satz 2 IAK tatsächlich eine Verwendung der UP als objektiv anwendbares Recht ermöglichen soll. Für diesen Zweck hätte eine Formulierung wie etwa „soll anwenden“ oder „soll zugrunde legen“ näher gelegen. Überdies ist die in Art. 9 Abs. 2 Satz 2 IAK gebrauchte Formulierung „tomará en cuenta“ bzw. „shall take into account“ deutlich schwächer als die in Art. 9 Abs. 1 IAK für die Erhebung zum Vertragsstatut verwendete Formulierung „el contrato se regirá“ bzw. „the contract shall be governed“. Dies würde dafür sprechen, dass den in Art. 9 Abs. 2 Satz 2 IAK genannten nichtlegislatorischen Quellen bei der Streitentscheidung deutlich weniger Gewicht beigemessen werden soll als nationalem Recht,

---

[1569] Gebele, 67.

[1570] Report of the Rapporteur of Committee I Regarding the Law Applicable to International Contracts, OEA/Ser.K/XXI.5 – CIDIP-V/doc.32/94 rev. 1, S. 3; Fernández Arroyo, Rev. crit. dr. internat. privé 1995, 178, 183; Parra-Aranguren, Rev. Fund. Proc. 11 (1994), 179, 219.

[1571] Report of the Rapporteur of Committee I Regarding the Law Applicable to International Contracts, OEA/Ser.K/XXI.5 – CIDIP-V/doc.32/94 rev. 1, S. 3; Parra-Aranguren, in: E Pluribus Unum, 299, 309.

[1572] Pereznieto Castro, Riv. dir. int. priv. e proc. 1994, 765, 773; Boggiano, La solución de controversias, 15, 21; Parra-Aranguren, in: E Pluribus Unum, 299, 309 unter Hinweis auf Opertti Badán, El estado actual, 29, 47; Samtleben, IPRax 1998, 385, 390; Vischer, Europ. J. L. Ref. 1998/1999, 203, 214; Burkart, 72f.; Kronke, FS Jayme, 461, 468; Gebele, 79; Baumann, Das Recht Deutschlands und der Schweiz im Dialog V (1996), 2, 14, 30; Burman, Vand. J. Transnat. L. 28 (1995), 367, 381; Veytia, Jurídica (Mexico) 25 (1995-II), 383, 389.

[1573] Vgl. eingehend oben Kapitel 3, B.III.2.b.

[1574] Juenger, in: Contratación Internacional, 229, 235; Santos Belandro, 92.

[1575] In der spanischen Fassung „tomará en cuenta“, in der englischen Fassung „shall take into account“.

dem der Vertrag gemäß Art. 9 Abs. 1 IAK zweifelsohne unterstellt werden kann. Mehr als ein Indiz dafür, dass Art. 9 Abs. 2 Satz 2 IAK dem Richter nicht die Möglichkeit einräumen will, auf die UP als objektives Vertragsstatut zurückzugreifen, kann diese Überlegung jedoch nicht darstellen.

Unterzieht man darüber hinaus den Text des gesamten Art. 9 Abs. 2 IAK einer genaueren Betrachtung, zeigt sich, dass sich dem Wortlaut kein Rangverhältnis zwischen Art. 9 Abs. 2 Satz 1 und Satz 2 IAK und damit auch kein Subsidiaritätsverhältnis von anationalem und staatlichem Recht entnehmen lässt. Vielmehr scheint die sprachliche Verknüpfung beider Sätze durch das Wort „auch" gerade gegen die Annahme eines Stufenverhältnisses zu sprechen und das gem. Art. 9 Abs. 2 Satz 1 IAK zu bestimmende nationale Recht und die in Art. 9 Abs. 2 Satz 2 IAK erwähnten anationalen Quellen auf eine Ebene zu stellen.[1576] Dies würde gegen die bloße Zulässigkeit einer Heranziehung der UP als subsidiäres Ersatz-Statut sprechen, da dieser bloß ergänzende Charakter im Wortlaut des Art. 9 Abs. 2 IAK nicht zu Trage tritt. Gegen die Anwendung des Regelwerks als alternatives objektives Vertragsstatut könnte diese Überlegung jedoch nicht angeführt werden, im Gegenteil: die in dem Wort „auch" zum Ausdruck kommende Gleichrangigkeit würde diese Auslegungsvariante sogar stützen. Allerdings ist nicht zwingend, dass sich die in dem Wort „auch" anklingende Gleichrangigkeit auf das Verhältnis zwischen staatlichem Recht und nichtstaatlichem Recht bezieht. Sie könnte sich auch auf das Verhältnis zwischen den in Art. 9 Abs. 2 Satz 2 IAK erwähnten Quellen und den in Art. 9 Abs. 2 Satz 1 IAK genannten objektiven und subjektiven Elementen beziehen. Dementsprechend wird vereinzelt – wohl auch wegen der gleichlautenden Formulierung „tomará en cuenta" bzw. „shall take into account" in Art. 9 Abs. 2 Satz 1 und 2 IAK - vertreten, der Wortlaut des Art. 9 Abs. 2 Satz 2 IAK spreche dafür, die Heranziehung nichtstaatlichen Rechts, ebenso wie die objektiven und subjektiven Elemente, lediglich zur Bestimmung des maßgeblichen staatlichen Rechts zuzulassen.[1577] Die Schlussfolgerung als solche hat einige Berechtigung, lässt sich aber wohl überzeugender der an späterer Stelle vorzunehmenden systematischen Betrachtung entnehmen.[1578]

Insgesamt ist festzustellen, dass der Wortlaut des Art. 9 Abs. 1 und 2 IAK keinen zweifelsfreien Aufschluss über die Frage geben kann, ob die Norm neben oder anstelle eines staatlichen auch die Anwendung eines anationalen objektiven Vertragsstatuts zulässt.

b. Historische Auslegung des Art. 9 Abs. 1 und 2 IAK

Im Rahmen der historischen Auslegung ist der Frage nachzugehen, ob sich der Entstehungsgeschichte des Art. 9 Abs. 1 und 2 IAK entnehmen lässt, in welchem Umfang die IAK dem Richter die Anwendung der UP ohne entsprechende Ermächtigung durch die Parteien gestattet. Insoweit sind verschiedene Aspekte von Bedeutung:

[1576] Gebele, 85.

[1577] Lamm, 274.

[1578] Zur systematischen Auslegung des Art. 9 IAK siehe unten Kapitel 5, C.III.2.c.

aa. Die Einbeziehung der UP in den Anwendungsbereich des Art. 9 IAK

Der Blick auf die Verhandlungsberichte bestätigt zunächst das schon im Rahmen der grammatikalischen Betrachtung gefundene Ergebnis, dass mit den in Art. 9 Abs. 2 Satz 2 IAK genannten „principios generales del derecho comercial internacional aceptados por organismos internacionales" bzw. „general principles of international commercial law recognized by international organizations" auch die UP gemeint waren, die zwar zur Zeit der Ausarbeitung der IAK noch nicht fertiggestellt, deren bereits in Angriff genommene Ausarbeitung der Konferenz jedoch hinlänglich bekannt war.[1579] Darüber hinaus soll der Verweis nach dem Willen der Verfasser aber auch alle Elemente der lex mercatoria einbeziehen.[1580]

bb. Die „Kompromisslösung" des Art. 9 IAK

Im Übrigen lässt sich den Materialien entnehmen, dass Art. 9 Abs. 2 IAK eine durchaus bewegte Geschichte hat.[1581] So hatte der nordamerikanische Delegierte auf der Konferenz von Mexiko angeregt, den Vertrag mangels gültiger Rechtswahl direkt den in Art. 9 Abs. 2 Satz 2 IAK genannten anationalen Prinzipien zu unterstellen. Der entsprechende Vorschlag für den jetzigen Art. 9 IAK lautete: „If the parties have not selected the applicable law, or if their selection proves ineffective, the contract shall be governed by the general principles of international commercial law accepted by international organisations."[1582] Der Vorschlag sah außerdem vor, dass das im Wege der Anknüpfung an die engste Verbindung zu ermittelnde staatliche Recht nur subsidiär, d.h. im Falle der Insuffizienz solcher Prinzipien, zur Anwendung gelangen sollte.[1583] Diese geradezu als revolutionär zu bezeichnende Lösung[1584] stieß jedoch auf den erbitterten Widerstand der Konferenzteilnehmer, die wegen der nach diesem Konzept notwendigen rechtsvergleichenden Untersuchungen insbesondere eine Überforderung des Richters befürchteten und deshalb die jetzige, im Schrifttum zumeist als „Kompro-

---

[1579] International Contracts. Draft Inter-American Convention on the Law Applicable to International Contractual Arrangements, OEA/Ser.K/XXI.5, CIDIP-V/doc.12/93, S. 14; Report on the Preparation of Standards for the Regulation of International Legal Businesses Requiring them: International Contracts, OEA/Ser.K/XXI.5, CIDIP-V/doc.13/93, S. 5ff.; Gebele, 79; Fernández Arroyo/Fresnedo de Aguirre, 949, 968; Lamm, 273; Gabaldón, 243, 251.

[1580] Report of the Rapporteur of Committee I Regarding the Law Applicable to International Contracts, OEA/Ser.K/XXI.5 – CIDIP-V/doc.32/94 rev. 1, S. 3; Fresnedo de Aguirre, An. der. com. 7/8 (1996/1999), 191, 202; Lamm, 273.

[1581] International Contractual Arrangements, Report of the Meeting of Experts on International Contractual Arrangements, Tucson, Arizona, November 11-14, 1993, OEA/Ser.K/XXI.5, CIDIP-V/doc.14/93, S. 39ff.

[1582] Hernández-Bretón, IPRax 1998, 378, 383; Juenger, in: Contratación Internacional, 229, 235; Fernández Arroyo, Rev. crit. dr. internat. privé 1995, 178, 183; Fresnedo de Aguirre, An. der. com. 7/8 (1996/1999), 191, 202; Gebele, 77.

[1583] Fresnedo de Aguirre, An. der. com. 7/8 (1996/1999), 191, 202.

[1584] Fresnedo de Aguirre, An. der. com. 7/8 (1996/1999), 191, 202.

missformel" bezeichnete Fassung des Art. 9 Abs. 2 IAK befürworteten.[1585] Die einzig sichere Schlussfolgerung, die sich aus diesem historisch relevanten[1586] Vorgang herleiten lässt, ist die, dass die Delegierten offenbar nicht mit einer Lösung einverstanden waren, die den Richter im Falle fehlender Rechtswahl durch die Parteien in erster Linie auf die Anwendung eines nichtstaatlichen Vertragsstatuts verweist. Angesichts der Existenz des Art. 9 Abs. 1 IAK wäre ein solches Verständnis der Vorschrift in ihrer heutigen Fassung aber ohnehin abwegig. Daneben bestehen jedoch noch eine ganze Reihe weiterer denkbarer Regelungsinhalte des Art. 9 IAK, die allein durch die Tatsache, dass der sehr weitreichende US-amerikanische Vorschlag nicht auf Zustimmung stieß, nicht ausgeschlossen werden können. So ist denkbar, dass die Teilnehmer der Konferenz lediglich nicht befürworteten, dass der Richter ohne weiteres *ausschließlich* auf die in Art. 9 Abs. 2 Satz 2 IAK genannten Quellen als objektives Vertragsstatut zurückgreifen kann. Es ist aber durchaus möglich, dass sie mit der alternativen oder ergänzenden bzw. kumulativen kollisionsrechtlichen Heranziehung nichtstaatlichen Rechts einverstanden waren bzw. gewesen wären.[1587] Mit anderen Worten könnte Art. 9 IAK anordnen, dass ein grenzüberschreitender Vertrag nicht *nur*, aber *auch* anationalem Recht unterstehen kann. Die Vorschrift könnte vor dem Hintergrund der dargestellten Vorgeschichte allerdings auch bedeuten, dass aus privater Feder stammende Regelwerke gar nicht als Statut in Betracht kommen, sondern nur im Rahmen des anwendbaren staatlichen Rechts herangezogen werden können, um dieses zu ergänzen, denn auch dies wäre ein Weniger gegenüber der von Juenger angeregten Formulierung des Art. 9 IAK.[1588] Dem Vorschlag der USA wurde seinerzeit zwar insbesondere mit dem Hinweis begegnet, dass es für den Richter eine zu große Erschwernis darstellen würde, nichtstaatliche Rechtsregeln ausfindig zu machen und korrekt anzuwenden, was wiederum eine erhebliche Unsicherheit für die Parteien zur Folge hätte.[1589] Bei der Ermittlung des Bedeutungsgehalts des Art. 9 Abs. 2 Satz 2 IAK kann dieser Umstand jedoch keine größere Rolle spielen, denn die mit der Ermittlung allgemeiner Rechtsgrundsätze einhergehenden Schwierigkeiten treten stets und unweigerlich dann auf,

---

[1585] Hernández-Bretón, IPRax 1998, 378, 383; Juenger, in: Contratación Internacional, 229, 235; Fernández Arroyo, Rev. crit. dr. internat. privé 1995, 178, 183; Fresnedo de Aguirre, An. der. com. 7/8 (1996/1999), 191, 202; Gebele, 77; Veytia, Jurídica (Mexico) 25 (1995-II), 383, 389; Lamm, 271 unter Hinweis auf Actas (CIDIP-V) II (Comisión I), 46-61.

[1586] Drobnig, Unif. L. Rev. 1998, 385, 393; Juenger, Am. J. Comp. L. 42 (1994), 381, 391; Fernández Arroyo, Rev. crit. dr. internat. privé 1995, 178, 183.

[1587] AA Lamm, 272, der aus der Ablehnung des US-amerikanischen Vorschlags schließt, dass nichtstaatliche Normen im Geltungsbereich der IAK keinesfalls zum objektiven Vertragsstatut ernannt werden können.

[1588] Für die Einschätzung, dass den UP keine Statutsqualität zukommen sollte, spricht zwar in gewisser Weise, dass nach Juenger, in: Contratación Internacional, 229, 235 der von ihm selbst unterbreitete US-amerikanische Vorschlag abgelehnt wurde, weil sich die Statutsqualität der UP nicht mit den positivistischen Überzeugungen habe vereinbaren lassen, denen sich ein Großteil der Konferenzteilnehmer offenbar verpflichtet gefühlt habe. Allein auf dieser Einschätzung eines Delegierten kann der Ausschluss der Statutsqualität nichtstaatlichen Rechts unter historischen Gesichtspunkten jedoch nicht aufbauen.

[1589] Veytia, Tul. L. Rev. 69 (1994/1995), 1191, 1194.

wenn auf diese – gleich in welcher Form – zurückgegriffen soll. Dass der Richter gleichwohl zur wie auch immer gearteten Heranziehung nichtstaatlicher Quellen befugt sein soll, steht aber angesichts des Wortlauts des Art. 9 Abs. 2 Satz 2 IAK fest. Zu bedenken ist allerdings, dass sich eine Kompromisslösung, als die Art. 9 Abs. 2 Satz 2 IAK im Schrifttum immer wieder dargestellt wird, dadurch auszeichnet, dass eine Lösung gefunden wird, die den vertretenen, gegensätzlichen Positionen entgegenkommt. Ein wirkliches Entgegenkommen gegenüber den USA wäre aber wohl kaum darin zu erblicken, die UP im Sinne der hier an dritter Stelle dargestellten Auslegungsalternative lediglich für die Ermittlung des anwendbaren staatlichen Rechts für berücksichtigungsfähig zu erklären. Dies wäre im Vergleich zum US-amerikanischen Vorschlag eher das andere Extrem. Im Lichte dieser Überlegung scheint die Interpretation des Art. 9 Abs. 2 Satz 2 IAK dahingehend, dass eine Anwendung der UP als alternatives oder als subsidiäres (Ersatz-)Vertragsstatut möglich sein soll, ebenso wie die bloß im Rahmen des Vertragsstatuts mögliche Anwendbarkeit der UP, vorzugswürdig.

cc. Das Verhältnis zwischen Art. 9 Abs. 2 Satz 2 und Art. 9 Abs. 2 Satz 1 IAK

Andererseits indizieren einige weitere entstehungsgeschichtliche Aspekte gerade diejenige Auslegungsvariante, der zufolge die in Art. 9 Abs. 2 Satz 2 IAK genannten nichtstaatlichen Quellen nur herangezogen werden können, um das staatliche Recht mit der engsten Verbindung zum Vertrag auszumachen. Die Verhandlungsberichte lassen erkennen, dass die Fassung des späteren Art. 9 Abs. 2 Satz 2 IAK zunächst folgenden Wortlaut hatte: „Zur Bestimmung des anwendbaren Rechts sind auch die von internationalen Organisationen aufgestellten allgemeinen Grundsätze des internationalen Handelsrechts zu berücksichtigen.“[1590] Warum der in diesem Vorentwurf noch enthaltene Zusatz „Zur Bestimmung des anwendbaren Rechts“ in der endgültigen Fassung der Vorschrift nicht mehr enthalten ist, lässt sich den Materialien nicht entnehmen. Es liegt aber nahe, anzunehmen, dass es sich bei dieser Auslassung nur um eine sprachliche Verkürzung zur Vermeidung von wenig eleganten Wiederholungen handelt, da sich eine ähnliche Formulierung bereits in Art. 9 Abs. 2 Satz 1 IAK findet, und dass eine inhaltliche Änderung der Vorschrift hiermit nicht beabsichtigt war.[1591] Hierzu würde passen, dass es in dem Bericht zur Konferenz von Mexiko heisst: „A second sentence to Paragraph 2, introduced *for the further guidance of the Court*, would have the Court take into account general principles of international commercial law accepted by international organizations [...].“[1592] Beide Aspekte deuten darauf hin, dass den in Art. 9 Abs. 2 Satz 2 IAK aufgeführten Quellen die gleiche Funktion zukommen soll wie den in Art. 9 Abs. 2 Satz 1 IAK genannten objektiven und subjektiven Elementen.[1593]

1590 Lamm, 274 unter Hinweis auf Actas (CIDIP-V) II (Comisión I), 61.

1591 Lamm, 274.

1592 Report of the Rapporteur of Committee I Regarding the Law Applicable to International Contracts, OEA/Ser.K/XXI.5 – CIDIP-V/doc.32/94 rev. 1, S. 3; Noodt Taquela, Convención Interamericana, 91, 103.

1593 Lamm, 271.

dd. Zwischenergebnis

Im Ergebnis ist damit festzustellen, dass der Blick auf die Entstehungsgeschichte des Art. 9 IAK zwar den sicheren Schluss zulässt, dass keinesfalls *ausschließlich* anationales Recht als objektives Vertragsstatut zur Anwendung gelangen kann. Dieses Ergebnis steht jedoch schon angesichts des Wortlauts des Art. 9 Abs. 1 IAK eindeutig fest und hilft bei der Beantwortung der hier zu untersuchenden Frage nicht weiter. Darüber hinausgehende zweifelsfreie Schlussfolgerungen lassen sich hingegen auch anhand der Materialien nicht ziehen. Allerdings gibt es Indizien dafür, dass die in Art. 9 Abs. 2 Satz 2 IAK bezeichneten Quellen nur helfen sollen, das staatliche Recht mit der engsten Verbindung zum Vertrag zu ermitteln. Den Umstand, dass hierin, wie bereits erwähnt, kein wirklicher Kompromiss im Hinblick auf den US-amerikanischen Vorschlag liegt, sollte man nicht allzuhoch bewerten. Denn die Einschätzung, dass es sich bei Art. 9 Abs. 2 Satz 2 IAK um eine solche Kompromisslösung handelt, lässt sich nicht den Materialien selbst, sondern lediglich verschiedenen Äußerungen im Schrifttum entnehmen.[1594]

c. Systematische Auslegung des Art. 9 Abs. 1 und 2 IAK

Möglicherweise lässt sich der Bedeutungsgehalt der Absätze 1 und 2 des Art. 9 IAK durch eine systematische Betrachtung dieser Regelungen ermitteln. Dabei kann hinsichtlich der Aussagekraft, über die die Art. 1 bis 3 IAK sowie Art. 11 IAK insoweit verfügen, auf die obigen Ausführungen im Zusammenhang mit der Parteiautonomie verwiesen werden[1595], da sich diesbezüglich für die objektive Anknüpfung keine von der subjektiven Anknüpfung abweichende Bewertung ergibt. Von in systematischer Hinsicht zentraler Bedeutung für die Frage, ob und inwieweit die IAK die Möglichkeit einer objektiven Anwendung der UP eröffnet, ist demgegenüber insbesondere das Zusammenspiel der verschiedenen Absätze des Art. 9 IAK untereinander sowie das Verhältnis der Vorschrift zu Art. 10, 7 und 17 IAK.

aa. Verhältnis der in Art. 9 Abs. 1 und 2 IAK getroffenen Regelungen untereinander

Zu klären ist zunächst, wie sich Art. 9 Abs. 2 Satz 2 IAK zu Art. 9 Abs. 2 Satz 1 IAK in systematischer Hinsicht verhält. Dass die Berücksichtigung nichtstaatlicher Quellen den Gerichten in demselben Absatz des Art. 9 IAK nahegelegt wird, der in seinem Satz 1 die Mittel festlegt, mit deren Hilfe das anwendbare staatliche Recht ermittelt werden kann, legt den Schluss nahe, dass auch die in Satz 2 genannten Normen nur berücksichtigt werden sollen, um das anwendbare staatliche Recht mit der engsten Verbindung zum Vertrag zu ermitteln.[1596] Das hieraus folgende Ergebnis, dass Regel-

---

[1594] Vgl. die Nachweise oben Kapitel 5, C.III.2.b.bb.

[1595] Vgl. oben Kapitel 5, C.II.2.d.

[1596] Opertti Badán/Fresnedo de Aguirre, 51; Fernández Arroyo, Rev. crit. dr. internat. privé 1995, 178, 184; Leible, Derecho de los Negocios, Sept. 1999, 11, 15; Dreyzin de Klor/Saracho Cornet, Rev. Jur. Argent. LA LEY 1995, 1037, 1046; Briceno Berrù, Dir. comm. int. 1997, 1003, 1011; Leyva Saavedra, Rev. Jur. Perú 1998, 315, 322; Herbert, Rev. Urug. DIP 1994, 45, 59; de Miguel Asensio, Dir.

werke wie die UP gewissermaßen nur als Kollisionsnormen, nicht aber als materielles objektives Vertragsstatut fungieren können, ließe sich auch mit Art. 9 Abs. 1 IAK in Einklang bringen, der ausdrücklich festlegt, dass objektives Vertragsstatut ein staatliches Recht ist.[1597]

bb. Verhältnis des Art. 9 Abs. 2 Satz 2 IAK zu Art. 9 Abs. 3 IAK

Die systematische Analyse hat zudem Art. 9 Abs. 3 IAK zu berücksichtigen.[1598] Die Spaltung des objektiven Vertragsstatuts durch das zur Entscheidung berufene Gericht ist gem. Art. 9 Abs. 3 IAK nur hinsichtlich staatlichem Recht möglich. Das folgt zweifelsfrei aus dem Wortlaut des Art. 9 Abs. 3 IAK, der nicht von „derecho“, sondern von „la ley de ese otro estado“ spricht. Ginge man mit einem Teil des Schrifttums davon aus, dass Art. 9 Abs. 2 Satz 2 IAK die dort genannten Quellen nichtstaatlicher Herkunft zum möglichen Vertragsstatut erhebt[1599], stellt sich die Frage, warum die objektive Vertragsaufspaltung nur für staatliches Recht möglich sein soll. Dem ließe sich auch nicht entgegenhalten, dass die in Art. 9 Abs. 2 Satz 2 IAK normierte Möglichkeit des zusätzlichen Rückgriffs auf nichtstaatliches Recht möglicherweise auch für die in Art. 9 Abs. 3 IAK geregelte Vertragsspaltung gelten soll, denn hiergegen spricht bereits die Stellung der beiden Absätze. Hätten die Verfasser des Übereinkommens gewollt, dass der vom übrigen Vertrag aspaltbare Vertragsteil auch den in Art. 9 Abs. 2 Satz 2 IAK genannten Quellen unterstellt werden kann, müsste sich die in Art. 9 Abs. 2 Satz 2 IAK normierte Regelung erst im Anschluss an Art. 9 Abs. 3 IAK befinden. Hiervon abgesehen, stellt Art. 9 Abs. 3 IAK ausschließlich auf die engste Verbindung ab, die bezüglich nichtstaatlichen Rechts kaum denkbar ist.[1600] Schließlich ist zu bedenken, dass man während derselben Konferenz, in der man beschloss, dem Art. 9 Abs. 2 IAK einen zweiten Satz anzufügen[1601], auch die für notwendig befundenen Änderungen des Art. 9 Abs. 3 IAK vornahm. Gleichwohl war von dessen Ausweitung auf

---

comm. int. 1998, 859, 882; Gebele, 89f.; Parra-Aranguren, Tul. L. Rev. 69 (1994/1995), 1239, 1250; im Ergebnis ebenso Lamm, 274, der diese Schlussfolgerung allerdings nicht dem systematischen Zusammenhang, sondern dem Wortlaut des Art. 9 Abs. 2 IAK entnehmen will.

[1597] Auf die gem. Art. 9 Abs. 1 IAK notwendige staatliche Herkunft des objektiven Vertragsstatuts hinweisend auch Pereznieto Castro, Riv. dir. int. priv. e proc. 1994, 765, 772; Boggiano, La solución de controversias, 15, 20; Santos Belandro, 92f.; Ferrari, JZ 1998, 9, 16; Michaels, RabelsZ 62 (1998), 580, 604.

[1598] Art. 9 Abs. 3 IAK lautet in der spanischen Fassung: „No obstante, si una parte del contrato fuera separable del resto del contrato y tuviese una conexión más estrecha con otro Estado, podrá aplicarse, a título excepcional, la ley de ese otro Estado a esta parte del contrato.“ Die englische Version hat folgenden Wortlaut: "Nevertheless, if a part of the contract were separable from the rest and if it had a closer tie with another State, the law of that State could, exceptionally, apply to that part of the contract.“

[1599] Vgl. die Nachweise oben Kapitel 5, C.III.1.a.

[1600] Siehe oben Kapitel 5, B.III.2.c.aa.

[1601] Report of the Rapporteur of Committee I Regarding the Law Applicable to International Contracts, OEA/Ser.K/XXI.5 – CIDIP-V/doc.32/94 rev. 1, S. 3.

nichtstaatliche Statute nicht die Rede.[1602] Dabei wäre eine objektive Vertragsspaltung auch hinsichtlich anationalen Rechts sinnvoll, sofern man diesem nach den Wertungen der IAK denn Statutsqualität beimessen will. Die in Art. 9 Abs. 3 IAK für den Fall der objektiven Spaltung des Statuts zum Ausdruck kommende Ungleichbehandlung von staatlichen und nichtstaatlichen Rechten lässt sich nach alledem nur damit erklären, dass staatliche und nichtstaatliche Rechte nach den Wertungen der Konvention nicht den gleichen Stellenwert genießen.[1603] Dies spricht gegen ihre gleichermaßen mögliche Berufung als objektives Vertragsstatut.

cc. Verhältnis des Art. 9 IAK zu Art. 7 IAK

Zu beachten ist im Rahmen der systematischen Betrachtung des Art. 9 IAK ferner, dass es nicht zu Wertungswidersprüchen mit Art. 7 IAK kommen darf. Gelangt man aber, wie hier, bei der Auslegung des Art. 7 Abs. 1 Satz 1 IAK zu dem Ergebnis, dass es den Vertragspartnern selbst nicht gestattet ist, sich für die kollisionsrechtliche Anwendung nichtlegislatorischen Rechts zu entscheiden[1604], würde es ausgesprochen eigenartig anmuten, wenn man im Rahmen der Auslegung des Art. 9 IAK zu dem Ergebnis käme, dass beim Fehlen einer Rechtswahl durch die Kontrahenten nichtlegislatorisches Recht als Statut zur Anwendung gelangen kann.[1605]

dd. Verhältnis des Art. 9 IAK zu Art. 10 IAK

Die Auslegung des Art. 9 IAK im Lichte seiner Stellung im Gesamtgefüge der Konvention erfordert darüber hinaus insbesondere eine Untersuchung seines Verhältnisses zu Art. 10 IAK, der auch im Falle der fehlenden Rechtswahl von Seiten der Parteien Anwendung findet.[1606] Art. 10 IAK zufolge sollen die Richtlinien, Gebräuche und allgemeinen Grundsätze des internationalen Handelsrechts sowie die Gepflogenheiten und allgemein anerkannten Handelsgewohnheiten berücksichtigt werden, um den Anforderungen von Gerechtigkeit und Billigkeit im konkreten Einzelfall zu genügen.[1607] Welche Aussagekraft diese Bestimmung bezüglich der objektiven Anwendbarkeit anationalen Rechts und der Reichweite des Art. 9 Abs. 2 Satz 2 IAK für sich in Anspruch

---

[1602] Report of the Rapporteur of Committee I Regarding the Law Applicable to International Contracts, OEA/Ser.K/XXI.5 – CIDIP-V/doc.32/94 rev. 1, S. 3.

[1603] AA Schilf, Vertragsgrundregeln, 356, der insoweit nur von einem scheinbaren Widerspruch ausgeht, da in Art. 9 Abs. 2 IAK eine Ermächtigung des Richters zur objektiven Vertragsspaltung zu erblicken sei, die die dépecage bezüglich anationaler Regelwerke abschließend normiere und ihre nochmalige Regelung in Art. 9 Abs. 3 IAK entbehrlich gemacht habe.

[1604] Vgl. oben Kapitel 5, C.II.

[1605] Hernández-Bretón, IPRax 1998, 378, 382; Gebele, 135.

[1606] Dazu oben Kapitel 5, C.II.2.d.ee.(2).

[1607] Art. 10 IAK lautet: „Además de lo dispuesto en los articulos anteriores, se aplicarán, cuando corresponda, las normas, las costumbres y los principios del derecho comercial internacional, así como los usos y prácticas comerciales de general aceptación con la finalidad de realizar las exigencias impuestas por la justicia y la equidad en la solución del caso concreto." Vgl. auch den englischen Wortlaut der Norm: „In addition to the provisions in the foregoing articles, the guidelines, customs, and principles of international commercial law as well as commercial usage and practices generally accepted shall apply in order to discharge the requirements of justice and equity in the particular case."

nehmen kann, ist durch Auslegung der Vorschrift zu ermitteln. Die insoweit bereits im Zusammenhang mit der Interpretation des Art. 7 IAK gemachten Ausführungen[1608] machen diese Erörterung nicht obsolet, da es an dieser Stelle nur auf den speziellen Bedeutungsgehalt des Art. 10 IAK für die objektive Anknüpfung ankommt, der oben noch nicht aufgezeigt wurde.

(1) Grammatikalische Auslegung des Art. 10 IAK

Ebenso wie für die subjektive Anknüpfung gem. Art. 7 IAK lässt sich allein dem Wortlaut des Art. 10 IAK auch im Hinblick auf die in Art. 9 IAK geregelte objektive Anknüpfung nicht entnehmen, welche Tragweite der Anwendung aus privater Feder stammender Regelwerke zukommen soll. Zwar ist auffällig, dass Art. 10 IAK davon spricht, dass die dort bezeichneten Quellen anationalen und supranationalen Ursprungs „Anwendung finden“[1609], während in Art. 9 Abs. 2 Satz 2 IAK von der etwas schwächer bzw. fakultativer klingenden Formulierung „soll berücksichtigen“[1610] Gebrauch gemacht wurde. Der sprachliche Unterschied ist jedoch nicht so deutlich, dass man sichere Schlussfolgerungen hinsichtlich der Tragweite der Verwendung nichtstaatlicher Quellen in Art. 10 IAK einerseits und in Art. 9 Abs. 2 Satz 2 IAK andererseits ziehen könnte.

(2) Historische und teleologische Auslegung des Art. 10 IAK

Aufschlussreicher ist die ebenfalls bereits im Zusammenhang mit Art. 7 IAK vorgenommene historische und teleologische Betrachtung des Art. 10 IAK, die dafür spricht, dass dem Richter über Art. 10 IAK lediglich die Befugnis eingeräumt werden sollte, das Ergebnis, das aus der Anwendung des ermittelten Vertragsstatuts folgt, nur punktuell und im Rahmen des anwendbaren Rechts zu korrigieren.[1611] Soweit ersichtlich, ist den Materialien kein Anhaltspunkt zu entnehmen, der speziell für den Fall, dass das anwendbare Recht allein vom Gericht auszumachen ist, einen anderen Schluss nahe legen würde. Insbesondere für die im Schrifttum teils vertretene Auffassung, Art. 10 IAK solle die Anwendung der UP als subsidiäres objektives Vertragsstatut ermöglichen, nachdem die in Art. 9 Abs. 2 IAK vorgeschriebene Methode der Ermittlung des Rechts mit der engsten Verbindung zum Vertrag ergebnislos geblieben ist[1612], findet sich in den Verhandlungsberichten keine Stütze.

(3) Systematische Auslegung des Art. 10 IAK

Möglicherweise gibt die Betrachtung der Position des Art. 10 IAK im Gesamtgefüge der Konvention näheren Aufschluss über die Tragweite, die dem in der Vorschrift normierten Rückgriff auf nichtstaatliche Quellen zukommen soll. Dabei kommt es in

---

[1608] Vgl. oben Kapitel 5, C.II.2.d.ee.
[1609] In der spanischen Fassung „se aplicarán“, in der englischen Fassung „shall apply“.
[1610] In der spanischen Fassung „tomará en cuenta“, in der englischen Fassung „shall take into account“.
[1611] Vgl. oben Kapitel 5, C.II.2.d.ee.(2).(b).
[1612] Briceno Berrù, Dir. comm. int. 1997, 1003, 1014f.

erster Linie darauf an, Art. 10 IAK mit Art. 9 Abs. 2 Satz 2 IAK in Einklang zu bringen, damit es nicht zu Wertungswidersprüchen im Verhältnis dieser beiden Bestimmungen untereinander kommt. Gerade der Bedeutungsgehalt des Art. 9 Abs. 2 Satz 2 IAK ist jedoch unter anderem erst anhand der systematischen Interpretation des Art. 10 IAK zu ermitteln. Da somit die Tragweite des Art. 9 Abs. 2 Satz 2 IAK an dieser Stelle noch nicht feststeht, bleibt nur, die insoweit denkbaren Auslegungsvarianten und im Schrifttum vertretenen Ansichten nachstehend durchzuspielen und zu analysieren, welche Konsequenzen dies wiederum für die Dimension des Art. 10 IAK hätte.

Geht man mit einem beträchtlichen Teil des Schrifttums davon aus, dass Art. 9 Abs. 2 Satz 2 IAK die kollisionsrechtliche Anwendung der dort genannten nichtstaatlichen Quellen ermöglichen soll[1613], könnte Art. 10 IAK nicht die gleiche Wirkung zugeschrieben werden, da ihm dann für die objektive Anknüpfung keine eigenständige Bedeutung zukäme. Vor diesem Hintergrund sprächen die besseren Gründe dafür, Art. 10 IAK nur im Rahmen des anwendbaren Rechts zur Anwendung zu bringen. Versteht man hingegen Art. 9 Abs. 2 Satz 2 IAK als Ermächtigung, die genannten anationalen Quellen nur im Rahmen des gem. Art. 9 Abs. 2 Satz 1 IAK ermittelten Rechts zur Anwendung zu bringen[1614], müsste man in Art. 10 IAK zwangsläufig eine Ermächtigung zur kollisionsrechtlichen Anwendbarkeit der in der Vorschrift bezeichneten Quellen sehen. Denn andernfalls wäre die Norm jedenfalls für den Fall, dass die Vertragspartner keine Rechtswahl getroffen haben, weitgehend überflüssig, obwohl sie ja gerade nicht nur für Art. 7 IAK, sondern auch für Art. 9 IAK gelten soll.[1615] Stellt man sich hingegen auf den Standpunkt, dass Art. 9 Abs. 2 Satz 2 IAK die gleiche Funktion hat wie Art. 9 Abs. 2 Satz 1 IAK[1616], wäre jedenfalls unter systematischen Gesichtspunkten sowohl ein kollisionsrechtliches als auch ein materiellrechtliches Verständnis des Art. 10 IAK möglich. Im Übrigen stellt sich die Frage, warum Art. 10 IAK die Heranziehung anationaler Quellen nur gebietet, soweit Gerechtigkeit und Billigkeit dies im Einzelfall erforderlich machen, während im Falle des Art. 9 Abs. 2 Satz 2 IAK die Heranziehung der nichtstaatlichen Quellen offenbar schrankenlos möglich ist. Ein Grund hierfür könnte darin liegen, dass Art. 10 IAK neben den in Art. 9 Abs. 2 Satz 2 IAK genannten Quellen zusätzliche nichtstaatliche Quellen nennt. Des weiteren wäre als Grund denkbar, dass die Auswirkungen eines Rückgriffs auf anationale Regeln nach Art. 10 IAK stärker sind als nach Art. 9 Abs. 2 Satz 2 IAK. Selbst wenn dies zuträfe, ließe sich jedoch auch aus dieser Überlegung nichts Konkretes für die Möglichkeit der Heranziehung nichtlegislatorischen Rechts nach Art. 10 IAK ableiten.

Das Ergebnis der systematischen Auslegung des Art. 10 IAK hängt somit maßgeblich vom Bedeutungsgehalt des Art. 9 Abs. 2 Satz 2 IAK ab. Solange dieser nicht feststeht, sind zwar bezüglich Art. 10 IAK mehrere Auslegungsvarianten denkbar. Sichere Schlüsse über die Reichweite der Vorschrift erlaubt die systematische Betrachtung des Art. 10 IAK an dieser Stelle jedoch nicht.

1613 Für Schrifttumsnachweise siehe oben Kapitel 5, C.III.1.a.

1614 Vgl. die Nachweise für diese Lehrmeinung oben Kapitel 5, C.III.1.b.

1615 Gebele, 86.

1616 Für Nachweise vgl. oben Kapitel 5, C.III.1.c.

(4) Zwischenergebnis

Während sowohl die grammatikalische als auch die systematische Betrachtung des Art. 10 IAK ohne greifbares Ergebnis geblieben ist, spricht seine historisch-teleologische Auslegung auch hinsichtlich der objektiven Anknüpfung dafür, dass die dortige Bezugnahme auf nichtstaatliche Quellen offenbar keine kollisionsrechtliche, sondern lediglich eine materiellrechtliche Bedeutung hat. Im Lichte des Art. 10 IAK wird damit derjenigen Auffassung, die Art. 9 Abs. 2 Satz 2 IAK materiellrechtliche Wirkung beimessen will, der Boden entzogen, da andernfalls entweder Art. 9 Abs. 2 Satz 2 IAK oder Art. 10 IAK keine eigenständige Bedeutung hätte.[1617]

ee. Verhältnis des Art. 9 IAK zu Art. 17 IAK

Das Verhältnis des Art. 9 IAK zu Art. 17 IAK bedarf unter zwei Gesichtspunkten einer kurzen Stellungnahme.

Das restriktive Verständnis des Art. 9 IAK in dem Sinne, dass die Vorschrift der objektiven kollisionsrechtlichen Anwendbarkeit nichtstaatlichen Rechts entgegensteht, wird vereinzelt auch mit der vermeintlichen Legaldefinition des Begriffs „derecho“ bzw. „law“ in Art. 17 IAK begründet.[1618] Es wurde bereits aufgezeigt, dass Art. 17 IAK ungeachtet seines Wortlauts nicht das Anliegen verfolgt, den dem Übereinkommen zugrunde liegenden Rechtsbegriff zu definieren.[1619] Hiervon abgesehen, kann eine Heranziehung des Art. 17 IAK selbst dann, wenn man ihn entgegen der hier vertretenen Auffassung als Legaldefinition begreifen will, nur dann hilfreich sein, wenn in einer Vorschrift der Konvention der Begriff „derecho“ bzw. „law“ ohne den Zusatz „del Estado“ bzw. „of the State“ verwendet wird, wie dies etwa bei Art. 7 Abs. 1 Satz 1 IAK der Fall ist. Art. 9 Abs. 1 und Abs. 2 Satz 1 IAK hingegen sprechen ausdrücklich von „derecho del Estado“ bzw. „law of the State“, bedürfen also keiner diesbezüglichen Erläuterung durch Art. 17 IAK. Und Art. 9 Abs. 2 Satz 2 IAK nimmt überhaupt nicht auf den Begriff „derecho“ bzw. „law“ Bezug, so dass Art. 17 IAK im Hinblick auf Art. 9 IAK völlig ins Leere ginge. Art. 17 IAK ist daher unter systematischen Gesichtspunkten keinesfalls geeignet, den Ausschluss nichtstaatlichen Rechts aus dem Kreis der möglichen objektiven Vertragsstatute zu begründen.

Aussagekräftiger für das Verständnis des Art. 9 IAK erscheint Art. 17 IAK hingegen insoweit, als sich dann, wenn man die in Art. 9 Abs. 2 Satz 2 IAK genannten Quellen nur als Kollisionsnormen verstehen will[1620], die bereits an anderer Stelle aufgeworfene Frage aufdrängt, warum die bislang kaum existenten, aber denkbaren nichtstaatlichen Kollisionsnormen in Art. 9 Abs. 2 Satz 2 IAK bedacht wurden, in Art. 17 IAK aber offensichtlich nicht.[1621] Streng genommen müsste man angesichts dieses Widerspruchs entweder davon ausgehen, dass es sich bei den in Art. 9 Abs. 2 Satz 2 IAK angesprochenen Quellen nicht um Kollisionsnormen handeln kann, oder aber

---

[1617] Samtleben, IPRax 1998, 385, 390; Gebele, 86.
[1618] Ferrari, JZ 1998, 9, 16.
[1619] Vgl. oben Kapitel 5, C.II.2.d.gg.
[1620] So die oben Kapitel 5, C.III.1.c. dargestellte Auffassung.
[1621] Dazu oben Kapitel 5, C.II.2.d.gg.(2).

dass sich Art. 9 Abs. 2 Satz 2 IAK zwar auf anationale Kollisionsnormen bezieht, die in Art. 17 IAK nicht erfolgte Berücksichtigung solcher nichtstaatlichen Verweisungsnormen dann aber folgerichtig für ein restriktives Verständnis sowohl des Art. 9 IAK als auch des Art. 7 IAK spricht. Allerdings wurde bereits ausgeführt, dass es sich bei der diesbezüglichen Auslassung in Art. 17 IAK um ein bloßes Redaktionsversehen handeln könnte[1622], weshalb dieser systematischen Hürde keine allzu große Bedeutung beigemessen werden sollte.

ff. Ergebnis der systematischen Auslegung des Art. 9 IAK

Die Art. 1 – 3 und 11 IAK haben, ebenso wie bezüglich der Reichweite der Parteiautonomie, keinerlei Aussagekraft für die Frage, ob der Richter nach der Konvention von Mexiko befugt ist, in Ermangelung einer Rechtswahl von Seiten der Vertragspartner ein nichtstaatliches Vertragsstatut zu berufen Demgegenüber hat die systematische Auslegung des Art. 9 IAK im Übrigen zu Tage gebracht, dass im Verhältnis der Abs. 1 und 2 des Art. 9 IAK untereinander, aber auch im Lichte des Art. 9 Abs. 3 IAK, der die objektive Vertragsspaltung nur für staatliches Recht zulässt, vieles dagegen spricht, dass Art. 9 Abs. 2 Satz 2 IAK die Heranziehung der UP als objektives Vertragsstatut ermöglichen will. Dieses Ergebnis folgt auch aus der Tatsache, dass die kollisionsrechtliche Berufung der UP durch die Parteien selbst zumindest nach hier vertretener Auffassung nicht zulässig ist.[1623] Wenn somit aus systematischer Sicht einiges gegen die objektive Berufung der UP als auf den Vertrag anwendbares Recht spricht, verbleiben die Möglichkeiten ihrer Einbeziehung zur Korrektur des anwendbaren staatlichen Rechts und ihrer Funktion als Kollisionsnormen. Die erste Variante würde Art. 10 IAK, der offenbar nur im Rahmen des Statuts zur Anwendung gelangen soll, für die objektive Anknüpfung gegenstandslos machen[1624], und damit zu einem Ergebnis führen, das im Rahmen der systematischen Auslegung gerade vermieden werden soll.[1625] Daher scheint jedenfalls unter systematischen Gesichtspunkten das überzeugendere Ergebnis dasjenige zu sein, dass die in Art. 9 Abs. 2 Satz 2 IAK berufenen Quellen nur als Kollisionsnormen fungieren sollen, um bei der Ermittlung des staatlichen Rechts mit der engsten Verbindung behilflich zu sein. Hierbei handelt es sich nicht lediglich um die aus systematischer Sicht einzig übrig bleibende Lösung, sondern zudem um ein Ergebnis, dass sich angesichts des Verhältnisses des Art. 9 Abs. 2 Satz 2 IAK zu Art. 9 Abs. 2 Satz 1 IAK ohnehin sehr gut begründen lässt. Dass sich diese Auslegungsvariante nicht ohne weiteres mit Art. 17 IAK in Einklang bringen lässt, sollte, wie bereits ausgeführt, nicht überbewertet werden. Der bei dem hier befürworteten Ergebnis bestehende Widerspruch zu Art. 17 IAK scheint zumindest leichter hinnehmbar als der bei einem anderen Auslegungsergebnis drohende Widerspruch zu Art. 10 IAK, der dann für die objektive Anknüpfung regelrecht sinnentleert würde.

[1622] Siehe oben Kapitel 5, C.II.2.d.gg.(2).
[1623] Vgl. oben Kapitel 5, C.II.
[1624] Samtleben, IPRax 1998, 385, 390.
[1625] Siehe zur Zielsetzung der systematischen Auslegung oben Kapitel 2, B.IV.2.

d. Teleologische Auslegung des Art. 9 Abs. 1 und 2 IAK

Bezüglich des Normzwecks des Art. 9 IAK bedarf es keiner näheren Erörterung, dass die Vorschrift zum Ziel hat, dem Richter Regeln an die Hand zu geben, mit deren Hilfe er in Ermangelung einer Rechtswahl das Vertragsstatut selbst ermitteln kann. Mit diesem Regelungsanliegen des Konventionsgesetzgebers lässt sich jedoch jede der vertretenen Auslegungsvarianten[1626] vereinbaren, denn sie alle ermöglichen in der einen oder anderen Form die Bestimmung des objektiv anwendbaren Rechts. Die hinter Art. 9 IAK stehenden Wertentscheidungen bedürfen daher einer etwas eingehenderen Betrachtung, will man Aufschluss über die Frage gewinnen, ob die IAK die Berufung der UP zum objektiven Vertragsstatut ermöglicht.

aa. Wertentscheidungen, die Art. 9 Abs. 1 und 2 IAK allgemein zugrunde liegen

Art. 9 IAK sieht in Ermangelung einer Rechtswahl von Seiten der Parteien die Anwendung des Rechts desjenigen Staates vor, mit dem der Vertrag die engste Verbindung aufweist. Dass sich die Anknüpfung an die charakteristische Leistung für die Ermittlung dieser engsten Verbindung im Rahmen des Art. 9 IAK – abweichend von Art. 4 EVÜ und anders als noch in Art. 10 Abs. 2 des Tucson-Entwurfs vorgesehen[1627] - letztlich nicht durchsetzen konnte[1628], ist vor allem auf die vehemente Kritik einiger Delegierter zurückzuführen, die die Ansicht vertraten, dass das „illusorische Konzept" der charakteristischen Leistung keine Rechtssicherheit gewährleisten könne.[1629] Wenn die Regelvermutung, die in Art. 4 EVÜ Niederschlag gefunden hat, ohnehin durch eine Ausnahme (Art. 4 Abs. 5 EVÜ) in Gestalt der Berücksichtigung aller Umstände des Einzelfalls in Frage gestellt werden könne, so dass die Bestimmung des objektiven Vertragsstatuts letztlich doch in der Hand des Richters liege[1630], so könne man auch gleich auf eine Einzelfallbetrachtung abstellen, ohne dem in Art. 4 EVÜ normierten Umweg über die Vermutung zu folgen.[1631] Die Ermittlung der gem. Art. 9 Abs. 1 IAK maßgeblichen engsten Verbindung erfolgt daher in der Konvention von Mexiko durch

---

[1626] Vgl. die Darstellung des Meinungsstands oben Kapitel 5, C.III.1.

[1627] Contratación Internacional. Proyecto de Convención Interamericana sobre Derecho Aplicable a los Contratos Internacionales, Tucson, Arizona, 11 al 14 de noviembre de 1993, OEA/Ser.K/XXI.5, CIDIP-V/doc.15/93.

[1628] Lamm, 270; Gebele, 67; Parra-Aranguren, in: E Pluribus Unum, 299, 308; Fernández Arroyo, Rev. crit. dr. internat. privé 1995, 178, 183f.

[1629] Fernández Arroyo, Rev. crit. dr. internat. privé 1995, 178, 183f.; Herbert, Rev. Urug. DIP 1994, 45, 57; siehe auch Gebele, 67f. mit ausführlicher Darlegung der Motive für den Verzicht auf die Anknüpfung an die charakteristische Leistung.

[1630] International Contracts. Draft Inter-American Convention on the Law Applicable to International Contractual Arrangements, OEA/Ser.K/XXI.5, CIDIP-V/doc.12/93, S. 29.

[1631] Santos Belandro, 129; Parra-Aranguren, in: E Pluribus Unum, 299, 308. Darüber hinaus wurde auf der Expertenkonferenz geltend gemacht, dass der Anknüpfungspunkt der charakteristischen Leistung für die Entwicklungsländer nachteilig und aus deren Sicht nicht akzeptabel sei, siehe Lamm, 271 unter Hinweis auf Actas (CIDIP-V) II (Comisión I), 53; ferner Noodt Taquela, Convención Interamericana, 91, 106.

einen „grouping of contacts test“[1632], der darin besteht, nach Verbindungen zu möglicherweise anwendbaren Rechtsordnungen zu suchen und diese nach ihrer Bedeutung im Lichte des jeweiligen streitgegenständlichen Vertrages zu bewerten.[1633] Die Ermittlung des objektiv anwendbaren Rechts wird dabei in Ermangelung präziser Anknüpfungsmomente oder Vermutungen weitgehend dem Richter überlassen.[1634] Dieser kann zwar gem. Art. 9 Abs. 2 Satz 1 IAK auf eine Vielzahl objektiver und subjektiver Kriterien abstellen.[1635] Mehr als ein Minimum an Hilfestellung stellen diese Vorgaben jedoch nicht dar.[1636] Es wurde mithin zugunsten größtmöglicher Flexibilität und Einzelfallgerechtigkeit ein erheblicher Verlust an Rechtssicherheit bzw. Voraussehbarkeit des objektiv anwendbaren Rechts in Kauf genommen.[1637] Die Einzelfallgerechtigkeit, die zu fördern Art. 9 IAK beabsichtigt, ist allerdings, anders als im Rahmen des Art. 10 IAK, nicht materiellrechtlich, sondern kollisionsrechtlich zu verstehen, im Sinne einer „angemessene[n] Verteilung der mit der Internationalität einer Transaktion verbundenen Risiken und Kosten.“[1638]

bb. Spezieller Regelungszweck des Art. 9 Abs. 2 Satz 2 IAK

Betrachtet man schließlich speziell Art. 9 Abs. 2 Satz 2 IAK unter teleologischen Gesichtspunkten, liegt die Schlussfolgerung nahe, dass die Norm vor allem bezweckt, dem Gericht zusätzlich zu den in Art. 9 Abs. 2 Satz 1 IAK genannten objektiven und subjektiven Elementen ein weiteres Hilfsmittel für die Ermittlung des anwendbaren staatlichen Rechts an die Hand zu geben.[1639] Dies ergibt sich insbesondere aus einem der letzten Verhandlungsberichte, aus dem hervorgeht, dass die Konferenzteilnehmer den bis dahin lediglich auf die objektiven und subjektiven Vertragselemente Bezug

---

[1632] Juenger, Am. J. Comp. L. 45 (1997), 195, 205.

[1633] Gebele, 69; Leyva Saavedra, Rev. Jur. Perú 1998, 315, 318f.

[1634] Santos Belandro, 133; Gebele, 75; Baumann, Das Recht Deutschlands und der Schweiz im Dialog V (1996), 2, 30.

[1635] Für Beispiele objektiver und subjektiver Vertragselemente im Sinne von Art. 9 Abs. 2 Satz 1 IAK siehe International Contracts. Draft Inter-American Convention on the Law Applicable to International Contractual Arrangements, OEA/Ser.K/XXI.5, CIDIP-V/doc.12/93, S. 25f.; Gebele, 69ff.; Lamm, 270; Briceno Berrù, Dir. comm. int. 1997, 1003, 1011f.; Santos Belandro, 131ff. Hierzu sind zu zählen der Ort der Vertragsverhandlungen, des Vertragsschlusses, der Vertragserfüllung, des Wohnortes, Sitzes oder der Niederlassung der Vertragspartner, des Vertragsgegenstandes etc., vgl. Dreyzin de Klor/Saracho Cornet, Rev. Jur. Argent. LA LEY 1995, 1037, 1046.

[1636] Fernández Arroyo/Fresnedo de Aguirre, 949, 958f.

[1637] Dreyzin de Klor/Saracho Cornet, Rev. Jur. Argent. LA LEY 1995, 1037, 1047; Fernández Arroyo/Fresnedo de Aguirre, 949, 956ff.; Baumann, Das Recht Deutschlands und der Schweiz im Dialog V (1996), 2, 30; Lamm, 279ff.; Briceno Berrù, Dir. comm. int. 1997, 1003, 1012; Herbert, Rev. Urug. DIP 1994, 45, 56; Santos Belandro, 133; Gebele, 75, 88; Fernández Arroyo, Rev. crit. dr. internat. privé 1995, 178, 183f.; Malloy, Fordham Int'l L. J. 19 (1995), 662, 727, 734. Es wird sogar bezweifelt, ob die in der Bestimmung genannten vagen Anhaltspunkte ausreichen, um wenigstens ein Mindestmaß an Vorhersehbarkeit des Vertragsstatuts zu gewährleisten, so etwa Fernández Arroyo/Fresnedo de Aguirre, 949, 959; Fernández Arroyo, Rev. crit. dr. internat. privé 1995, 178, 183f.; Gebele, 76.

[1638] Gebele, 75; in diesem Sinne auch Lamm, 279.

[1639] Report of the Rapporteur of Committee I Regarding the Law Applicable to International Contracts, OEA/Ser.K/XXI.5 – CIDIP-V/doc.32/94 rev. 1, S. 3; Gebele, 77.

nehmenden Art. 9 Abs. 2 IAK um einen zweiten Satz ergänzten, und zwar „for the further guidance of the Court.“[1640]

Dass Art. 9 Abs. 2 Satz 2 IAK diesen Regelungszweck haben könnte, wird im Schrifttum aus zwei Gründen bestritten: Zum einen wird geltend gemacht, Art. 9 Abs. 2 Satz 2 IAK nehme auf Prinzipien Bezug, die gerade keine Kollisionsnormen darstellten, deren Funktion die Bestimmung des anwendbaren Rechts ist. Die in Bezug genommenen Prinzipien stellten vielmehr vereinheitlichtes materielles Recht dar und dienten gerade dazu, Kollisionsnormen entbehrlich zu machen.[1641] Es sei daher fraglich, inwieweit die Sachnormen der lex mercatoria im allgemeinen, aber auch materiellrechtliche Regelwerke wie die UP im besonderen, bei der Bestimmung der engsten Verbindung und damit des anwendbaren Rechts hilfreich sein könnten.[1642] In eine ähnliche Richtung weist auch die Kritik von Samtleben, der darauf hinweist, dass von internationalen Organisationen anerkannte kollisionsrechtliche Grundsätze kaum vorkämen.[1643] Zum anderen wird eingewandt, dass es eigentlich sinnlos erscheine, neben den objektiven und subjektiven Elementen auch noch die allgemeinen Grundsätze des internationalen Handelsrechts zur Ermittlung des Vertragsstatuts heranzuziehen.[1644]

Dem ersten Einwand ließe sich zwar entgegenhalten, dass man Art. 9 IAK möglicherweise besonders zukunftsoffen gestalten wollte.[1645] In der Tat würde aber Art. 9 Abs. 2 Satz 2 IAK nur äußerst selten Anwendung finden, verstünde man ihn als Verweis auf nichtstaatliche Kollisionsnormen. Dieses fragwürdige Ergebnis könnte man vermeiden und damit zugleich den zweiten Einwand entkräften, wenn man davon ausginge, dass die in Art. 9 Abs. 2 Satz 2 IAK genannten Quellen anationaler Herkunft dem Richter als Vergleichsmaßstab dienen sollen, mit dessen Hilfe dasjenige staatliche Recht zu ermitteln ist, das diesen nichtstaatlichen Quellen am ähnlichsten ist.[1646] Bei dieser Lesart hätte Art. 9 Abs. 2 Satz 2 IAK nicht nur eine völlig eigenständige Bedeutung neben Art. 9 Abs. 2 Satz 1 IAK, sondern würde darüber hinaus auch realistische Anwendungsmöglichkeiten in sich bergen. Das Gericht könnte beispielsweise dann, wenn es die UP für zur Entscheidung des konkreten Streitfalls besonders geeignet hält, nach einem nationalen Recht suchen, das vergleichbare Lösungen anbietet. Nur der auf die fehlende eigenständige Bedeutung des Art. 9 Abs. 2 Satz 2 IAK bezogene zweite Einwand ließe sich demgegenüber entkräften, wenn man mit einer vereinzelt geäußer-

---

[1640] Report of the Rapporteur of Committee I Regarding the Law Applicable to International Contracts, OEA/Ser.K/XXI.5 – CIDIP-V/doc.32/94 rev. 1, S. 3.

[1641] Hernández-Bretón, IPRax 1998, 378, 383; Herbert, Rev. Urug. DIP 1994, 45, 58; Maniruzzaman, Am. U. Int.'l L. Rev. 14 (1999), 657, 682.

[1642] Noodt Taquela, Convención Interamericana, 91, 103; Nygh, 188; ebenso de Miguel Asensio, Dir. comm. int. 1998, 859, 882, der allerdings aufgrund systematischer Überlegungen gleichwohl davon ausgeht, dass die Verfasser der Konvention die in Art. 9 Abs. 2 Satz 2 IAK genannten Quellen nur zur Bestimmung des anwendbaren Rechts herangezogen wissen wollten.

[1643] Samtleben, IPRax 1998, 385, 390; so auch Lamm, 274; Maniruzzaman, Am. U. Int.'l L. Rev. 14 (1999), 657, 682.

[1644] Lamm, 273.

[1645] So z.B. Gebele, 89.

[1646] So Nygh, 188.

ten Ansicht davon ausginge, dass der Richter in den in Art. 9 Abs. 2 Satz 2 IAK bezeichneten Quellen lediglich nach interpretativen Kriterien des Vertrages suchen solle, die die Bestimmung des anwendbaren Rechts ermöglichen.[1647] Insoweit wird etwa vorgeschlagen, dann, wenn die gem. Art. 9 Abs. 2 Satz 1 IAK vorgenommene Anknüpfung an die objektiven und subjektiven Vertragselemente zur Anwendung eines Rechts führt, das unter den gegebenen Umständen nicht interessengerecht erscheint, beispielsweise auf Art. 1.7 UP zurückzugreifen und dasjenige staatliche Recht zu ermitteln, dessen Anwendung sich mit dem aus dieser Norm folgenden Gebot von Treu und Glauben vereinbaren lässt.[1648]

Ob darüber hinaus mit Art. 9 Abs. 2 Satz 2 IAK auch bezweckt wurde, die Anpassungsfähigkeit der Konvention an neue Entwicklungen sicherzustellen, wie im Schrifttum teilweise vertreten wird[1649], ist fraglich, für die hier zu beantwortende Frage jeoch irrelevant. Denn bei der Existenz nichtlegislatorischen Rechts handelt es sich, wie bereits ausgeführt wurde, nicht um eine aus Sicht der Verfasser der IAK neue Entwicklung.[1650] Dafür, dass Art. 9 Abs. 2 Satz 2 IAK nach dem Willen der Übereinkommensverfasser dazu beitragen soll, dem vorschnellen Rückgriff auf nationales Recht vorzubeugen[1651], was für die Möglichkeit der Heranziehung anationalen Rechts als objektives Vertragsstatut sprechen würde, scheint es demgegenüber, soweit ersichtlich, keine Anhaltspunkte zu geben.

Im Ergebnis ist damit festzuhalten, dass das spezielle Regelungsanliegen des Art. 9 Abs. 2 Satz 2 IAK für eine – wie auch immer geartete - Heranziehung nichtlegislatorischen Rechts nur zur Ermittlung des staatlichen Vertragsstatuts spricht.

cc. Schlussfolgerungen hinsichtlich der Vereinbarkeit der objektiven kollisionsrechtlichen Anwendbarkeit nichtstaatlichen Rechts mit der ratio des Art. 9 IAK

In der IAK wurde eine andere Lösung des klassischen Konflikts[1652] zwischen Rechtssicherheit und Einzelfallgerechtigkeit gewählt als im EVÜ. Während das EVÜ bei der objektiven Anknüpfung vornehmlich auf Rechtssicherheit abzielt, kommt es der IAK stärker auf den Aspekt der Einzelfallgerechtigkeit an.[1653] Nach alledem soll der Voraussehbarkeit des objektiven Vertragsstatuts im Rahmen des Art. 9 IAK eine geringere Bedeutung zukommen, als beispielsweise nach der Regelung des Art. 4 EVÜ[1654] Daher scheint der an der inhaltlichen Eignung im Einzelfall orientierten objektiven Heranziehung nichtstaatlichen Rechts das Gebot der Voraussehbarkeit des Vertragsstatuts nicht mit der gleichen Überzeugungskraft entgegengehalten werden zu können, wie im Falle der subjektiven Anknüpfung. Hinzu kommt, dass man dann, wenn das Erzielen von

---

1647 Briceno Berrù, Dir. comm. int. 1997, 1003, 1012; Gabaldón, 243, 252, dort in Fn. 6.
1648 Gabaldón, 243, 252, dort in Fn. 6.
1649 Herbert, Rev. Urug. DIP 1994, 45, 58.
1650 Dazu oben Kapitel 5, C.II.2.d.cc.
1651 So Leyva Saavedra, Rev. Jur. Perú 1998, 315, 320.
1652 Boschiero, 419f.; Baumann, Das Recht Deutschlands und der Schweiz im Dialog V (1996), 2, 32.
1653 Gebele, 109f.; zu Art. 4 EVÜ siehe oben Kapitel 5, B.III.
1654 Gebele, 66; zu Art. 4 EVÜ siehe oben Kapitel 5, B.III.

Einzelfallgerechtigkeit zwar nicht die ausschließliche, aber doch die prioritäre Zielsetzung des Art. 9 IAK darstellt, diesem Ziel sogar in besonderem Maße entsprechen würde, wenn man die objektive kollisionsrechtliche Anwendung der UP zuließe, sofern sich dies im jeweiligen Einzelfall als die für die Vertragspartner beste Lösung herausstellt. Die dem Art. 9 IAK zugrunde liegende Finalität größtmöglicher Einzelfallgerechtigkeit ließe darüber hinaus aber auch die bloße Heranziehung der UP im Rahmen des anwendbaren Rechts sowie ihre Anwendung als Kollisionsnorm oder als Vergleichsmaßstab zu, die dann als zusätzliches Kontakt-Kriterium fungieren würden, um das der Einzelfallgerechtigkeit optimal dienende nationale Recht zu ermitteln. Da sich allein dieser zuletztgenannte Ansatz zugleich mit dem speziellen Regelungszweck des Art. 9 Abs. 2 Satz 2 IAK vereinbaren lässt, erscheint es in teleologischer Hinsicht geboten, die in Art. 9 Abs. 2 Satz 2 IAK genannten Quellen nur zur besseren Ermittlung des staatlichen Vertragsstatuts heranzuziehen.

Nun könnte man diesem Ergebnis auf den ersten Blick entgegenhalten, dass zwar Art. 9 Abs. 2 Satz 2 IAK im speziellen der Berufung der UP als objektives Statut entgegensteht, die dem Art. 9 IAK im Übrigen innewohnende Wertentscheidung zu Lasten der Rechtssicherheit aber trotzdem auch den vom Gütesiegel des Richters abhängigen Rückgriff auf ein anationales Statut zuließe. Diese Argumentation würde jedoch nicht berücksichtigen, dass Art. 9 Abs. 1 IAK – anders als der offen formulierte Art. 7 Abs. 1 Satz 1 IAK – explizit die Staatlichkeit des Vertragsstatuts anordnet. Dass im Rahmen dieser Arbeit trotz dieses klaren Wortlauts die Zugrundelegung eines anationalen Vertragsstatuts diskutiert wird, beruht in erster Linie auf der in Art. 9 Abs. 2 Satz 2 IAK enthaltenen Bezugnahme auf Quellen nichtstaatlicher Herkunft. Da aber gerade diese Bestimmung die Anwendung anationaler Normen als objektives Vertragsstatut, wie gezeigt, zumindest im Lichte des hier zu erörternden Normzwecks nicht rechtfertigt, muss es in teleologischer Hinsicht bei der von Art. 9 Abs. 1 IAK vorgegebenen Staatlichkeit des anwendbaren Rechts bleiben.

dd. Ergebnis der teleologischen Auslegung des Art. 9 Abs. 1 und 2 IAK

Die am Sinn und Zweck des Art. 9 Abs. 1 und 2 IAK orientierte Auslegung hat ergeben, dass Art. 9 IAK die Heranziehung nichtstaatlicher Regelwerke als objektives Vertragsstatut nicht gestattet. Die UP können deshalb aus teleologischer Sicht bei Fehlen einer Rechtswahl von Seiten der Vertragspartner im Geltungsbereich der Konvention von Mexiko nur herangezogen werden, um die Ermittlung des im Einzelfall sachgerechten staatlichen Vertragsstatuts zu erleichtern.

e. Zusammenfassung der Auslegungsergebnisse und Schlussfolgerungen

aa. Zusammenfassung der Auslegungsergebnisse

Die vorstehend gefundenen Ergebnisse der Auslegung des Art. 9 IAK können wie folgt zusammengefasst werden:

Die grammatikalische Interpretation des Art. 9 IAK ist hinsichtlich der Frage, ob und in welchem Umfang die Bestimmung neben einem staatlichen auch ein anationales objektives Vertragsstatut zulässt, ohne greifbares Ergebnis geblieben. Unter historischen Gesichtspunkten sind zwar keinesfalls eindeutige Schlussfolgerungen möglich, es deutet aber einiges darauf hin, dass das entscheidende Gericht auf die in Art. 9 Abs. 2 Satz 2 IAK bezeichneten Quellen nur zurückgreifen können soll, um das staatliche Recht mit der engsten Verbindung zum Vertrag zu ermitteln. Dieses Ergebnis lässt sich auch nach einer Untersuchung der Stellung des Art. 9 IAK im Gefüge des Übereinkommens am besten begründen, insbesondere im Lichte des Verhältnisses der Abs. 1 und 2 des Art. 9 IAK untereinander sowie vor dem Hintergrund der Art. 9 Abs. 3, Art. 10 IAK und des hier restriktiv verstandenen Art. 7 IAK. Die Berücksichtigung des Regelungszwecks des Art. 9 IAK schließlich hat ergeben, dass die Vorschrift den Rückgriff auf private Regelwerke als objektives Vertragsstatut nicht gestatten will, sondern lediglich ihre Heranziehung zur Ermittlung des im Einzelfall sachgerechten staatlichen Vertragsstatuts erlaubt. Hierfür spricht in erster Linie der entsprechende spezielle Regelungszweck des Art. 9 Abs. 2 Satz 2 IAK, angesichts dessen dem Gericht wegen des im Übrigen klaren Wortlauts des Art. 9 Abs. 1 IAK die Unterstellung des Vertrages unter ein privat formuliertes Regelwerk versagt bleiben muss.

bb. Schlussfolgerungen

Bevor aus der Gesamtschau der vorstehend zusammengefassten Auslegungsergebnisse Schlussfolgerungen gezogen werden sollen, seien zur Erinnerung noch einmal die denkbaren Auslegungsalternativen zusammengefasst: Zum einen könnte die Formulierung des Art. 9 Abs. 2 Satz 2 IAK bedeuten, dass anstelle eines staatlichen Rechts die in dieser Norm genannten Quellen alternativ oder wenigstens subsidiär im Wege der objektiven Anknüpfung als Vertragsstatut berufen werden können. Zum anderen könnte Art. 9 Abs. 2 Satz 2 IAK zum Ausdruck bringen wollen, dass nichtstaatliches Recht bei der Entscheidungsfindung nur im Rahmen des auf jeden Fall zunächst zu ermittelnden staatlichen Rechts berücksichtigt werden kann. Denkbar wäre schließlich eine Auslegung des Art. 9 IAK dahingehend, dass eine Heranziehung privater Regelwerke lediglich erfolgen soll, um dasjenige staatliche Recht zu ermitteln, mit dem der Vertrag die engsten Verbindungen aufweist.

Insbesondere systematische und teleologische Gründe, aber auch historische Indizien sprechen für die dritte Auslegungsalternative, die sich überdies mit dem Wortlaut des Art. 9 IAK in Einklang bringen lässt.[1655] Die angesichts der Seltenheit anationaler Kollisionsnormen und in Anbetracht der in aller Regel materiellrechtlichen Prägung privater Regelwerke geltend gemachten Zweifel an der Richtigkeit dieses Resultats[1656] lassen sich ausräumen, wenn man die in Art. 9 Abs. 2 Satz 2 IAK genannten Quellen entsprechend einer im Schrifttum vereinzelt befüworteten Ansicht nicht als klassische Kollisionsnormen begreift, die ein bestimmtes anwendbares Recht vorgeben. Geboten

---

[1655] Im Ergebnis ebenso Parra-Aranguren, Tul. L. Rev. 69 (1994/1995), 1239, 1250; Gebele, 89; Pereznieto Castro, Riv. dir. int. priv. e proc. 1994, 765, 773; Opertti Badán/Fresnedo de Aguirre, 51; Fernández Arroyo, Rev. crit. dr. internat. privé 1995, 178, 184; Leible, Derecho de los Negocios, Sept. 1999, 11, 15; Dreyzin de Klor/Saracho Cornet, Rev. Jur. Argent. LA LEY 1995, 1037, 1046; Briceno Berrù, Dir. comm. int. 1997, 1003, 1011; Leyva Saavedra, Rev. Jur. Perú 1998, 315, 322; Lamm, 272ff.; Herbert, Rev. Urug. DIP 1994, 45, 59; de Miguel Asensio, Dir. comm. int. 1998, 859, 882; Nygh, 188; Gabaldón, 243, 252, dort in Fn. 6.

[1656] Vgl. die Schrifttumsnachweise oben Kapitel 5, C.III.2.d.bb.

erscheint vielmehr ihre Einordnung als Vergleichsmaßstab, mit dessen Hilfe das staatliche Recht ermittelt werden soll, das diesen anationalen Quellen am ähnlichsten ist.[1657] Angesichts der klaren Anordnung des Art. 9 Abs. 1 IAK ist ein solches Vorgehen allerdings nur dann denkbar, wenn die zweifelsfreie Bestimmung des staatlichen Rechts mit der engsten Verbindung zum Vertrag nicht möglich ist. Bei dieser Sichtweise entfallen auch die Bedenken bezüglich der Vereinbarkeit des Art. 9 Abs. 2 Satz 2 IAK mit Art. 17 IAK[1658], da es dann in Art. 9 Abs. 2 Satz 2 IAK nicht um die von Art. 17 IAK erfassten Kollisionsnormen im klassischen Sinne ginge. Angesichts der bestehenden Zweifel verwundert es zwar nicht, dass Art. 9 Abs. 2 Satz 2 IAK teils als mögliches Redaktionsversehen eingeschätzt wird.[1659] Den Materialien lassen sich jedoch keine Hinweise auf einen Willen der Übereinkommensväter entnehmen, der von dem hier gefundenen Ergebnis abweicht.[1660] Insbesondere an der systematischen Auslegung führt kein Weg vorbei, solange sie keine sinnwidrigen Ergebnisse hervorbringt.[1661] Gleiches gilt für die teleologische Betrachtung, der für die Interpretation einheitsrechtlicher Regelungsakte eine entscheidende Bedeutung zukommt.[1662]

Im Ergebnis ist somit festzuhalten, dass im Geltungsbereich der IAK eine Heranziehung der UP als objektives Vertragsstatut auf der Grundlage des Art. 9 des Übereinkommens ausgeschlossen ist.

IV. Zusammenfassung zur Anwendbarkeit der UP im Rahmen der Ergänzung von Lücken im CISG im Geltungsbereich der IAK

Die Konvention von Mexiko erlaubt weder den vertraglichen kollisionsrechtlichen Verweis auf die UP, noch gestattet sie die objektive Berufung des Regelwerks mit kollisionsrechtlicher Wirkung. Die UP können nach der Konzeption der IAK nur insoweit eine Rolle spielen, als sie in Ermangelung einer (wirksamen) Rechtswahl gem. Art. 9 Abs. 2 Satz 2 IAK dabei helfen können, das staatliche Recht mit der engsten Verbindung zum Vertrag auszumachen. Überdies können sie gem. Art. 10 IAK herangezogen werden, um im Einzelfall unbillige Ergebnisse zu korrigieren, zu denen die Anwendung des von den Parteien gewählten oder vom Richter bestimmten staatlichen Vertragsstatuts führt. Für die Möglichkeit, zur Ergänzung von Lücken im CISG auf die UP zurückzugreifen, folgt aus diesen Ergebnissen, dass die internen Lücken des CISG, die einer autonomen Ergänzung nicht zugänglich sind sowie die externen Lücken der Konvention zwar nicht unmittelbar mit kollisionsrechtlicher Wirkung durch die UP ergänzt werden können, wenn das angerufene Gericht an die Vorschriften der IAK gebunden ist. Jedoch können die UP gem. Art. 9 Abs. 2 Satz 2 IAK insofern eine mit-

---

1657 Nygh, 188.
1658 Dazu oben Kapitel 5, C.II.2.d.gg.(2).
1659 Lamm, 274; am Sinn der Regelung zweifelnd auch Noodt Taquela, Convención Interamericana, 91, 102ff.
1660 Lamm, 274.
1661 Gebele, 90.
1662 Vgl. MüKo-Martiny, Art. 36 EGBGB, Rn. 19; Bonomi, 14f.; Plender/Wilderspin, The European Contracts Convention, 29ff. (für das EVÜ). Generell zur Bedeutung der teleologischen Auslegung für die Ermittlung des Bedeutungsgehalts einheitsrechtlicher Bestimmungen vgl. oben, Kapitel 2, B.IV.2.

telbare Berücksichtigung bei der Beantwortung offener Fragen im CISG finden, als sie als Vergleichsmaßstab für ein zur Ergänzung des Übereinkommens besonders taugliches, vom Richter zu ermittelndes nationales Recht dienen können, wenn und soweit sich das staatliche Recht mit der engsten Verbindung zum Vertrag nicht ausmachen lässt. Überdies besteht, anders als im Geltungsbereich des EVÜ, für den Richter die Möglichkeit, nach Maßgabe des Art. 10 IAK auf die UP zurückzugreifen, um das zur Lückenergänzung kollisionsrechtlich berufene staatliche Recht an die Gegebenheiten des konkreten Einzelfalls anzupassen. Die IAK eröffnet somit im Hinblick auf die Beantwortung offener Rechtsfragen im Einheitskaufrecht einen deutlich weiteren Anwendungsbereich der UP, als dies das Europäische Kollisionsrecht vermag.

Kapitel 6: Ergänzende Anwendbarkeit der UP bei Hinweis der Parteien auf die lex mercatoria oder allgemeine Rechtsgrundsätze

Haben die Parteien ihren Vertrag im Hinblick auf die Füllung von Lücken im CISG nicht ausdrücklich den UP, sondern allgemeinen Rechtsgrundsätzen oder der lex mercatoria unterstellt, so stellt sich die Frage, ob derartige Formulierungen die Anwendung der UP erlauben oder sogar gebieten. Dass die Verfasser der UP die Anwendbarkeit des Regelwerks in diesen Fällen für sinnvoll halten, haben sie in der Präambel zum Ausdruck gebracht. Dort heißt es in Satz 3: „they may be applied when the parties have agreed that their contract be governed by general principles of law, the lex mercatoria or the like." Ob und in welchem Umfang staatliche Gerichte die Bezugnahme der Parteien auf nichtstaatliches Recht bei der Entscheidungsfindung berücksichtigen dürfen, wurde bereits erläutert.[1663] An dieser Stelle geht es daher ausschließlich um die Frage, ob die UP im Rahmen dieser kollisionsrechtlich gesetzten Grenzen herangezogen werden dürfen oder sogar müssen, wenn die Parteien auf die lex mercatoria oder allgemeine Rechtsgrundsätze Bezug genommen haben.[1664] Hierüber ist im Schrifttum bislang keine Einigkeit erzielt worden.

A. Meinungsstand

I. UP als Kodifizierung der lex mercatoria oder allgemeiner Rechtsgrundsätze

Teilweise wird vertreten, die UP könnten als Kodifizierung der lex mercatoria[1665] bzw. als Kodifizierung allgemeiner Rechtsprinzipien angesehen werden.[1666] Die Vertreter dieser Auffassung befürworten dementsprechend den uneingeschränkten Rückgriff auf die UP, wenn die Parteien die Anwendung der lex mercatoria oder allgemeiner Rechtsgrundsätze vereinbaren.[1667] Dabei wird geltend gemacht, die grundsätzlich mit der Heranziehung der lex mercatoria oder allgemeiner Rechtsgrundsätze verbundenen Unsicherheiten und Unschärfen könnten auf diese Weise erheblich reduziert werden, da die Entscheidung des Gerichts für die Parteien vorhersehbarer wäre.[1668] Diese Haltung liegt auch einer nicht unerheblichen Zahl von Schiedssprüchen zugrunde, die auf

---

1663 Vgl. dazu Kapitel 3 bis 5.

1664 Dass die UP selbst in ihrer Präambel ihre mögliche Anwendung vorsehen, wenn die Parteien auf die lex mercatoria oder allgemeine Rechtsgrundsätze verweisen, kann für die Beantwortung dieser Frage nicht entscheidend sein, da ein privates Regelwerk nicht selbst über seine normative Qualität entscheiden kann, siehe dazu Berger, ERPL 2001, 21, 33.

1665 Goldstajn, Lex mercatoria and the CISG, 241, 253; Carrascosa González, 100; Traisci, Dir. comm. int. 1999, 474, 488 (nur Teilkodifikation); Leible, ZVglRWiss 97 (1998), 286, 312.

1666 Wichard, RabelsZ 60 (1996), 269, 281; Juenger, Am. J. Comp. L. 45 (1997), 195, 204; aA offenbar Boele-Woelki, IPRax 1997, 161, 164, die sich aber auf S. 165 gleichzeitig ohne Einschränkung für einen Rückgriff auf die UP ausspricht.

1667 Wichard, RabelsZ 60 (1996), 269, 281; Boele-Woelki, IPRax 1997, 161, 165; Parra-Aranguren, Tul. L. Rev. 69 (1994/1995), 1239, 1246; jedenfalls im Ergebnis wohl auch Burkart, 69.

1668 Boele-Woelki, IPRax 1997, 161, 164; Parra-Aranguren, Tul. L. Rev. 69 (1994/1995), 1239, 1246; Vischer, FS Schlechtriem, 445, 449; vgl. ferner UNIDROIT Principles 1994, Preamble, Anm. 4.b.

der zumeist nicht näher begründeten Anwendung der UP als Teil oder Kodifizierung der lex mercatoria bzw. internationaler Handelsbräuche[1669] oder als Kodifizierung allgemeiner Rechtsgrundsätze basieren.[1670]

II. Ausschluss der UP bei Wahl der lex mercatoria oder allgemeiner Rechtsgrundsätze

Die Vertreter der Gegenmeinung sind der Ansicht, dass die UP angesichts des ihnen zugrunde liegenden „better-law-approach"[1671] mit der Vereinbarung allgemeiner Rechtsgrundsätze oder der lex mercatoria nicht gemeint sein könnten, da sie weder mit ersteren noch mit der letzteren identisch seien.[1672] Hierfür spreche auch, dass die für die lex mercatoria so charakteristische Unschärfe und Wandelbarkeit im Gegensatz zur beständigen Formulierung der UP stehe. Die Annahme, die Wahl der lex mercatoria impliziere die Wahl der UP, könne daher vom Willen der Parteien, die ihren Vertrag ja einer flexiblen Rechtsquelle unterstellen wollten, gerade nicht gedeckt sein, weil sie die Bandbreite des anwendbaren Rechts erheblich einschränke.[1673] Darüber hinaus wird geltend gemacht, dass die Parteien die UP gewählt hätten, wenn sie ihre Anwendung gewollt hätten.[1674] In diese Richtung weist auch der Einwand von Herber[1675], demzufolge für den Rekurs auf die UP die Bezugnahme auf die lex mercatoria schon deshalb nicht genügen könne, weil es inzwischen eine Reihe geschriebener und ungeschriebener Regelwerke gebe, die den Anspruch erhöben, Teil der lex mercatoria zu sein. Die Anwendbarkeit der UP erfordere daher einen klaren Hinweis der Vertragsparteien auf dieses bestimmte Regelwerk, andernfalls sei dem Bestimmtheitserfordernis nicht Genüge getan.[1676] Die Anhänger dieser Auffassung kommen folgerichtig zu dem Schluss, dass die Anwendung der UP bei einer Bezugnahme auf allgemeine Rechtsgrundsätze oder auf die lex mercatoria nicht dem Willen der Parteien entspricht.

[1669] So beispielsweise in ICC Award 8261/1996; Ad hoc Tribunal in Buenos Aires, 1997, Unif. L. Rev. 1998, 178; International Arbitration Court of the Chamber of Commerce and Industry of the Russian Federation, No. 229/1996 vom 05.06.1997, UNILEX; ICC Award 9474/1999, UNILEX; ICC Award 9479/1999, UNILEX; ICC Award 10021/2000, UNILEX; ICC Award 10422/2001, UNILEX; International Arbitration Court of the Chamber of Commerce and Industry of the Russian Federation, Urteil vom 05.11.2002, No. 11/2002, UNILEX.

[1670] ICC Award 7110/1995, UNILEX; ICC Award 9474/1999, UNILEX; ICC Award 9797/CK/AER/ACS vom 28.07.2000, UNILEX; Arbitration Institute of the Stockholm Chamber of Commerce. Court Stockholm, No. 117/1999 von 2001, UNILEX.

[1671] Dies wird von den Verfassern selbst eingeräumt, Bonell, Unif. L. Rev. 1996, 26, 30; Basedow, Unif. L. Rev. 2000, 129, 130.

[1672] Fauvarque-Cosson, R.I.D.C. 2-1998, 463, 481f. mit ausführlicher Begründung seiner Ansicht.

[1673] Michaels, RabelsZ 62 (1998), 580, 617; Canaris, 5, 15.

[1674] Mankowski, RIW 2003, 2, 14; Michaels, RabelsZ 62 (1998), 580, 602, 616.

[1675] Herber, IHR 2003, 1, 7, dort in Fn. 36.

[1676] Herber, IHR 2003, 1, 8.

III. UP als eine mögliche Quelle der lex mercatoria oder allgemeiner Rechtsgrundsätze

Einer vermittelnden Meinung zufolge sind die UP zwar nicht in ihrer Gesamtheit mit den allgemeinen Rechtsgrundsätzen oder der lex mercatoria identisch.[1677] Zahlreiche in den UP enthaltene Regelungen seien jedoch durchaus Ausdruck allgemeiner Rechtsgrundsätze oder des Normenbestandes der lex mercatoria und stellten aus diesem Grunde eine von deren verschiedenen möglichen Quellen dar. Die Vertreter dieser Ansicht halten daher den Rückgriff auf einzelne Bestimmungen des Regelwerks für vom Parteiwillen gedeckt, wenn und soweit die jeweiligen Regelungen allgemeine Rechtsgrundsätze oder übliche Handelspraktiken zum Ausdruck bringen.[1678] Diese Ansicht kommt auch in zahlreichen schiedsgerichtlichen Entscheidungen zum Ausdruck.[1679]

B. Stellungnahme

Die Auseinandersetzung mit diesen konträren Ansichten hat zu berücksichtigen, dass der Richter bei Vorliegen einer nicht eindeutigen Rechtswahlklausel zu ermitteln hat, was die Parteien mit ihrer Rechtswahl meinen.[1680] Ob bei einer ergänzenden Bezugnahme auf die lex mercatoria oder allgemeine Rechtsgrundsätze die Anwendung der UP dem Willen der Vertragspartner entspricht, kann jedoch nicht allgemein beantwortet werden, sondern muss sich im Lichte des jeweiligen Einzelfalls mittels der Auslegung der Willenserklärungen ergeben.[1681] Trotz der somit stets maßgeblichen konkreten Umständen des Einzelfalls kommt es für die Ermittlung des Parteiwillens entschei-

---

[1677] Berger, Creeping Codification, 179; Bonell, Restatement, 211; Canaris, 5, 15; Ferrari, Contratto e Impresa 1996, 300, 309; Abascal, Los Principios de UNIDROIT, 211, 220; Larroumet, La Semaine Juridique 1997, 147, 149; Petz, 136; Perales Viscasillas, Ariz. Journ. Int. Comp. L. 13 (1996), 383, 398; López Rodriguez, 204ff.

[1678] Ferrari, Tul. L. Rev. 69 (1994/1995), 1227, 1232; ders., Contratto e Impresa 1996, 300, 309; Berger, Creeping Codification, 179; ders., Law & Policy in International Business 28 (1997), 943, 977f.; Soergel-von Hoffmann, Art. 27 EGBGB, Rn. 17; Bonell, Restatement, 211f.; Lookofsky, in: A New Approach, 71, 77; Canaris, 5, 15; Hultmark, in: A New Approach, 301, 306; Bortolotti, Unif. L. Rev. 2000, 141, 142ff.; Boele-Woelki, Terms of Co-Existence, 203, 223; Petz, 136; Schnyder/Grolimund, FS Schlechtriem, 395, 403; Raeschke-Kessler, Should an Arbitrator, 167, 174; Vischer/Huber/Oser, Kapitel 2, § 2, Rn. 115; Perales Viscasillas, Ariz. Journ. Int. Comp. L. 13 (1996), 383, 398; López Rodriguez, 205f.

[1679] Siehe etwa ICC Award 7375/1996 und ICC Award 8873/1998, veröffentlicht in Clunet (1998), 1017; ICC Award 7365/FMS/1997, UNILEX; ICC Award 9029/1998, UNILEX; wohl auch ICC Award 9419/1998, UNILEX und Ad hoc Arbitration New York, UNILEX; ICC Award 10022/2000, UNILEX (die Schiedsrichter sahen hier die UP als eine von mehreren Kodifikationen internationaler Handelsbräuche an, die mit der Bezugnahme auf Handelsbräuche nicht notwendig gemeint sein müsse).

[1680] Mertens, FS Odersky, 857, 869; Vischer/Huber/Oser, Kapitel 2, § 2, Rn. 115; López Rodriguez, 176.

[1681] Michaels, RabelsZ 62 (1998), 580, 616; Canaris, 5, 27; von Bar/Mankowski-von Bar, IPR Bd. I, § 2, Rn. 86; Leible, Wege zu einem europäischen Privatrecht, 421; Drobnig, Vereinheitlichung, 745, 755; Kahn, Les Principes UNIDROIT, 39, 45f.; Raeschke-Kessler, Should an Arbitrator, 167, 174; López Rodriguez, 176.

dend auf das Verhältnis zwischen der lex mercatoria sowie den allgemeinen Rechtsgrundsätzen einerseits und den UP andererseits an, da dieses ein wichtiger Indikator für den nicht immer leicht festzustellenden Willen der Kontrahenten sein kann.

Der umstrittenen Frage nach dem Verhältnis zwischen den UP und der lex mercatoria bzw. den allgemeinen Rechtsgrundsätzen wurde bereits an anderer Stelle nachgegangen.[1682] Diese Untersuchung hat zu Tage gebracht, dass die UP in Anbetracht ihrer methodischen Grundlagen und ihrer strukturellen Charakteristika in ihrer Gesamtheit weder mit den allgemeinen Rechtsgrundsätzen noch mit der lex mercatoria identisch sind und dies auch nicht sein können.[1683] Nach hier vertretener Auffassung kann zum gegenwärtigen Zeitpunkt auch noch nicht davon gesprochen werden, dass die UP in ihrer Gesamtheit bereits in einem Ausmaß von der internationalen Wirtschaftspraxis zur Grundlage der Streitentscheidung gemacht werden, welches ihre Qualifizierung als Bestandteil der lex mercatoria zwingend gebieten würde.[1684] Andererseits kann nicht ernsthaft bestritten werden, dass zahlreiche Bestimmungen der UP sowohl allgemeine Rechtsgrundsätze als auch (sonstige) der lex mercatoria zugehörige Regeln reflektieren; dies ist allerdings für jede einzelne Bestimmung gesondert zu untersuchen und kann für keine einzige Norm des Regelwerks von vornherein unterstellt werden.[1685] Diese Ergebnisse legen für die hier zu beantwortende Frage folgende Schlussfolgerungen nahe:

Die den uneingeschränkten Rückgriff auf die UP befürwortende Ansicht wäre nur unter der Voraussetzung vertretbar, dass die UP einerseits und die lex mercatoria bzw. die allgemeinen Rechtsgrundsätze andererseits identisch sind. Dies ist jedoch, wie gezeigt wurde, nicht der Fall.[1686] In Ermangelung dieser Identität kann die Auslegung einer auf die lex mercatoria oder die allgemeinen Rechtsgrundsätze bezogenen Rechtswahlklausel ohne besondere hinzutretende Umstände des konkreten Einzelfalls keinesfalls zu dem Ergebnis führen, dass die ausschließliche Heranziehung der UP in ihrer Gesamtheit dem Parteiwillen entspricht. Ein pauschaler Rückgriff auf die UP würde dem Willen der Parteien insofern widersprechen, als damit möglicherweise eine Regel zur Anwendung gelangen würde, die nicht Bestandteil der lex mercatoria ist und auch keinen allgemeinen Rechtsgrundsatz verkörpert. Die Bezugnahme auf die lex mercatoria oder allgemeine Rechtsgrundsätze kann deshalb für den Richter niemals bedeuten, dass er die UP automatisch ohne weitere Prüfung der Entscheidungsfindung zugrunde legen darf, geschweige denn, dass er zu ihrer Anwendung verpflichtet ist.[1687] Die Lehrmeinung, die den kategorischen Ausschluss eines Rückgriffs auf die UP favorisiert, könnte demgegenüber nur dann überzeugen, wenn sich keinerlei Verbindung zwischen den UP einerseits und der lex mercatoria bzw. den allgemeinen Rechts-

---

[1682] Siehe oben Kapitel 3.

[1683] Dazu oben Kapitel 3, B.III.2.b.cc. und Kapitel 3, B.III.2.c.cc.(1).

[1684] Vgl. bereits Kapitel 3, B.III.2.c.cc.(2).

[1685] Dazu näher Kapitel 3, B.III.2.b.cc. und Kapitel 3, B.III.2.c.cc.

[1686] Siehe oben Kapitel 3, B.III.2.b. und c.

[1687] Hultmark, in: A New Approach, 301, 304; Fauvarque-Cosson, in: A New Approach, 95, 115; Bortolotti, Unif. L. Rev. 2000, 141, 150; Raeschke-Kessler, Should an Arbitrator, 167, 174; López Rodriguez, 176; Sattar, Ind. J. Global Legal Stud. 5 (1997), 375, 382; Mayer, AJP 1998, 499, 504.

grundsätzen andererseits feststellen ließe. Diese Prämisse kann jedoch vor dem Hintergrund der im Rahmen dieser Arbeit gefundenen Ergebnisse nur als unrichtig bewertet werden. Denn es wurde bereits aufgezeigt und kann nicht ernsthaft bestritten werden, dass es Übereinstimmungen zwischen den UP und sowohl der lex mercatoria als auch den allgemeinen Rechtsgrundsätzen gibt.[1688] Diese Gemeinsamkeiten beziehen sich lediglich nicht auf das Regelwerk in seiner Gesamtheit, sondern auf einzelne, aber nicht wenige seiner Bestimmungen. Der kategorische Ausschluss der Heranziehung der UP kann auch nicht damit begründet werden, dass die Parteien die UP ausdrücklich gewählt hätten, wenn sie ihre Anwendung beabsichtigt hätten.[1689] Denn der hiermit vorausgesetzte Bekanntheitsgrad der UP ist zwar im Wachsen begriffen. Gleichwohl kann aber auch heute, 10 Jahre nach der Veröffentlichung der ersten Fassung des Regelwerks, noch nicht davon die Rede sein, dass sie allen am grenzüberschreitenden Wirtschaftsverkehr Beteiligten bekannt sind. Es ist daher gut vorstellbar, dass die Parteien von der Existenz der UP keinerlei Kenntnis haben und sie möglicherweise nur deshalb nicht ausdrücklich berufen. Demgegenüber lässt sich die vermittelnde Ansicht mit dem Verhältnis zwischen den UP und der lex mercatoria bzw. den allgemeinen Rechtsgrundsätzen durchaus in Einklang bringen: Den UP sind zahlreiche, aber nicht ausschließlich Regelungen zu entnehmen, die sich auch im Normenbestand der lex mercatoria finden lassen oder einen allgemein anerkannten Rechtsgrundsatz wiedergeben.[1690] Daher kann der Richter in Ermangelung sonstiger Anhaltspunkte bei einem Hinweis der Parteien auf die lex mercatoria oder auf allgemeine Rechtsgrundsätze nur insoweit auf die UP zurückgreifen, als die einzelnen in ihnen enthaltenen Bestimmungen Regeln oder Prinzipien zum Ausdruck bringen, die auch zur lex mercatoria oder zu den allgemeinen Rechtsgrundsätzen zu zählen sind.[1691] Dem Parteiwillen wird folglich im Zweifel nur dann gänzlich entsprochen, wenn jede einzelne Regelung der UP, deren Anwendung zur Diskussion steht, sorgfältig daraufhin überprüft wird, ob sie der lex mercatoria bzw. den allgemeinen Rechtsgrundsätzen entspricht.[1692] Andernfalls setzt sich der Richter ohne entsprechende gesetzliche Grundlage über den Parteiwillen hinweg.[1693] Diese vermittelnde Ansicht überzeugt selbst dann, wenn man die Rückwirkung der UP auf die lex mercatoria entgegen der hier vertetenen Auffassung bejaht und dementsprechend davon ausgeht, dass die UP in ihrer Gesamtheit zu einer von vielen Quellen der lex mercatoria geworden sind.[1694] Vor diesem Hintergrund wäre für jeden Einzelfall zu prüfen, ob die Parteien mit der Anwendung der UP einverstanden

---

[1688] Siehe oben Kapitel 3, B.III.2.b. und c.

[1689] So aber Mankowski, RIW 2003, 2, 14; Michaels, RabelsZ 62 (1998), 580, 602, 616.

[1690] Dazu oben Kapitel 3, B.III.2.b.cc. und Kapitel 3, B.III.2.c.cc.

[1691] In diesem Sinne auch Hultmark, in: A New Approach, 301, 304; Fauvarque-Cosson, in: A New Approach, 95, 115; Bortolotti, Unif. L. Rev. 2000, 141, 145, 150; Raeschke-Kessler, Should an Arbitrator, 167, 174; Burkart, 68; López Rodriguez, 180; siehe ferner die Nachweise oben Kapitel 6, A.III.

[1692] Berger, Creeping Codification, 180; Bortolotti, Unif. L. Rev. 2000, 141, 145; Basedow, Unif. L. Rev. 2000, 129, 137f.; Janssen, IHR 2004, 194, 199.

[1693] Fauvarque-Cosson, in: A New Approach, 95, 115; Petz, 136.

[1694] Vgl. die Nachweise oben Kapitel 3, B.III.2.c.cc.(2).

wären, die dann nur eine mögliche von vielen in Betracht kommenden Quellen der lex mercatoria darstellen würden.[1695]

Ein Rückgriff auf die UP im Ganzen ist jedoch, wie ausgeführt, nicht möglich, wenn man wie hier von der fehlenden Identität zwischen den UP einerseits und der lex mercatoria bzw. den allgemeinen Rechtsgrundsätzen andererseits ausgeht. Daher kann dem im Bewusstsein dieser nicht vorhandenen Identität unterbreiteten Vorschlag Perales Viscasillas' grundsätzlich nicht gefolgt werden, die den vollumfänglichen Rückgriff auf die UP für richtig hält, wenn die Parteien die lex mercatoria oder allgemeine Rechtsgrundsätze zur Anwendung berufen.[1696] Zur Begründung wird angeführt, dass die Auslegung des Willens der Vertragspartner, die eine solche Klausel in ihren Vertrag aufnehmen, in der Regel ergeben werde, dass sie erst recht mit der Heranziehung der UP einverstanden sein müssten. Dies folge vor allem daraus, dass die Parteien eine Streitentscheidung auf der Grundlage eines nicht aus staatlicher Feder stammenden Rechtes wünschen. Zudem ermögliche die Anwendung der UP die Nutzung der Vorteile der lex mercatoria unter gleichzeitiger Ausräumung ihrer größten Nachteile - der Unbestimmtheit und Inkohärenz der ihr zugehörigen Regelungen. Überdies sei das Regelwerk besonders auf die Bedürfnisse des internationalen Handelsverkehrs zugeschnitten, was dem Parteiwillen im Zweifel entsprechen dürfte. Da es jedoch neben den UP auch andere Regelwerke gibt, die gegenüber der lex mercatoria und den allgemeinen Rechtsgrundsätzen die Vorteile allgemeiner Zugänglichkeit, konkreter und kohärenter Regeln sowie besonderer Eignung für internationale Handelsverträge bieten[1697], muss der Parteiwille bei einer Wahl der lex mercatoria oder allgemeiner Rechtsgrundsätze grundsätzlich nicht ohne weiteres auf die Anwendung gerade der UP gerichtet sein. Wohl aus diesem Grunde soll auch nach Ansicht von Perales Viscasillas' für jeden Einzelfall gesondert zu prüfen sein, ob dieses regelmäßige Auslegungsergebnis aufgrund der jeweiligen besonderen Umstände möglicherweise doch nicht zutrifft.[1698]

C. Ergebnis

Soweit der staatliche Richter überhaupt ermächtigt ist, der Bezugnahme der Vertragspartner auf die lex mercatoria oder auf allgemeine Rechtsgrundsätze Beachtung zu schenken, ist beim Vorliegen einer derartigen Vereinbarung ein Rückgriff auf die UP nur insoweit möglich, als die Heranziehung des Regelwerks dem Willen der Vertragspartner entsprechen würde. Dies dürfte in der Regel dann der Fall sein, wenn und soweit die einzelnen Bestimmungen des Regelwerks mit dem Normenbestand der lex mercatoria oder den allgemeinen Rechtsgrundsätzen übereinstimmen. Gleiches gilt für

---

1695 López Rodriguez, 176.

1696 Perales Viscasillas, in: Contratación Internacional, 187, 200; ähnlich Mayer, AJP 1998, 499, 504, der bezüglich der Identität zwischen den UP und der lex mercatoria bzw. den allgemeinen Rechtsgrundsätzen von einer „Richtigkeitsvermutung" spricht.

1697 Herber, IHR 2003, 1, 7 (dort in Fn. 36); Gaillard, Arb. Int. 17 (2001), 59, 64.

1698 Perales Viscasillas, in: Contratación Internacional, 187, 200; ähnlich Mayer, AJP 1998, 499, 504, demzufolge den Parteien die Möglichkeit gegeben werden muss, die „Richtigkeitsvermutung", die die UP nach seiner Auffassung für sich in Anspruch nehmen können, zu widerlegen.

den Fall, dass die UP entgegen der von der Verfasserin vertretenen Ansicht als mittlerweile zur lex mercatoria gehörend eingestuft werden und keine Anhaltspunkte dafür ersichtlich sind, dass die Anwendung eines anderen Regelwerks den Vorstellungen der Parteien eher gerecht würde.

Kapitel 7: Ergänzende Anwendbarkeit der UP als Ersatzrecht und Inspirationsquelle

Haben die Parteien ein bestimmtes staatliches Recht zum Zwecke der Füllung von Lücken im CISG gewählt oder führt die ergänzende objektive Anknüpfung zur Anwendung eines bestimmten staatlichen Rechts, stellt allein dieses staatliche Recht das Vertragsstatut dar, anhand dessen die Ergänzung des Übereinkommens vorzunehmen ist. Ein Rückgriff auf die UP als subsidiäres Vertragsstatut anstelle des nationalen Rechts ist dann grundsätzlich ausgeschlossen. Ihre Heranziehung wird allerdings für den Fall diskutiert, dass die einschlägigen Vorschriften des ergänzend heranzuziehenden staatlichen Statuts nicht ermittelt werden können oder lückenhaft sind. Den hiermit einhergehenden Fragestellungen kommt vor dem Hintergrund der vorliegenden Untersuchung allerdings eine vergleichsweise geringe Bedeutung zu. Denn Anliegen der Verfasserin ist es nicht, die möglichen Anwendungsbereiche der UP erschöpfend zu behandeln, sondern die Anwendbarkeit des Regelwerks speziell im Zusammenhang mit der Beantwortung der vom CISG offen gelassenen Fragen zu erörtern. Die Problematik der Ergänzung des zur Lückenfüllung herangezogenen staatlichen Rechts mittels nichtstaatlicher Regelwerke ist in diesem Zusammenhang lediglich von mittelbarer Bedeutung. Angesichts dieser nur beschränkten Relevanz soll nachstehend lediglich eine kurze, auf die wesentlichen Gesichtspunkte beschränkte Darstellung erfolgen.

A. Der Inhalt des staatlichen Rechts kann nicht festgestellt werden

Zunächst stellt sich die Frage, ob die UP – wie in Abs. 4 der Präambel der UP 1994 empfohlen - als Ersatzrecht herangezogen werden können, wenn der Inhalt des anwendbaren Rechts, insbesondere die für die Ergänzung des CISG jeweils einschlägige Norm, nicht festgestellt werden kann.[1699] Mit dieser Situation ist nach allgemeiner Auffassung vergleichbar, dass der Aufwand der Ermittlung der einschlägigen Norm angesichts des Streitwerts unverhältnismäßig oder in einem angemessenen zeitlichen Rahmen nicht zu bewerkstelligen wäre.[1700]

Der staatliche Richter wird für den Fall der Nichtfeststellbarkeit ausländischen Rechts häufig angewiesen, ersatzweise ein staatliches Recht anzuwenden – meistens die lex fori oder eine mit dem Rechtsverhältnis eng verbundene oder verwandte staatliche Rechtsordnung.[1701] In beiden Fällen scheidet die Anwendbarkeit der UP anstelle

---

[1699] Das kann z.B. der Fall sein, wenn das eigentlich auf den Vertrag anzuwendende Recht das eines im Umbruch befindlichen Staates ist, dessen Rechtsquellen rudimentären Charakter haben bzw. besonders schwer zugänglich sind, vgl. Bonell, Unif. L. Rev. 2000, 199, 212; Berger, Creeping Codification, 180. Die Präambel der UP 2004 verzichtet im Gegensatz zur ursprünglichen Fassung darauf, die Anwendung des Regelwerks als Ersatzrecht für nicht ermittelbares ausländisches Recht vorzuschlagen.

[1700] Bonell, Unif. L. Rev. 2000, 199, 212; Parra-Aranguren, Tul. L. Rev. 69 (1994/1995), 1239, 1246.

[1701] Die Anordnung der ersatzweisen Anwendung der lex fori findet sich beispielsweise in § 4 Abs. 2 des österreichischen IPRG sowie in Art. 16 Abs. 2 des schweizerischen IPRG. Auf das mit dem Sachverhalt eng verbundene oder das nächstverwandte Recht verweist z.B. Art. 14 Abs. 2 Satz 1 des italienischen IPRG (als letztes Mittel wird allerdings auch hier der Rückgriff auf die lex fori angeordnet, vgl. Art. 14 Abs. 2 Satz 2 italienisches IPRG).

des nicht feststellbaren ausländischen Rechts de lege lata aus.[1702] In denjenigen Staaten jedoch, deren Kollisionsrecht für den Fall der Nichtfeststellbarkeit ausländischen Rechts kein bestimmtes Ersatzrecht vorschreibt, stellt sich die Frage nach der gebotenen Vorgehensweise. Die Meinungen hierzu gehen seit jeher auseinander.

I. Anwendung der lex fori als Ersatzrecht

Die Praxis des BGH und die weit überwiegende Praxis anderer deutscher und ausländischer staatlicher Gerichte geht unter Berufung auf Gründe der Praktikabilität und der Rechtssicherheit grundsätzlich dahin, die lex fori anzuwenden.[1703] Allerdings schränkt der BGH diesen Grundsatz für bestimmte Fälle ein: „In Fällen, in denen die Anwendung des inländischen Rechts äußerst unbefriedigend wäre, kann auch die Anwendung des dem an sich berufenen Rechts nächstverwandten oder des wahrscheinlich geltenden Rechts gerechtfertigt sein."[1704] „Äußerst unbefriedigend" wäre die Anwendung der lex fori als Ersatzrecht beispielsweise dann, „wenn der Sachverhalt keine oder nur eine vergleichsweise unbedeutende Verbindung zum Inland aufweist."[1705]

II. Anwendung des nächstverwandten oder wahrscheinlich geltenden Rechts als Ersatzrecht und Hilfsanknüpfung im eigenen Kollisionsrecht

Der wohl überwiegende Teil der Literatur will nicht nur subsidiär, sondern von vornherein das wahrscheinlich geltende Recht[1706] bzw. dasjenige Recht als Ersatzrecht berufen, das dem nicht ermittelbaren am ähnlichsten ist.[1707] Als Begründung wird angeführt, diese Herangehensweise erlaube die größtmögliche Annäherung an eine im Einzelfall gerechte Lösung, da sie sich von der kollisionsrechtlichen Verweisung am wenigsten entferne.[1708] Die Anwendung des Rechts eines Staates, welcher dem gleichen Rechtskreis angehöre, werde der Sachlage eher gerecht als der Rückgriff auf die lex fori.[1709] Verschiedentlich wird stattdessen der Rückgriff auf eine Hilfsanknüpfung im eigenen Kollisionsrecht z.B. gem. Art. 5 Abs. 2 EGBGB vorgeschlagen.[1710]

[1702] Boele-Woelki, IPRax 1997, 161, 168; Ferrari, Tul. L. Rev. 69 (1994/1995), 1227, 1232; Sabourin, in: A New Approach, 237, 247.

[1703] BGH, Urteil vom 26.10.1977 - IV ZB 7/77, BGHZ 69, 387, 393ff.; BGH, Urteil vom 23.12.1981 – IVb ZR 643/80, NJW 1982, 1215f.; OLG Köln, Urteil vom 3.12.1993 – 6 U 247/93, IPRspr. 1993, Nr. 3, 4ff.; OLG Frankfurt am Main, Beschluss vom 2.3.1999 – 1 WF 36/99, FamRZ 2000, 37; KG, Urteil vom 27.6.2001 - 3 UF 3906/00, FamRZ 2002, 166, 167; Bonell, Restatement, 222; Veytia, Tul. L. Rev. 69 (1994/1995), 1191, 1197; Berger, Creeping Codification, 180; Kropholler, IPR, § 31 III 1; Kötz, RabelsZ 34 (1970), 663, 666.

[1704] BGH, Urteil vom 26.10.1977 - IV ZB 7/77, BGHZ 69, 387, 394; BGH, Urteil vom 23.12.1981 – IVb ZR 643/80, NJW 1982, 1215, 1216; KG, Urteil vom 27.6.2001 - 3 UF 3906/00, FamRZ 2002, 166, 167.

[1705] Kropholler, IPR, § 31 III 2.

[1706] Vgl. statt aller Ferid, Rn. 4-101.

[1707] Ebke, RabelsZ 48 (1984), 319, 337; Palandt/Bassenge-Heldrich, vor Art. 3 EGBGB, Rn. 36.

[1708] Kropholler, IPR, § 31 III 2 a; Ebke, RabelsZ 48 (1984), 319, 337; Ferid, Rn. 4-101.

[1709] Ferid, Rn. 4-100.

[1710] Kindl, ZZP 111 (1998), 177, 200; Kreuzer, NJW 1983, 1943, 1946; Müller, NJW 1981, 481, 486.

III. Anwendung allgemeiner Rechtsgrundsätze als Ersatzrecht

Zur Vermeidung des mit dem Rückgriff auf die lex fori verbundenen Rückfalls in nationale Denkmuster wird teilweise vorgeschlagen, der Richter solle ersatzweise auf allgemeine Rechtsgrundsätze zurückgreifen, die er sich rechtsvergleichend für den konkreten Fall erarbeiten müsse.[1711] In engem Zusammenhang mit dieser Ansicht steht die Auffassung, derzufolge die UP im Falle der Nichtfeststellbarkeit ausländischen Rechts als Ersatzrecht fungieren können.[1712] Im Geltungsbereich der IAK wird diese Möglichkeit teilweise auch aus Art. 10 IAK hergeleitet.[1713]

IV. Stellungnahme

Ob die Hilfsanknüpfung im Kollisionsrecht der lex fori generell ein geeignetes Mittel zur Bestimmung des Ersatzrechts ist, kann vorliegend dahinstehen. Für den Bereich des Vertragsrechts im Geltungsbereich des EVÜ jedenfalls ist diese Methode nicht geeignet, denn das EVÜ sieht eine Hilfsanknüpfung nicht vor.[1714]

Für den vom BGH befürworteten Rückgriff auf die lex fori als Ersatzrecht spricht ohne Zweifel die hierdurch bewirkte Vorhersehbarkeit der Entscheidung und die damit verbundene Rechtssicherheit.[1715] Mit dem Gebot der internationalprivatrechtlichen Gerechtigkeit lässt sich dieser Ansatz jedoch nicht in Einklang bringen, da auf einen Sachverhalt mit Bezügen zu mehreren Staaten grundsätzlich die Rechtsordnung desjenigen Staates anzuwenden ist, mit dem er in räumlicher und sachlicher Hinsicht am engsten verknüpft ist. Das Recht des Forums wird jedoch in aller Regel gar keine, zumindest aber nicht die engste Verbindung zum Sachverhalt aufweisen.[1716] Die vom BGH selbst vorgenommene Einschränkung des prinzipiellen Rückgriffs auf die lex fori wiederum führt – ebenso wie die herrschende Meinung – zu einer „erheblichen Komplizierung des Entscheidungsprozesses."[1717] Wann davon auszugehen ist, dass ein Recht „nächstverwandt" ist, entzieht sich einer zweifelsfreien Bewertung. Die Notwendigkeit der Ermittlung dieser Verwandtschaft durch das angerufene Gericht macht

---

[1711] Kötz, RabelsZ 34 (1970), 663, 671f.; Kappus, IPRax 1993, 137, 142; Kropholler, Einheitsrecht, 154; Berger, Kodifizierung, 172; ebenso für Schiedsgerichte von Hoffmann, FS Kegel 1987, 215, 231f.

[1712] So Bonell, Restatement, 222ff.; Basedow, in: A New Approach, 125, 147; Lookofsky, in: A New Approach, 71, 76f.; Boele-Woelki, IPRax 1997, 161, 168; Parra-Aranguren, Tul. L. Rev. 69 (1994/1995), 1239, 1246; Veytia, Tul. L. Rev. 69 (1994/1995), 1191, 1197; Ferrari, Tul. L. Rev. 69 (1994/1995), 1227, 1233; ders., Contratto e Impresa 1996, 300, 310; Berger, Creeping Codification, 181; Michaels, RabelsZ 62 (1998), 580, 608; Hartkamp, The Use of the UP, 253, 285; Darankoum, Revue Juridique Thémis 2002, 421, 443; einschränkend López Rodriguez, 184.

[1713] S.o. Kapitel 5, C.II.2.d.ee. und Kapitel 5, C.III.2.c.dd.

[1714] Kropholler, IPR, § 31 III 2 b; Wichard, RabelsZ 60 (1996), 269, 296; ebenso Kindl, ZZP 111 (1998), 177, 200f., der zwar grundsätzlich eine Hilfsanknüpfung im eigenen Kollisionsrecht dem Rückgriff auf die lex fori vorzieht, sich aber für den Fall, dass eine Hilfsanknüpfung nicht zur Verfügung steht, mangels Alternativen doch für die Anwendung des Rechts des Forums ausspricht.

[1715] Von Hoffmann, FS Kegel 1987, 215, 231.

[1716] Wichard, RabelsZ 60 (1996), 269, 295; Berger, Creeping Codification, 180; Kötz, RabelsZ 34 (1970), 663, 670.

[1717] BGH, Urteil vom 26.10.1977 – IV ZB 7/77, BGHZ 69, 387, 394.

die Entscheidungsfindung sehr zeitaufwendig und überdies für die Parteien unberechenbar.[1718]

Dem gleichen Einwand sieht sich allerdings auch die Anwendung allgemeiner Rechtsgrundsätze ausgesetzt. Zwar ist der Rückgriff auf allgemeine Rechtsgrundsätze gegenüber dem Rückgriff auf die lex fori den Parteiinteressen insofern dienlicher, als der Streitentscheidung Prinzipien zugrunde gelegt werden, die den am Vertragsverhältnis beteiligten Rechtsordnungen gemeinsam sind. Hierdurch wird auch der Internationalität des zur Streitentscheidung anstehenden Rechtsverhältnisses Rechnung getragen.[1719] Die Suche nach allgemeinen Rechtsgrundsätzen stellt sich in der Regel jedoch als zu schwierig und zeitaufwendig dar, als dass ihre Heranziehung, insbesondere im Lichte des Rechtssicherheitsgebots, eine besonders attraktive Alternative darstellen könnte.[1720] Die ergänzende Anwendung der UP hat demgegenüber den entscheidenden Vorteil, dass der Richter auf feststehende Regeln zurückgreifen kann. Die einzelnen Bestimmungen des Regelwerks dürften der Entscheidung zwar – wie bereits dargelegt[1721] – nicht ohne weiteres als allgemeine Rechtsgrundsätze zugrundegelegt werden, ohne in jedem einzelnen Fall auf ihre Allgemeingültigkeit hin überprüft zu werden.[1722] Die UP bieten aber jedenfalls eine solide Basis für die Ermittlung allgemeiner Rechtsgrundsätze.[1723] Ihre Anwendung hätte vor allen Dingen den Vorzug, dass der von der Gegenauffassung gegen die Verwendung allgemeiner Rechtsgrundsätze häufig vorgebrachte Einwand, die Rechtsfindung werde unsicher[1724], weitgehend gegenstandslos wird.[1725] Die Heranziehung der UP käme nicht zuletzt dem teils angeregten Rückgriff auf das nächstverwandte Recht nahe, da zahlreiche in den UP enthaltene Normen rechtliche Prinzipien reflektieren, die in vielen staatlichen Rechtsordnungen Niederschlag gefunden haben.[1726]

V. Ergebnis

Der Rückgriff auf die lex fori überzeugt aus inhaltlichen Gründen nicht, und der Rekurs auf das nächstverwandte oder wahrscheinlich geltende Recht ist aus praktischer Sicht problematisch. Die Heranziehung allgemeiner Rechtsgrundsätze würde zwar der Internationalität des Rechtsverhältnisses gerecht, sieht sich aber im Hinblick auf die Rechtssicherheit erheblichen Bedenken ausgesetzt. Die UP bieten sich daher als Hilfe zur Ermittlung allgemeiner Rechtsgrundsätze an, wenn der Inhalt des eigentlich an-

---

[1718] Wichard, RabelsZ 60 (1996), 269, 295; Kropholler, IPR, § 31 III 2 a.
[1719] Kappus, IPRax 1993, 137, 142; Berger, Creeping Codification, 181; López Rodriguez, 164.
[1720] Berger, FS Sandrock, 49, 60; Kropholler, IPR, § 31 III 2 c; Kötz, RabelsZ 34 (1970), 663, 676; Magnus/Mankowski, ZVglRWiss 103 (2004), 131, 152.
[1721] Vgl. die Ausführungen oben Kapitel 3, B.III.2.b.cc.
[1722] So ausdrücklich auch López Rodriguez, 184.
[1723] Berger, FS Sandrock, 49, 60; López Rodriguez, 184.
[1724] So etwa Soergel-von Hoffmann, Art. 27 EGBGB, Rn. 28.
[1725] Michaels, RabelsZ 62 (1998), 580, 608; Burkart, 75; Grundmann, FS Buxbaum, 213, 223f.; Soergel-von Hoffmann, Art. 27 EGBGB, Rn. 28.
[1726] Ferrari, Tul. L. Rev. 69 (1994/1995), 1227, 1233; ders., Contratto e Impresa 1996, 300, 310; Michaels, RabelsZ 62 (1998), 580, 608.

wendbaren staatlichen Rechts nicht ermittelbar ist. Diese Lösung würde einem vorschnellen und interessenwidrigen Rückgriff auf heimisches Recht Einhalt gebieten und dabei die Voraussehbarkeit der Entscheidung nicht über Gebühr beeinträchtigen. Allerdings darf der Richter durch diese Möglichkeit nicht der bequemen Versuchung erliegen, seine vorrangige Pflicht zur Ermittlung des tatsächlichen Inhalts des Vertragsstatuts zu vernachlässigen. Denn der Rückgriff auf die UP als Ersatzrecht darf immer nur ultima ratio sein.[1727]

B. Das anzuwendende staatliche Recht hält keine Lösung bereit

Die Anwendbarkeit der UP für den Fall, dass der Inhalt des anzuwendenden staatlichen Rechts zwar ermittelt werden kann, dieses aber keine Lösung bereithält, sieht die Präambel der UP 1994 nicht ausdrücklich vor. Die Neufassung des Regelwerks aus dem Jahre 2004 hingegen fordert in Abs. 6 der Präambel ausdrücklich dazu auf, die UP zur Interpretation und Ergänzung staatlichen Rechts heranzuziehen.

Staatliche Richter müssen Lücken im nationalen Recht mit Hilfe der Mechanismen schließen, die die lückenhafte Rechtsordnung für die Lückenfüllung entwickelt hat.[1728] Üblicherweise werden Regelungsdefizite im staatlichen Recht mittels eines Rückgriffs auf allgemeine Rechtsgrundsätze geschlossen.[1729] Es bietet sich geradezu an, für die Ermittlung derartiger allgemeiner Rechtsgrundsätze auf die UP zurückzugreifen. Die Anwendung der UP wird daher von einem großen Teil der Literatur sowohl zum Zwecke der Auslegung nationalen Rechts als auch zum Zwecke seiner Ergänzung befürwortet.[1730] Dem ist beizupflichten, zumal mit der Heranziehung der UP dem zur Entscheidung berufenen Richter das Auffinden von allgemeinen Rechtsgrundsätzen erheblich erleichtert würde. Allerdings ist auch hier zu beachten, dass bei weitem nicht

---

[1727] Ferrari, Tul. L. Rev. 69 (1994/1995), 1227, 1233.

[1728] BVerfG, Beschluss vom 14.2.1973 – 1 BvR 112/65, BVerfGE 34, 269, 287ff.; Michaels, RabelsZ 62 (1998), 580, 608 mwN dort in Fußnote 134; Berger, Creeping Codification, 180; Bonell, Restatement, 224; Abascal, Los Principios de UNIDROIT, 211, 218; Rüthers, Rn. 823f. unter Hinweis auf § 132 GVG, §11 IV VwGO, § 45 IV ArbGG, § 41 IV SGG als Ermächtigungsnormen für die Lückenergänzung.

[1729] Vgl. nur die Regelungen in § 7 des österreichischen ABGB; Art. 12 Abs. 2 des italienischen Codice Civile; Art. 19 Satz 2 des mexikanischen Código Civil sowie Art. 1 Abs. 1 und 4 des spanischen Código Civil. Siehe aber auch LG Hamburg, Urteil vom 24.3.1976 – 5 O 265/74, IPRspr. 1976, Nr. 160, 456ff., das das lückenhafte Recht des US-Bundesstaates Florida durch Heranziehung der Regelungen des mit dem Recht Floridas eng verwandten Rechts des US-Bundesstaates Alabama ergänzt.

[1730] Boele-Woelki, IPRax 1997, 161, 168; Vischer, Europ. J. L. Ref. 1998/1999, 203, 213; Bonell, Restatement, 224f.; Boggiano, Unif. L. Rev. 1996, 219, 226; Wiedemann, JZ 1998, 1176f.; Basedow, in: A New Approach, 125, 134; Sabourin, in: A New Approach, 237, 248; Canaris, 5, 29ff.; Hultmark, in: A New Approach, 301, 304; Darankoum, Revue Juridique Thémis 2002, 421, 442ff. mit zahlreichen Nachweisen, auch aus der Rspr., dort in Fn. 34; da Gama E Souza jr, Revue Juridique Thémis 2002, 375, 397; Lookofsky, in: A New Approach, 71, 75; Burkart, 74ff.; López Rodriguez, 164 mit Beispielen aus der Schiedspraxis; Berger, FS Sandrock, 49, 60ff. mit Beispielen aus der Rechtsprechungspraxis; Leible, Wege zu einem europäischen Privatrecht, 424; vgl. ferner Hartkamp, The Use of the UP, 253, 258, der den Rückgriff auf die UP ausdrücklich auch für Verträge ohne grenzüberschreitenden Bezug zulassen will.

sämtliche in den UP enthaltenen Bestimmungen tatsächlich allgemeine Rechtsprinzipien wiedergeben, weshalb ein unreflektierter Gebrauch des Regelwerks ausscheiden muss.[1731] Da die UP aber auch zahlreiche Regelungen aufweisen, die in vielen nationalen Rechtsordnungen zumindest mit ähnlichem Inhalt enthalten sind[1732], dürfte die Fortbildung nationalen Rechts mittels Rekurs auf die UP im Ergebnis häufig den Grundgedanken der eigentlich maßgeblichen staatlichen Rechtsordnung entsprechen und aus der Sicht vieler staatlicher Rechte akzeptabel sein.[1733] Sofern das lückenhafte Recht vorsieht, dass offene Fragen ausschließlich mit solchen allgemeinen Rechtsgrundsätzen gefüllt werden dürfen, die dem eigenen Recht innewohnen[1734], darf die ergänzende Anwendung der UP allerdings nur besonders zurückhaltend erfolgen.[1735] Im Rahmen der der Lückenergänzung vorangehenden Auslegung ist ferner zu beachten, dass die Ermittlung des Bedeutungsgehalts einer staatlichen Norm im Lichte der UP nicht zur Mißachtung von Grenzen und Systematik der jeweiligen staatlichen Rechtsordnung führen darf.[1736]

[1731] Siehe dazu oben Kapitel 3, B.III.2.b.cc.
[1732] Siehe dazu oben Kapitel 3, B.III.2.b.cc.
[1733] Darankoum, Revue Juridique Thémis 2002, 421, 443.
[1734] So z.B. Art. 12 Abs. 2 des italienischen Codice Civile; dazu Abascal, Los Principios de UNIDROIT, 211, 218; Bonell, Restatement, 225.
[1735] Hartkamp, The Use of the UP, 253, 259; Burkart, 75.
[1736] Leible, Wege zu einem europäischen Privatrecht, 424; Berger, FS Sandrock, 49, 64.

Kapitel 8: Zusammenfassung der Ergebnisse

I.

In Kapitel 3 hat sich gezeigt, dass sämtliche Versuche, den UP autonome, von jedem staatlichen Recht unabhängige Geltungskraft beizumessen, scheitern müssen. Für das klassisch-formale Rechtsquellenverständnis folgt dies bereits aus der fehlenden staatlichen Herkunft des Regelwerks. Der soziologische Rechtsbegriff würde zwar, je nachdem ab welchem Grad der Akzeptanz man im soziologischen Sinne von Recht sprechen möchte, eine Einordnung der UP als autonome Rechtsgeltungsquelle zulassen. Ebenso der funktionale Rechtsbegriff, der maßgeblich auf die nationalem Recht vergleichbaren inhaltlichen Qualitäten privat formulierter Regelwerke abstellt. Beiden Ansätzen wohnen jedoch unerträgliche Unwägbarkeiten inne, die es verbieten, die Verbindlichkeit von Normen nach nicht einheitlich vorgegebenen empirischen bzw. funktionalen Kriterien zu beurteilen. Zwar mag zutreffen, dass das nationale Recht nicht stets eine sachgerechte Behandlung internationaler Verträge gewährleisten kann. Da jedoch keiner der Versuche überzeugt, die objektive Verbindlichkeit von ohne staatliche Beteiligung zustande gekommenen Normen zu begründen, ist diesem Missstand allein dadurch zu begegnen, dass nationale Kollisionsnormen möglichst umfassend und eindeutig auf Quellen nichtstaatlichen Ursprungs verweisen und damit die Umgehung von als zu starr empfundenen nationalen Sachnormen ermöglichen. Da die UP nicht als autonome Rechtsgeltungsquelle qualifiziert werden können, ist ihre Heranziehung zum Zwecke der Ergänzung von Lücken im CISG vor staatlichen Gerichten somit nur möglich, wenn und soweit staatliche Normen den Richter hierzu ermächtigen. Vor diesem Hintergrund erscheint es überaus verlockend, staatliches Recht dahingehend zu interpretieren, dass zumindest konkret ausformulierte Regelwerke wie die UP zur Grundlage der Streitentscheidung gemacht werden können.

II.

Die an diese Überlegungen anknüpfenden Ausführungen in Kapitel 4 haben zu Tage gebracht, dass Art. 7 Abs. 2 CISG den Rechtsanwender ermächtigt, zum Zwecke der Füllung interner Lücken des Übereinkommens auf die einzelnen in den UP enthaltenen Regeln zurückzugreifen, sofern sie allgemeine Grundsätze konkretisieren, die auch im CISG zumindest ansatzweise zum Ausdruck kommen. Allerdings beschränkt sich die Möglichkeit eines diesbezüglichen Rückgriffs auf die UP auf die Ergänzung interner Regelungslücken. Bezüglich der externen Regelungslücken ist eine übereinkommensautonome Rechtsfortbildung nicht zulässig.

III.

Hinsichtlich der externen Lücken und der internen Lücken, die nicht mittels allgemeiner Grundsätze, die dem CISG zugrunde liegen, gefüllt werden können, hat sich in Kapitel 5 herausgestellt, dass eine kollisionsrechtliche Berufung der UP als ergänzendes Vertragsstatut vor staatlichen Gerichten in den Vertragsstaaten des EVÜ selbst bei einem ausdrücklichen entsprechenden Hinweis der Parteien nicht möglich ist. Erst Recht ist die ergänzende objektive Anknüpfung an die UP de lege lata ausgeschlossen.

Es wurde allerdings auch aufgezeigt, dass vor dem Hintergrund der vom EVÜ angestrebten größtmöglichen Parteiautonomie de lege ferenda die kollisionsrechtliche Wahl nichtstaatlicher Regelwerke unter bestimmten, explizit zu normierenden Voraussetzungen ermöglicht werden sollte. Denn unter dem Gesichtspunkt der Vorhersehbarkeit des anwendbaren Rechts ist es vorzugswürdiger, den UP über hinreichend bestimmte und gleichzeitig flexible staatliche Kollisionsnormen zu derivativer Geltung zu verhelfen, anstatt ihnen auf Kosten der Rechtssicherheit mittels Rückgriffs auf einen bedenklichen soziologischen oder funktionalen Rechtsbegriff autonome Verbindlichkeit zu verleihen. Die anstehende Umwandlung des EVÜ in eine EG-Verordnung und die damit einhergehende Überarbeitung des Übereinkommens bietet eine ausgezeichnete Gelegenheit hierfür.

Die besseren Gründe sprechen dafür, dass auch die Interamerikanische Konvention trotz der ihr unzweifelhaft zugrunde liegenden innovativen Ansätze sowohl einer subjektiven als auch einer objektiven Anknüpfung an die UP im Wege steht. Allerdings eröffnet das Übereinkommen über Art. 10 IAK die Möglichkeit, die UP im Rahmen des staatlichen Vertragsstatuts ergänzend bzw. korrigierend zur Anwendung zu bringen, um den Erfordernissen von Billigkeit und Gerechtigkeit im jeweiligen Einzelfall gerecht zu werden. Darüber hinaus sieht Art. 9 Abs. 2 Satz 2 IAK einen Rückgriff auf die UP vor, um dem Richter die Ermittlung des mangels Rechtswahl anwendbaren staatlichen Vertragsstatuts zu erleichtern.

Bei der Fortbildung der externen Lücken des CISG sowie seiner der autonomen Ergänzung nicht zugänglichen internen Lücken können die UP daher nur mit materiellrechtlicher Wirkung herangezogen werden, wenn das Verfahren vor einem staatlichen Gericht im Geltungsbereich des EVÜ oder der Konvention von Mexiko stattfindet. Den Vertragspartnern, bzw. – bei ausgebliebener Rechtswahl – dem Richter bleibt daher nichts anderes übrig, als ein ergänzendes staatliches Statut zu bestimmen, wenn das CISG eine Antwort schuldig bleibt. Die zwingenden Bestimmungen dieses nationalen Rechts können durch eine ergänzende Bezugnahme auf die UP nicht ausgeschaltet werden, gleich, ob es die Parteien sind, die sich für seine Anwendung entscheiden, oder das Gericht. Im Geltungsbereich der IAK besteht allerdings gem. Art. 10 IAK die Möglichkeit, das zur Fortbildung des CISG bemühte staatliche Recht mit Hilfe der UP an die jeweiligen Gegebenheiten anzupassen. Darüber hinaus gestattet die Konvention von Mexiko über Art. 9 Abs. 2 Satz 2 IAK die Heranziehung der UP als Vergleichsmaßstab zur Ermittlung einer ergänzenden staatlichen Rechtsordnung, die dem Regelwerk inhaltlich nahekommt, wenn sich das gem. Art. 9 Abs. 1 IAK primär maßgebliche staatliche Recht mit der engsten Verbindung zum Vertrag nicht ausmachen lässt.

IV.

Haben die Parteien auf die lex mercatoria oder allgemeine Rechtsgrundsätze verwiesen, um im CISG nicht gelöste Probleme einer Antwort zuzuführen, kommt die Anwendung der UP zu diesem Zwecke nur dann in Betracht, wenn die Vertragspartner mit der Bezugnahme auf diese Quellen nichtstaatlicher Herkunft zumindest auch die UP gemeint haben. Bei der Ermittlung des diesbezüglichen Parteiwillens durch den Richter ist zu bedenken, dass die UP zwar stellenweise den Normenbestand der lex mercatoria sowie allgemein anerkannte Rechtsgrundsätze kodifizieren, jedoch in ihrer

Gesamtheit weder mit der lex mercatoria noch mit den allgemeinen Rechtsgrundsätzen deckungsgleich sind. Angesichts dessen wird mangels gegenteiliger Anhaltspunkte des konkreten Einzelfalls weder der unreflektierte Rückgriff auf die UP noch der kategorische Ausschluss ihrer Anwendung dem Willen der Vertragspartner gerecht. In Betracht kommt allein eine nur bedingte Heranziehung des Regelwerks, wenn und soweit sich der Richter vergewissert hat, dass die jeweilige für die Streitentscheidung hilfreiche Bestimmung des Regelwerks Ausdruck der lex mercatoria oder eines allgemeinen Rechtsgrundsatzes ist.

V.

Ein zusätzlicher Anwendungsbereich eröffnet sich den UP im Falle der Nichtermittelbarkeit oder der Lückenhaftigkeit des zur Ergänzung des CISG berufenen staatlichen Rechts. Die Heranziehung der UP bietet sich in beiden Fällen als Basis für die Ermittlung rechtsvergleichend gewonnener allgemeiner Rechtsgrundsätze an.

VI.

Angesichts der für die Zukunft zu erwartenden zunehmenden Ausarbeitung nichtstaatlicher Regeln für die Praxis des internationalen Handelsverkehrs wäre es wünschenswert, die Möglichkeiten der Berücksichtigung nichtstaatlichen Rechts bei der Streitentscheidung durch staatliche Gerichte eingehend und vor allen Dingen unmissverständlich zu regeln. Die Akzeptanz anationaler Normen lässt sich nur durch eine internationalprivatrechtliche Klärung des Verhältnisses von nichtstaatlichem und nationalem Recht verbessern. Der grenzüberschreitende Rechtsverkehr würde vor dem Hintergrund entsprechender gesetzgeberischer Entwicklungen von einem Mehr an Rechtssicherheit und einer deutlich größeren Vielfalt rechtlicher Gestaltungsmöglichkeiten spürbar profitieren.

STUDIEN ZUM VERGLEICHENDEN UND INTERNATIONALEN RECHT

Herausgeber: Bernd von Hoffmann, Erik Jayme und Heinz-Peter Mansel

Band 1 Ferdinand Henke: Die Datenschutzkonvention des Europarates. 1986.

Band 2 Peter Czermak: Der express trust im internationalen Privatrecht. 1986.

Band 3 Peter Kindler: Der Ausgleichsanspruch des Handelsvertreters im deutsch-italienischen Warenverkehr. Eine rechtsvergleichende und kollisionsrechtliche Untersuchung. 1987.

Band 4 Wilhelm Denzer: Stellung und Bedeutung des Engineers in den FIDIC-Bauvertragsbedingungen. 1988.

Band 5 Marijan-Maximilian Lederer: Die internationale Enteignung von Mitgliedschaftsrechten unter besonderer Berücksichtigung der französischen Enteignungen 1982. 1989.

Band 6 Rainer Esser: Klagen gegen ausländische Staaten. 1990.

Band 7 Chang Jae-Ok: Auf dem Weg zu einer Materialisierung des Immateriellen? Personen-, Persönlichkeitsschutz und Geldersatz des immateriellen Schadens in rechtsvergleichender Hinsicht am Beispiel des koreanischen und japanischen Zivilrechts unter besonderer Berücksichtigung des deutschen Rechts. 1990.

Band 8 Paul-Frank Weise: Lex mercatoria. Materielles Recht vor der internationalen Handelsschiedsgerichtbarkeit.1990.

Band 9 Werner Born: Der Auftrittsvertrag für Musikgruppen im Bereich der Rock- und Popmusik. 1990.

Band 10 Ralf Erich Jürgens: IPR und Verfassung in Italien und in der Bundesrepublik Deutschland. 1990.

Band 11 Rainer Gildeggen: Internationale Schieds- und Schiedsverfahrensvereinbarungen in Allgemeinen Geschäftsbedingungen vor deutschen Gerichten. 1991.

Band 12 Klaus Grabinski: Die kollisionsrechtliche Behandlung des Durchgriffs bei rechtlich verselbständigten Unternehmen in privater oder öffentlicher Hand. 1991.

Band 13 Dieter Stummel: Konkurs und Integration. Konventionsrechtliche Wege zur Bewältigung grenzüberschreitender Insolvenzverfahren. 1991.

Band 14 Joachim Güntzer: Die Rechtsstellung des Geschäftsführers im spanischen Aktienrecht. Die Neuregelung des spanischen Aktienrechts nach dem Beitritt Spaniens zur EG. 1991.

Band 15 Sabine Isenburg-Epple: Die Berücksichtigung ausländischer Rechtshängigkeit nach dem Europäischen Gerichtsstands- und Vollstreckungsübereinkommen vom 27.9.1968. Untersuchungen zum Anwendungsbereich von Art. 21 EuGVÜ unter schwerpunktmäßiger Behandlung der Frage nach der Bestimmung eines europäischen Streitgegenstandsbegriffs. 1992.

Band 16 Ulrich Nickl: Die Qualifikation der culpa in contrahendo im Internationalen Privatrecht. 1992.

Band 17 Theo Rauh: Leistungserschwerungen im Schuldvertrag. Eine rechtsvergleichende Untersuchung des englischen, US-amerikanischen, französischen und deutschen Rechts unter besonderer Berücksichtigung der gerichtlichen Praxis. 1992.

Band 18 Bernadette Chaussade-Klein: Vorvertragliche "obligation de renseignements" im französischen Recht. 1992.

Band 19 Josef Sievers: Verbraucherschutz gegen unlautere Vertragsbedingungen im französischen Recht. Vom Code civil zum "Code de la consommation" – die Entstehung eines Sonderprivatrechts für Verbraucher. 1993.

Band 20 Achim Schäfer: Grenzüberschreitende Kreditsicherung an Grundstücken, unter besonderer Berücksichtigung des deutschen und italienischen Rechts. 1993.

Band 21 Eugenio Hernández-Breton: Internationale Gerichtsstandsklauseln in Allgemeinen Geschäftsbedingungen. Unter besonderer Berücksichtigung des deutsch-südamerikanischen Rechtsverkehrs (dargestellt am Beispiel Argentinien, Brasilien und Venezuela). 1993.

Band 22 Ingo Reng: Unterhaltsansprüche aufgrund nichtehelicher Lebensgemeinschaft – Internationales Privatrecht und ausländisches materielles Recht. 1994.

Band 23 Stefanie Roloff: Die Geltendmachung ausländischer öffentlicher Ansprüche im Inland. 1994.

Band 24 Katharina Ludwig: Der Vertragsschluß nach UN-Kaufrecht im Spannungsverhältnis von Common Law und Civil Law. Dargestellt auf der Grundlage der Rechtsordnungen Englands und Deutschlands. 1994.

Band 25 Malte Diesselhorst: Mehrparteienschiedsverfahren. Internationale Schiedsverfahren unter Beteiligung von mehr als zwei Parteien. 1994.

Band 26 Manfred Kost: Konsensprobleme im internationalen Schuldvertragsrecht. 1995.

Band 27 Wolff-Heinrich Fleischer: Das italienische Wettbewerbsrecht und die Probleme des selektiven Parfümvertriebs unter Berücksichtigung der Rechtslage in Frankreich und Deutschland. 1995.

Band 28 Angelika Fuchs: Lateinamerikanische Devisenkontrollen in der internationalen Schuldenkrise und Art. VIII Abschn. 2 b) IWF-Abkommen. 1995.

Band 29 Jacques Matthias Aull: Der Geltungsanspruch des EuGVÜ: "Binnensachverhalte" und Internationales Zivilverfahrensrecht in der Europäischen Union. Zur Auslegung von Art. 17 Abs. 1 S. 1 EuGVÜ. 1996.

Band 30 Hartmut Ost: EVÜ und fact doctrine. Konflikte zwischen europäischer IPR-Vereinheitlichung und der Stellung ausländischen Rechts im angelsächsischen Zivilprozeß. 1996.

Band 31 Stefan Wagner: Die Testierfähigkeit im Internationalen Privatrecht. 1996.

Band 32 Wolfgang Jakob Hau: Positive Kompetenzkonflikte im Internationalen Zivilprozeßrecht. Überlegungen zur Bewältigung von *multi-fora disputes*. 1996.

Band 33 Markus Schütz: UN-Kaufrecht und *Culpa in contrahendo*. 1996.

Band 34 Volker Geyrhalter: Das Lösungsrecht des gutgläubigen Erwerbers. Ein "vergessener" Kompromiß und die Auswirkungen auf das heutige deutsche Recht unter besonderer Berücksichtigung des internationalen Sachenrechts. 1996.

Band 35 Andreas Kramer: Abwicklungsstörungen bei Kaufverträgen. Die Lieferung vertragswidriger Sachen im deutschen und italienischen Recht. 1996.

Band 36 Petra Krings: Erfüllungsmodalitäten im internationalen Schuldvertragsrecht. 1997.

Band 37 Tonja Gaibler: Der rechtsgeschäftliche Irrtum im französischen Recht. 1997.

Band 38 Dirk Otto: Rechtsspaltung im indischen Erbrecht. Bedeutung und Auswirkungen auf deutsch-indische Nachlaßfälle. 1997.

Band 39 Gregor W. Decku: Zwischen Vertrag und Delikt. Grenzfälle vertraglicher und deliktischer Haftung dargestellt am Beispiel der Berufs- und Expertenhaftung zum Schutze des Vermögens Dritter im deutschen und englischen Recht. 1997.

Band 40 Ulrike Höpping: Auswirkungen der Warenverkehrsfreiheit auf das IPR unter besonderer Berücksichtigung des Internationalen Produkthaftungsrechts und des Internationalen Vertragsrechts. 1997.

Band 41 Andreas Bartosch: Die vermögensrechtlichen Beziehungen der Ehegatten bei bestehender Ehe im englischen Recht – Eigentum, Besitz, Schuldvertrag. 1997.

Band 42 Helene Boriths Müller: Die Umsetzung der europäischen Übereinkommen von Rom und Brüssel in das Recht der Mitgliedstaaten. Dargestellt am Beispiel Deutschlands und Dänemarks. 1997.

Band 43 Bernd von Hoffmann / Myong-Chang Hwang (eds.): The Public Concept of Land Ownership. Reports and Discussions of a German-Korean Symposium held in Seoul on October 7-9, 1996. 1997.

Band 44 Oliver Heeder: Fraus legis. Eine rechtsvergleichende Untersuchung über den Vorbehalt der Gesetzesumgehung in Deutschland, Österreich, der Schweiz, Frankreich und Belgien unter besonderer Berücksichtigung des Internationalen Privatrechts. 1998.

Band 45 Heinrich Schütt: Deliktstyp und Internationales Privatrecht. Dargestellt an grenzüberschreitenden Problemen der Arzthaftung. 1998.

Band 46 Axel Steiner: Die stillschweigende Rechtswahl im Prozeß im System der subjektiven Anknüpfungen im deutschen Internationalen Privatrecht. 1998.

Band 47 Martina Schulz: Der Eigentumsvorbehalt in europäischen Rechtsordnungen. Rechtsvergleichende Untersuchung des deutschen, englischen und französischen Rechts unter besonderer Berücksichtigung von Erweiterungen und Verlängerungen. 1998.

Band 48 Karin Dreher: Die Rechtswahl im internationalen Erbrecht. Unter besonderer Berücksichtigung des italienischen IPR-Reformgesetzes N. 218 vom 31. Mai 1995. 1999.

Band 49 Giuliano Gabrielli: Das Verhältnis zwischen der Anfechtung wegen Eigenschaftsirrtums und den Gewährleistungsansprüchen im deutschen, österreichischen und italienischen Recht. 1999.

Band 50 Bernd von Hoffmann / Myong-Chan Hwang (eds.): Developments in Land Law. Reports and Discussions of a German-Korean Symposium held in Berlin and Trier on July 21-24, 1997. 1999.

Band 51 Volker Heidbüchel: Das UNCITRAL-Übereinkommen über unabhängige Garantien und Standby Letters of Credit. Vergleiche mit den Richtlinien der Internationalen Handelskammer, dem deutschen, englischen und US-amerikanischen Recht. 1999.

Band 52 Jan Christoph Nordmeyer: Pflichtteilsansprüche und Wiedervereinigung. Eine systematische Analyse der Ausgleichsansprüche nach BGB-Pflichtteilsrecht unter besonderer Berücksichtigung der durch den Wiedervereinigungsprozeß eingetretenen Wertveränderungen. 1999.

Band 53 Bettina Linder: Vertragsabschluß beim grenzüberschreitenden Verbraucherleasing. 1999.

Band 54 Almontasser Fetih: Die zivilrechtliche Haftung bei Vertragsverhandlungen. Eine rechtsvergleichende Studie zum deutschen, französischen, ägyptischen und islamischen Recht. 2000.

Band 55 Sona Rajani: Die Geltung und Anwendung des Gemeinschaftsrechts im Vereinigten Königreich von Großbritannien und Nordirland. Der Grundsatz der Parlamentssouveränität im Wandel. 2000.

Band 56 Joachim Kayser: Gegenmaßnahmen im Außenwirtschaftsrecht und das System des europäischen Kollisionsrechts. Eine Analyse der EU-Abwehrverordnung gegen die Auswirkungen extraterritorialer Rechtserstreckung eines Drittlandes. 2001.

Band 57 Albrecht Conrad: Qualifikationsfragen des Trust im Europäischen Zivilprozeßrecht. 2001.

Band 58 Bernd Borgmann: Die Entsendung von Arbeitnehmern in der Europäischen Gemeinschaft. Wechselwirkungen zwischen Kollisionsrecht, Grundfreiheiten und Spezialgesetzen. 2001.

Band 59 Aleksandar Jaksic: Arbitration and Human Rights. 2002.

Band 60 Islamisches und arabisches Recht als Problem der Rechtsanwendung. Symposium zu Ehren von Professor Emeritus Dr. iur. Omaia Elwan. Veranstaltet vom Institut für ausländisches und internationales Privat- und Wirtschaftsrecht der Universität Heidelberg und der Gesellschaft für Arabisches und Islamisches Recht e.V. Herausgegeben von Herbert Kronke, Gert Reinhart und Nika Witteborg. 2001.

Band 61 Patrick Fiedler: Stabilisierungsklauseln und materielle Verweisung im internationalen Vertragsrecht. 2001.

Band 62 Werner Mangold: Die Abtretung im Europäischen Kollisionsrecht. Unter besonderer Berücksichtigung des spanischen Rechts. 2001.

Band 63 Eike Dirk Eschenfelder: Beweiserhebung im Ausland und ihre Verwertung im inländischen Zivilprozess. Zur Bedeutung des US-amerikanischen discovery-Verfahrens für das deutsche Erkenntnisverfahren. 2002.

Band 64 Bernd Ehle: Wege zu einer Kohärenz der Rechtsquellen im Europäischen Kollisionsrecht der Verbraucherverträge. 2002.

Band 65 Heiko Lehmkuhl: Das Nacherfüllungsrecht des Verkäufers im UN-Kaufrecht. 2002.

Band 66 Jochen Nikolaus Schlotter: Erbrechtliche Probleme in der Société Privée Européenne. IPR-Harmonisierung im einheitlichen Europäischen Rechtsraum. 2002.

Band 67 Konrad Ost: Doppelrelevante Tatsachen im Internationalen Zivilverfahrensrecht. Zur Prüfung der internationalen Zuständigkeit bei den Gerichtsständen des Erfüllungsortes und der unerlaubten Handlung. 2002.

Band 68 Tobias Bosch: Die Durchbrechungen des Gesamtstatuts im internationalen Ehegüterrecht. Unter besonderer Berücksichtigung deutsch-französischer Rechtsfälle. 2002.

Band 69 Ursula Philipp: Form im amerikanischen Erbrecht. Zwischen Formalismus und harmless error. 2002.

Band 70 Christian Stefan Wolf: Der Begriff der wesentlich engeren Verbindung im Internationalen Sachenrecht. 2002.

Band 71 André Fomferek: Der Schutz des Vermögens Minderjähriger. Ein Vergleich des deutschen und des englischen Rechts unter Berücksichtigung des schottischen und irischen Rechts. 2002.

Band 72 nicht erschienen

Band 73 Markus Dreißigacker: Sprachenfreiheit im Verbrauchervertragsrecht. Der Verbraucher im Spannungsfeld zwischen kultureller Identität und Privatautonomie. 2002.

Band 74 Vassiliki Myller-Igknay: Auskunftsansprüche im griechischen Zivilrecht. Auswirkungen im deutsch-griechischen Rechtsverkehr sowie im deutschen internationalen Privat- und Verfahrensrecht. 2003

Band 75 Stefan Bruinier: Der Einfluss der Grundfreiheiten auf das Internationale Privatrecht. 2003.

Band 76 Nika Witteborg: Das gemeinsame Sorgerecht nichtverheirateter Eltern. Eine Untersuchung im soziologischen, rechtsgeschichtlichen, verfassungsrechtlichen, rechtsvergleichenden und internationalen Kontext. 2003.

Band 77 Peter Stankewitsch: Entscheidungsnormen im IPR als Wirksamkeitsvoraussetzungen der Rechtswahl. 2003.

Band 78 Jan Wilhelm Ritter: Euro-Einführung und IPR unter besonderer Berücksichtigung nachehelicher Unterhaltsverträge. Eine Untersuchung mit Blick auf das deutsche, französische und schweizerische Recht. 2003.

Band 79 Wolf Richard Herkner: Die Grenzen der Rechtswahl im internationalen Deliktsrecht. 2003.

Band 80 Ira Ditandy: Internationale Zuständigkeit. Neuregelung durch die LOPJ 1985. Vergleich mit dem europäischen Vorbild und Auswirkungen auf das spanische internationale Zivilverfahrensrecht. 2003.

Band 81 Andrea Verena Schefold: Werbung im Internet und das deutsche Internationale Privatrecht. 2004.

Band 82 Klaus Herkenrath: Die Umsetzung der Richtlinie 93/13/EWG über missbräuliche Klauseln in Verbraucherverträgen in Deutschland, dem Vereinigten Königreich, Frankreich und Italien. Auswirkungen nationaler Umsetzungstechniken auf dem Harmonisierungserfolg. 2003.

Band 83 Alexander Thünken: Das kollisionsrechtliche Herkunftslandprinzip. 2003.

Band 84 Barbara v. Daumiller: Die Rechtswahl im italienischen internationalen Erbrecht: und ihre Auswirkungen im deutsch-italienischen Rechtsverkehr. 2003.

Band 85 Robert Mödl: Macht, Verantwortlichkeit und Zurechnung im Konzern. Eine rechtsvergleichende Untersuchung auf der Grundlage des deutschen, spanischen und US-amerikanischen Rechts. 2003.

Band 86 Ursula Kerpen: Das Internationale Privatrecht der Persönlichkeitsrechtsverletzungen. Eine Untersuchung auf rechtsvergleichender Grundlage. 2003.

Band 87 Barbara Ploeckl: Umgangsrechtsstreitigkeiten im deutsch-französischen Rechtsverkehr. Bestehende internationale und nationale Regelungen und der geplante *europäische Besuchstitel*. 2003.

Band 88 Katrin Wannemacher: Die Außenkompetenzen der EG im Bereich des Internationalen Zivilverfahrensrechts. Der räumliche Anwendungsbereich des Art. 65 EGV am Beispiel der EuGVO und der EheVO. 2003.

Band 89 Maren B. Eilinghoff: Das Kollisionsrecht der ungerechtfertigten Bereicherung nach dem IPR-Reformgesetz von 1999. 2004.

Band 90 Patrick Niehr: Die zivilprozessuale Dokumentenvorlegung im deutsch-englischen Rechtshilfeverkehr nach der deutschen und der englischen Prozessrechtsreform. 2004.

Band 91 Anna Christina Gördes: Internationale Zuständigkeit, Anerkennung und Vollstreckung von Entscheidungen über die elterliche Verantwortung. Die VO(EG) Nr. 1347/2000, ihre geplanten Änderungen und das Verhältnis beider zum Minderjährigen- und Kinderschutzabkommen. 2004.

Band 92 Martin Rädler: Rechtsbehelfe des Käufers eines Unternehmens oder einer unternehmerischen Beteiligung gegen den Verkäufer im deutschen und französischen Recht. 2004.

Band 93 Marc-Yngve Dietrich: Rechtsstellung und Beteiligung der Gläubiger im französischen Insolvenzverfahren. 2004.

Band 94 Katia Niemann: Die rechtsgeschäftliche und organschaftliche Stellvertretung und deren kollisionsrechtliche Einordnung. Deutschland und England im Vergleich. 2004.

Band 95 Daniel Ludwig: Neuregelungen des deutschen Internationalen Insolvenzverfahrensrechts. Eine Untersuchung unter vergleichender Heranziehung der Europäischen Insolvenzverordnung. 2004.

Band 96 Cordelia Faulenbach: Der gemeinschaftsrechtliche Vorbehalt im europäischen Wettbewerbsrecht. Die Herkunftslandanknüpfung der E-Commerce-Richtlinie unter dem Einfluss der Grundfreiheiten. 2004.

Band 97 Ulf Dörner: Der Vertragsgerichtsstand nach dem Protokoll von Buenos Aires. 2004.

Band 98 Martin Schmidhuber: Verhaltenskodizes im nationalen und grenzüberschreitenden elektronischen Geschäftsverkehr. Zur Frage der Integration der Selbstregulierung durch Private in die staatliche Rechtsordnung. 2004.

Band 99 Florian Kienle: Die fehlerhafte Banküberweisung im internationalen Rechtsverkehr. Unter besonderer Berücksichtigung des Artikels 4A US Uniform Commercial Code. 2004.

Band 100 Thomas Alexander Brandt: Die Adoption durch eingetragene Lebenspartner im internationalen Privat- und Verfahrensrecht. 2004.

Band 101 Florian Pulkowski: Subunternehmer und Internationales Privatrecht. Der Subunternehmer als Quasi-Verbraucher im Europäischen Kollisionsrecht. 2004.

Band 102 Ulrich Becker: Grundrechtsschutz bei der Anerkennung und Vollstreckbarerklärung im europäischen Zivilverfahrensrecht. Bestimmung der Grenzen für die Einführung eines europäischen Vollstreckungstitels. 2004.

Band 103 Thomas Badelt: Aufrechnung und internationale Zuständigkeit unter besonderer Berücksichtigung des deutsch-spanischen Rechtsverkehrs. 2005.

Band 104 Florian D. Wagner: Vorvertragliche Aufklärungspflichten im internationalen Franchising. Zur Harmonisierung von Delikts- und Vertragsstatut im internationalen Privatrecht unter besonderer Berücksichtigung der Franchise-Gesetzgebung des US-Bundesstaates Kalifornien. 2005.

Band 105 Vera Heine: Die Umsetzung der *EG-Richtlinie über missbräuchliche Klauseln in Verbraucherverträgen* im englischen und deutschen Recht. 2005.

Band 106 Alexander Franz: Überregionale Effektentransaktionen und anwendbares Recht. Eine kollisionsrechtliche Untersuchung unter besonderer Berücksichtigung der Vorschrift des § 17 a DepotG. 2005.

Band 107 Hanna-Maria Uhlenbrock: Gesetzliche Regelungen für nichteheliche Lebensgemeinschaften in Deutschland und Frankreich. Ein Vergleich des Unterhaltsrechts bei der eingetragenen Lebenspartnerschaft und beim Pacte civil de Solidarité. 2005.

Band 108 Katrin Stieß: Anknüpfungen im internationalen Urheberrecht unter Berücksichtigung der neuen Informationstechnologien. 2005.

Band 109 Hendrik Otto: Der gesetzliche Abschlussprüfer im italienischen Recht. Eine rechtsvergleichende Untersuchung unter besonderer Berücksichtigung der zivilrechtlichen Haftung. 2005.

Band 110 Frauke Stuphorn: Bankhaftung für Kreditauskünfte im deutschen und französischen Recht. 2005.

Band 111 Nina Fürer: Die zivilrechtliche Haftung für Raucherschäden. 2005.

Band 112 Giovanni B. Barillà: *Contratto autonomo di garanzia* e *Garantievertrag*. Categorie civilistiche e prassi del commercio. 2005.

Band 113 Timo Torz: Gerichtsstände im Internationalen Insolvenzrecht zur Eröffnung von Partikularinsolvenzverfahren. 2005.

Band 114 Martina Schmid: Die Grenzen der Auslegungskompetenz des EuGH im Vorabentscheidungsverfahren nach Art. 234 EG. Dargestellt am Beispiel der überschießenden Richtlinienumsetzung. 2005.

Band 115 Stephan Lesage-Mathieu: Dispositives Kollisionsrecht im prozessualen Kontext. 2005.

Band 116 Jürgen Görtz: Die subjektiven Grenzen der Rechtskraft US-amerikanischer Urteile. 2005.

Band 117 Vera Hoppe: Die Einbeziehung ausländischer Beteiligter in US-amerikanische class actions. Unter Berücksichtigung des Class Action Fairness Act 2005. 2005.

Band 118 Silke Pütz: Parteiautonomie im internationalen Urhebervertragsrecht – Eine rechtsdogmatische und rechtspolitische Betrachtung der Grenzen freier Rechtswahl im internationalen Urhebervertragsrecht unter besonderer Berücksichtigung des neuen deutschen Urhebervertragsrechts. 2005.

Band 119 Alice Nieroba: Die europäische Rechtshängigkeit nach der EuGVVO (Verordnung (EG) Nr. 44/2001) an der Schnittstelle zum nationalen Zivilprozessrecht. 2006.

Band 120 Jan Kayser: Alternative Formen gerichtlicher und außergerichtlicher Streitbeilegung im deutschen und französischen Zivilprozess. Les modes alternatifs judiciaires et extrajudiciaires de résolution des conflits en procédure civile allemande et française. 2006

Band 121 Mirko Ehrich: Der internationale Anwendungsbereich des deutschen und französischen Rechts gegen irreführende Werbung. Freie Wahl von Form und Mittel, Rom II und Herkunftslandprinzip. 2006.

Band 122 Daniel Thelen: Die Haftung des Sekundärschädigers für Gewalttaten anderer im US-amerikanischen Deliktsrecht ausgehend von dem Problem rechtsextremistisch motivierter Gewalttaten. 2006.

Band 123 Anne Winterling: Die Entscheidungszuständigkeit in Arbeitssachen im europäischen Zivilverfahrensrecht. 2006.

Band 124 Sarah Gerling: Die Gleichstellung ausländischer mit inländischen Vollstreckungstiteln durch die Verordnung zur Einführung eines Europäischen Vollstreckungstitels für unbestrittene Forderungen. Im Vergleich zum bisherigen Recht und zur Rechtslage in den USA. 2006.

Band 125 Christian Bank: Präventivmaßnahmen börsennotierter Gesellschaften zur Abwehr feindlicher Übernahmeversuche in Deutschland und Großbritannien. Eine rechtsvergleichende Untersuchung des deutschen und britischen Rechts unter Berücksichtigung der Europäischen Übernahmerichtlinie. 2006.

Band 126 Christian Weis: Kaufrechtliche Gewährleistung und Garantievergabe in Deutschland und Spanien. Unter besonderer Berücksichtigung des Unternehmenskaufs. 2006.

Band 127 Emilio Maus Ratz: Der Nacherfüllungsanspruch nach UN-Kaufrecht. Im Lichte der deutschen, spanisch-mexikanischen und US-amerikanischen Rechtswissenschaft. 2006.

Band 128 Constanze Jacobs: Die Sachmängelgewähr im deutschen und belgischen Kaufrecht nach Umsetzung der Verbrauchsgüterkauf-Richtlinie. 2006.

Band 129 Ulrike Teichert: Lückenfüllung im CISG mittels UNIDROIT-Prinzipien – Zugleich ein Beitrag zur Wählbarkeit nichtstaatlichen Rechts. 2007.

Band 130 Sascha Reichardt: Internationale Zuständigkeit im Gerichtsstand der unerlaubten Handlung bei Verletzung europäischer Patente. 2006.

Band 131 Bilgehan Cetiner: Die Sachmängelhaftung des Verkäufers im UN-Kaufrecht und im neuen deutschen Schuldrecht. Eine rechtsvergleichende Studie. 2006.

FSC
www.fsc.org
MIX
Papier | Fördert gute Waldnutzung
FSC® C083411

Kolibri 360 GmbH
Ferdinand-Jühlke-Straße 7
99095 Erfurt, Deutschland
produktsicherheit@kolibri360.de

Druck:
CPI Druckdienstleistungen GmbH
im Auftrag der
Kolibri 360 GmbH
Ferdinand-Jühlke-Str. 7
99095 Erfurt